CB141434

MANUAL DE DIREITO CIVIL

Durante o processo de edição desta obra, foram tomados todos os cuidados para assegurar a publicação de informações técnicas, precisas e atualizadas conforme lei, normas e regras de órgãos de classe aplicáveis à matéria, incluindo códigos de ética, bem como sobre práticas geralmente aceitas pela comunidade acadêmica e/ou técnica, segundo a experiência do autor da obra, pesquisa científica e dados existentes até a data da publicação. As linhas de pesquisa ou de argumentação do autor, assim como suas opiniões, não são necessariamente as da Editora, de modo que esta não pode ser responsabilizada por quaisquer erros ou omissões desta obra que sirvam de apoio à prática profissional do leitor.

Do mesmo modo, foram empregados todos os esforços para garantir a proteção dos direitos de autor envolvidos na obra, inclusive quanto às obras de terceiros e imagens e ilustrações aqui reproduzidas. Caso algum autor se sinta prejudicado, favor entrar em contato com a Editora.

Finalmente, cabe orientar o leitor que a citação de passagens da obra com o objetivo de debate ou exemplificação ou ainda a reprodução de pequenos trechos da obra para uso privado, sem intuito comercial e desde que não prejudique a normal exploração da obra, são, por um lado, permitidas pela Lei de Direitos Autorais, art. 46, incisos II e III. Por outro, a mesma Lei de Direitos Autorais, no art. 29, incisos I, VI e VII, proíbe a reprodução parcial ou integral desta obra, sem prévia autorização, para uso coletivo, bem como o compartilhamento indiscriminado de cópias não autorizadas, inclusive em grupos de grande audiência em redes sociais e aplicativos de mensagens instantâneas. Essa prática prejudica a normal exploração da obra pelo seu autor, ameaçando a edição técnica e universitária de livros científicos e didáticos e a produção de novas obras de qualquer autor.

LUIZ FERNANDO DO VALE DE ALMEIDA GUILHERME

MANUAL DE DIREITO CIVIL

- QUESTÕES DE CONCURSOS E DO EXAME DA ORDEM
- TABELAS COM RESUMOS DA MATÉRIA

MANOLE

5ª EDIÇÃO
revisada e atualizada

Copyright © 2022 Editora Manole Ltda., por meio de contrato com o autor.

EDITORA: Ana Cristina Garcia
CAPA: Ricardo Yoshiaki Nitta Rodrigues
IMAGEM DA CAPA: iStock
PROJETO GRÁFICO: Departamento Editorial da Editora Manole

CIP-Brasil. Catalogação na Publicação
Sindicato Nacional dos Editores de Livros, RJ

Guilherme, Luiz Fernando do Vale de Almeida
Manual de direito civil : questões de concursos e do exame da ordem, tabelas com resumos da matéria / Luiz Fernando do Vale de Almeida Guilherme. - 5. ed. - Barueri [SP] : Manole, 2022.

Inclui índice
ISBN 978-65-5576-723-0

1. Direito civil – Brasil. I. Título.

21-75264

CDU: 347(81)

Meri Gleice Rodrigues de Souza - Bibliotecária - CRB-7/6439

Todos os direitos reservados à Editora Manole.
Nenhuma parte deste livro poderá ser reproduzida, por qualquer processo, sem a permissão expressa dos editores. É proibida a reprodução por fotocópia.

A Editora Manole é filiada à ABDR – Associação Brasileira de Direitos Reprográficos.

1ª edição – 2016; 2ª edição – 2019; 3ª edição – 2020; 4ª edição – 2021; 5ª edição – 2022
Data de fechamento: 20.12.2021

Direitos adquiridos pela:
Editora Manole Ltda.
Alameda América, 876 – Tamboré – 06543-315 – Santana de Parnaíba – SP – Brasil
Tel.: (11) 4196-6000
www.manole.com.br | https://atendimento.manole.com.br

Impresso no Brasil | *Printed in Brazil*

SOBRE O AUTOR

Advogado no Brasil e em Portugal. Bacharel em Direito, Mestre e Doutor pela Pontifícia Universidade Católica de São Paulo – PUC/SP. Especialista pela UPT – Portugal e pela Universidad de Salamanca – Espanha, onde também é Pós-Doutor e Professor Visitante. Membro Efetivo de várias comissões da OAB no Brasil, do Instituto dos Advogados de São Paulo (IASP), do Instituto dos Advogados do Distrito Federal (IADF), do Instituto dos Advogados do Brasil (IAB). Faz parte do Instituto de Direito Privado (IDP), do Instituto Brasileiro de Direito Civil (IBDCivil), do Conpedi, do Instituto de Direito de Família (IBDFam), do Instituto Disruptive Law, do Instituto de Estudos Jurídicos Aplicados (IEJA) e do Comitê Brasileiro de Arbitragem (CBAr). Professor convidado do curso de pós-graduação nas Faculdades de Direito da Universidade Presbiteriana Mackenzie (UPM), da PUC/SP (Cogeae), da Fundação Armando Alvares Penteado (FAAP), da Escola Paulista da Magistratura (EPM), da Universidade Federal do Mato Grosso (UFMT), do Ebradi, da Uninove e do Complexo Educacional Damásio de Jesus. Professor do curso de graduação da Universidade Presbiteriana Mackenzie. Professor do Mestrado Profissional do Cedes. Autor de diversos artigos e livros jurídicos, entre eles: *Código Civil Comentado e Anotado* 3. ed. (no prelo), *Comentários à Lei de Locações* 2. ed. (no prelo) e *Manual dos MESCS: meios extrajudiciais de solução de conflitos* 2. ed. (no prelo), todos pela Editora Manole. Recebeu a Láurea do Mérito Docente pela OAB-SP.

APRESENTAÇÃO DA PRIMEIRA EDIÇÃO

Após mais de uma década lecionando direito civil reparei o distanciamento que o aluno tem em relacionar doutrina com os artigos do Código Civil.

Para isso, desenvolvi em conjunto com a equipe da Editora Manole, chefiada pela Sônia Midori, este manual com questões da OAB e tabelas para facilitar o aprendizado e o ingresso na profissão jurídica.

Este *Manual* tem por escopo o estudo básico e direcionado ao exame da OAB já que as questões da Ordem estão comentadas no anexo da obra.

À Editora Manole meu agradecimento por ter me acolhido e aos meus colegas do escritório Almeida Guilherme Advogados Associados, pelas revisões, indicações e discussões sempre acaloradas sobre a obra.

São Paulo, abril de 2016.

LUIZ FERNANDO DO VALE DE ALMEIDA GUILHERME

NOTA À QUINTA EDIÇÃO

A quinta edição deste *Manual* demonstra a boa aceitação que ele teve junto à coletividade jurídica nacional.

Nesta, foram incorporados novos tópicos e quadros elucidativos com mais doutrina, principalmente aquela voltada aos alunos de direito e aos estudantes de cursinho, já que são realizadas em sala de aula.

Questões novas comentadas foram incluídas, com destaque também para a jurisprudência pátria, que constantemente é inovada e interpretada de olho na Terceira e na Quarta Turmas do Superior Tribunal de Justiça brasileiro, seja porque esse é o Tribunal que acolhe a jurisprudência pátria, seja por sempre inovar nas duas Turmas de Direito Privado.

Espera-se que esta edição do *Manual de direito civil* continue ajudando os operadores do Direito, em especial os alunos que ainda estão nos bancos escolares ou prestando concursos pelo país.

São Paulo, dezembro de 2021.

LUIZ FERNANDO DO VALE DE ALMEIDA GUILHERME

SUMÁRIO

Sobre o autor V
Apresentação da primeira edição VI
Nota à quinta edição VII
Sumário das questões XIX

EXPOSIÇÃO DE MOTIVOS DO CÓDIGO CIVIL 1

PARTE GERAL 31

DAS PESSOAS 31
Das Pessoas Naturais 31
Da personalidade e da Capacidade 31
Dos Direitos da Personalidade 39
Da Ausência 45
Da Curadoria dos Bens do Ausente 45
Da Sucessão Provisória 47
Da Sucessão Definitiva 49
Das Pessoas Jurídicas 50
Das Associações 54
Das Fundações 55
Do Domicílio 56

DOS BENS 59
Das Diferentes Classes de Bens 61
Dos Bens Considerados em Si Mesmos 61
Dos Bens Imóveis 61
Dos Bens Móveis 62
Dos Bens Fungíveis e Consumíveis 62
Dos Bens Divisíveis 62

Dos Bens Singulares e Coletivos....63
Dos Bens Reciprocamente Considerados....64
Dos Bens Públicos....65

DOS FATOS JURÍDICOS....68
Do Negócio Jurídico....68
Da Representação....73
Da Condição, do Termo e do Encargo....76
Dos Defeitos do Negócio Jurídico....79
Do Erro ou Ignorância....79
Do Dolo....81
Da Coação....82
Do Estado de Perigo....84
Da Lesão....84
Da Fraude contra Credores....85
Da Invalidade do Negócio Jurídico....87
Dos Atos Jurídicos Lícitos....90
Dos Atos Ilícitos....90
Da Prescrição e da Decadência....93
Da Prescrição....93
Das Causas que Impedem ou Suspendem a Prescrição....95
Das Causas que Interrompem a Prescrição....96
Dos Prazos da Prescrição....98
Da Decadência....98
Da Prova....99

PARTE ESPECIAL....105

DO DIREITO DAS OBRIGAÇÕES....105
Das Modalidades das Obrigações....105
Das Obrigações de Dar....106
Das Obrigações de Dar Coisa Certa....106
Das Obrigações de Dar Coisa Incerta....108
Das Obrigações de Fazer....109
Das Obrigações de Não Fazer....110
Das Obrigações Alternativas....110
Das Obrigações Divisíveis e Indivisíveis....111
Das Obrigações Solidárias....113
Da Solidariedade Ativa....114
Da Solidariedade Passiva....114
Da Transmissão das Obrigações....117
Da Cessão de Crédito....117
Do Adimplemento e Extinção das Obrigações....120
Do Pagamento....120
De Quem Deve Pagar....120

Daqueles a Quem se Deve Pagar 122
Do Objeto do Pagamento e sua Prova 123
Do Lugar do Pagamento 125
Do Tempo do Pagamento 126
Do Pagamento em Consignação 127
Do Pagamento com Sub-Rogação 129
Da Imputação do Pagamento 130
Da Dação em Pagamento 131
Da Novação 131
Da Compensação 133
Da Confusão 134
Da Remissão das Dívidas 135
Do Inadimplemento das Obrigações 135
Da Mora 137
Das Perdas e Danos 139
Dos Juros Legais 141
Da Cláusula Penal 141
Das Arras ou Sinal 144
Dos Contratos em Geral 148
Da Formação dos Contratos 154
Da Estipulação em Favor de Terceiro 156
Da Promessa de Fato de Terceiro 156
Dos Vícios Redibitórios 157
Da Evicção 158
Dos Contratos Aleatórios 161
Do Contrato Preliminar 161
Do Contrato com Pessoa a Declarar 162
Da Extinção do Contrato 163
Do Distrato 163
Da Cláusula Resolutiva 164
Da Exceção de Contrato não Cumprido 164
Da Resolução por Onerosidade Excessiva 165
Das Várias Espécies de Contrato 166
Da Compra e Venda 166
Das Cláusulas Especiais à Compra e Venda 172
Da Retrovenda 172
Da Venda a Contento e da Sujeita a Prova 173
Da Preempção ou Preferência 174
Da Venda com Reserva de Domínio 175
Da Venda sobre Documentos 176
Da Troca ou Permuta 177
Do Contrato Estimatório 177
Da Doação 177
Da Revogação da Doação 180
Da Locação de Coisas 183

- Do Empréstimo ... 184
  - Do Comodato ... 184
  - Do Mútuo ... 186
- Da Prestação de Serviço ... 187
- Da Empreitada ... 189
- Do Depósito ... 192
  - Do Depósito Voluntário ... 192
  - Do Depósito Necessário ... 194
- Do Mandato ... 195
  - Das Obrigações do Mandatário ... 197
  - Das Obrigações do Mandante ... 198
  - Da Extinção do Mandato ... 199
  - Do Mandato Judicial ... 200
- Da Comissão ... 201
- Da Agência e Distribuição ... 202
- Da Corretagem ... 204
- Do Transporte ... 206
  - Do Transporte de Pessoas ... 207
  - Do Transporte de Coisas ... 209
- Do Seguro ... 210
  - Do Seguro de Dano ... 214
  - Do Seguro de Pessoa ... 216
- Da Constituição de Renda ... 218
- Do Jogo e da Aposta ... 220
- Da Fiança ... 220
  - Dos Efeitos da Fiança ... 222
  - Da Extinção da Fiança ... 224
- Da Transação ... 224
- Do Compromisso ... 226

Dos Atos Unilaterais ... 227
- Da Promessa de Recompensa ... 227
- Da Gestão de Negócios ... 228
- Do Pagamento Indevido ... 230
- Do Enriquecimento Sem Causa ... 231

Dos Títulos de Crédito ... 232
- Do Título ao Portador ... 234
- Do Título à Ordem ... 235
- Do Título Nominativo ... 237

Da Responsabilidade Civil ... 237
- Da Obrigação de Indenizar ... 238
- Da Indenização ... 246

Das Preferências e Privilégios Creditórios ... 249

DO DIREITO DE EMPRESA ... 256

Do Empresário ... 256

Da Caracterização e da Inscrição....256
Da Capacidade....257
Da Empresa Individual de Responsabilidade Limitada – EIRELI....259
Da Sociedade....259
Da Sociedade Não Personificada....260
Da Sociedade em Comum....260
Da Sociedade em Conta de Participação....262
Da Sociedade Personificada....263
Da Sociedade Simples....263
Do Contrato Social....263
Dos Direitos e Obrigações dos Sócios....264
Da Administração....265
Das Relações com Terceiros....267
Da Resolução da Sociedade em Relação a um Sócio....268
Da Dissolução....270
Da Sociedade em Nome Coletivo....271
Da Sociedade em Comandita Simples....271
Da Sociedade Limitada....273
Das Quotas....273
Da Administração....274
Do Conselho Fiscal....275
Das Deliberações dos Sócios....276
Do Aumento e da Redução do Capital....278
Da Resolução da Sociedade em Relação a Sócios Minoritários....279
Da Dissolução....279
Da Sociedade Anônima....279
Da Caracterização....279
Da Sociedade em Comandita por Ações....280
Da Sociedade Cooperativa....280
Das Sociedades Coligadas....281
Da Liquidação da Sociedade....282
Da Transformação, da Incorporação,
Da Fusão e da Cisão das Sociedades....284
Da Sociedade Dependente de Autorização....285
Da Sociedade Nacional....286
Da Sociedade Estrangeira....287
Do Estabelecimento....288
Dos Institutos Complementares....289
Do Registro....289
Do Nome Empresarial....290
Dos Prepostos....292
Do Gerente....293
Do Contabilista e Outros Auxiliares....293
Da Escrituração....294

DO DIREITO DAS COISAS 300
Da posse 300
Da Posse e sua Classificação 300
Da Aquisição da Posse 304
Dos Efeitos da Posse 305
Da Perda da Posse 308
Dos Direitos Reais 308
Da Propriedade 309
Da Propriedade em Geral 309
Da Descoberta 311
Da Aquisição da Propriedade Imóvel 312
Da Usucapião 312
Da Aquisição pelo Registro do Título 318
Da Aquisição por Acessão 318
Das Ilhas 318
Da Aluvião 319
Da Avulsão 319
Do Álveo Abandonado 319
Das Construções e Plantações 320
Da Aquisição da Propriedade Móvel 321
Da Usucapião 321
Da Ocupação 321
Do Achado do Tesouro 321
Da Tradição 322
Da Especificação 322
Da Confusão, da Comissão e da Adjunção 323
Da Perda da Propriedade 323
Dos Direitos de Vizinhança 324
Do Uso Anormal da Propriedade 324
Das Árvores Limítrofes (art. 1.282 do CC) 325
Da Passagem Forçada (art. 1.285 do CC) 325
Da Passagem de Cabos e Tubulações (art. 1.286 do CC) 326
Das Águas (arts. 1.288 e segs. do CC) 326
Dos Limites entre Prédios e do Direito de Tapagem (art. 1.297 do CC) 327
Do Direito de Construir 327
Do Condomínio Geral 329
Do Condomínio Voluntário 329
Dos Direitos e Deveres dos Condôminos 329
Da Administração do Condomínio 331
Do Condomínio Necessário 331
Do Condomínio Edilício 332
Da Administração do Condomínio 335
Da Extinção do Condomínio 336
Do Condomínio em Multipropriedade 337
Da Propriedade Resolúvel (art. 1.359 do CC) 338

Da Propriedade Fiduciária 338
Do Fundo de Investimento 339
Da Superfície 340
Das Servidões 342
Da Constituição das Servidões 342
Do Exercício das Servidões 343
Da Extinção das Servidões 344
Do Usufruto 345
Dos Direitos do Usufrutuário 345
Dos Deveres do Usufrutuário 346
Da Extinção do Usufruto 348
Do Uso 348
Da Habitação 349
Do Direito do Promitente Comprador 349
Do Penhor, da Hipoteca E da Anticrese 350
Do Penhor 351
Da Constituição do Penhor 351
Dos Direitos do Credor Pignoratício 352
Das Obrigações do Credor Pignoratício 353
Da Extinção do Penhor 353
Do Penhor Rural 353
Do Penhor Agrícola 354
Do Penhor Pecuário 354
Do Penhor Industrial e Mercantil 354
Do Penhor de Direitos e Títulos de Crédito 355
Do Penhor de Veículos 356
Do Penhor Legal 357
Da Hipoteca 358
Da Hipoteca Legal 360
Do Registro da Hipoteca 361
Da Extinção da Hipoteca 362
Da Hipoteca de Vias Férreas 362
Da Anticrese 363
Direito de laje 365
Direito de laje 365

DO DIREITO DE FAMÍLIA 370
Do Direito Pessoal 370
Do Casamento 370
Da Capacidade para o Casamento 371
Dos Impedimentos 373
Das Causas Suspensivas 373
Do Processo de Habilitação para o Casamento 374
Da Celebração do Casamento 375
Das Provas do Casamento 377

Da Invalidade do Casamento 378
Da Eficácia do Casamento 381
Da Dissolução da Sociedade e do vínculo Conjugal 383
Da Proteção da Pessoa dos Filhos 386
Das Relações de Parentesco 388
Da Filiação 389
Do Reconhecimento dos Filhos 390
Da Adoção 392
Do Poder Familiar 393
Do Exercício do Poder Familiar 393
Da Suspensão e Extinção do Poder Familiar 394
Do Direito Patrimonial 397
Do Regime de Bens entre os Cônjuges 397
Do Pacto Antenupcial 400
Do Regime de Comunhão Parcial 401
Do Regime de Comunhão Universal 403
Do Regime de Participação Final nos Aquestos 404
Do Regime de Separação de Bens 406
Do Usufruto e da Administração dos Bens de Filhos Menores 407
Dos Alimentos 407
Do Bem de Família 412
Da União Estável 413
Da Tutela, da Curatela e da Tomada de Decisão Apoiada 414
Da Tutela 414
Dos Tutores 414
Dos Incapazes de Exercer a Tutela 415
Da Escusa dos Tutores 416
Do Exercício da Tutela 417
Dos Bens do Tutelado 418
Da Prestação de Contas 418
Da Cessação da Tutela 420
Da Curatela 420
Dos Interditos 420
Da Curatela do Nascituro e do Enfermo ou Portador de Deficiência Física 422
Do Exercício da Curatela 423
Da Tomada de Decisão Apoiada 423

DO DIREITO DAS SUCESSÕES 425
Da Sucessão em Geral 425
Da Herança e de sua Administração 428
Da Vocação Hereditária 430
Da Aceitação e Renúncia da Herança 432
Dos Excluídos da Sucessão 434
Da Herança Jacente 437
Da Petição de Herança 439

Da Sucessão Legítima 439
Da Ordem da Vocação Hereditária 439
Dos Herdeiros Necessários 444
Do Direito de Representação 447
Da Sucessão Testamentária 448
Do Testamento em Geral 448
Da Capacidade de Testar 448
Das Formas Ordinárias do Testamento 449
Do Testamento Público 449
Do Testamento Cerrado 450
Do Testamento Particular 451
Dos Codicilos 452
Dos Testamentos Especiais 452
Do Testamento Marítimo e do Testamento Aeronáutico 452
Do Testamento Militar 453
Das Disposições Testamentárias 454
Dos Legados 456
Dos Efeitos do Legado e do seu Pagamento 458
Da Caducidade dos Legados 459
Do Direito de Acrescer entre Herdeiros e Legatários 460
Das Substituições 460
Da Substituição Vulgar e da Recíproca 460
Da Substituição Fideicomissária 461
Da Deserdação 462
Da Redução das Disposições Testamentárias 463
Da Revogação do Testamento 463
Do Rompimento do Testamento 464
Do Testamenteiro 464
Do Inventário e da Partilha 466
Do Inventário 466
Dos Sonegados 466
Do Pagamento das Dívidas 467
Da Colação 467
Da Partilha 469
Da Garantia dos Quinhões Hereditários 470
Da Anulação da Partilha 470

PARTE FINAL – DIREITO TRANSITÓRIO PRIVADO 471

Gabarito das questões 477

Referências bibliográficas 479

Índice remissivo 481

Enunciados das Jornadas de Direito Civil do Conselho da Justiça Federal 491

Súmulas do Superior Tribunal de Justiça (temas de direito civil) 515

SUMÁRIO DAS QUESTÕES

PARTE GERAL

DAS PESSOAS

A1	32	A2	33	A3	39	A4	40	A5	40
A6	41	A7	42	A8	43	A9	44	A10	46
A11	47	A12	51	A13	56				

DOS BENS

B1	61	B2	63	B3	64

DOS FATOS JURÍDICOS

C1	69	C2	69	C3	70	C4	72	C5	76
C6	77	C7	80	C8	81	C9	82	C10	84
C11	85	C12	86	C13	88	C14	91	C15	92
C16	92	C17	94	C18	95	C19	96	C20	97
C21	99								

PARTE ESPECIAL

DO DIREITO DAS OBRIGAÇÕES

D1	106	D2	109	D3	110	D4	113	D5	115
D6	116	D7	117	D8	121	D9	121	D10	127
D11	127	D12	137	D13	138	D14	139	D15	141
D16	142	D17	142	D18	144	D19	145	D20	147
D21	152	D22	153	D23	154	D24	157	D25	159
D26	164	D27	165	D28	167	D29	170	D30	172
D31	178	D32	180	D33	181	D34	182	D35	185

D36	186	D37	200	D38	204	D39	205	D40	216
D41	221	D42	222	D43	225	D44	228	D45	232
D46	238	D47	239	D48	239	D49	240	D50	241
D51	242	D52	243	D53	244	D54	245	D55	246
D56	248	D57	250	D58	251				

DO DIREITO DE EMPRESA

E1	260	E2	268

DO DIREITO DAS COISAS

F1	300	F2	301	F3	302	F4	303	F5	307
F6	308	F7	309	F8	310	F9	316	F10	316
F11	318	F12	325	F13	332	F14	335	F15	340
F16	341	F17	342	F18	344	F19	347	F20	348
F21	352	F22	358						

DO DIREITO DE FAMÍLIA

G1	373	G2	381	G3	383	G4	387	G5	390
G6	394	G7	399	G8	400	G9	401	G10	403
G11	408	G12	409	G13	410	G14	415	G15	418

DO DIREITO DAS SUCESSÕES

H1	427	H2	434	H3	435	H4	436	H5	438
H6	440	H7	441	H8	442	H9	443	H10	443
H11	444	H12	445	H13	446	H14	447	H15	449
H16	456								

EXPOSIÇÃO DE MOTIVOS DO CÓDIGO CIVIL*

MENSAGEM N. 160, DE 10 DE JUNHO DE 1975

EXCELENTÍSSIMOS SENHORES MEMBROS DO CONGRESSO NACIONAL:

Nos termos do art. 56 da Constituição, tenho a honra de submeter à elevada deliberação de Vossas Excelências, acompanhado de Exposições de Motivos do Senhor Ministro de Estado da Justiça e do Supervisor da Comissão Elaboradora e Revisora do Código Civil, o anexo projeto de lei que institui o Código Civil.

Brasília, em 10 de junho de 1975.
ERNESTO GEISEL

EXPOSIÇÃO DE MOTIVOS DO SENHOR MINISTRO DE ESTADO DA JUSTIÇA

Brasília, em 06 de junho de 1975.

Excelentíssimo Senhor Presidente da República.

Tenho a honra de encaminhar a Vossa Excelência o Projeto do Código Civil, cujo anteprojeto é de autoria dos Professores Miguel Reale, na qualidade de Supervisor, José Carlos Moreira Alves, Agostinho de Arruda Alvim, Sylvio Marcondes, Ebert Chamoun, Clóvis do Couto e Silva e Torquato Castro, que elaboraram, respectivamente, a matéria relativa à Parte Geral, Direito das Obrigações, Atividade Negocial, Direito das Coisas, Direito de Família e Direito das Sucessões, tendo o professor Moreira Alves acumulado, durante certo tempo, as funções de Coordenador da Comissão de Estudos Legislativos.

Como resulta da minuciosa Exposição de Motivos, com a qual o Professor Miguel Reale fundamenta e justifica a obra realizada, obedeceu esta a plano previamente aprovado por este Ministério, de conformidade com as seguintes diretrizes:

"*a)* Compreensão do Código Civil como *lei básica, mas não global*, do Direito Privado, conservando-se em seu âmbito, por conseguinte, o Direito das Obrigações, sem distinção entre obrigações civis e mercantis, consoante diretriz já consagrada, nesse ponto, desde o Anteprojeto do Código de Obrigações de 1941, e reiterada no Projeto de 1965.

b) Considerar elemento integrante do próprio Código Civil a parte legislativa concernente às atividades negociais ou empresárias em geral, como desdobramento natural do Direito

* Importante a análise da Exposição de Motivos do Código Civil, a qual descreve a ontologia do país ao ter uma nova lei privada, que não só muda a lei do século XIX, conhecida como Código Civil de 1916, ou Código Clóvis Bevilaqua, mas como incorpora o direito empresarial ao Código Civil, gerando assim uma codificação de Direito Privado brasileira, seguindo os passos do Código Civil Italiano. Ler a Exposição de Motivos do Código Civil é vivenciar a experiência que todos os Capítulos e os princípios norteadores do CC traz à sociedade brasileira.

das Obrigações, salvo as matérias que reclamam disciplina especial autônoma, tais como as de falência, letra de câmbio, e outras que a pesquisa doutrinária ou os imperativos da política legislativa assim o exijam.

c) Manter, não obstante as alterações essenciais supraindicadas, a estrutura do Código ora em vigor, por considerar-se inconveniente, consoante opinião dominante dos juristas pátrios, a supressão da Parte Geral, tanto do ponto de vista dos valores dogmáticos, quanto das necessidades práticas, sem prejuízo, é claro, da atualização de seus dispositivos, para ajustá-los aos imperativos de nossa época, bem como às novas exigências da Ciência Jurídica.

d) Redistribuir a matéria do Código Civil vigente, de conformidade com os ensinamentos que atualmente presidem a sistemática civil.

e) Preservar, sempre que possível, a redação da atual Lei Civil, por se não justificar a mudança de seu texto, a não ser como decorrência de alterações de fundo, ou em virtude das variações semânticas ocorridas no decorrer de mais de meio século de vigência.

f) Atualizar, todavia, o Código vigente, não só para superar os pressupostos individualistas que condicionaram a sua elaboração, mas também para dotá-lo de institutos novos, reclamados pela sociedade atual, nos domínios das atividades empresárias e nos demais setores da vida privada.

g) Aproveitar, na revisão do Código de 1916, como era de se esperar de trabalho científico ditado pelos ditames do interesse público, as valiosas contribuições anteriores em matéria legislativa, tais como os Anteprojetos de Código das Obrigações, de 1941 e de 1965, este revisto pela douta Comissão constituída pelos ilustres juristas Orosimbo Nonato, Presidente, Caio Mário da Silva Pereira, Relator-Geral, Sylvio Marcondes, Orlando Gomes, Theophilo de Azevedo Santos e Nehemias Gueiros; e o Anteprojeto de Código Civil, de 1963, de autoria do Prof. Orlando Gomes.

h) Dispensar igual atenção aos estudos e críticas que tais proposições suscitaram, a fim de ter-se um quadro, o mais completo possível, das ideias dominantes no País, sobre o assunto.

i) Não dar guarida no Código senão aos institutos e soluções normativas já dotados de certa sedimentação e estabilidade, deixando para a *legislação aditiva* a disciplina de questões ainda objeto de fortes dúvidas e contrastes, em virtude de mutações sociais em curso, ou na dependência de mais claras colocações doutrinárias, ou ainda quando fossem previsíveis alterações sucessivas para adaptações da lei à experiência social e econômica.

j) Eliminar do Código Civil quaisquer regras de ordem processual, a não ser quando intimamente ligadas ao direito material, de tal modo que a supressão delas lhe pudesse mutilar o significado.

l) Incluir na sistemática do Código, com as revisões indispensáveis, a matéria contida em leis especiais promulgadas após 1916.

m) Acolher os modelos jurídicos validamente elaborados pela jurisprudência construtiva de nossos tribunais, mas fixar normas para superar certas situações conflitivas, que de longa data comprometem a unidade e a coerência de nossa vida jurídica.

n) Dispensa de formalidades excessivamente onerosas, como, por exemplo, a notificação judicial, onde e quando possível obter-se o mesmo resultado com economia natural de meios, ou dispensar-se a escritura pública, se bastante documento particular devidamente registrado.

o) Consultar entidades públicas e privadas, representativas dos diversos círculos de atividades e interesses objeto da disciplina normativa, a fim de que o Anteprojeto, além de se apoiar nos entendimentos legislativos, doutrinários e jurisprudenciais, tanto nacionais como alienígenas, refletisse os anseios legítimos da experiência social brasileira, em função de nossas peculiares circunstâncias.

p) Dar ao Anteprojeto antes um sentido operacional do que conceitual, procurando configurar os modelos jurídicos à luz do princípio da *realizabilidade*, em função das forças sociais operantes no País, para atuarem como instrumentos de paz social e de desenvolvimento."

Observo, ainda, que o Projeto muito embora discipline as sociedades empresárias no livro referente à Atividade Negocial, não abrange as *sociedades anônimas*, pois estas, de conformidade com a determinação de Vossa Excelência, serão objeto de lei especial.

Constituída em maio de 1969, a "Comissão Revisora e Elaboradora do Código Civil", após vários meses de pesquisas e sucessivas reuniões, entregou ao então Ministro da Justiça, Prof. Alfredo Buzaid, o primeiro texto do Anteprojeto, solicitando que fosse publicado a fim de serem recebidas sugestões e emendas de todos os interessados.

Sobre esse primeiro anteprojeto, publicado em 7 de agosto de 1972, manifestaram-se não somente as principais corporações jurídicas do país, tribunais, instituições e universidades, mas também entidades representativas das diversas categorias profissionais, com a publicação de livros e artigos em jornais e revistas especializadas.

Conferências e simpósios foram, outrossim, realizados, em vários Estados, sobre a reforma programada, sendo as respectivas conclusões objeto da mais cuidadosa análise por parte da Comissão. Valendo-se de todo esse precioso material, a Comissão voltou a reunir-se por diversas vezes, fiel ao seu propósito de elaborar um Anteprojeto correspondente às reais aspirações da sociedade brasileira, graças à manifestação dos diferentes círculos jurídicos, e de quantos se interessaram pelo aperfeiçoamento de nossa legislação civil.

De tais estudos resultou novo Anteprojeto, publicado em 18 de junho de 1974, abrangendo grande número de emendas e alterações que a Comissão houve por bem acolher, assim como outras de sua iniciativa, decorrentes de investigação própria. Em virtude dessa segunda publicação, novas sugestões e emendas foram analisadas pela Comissão, daí resultando o texto final, que, no dizer de seus autores, transcende as pessoas dos que o elaboraram, tão fundamental e fecunda foi a troca de ideias e experiências com os mais distintos setores da comunidade brasileira.

A exposição feita evidencia, Senhor Presidente, que o projeto ora submetido à alta apreciação de Vossa Excelência é fruto de longos e dedicados estudos, refletindo a opinião dominante nos meios jurídicos nacionais, além de se basear na experiência das categorias sociais a que os preceitos se destinam. Trata-se, em suma, de diploma legal marcado pela compreensão direta de nossos problemas socioeconômicos, e não de sistematização de dispositivos ditada por meras preferências teóricas.

É de longa data, Senhor Presidente, que vem sendo reclamada a atualização do Código Civil de 1916, elaborado numa época em que o Brasil mal amanhecia para o surto de desenvolvimento que hoje o caracteriza, e quando ainda prevaleciam, na tela do Direito, princípios individualistas que não mais se harmonizam com as aspirações do mundo contemporâneo, não apenas no domínio das atividades empresariais, mas também no que se refere à organização da família, ao uso da propriedade ou ao direito das sucessões.

O Projeto, além de conter novos institutos e modelos jurídicos, exigidos pelo atual desenvolvimento do País, caracteriza-se pelo equilíbrio de suas opções, visto ter-se tido sempre em mira a conciliação dos valores da tradição com os imperativos do progresso, os interesses dos particulares com as exigências do bem comum.

De outro lado, promulgado que foi o novo Código de Processo Civil, torna-se ainda mais imperiosa a atualização da lei substantiva, cuja inadequação aos problemas atuais vem sendo apontada como uma das causas mais relevantes da crise da Justiça.

Com o Projeto do Código Civil, a Política legislativa, traçada pelo Governo de Vossa Excelência, atinge o seu ponto culminante, por tratar-se, efetivamente, do diploma legal básico, cuja reforma condiciona todas as demais. Aproveito a oportunidade para renovar a Vossa Excelência protestos de profundo respeito.

ARMANDO FALCÃO – Ministro da Justiça

EXPOSIÇÃO DE MOTIVOS DO SUPERVISOR DA COMISSÃO REVISORA E ELABORADORA DO CÓDIGO CIVIL

Ao Excelentíssimo Senhor
Doutor Armando Falcão
DD. Ministro de Estado da Justiça
Brasília
Senhor Ministro

Na qualidade de Supervisor da "Comissão Revisora e Elaboradora do Código Civil", cabe-me a honra de submeter à consideração de Vossa Excelência o Anteprojeto de Código Civil, elaborado com inestimável colaboração dos Professores José Carlos Moreira Alves (Parte Geral), Agostinho de Arruda Alvim (Direito das Obrigações), Sylvio Marcondes (Atividade Negocial), Ebert Vianna Chamoun (Direito das Coisas), Clóvis do Couto e Silva (Direito de Família) e Torquato Castro (Direito das Sucessões).

Não obstante já conhecidas as diretrizes fundamentais do Anteprojeto, através das Exposições de Motivos redigidas pelo signatário e demais membros da Comissão, não será demais, como remate final dos trabalhos iniciados há quase seis anos, a 23 de maio de 1969, recapitular os seus pontos essenciais, com os aditamentos indispensáveis ao pleno esclarecimento da matéria.

Ao fazê-lo, Senhor Ministro, posso afirmar que, pela forma como se desenvolveram os estudos, com base em reiteradas pesquisas próprias, mas também graças às preciosas sugestões e críticas que nos chegaram de todos os quadrantes do País, a obra ora apresentada transcende a pessoa de seus autores, o que me permite apreciá-la com a indispensável objetividade.

Preferimos, os integrantes da Comissão, agir em sintonia com a comunidade brasileira, corrigindo e completando os Anteprojetos anteriores, publicados no *Diário Oficial da União*, respectivamente, de 7 de agosto de 1972 e 18 de junho de 1974, por uma razão essencial de probidade científica, a qual se identifica com o natural propósito de bem servir ao povo.

NECESSIDADE DA ATUALIZAÇÃO DO CÓDIGO CIVIL

1. Não é de hoje que vem sendo reclamada a reforma da Lei Civil em vigor, como decorrência das profundas alterações havidas no plano dos fatos e das ideias, tanto em razão do progresso tecnológico como em virtude da nova dimensão adquirida pelos valores da solidariedade social.

A exigência de atualização dos preceitos legais foi notada, preliminarmente, no campo das relações de natureza negocial, como o demonstra a elaboração de um projeto autônomo de "Código de Obrigações", há mais de trinta anos, da autoria dos eminentes jurisconsultos Hahnemann Guimarães, Philadelpho Azevedo e Orosimbo Nonato. Essa iniciativa não vingou, entre outros motivos, por ter-se reconhecido que se impunha a revisão global de nossa legislação civil, visto não ser menos sentida a sua inadequação no que se refere às demais partes das relações sociais por ela disciplinadas.

É a razão pela qual o problema foi retomado, em 1963, tendo sido, então, preferida a elaboração de dois Códigos, um Código Civil – destinado a reger tão somente as relações de propriedade, família e sucessões – e um Código de Obrigações, para integrar em unidade sistemática assim as relações civis como as mercantis.

Não obstante os altos méritos dos juristas que foram incumbidos dessa tarefa, não logrou boa acolhida a ideia de dois Códigos distintos, merecendo, todavia, aplausos o propósito de unificação do Direito das Obrigações, que, como será logo mais salientado, constitui verdadeira vocação da experiência jurídica brasileira. Abandonada a linha da reforma que vinha sendo seguida, não foi posta de lado, mas antes passou a ser insistentemente pedida a atualização do Código Civil vigente, tais e tantos são os prejuízos causados ao País por um sistema legal não mais adequado a uma sociedade que já superou a fase de estrutura prevalecentemente agrária para assumir as formas e os processos próprios do desenvolvimento científico e industrial que caracteriza o nosso tempo.

Não vai nessa afirmação qualquer desdouro para a obra gigantesca de Clóvis Beviláqua, cuja capacidade de legislador não será nunca por demais enaltecida. Ocorre, todavia, que o Código de 1916 foi concebido e aperfeiçoado a partir de 1899, coincidindo a sua feitura com os últimos reflexos de um ciclo histórico marcado, no plano político e jurídico, por acendrado individualismo.

2. As dificuldades e os riscos inerentes ao projeto de um Código sentiu-os profundamente o preclaro Clóvis Beviláqua, ao assumir sobre os ombros a responsabilidade de seu monumental trabalho, que ele prudentemente situou "no ponto de confluência das duas forças de cujo equilíbrio depende a solidez das construções sociais: a conservação e a inovação, as tradições nacionais e as teorias das escolas, o elemento estável que já se adaptou ao caráter e ao modo de sentir de nosso povo, a maneira pela qual ele estabelece e procura resolver os agros problemas da vida e o elemento progressivo insuflado pela doutrina científica". E ainda advertia o Mestre: "Mas, por isso mesmo que o Direito evolui, o legislador tem necessidade de harmonizar os dois princípios divergentes (o que se amarra ao passado e o que propende para o futuro), para acomodar a lei e as novas formas de relações e para assumir discretamente a atitude de educador de sua nação, guiando cautelosamente a evolução que se acusa no horizonte".

Outra não pode ser a atitude do codificador, dada a natureza essencialmente ambivalente de sua missão, que consiste em afundar raízes no passado para melhor se alçar na visão do porvir. Não é menos verdade, porém, que o nosso tempo se mostra mais propício a vislumbrar as linhas do futuro do que o de CLÓVIS, quando ainda o planeta não fora sacudido pela tormenta de duas guerras universais e pelo impacto dos conflitos ideológicos.

Muito embora sejamos partícipes de uma "sociedade em mudança", já fizemos, no Brasil, a nossa opção pelo sistema e o estilo de vida mais condizentes com as nossas aspirações e os valores de nossa formação histórica. Se reconhecemos os imperativos de uma Democracia Social, repudiamos todas as formas de coletivismo ou estatalismo absorventes e totalitários. Essa firme diretriz não só nos oferece condições adequadas à colocação dos problemas básicos de nossa vida civil, como nos impõe o dever de assegurar, nesse sentido, a linha de nosso desenvolvimento.

Superado de vez o individualismo, que condicionara as fontes inspiradoras do Código vigente, reconhecendo-se cada vez mais que o Direito é social em sua origem e em seu destino, impondo a correlação concreta e dinâmica dos valores coletivos com os individuais, para que a pessoa humana seja preservada sem privilégios e exclusivismos, numa ordem global de comum participação, não pode ser julgada temerária, mas antes urgente e indispensável, a renovação dos Códigos atuais, como uma das mais nobres e corajosas metas de governo.

Por outro lado, os que têm se manifestado sobre a chamada "crise da Justiça" reconhecem que uma das causas desta advém do obsoletismo de muitas normas legais vigentes, quer pela inadequação de seu conteúdo à realidade social contemporânea, quer pelo vincado sentido formalista que as inspira, multiplicando as áreas e os motivos dos conflitos de interesse.

Acresce que, tendo sido antecipada a promulgação do novo Código de Processo Civil, mais ainda se impõe a pronta reforma da lei substantiva, tal a complementariedade que liga um processo normativo ao outro. Nem se diga que nossa época é pouco propícia à obra codificadora, tantas e tamanhas são as forças que atuam neste mundo em contínua transformação, pois, a prevalecer tal entendimento, só restaria ao jurista o papel melancólico de acompanhar passivamente o processo histórico, limitando-se a interferir, intermitentemente, com leis esparsas e extravagantes. Ao contrário do que se assoalha, a codificação, como uma das expressões máximas da cultura de um povo, não constitui balanço ou arremate de batalhas vencidas, mas pode e deve ser instrumento de afirmação de valores nas épocas de crise.

Mesmo porque, tal como a história no-lo comprova, há codificações, como a de Justiniano, elaboradas no crepúsculo de uma civilização, enquanto que outras, como o Código Civil de Napoleão, correspondem ao momento ascensional de um ciclo de cultura.

O que importa é ter olhos atentos ao futuro, sem o temor do futuro breve ou longo que possa ter a obra realizada. Códigos definitivos e intocáveis não os há, nem haveria vantagem em tê-los, pois a sua imobilidade significaria a perda do que há de mais profundo no ser do homem, que é o seu desejo perene de perfectibilidade.

Um Código não é, em verdade, algo de estático ou cristalizado, destinado a embaraçar caminhos, a travar iniciativas, a provocar paradas ou retrocessos: põe-se antes como sistema de soluções normativas e de modelos informadores de experiência vivida de uma Nação, a fim de que ela, graças à visão atualizada do conjunto, possa com segurança prosseguir em sua caminhada.

DIRETRIZES FUNDAMENTAIS

4. Penso, Senhor Ministro, ter sido acertado o processo de estudo e pesquisa firmado em nossas reuniões iniciais, no sentido de se proceder à revisão por etapas, a primeira das quais consistiu na feitura de projetos parciais, acordados os princípios fundamentais a que deveria obedecer o futuro Código a saber:

a) Compreensão do Código Civil como *lei básica, mas não global*, do Direito Privado, conservando-se em seu âmbito, por conseguinte, o Direito das Obrigações, sem distinção entre obrigações civis e mercantis, consoante diretriz já consagrada, nesse ponto, desde o Anteprojeto do Código de Obrigações de 1941, e reiterada no Projeto de 1965.

b) Considerar elemento integrante do próprio Código Civil a parte legislativa concernente às atividades negociais ou empresárias em geral, como desdobramento natural do Direito das Obrigações, salvo as matérias que reclamam disciplina especial autônoma, tais como as de falência, letra de câmbio, e outras que a pesquisa doutrinária ou os imperativos da política legislativa assim o exijam.

c) Manter, não obstante as alterações essenciais supra indicadas, a estrutura do Código ora em vigor, por considerar-se inconveniente, consoante opinião dominante dos juristas pátrios, a supressão da Parte Geral, tanto do ponto de vista dos valores dogmáticos, quanto das necessidades práticas, sem prejuízo, é claro, da atualização de seus dispositivos, para ajustá-los aos imperativos de nossa época, bem como às novas exigências da Ciência Jurídica.

d) Redistribuir a matéria do Código Civil vigente, de conformidade com os ensinamentos que atualmente presidem a sistemática civil.

e) Preservar, sempre que possível, a redação da atual Lei Civil, por se não justificar a mudança de seu texto, a não ser como decorrência de alterações de fundo, ou em virtude das variações semânticas ocorridas no decorrer de mais de meio século de vigência.

f) Atualizar, todavia, o Código vigente, não só para superar os pressupostos individualistas que condicionaram a sua elaboração, mas também para dotá-lo de institutos novos, reclamados pela sociedade atual, nos domínios das atividades empresárias e nos demais setores da vida privada.

g) Aproveitar, na revisão do Código de 1916, como era de se esperar de trabalho científico ditado pelos ditames do interesse público, as valiosas contribuições anteriores em matéria legislativa, tais como os Anteprojetos de Código de Obrigações, de 1941 e de 1965, este revisto pela douta Comissão constituída pelos ilustres juristas Orosimbo Nonato, Presidente, Caio Mário da Silva Pereira, Relator-Geral, Sylvio Marcondes, Orlando Gomes, Theophilo de Azevedo Santos e Nehemias Gueiros; e o Anteprojeto de Código Civil, de 1963, de autoria do Prof. Orlando Gomes.

h) Dispensar igual atenção aos estudos e críticas que tais proposições suscitaram, a fim de ter-se um quadro, o mais completo possível, das ideias dominantes no País, sobre o assunto.

i) Não dar guarida no Código senão aos institutos e soluções normativas já dotados de certa sedimentação e estabilidade, deixando para a *legislação aditiva* a disciplina de questões ainda objeto de fortes dúvidas e contrastes, em virtude de mutações sociais em curso, ou na dependência de mais claras colocações doutrinárias, ou ainda quando fossem previsíveis alterações sucessivas para adaptações da lei à experiência social e econômica.

j) Eliminar do Código Civil quaisquer regras de ordem processual, a não ser quando intimamente ligadas ao direito material, de tal modo que a supressão delas lhe pudesse mutilar o significado.

l) Incluir na sistemática do Código, com as revisões indispensáveis, a matéria contida em leis especiais promulgadas após 1916.

m) Acolher os modelos jurídicos validamente elaborados pela jurisprudência construtiva de nossos tribunais, mas fixar normas para superar certas situações conflitivas, que de longa data comprometem a unidade e a coerência de nossa vida jurídica.

n) Dispensa de formalidades excessivamente onerosas, como, por exemplo, a notificação judicial, onde e quando possível obter-se o mesmo resultado com economia natural de meios, ou dispensar-se a escritura pública, se bastante documento particular devidamente registrado.

o) Consultar entidades públicas e privadas, representativas dos diversos círculos de atividades e interesses, objeto da disciplina normativa, a fim de que o Anteprojeto, além de se apoiar nos entendimentos legislativos, doutrinários e jurisprudenciais, tanto nacionais como alienígenas, refletisse os anseios legítimos da experiência social brasileira, em função de nossas peculiares circunstâncias.

p) Dar ao Anteprojeto antes um sentido operacional do que conceitual, procurando configurar os modelos jurídicos à luz do princípio da *realizabilidade*, em função das forças sociais operantes no País, para atuarem como instrumentos de paz social e de desenvolvimento.

ORIENTAÇÃO METODOLÓGICA

5. Posso afirmar, com tranquilidade, que a elaboração do Anteprojeto de Código Civil obedeceu a um processo até certo ponto inédito, marcado pela aderência aos problemas concretos da sociedade brasileira, segundo um plano preestabelecido de sucessivos pronunciamentos por parte das pessoas e categorias sociais a que a nova lei se destina. Essa linha metodológica tornou-se mais nítida à medida que vieram sendo desenvolvidos os trabalhos, o que confirma, no campo das ciências humanas, o acerto epistemológico de que, na pesquisa científica, é o contato direto e efetivo com a realidade que gera as técnicas e os métodos mais adequados à sua compreensão.

Não é demais recordar que, após assentes as diretrizes fundamentais supralembradas, e os necessários encontros preliminares, cada um dos membros da Comissão projetou a parte que lhe havia sido atribuída. Na qualidade de Supervisor coube-me, depois, integrar em unidade sistemática os trabalhos recebidos.

Não podia, penso eu, ser de outra forma. Já vai longe o tempo das legislações confiadas a Solon ou Licurgo solitários, tão diversos e complexos são os problemas de nosso tempo. Se se quer um Código Civil que seja expressão dos valores da comunidade, mister é o concurso de representantes dos distintos "campos de interesse", num intercâmbio fecundo de ideias. Para tanto, todavia, requer-se espírito científico, despido de preconceitos e vaidades, pronto a reconhecer falhas e equívocos, mas sempre atento para discernir o que representa apenas pretensões conflitantes com as necessidades coletivas.

6. Foi com base nos anteprojetos parciais e nas sugestões recebidas de outras fontes que elaborei a *primeira ordenação sistemática* da matéria, de conformidade com o texto do Anteprojeto que apresentei ao então Ministro da Justiça, Prof. Alfredo Buzaid, a 9 de novembro de 1970. No ofício, com que encaminhei esse trabalho, constam as modificações ou acréscimos que entendi necessário introduzir nos anteprojetos iniciais, solicitando que o resultado de meus estudos fosse objeto da apreciação dos demais membros da Comissão.

Essa unificação, inclusive no tocante à linguagem, tinha, é claro, valor provisório, tendo por escopo fornecer a primeira e indispensável visão de conjunto, o que importou a eliminação de normas porventura conflitantes, bem como a elaboração de outras destinadas a assegurar ao Código o sentido de *"socialidade"* e *"concreção"*, os dois princípios que *fundalmentalmente* informam e legitimam a obra programada.

Não se compreende, nem se admite, em nossos dias, legislação que, em virtude da insuperável natureza abstrata das regras de direito, não abra prudente campo à ação construtiva da jurisprudência, ou deixe de prever, em sua aplicação, valores éticos, como os de boa-fé e equidade.

Saliento que, já a essa altura, além dos subsídios tradicionais oriundos de corporações jurídicas, vinha somar-se um fator relevante, representado pelas manifestações de múltiplas entidades empresárias, públicas e privadas, bem como de integrantes de todos os círculos sociais, o que passou a dar ao Projeto um sentido diverso, que, para empregarmos expressões correntes ajustadas ao caso, traduziu "verdadeiro diálogo com as forças vivas da nacionalidade".

7. Enviado o primeiro texto global do Anteprojeto aos meus ilustres colaboradores, procederam eles à sua revisão, sem ficarem adstritos às partes que inicialmente lhes haviam sido confiadas. Ponto alto desse trabalho de crítica objetiva deu-se na reunião do Campos do Jordão, em fins de dezembro de 1970, quando foram examinados, um a um, os artigos do primeiro Anteprojeto, ao qual foram oferecidas múltiplas emendas de conteúdo e de redação. A proposição foi, porém, aceita em sua estrutura sistemática, e no que se refere às principais alterações por mim sugeridas.

Após esse encontro, pode-se dizer que o trabalho se concentrou no reexame meticuloso das emendas oferecidas e das sugestões recebidas, de cuja análise resultou o texto do Anteprojeto publicado pela Imprensa Nacional em 1972. Não é demais acrescentar que esse estudo implicou alterações em um ou outro ponto do sistema, consoante será salientado a seguir.

Cabe repetir que, no trabalho inicial, valemo-nos todos não só dos Anteprojetos anteriores, como já foi lembrado, mas também do material recebido do Ministério da Justiça, contendo sugestões provenientes de entidades oficiais e particulares, de professores e advogados, sem se olvidar o pronunciamento do homem comum, interessado na elaboração de uma lei que, acima de todas, lhe diz respeito. Friso a importância dessas contribuições anônimas, que trouxeram à Comissão material do mais alto significado para juristas empenhados na mais delicada das tarefas, qual seja a de encontrar modelos adequados à multifária e surpreendente condição humana.

Ficava, desse modo, firmada esta diretriz que foi das mais fecundas: a de aliar os ensinamentos da doutrina e da jurisprudência ao "direito vivido" pelas diversas categorias profissionais. Não se cuidou, por conseguinte, de compor um Código tão somente à vista de outros códigos, num florilégio normativo resultante de preferências pessoais, mas sim de apurar e aferir a linha legal mais conveniente e própria, em função dos fatores operantes na realidade nacional.

8. Obediente a essa diretriz metodológica essencial, a Comissão propôs ao Governo da República que se editasse o Anteprojeto, tal como se deu em agosto de 1972, isto é, três anos e meio após o início de nossos trabalhos. Tão grande foi o interesse por essa publicação que, esgotada a edição oficial, surpreendeu-nos a cooperação espontânea de uma empresa privada, a "Saraiva Livreiros Editores", que possibilitou fosse o texto amplamente divulgado em todo o País.

A esta altura, merece especial referência, Senhor Ministro, como sinal de atenção dispensada a nosso trabalho, a admirável iniciativa do *Senado Federal*, através de sua Subsecretaria de Edições Técnicas, publicando o texto do Anteprojeto de 1972, em precioso cotejo com as disposições correspondentes do Código Civil em vigor e dos Anteprojetos anteriores, com oportunas remissões a Códigos alienígenas.

Essa publicação, na qual figuram as Exposições de Motivos iniciais dos membros da Comissão Revisora e Elaboradora do Código Civil, além de outros seus estudos complementares, constituirá inestimável subsídio para nossos parlamentares quando lhes couber o exame da matéria.

Era natural que o Anteprojeto de 1972 suscitasse inúmeras sugestões e críticas, as quais abrangeram todos os seus livros, sem que houvesse, todavia, objeção de maior monta quanto à estruturação dada à matéria, merecedora que foi, ao contrário, de gerais aplausos.

Não cabe, nos limites desta exposição, referir, uma a uma, as numerosas emendas recebidas, objeto da mais cuidadosa análise, nem falar nas modificações e acréscimos que constituíram, por assim dizer, o resultado de "autocrítica" por parte da própria Comissão, representando talvez cerca de metade das modificações introduzidas no texto.

Por outro lado, inclusive por motivos de ordem sistemática, mais perceptíveis por quem se acha empenhado na reelaboração global do ordenamento, as emendas, mesmo quando válidas quanto ao conteúdo, tiveram que passar pelo crivo da natural adaptação. Outras vezes, a crítica ao texto era procedente, mas inaceitável a proposta substitutiva, o que levou a Comissão a oferecer outras soluções, superando ou corrigindo sua posição inicial.

Sobretudo no que se refere à redação, adotou-se o critério de rever o texto toda vez que das manifestações recebidas se pudesse inferir a existência de lacuna ou obscuridade. Lembro tais fatos para demostrar com que isenção procuramos proceder, dando ao primeiro Anteprojeto o "valor de uma hipótese de trabalho", para seguirmos a sábia lição metodológica traçada por Claude Bernard.

Para confirmar ainda mais o caráter "experiencial" da obra legislativa em curso, foi o texto, devidamente revisto, republicado em junho de 1974, para nova manifestação dos círculos culturais do País, o que promoveu o aparecimento de livros, artigos em revistas especializadas e jornais, bem como a realização, em todo País, de ciclos de conferências e seminários, dos quais participaram, com entusiasmo, os membros da Comissão. Nem faltaram lisonjeiros pronunciamentos no exterior, não só quanto à estrutura do Projeto como no concernente a várias de suas inovações.

Novas sugestões e emendas; novo trabalho de paciente reexame, elaboradas que foram cerca de 300 emendas, de fundo ou de forma, com as quais a Comissão dá por concluída sua tarefa, com a apresentação a Vossa Excelência do Anteprojeto de Código Civil anexo, o qual, repito, transcende a pessoa de seus autores, tão significativa foi a colaboração dos meios sociais, científicos e econômicos, que nos honraram com as suas ponderações e críticas construtivas.

Se o Direito é, antes de tudo, fruto da experiência, bem se pode afirmar que o nosso trabalho traz a marca dessa orientação metodológica essencial.

ESTRUTURA E ESPÍRITO DO ANTEPROJETO

10. As considerações expendidas já elucidam, de certo modo, quais as linhas dominantes da codificação proposta, mas a matéria, por sua relevância, reclama esclarecimentos complementares.

Em primeiro lugar, cabe observar que, ao contrário do que poderia parecer, não nos subordinamos a teses abstratas, visando a elaborar, sob a denominação de "Código Civil", um "Código de Direito Privado", o qual, se possível fora, seria de discutível utilidade ou conveniência.

Na realidade, o que se realizou, no âmbito do Código Civil, foi a unidade do Direito das Obrigações, de conformidade com a linha de pensamento prevalecente na Ciência Jurídica pátria, desde Teixeira de Freitas e Inglez de Sousa até os já referidos Anteprojetos de Código das Obrigações de 1941 e 1964.

Essa unificação seria imperfeita ou claudicante se não a integrassem preceitos que disciplinam, de maneira geral, os títulos de crédito e as atividades negociais. Note-se que me refiro aos títulos de crédito em geral, pois no Anteprojeto não figuram senão as regras básicas comuns a todas as categorias de títulos de crédito, como tipos formais que são do Direito obrigacional. Os títulos cambiais constituem espécie desse gênero, e, quer por suas implicações de caráter internacional, como o atesta a Lei comum de Genebra, quer pela especificidade e variabilidade de seus dispositivos, melhor é que sejam disciplinados por lei aditiva. Lembro tal fato como exemplo de orientação por nós seguida, acorde com uma das diretrizes fundamentais supra discriminadas.

Pela mesma razão, embora de início prevalecesse opinião diversa, foi transferido para a legislação especial o problema das sociedades anônimas, assim como já quedara fora do Código toda matéria de natureza falimentar. Não há, pois, que falar em unificação do Direito Privado a não ser em suas matrizes, isto é, com referência aos institutos básicos, pois nada impede que do tronco comum se alonguem e se desdobrem, sem se desprenderem, ramos normativos específicos, que, com aquelas matrizes, continuam a compor o sistema científico do Direito Civil ou Comercial. Como foi dito com relação ao Código Civil italiano de 1942, a unificação do Direito Civil e do Direito Comercial, no campo das obrigações, é de alcance legislativo, e não doutrinário, sem afetar a autonomia daquelas disciplinas. No caso do Anteprojeto ora apresentado, tal autonomia ainda mais se preserva, pela adoção da "técnica da legislação aditiva", onde e quando julgada conveniente.

Não é demais advertir, consoante acentua Sylvio Marcondes, na Exposição de Motivos que acompanha o Anteprojeto de 1974, a unidade do Direito obrigacional já é uma realidade no Brasil, no plano prático, pois o Código Comercial de 1850 preceitua, em seu art. 121, que, salvo as restrições estabelecidas, "as regras e disposições do Direito Civil para os contratos em geral são aplicáveis aos contratos mercantis". Com o advento do Código Civil de 1916, dava-se prosseguimento à mesma linha unificadora, pela aplicação de seus preceitos às atividades negociais, sempre que não houvesse normas de natureza específica.

11. Restrito o plano unificador à matéria obrigacional e seus corolários imediatos, não havia que cuidar, como não se cuidou, de normas gerais sobre a vigência das leis e sua eficácia no espaço e no tempo, tanto no Direito Interno como no Direito Internacional, matéria esta objeto da chamada Lei de Introdução ao Código Civil, mas que, consoante ensinamento inesquecível de Teixeira de Freitas, melhor corresponde a uma Lei Geral, na qual se contenham os dispositivos do Direito Internacional Privado, o que tudo demonstra que não nos tentou veleidade de traçar um "Código de Direito Privado".

12. Pois bem, se o Anteprojeto coincide, em parte, com os modelos suíço e italiano no que tange à unificação das obrigações, a sua ordenação da matéria obedece a orientação própria inconfundível, vinculada às mais gloriosas tradições de nosso Direito. Deve-se, com efeito, recordar que, mais de quatro décadas antes do Código Civil alemão de 1900, o mais genial de nossos jurisconsultos, Teixeira de Freitas, já firmara a tese de uma Parte Geral como elemento básico da sistemática do Direito privado. Obedece a esse critério a *Consolidação das Leis Civis*, de autoria daquele ínclito jurista, consoante texto aprovado pelo Governo Imperial de 1858. Não abandonam essa orientação as edições seguintes da Consolidação, as de 1865 e 1875, figurando, com roupagens científico-doutrinárias do mais alto alcance, no malogrado *Esboço* de Código Civil, ponto culminante na Dogmática Jurídica nacional.

Se lembrarmos que os Anteprojetos de Código Civil dos eminentes juristas Felicio dos Santos, de 1881, e Coelho Rodrigues, de 1893, conservam a Parte Geral no plano ordenador da matéria; e se, sobretudo, tivermos presente que a Parte Geral compõe e governa o sistema do Código Civil vigente, graças à lúcida colocação dos problemas feita por Clóvis Beviláqua, facilmente se compreende por qual motivo a ideia de abandonar tão conspícuo valor de nossa tradição jurídica não favorecia a reforma programada em 1963/64.

Ora, basta a existência de uma Parte Geral para desfazer a increpação de que teríamos seguido o modelo italiano de 1942, o qual a não possui. Além do mais, no Código Civil peninsular figura toda a disciplina do Direito do Trabalho, que não integra o nosso Anteprojeto, por tratar-se prevalecentemente de matéria de Direito público, equacionável segundo outros ditames e parâmetros.

Pode dizer-se, por conseguinte, que a estrutura do Anteprojeto corresponde a um plano original, como desdobramento de uma diretriz que caracteriza e enobrece a experiência jurídica pátria, tanto no que se refere à Parte Geral, seguida de cinco livros especiais, como no concernente ao tratamento unitário dos institutos mais consolidados do Direito das Obrigações.

13. Não procede a alegação de que uma Parte Geral, como a do Código Civil alemão, ou do nosso, de 1916, não representa mais que uma experiência acadêmica de distínguos conceituais, como fruto tardio da pandectística do século passado. Quando a Parte Geral, além de fixar as linhas ordenadoras do sistema, firma os princípios ético-jurídicos essenciais, ela se torna instrumento indispensável e sobremaneira fecundo na tela da hermenêutica e da aplicação do Direito. Essa função positiva ainda mais se confirma quando a orientação legislativa obedece a imperativos de *socialidade* e *concreção*, tal como se dá no presente Anteprojeto.

Não é sem motivos que reitero esses dois princípios, essencialmente complementares, pois o grande risco de tão reclamada *socialização do Direito* consiste na perda dos valores particulares dos indivíduos e dos grupos; e o risco não menor da *concretude jurídica* reside na abstração e olvido de características transpessoais ou comuns aos atos humanos, sendo indispensável, ao contrário, que o *individual ou o concreto* se balance e se dinamize com o *serial ou o coletivo*, numa unidade superior de sentido ético.

Tal compreensão dinâmica do que deva ser um Código implica uma atitude de natureza operacional, sem quebra do rigor conceitual, no sentido de se preferir sempre configurar os modelos jurídicos com amplitude de repertório, de modo a possibilitar a sua adaptação às esperadas mudanças sociais, graças ao trabalho criador da Hermenêutica, que nenhum jurista bem informado há de considerar tarefa passiva e subordinada. Daí o cuidado em salvaguardar, nas distintas partes do Código, o sentido plástico e operacional das normas, conforme inicialmente assente como pressuposto metodológico comum, fazendo-se, para tal fim, as modificações e acréscimos que o confronto dos textos revela.

O que se tem em vista é, em suma, uma estrutura normativa concreta, isto é, destituída de qualquer apego a meros valores formais e abstratos. Esse objetivo de concretude impõe soluções que deixam margem ao juiz e à doutrina, com frequente apelo a conceitos integradores da compreensão ética, tal como os de boa-fé, equidade, probidade, finalidade social do direito, equivalência de prestações etc., o que talvez não seja do agrado dos partidários de uma concepção mecânica ou naturalística do Direito, mas este é incompatível com leis rígidas de tipo físico-matemático. A "exigência de concreção" surge exatamente da contingência insuperável de permanente adequação dos modelos jurídicos aos fatos sociais *in fieri*.

A estrutura do Código – e já se percebeu que quando emprego o termo estrutura não me refiro ao arcabouço extrínseco de suas normas, mas às normas mesmas na sua íntima e complementar unidade, ou à sua forma substancial e global – essa estrutura é, por conseguinte, baseada no propósito que anima a Ciência do Direito, tal como se configura em nossos dias, isto é, como ciência de experiência social concreta.

O PROBLEMA DA LINGUAGEM

14. O problema da linguagem do Anteprojeto preocupou, desde o início, os membros da Comissão, lembrados de que, quando da elaboração do Código de 1916, tais questões prevaleceram, como com sutil ironia foi sublinhado por Clóvis, numa preferência pela forma, "em detrimento da matéria jurídica".

Embora seja belo ideal a ser atingido – o da composição dos valores formais com os da técnica jurídica –, nem sempre será possível atendê-lo, não se podendo deixar de dar preferência, vez por outra, à linguagem do jurista, sempre vinculada a exigências inamovíveis de certeza e segurança.

Essa dificuldade cresce de ponto se se lembrar que o Anteprojeto conserva, imutáveis, centenas de dispositivos do Código Civil de 1916, onde o gênio de Rui Barbosa esculpiu as configurações normativas segundo impecável estrutura idiomática. Coube-nos a tarefa ingrata de não destoar desse contexto, mas sem certos preciosismos inadmissíveis em nosso tempo.

O problema da linguagem é inseparável do conteúdo essencial daquilo que se quer comunicar, quando não se visa apenas a informar, mas também a fornecer modelos e diretivas de ação. A linguagem de um Código não se dirige a meros espectadores, mas se destina antes aos protagonistas prováveis da conduta regulada.

Como o comportamento deles implicará sanções premiais ou punitivas, mister é que a beleza formal dos preceitos não comprometa a clareza e precisão daquilo que se enuncia e se exige.

Com essa compreensão da linguagem jurídica – e, consoante a atual Epistemologia, toda ciência é, no fundo, a sua própria e irrenunciável linguagem –, ver-se-á que, apesar de nosso propósito de elaborar uma legislação dotada de efetivo valor operacional, não descuidamos da forma. Procuramos, em última análise, preservar a beleza formal do Código de 1916, modelo insuperável da vernaculidade, reconhecendo que uma lei bela já é meio caminho andado para a comunicação da Justiça.

15. Intimamente ligado ao problema da linguagem é o da manutenção, no Anteprojeto, como já foi salientado, de centenas de artigos do Código Civil vigente. Ao contrário do que poderia parecer, a um juízo superficial, o Código de 1916, não obstante ter mais de meio século de vigência, conserva intactas, no fundo e na forma, soluções dotadas de vitalidade atual, que seria erro substituir, só para atender ao desejo de uma redação "modernizada".

A modernidade de um preceito não depende tão somente da linguagem empregada, a não ser quando ocorreram mutações semânticas, alterando a acepção original. Em casos que tais impunha-se a atualização do texto, e ela foi feita com critério e prudência. Fazer alteração numa regra jurídica, por longo tempo trabalhada pela doutrina e pela jurisprudência, só se justifica quando postos em evidência os seus equívocos e deficiências, inclusive de ordem verbal, ou então, quando não mais compatíveis com as necessidades sociais presentes. De outra forma, a alteração gratuita das palavras poderia induzir, erroneamente, o intérprete a buscar um sentido novo que não estava nos propósitos do legislador.

Quanto às remissões de uns artigos a outros do Anteprojeto, preferiu-se fazê-lo tão somente quando a compreensão do dispositivo o impunha, e não apenas em virtude da correlação da matéria. O problema das remissões é mais denso de consequências do que à primeira vista parece, inclusive quando se tem por fim determinar o sentido pleno dos dispositivos, correlacionando-os logicamente com os de conotação complementar. Se o significado de um dispositivo legal depende da totalidade do ordenamento, essa exigência hermenêutica cresce de ponto, particularizando-se, quando o próprio legislador se refere a outros preceitos para a integração normativa. É a razão pela qual o legislador deve vincular, com a devida parcimônia, um artigo a outros, deixando essa tarefa à dinâmica criadora da doutrina, à luz dos fatos e valores emergentes.

Cumpre, por fim, ressaltar que, não obstante seus méritos expressionais, justamente louvados por sua correção e beleza de linguagem, não é menos certo, todavia, que o Código atual carece, às vezes, de rigor técnico-conceitual, sobretudo se examinado à luz das mais recentes conquistas da Teoria Geral do Direito.

Forçoso foi, por conseguinte, introduzir na sistemática do Código algumas distinções básicas, como, por exemplo, entre validade e eficácia dos atos jurídicos; resolução e rescisão dos contratos; ou entre ratificação e confirmação, e outros mais, que não são de mero alcance doutrinário, e muito menos acadêmico, por envolverem antes consequências práticas, sobretudo para mais segura interpretação e aplicação dos preceitos.

Ao terminar estas referências ao problema da linguagem, quero deixar assinalada a valiosa colaboração do Prof. José Carlos Moreira Alves, ao realizarmos a revisão final dos textos, visando à unidade expressional compatível com a diversidade das questões abrangidas pelo Código.

PARTE GERAL

16. Sendo esta Exposição de Motivos de caráter complementar, à vista das que constam dos Anteprojetos de 1972 e 1974, às quais peço vênia para me reportar, vou limitar-me a fixar os pontos capitais que distinguem a Parte Geral do Anteprojeto, em confronto com a legislação vigente. Mais do que em qualquer outra parte do Código, vale, nesta, a verdade de que, em matéria de Direito Civil, as reformas mais aparatosas nem sempre são as mais ricas consequências. É lícito dizer-se, parafraseando antiga parêmia, que uma pequena alteração normativa *maximas inducit consequentias juris*. Basta, com efeito, a dispensa de uma simples formalidade para favorecer o curso dos negócios e contribuir ao desafogo do foro; a simples conversão de um ato jurídico nulo em anulável é suficiente para alterar-se todo o sentido do ordenamento.

Por outro lado, atendendo aos já apontados imperativos técnicos da linguagem do Direito, é sobretudo na Parte Geral que, além de serem fixados os ângulos e parâmetros do sistema, se elegem os termos adequados às distintas configurações jurídicas, o que implicou rigorosa atualização do Código atual, onde não raro se empregam, indiscriminadamente, palavras que devem ter sentido técnico unívoco.

Tal orientação importou, desde logo, uma tomada de posição que se reflete no corpo todo do Projeto, quanto à delicada, mas não despicienda, necessidade de distinguir-se entre *valida-*

de e *eficácia* dos atos jurídicos em geral, e dos negócios jurídicos em particular. Na terminologia do Anteprojeto, por validade se entende o complexo de requisitos ou valores formais que determina a vigência de um ato, por representar o seu elemento constitutivo, dada a sua conformação com uma norma jurídica em vigor, seja ela imperativa ou dispositiva. Já a *eficácia* dos atos se refere à produção dos efeitos, que podem existir ou não, sem prejuízo da validade, sendo certo que a incapacidade de produzir efeitos pode ser coeva da ocorrência do ato ou da estipulação do negócio, ou sobrevir em virtude de fatos e valores emergentes.

Quem analisar com cuidado a Parte Geral poderá notar o zelo e rigor com que se procurou determinar a matéria relativa à validade e eficácia dos atos e negócios jurídicos, assim como a pertinente aos valores da pessoa e dos bens.

17. Relembradas essas diretrizes de ordem geral, será bastante focalizar alguns pontos mais relevantes da reforma, abstração feita de aperfeiçoamentos outros de ordem técnica ou dogmática, já apreciados por Moreira Alves em exposições anteriores.

a) Substancial foi a alteração operada no concernente ao tormentoso *problema da capacidade* da pessoa física ou natural, tão conhecidos são os contrastes da doutrina e da jurisprudência na busca de critérios distintivos válidos entre incapacidade absoluta e relativa. Após sucessivas revisões chegou-se, a final, a uma posição fundada nos subsídios mais recentes da Psiquiatria e da Psicologia, distinguindo-se entre "enfermidade ou retardamento mental" e "fraqueza da mente", determinando aquela a incapacidade absoluta, e esta a relativa.

b) Ainda no concernente ao mesmo tema, reconhece-se a incapacidade absoluta dos que, ainda por causa transitória, não possam exprimir sua vontade, ao mesmo tempo em que se declaram relativamente capazes, não apenas os surdos-mudos, mas todos "os excepcionais sem desenvolvimento mental completo".

c) Todo um capítulo novo foi dedicado aos *Direitos da personalidade*, visando à sua salvaguarda, sob múltiplos aspectos, desde a proteção dispensada ao nome e à imagem até o direito de se dispor do próprio corpo para fins científicos ou altruísticos. Tratando-se de matéria de per si complexa e de significação ética essencial, foi preferido o enunciado de poucas normas dotadas de rigor e clareza, cujos objetivos permitirão os naturais desenvolvimentos da doutrina e jurisprudência.

d) Como continuidade lógica das questões atinentes à pessoa, cuidou-se de regrar, na Parte Geral, a *ausência*, adotando-se critérios mais condizentes com as facilidades de comunicação e informação próprias de nosso tempo.

e) Tratamento novo foi dado ao tema *pessoas jurídicas*, um dos pontos em que o Código Civil atual se revela lacunoso e vacilante. Fundamental, por sua repercussão em todo sistema, é uma precisa distinção entre as pessoas jurídicas de fins não econômicos (associações e fundações) e as de escopo econômico (sociedade simples e sociedade empresária), aplicando-se a estas, no que couber, as disposições concernentes às associações. Revisto também foi todo capítulo relativo às fundações, restringindo-se sua destinação a fins religiosos, morais, culturais, ou de assistência.

f) Daí as regras disciplinadoras da vida associativa em geral, com disposições especiais sobre as causas e a forma de *exclusão de associados*, bem como quanto à *repressão do uso indevido da personalidade jurídica,* quando esta for desviada de seus objetivos socioeconômicos para a prática de atos ilícitos, ou abusivos.

g) Foram reformulados os dispositivos concernentes às *pessoas jurídicas de Direito Público* interno, inclusive para atender à situação dos Territórios, aos quais se não pode recusar aquela qualidade, quando a possuem os municípios que os integram. Os Territórios não são unidades político-administrativas dotadas de autonomia, mas devem ser considerados pessoas jurídicas de Direito Público, dada a extensão que tal conceito adquiriu no mundo contemporâneo, com o aparecimento de entidades outras como as autarquias, fundações de Direito Público etc.

h) Mais precisa discriminação dos *bens públicos*, cuja imprescritibilidade foi mantida, inclusive quanto aos dominicais, mas com significativa ressalva do disposto em leis especiais, destinadas a salvaguardar os interesses da Fazenda, mas sem prejuízo de determinadas situações privadas merecedoras de amparo.

i) Atualização das normas referentes aos fatos jurídicos, dando-se preferência à disciplina dos *negócios jurídicos*, com mais rigorosa determinação de sua constituição, de seus defeitos e de sua invalidade, fixadas, desse modo, as bases sobre que se assenta toda a parte relativa ao Direito das Obrigações. Nesse, como em outros pontos, procura-se obedecer a uma clara distinção entre validade e eficácia dos atos jurídicos, evitando-se os equívocos em que se enreda a Dogmática Jurídica que presidiu à feitura do Código de 1916.

j) As disposições relativas *à lesão enorme*, para considerar-se anulável o negócio jurídico pelo qual uma pessoa, sob premente necessidade, ou por inexperiência, se obriga a prestação manifestamente desproporcional ao valor da prestação oposta.

l) Correlação mais harmônica entre a disciplina dos atos ilícitos e a parte do Direito das Obrigações pertinente à "responsabilidade civil".

m) Maior distinção, sem perda do sentido de sua complementariedade, entre as normas pertinentes à *representação* e ao *mandato*, as deste transferidas para o Livro do Direito da Obrigações.

n) Foi atualizada, de maneira geral, a terminologia do Código vigente, a começar pelo superamento da obsoleta sinonímia entre "juridicidade" e "licitude", por ser pacífico, na atual Teoria Geral do Direito, sobretudo a partir de Hans Kelsen, a tese de que não podem deixar de ser considerados "jurídicos" os atos que, embora ilícitos, produzem efeitos jurídicos (cf. as considerações expendidas, sobre esse e outros problemas técnico-dogmáticos nas Exposições de Motivos de Moreira Alves e do signatário, publicadas com o Anteprojeto de 1974).

o) Relevante alteração se fez no tocante ao *instituto da simulação*, que passa a acarretar a nulidade do negócio jurídico simulado, subsistindo o dissimulado, se válido for na substância e na forma.

p) Atendendo a justas ponderações, foi suprida relevante lacuna quanto à falta de determinação normativa da *"escritura pública"*, até agora regida por usos e costumes, que remontam às Ordenações do Reino, completados por disposições regulamentares. No Projeto foram compendiados os requisitos essenciais desse instrumento, a que os Códigos e as leis se referem, sem que houvessem sido claramente fixadas as suas exigências formais, como meio fundamental de prova.

18. Menção à parte merece o tratamento dado aos problemas da *prescrição* e *decadência*, que, anos a fio, a doutrina e a jurisprudência tentaram em vão distinguir, sendo adotadas, às vezes, num mesmo Tribunal, teses conflitantes, com grave dano para a Justiça e assombro das partes.

Prescrição e decadência não se extremam segundo rigorosos critérios lógico-formais, dependendo sua distinção, não raro, de motivos de conveniência e utilidade social, reconhecidos pela Política legislativa. Para por cobro a uma situação deveras desconcertante, optou a Comissão por uma fórmula que espanca quaisquer dúvidas. *Prazos de prescrição*, no sistema do Projeto, passam a ser, apenas e exclusivamente, os taxativamente discriminados na Parte Geral, Título IV, Capítulo I, sendo de *decadência* todos os demais, estabelecidos, em cada caso, isto é, como complemento de cada artigo que rege a matéria, tanto na Parte Geral como na Especial.

19. Ainda a propósito da prescrição, há um problema terminológico digno de especial ressalte. Trata-se de saber se prescreve a *ação* ou a *pretensão*. Após amadurecidos estudos, preferiu-se a segunda solução, por ser considerada a mais condizente com o Direito Processual contemporâneo, que de há muito superou a teoria da ação como simples projeção de direitos subjetivos.

É claro que nas questões terminológicas pode haver certa margem de escolha opcional, mas o indispensável, num sistema de leis, é que, eleita uma via, se mantenha fidelidade ao sentido técnico e unívoco atribuído às palavras, o que se procurou satisfazer nas demais seções do Anteprojeto.

20. Finalmente, não posso deixar sem reparo a manutenção no Código Civil dos dispositivos referentes às pessoas e bens públicos. Não há razão para considerar incabível a disciplina dessa matéria no âmbito da Lei Civil. Não se trata de apego a uma concepção privatista do Direito Administrativo, que está bem longe das conhecidas posições do autor desta Exposição, mas reflete, antes de mais nada, a compreensão da Filosofia e Teoria Geral do Direito contemporâneo, as quais mantêm a distinção entre direito Público e Privado como duas perspectivas ordenadoras da experiência jurídica, considerando-os distintos, mas substancialmente complementares e até mesmo dinamicamente reversíveis, e não duas categorias absolutas e estanques. Abstração feita, porém, desse pressuposto de ordem teórica, há que considerar outras razões não menos relevantes, que me limito a sumariar.

A permanência dessa matéria no Código Civil, além de obedecer à linha tradicional de nosso Direito, explica-se:

1) Por ser grande número dos princípios e normas fixados na Parte Geral de larga aplicação nos domínios do Direito Público, em geral, e Administrativo, em particular, como o reconhece, entre tantos outros, o mestre Guido Zanobini, um dos mais ardorosos defensores da autonomia dogmática de sua disciplina (cf. *Novissimo Digesto Italiano*, v. V, p. 788).

2) Por melhor se determinarem os conceitos de personalidade e bens públicos e privados, quando postos em confronto uns com os outros, dada a sua natural polaridade.

3) Por inexistir um Código de Direito Administrativo, ainda de incerta elaboração, sendo o Código Civil, sabidamente, a lei comum, que fixa os lineamentos lógico-normativos da experiência jurídica.

4) Por resultarem da disciplina feita várias consequências relevantes na sistemática do Código, a começar pela atribuição ao Território, erigido à dignidade de pessoa jurídica, de uma série de direitos antes conferidos à União.

5) Por serem aplicáveis as normas do Código Civil às entidades constituídas pelo Poder Público em função ou para os fins de seus serviços, sempre que a lei que as instituir não lhes der ordenação especial, o que se harmoniza com o que determina o art. 170, § 2º, da Constituição de 1969, segundo o qual "na exploração, pelo Estado, da atividade econômica, as empresas públicas e as sociedades de economia mista reger-se-ão pelas normas aplicáveis às empresas privadas".

PARTE ESPECIAL

LIVRO I
DO DIREITO DAS OBRIGAÇÕES

21. Mantida, em linhas gerais, a sistematização da matéria proposta pelo ilustre Professor Agostinho Alvim, e por ele tão minuciosa e objetivamente fundamentada, apresenta a redação final do Projeto algumas modificações, resultantes da orientação seguida nas demais partes do sisteına, bem como para acentuar a atendimento às já apontadas exigências de socialidade e concreção, em consonância com o imperativo da função social do contrato, *ad instar* do que se dá com o direito de propriedade.

Outras alterações resultaram do estudo de sugestões recebidas de órgãos representativos de diversos "campos de interesse", como se dá, por exemplo, quanto ao contrato de empreitada. As reivindicações dos construtores foram atendidas, sem se deixar de salvaguardar, concomitantemente, os direitos dos proprietários. Este é, dentre muitos, um exemplo de como se procurou sempre compor os imperativos do bem individual com os do bem comum. Observo, outrossim, que, em mais de um passo, o Projeto final integra em seu contexto algumas proposições normativas constantes dos Anteprojetos de Código das Obrigações, de 1941 e 1965, às vezes sem lhes alterar a redação, assim como adota outras soluções inspiradas nas mais recentes codificações ou reformas legislativas estrangeiras aplicáveis às nossas circunstâncias.

Não me posso alongar nas razões determinantes das modificações ou acréscimos propostos à legislação vigente, neste como nos demais Livros do Anteprojeto, mas elas se explicam graças ao simples cotejo dos textos. Limito-me, pois, a lembrar os pontos fundamentais, sem ser necessário fazer referências minuciosas às *novas figuras contratuais* que vieram enriquecer o Direito das Obrigações, como os contratos de comissão, de agência e distribuição, corretagem, incorporação edilícia, transporte etc., aos quais foram dadas soluções inspiradas na experiência doutrinária e jurisprudencial brasileira, indo-se além dos conhecidos modelos das mais recentes codificações. Demonstração cabal de nosso cuidado em dotar o País de institutos reclamados pelo estado atual de nosso desenvolvimento está no fato de, ainda agora, já em terceira revisão do texto, acrescentarmos um conjunto de normas disciplinando "o contrato sobre documentos" de grande relevância sobretudo no comércio marítimo.

Por outro lado, firme consciência ética da realidade socioeconômicas norteia a revisão das regras gerais sobre a formação dos contratos e a garantia de sua execução equitativa, bem como as regras sobre resolução dos negócios jurídicos em virtude de *onerosidade excessiva*, às quais vários dispositivos expressamente se reportam, dando a medida do propósito de conferir aos contratos estrutura e finalidade sociais. É um dos tantos exemplos de atendimento da "socialidade" do Direito.

Além disso, entendeu-se conveniente dar diversa configuração aos contratos aleatórios, nos quais não se prevê apenas a entrega de coisas futuras, mas toda e qualquer prestação que, por sua natureza ou convenção, possa importar risco, explicável em função da estrutura do negócio jurídico. O mesmo se diga quanto aos contratos preliminares ou os estipulados com pessoa a declarar.

22. Nesse contexto, bastará, por conseguinte, lembrar alguns outros pontos fundamentais, a saber:

a) Conservar a *sistemática atual*, pela disciplina das obrigações, a partir da discriminação de suas modalidades, uma das mais elegantes contribuições do direito pátrio, não obstante indispensáveis complementos e retificações, desprezando-se a referência inicial ao sempre controvertido problema das fontes, e também em razão do já disciplinado na Parte Geral.

b) Harmonizar a matéria relativa ao *inadimplemento das obrigações* (Título IV do Livro I) com os demais artigos do Projeto que firmam novas diretrizes ético-sociais em matéria de responsabilidade civil.

c) Tornar explícito, como princípio condicionador de todo o processo hermenêutico, que a *liberdade de contratar* só pode ser exercida em consonância com os fins sociais do contrato, implicando os valores primordiais da boa-fé e da probidade. Trata-se de preceito fundamental, dispensável talvez sob o enfoque de uma estreita compreensão positivista do Direito, mas essencial à adequação das normas particulares à concreção ética da experiência jurídica.

d) Atualizar e reordenar as disposições gerais concernentes à *compra e venda*, mantendo, sempre que possível, neste como em outros pontos do Projeto, uma rigorosa distinção entre *validade* e *eficácia* dos negócios jurídicos. No tocante à questão do preço, foi dada, por exemplo, maior flexibilidade aos preceitos, prevendo-se, tal como ocorre no plano do Direito Administrativo, a sua fixação mediante parâmetros.

Não é indispensável que o preço seja sempre predeterminado, bastando que seja garantidamente determinável, de conformidade com crescentes exigências da vida contemporânea. Tal modo de ver se impõe, aliás, pela unidade da disciplina das atividades privadas, assente como base da codificação.

e) Prever, além da venda à vista de amostras, a que se realiza em função de *protótipos* e *modelos.*

f) Conferir ao *juiz poder moderador*, no que se refere às penalidades resultantes do inadimplemento dos contratos, como, por exemplo, nos de locação, sempre que julgar excessiva a exigência do locador.

g) Incluir normas sobre *contratos de adesão*, visando a garantir o aderente perante o ofertante, dotado de vantagens que sua posição superior lhe propicia.

h) Disciplinar a *locação de serviços* de maneira autônoma, em confronto com as regras pertinentes ao Direito do Trabalho, prevendo-se, entre outros, os casos em que se deverá considerar exigível a retribuição devida a quem prestar os serviços, embora sem título de habilitação, com benefício real para a outra parte.

i) No capítulo relativo à *empreitada*, estabelecer disposições mais adequadas às exigências tecnológicas hodiernas, de modo a atender às finalidades sociais do contrato e às relações de equilíbrio que devem existir entre o dono da obra, o projetista e o construtor, tais como revelado pela experiência dos últimos anos.

Por outro lado, os contratos de construção põem problemas novos, como os concernentes aos direitos e deveres do *projetista*, distintos dos do construtor, superando-se, desse modo, sentida lacuna do Código atual. Também neste capítulo, como nos demais, foi dada especial atenção aos casos de excessiva onerosidade, prevendo-se regras capazes de restabelecer o equilíbrio dos interesses em conflito, segundo critérios práticos para a sua solução. Embora se pudesse considerar tal matéria implícita nos preceitos relativos à "resolução dos contratos por onerosidade excessiva", atendeu-se a algumas particularidades da matéria no âmbito do negócio de empreitada.

j) Dar novo tratamento ao *contrato de seguros* claramente distinto em *"seguro de pessoa"* e *"seguro de dano"*, tendo sido aproveitadas, nesse ponto, as sugestões oferecidas pelo Prof. Fabio Konder Comparato, conforme estudo anexado ao citado ofício de 9 de novembro de 1970. Nesse, como nos demais casos, procura o projeto preservar a situação do segurado, sem prejuízo da certeza e segurança indispensáveis a tal tipo de negócio.

l) Disciplinar o *contrato de transporte* que tem existido entre nós como simples contrato inominado, com base em normas esparsas. A solução normativa oferecida resulta dessa experiência, à luz dos modelos vigentes em outros países, com precisa distinção entre *transporte de pessoas* e *transporte de coisas.*

m) Disciplinar, com a devida amplitude e precisão, a matéria relativa ao contrato de *incorporação de edifícios* em condomínio, que se preferiu denominar contrato de "incorporação edilícia", discriminando as responsabilidades do incorporador, do construtor e de quantos participam do referido negócio.

n) Adotar as disposições sobre *contratos bancários,* salvo modificação de redação e alguns elementos complementares, constantes do Projeto de Código de Obrigações de 1965.

o) Dar à disciplina geral dos *títulos de crédito* um tratamento mais amplo, conforme sugestões oferecidas pelo Professor Mauro Brandão Lopes, cujo anteprojeto e respectiva Exposição de motivos foram anexados ao ofício supra referido.

p) Novo enfoque dado à matéria de *responsabilidade civil*, não só pela amplitude dispensada ao conceito de dano, para abranger o *dano moral*, mas também por se procurar situar, com o devido equilíbrio, o problema da *responsabilidade objetiva*.

q) Disciplina da *venda com reserva de domínio*, cuja regulamentação no Código de Processo Civil mistura textos de direito substantivo com os de direito adjetivo.

r) Alteração substancial no Título pertinente aos *atos unilaterais*, por entender-se, consoante sistematização proposta por Agostinho Alvim, que entre as obrigações originárias da declaração unilateral da vontade devem figurar a gestão de negócios, o pagamento indevido e o enriquecimento sem causa.

s) Aceitação da *revalorização da moeda* nas dívidas de valor, mas proibição de cláusulas de correção monetária nos demais casos, com expressa ressalva, porém, da validade da estipulação que prevê aumentos progressivos no caso de serem sucessivas as prestações.

t) Reformulação do *contrato com pessoa a nomear*, para dar-lhe maior aplicação e amplitude, enquanto que, no Anteprojeto anterior, ficara preso, segundo o modelo do Código Civil italiano de 1942, ao fato de já existir a pessoa no ato de conclusão do contrato.

u) Limitação do poder de denúncia unilateral dos contratos por tempo indeterminado, quando exigidos da outra parte investimentos de vulto, pressupondo ela poder dispor de prazo razoável, compatível com as despesas feitas. Esta sugestão, por mim feita e acolhida pela Comissão, é um dos tantos exemplos da preocupação que tivemos no sentido de coarctar os abusos do poder econômico.

v) Inclusão, entre os casos de *preempção* ou *preferência*, de norma aplicável quando o Poder Público não der à coisa expropriada o destino para que se desapropriou, ou não for utilizada em obras ou serviços públicos.

x) Reformulação do contrato de *agência* e *distribuição* para atender à lei especial que disciplina a matéria sob o título impróprio de "representação comercial". As ponderações feitas pelos interessados foram levadas na devida conta, o que vem, mais uma vez, confirmar a diretriz seguida no sentido de se procurar sempre a solução normativa mais adequada aos distintos campos de atividade, conciliando-se os interesses das categorias profissionais com as exigências da coletividade.

y) A idênticos propósitos obedeceu a revisão do *contrato de transporte*, que também não pode dispensar a existência de lei especial, em virtude de problemas conexos de Direito Administrativo ou Tributário. Isto não obstante, a Comissão acolheu várias sugestões recebidas, visando a dar maior certeza a esse tipo de contrato, de modo a amparar os interesses dos transportadores e os dos usuários.

z) E, finalmente, para dar mais um exemplo do cunho de "socialidade" ou "justiça social" que presidiu a elaboração do Projeto, em todas as suas fases, destaco a nova redação do preceito que fixa a medida das *indenizações*: "Se houver excessiva desproporção entre a gravidade da culpa e o dano, poderá o juiz reduzir, equitativamente, a indenização".

23. O método de submeter os Anteprojetos à aferição pública, ouvidas as categorias profissionais, possibilitou a revisão dos textos "in concreto", assim como revelou imperfeições e lacunas no que se refere a determinados problemas postos pela unificação do Direito das Obrigações.

Verificada a inexistência de disposições capazes de atender a certos aspectos da atividade negocial, houve sugestões no sentido de se acrescentarem regras especiais sobre mandato ou depósito mercantis, como tipos autônomos de contrato, a fim de satisfazer a exigências da vida comercial ou empresária. Examinando detidamente a matéria, cheguei à conclusão, compartilhada pelos demais companheiros de trabalho, de que o que se impunha era antes a revisão daqueles e outros institutos, enriquecendo-se o Anteprojeto com normas capazes de resolver questões que não podem, efetivamente, deixar de ser contempladas, uma vez fixada a diretriz unificadora do Direito das Obrigações.

A essa luz, o *mandato* ou *depósito* passaram a ser disciplinados sob o duplo aspecto de sua gratuidade ou onerosidade, segundo sejam exercidos ou não em virtude de atividade profissional e para fins de lucro. Nessa obra integradora ainda se revelaram, por sinal, de plena atualidade as disposições do nosso Código de Comércio de 1850.

O mesmo se diga quanto aos preceitos que, no Projeto definitivo, vieram disciplinar a questão do *lugar da tradição da coisa vendida*. Desse modo, em função dos ditames da experiência, completou-se a obra de integração das relações obrigacionais, sem perda de seu sentido unitário e de suas naturais distinções.

LIVRO II
DA ATIVIDADE NEGOCIAL

24. Como já foi ponderado, do corpo do Direito das Obrigações se desdobra, sem solução de continuidade, a disciplina da Atividade Negocial. Naquele se regram os negócios jurídicos; nesta se ordena a atividade enquanto se estrutura para exercício habitual de negócios. Uma das formas dessa organização é representada pela *empresa*, quando tem por escopo a produção ou a circulação de bens ou de serviços.

Apesar, porém, da relevância reconhecida à atividade empresarial, esta não abrange outras formas habituais de *atividade negocial*, cujas peculiaridades o Anteprojeto teve o cuidado de preservar, como se dá nos casos:

1) do *pequeno empresário*, caracterizado pela natureza artesanal da atividade, ou a predominância do trabalho próprio, ou de familiares, em relação ao capital.

2) dos que exercem *profissão intelectual* de natureza científica, literária, ou artística, ainda que se organizem para tal fim.

3) do *empresário rural*, ao qual, porém, se faculta a inscrição no Registro das Empresas, para se subordinar às normas que regem a atividade empresária como tal.

4) da *sociedade simples*, cujo escopo é a realização de operações econômicas de natureza não empresarial. Como tal, não se vincula ao Registro das Empresas, mas sim ao Registro Civil das Pessoas Jurídicas. Note-se, outrossim, que uma atividade de fins econômicos, mas não empresária, não se subordina às normas relativas ao "empresário", ainda que se constitua segundo uma das formas previstas para a "sociedade empresária", salvo se por ações.

Como se depreende do exposto, na empresa, no sentido jurídico deste termo, reúnem-se e compõem-se três fatores, em unidade indecomponível: a habitualidade no exercício de negócios, que visem à produção ou à circulação de bens ou de serviços; o escopo de lucro ou o resultado econômico; a organização ou estrutura estável dessa atividade.

Não será demais advertir, para dissipar dúvidas e ter-se melhor entendimento da matéria, que, na sistemática do Anteprojeto, *empresa* e *estabelecimento* são dois conceitos diversos, embora essencialmente vinculados, distinguindo-se ambos do empresário ou sociedade empresária que são "os titulares da empresa".

Em linhas gerais, pode dizer-se que a empresa é, consoante acepção dominante na doutrina, "a unidade econômica de produção", ou "a atividade econômica unitariamente estruturada para a produção ou a circulação de bens ou serviços".

A empresa, desse modo conceituada, abrange, para a consecução de seus fins, um ou mais "estabelecimentos", os quais são complexos de bens ou "bens coletivos" que se caracterizam por sua unidade de destinação, podendo, de per si, ser objeto unitário de direitos e de negócios jurídicos. Destarte, o tormentoso e jamais claramente determinado conceito de "ato de comércio", é substituído pelo de empresa, assim como a categoria de "fundo de comércio" cede lugar à de "estabelecimento". Consoante justa ponderação de Renê Savatier, a noção de "fundo de comércio" é uma concepção jurídica envelhecida e superada, substituída com vantagem pelo conceito de estabelecimento, "que é o corpo de um organismo vivo", "todo o conjunto patrimonial organicamente grupado para a produção" (*La théorie des obligations*, Paris, 1967, p. 124).

Disciplina especial recebem, no Projeto, os "titulares da empresa", que podem ser tanto uma pessoa física (*o empresário*) como uma pessoa jurídica (*a sociedade empresária*). Fixados esses pressupostos para a disciplina de todos os tipos de sociedade, fica superada de vez a categoria imprópria, ora vigente, de "sociedade *civil* de fins econômicos", pois, no âmbito do Código Civil unificado, são *civis* tanto as associações como as sociedades, qualquer que seja a forma destas. Distinguem-se apenas as sociedades em *simples* ou *empresárias*, de conformidade com o objetivo econômico que tenham em vista e o modo de seu exercício.

25. Reportando-me à ampla exposição feita pelo ilustre Professor Sylvio Marcondes, bastará, penso eu, para ter-se uma ideia geral do Anteprojeto – objetivo que me move neste trabalho –, salientar mais os seguintes tópicos:

a) Revisão dos *tipos tradicionais de sociedade*, para configurá-los com melhor técnica, em função das características que a atividade negocial, em geral, e a empresária, em particular, assume no mundo contemporâneo.

b) Fixação dos *princípios* que governam todas as formas de vida societária, em complementariedade ao já estabelecido, na Parte Geral, quanto às associações.

c) Com a instituição da *sociedade simples*, cria-se um modelo jurídico capaz de dar abrigo ao amplo espectro das atividades de fins econômicos não empresariais, com disposições de valor supletivo para todos os tipos de sociedade.

d) Minucioso tratamento dispensado à *sociedade limitada*, destinada a desempenhar função cada vez mais relevante no setor empresarial, sobretudo em virtude das transformações por que vêm passando as sociedades anônimas, a ponto de requererem estas a edição de lei especial, por sua direta vinculação com a política financeira do País.

Nessa linha de ideia, foi revista a matéria, prevendo-se a constituição de entidades de maior porte do que as atualmente existentes, facultando-se-lhes a constituição de órgãos complementares de administração, como o Conselho Fiscal, com responsabilidades expressas, sendo fixados com mais amplitude os poderes da assembleia dos sócios.

e) Fixação, em termos gerais, das normas caracterizadoras das *sociedades anônimas e das cooperativas*, para ressalva de sua integração no sistema do Código Civil, embora disciplinadas em lei especial.

f) Capítulo próprio destinado ao delicado e momentoso problema das *sociedades ligadas*, distintas em controladas, filiadas e de simples participação, correspondendo a cada uma dessas categorias estatuições e exigências diversas, sobretudo no que se refere à obrigação ou não de publicação de balanços consolidados, patrimonial e de resultado econômico.

g) Normas atualizadas sobre o processo de *liquidação das sociedades*, para pôr termo às delongas e erosões que caracterizam, hoje em dia, essa fase sempre crítica, quando não tormentosa, da vida societária.

h) Idem quanto aos processos de *transformação*, *incorporação* e *fusão* das sociedades.

i) Disciplina das sociedades dependentes de *autorização*, quer nacionais, quer estrangeiras, com o que se preenche grave lacuna na legislação vigente.

j) Determinação das notas distintivas do "*estabelecimento*", que, como já foi frisado, representa o instrumento ou meio de ação da empresa.

l) Disposições especiais estabelecendo, com a devida prudência, as exigências mínimas a que estão obrigados todos os empresários e sociedades empresárias em sua escrituração.

m) Atualização, nesse sentido, do *sistema de contabilidade*, com a permissão de processos mecanizados ou eletrônicos, o que foi alvo de referências economiásticas por autores estrangeiros que trataram do assunto.

n) Elaboração de outros institutos complementares sobre *Registro*, *Nome* e *Preposição*, de modo a assegurar o pleno desenvolvimento de nossa vida empresarial.

LIVRO III
DO DIREITO DAS COISAS

26. Demonstração cabal da objetividade crítica, com que sempre procurou se conduzir na feitura do Anteprojeto, deu-a a Comissão ao restabelecer o art. 485 do Código Civil atual em matéria de posse, não só para atender às objeções suscitadas pelo novo texto proposto, mas também para salvaguardar o cabedal da valiosa construção doutrinária e jurisprudencial resultante de mais de meio século de aplicação.

Nos demais pontos foi mantida, porém, a orientação do Anteprojeto, o qual efetivamente dá contornos mais precisos e práticos a várias disposições sobre posse, inspirando-se na experiência das últimas décadas.

A atualização do Direito das Coisas não é assunto opcional, em termos de mera perfectibilidade teórica, mas sim imperativo de ordem social e econômica, que decorre do novo conceito constitucional de propriedade e da função que a esta se atribui na sociedade hodierna.

Por essa razão, o Anteprojeto, tanto sob o ponto de vista técnico, quanto pelo conteúdo de seus preceitos, inspira-se na compreensão solidária dos valores individuais e coletivos, que, longe de se conflitarem, devem se completar e se dinamizar reciprocamente, correspondendo, assim, ao desenvolvimento da sociedade brasileira, bem como às exigências da Ciência Jurídica contemporânea.

Bastará, nesse sentido, atentar para o que o Anteprojeto dispõe sobre o exercício do direito de propriedade; o usucapião; os direitos de vizinhança, ou os limites traçados aos direitos dos credores hipotecários ou pignoratícios, para verificar-se como é possível satisfazer aos superiores interesses coletivos com salvaguarda dos direitos individuais.

27. Em complemento às considerações expendidas pelo ilustre professor Ebert Vianna Chamoun, nas publicações anteriores, vou focalizar apenas alguns aspectos mais salientes da reforma:

a) Em primeiro lugar, a substancial alteração feita na enumeração taxativa dos direitos reais, entre eles se incluindo a superfície e o direito do promitente comprador do imóvel.

b) O reconhecimento do direito de propriedade, que deve ser exercido em consonância com as suas finalidades econômicas e sociais e de tal modo que sejam preservados, de conformidade com o estabelecido em lei especial, a flora, a fauna, as belezas naturais e o equilíbrio ecológico, bem como evitada a poluição do ar e das águas.

São defesos os atos que não trazem ao proprietário qualquer comodidade, ou utilidade, e sejam animados pela intenção de prejudicar outrem.

c) O proprietário também pode ser privado da coisa se o imóvel reivindicando consistir em extensa área, na posse ininterrupta e de boa-fé, por mais de cinco anos, de considerável número de pessoas, e estas nela houverem realizado, em conjunto ou separadamente, obras e serviços considerados pelo juiz de interesse social e econômico relevante. Nesse caso o juiz fixará a justa indenização devida ao proprietário. Pago o preço, valerá a sentença como título para transcrição do imóvel em nome dos possuidores. Trata-se, como se vê, de inovação do mais alto alcance, inspirada no sentido social do direito de propriedade, implicando não só novo conceito desta, mas também *novo conceito de posse*, que se poderia qualificar como sendo de *posse-trabalho*, expressão pela primeira vez por mim empregada, em 1943, em parecer sobre projeto de decreto-lei relativo às terras devolutas do Estado de São Paulo, quando membro de seu "Conselho Administrativo".

Na realidade, a lei deve outorgar especial proteção à posse que se traduz em trabalho criador, quer este se corporifique na construção de uma residência, quer se concretize em investimentos de caráter produtivo ou cultural. Não há como situar no mesmo plano a posse, como simples poder manifestado sobre uma coisa, "como se" fora atividade do proprietário, com a "posse qualificada", enriquecida pelos valores do trabalho. Este conceito fundante de "posse-trabalho" justifica e legitima que, ao invés de reaver a coisa, dada a relevância dos interesse sociais em jogo, o titular da propriedade reivindicanda receba, em dinheiro, o seu pleno e justo valor, tal como determina a Constituição.

Vale notar que, nessa hipótese, abre-se, nos domínios do Direito, uma via nova de desapropriação que se não deve considerar prerrogativa exclusiva dos Poderes Executivo ou Legislativo. Não há razão plausível para recusar ao Poder Judiciário o exercício do poder expropriatório em casos concretos, como o que se contém na espécie analisada.

d) As mesmas razões determinantes do dispositivo supramencionado levaram a Comissão a reduzir para quinze anos o *usucapião extraordinário* se, durante esse tempo, o possuidor, houver pago os impostos relativos ao prédio, construindo no mesmo a sua morada ou realizando obras ou serviços de caráter produtivo. Pareceu mais conforme aos ditames sociais situar o problema em termos de "*posse trabalho*", que se manifesta através de obras e serviços realizados pelo possuidor. O mero pagamento de tributos, máxime num país com áreas tão ralamente povoadas, poderia propiciar direitos a quem se não encontre em situação efetivamente merecedora do amparo legal.

e) O mesmo se diga no concernente ao dispositivo que reduz a cinco anos o *usucapião fundado em justo título* e boa-fé, quando o imóvel houver sido adquirido onerosamente, com base em transcrição constante do registro de imóveis.

f) Por ter-se reconhecido o Território como pessoa jurídica de Direito Público interno, passam os *imóveis urbanos abandonados* a caber aos respectivos Municípios, tal como se dá quando estes integram os Estados. Exceção a essa regra geral é relativa a *imóvel rústico abandonado*, pois, nesse caso, é natural que seja destinado à União para fins de política agrária.

g) A fim de dirimir dúvidas que têm causado graves danos, outorga-se ao proprietário do solo o direito de *explorar recursos minerais* de reduzido valor, independente de autorização *in casu*, salvo o disposto em lei especial.

h) Tendo sido firmado o princípio da enumeração taxativa dos direitos reais foi mister atender à chamada "concessão de uso", tal como já se acha em vigor, *ex vi* do Decreto-lei n. 271, de 28 de fevereiro de 1967, que dispõe sobre loteamento urbano.

Trata-se de inovação recente de legislação pátria, mas com larga e benéfica aplicação. Como a lei estende a "concessão de uso" às relações entre particulares, não pode o Projeto deixar de contemplar a espécie. Consoante justa ponderação de José Carlos de Moreira Alves, a "migração" desse modelo jurídico, que passou da esfera do Direito Administrativo para a do Direito Privado, veio restabelecer, sob novo enfoque, o antigo instituto da *superfície*.

i) Na mesma linha de ideias, foram reexaminadas algumas questões pertinentes ao *direito de vizinhança*, encontrando-se nova solução para o delicado problema das construções erguidas em terreno limítrofe, caso em que é mister conciliar o direito do proprietário, que sofreu a invasão, com o valor intrínseco do que se edificou. Pelas normas adotadas, o acréscimo, resultante da utilização da área ocupada, passa, em determinadas hipóteses, a ser computado no cálculo da indenização devida, distinguindo-se, outrossim, entre invasão de boa ou de má fé. Pode dizer-se que, desse modo, se faz um "balanço de bens", compondo-se o direito individual de propriedade com o valor econômico do que se construiu.

j) Fundamentais foram também as alterações introduzidas no instituto que no Projeto recebeu o nome de "condomínio edilício". Este termo mereceu reparos, apodado que foi de "barbarismo inútil", quando, na realidade, vem de puríssima fonte latina, e é o que melhor corresponde à natureza do instituto, mal caracterizado pelas expressões "condomínio horizontal", "condomínio especial", ou "condomínio em edifício". Na realidade, é um condomínio que se constitui, objetivamente, *como resultado do ato de edificação*, sendo, por tais motivos, denominado "edilício". Esta palavra vem de *aedilici (um)*, que não se refere apenas ao edil, consoante foi alegado, mas, como ensina o Mestre F. R. Santos Saraiva, também às suas atribuições, dentre as quais sobrelevava a de fiscalizar as construções públicas e particulares.

A doutrina tem salientado que a disciplina dessa espécie de condomínio surgiu, de início, vinculada à pessoa dos condôminos (*concepção subjetiva*) dando-se ênfase ao que há de comum no edifício, para, depois, evoluir no sentido de uma *concepção objetiva*, na qual prevalece o valor da *unidade autônoma*, em virtude da qual o condomínio se instaura, numa relação de meio a fim. Donde ser necessário distinguir, de maneira objetiva, entre os atos de *instituição* e os de *constituição* do condomínio, tal como se configura no Projeto. Para expressar essa nova realidade institucional é que se emprega o termo "condomínio edilício", designação que se tornou de uso corrente na linguagem jurídica italiana, que, consoante lição de Rui Barbosa, é a que mais guarda relação com a nossa. Esta, como outras questões de linguagem, devem ser resolvidas em função das necessidades técnicas da Ciência Jurídica, e não apenas à luz de critérios puramente gramaticais.

Ainda no concernente a essa matéria, apesar de expressa remissão à lei especial, entendeu-se de bom alvitre incluir no Código alguns dispositivos regrando os direitos e deveres dos condôminos, bem como a competência das assembleias e dos síndicos.

l) De grande alcance prático é o instituto da *propriedade fiduciária*, disciplinado consoante proposta feita pelo Prof. José Carlos Moreira Alves, que acolheu sugestões recebidas do Banco Central do Brasil e analisou cuidadosamente ponderações feitas por entidades de classe. Passou a ser considerada constituída a propriedade fiduciária com o arquivamento, no Registro de Títulos e Documentos do domicílio do devedor, do contrato celebrado por instrumento público ou particular, que lhe serve de título. Note-se que, em se tratando de veículos, além desse registro, exige-se o arquivamento do contrato na repartição competente para o licenciamento, fazendo-se a anotação no certificado de propriedade.

Os demais artigos, embora de maneira sucinta, compõem o essencial para a caracterização da propriedade fiduciária, de modo a permitir sua aplicação diversificada e garantida no mundo dos negócios.

m) A igual exigência de certeza jurídica obedece a disposição segundo a qual o *penhor de veículos* se constitui mediante instrumento público ou particular, também inscrito no Registro de Títulos e Documentos, com a devida anotação no certificado de propriedade.

n) Relativamente à proposta feita no sentido de se incluir no Código a normação das *letras hipotecárias*, entendeu a Comissão preferível deixar o assunto para *lei aditiva*, tal como está previsto no Projeto. O mesmo deverá ocorrer, aliás, com as cédulas rurais pignoratícias, ou as de penhor industrial ou mercantil.

o) Foi mantida entre os direitos reais de garantia a *anticrese*, mas devidamente atualizada e suscetível de servir como modelo jurídico de aplicação prática.

p) Atualizado foi o *instituto da hipoteca*, acolhendo-se valiosas propostas feitas pelo Prof. Clovis do Couto e Silva, consoante por mim lembrado na Exposição que acompanha o Anteprojeto de 1972.

q) Finalmente, não se manteve o instituto da *enfiteuse* no que se refere aos bens particulares.

LIVRO IV
DO DIREITO DE FAMÍLIA

28. A Comissão Revisora e Elaboradora do Código Civil, como já se terá notado, não obstante o seu constante empenho em adequar a lei civil às exigências de nosso tempo, sempre preferiu preservar a estrutura da ora em vigor, enriquecendo os seus títulos com novos institutos e figuras. No caso, porém, do Direito de Família, deu-se razão ao Professor Couto e Silva no sentido de se destinar um Título para reger o *direito pessoal*, e outro para disciplina do *direito patrimonial* de família. Na realidade é esse o Livro do Código atual que mais se ressente de falta de harmonia sistemática, nem sempre se sucedendo os capítulos segundo rigoroso desdobramento lógico. Todavia, os dispositivos referentes à tutela e à curatela compõem um Título à parte, tal a correlação que, nesses institutos, existe entre os aspectos pessoais e patrimoniais.

29. No que se refere ao conteúdo dos dispositivos, como era de se esperar, a parte relativa ao Direito de Família foi a que mais suscitou divergências e críticas, resultantes, quase sempre, de falha interpretação dos textos, inclusive pelo vezo de se analisar um artigo sem situá-lo na totalidade do sistema.

Observe-se, desde logo, que algumas disposições foram alvo de críticas antagônicas, uns entendendo que a Comissão assumira uma posição retrógrada, mesmo em confronto com a legislação vigente, enquanto que outros a condenavam por desmedidos excessos...

Tais contradições da crítica ocorreram especialmente no que se refere à posição dos cônjuges, parecendo aos tradicionalistas um grave erro o abandono da natural preeminência que deveria ser assegurada ao marido, a cobro de qualquer contrasteação; em franco contraste, pois, com os defensores da absoluta igualdade entre os esposos, a ponto de condenarem quaisquer disposições tendentes a proteger a mulher no seio da família.

Entre esses dois extremos situa-se o Anteprojeto, que põe termo ao "poder marital", pois não se pode dizer que este subsista só pelo fato de caber ao marido a direção da sociedade conjugal, visto como ele só poderá exercer com a colaboração da mulher, no interesse do casal e do filho.

Além do mais, essa direção sofre limitações expressas, conforme resulta da análise conjunta das seguintes diretivas:

1) As questões essenciais são decididas em comum, sendo sempre necessária a colaboração da mulher na direção da sociedade conjugal. A mulher, em suma, deixa de ser simples colaboradora e companheira –consoante posição que lhe atribui a lei vigente – para passar a ter "poder de decisão", conjuntamente com o esposo.

2) Prevalecem as decisões tomadas pelo marido, em havendo divergência, mas fica ressalvada à mulher a faculdade de recorrer ao juiz, desde que não se trate de matéria personalíssima.

3) O domicílio do casal é escolhido por ambos os cônjuges, e não apenas pelo marido, como dispõe o Código atual, que se limita a conferir à mulher a faculdade de recorrer ao juiz, no caso de deliberação que a prejudique, de conformidade com a redação dada ao seu art. 233 pela Lei n. 4.121, de 27 de agosto de 1962, que dispõe sobre a situação jurídica da mulher casada.

4) Pode a mulher, assim como o marido, ausentar-se do domicílio conjugal para atender a encargos públicos, ao exercício de sua profissão, ou a interesses particulares relevantes.

5) O exercício do pátrio poder compete a ambos os cônjuges, com a mesma configuração jurídica consagrada pela lei atual.

6) Cabe à mulher, como norma geral, a administração dos bens próprios. Posta essa questão nos seus devidos termos, outras alterações introduzidas no Livro IV merecem referência,

a começar pelas duas omissões que efetivamente não se justificavam, uma no tocante à proibição de casamento do adúltero com o seu corréu por tal condenado; a outra relativa à possibilidade de dispensa de prazo para que possa a viúva contrair novas núpcias, em se verificando ocorrência de gravidez.

30. Abstração feita dessas duas lacunas, que resultaram de lapso na transposição de artigos, parece-me bastante salientar mais alguns pontos, pois não caberia repetir o que se acha minuciosamente exposto na Exposição de Motivos Complementar do Prof. Clovis do Couto e Silva, ao Anteprojeto de 1974:

a) As normas sobre o registro civil do *casamento religioso*, de conformidade com o que dispõe a Constituição, com os corolários indispensáveis para se por termo aos abusos que ora se praticam.

b) Nova disciplina dada à matéria de *invalidade do casamento*. Segundo a nova sistemática, que corresponde melhor à natureza das coisas, além de ser *nulo de pleno direito* o casamento realizado com infringência de qualquer impedimento, tal como já o declara o Código atual (arts. 183, I a VII, e 207), também o será quando contraído pelo enfermo mental sem o necessário discernimento para os atos da vida civil. Todas as demais hipóteses passam a constituir *motivo de anulação*, como se dá no caso de falta de idade mínima para casar; se o casamento for do incapaz de consentir ou manifestar, de modo inequívoco, o consentimento; ou se incompetente a autoridade celebrante.

c) Considerar *erro essencial*, quanto à pessoa do outro cônjuge, a ignorância, anterior ao casamento, de doença mental grave, incurável e que, por sua natureza, torne insuportável a vida em comum ao cônjuge enganado, caso em que o casamento pode ser anulado.

d) Elevação para quatro anos do prazo de decadência para anulação do casamento em virtude de *coação*.

e) Revisão dos preceitos pertinentes à contestação, pelo marido, da *legitimidade do filho* nascido de sua mulher, ajustando-os à jurisprudência dominante.

f) Direito reconhecido à mulher de retomar seu *nome de solteira*, se condenado o marido na ação de desquite.

g) Previsão da hipótese de *separação ininterrupta do casal*, por mais de cinco anos, para equipará-la ao desquite, tão somente para fim de reconhecimento dos filhos adulterinos.

h) Se não houver acordo entre os pais no tocante à autorização para o *casamento de filho menor de vinte e um anos*, prevalecerá a opinião do pai, ressalvado à mãe o direito de recorrer ao juiz para solução de divergência em questões essenciais, *ad instar* do que já dispõe o Projeto sobre a direção da sociedade conjugal, ou o exercício do pátrio poder.

i) Exigência de ação direta para *decretação da nulidade do casamento*.

j) A obrigação de ambos os cônjuges, quando casados no regime de separação, de *contribuir para as despesas do casal* na proporção dos rendimentos de seu trabalho e de seus bens, salvo estipulação em contrário no pacto antenupcial.

l) Nova disciplina do *instituto da adoção*, distinta em "adoção plena" e "adoção restrita", de sorte a permitir atendimento de situações distintas, prevendo-se, no primeiro caso, a plena integração do adotado na família do adotante.

m) Homologação pelo juiz da escritura que institui a *adoção restrita*, reconhecendo-se que a dispensa de homologação poderia dar lugar a abusos.

n) Estabelecer, como regime legal, o da *comunhão parcial com comunhão de aquestos*, de conformidade com o que vinha sendo insistentemente reclamado pela doutrina. Facilita-se, todavia, a adoção do regime da comunhão universal mediante simples declaração dos nubentes, no ato de casar, desde que devidamente tomada por termo.

o) Sob a denominação de "regime de participação final nos aquestos", para distingui-lo do regime de comunhão parcial, que implica aquela participação desde a celebração do casamento, prevê-se um novo regime de bens que poderá atender a situações especiais, tal como se verifica nas Nações que vão atingindo maior grau de desenvolvimento, sendo frequente o caso de ambos os cônjuges exercerem atividades empresariais distintas.

p) Disciplina da *prestação de alimentos* segundo novo espírito, abandonando o rígido critério da mera garantia de meios de subsistência.

q) Manter a instituição do *bem de família*, mas de modo a torná-lo suscetível de realizar efetivamente a alta função social que o inspira, inclusive de uma forma que, a meu ver, substitui, com vantagem, as soluções até agora oferecidas no Brasil ou no estrangeiro, prevendo-se a formação de um patrimônio separado cuja renda se destine a efetiva salvaguarda da família.

r) Revisão das normas relativas à *tutela*, a fim de melhor disciplinar a competência do tutor, tornando-a mais condizente com a realidade.

s) Nova discriminação dos casos de *curatela*, em consonância com a disposição da Parte Geral sobre incapacidade relativa, acrescentando-se a hipótese de curatela do enfermo ou portador de deficiência física.

t) Transferência para lei especial da disciplina das *relações patrimoniais entre concubinos*, a fim de que possam ser considerados outros aspectos da questão, inclusive em termos de sociedade de fato, consoante vem sendo elaborado pela jurisprudência.

31. Antes de concluir estas notas sobre Direito de Família, cabe lembrar que se estranhou houvesse sido previsto um "regime de participação final dos aquestos", não correspondente a nenhum modelo alienígena. Trata-se, efetivamente, de contribuição original, que tem alguns pontos de contato com o estabelecido pela Lei que entrou em vigor em Quebec, em julho de 1970. Na Exposição de Motivos ministerial que precede este documento legal, é dito que esse novo regime "quer expressar uma realidade profunda: dois seres, que se unem pelo casamento, contribuem, através dos dias, cada um a seu modo, em forma diferente, à acumulação, salvaguarda e acréscimo do patrimônio familiar. Parece, portanto, justo e equitativo que, ao terminar a associação conjugal, os cônjuges possam, na ausência de convenções expressas em contrário, dividir em dois o que houverem adquirido juntos". Não obstante a diferença entre os dois modelos, tais palavras servem de fundamento ao que se disciplina no Anteprojeto.

Essa e outras contribuições, sem se olvidar as de natureza sistemática, como a rigorosa distinção do Direito de Família em *pessoal* e *patrimonial*, demonstram que o Livro IV do Anteprojeto foi elaborado não só com ciência, mas também com plena consciência do valor social e espiritual da instituição da família, que constitui a base inamovível dos valores mais altos da comunidade.

LIVRO V
DO DIREITO DAS SUCESSÕES

32. As modificações operadas no Direito de Família implicaram correspondentes alterações no Direito das Sucessões, cujos dispositivos foram também revistos para atender a lacuna e deficiência do Código Civil atual, apontadas pela doutrina e a jurisprudência.

Com a adoção do regime legal de separação parcial com comunhão de aquestos, entendeu a Comissão que especial atenção devia ser dada aos direitos do cônjuge supérstite em matéria sucessória. Seria, com efeito, injustificado passar do regime da comunhão universal, que importa a comunicação de todos os bens presentes e futuros dos cônjuges, para o regime da comunhão parcial, sem se atribuir ao cônjuge supérstite o direito de concorrer com descendentes e ascendentes. Para tal fim, passou o *cônjuge* a ser considerado *herdeiro necessário*, com todas as cautelas e limitações compreensíveis em questão tão delicada e relevante, a qual comporta diversas hipóteses que exigiram tratamento legal distinto.

Por outro lado, havia necessidade de superar-se o individualismo que norteia a legislação vigente em matéria de *direito de testar*, excluindo-se a possibilidade de ser livremente imposta a cláusula de inalienabilidade à legítima. É, todavia, permitida essa cláusula se houver *justa causa* devidamente expressa no testamento. Aliás, a exigência de justa causa, em tais casos, era da tradição do Direito pátrio, antes do sistema do Código vigente.

33. Relembrados esses pontos capitais, reporto-me à Exposição de Motivos do ilustre Professor Torquato Castro, limitando-me a salientar mais os seguintes aspectos não menos relevantes da reforma:

a) Mais precisa determinação do valor da *aceitação* e da *renúncia* da herança.

b) Legitimação para suceder, no tocante ao *nasciturus conceptus* e *nondum conceptus*, estabelecendo-se prazo razoável para a consolidação da herança.

c) Disciplina da herança, enquanto indivisível, extremando-se as normas materiais das de natureza processual.

d) Maior amparo aos *filhos ilegítimos*, aos quais tocarão dois terços da herança cabível a cada um dos legítimos.

e) Novas normas no que se refere à *situação do filho adotivo* e do adotado, conforme se trate de adoção plena ou restrita, quer em relação aos seus ascendentes naturais, quer no tocante à pessoa do adotante.

f) Reexame das disposições relativas ao *problema da colação* e redução das liberalidades feitas em vida pelo autor da herança, em virtude do princípio da intangibilidade da legítima dos herdeiros necessários.

g) Simplificação, em geral, dos *atos de testar*, sem perda, todavia, dos valores de certeza e segurança.

h) Melhor sistematização dos preceitos concernentes ao *direito de acrescer* entre herdeiros e legatários.

i) A declaração de que o *testamento* é ato personalíssimo, suscetível de ser revogado a qualquer tempo, numa fórmula concisa que evita a tão discutida definição contida no Código Civil vigente.

j) Revisão das disposições relativas ao *testamento cerrado*, para admitir possa ser feito por outra pessoa, a rogo do testador.

l) Manter os preceitos do Código atual relativos aos requisitos essenciais do *testamento particular*, mas declarando que, para a sua confirmação, serão suficientes duas testemunhas contestes.

m) Revisão do instituto do *fideicomisso*, inclusive prevendo-se o caso de sua conversão em *usufruto*.

n) O novo tratamento dado à *arrecadação de herança jacente*, bem como à declaração de sua vacância, para atender ao disposto no novo Código de Processo Civil.

DISPOSIÇÕES FINAIS E TRANSITÓRIAS

34. Breve referência desejo fazer a esta parte final do Projeto na qual, de maneira concisa, evitando-se enumeração casuística, se estabelecem as normas que devem presidir a passagem da antiga para a nova lei. Nesse sentido, foi considerado de bom alvitre ressaltar a vigência das leis especiais relativas à locação de prédios urbanos, bem como a das disposições de natureza processual, administrativa ou penal, constantes de leis, cujos preceitos de natureza civil hajam sido incorporados ao novo Código.

Por outro lado, declarou-se proibida a constituição de enfiteuses e subenfiteuses, regendo-se as ainda existentes pelas disposições do antigo Código, até que por outra forma se discipline a matéria.

35. São essas, Senhor Ministro, as considerações complementares com que submeto à alta apreciação de Vossa Excelência o texto revisto do Anteprojeto, esperando que o Governo da República haja por bem submetê-lo à alta apreciação do Congresso Nacional.

Ao fazer a entrega deste trabalho de equipe, ao qual foram incorporadas valiosas contribuições oriundas das mais variadas fontes do sentir e do saber da comunidade brasileira, conforta-me, bem como aos demais companheiros, a consciência de termos agido com serena objetividade, procurando harmonizar, de maneira concreta e dinâmica, as ideias universais do Direito com as que distinguem e dignificam a cultura nacional; os princípios teóricos com as exigências de ordem prática; a salvaguarda dos valores do indivíduo e da pessoa com os imperativos da solidariedade social; os progressos da ciência e da técnica com os bens que se preservam ao calor da tradição.

Quero, por fim, consignar os agradecimentos dos membros da Comissão Elaboradora e Revisora do Código Civil ao ilustre Presidente Ernesto Geisel e a Vossa Excelência, por nos terem confirmado na incumbência anteriormente recebida, de elaborar a lei básica das relações privadas, numa demonstração de confiança que constitui a melhor paga de quase seis anos de tão grandes preocupações quanto de aturados estudos e pesquisas.

Muito cordialmente
São Paulo, 16 de janeiro de 1975.
MIGUEL REALE – Supervisor da Comissão Elaboradora e Revisora do Código Civil.

(*Mensagem retirada no Código Civil publicado pela Imprensa Oficial do Estado de São Paulo, a pedido da Assembleia Legislativa do Estado.*)

PARTE GERAL[1]

DAS PESSOAS

DAS PESSOAS NATURAIS

DA PERSONALIDADE E DA CAPACIDADE

Da capacidade

Capacidade de direito x capacidade de fato. Toda pessoa possui capacidade de direito, pois é capaz de adquirir direitos e contrair obrigações; entretanto, nem todas as pessoas possuem a capacidade de fato, que é a de praticar, por si só, os atos da vida civil, validamente. A capacidade de fato é um tema muito complexo, pois, à primeira vista, parece estar relacionada apenas à maioridade civil e à saúde mental, o que não se faz verdade.

O direito da personalidade, de que trata o art. 2º do CC, é um direito indisponível garantido constitucionalmente. Fazem parte dos direitos da personalidade o respeito, a dignidade da pessoa humana, o direito ao nome e à filiação e outros tantos.

Momento de aquisição da capacidade

A questão que impera é: a partir de que momento o feto é considerado nascituro, para que seus direitos sejam resguardados? A resposta é obtida na ciência. Diversas correntes são utilizadas para delimitar o exato momento em que um embrião se torna um ser capaz de adquirir direitos e deveres no mundo civil. Hodiernamente, é considerado nascituro no momento da nidação, que nada mais é que o acoplamento do embrião fecundado na parede uterina, porém trata-se de expectativa de direito que só virá a ser efetivado no momento em que o embrião nascer com vida.

Da incapacidade

Incapacidade absoluta. Para que o ato praticado possua validade, deve ser praticado por pessoa com capacidade para tanto. A incapacidade absoluta coíbe a pessoa de exercer os atos da vida civil por si só; sendo considerados nulos os atos praticados pelo incapaz, a não ser quando ele for representado por pessoa competente (arts. 3º e 166 do CC e arts. 70 e 71 do novo CPC).

Os menores de 16 anos só poderão exercer os atos quando legalmente representados por pai, mãe ou tutor.

Incapacidade relativa (art. 4º). As pessoas relativamente incapazes podem praticar atos da vida civil desde que assistidas por quem a lei determinar. Os atos praticados pelos relativamente capazes são anuláveis (art. 171, I, do CC e arts. 70 e 71 do novo CPC), caso não sejam assistidos pela pessoa competente. No que concerne aos **ébrios habituais** e aos **viciados em tóxicos**, a limitação em sua capacidade deverá ser determinada pelo juiz. Ressalvando-se a importância do interrogatório do interditando.

Quanto à restrição mental, o magistrado deve analisar caso a caso, determinando se a limitação mental é parcial ou total.

Pródigo (art. 4º, IV, do CC) é aquele que gasta desmedidamente. A sua qualificação pode passar de relativa para absolutamente incapaz (art. 1.782 do CC).

---

1 Alterada de acordo com o Estatuto das Pessoas com Deficiência e com o CPC/2015.

Quanto aos **indígenas**, por um lado, essa restrição cessa se a pessoa se integrar à sociedade. Por outro lado, o presente diploma manteve a linha do antigo ao determinar que a sua capacidade fosse regulada por legislação especial, a qual, atualmente, é o Estatuto do Índio (Lei n. 6.001/73).

Com a nova Lei n. 13.146/2015, a incapacidade absoluta e relativa não se presume, devendo ser avaliada caso a caso.

Fim da menoridade

A *maioridade* só pode ser atingida aos dezoito anos, diferentemente da cessação da incapacidade, que pode ocorrer aos dezesseis anos pela *emancipação*. A primeira hipótese de emancipação se dá pela concessão dos pais, ou de um deles, na falta do outro, por meio de um instrumento público, ao menor que tiver dezesseis anos completos. A emancipação adquirida pela concessão dos pais ou por sentença judicial é denominada de voluntária a advinda da lei é classificada como legal. Esta pode advir com o casamento. Ressalte-se, por fim, que a emancipação, após concedida, não pode ser revogada por nenhum título. A interpretação do art. 5º deve ocorrer em conjunto com os arts. 3º e 4º para saber se a pessoa é capaz. Uma questão polêmica que surge a respeito do tema ocorre com o fim do casamento; questiona-se se o menor torna-se incapaz novamente ou não. Para Caio Mário e Washington de Barros, o menor não volta a ser incapaz, mas para Pontes de Miranda, sim. Há, ainda, a possibilidade de a pessoa tornar-se capaz se a causa que determinou a incapacidade finalizar.

A1. (OAB – Exame XXX 2019) Alberto, adolescente, obteve autorização de seus pais para casar-se aos dezesseis anos de idade com sua namorada Gabriela. O casal viveu feliz nos primeiros meses de casamento, mas, após certo tempo de convivência, começaram a ter constantes desavenças. Assim, a despeito dos esforços de ambos para que o relacionamento progredisse, os dois se divorciaram pouco mais de um ano após o casamento. Muito frustrado, Alberto decidiu reunir algumas economias e adquiriu um pacote turístico para viajar pelo mundo e tentar esquecer o ocorrido.
Considerando que Alberto tinha dezessete anos quando celebrou o contrato com a agência de turismo e que o fez sem qualquer participação de seus pais, o contrato é

A) Válido, pois Alberto é plenamente capaz.
B) Nulo, pois Alberto é absolutamente incapaz.
C) Anulável, pois Alberto é relativamente incapaz.
D) Ineficaz, pois Alberto não pediu a anuência de Gabriela.

➥ Veja art. 5º, parágrafo único, II a V, CC.

Comentário: A alternativa correta é a letra A. O instrumento de contrato de turismo é perfeitamente válido porque Alberto, na data de sua realização, já era plenamente capaz, a teor do art. 5º, parágrafo único, inc. II, do Código Civil: "A menoridade cessa aos dezoito anos completos, quando a pessoa fica habilitada à prática de todos os atos da vida civil. Parágrafo único. Cessará, para os menores, a incapacidade: [...] II – pelo casamento". Portanto, Alberto poderia assumir todos os atos da vida civil.
A alternativa B está incorreta, dado que absolutamente incapaz é só o menor de 18 anos, conforme art. 3º.
A alternativa C está incorreta, pois que Alberto não é relativamente incapaz, uma vez que o divórcio não o incapacita.
A alternativa D também está equivocada, porque Alberto, sendo plenamente capaz, por óbvio, não necessita de qualquer anuência por parte de Gabriela para a prática dos atos da vida civil.

A2. (OAB/XXXI Exame de Ordem Unificado/FGV/2020) Márcia, adolescente com 17 anos de idade, sempre demonstrou uma maturidade muito superior à sua faixa etária. Seu maior objetivo profissional é o de tornar-se professora de História e, por isso, decidiu criar um canal em uma plataforma *on-line*, na qual publica vídeos com aulas por ela própria elaboradas sobre conteúdos históricos.

O canal tornou-se um sucesso, atraindo multidões de jovens seguidores e despertando o interesse de vários patrocinadores, que começaram a procurar a jovem, propondo contratos de publicidade. Embora ainda não tenha obtido nenhum lucro com o canal, Márcia está animada com a perspectiva de conseguir custear seus estudos na Faculdade de História se conseguir firmar alguns desses contratos. Para facilitar as atividades da jovem, seus pais decidiram emancipá-la, o que permitirá que celebre negócios com futuros patrocinadores com mais agilidade.

Sobre o ato de emancipação de Márcia por seus pais, assinale a afirmativa correta.

A) Depende de homologação judicial, tendo em vista o alto grau de exposição que a adolescente tem na internet.

B) Não tem requisitos formais específicos, podendo ser concedida por instrumento particular.

C) Deve, necessariamente, ser levado a registro no cartório competente do Registro Civil de Pessoas Naturais.

D) É nulo, pois ela apenas poderia ser emancipada caso já contasse com economia própria, o que ainda não aconteceu.

➠ Veja arts. 5º e 9º, CC.

Comentário: A letra A está errada porque o caso narrado traz à baila o cenário da emancipação voluntária, que se dá quando ambos os representantes do menor concordam com a sua emancipação, situação que faz não necessitar da homologação judicial. A letra B está equivocada porque a emancipação apresenta requisitos formais claros, inclusive sendo impossível fazê-la por instrumento particular. A letra C está correta. Um dos requisitos da emancipação voluntária é justamente o fato de ser realizada perante o Registro Civil de Pessoas Naturais. A letra D está errada, já que, ainda contando com a hipótese de emancipação em razão da existência de economia própria, essa, conforme dito, não é a única hipótese e, além disso, a economia própria deve advir de relação de emprego, o que não seria o caso, uma vez que a jovem até poderia ter a economia própria, mas não proveniente de vínculo empregatício.

Estatuto da Pessoa com Deficiência – breve histórico

A Lei n. 13.146/2015, que entrou em vigor em 03.01.2016, representou um marco na abordagem social e jurídica tanto do portador de deficiência física como mental.

Anteriormente, a Lei n. 10.216/2001, conhecida como Lei da Reforma Psiquiátrica, lançou uma luz inicial sobre a matéria. Assegurou aos deficientes mentais os direitos de raça, cor, credo, orientação sexual, família, entre outros, contudo estabelecendo medidas protetivas e assistencialistas aos portadores de transtornos mentais.

A Lei n. 13.146/2015 assume uma abordagem diferente, com foco na liberdade do portador de transtorno de deficiência mental. Regulamentando a Convenção de Nova York, da qual o Brasil é signatário, visa à promoção da autonomia individual, liberdade e acessibilidade. Alterou importantes dispositivos do Código Civil, em especial no tocante à capacidade, à curatela e criou o instituto da tomada de decisão apoiada, entre outros aspectos. Contudo, devemos destacar que não foi criado regime de transição para os deficientes atualmente considerados incapazes e já curatelados. Além disso, com a entrada em vigor do novo Código de Processo Civil, sofrerá relevantes alterações, como se demonstrará no quadro a seguir.

Quadro comparativo – principais alterações

	Legislação anterior	Alterações do Estatuto da Pessoa com Deficiência (Lei n. 13.146/2015)	Alterações novo CPC (Lei n. 13.105/2015)	Observações
Capacidade	O art. 3º do CC dispunha que aqueles que por enfermidade ou deficiência mental não tivessem o necessário discernimento para prática dos atos da vida civil (inciso II) e os que não pudessem exprimir sua vontade, mesmo por causa transitória (inciso III), eram absolutamente incapazes. Já o art. 4º tratava dos relativamente incapazes, incluindo-se aqueles que por deficiência mental tivessem o discernimento reduzido (inciso II, final) e aqueles excepcionais, sem desenvolvimento mental completo (inciso III)	Aqueles que não podem exprimir a vontade por causa transitória passam a ser considerados relativamente incapazes. O inciso II do art. 3º foi revogado. Foi dada nova redação ao art. 4º, suprimindo aqueles que por deficiência mental tem seu discernimento reduzido e os excepcionais do rol dos relativamente incapazes		Embora no plano civil a regra passe a ser a capacidade do deficiente mental (a ser avaliada caso a caso), para o direito penal, continuam a ser inimputáveis (art. 26 do CP)
Prescrição e decadência	Não correm contra os deficientes, *a priori* considerados incapazes	Como a regra é a capacidade limitada, correm prescrição e decadência contra os deficientes mentais		
Obrigação de indenizar	O incapaz responde subsidiariamente com seus próprios bens, nos termos do art. 928 do CC	Não mais prevalece regra da subsidiariedade: deficiente mental responde diretamente com seus bens		
Curatela	Portadores de deficiência mental, em regra, eram submetidos ao instituto da curatela	Curatela passa a ter caráter excepcional (art. 84 do Estatuto) e compreende apenas aspectos patrimoniais e negociais, conservando-se a autonomia do deficiente no que tange a seu próprio corpo, sexualidade, matrimônio, educação, saúde e voto. O juiz é apoiado por equipe multidisciplinar na decisão. O juiz deve levar em conta a vontade e a preferência do interditando na escolha do curador (1.772 do CC)	Extingue a equipe multidisciplinar, mas o juiz pode contar com o auxílio de especialista (art. 751 do novo CPC). Art. 1.772 do CC foi revogado (preferência do interditando para escolher curador)	

(*continua*)

(*continuação*)

	Legislação anterior	Alterações do Estatuto da Pessoa com Deficiência (Lei n. 13.146/2015)	Alterações novo CPC (Lei n. 13.105/2015)	Observações
Legitimados para requerimento da interdição	Art. 1.768 do CC (antiga redação): pais ou tutores, cônjuge ou qualquer parente, MP	Incluído inciso IV no art. 1.768 do CC: próprio deficiente como legitimado	Com a entrada em vigor do novo CPC, o art. 1.768 foi revogado, criando-se uma lacuna jurídica quanto ao pedido formulado pelo próprio interessado, não previsto no rol dos legitimados do novo CPC para requerer a interdição (art. 747 do novo CPC)	
Testemunho	Os que por enfermidade ou retardamento mental não tivessem discernimento para os atos da vida civil não eram admitidos como testemunha (art. 228, II, do CC, redação antiga).	Revogou inciso II e inseriu § 2º no art. 228 do CC: deficientes podem ser admitidos como testemunha, em igualdade de condições com as demais pessoas, assegurados todos os recursos de tecnologia assistida		
Direito de família	Casamento daquele que não pudesse manifestar sua vontade era considerado nulo	O portador de deficiência mental em idade núbil poderá contrair matrimônio ou união estável, constituindo família, expressando sua vontade diretamente ou por meio de responsável ou curador (art. 1.550, § 2º, do CC). Poderá também exercer a guarda e adoção, como adotando ou adotante em igualdade com as demais pessoas (art. 6º, VI, do Estatuto)		

(*continua*)

(*continuação*)

	Legislação anterior	Alterações do Estatuto da Pessoa com Deficiência (Lei n. 13.146/2015)	Alterações novo CPC (Lei n. 13.105/2015)	Observações
Sufrágio		O art. 76 do Estatuto passa a assegurar o direito de votar e ser votado, garantindo a acessibilidade no local de votação, bem como a possibilidade de o deficiente ser assistido por pessoa de sua escolha no momento do voto. Garante-se também a acessibilidade ao conteúdo de propagandas e debates eleitorais, por exemplo, intérprete de Libras		
Tomada de decisão apoiada		O deficiente elege duas pessoas idôneas de sua confiança para auxílio nas decisões sobre atos da vida civil. O pedido é iniciativa do portador de deficiência mental, que estipula os limites de atuação dos apoiadores. A decisão de deferimento da tomada de decisão apoiada é do juiz, auxiliado por equipe multidisciplinar, após oitiva do MP e das pessoas que prestarão apoio. A decisão dentro dos limites estipulados terá validade e efeitos sobre terceiros. Havendo divergência de opiniões em negócio jurídico com risco relevante, a decisão cabe ao juiz, ouvido o MP. O apoiador pode ser afastado pelo juiz em caso de negligência ou de agir em contrariedade aos interesses do apoiado, bem como solicitar voluntariamente sua exclusão. O apoiado pode solicitar a qualquer tempo o término do acordo de decisão apoiada. É cabível a prestação de contas, nos mesmos moldes da curatela		

(*continua*)

(*continuação*)

	Legislação anterior	Alterações do Estatuto da Pessoa com Deficiência (Lei n. 13.146/2015)	Alterações novo CPC (Lei n. 13.105/2015)	Observações
Planos de saúde		Conforme o art. 20 do Estatuto, as operadoras de planos de saúde são obrigadas a garantir às pessoas com deficiência, no mínimo, todos os serviços e produtos ofertados aos demais clientes. É vedada a cobrança de valores diferentes em razão da condição de deficiente		
Programa de reabilitação		O art. 36 do Estatuto prevê que o poder público deverá implementar programa de habilitação e reabilitação profissional, com os recursos necessários para atender a todos os portadores de deficiência. Pode também ocorrer em empresas, por meio de celebração de relação empregatícia		
Emprego		É vedada qualquer discriminação do deficiente mental nas relações de emprego, bem como prova de aptidão plena. Os ambientes de trabalho e cursos de formação devem garantir plena acessibilidade e inclusão aos deficientes (arts. 34 e 35 do Estatuto)		
Cadastro Nacional de Inclusão da Pessoa com Deficiência		Visa a formar registro público eletrônico das pessoas com deficiência, bem como de barreiras que dificultem o exercício de direitos. Será devido pagamento de auxílio--inclusão para portadores de deficiência moderada a grave nos termos da lei (art. 95 do Estatuto)		

Da qualificação da pessoa natural

Nome, sobrenome, estado civil (lembrando que o CPC/2015 traz a declaração da pessoa que vive em união estável), domicílio (*v.* LINDB) e nacionalidade (*v.* LINDB).

Da extinção da pessoa natural

A extinção da pessoa natural pode ocorrer por morte real (art. 6º, *caput*, do CC), morte civil (art. 1.816 do CC), morte presumida (arts. 6º, 2ª parte, 7º, 22 e segs. e 37 e segs. do CC) ou morte simultânea ou comoriência (art. 8º do CC).

É necessário que se determine o momento em que ocorreu a morte e que se faça prova dela, por meio da certidão de óbito ou da sentença judicial.

Este Código Civil exclui os ausentes do rol dos absolutamente incapazes, considerada razão de inexistência da pessoa natural.

Ausente. É toda pessoa que some sem deixar pistas. A incapacidade do agente somente será declarada por sentença judicial, podendo qualquer interessado requerê-la. Se não existirem representantes nem procuradores, o juiz nomeará curador para administrar os bens do ausente.

Morte presumida

A hodierna legislação traz a possibilidade da declaração da morte presumida sem a decretação da ausência, nos casos em que for muito provável que a pessoa tenha falecido, e caberá ao magistrado fixar a data da morte na sentença. Não se deve confundir as formas indiretas de morte, que advêm com a sentença, enumeradas no art. 7º, com a ausência, na qual existe certeza apenas do desaparecimento da pessoa. A possibilidade da declaração da morte presumida sem a decretação da ausência vem para tentar solucionar inúmeros problemas que podem surgir com o aparecimento do presumido morto, porque a decretação da ausência é a fase inicial das sucessões provisória e definitiva.

Falecimento simultâneo

Comoriência. Presume-se um falecimento em conjunto quando, diante de uma catástrofe, um acidente ou uma situação de coincidência, não se puder determinar a ordem em que as pessoas faleceram. A consequência disso é que os comorientes não herdam entre si; ou seja, não há transmissão de bens. Mesmo existindo um estado de dúvida sobre quem morreu primeiro, a comoriência é reconhecida.

Registros públicos

Registro do nascimento. É obrigatório o registro de nascimento ocorrido em território nacional, dentro do prazo prescricional de quinze dias, conforme regulamentado pela Lei de Registros Públicos (art. 52).

Registro do natimorto e morte na ocasião do parto. O entendimento de Nery e Nery Jr. (p.167-8) é que em ambos os casos deve ser feito o assento com os elementos que couberem, fazendo-se remissão, porém, do óbito (*vide* art. 53 da Lei n. 6.015/73 – Lei de Registros Públicos).

Casamento. *Vide* arts. 1.511 e segs. do CC e art. 226, §§ 1º e 2º, da CF. Casamento homoafetivo. *Vide* Resolução n. 173/2015.

Emancipação. Tanto as sentenças como a concessão de emancipação devem ser registradas em cartório do 1º Ofício ou da 1ª subdivisão judiciária de cada comarca (art. 89 da Lei de Registros Públicos).

Interdição. Deve ser levada ao cartório do 1º Ofício ou da 1ª subdivisão judiciária de cada comarca. *Vide* arts. 33, 90 e 91 da Lei de Registros Públicos.

Ausência. *Vide* art. 94 da Lei de Registros Públicos.

Óbito. *Vide* arts. 79, 80, 81, 83 e 88, parágrafo único, da Lei de Registros Públicos.

Observação: atente-se às mudanças trazidas pela Resolução CNJ n. 35/2007 na aplicação da Lei n. 11.441/2007 sobre serviços notariais e de registro e às alterações trazidas pelas Resoluções CNJ ns. 120/2010, 179/2013, 220/2016 e 326/2020, que ampliam e simplificam as formas de divórcio, inventário e partilha.

Averbação é a ação de anotar à margem de assento existente ato jurídico que modifica, altera, cancela e/ou restabelece, no caso em tela: (i) das sentenças que decretarem a nulidade ou anulação do casamento, o divórcio, a separação judicial e o restabelecimento da sociedade conjugal; (ii) dos atos judiciais ou extrajudiciais que declararem ou reconhecerem a filiação; (iii) dos atos judiciais ou extrajudiciais de adoção.

A3. (Juiz Federal Substituto/2ª R./Cespe-UnB/2013) Com relação à Lei de Direitos Autorais, à Lei de Registros Públicos, ao Código Civil e à jurisprudência do STJ, assinale a opção correta.

A) Serão averbadas em registro público as sentenças que decretarem a nulidade ou anulação do casamento, o divórcio, a separação judicial e a interdição por incapacidade absoluta ou relativa, bem como os atos judiciais ou extrajudiciais que declararem ou reconhecerem a filiação.

B) Os direitos autorais perduram por cinquenta anos, contados de primeiro de janeiro do ano subsequente ao falecimento do autor, e, durante esse período, integram a herança do autor e de seus sucessores, passando a obra para o domínio público após aquele período.

C) O mero inadimplemento da obrigação alimentar por parte do genitor faculta ao alimentando pleitear alimentos diretamente aos avós, exigindo-se apenas a prova do reiterado descumprimento do dever legal do alimentante primário.

D) A Lei de Registros Públicos prevê expressamente o procedimento de dúvida inversa, pelo qual a parte interessada poderia suscitar a dúvida diretamente ao juiz.

E) No procedimento de dúvida cartorária, que tem natureza administrativa, a oitiva do MP é obrigatória.

➥ Veja arts. 9º e 10, CC; arts. 115, 200 e 204, LRP; art. 41, Lei n. 9.610/98.

Comentário: Está certa a última alternativa (letra E). A dúvida cartorária consiste na situação segundo a qual a pessoa, que objetiva receber o aceite do cartório para efetuar o registro de um título, tem como contrapartida do oficial do cartório exigência que considere inviável. Consequentemente, a dúvida, que contém a discórdia da interpretação do oficial e do requerente, é levada a juízo para que o magistrado dê a sua decisão a respeito. Então, conforme cita o art. 200, da Lei de Registros Públicos, o Ministério Público deverá ser ouvido no prazo de 10 dias, obrigatoriamente. Já o art. 204 confirma se tratar de evento de natureza administrativa.

DOS DIREITOS DA PERSONALIDADE

Os direitos da personalidade (arts. 11 a 21 do CC, estruturados pelo art. 1º, III, da CF) são caracterizados como: *absolutos,* porque são de tal ordem que devem ser observados e respeitados por todos; *extrapatrimoniais,* pois não se reduzem a dimensionamento de interesses, nem a avaliações econômicas; *imprescritíveis,* no sentido de que o exercício do direito pode se dar a qualquer momento na preservação de sua esfera de integridade, física ou moral; *indisponíveis,* já que o titular não pode se privar de seus direitos da personalidade, o que é muito mais do que intransmissibilidade ou inalienabilidade. Quanto à *intransmissibilidade,* importa salientar que, por ser inerente à pessoa, não se admite a transmissão nem *causa mortis.* Outrossim, são *vitalícios,* pois integrados à vida do titular; e *necessários,* uma vez que não se admite a ausência de nenhum deles para o desenvolvimento da própria vida.

Ademais, os direitos da personalidade podem, ainda, ser divididos em: direito à integridade física, no qual se destacam o direito à vida, sobre o corpo e ao cadáver; e em direitos à integridade moral, abrangendo o direito à honra, à liberdade, à privacidade e em uma esfera mais estreita à intimidade, à imagem, ao nome e aos direitos morais sobre as criações pela inteligência.

Princípio do afeto. O princípio da afetividade atende a todas as manifestações da família, tendo como principal objetivo protegê-la e tendo o afeto sua maior preocupação. A Desembargadora Maria Berenice Dias defende que o afeto merece ser visto como uma realidade digna de tutela. O caso do reconhecimento das relações homoafetivas no Brasil é um exemplo claro do quanto este princípio merece importância.

A4. (OAB/Exame de Ordem Unificado/FGV/2012.1) A proteção da pessoa é uma tendência marcante do atual direito privado, o que leva alguns autores a conceberem a existência de uma verdadeira cláusula geral de tutela da personalidade. Nesse sentido, uma das mudanças mais celebradas do novo Código Civil foi a introdução de um capítulo próprio sobre os chamados direitos da personalidade. Em relação à disciplina legal dos direitos da personalidade no Código Civil, é correto afirmar que

A) havendo lesão a direito da personalidade, em se tratando de morto, não é mais possível que se reclamem perdas e danos, visto que a morte põe fim à existência da pessoa natural, e os direitos personalíssimos são intransmissíveis.

B) como regra geral, os direitos da personalidade são intransmissíveis e irrenunciáveis, mas o seu exercício poderá sofrer irrestrita limitação voluntária.

C) é permitida a disposição gratuita do próprio corpo, no todo ou em parte, com objetivo altruístico ou científico, para depois da morte, sendo que tal ato de disposição poderá ser revogado a qualquer tempo.

D) em razão de sua maior visibilidade social, a proteção dos direitos da personalidade das celebridades e das chamadas pessoas públicas é mais flexível, sendo permitido utilizar o seu nome para finalidade comercial, ainda que sem prévia autorização.

➠ Veja arts. 11, 12, parágrafo único, 14, *caput* e parágrafo único, e 18, CC.

Comentário: Os direitos da personalidade estão resguardados no Código Civil entre os arts. 11 e 21. São direitos irrenunciáveis, intransmissíveis e não sofrem limitação voluntária.
A alternativa C é a indicada para responder a questão, uma vez que ela muito bem repete o art. 14, *caput* e parágrafo único, do CC. E, analisando-se um pouco mais a fundo as demais alternativas presentes na questão, nota-se que a letra A está viciada proque ela contraria o parágrafo único do art. 12 do CC, uma vez que o citado regramento informa que se tratando de morto, terá o cônjuge sobrevivente, ou qualquer outro parente em linha reta ou colateral até o quarto grau a legitimação para requerer a que cesse a ameaça ou a lesão a direito de personalidade, além de poder reclamar perdas e danos, sem prejuízo de outras sanções. A alternativa B também se equivoca uma vez que o art. 11 do mesmo diploma civil afirma que não se faz possível, a não ser nos casos excepcionais, o exercício da limitação voluntária dos direitos da personalidade. Por último, a alternativa final também está errada, vez que o art. 18 do CC é expresso ao dizer que "sem autorização, não se pode usar o nome alheio em propaganda comercial".

A5. (Procurador-SP/Nível I/FCC/2012) Sobre os direitos da personalidade, é correto afirmar:

A) O uso de imagem de pessoa pública com fim jornalístico depende de sua prévia autorização.

B) É inconstitucional ato de disposição que tenha por objeto o exercício de direitos da personalidade, por serem, sem exceção, intransmissíveis e irrenunciáveis.

C) É lícito ato altruístico de disposição do próprio corpo, total ou parcialmente, para depois da morte.

D) Herdeiro não pode pleitear perdas e danos por violação de direito da personalidade de pessoa morta, por se tratar de direito personalíssimo, intransmissível e que se extingue com a morte.

E) O pseudônimo não goza de proteção legal em razão da proibição constitucional ao anonimato.

➡ Veja arts. 11, 12, parágrafo único, 14, 19 e 20, CC.

Comentário: A assertiva correta é a C. A alternativa B está errada porque, conforme preleciona o art. 13 do CC, poderá, sim, em caso de exigência médica, existir a disposição do próprio corpo, ainda que importe a diminuição permanente da integridade física ou contrariar os bons costumes. A letra D também erra ao dizer que ninguém pode se negar a tratamento ou intervenção cirúrgica, mesmo que correndo risco de morte. A rigor, diz o art. 13 do CC que ninguém deverá ser constrangido a se submeter, com risco de vida, a tratamento médico ou a intervenção cirúrgica. Por último, a letra E está equivocada porquanto o pseudônimo goza, sim, da mesma proteção que se dá ao nome, conforme a redação do art. 19 do Código Civil.

Ameaça ou lesão a direito de personalidade

O art. 12 cuida das sanções requeridas pelo ofendido em razão de ameaça ou lesão a direito da personalidade. Essa sanção deve ser feita por meio de medidas cautelares que suspendam os atos que ameacem ou desrespeitem a integridade físico-psíquica, intelectual e moral, movendo-se, em seguida, uma ação que irá declarar ou negar a existência da lesão, que poderá ser cumulada com ação ordinária de perdas e danos a fim de ressarcir danos morais e patrimoniais. "Novidade aqui é a regra do art. 12, que assegura, de maneira ampla, a tutela inibitória, mediante a possibilidade de utilização do respectivo interdito, para impedir ou fazer cessar a agressão, possibilidade sobre a qual vacilava a jurisprudência, sobretudo quando estava em jogo a proibição de notícia veiculada na mídia e se contrapunha o argumento da intolerabilidade de censura prévia" (PASCHOAL, 2004, p. 4-9).

Estão vedados todos os atos de disposição do corpo mediante contraprestação pecuniária, porém é possível a doação voluntária, feita por escrito e na presença de testemunhas, por pessoa civilmente capaz, de tecidos, órgãos e partes do próprio corpo vivo para efetivação de transplante ou tratamento, se comprovada a necessidade terapêutica do receptor, desde que não contrarie os bons costumes, nem traga risco para a integridade física do doador, nem comprometa suas aptidões vitais, nem lhe provoque deformação ou mutilação, pois não se pode exigir que alguém se sacrifique em benefício de terceiro (art. 9º, §§ 3º a 7º, da Lei n. 9.434/97).

Com ressalva ao direito desportivo, os contratos firmados com os jogadores possuem um vínculo trabalhista (*vide* Lei n. 9.615/98, chamada de "Lei Pelé"), o que não caracteriza ato de disposição do próprio corpo.

A6. (Assembleia Legislativa-PB/Procurador/FCC/2013) No tocante aos direitos da personalidade,

A) a disposição gratuita do próprio corpo, no todo ou em parte, para depois da morte, com objetivo científico ou altruístico, uma vez formalizada é ato irrevogável e irretratável.

B) em nenhuma hipótese é possível o ato de disposição do próprio corpo, quando importar diminuição permanente da integridade física, ou contrariar os bons costumes.

C) em se tratando de morto, terá legitimação para demandar perdas e danos, bem como outras medidas visando a fazer cessar ameaça ou lesão a direitos da personalidade, o cônjuge sobrevivente, ou qualquer parente em linha reta, ou colateral até o quarto grau.

D) ninguém pode negar-se a tratamento médico ou a intervenção cirúrgica, mesmo que esteja correndo risco de morte.

E) o pseudônimo adotado para atividades lícitas, embora de livre escolha do indivíduo, não goza da proteção que se dá ao nome.

➥ Veja arts. 13 a 15 e 19, CC.

Comentário: A alternativa B está errada porque, conforme preleciona o art. 13 do CC, poderá, sim, em caso de exigência médica, existir a disposição do próprio corpo, ainda que importe a diminuição permanente da integridade física ou contrariar os bons costumes. A letra D também erra ao dizer que ninguém pode se negar a tratamento ou intervenção cirúrgica, mesmo que correndo risco de morte. A rigor, diz o art. 13 do CC que ninguém deverá ser constrangido a se submeter, com risco de vida, a tratamento médico ou a intervenção cirúrgica. Por último, a letra E está equivocada porquanto o pseudônimo goza, sim, da mesma proteção que se dá ao nome, conforme a redação do art. 19 do CC.

A7. (MPSP/Promotor/FCC/2012) Por se tratar de direito da personalidade, é defeso o ato de disposição do próprio corpo, quando importar diminuição permanente da integridade física, ou contrariar os bons costumes, salvo na seguinte hipótese:

A) Em vida, com objetivo científico ou altruístico e de forma gratuita.

B) Para se submeter, mediante exigência da família e com risco de vida, a tratamento médico ou a intervenção cirúrgica.

C) Mediante escritura pública irrevogável.

D) Independentemente de exigência médica, visando salvar a vida de ascendente, descendente, cônjuge ou irmão.

E) Para fins de transplante, na forma estabelecida em lei especial.

➥ Veja arts. 13 a 15, CC.

Comentário: Está correta a letra E. O art. 13, do CC, diz: "Salvo por exigência médica, é defeso o ato de disposição do próprio corpo, quando importar diminuição permanente da integridade física, ou contrariar os bons costumes".

Disposição do próprio corpo

É possível a doação voluntária, feita por escrito e na presença de testemunhas, por pessoa civilmente capaz, de tecidos, órgãos e partes do próprio corpo vivo para efetivação de transplante ou tratamento, se comprovada a necessidade terapêutica do receptor, desde que não contrarie os bons costumes, nem traga risco para a integridade física do doador, nem comprometa suas aptidões vitais, nem lhe provoque deformação ou mutilação, pois não se pode exigir que alguém se sacrifique em benefício de terceiro (art. 9º, §§ 3º a 7º, da Lei n. 9.434/97).

➥ Ver questão A7.

Do respeito à vontade do paciente

O profissional da saúde deve respeitar a vontade do paciente, ou de seu representante, se incapaz. Portanto, deve haver consentimento livre e informado. Imprescindível será a informação detalhada sobre seu estado de saúde e o tratamento a ser seguido, para que tome decisão sobre a terapia a ser utilizada. O profissional da saúde deve desenvolver seu trabalho com o consentimento do paciente ou da família, a fim de resguardar a própria dignidade da pessoa humana (art. 1º, III, da CF). Determinados procedimentos, como a eutanásia, não estão regulamentados. Portanto, a vontade do paciente não se sobrepõe à ordem jurídica, sendo, neste caso, nula a vontade (art. 166, III, do CC).

➥ Ver questão A6.

Individualização da pessoa natural

A pessoa natural individualiza-se pelo *nome*, pelo *estado* e pelo *domicílio* (arts. 70 a 78 do CC).

O *nome* é o sinal exterior pelo qual se designa e se individualiza. Deve-se destacar que o nome é um direito da personalidade (arts. 11 a 21 do CC), sendo inalienável e imprescritível (art. 11 do CC).

Há três elementos que integram o nome: o *prenome*, que é o nome próprio (p. ex.: João); o sobrenome, *patronímico* ou apelido de família (p. ex.: Silva); e o *agnome*, para diferenciar pessoas com o mesmo nome dentro da mesma família (p. ex.: Júnior, Filho, Neto). Em relação ao nome, faz-se mister destacar, também, o *apelido* ou alcunha (p. ex.: Zezão). Quanto ao *prenome*, cumpre ressaltar que, apesar dele ser de livre escolha dos pais, a lei proíbe nomes vexatórios e que exponham a pessoa ao ridículo.

O município de São Paulo publicou o Decreto n. 51.180, de 14.01.2010, que dispõe sobre a utilização do nome social de travestis e transexuais em todos os registros municipais relativos aos serviços públicos sob sua responsabilidade (art. 1º), além de garantir o reconhecimento de seu nome social perante a sociedade.

Nome individual

O art. 17 é estruturado pelo direito à honra objetiva. O nome da pessoa não pode ser empregado por outrem em publicações ou representações que a exponham ao desprezo público, ainda quando não haja intenção difamatória, conforme dispõe o art. 17 do CC, artigo este estruturado pelo direito à honra objetiva. O direito ao nome é personalíssimo e indisponível, por isso, sem autorização, não se pode usar o nome alheio em propaganda comercial, por exemplo.

A8. (OAB/XII Exame de Ordem Unificado/FGV/2013) João Marcos, renomado escritor, adota, em suas publicações literárias, o pseudônimo Hilton Carrillo, pelo qual é nacionalmente conhecido. Vítor, editor da Revista "Z", empregou o pseudônimo Hilton Carrillo em vários artigos publicados nesse periódico, de sorte a expô-lo ao ridículo e ao desprezo público.

Em face dessas considerações, assinale a afirmativa correta.

A) A legislação civil, com o intuito de evitar o anonimato, não protege o pseudônimo e, em razão disso, não há de se cogitar em ofensa a direito da personalidade, no caso em exame.

B) A Revista "Z" pode utilizar o referido pseudônimo em uma propaganda comercial, associado a um pequeno trecho da obra do referido escritor sem expô-lo ao ridículo ou ao desprezo público, independente da sua autorização.

C) O uso indevido do pseudônimo sujeita quem comete o abuso às sanções legais pertinentes, como interrupção de sua utilização e perdas e danos.

D) O pseudônimo da pessoa pode ser empregado por outrem em publicações ou representações que a exponham ao desprezo público, quando não há intenção difamatória.

➥ Veja arts. 17 a 20, CC.

Comentário: Esta questão se refere ao pseudônimo, bem como ao nome, que são elementos que recebem proteção dos direitos da personalidade. Dessa feita, o art. 17, do Código Civil, afirma que "O nome da pessoa não pode ser empregado por outrem em publicações ou representações que a exponham ao desprezo público, ainda quando não haja intenção difamatória".
Relevante é, porém, lembrar que no caso em tela, ao se enunciar a exposição ao ridículo feita por Vítor, este o fez e atingiu o pseudônimo Hilton Carrillo, que obviamente não é o nome próprio de João Marcos, mas, sim, apenas a sua alcunha artística.
No entanto, a mesma Codificação, em seu art. 19, diz que "O pseudônimo adotado para atividades lícitas goza da proteção que se dá ao nome". Logo, a mesma proteção vislumbrada ao nome o é ao pseudônimo, também de tal sorte que João Marcos tem para si o direito de perdas e danos, e o causador do ato ilícito fica sujeito às sanções legais.

Pseudônimo

Protege-se, juridicamente, o pseudônimo adotado para fins de atividades lícitas usados por literatos e artistas, tendo em vista a importância de que goza, por identificá-los no mundo das letras e das artes, mesmo que não tenham alcançado a notoriedade.

➠ Ver questão A8.

Direito ao nome

O direito ao nome é indisponível, por isso, sem autorização, não se pode usar o nome alheio em propaganda comercial (*vide* art. 1º, III, da CF e art. 11 do CC), inclusive não se pode expor o nome de uma pessoa em nenhuma propaganda sem sua autorização sob pena de responsabilidade civil pelo ato ilícito realizado (art. 186 e/ou art. 187 c/c o art. 927, *caput*, do CC).

O nome da pessoa. É graças à permanência e à fixidez do nome que se pode imputar a um indivíduo, hoje, as consequências de fatos que ocorreram anteriormente "e para se vislumbrar a importância do nome na vida civil, suponha-se uma sociedade sem nome, uma sociedade em que o nome possa ser alterado a cada passo". Portanto, o art. 18 preserva que não se veicule no meio de imprensa nome alheio em propaganda comercial. O Conselho Nacional de Autorregulamentação Publicitária (Conar) tem atribuição administrativa para cuidar disso.

Protege-se juridicamente o pseudônimo adotado para fins de atividades lícitas usado por literatos e artistas, tendo em vista a importância de que goza, por identificá-los no mundo das letras e das artes, mesmo que não tenham alcançado a notoriedade. O art. 19 advém do mesmo direito do art. 17 do CC. Nos dias atuais pode-se alterar o nome de transexuais em cartórios em todo o país, sendo um grande avanço para os direitos humanos e de personalidade.

A9. (Juiz Federal Substituto/2ª R./Cespe-UnB/2013) Com base no Estatuto da Criança e do Adolescente (ECA) e no que disciplina o Código Civil acerca das pessoas naturais e jurídicas e dos contratos, assinale a opção correta.

A) A doação a entidade futura caducará se, em três anos, esta não estiver constituída regularmente.

B) Na adoção internacional de criança ou adolescente brasileiro, não se exige que ocorra o trânsito em julgado da decisão que conceder a adoção para a saída do adotando do território nacional.

C) A proteção legal do pseudônimo se restringe aos adotados para as atividades lícitas.

D) O direito de anular a constituição das pessoas jurídicas de direito privado por defeito do ato constitutivo decai em quatro anos, contando-se tal prazo da publicação da inscrição desse ato no registro.

E) A união de pessoas que se organizem para fins não econômicos constitui uma associação, havendo, entre os associados, direitos e obrigações recíprocos.

➥ Veja arts. 19, 45, 53 e 554, CC; art. 52, § 8º, ECA.

Comentário: A letra C muito bem retrata, em linhas gerais, o art. 19, do Código Civil, quando este afirma: "O pseudônimo adotado para atividades lícitas goza da proteção que se dá ao nome". Portanto, é o que se tem na alternativa C, que é a correta. Pensando nas demais alternativas, a assertiva A erra ao afirmar que a doação a entidade futura se caducará em 3 anos. A rigor, conforme o art. 554 do CC, o prazo para tanto é de 2 anos. Ponderando sobre a letra B, também errada, afirma o art. 52, § 8º, do Estatuto da Criança e do Adolescente – ECA, que, sim, exige-se que ocorra o trânsito em julgado da decisão concede a adoção para a saída do adotando do território nacional. Já o vício contido em D está no prazo: de 3 e não de 4 anos, conforme cita a alternativa, e contrariando o art. 45 do CC. Finalmente, erra a letra E porque nas associações não existem direitos e obrigações recíprocos (art. 53 do CC).

➥ Ver questão A8.

Dos direitos à imagem e dos direitos a ela conexos

O art. 20 trata da tutela do direito à imagem e dos direitos a ela conexos: direitos de interpretação, à imagem e autoral, dano à imagem. O direito à imagem possui limitações. Nos casos em que se trata de pessoa notória, referir-se a exercício de cargo público, procura-se atender a administração ou serviço da justiça ou de polícia, de garantia da segurança pública nacional, atender o interesse público, necessidade de resguardar a saúde pública ou a figura obtida for tão somente parte do cenário, dispensa-se a anuência para divulgação da imagem.

No caso de biografias, a matéria sempre foi cercada de polêmica. Por um lado, os biografados alegavam a exposição de sua intimidade e vida privada, de outro ficava em xeque o direito constitucional à liberdade de expressão, flagrantemente violado por censuras prévias e proibição de circulação de determinadas obras. Recentemente, o STF no julgamento da ADIn n. 4.815 deu interpretação conforme a Constituição sem redução de texto aos arts. 20 e 21 do CC de forma a declarar inexigível o consentimento do biografado ou de coadjuvantes, ou ainda de familiares no caso de falecidos, relativo a obras biográficas literárias ou audiovisuais (STF, ADIn n. 4.815/DF, rel. Min. Cármen Lúcia, *DJe* 16.02.2016)

➥ Ver questão A8.

Vida privada

Intimidade e privacidade não se confundem. Enquanto a intimidade diz respeito a aspectos internos do indivíduo, por exemplo, os segredos, a privacidade volta-se a questões relacionadas com o mundo externo do indivíduo, como na escolha do modo de viver, dos hábitos, entre outros. O direito à vida privada da pessoa possui interesse jurídico e tem por escopo resguardar o seu titular, permitindo que ele possa impedir ou fazer cessar invasão dentro de sua esfera íntima, e usando para sua defesa as ações constitucionais, como: mandado de injunção, *habeas data*, *habeas corpus*, mandado de segurança, cautelares inominadas e ação de responsabilidade civil por dano moral e patrimonial (Súmula n. 37 do STJ).

DA AUSÊNCIA

Da Curadoria dos Bens do Ausente

Ausência

Averiguando o desaparecimento de uma pessoa de seu domicílio (arts. 70 a 78 do CC), sem que haja notícia sobre seu paradeiro, e sem deixar representante ou procurador, para que possa administrar seus bens, o juiz, a requerimento de qualquer interessado, podendo ser parente ou não, ou ainda do Ministério Público, declarará a ausência e, em seguida, designará um curador, apenas se houver bens para serem administrados.

Na hipótese de alguém desaparecer de seu domicílio deixando representante (art. 115 do CC), não se pode impor o comando do art. 22 do CC. Nomear-se-á o curador quando o ausente deixar mandatário que não queira ou não possa exercer ou continuar o mandato ou se seus poderes forem insuficientes para dar continuidade à administração do patrimônio.

Nomeação de curatela

O juiz deverá aplicar à nomeação do curador as normas do direito de família (arts. 1.728 a 1.783-A do CC), de acordo com os próprios parâmetros pautados no princípio da aplicabilidade. Em linhas gerais, como bem observa o Professor Carlos Eduardo Nicoletti Camillo: "compete ao curador a guarda, conservação e administração dos bens pertencentes ao ausente de modo a evitar que se deteriorem, extraviem ou se percam" (CAMILLO, Carlos Eduardo et al. *Comentários ao Código Civil*. São Paulo, RT, 2006, p. 98).

Cônjuge como curador

O cônjuge do ausente será o legítimo curador, desde que não esteja separado judicialmente ou de fato por mais de dois anos, já que assim poderia constituir outra entidade familiar no período. Não havendo cônjuge, ou nos dois casos do *caput* do art. 25, a curadoria dos bens do ausente incumbe aos pais ou aos descendentes, não havendo nenhum impedimento para que eles exerçam o cargo. Na falta desses, os descendentes sendo que os mais próximos precedem os mais remotos e, por fim, aplicar-se-á o art. 24 com as regras estabelecidas nos arts. 1.728 a 1.783-A do CC.

A10. (OAB – Exame XXIX 2019) Gumercindo, 77 anos de idade, vinha sofrendo os efeitos do Mal de Alzheimer, que, embora não atingissem sua saúde física, perturbavam sua memória. Durante uma distração de seu enfermeiro, conseguiu evadir-se da casa em que residia. A despeito dos esforços de seus familiares, ele nunca foi encontrado, e já se passaram nove anos do seu desaparecimento. Agora, seus parentes lidam com as dificuldades relativas à administração e disposição do seu patrimônio.

Assinale a opção que indica o que os parentes devem fazer para receber a propriedade dos bens de Gumercindo.

A) Somente com a localização do corpo de Gumercindo será possível a decretação de sua morte e a transferência da propriedade dos bens para os herdeiros.

B) Eles devem requerer a declaração de ausência, com nomeação de curador dos bens, e, após um ano, a sucessão provisória; a sucessão definitiva, com transferência da propriedade dos bens, só poderá ocorrer depois de dez anos de passada em julgado a sentença que concede a abertura da sucessão provisória.

C) Eles devem requerer a sucessão definitiva do ausente, pois ele já teria mais de oitenta anos de idade, e as últimas notícias dele datam de mais de cinco anos.

D) Eles devem requerer que seja declarada a morte presumida, sem decretação de ausência, por ele se encontrar desaparecido há mais de dois anos, abrindo-se, assim, a sucessão.

➠ Veja arts. 22, 25, 26 e 38, CC.

Comentário: A alternativa correta é a letra C. Conforme o art. 38: "Pode-se requerer a sucessão definitiva, também, provando-se que o ausente conta 80 anos de idade, e que de cinco datam as últimas notícias dele".

A letra A está incorreta, na medida em que é perfeitamente possível se declarar a morte presumida na hipótese de decretação de ausência, sendo desnecessário que o corpo seja encontrado.

A letra B está igualmente equivocada, porque Gumercindo tem mais de 85 anos de idade e há mais de cinco anos não se tem notícia sobre o seu paradeiro. Com isso, pode-se requerer a sucessão definitiva antes de 10 anos.
A alternativa D está errada, uma vez que a declaração de morte presumida sem a decretação da ausência é permitida quando se mostra extremamente provável que a pessoa tenha falecido, de acordo com as circunstâncias, o que não é o caso.

A11. (OAB/XII Exame de Ordem Unificado/FGV/2013) José, brasileiro, casado no regime da separação absoluta de bens, professor universitário e plenamente capaz para os atos da vida civil, desapareceu de seu domicílio, estando em local incerto e não sabido, não havendo indícios ou notícias das razões de seu desaparecimento, não existindo, também, outorga de poderes a nenhum mandatário, nem feitura de testamento. Vera (esposa) e Cássia (filha de José e Vera, maior e capaz) pretendem a declaração de sua morte presumida, ajuizando ação pertinente, diante do juízo competente.
De acordo com as regras concernentes ao instituto jurídico da morte presumida com declaração de ausência, assinale a opção correta.

A) Na fase de curadoria dos bens do ausente, diante da ausência de representante ou mandatário, o juiz nomeará como sua curadora legítima Cássia, pois apenas na falta de descendentes, tal curadoria caberá ao cônjuge supérstite, casado no regime da separação absoluta de bens.

B) Na fase de sucessão provisória, mesmo que comprovada a qualidade de herdeiras de Vera e Cássia, estas, para se imitirem na posse dos bens do ausente, terão que dar garantias da restituição deles, mediante penhores ou hipotecas equivalentes aos quinhões respectivos.

C) Na fase de sucessão definitiva, regressando José dentro dos dez anos seguintes à abertura da sucessão definitiva, terá ele direito aos bens ainda existentes, no estado em que se encontrarem, mas não aos bens que foram comprados com a venda dos bens que lhe pertenciam.

D) Quanto ao casamento de José e Vera, o Código Civil atual reconhece efeitos pessoais e não apenas patrimoniais ao instituto da ausência, possibilitando que a sociedade conjugal seja dissolvida como decorrência da morte presumida do ausente.

➠ Veja arts. 25, 30, § 2º, 39 e 1.571, § 1º, CC.

Comentário: Na questão em comento, a assertiva correta é a letra D, uma vez que o art. 1.571, § 1º, do CC, traz que o casamento válido apenas se dissolve pela morte de um dos cônjuges, pelo divórcio ou pela ausência de um dos cônjuges, respeitando-se as presunções e os prazos estabelecidos no diploma legal elencado anteriormente.

Da Sucessão Provisória

O bem jurídico que se preserva neste disposto é prevenir o eventual e esperado retorno de quem desapareceu de sorte que ele possa ter esse bem quando reaparecer. Portanto, a sucessão provisória é uma forma de antecipar a sucessão, sem delinear definitivamente o destino do patrimônio do desaparecido. Com a abertura da sucessão provisória, cessa a curatela dos bens do ausente. O art. 745 do CPC dispõe sobre a cessação da curadoria: I – pelo comparecimento do ausente, do seu procurador ou de quem o represente; II – pela certeza da morte do ausente; e III – pela sucessão provisória.

Interessados na sucessão

Os interessados são: I – o cônjuge não separado judicialmente; II – os herdeiros presumidos, legítimos ou testamentários; III – os que tiverem sobre os bens do ausente direito dependente de sua morte; IV – os credores de obrigações vencidas e não pagas (*vide* art. 745, §§ 1º e 4º, do CPC).

Do herdeiro esquecido na sucessão provisória. O herdeiro esquecido na sucessão provisória terá vinte anos a partir da abertura da sucessão provisória para pleitear seu quinhão.

Da sucessão definitiva. A sucessão definitiva poderá ser requerida a qualquer tempo se o ausente for encontrado morto ou se o ausente contar oitenta anos e houver decorrido cinco anos de suas últimas notícias. Se aberta a sucessão definitiva da presumida morte e ele voltar, aplicam-se, por analogia, as normas da sucessão definitiva do ausente (também presumido morto).

Prazo legal

Encerrando o prazo legal de um ano, se os legitimados dispostos no art. 27 deixarem transcorrer ou não houver interesse na sucessão provisória (art. 26 do CC), competirá ao Ministério Público requerê-la.

Da sentença. A sentença que determinar a abertura da sucessão provisória produzirá efeitos somente 180 dias após a publicação pela imprensa (art. 28, *caput*, do CC). Após trânsito em julgado, ter-se-á a abertura do testamento, caso haja, e o inventário e a partilha dos bens serão processados como se o ausente fosse falecido.

Conversão de bens em títulos

Para garantir os bens móveis que podem se deteriorar, o juiz pode ordenar a conversão deles em bens imóveis e/ou títulos da União, porém antes da partilha.

Presume-se que os herdeiros zelarão pelos quinhões recebidos a título provisório, exceto ascendente, descendente e ou cônjuge; os demais herdeiros deverão dar garantia de sua devolução, ante a precariedade de seu direito; aquele que não prestar garantia será excluído da imissão; mantendo-se os bens que lhe deviam caber sob a administração do curador ou de outro herdeiro designado pelo juiz que presta garantia.

➥ Ver questão A11.

Imóveis do ausente

Os imóveis do ausente (os arrecadados e os convertidos – art. 29 do CC) não poderão ser alienados, salvo em caso de desapropriação, ou hipotecados quando ordenado pelo magistrado para evitar a ruína, garantindo o patrimônio do ausente, no caso de seu retorno.

Os sucessores provisórios ficarão responsáveis pela gestão do patrimônio do ausente no caso de os bens serem impessoais, seja pelo passivo como pelo ativo patrimonial.

Direito aos frutos e aos rendimentos dos bens do ausente

O art. 33 dispõe sobre o direito aos frutos e aos rendimentos dos bens do ausente. A professora Maria Helena Diniz entende que: "se o sucessor provisório do ausente for seu descendente, ascendente ou cônjuge, terá a propriedade de todos os frutos e rendimentos dos bens que a este couberem, podendo deles dispor, como quiser, visto serem herdeiros necessários do desaparecido (arts. 1.829, I a III, e 1.845 do CC)" (DINIZ, 2009, p. 77).

Se se tratar de outros sucessores que não aqueles enumerados no art. 33, deverão capitalizar metade dos frutos e dos rendimentos produzidos pelo quinhão recebido, ou seja, converter a metade desses rendimentos e frutos, se sujeitos a deterioração ou extravio, em imóveis ou títulos garantidos pela União (art. 29 do CC), a fim de garantir sua ulterior e possível restituição ao ausente. Tal capitalização deverá ser feita de acordo com o Ministério Público, que, além de determinar qual o melhor emprego da metade daqueles rendimentos, deverá fiscalizá-lo.

O art. 34 retrata o direito do excluído da posse provisória. A Professora Maria Helena Diniz entende que: "o sucessor provisório que não pôde entrar na posse de seu quinhão, por não ter oferecido a garantia legal, poderá justificar-se provando a falta de recursos, requerendo, judicialmente, que lhe seja entregue metade dos frutos e rendimentos produzidos pela parte que lhe caberia e que foi retida, para poder fazer frente à sua subsistência" (DINIZ, 2009, p. 78).

Prova da data certa da morte do ausente. Conforme prevê Maria Helena Diniz: "se se provar cabalmente durante a sucessão provisória a data certa da morte do ausente, o direito à herança retroagirá àquela época; logo, considerar-se-á, a partir de então, aberta a sucessão em prol dos herdeiros (art. 1.784 do CC) que legal e comprovadamente o eram àquele tempo. Com isso, a sucessão provisória converter-se-á em definitiva (art. 745, § 3º, do novo CPC)" (DINIZ, 2009, p. 78). O meio de prova está estabelecido no art. 212 do CC.

Retorno do ausente

Regressando o ausente ou enviando notícias suas, cessarão para os sucessores provisórios todas as vantagens (art. 745 do novo CPC), ficando obrigados a tomar medidas assecuratórias até a devolução dos bens a seu dono, conservando-os e preservando-os, sob pena de perdas e danos.

Sucessores provisórios como herdeiros presuntivos. Os sucessores provisórios são herdeiros presuntivos, uma vez que administram patrimônio supostamente seu; o real proprietário é o ausente, cabendo-lhe, também, a posse dos bens, bem como os seus frutos e seus rendimentos, ou seja, o produto da capitalização ordenada pelo art. 33 do Código Civil. O sucessor provisório, com o retorno do ausente, deverá prestar contas dos bens e de seus acrescidos, devolvendo-os, assim como, se for o caso, os sub-rogados, se não mais existirem.

Da Sucessão Definitiva

O atual Código reduziu de vinte para dez anos (*vide* art. 2.028 do CC) o prazo para o requerimento da sucessão definitiva a ser contado da data da sentença de abertura da sucessão provisória (art. 1.167, II).

Efeitos da abertura da sucessão definitiva. Segundo Maria Helena Diniz, com a sucessão definitiva, os sucessores: "a) passarão a ter a propriedade resolúvel dos bens recebidos; b) perceberão os frutos e rendimentos desses bens, podendo utilizá-los como quiser; c) poderão alienar onerosa ou gratuitamente tais bens; e d) poderão requerer o levantamento das cauções (garantias hipotecárias ou pignoratícias) prestadas" (DINIZ, 2009, p. 79).

Poder-se-á abrir a sucessão definitiva de ausente com oitenta anos no caso de se provar sua idade e que de cinco datam as últimas notícias suas (art. 745 do CPC).

Da consolidação ou regresso do ausente

A sucessão definitiva se consolida após dez anos de sua abertura. Regressando ausente ou seu herdeiro necessário, eles poderão requerer ao juiz a devolução dos bens no estado em que se encontrarem, os sub-rogados em seu lugar ou o preço que os herdeiros ou interessados receberam pelos alienados depois daquele tempo (art. 745, § 4º, do CPC), respeitando-se, assim, os direitos de terceiro.

Declaração da vacância dos bens do ausente. Se, nos dez anos a que se refere o *caput* do art. 39, o ausente não retornar, e nenhum interessado requerer a sucessão definitiva, os bens serão arrecadados como vagos, passando sua propriedade plena ao município ou Distrito Federal, se situados nas respectivas circunscrições, ou à União, se localizados em território federal. A União, o município e o Distrito Federal ficarão obrigados a aplicar tais bens em fundações destinadas ao ensino (Decreto-lei n. 8.207/45, art. 3º).

➥ Ver questão A11.

DAS PESSOAS JURÍDICAS

Pela definição do dicionário Houaiss, pessoa jurídica é uma "entidade ou associação legalmente reconhecida e autorizada a funcionar", ou seja, um sujeito de direitos e obrigações a quem a lei concedeu personalidade jurídica. É a unidade de pessoas naturais ou de patrimônios que visa à obtenção de certas finalidades, reconhecida pela ordem jurídica como sujeito de direitos e obrigações.

Classificação da pessoa jurídica quanto à sua função e à sua capacidade

a) De *direito público externo* (art. 42 do CC), regulamentadas pelo direito internacional público, abrangendo: nações estrangeiras, Santa Sé e organismos internacionais (ONU, OEA, Unesco, FAO etc.).

b) De *direito público interno* de administração direta (art. 41, I a III, do CC): União, estados, Distrito Federal, territórios e municípios legalmente constituídos; e de administração indireta (art. 41, IV e V, do CC): órgãos descentralizados, criados por lei, com personalidade jurídica própria para o exercício de atividades de interesse público.

c) De *direito privado*, instituídas por iniciativas de particulares, conforme o art. 44, I a III, que se dividem em: associações, sociedades simples e empresárias, fundações particulares e, ainda, partidos políticos e, a partir de janeiro de 2012, empresa individual de responsabilidade limitada (art. 44, VI do CC).

As pessoas jurídicas de direito público

Subdividem-se estas em: (i) pessoas jurídicas de direito público externo (ONU, Nações Estrangeiras, Santa Sé), (ii) pessoas jurídicas de direito público interno de administração direta (União, Estados, Municípios e Distrito Federal) e (iii) de administração indireta (autarquias e fundações públicas).

O início da existência legal da pessoa jurídica de direito público decorre de fatos históricos, de criação constitucional, de lei ou de tratados internacionais.

Pessoas jurídicas de direito público externo

São regulamentadas pelo direito internacional público, abrangendo: nações estrangeiras, Santa Sé e organismos internacionais (ONU, OEA, Unesco, FAO etc.).

As pessoas jurídicas de direito público interno de administração direta (União, estados, municípios e Distrito Federal) e de administração indireta (autarquias e fundações públicas) são diretamente responsáveis pelos atos praticados por seus agentes (art. 37, § 6º, da CF), ressalvado direito regressivo contra os causadores do dano, se houver, por parte destes, culpa ou dolo.

As pessoas jurídicas de direito privado

Compreendem (art. 44 do CC): (i) associações: não têm fim lucrativo, mas tão somente religioso, moral, cultural ou recreativo; (ii) fundações: universalidade de bens destinados a um determinado fim, estipulado por seu fundador, e que a ordem jurídica reconhece como pessoa jurídica; (iii) sociedades civis: grupos de pessoas que visam ao lucro com a atividade da pessoa jurídica formada; e, ainda, (iv) sociedades comerciais ou empresariais: como nas sociedades civis, também visam ao lucro, mas se diferenciam porque praticam atos de comércio; (v) organizações religiosas: entidades dedicadas a uma determinada religião ou fé, que contam com imunidade tributária; (vi) partidos políticos: pessoa destinada à guarida da democracia representativa mediante a defesa de um ideal político e convicções comuns; (vii) sociedades limitadas unipessoais (alteração promovida pela Lei n. 14.195/2020, que transformou a então denominada EIRELI – empresa individual de responsabilidade limitada, incluída no Código Civil em 2011), constituídas por única pessoa titular da integralidade do capital.[2]

A12. (Assembleia Legislativa-PB/Procurador/FCC/2013) Quanto às pessoas jurídicas, é correto afirmar:

A) São pessoas jurídicas de direito público interno a União, os Estados, o Distrito Federal, autarquias e todas as fundações.

B) Começa a existência legal das pessoas jurídicas de direito privado com o início efetivo de suas atividades empresariais.

C) Tendo a pessoa jurídica administração coletiva, as decisões serão tomadas por unanimidade, a não ser que seu ato constitutivo disponha de modo diverso.

D) Decai em três anos o direito de anular a constituição das pessoas jurídicas de direito privado, por defeito do ato respectivo, contado o prazo da publicação de sua inscrição no registro.

E) Em razão de culpa na escolha, obrigam a pessoa jurídica quaisquer atos de seus administradores, exercidos nos limites ou não dos poderes definidos no ato constitutivo.

➥ Veja arts. 44, III, 45, parágrafo único, 47 e 48, CC.

Comentário: A assertiva correta é a letra D, uma vez que o art. 45, parágrafo único, do CC, trata do prazo para anulação da "constituição das pessoas jurídicas de direito privado, por defeito do ato respectivo", sendo este, de 3 anos. Continuando, erra a alternativa A ao citar a fundação como pessoa jurídica de direito público interno (trata-se de pessoa jurídica de direito privado, conforme o art. 44, III, do CC). Já a letra B está eivada de erro porque o início de fato de uma pessoa jurídica de direito privado não se dá com a inicialização de suas atividades, mas, sim, conforme o parágrafo único do art. 45 do CC, com o respectivo registro do ato constitutivo da pessoa jurídica. Quanto à alternativa C, em caso de administração coletiva da pessoa jurídica, as decisões serão tomadas por maioria de votos dos presentes (art. 48, *caput*) e não por unanimidade. Sobre a letra E, vale dizer que o art. 47 do CC afirma que "obrigam a pessoa jurídica os atos dos administradores, exercidos nos limites de seus poderes definidos no ato constitutivo".

Início da existência legal da pessoa jurídica de direito privado

Sua constituição passa por duas etapas. A primeira fase (ato constitutivo) decorre de uma manifestação da vontade de criar uma entidade diversa de seus membros. A primeira fase compreende dois elementos: o material e o formal. Há pessoas jurídicas que necessitam de autorização especial do governo, como as seguradoras e as administradoras de consórcio. A segunda fase é a do Registro Público. O registro do contrato da sociedade comercial é feito na Junta

2 Nota ao leitor: assim como se observará nos apontamentos realizados no bloco das análises de Direito de Empresa, mais especificamente a respeito do Título I-A do Código Civil (ver p. 259 deste *Manual*), o diploma civilista apresentava, em seu art. 44, sete grandes grupos de pessoas jurídicas de direito privado, sendo justamente a última delas a Empresa Individual de Responsabilidade Limitada (EIRELI). Sucede que, conforme se observará na página 259 deste *Manual*, em virtude da adição da figura da Sociedade Limitada Unipessoal – objeto do § 1º do art. 1.052 do Código Civil –, a EIRELI perdeu sua razão de existência, sendo alvo de transformação automática em sociedade limitada unipessoal a partir do art. 41 da Lei n. 14.195/2021. Com isso, muito em breve a EIRELI deixará de fato de fazer parte do ordenamento jurídico pátrio.

Comercial de cada estado da Federação. As outras pessoas jurídicas devem efetuar seus registros no Cartório de Registro Civil das Pessoas Jurídicas.

➥ Ver questões A9 e A12.

Registro Civil da Pessoa Jurídica

Somente com o registro, ter-se-á a aquisição da personalidade jurídica. Para tanto, o registro declarará, tendo em vista o requisito formal da aquisição da personalidade da Pessoa Jurídica: I – a denominação, os fins, a sede, o tempo de duração e o fundo social, quando houver; II – o nome e a individualização dos fundadores ou instituidores e dos diretores; III – o modo por que se administra e representa, ativa e passivamente, judicial e extrajudicialmente; IV – se o ato constitutivo é reformável no tocante à administração e de que modo; V – se os membros respondem, ou não, subsidiariamente, pelas obrigações sociais; e, ainda, VI – as condições de extinção da pessoa jurídica e o destino do seu patrimônio, nesse caso.

Atos de administração

Os atos dos administradores serão pautados estritamente conforme a lei que os dá validade, ou seja, os atos constitutivos da sociedade. Portanto a pessoa jurídica e seus administradores deverão se pautar pelos atos que a constituíram. O art. 17 do Código Civil de 1916 corresponde à interpretação do art. 47 cumulado com o art. 46, III, do CC.

➥ Ver questão A12.

Da administração coletiva das pessoas jurídicas

Os atos constitutivos da pessoa jurídica, leia-se, estatuto social ou contrato social, deverão conter regras claras sobre a administração da pessoa jurídica, ou seja, os sócios, por terem liberdade de contratar, poderão dispor sobre o modo de administração da sociedade. No caso de administração coletiva, ou seja, mais de um administrador, ela será exercida pelo número da maioria dos votos presentes. O parágrafo único traz o prazo decadencial de três anos para desconstituir as decisões dos administradores quando elas forem eivadas de vício de consentimento. Importante se faz notar que o parágrafo único do art. 48 dispõe de prazo decadencial diferente dos quatro anos apresentado no art. 178 do Código Civil.

➥ Ver questão A12.

Da simulação (art. 48, parágrafo único)

O art. 167 do Código Civil entende que o vício social da simulação é nulo, já o art. 48, parágrafo único, entende ser a simulação anulável com prazo decadencial de três anos.

Administração via Poder Judiciário

No caso de a pessoa jurídica não ter pessoa legítima para assinar seus negócios jurídicos, em prol da própria função social da empresa, o Estado deverá indicar administrador via Poder Judiciário.

Não confusão entre a pessoa jurídica e as pessoas que a integram

Alteração introduzida ao Código Civil consiste na inclusão do art. 49-A, proveniente da Medida Provisória n. 881/2019 (MP da Liberdade Econômica), convertida na Lei Federal n. 13.874/2019). O novo regramento consagra ideário já comum ao direito privado que faz não se confundir a pessoa jurídica com a pessoa de seus sócios, associados, instituidores ou administradores em razão do fato de que a pessoa jurídica, ao ser criada, passa a ter personalidade jurídica própria, com independência e autonomia em relação a seus integrantes.

Despersonalização da pessoa jurídica

Também denominada de teoria da desconsideração ou penetração, tem por finalidade impedir que sócios, administradores, gerentes e/ou representantes legais, encobertados pela independência pessoal e patrimonial entre a pessoa jurídica e os entes que a compunham, pratiquem abusos, atividades escusas e fraudulentas. Assim, o instituto está previsto nos arts. 50 do CC e 28 da Lei n. 8.078/90, facultando ao juiz desconsiderar a autonomia jurídica da sociedade para adentrar no patrimônio dos sócios em casos comprovados de fraude que causem prejuízos ou danos a terceiros.

Agora, importa dizer que o diploma civilista sofreu importante alteração, na mesma toada que implementou o art. 49-A, para introduzir, também, novos regramentos a partir de parágrafos e incisos ao mesmo art. 50. Com isso, a partir da introdução do § 1º, teve-se a preocupação de melhor conceituar o que de fato consiste como interpretação para a locução "desvio de finalidade", para fazer constar que se trata da pessoa jurídica que, com o propósito de lesar credores e, concomitantemente, praticando atos ilícitos de qualquer natureza, desvia a finalidade essencial da pessoa jurídica.

Depois, no § 2º, ficou conceituada a confusão patrimonial, como sendo (i) a ausência de separação de fato entre o patrimônio, que fica caracterizada pelo cumprimento repetitivo pela sociedade de obrigações do sócio ou do administrador ou vice-versa; (ii) pela transferência de ativos ou de passivos sem efetivas contraprestações, exceto os de valor insignificante; e (iii) outros atos de descumprimento da autonomia contratual. Embora novamente tenha se visto o esforço no sentido de elucidar uma terminologia tão relevante na apuração da desconsideração da personalidade jurídica, conceituando uma de suas condicionantes, percebe-se que houve certa falta de cuidado com a melhor determinação de valores importantes, deixando, aí sim, ao juízo de valor do julgador a melhor percepção do que vem a ser "cumprimento repetitivo pela sociedade de obrigações do sócio ou do administrador"; assim como "a transferência de ativos ou de passivos, exceto os de valor insignificante". Seja como for, o importante é notar que houve a atenção para melhor interpretar o que consiste em "confusão patrimonial", que significa, em última análise, a quebra do princípio da autonomia contratual, de tal sorte que a sociedade passa a adimplir obrigações de titularidade de seus sócios ou administradores (e vice-versa) ou quando feitas as transferências de ativos e de passivos sem as devidas contraprestações.

O § 3º do art. 50, embora de forma não muito clara, faz referência à desconsideração da personalidade jurídica inversa, que se dá com o esvaziamento do patrimônio do devedor pela transferência para a titularidade da pessoa jurídica da qual é sócio com a finalidade de se tornar insolvente, complicando o cumprimento de suas obrigações.

Já o § 4º determina que a simples existência de grupo econômico sem a presença dos requisitos de que trata o *caput* do art. 50 não autoriza a desconsideração. Ora, a letra da lei apenas reforça uma orientação já respaldada pelos Tribunais e amparada pela V Jornada de Direito Civil, que entende que a desconsideração da personalidade jurídica alcança o grupo de sociedade apenas quando presentes os pressupostos do art. 50 e existirem prejuízos aos credores até o limite do transferido pela sociedade.

E aí, para concluir, vem o grande golpe dado pela alteração legal, ao estabelecer que "não constitui desvio de finalidade a mera expansão ou a alteração da finalidade original da atividade econômica específica da pessoa jurídica". Ou seja, deixou-se ao total arbítrio do julgador a interpretação dos males que eventual desvio de finalidade pode causar e se isso se enquadraria ou não em um pressuposto para se desconsiderar a personalidade jurídica. Ora, notou-se evidente preocupação com a melhor definição de conceitos condicionantes da desconsideração da personalidade jurídica, com a conceituação de desvio de finalidade e confusão patrimonial e, em seguida, a própria norma legal estatui que a alteração da finalidade original da atividade econômica específica da pessoa jurídica não consiste em desvio de finalidade.

Extinção da pessoa jurídica

A existência da pessoa jurídica de direito público termina pelos mesmos fatos que a originam, ou seja, fato histórico, norma constitucional, lei especial e/ou tratados internacionais. A pessoa jurídica de direito privado, por sua vez, termina sua existência por meio de um processo de dissolução ou de liquidação, quando existir patrimônio a ser dividido entre os sócios. Resumidamente, pode-se dizer que o fim da pessoa jurídica de direito privado ocorre: pelo decurso do prazo fixado para sua duração; por deliberação de seus membros; por determinação legal; por ato do governo; pela dissolução judicial; por morte do sócio, se os remanescentes assim desejarem.

O art. 52 do Código Civil de 2002, em que se utilizam os direitos de personalidade (arts. 11 a 21 do CC) para defender questões intrínsecas das pessoas jurídicas, como nome, marca e segredos industriais, tem caráter inovador. No caso de danos gerados ao bom nome da pessoa jurídica, esta poderá reclamar danos morais conforme dispõem a segunda parte do art. 186 do CC e, ainda, o art. 5º, V e X, da Constituição Federal, lembrando que este último é cláusula pétrea constitucional por força do art. 60, § 4º, IV, da Carta Magna.

DAS ASSOCIAÇÕES

A associação nada mais é que a união de pessoas jurídicas e/ou físicas de caráter pessoal e intransferível na qual há uma pessoa jurídica de fins não econômicos, ou seja, sem fins lucrativos, que é a característica que distingue as associações do conceito de empresa.

➡ Ver questão A9.

Da nulidade

Sob pena de invalidade absoluta, o estatuto das associações deverá conter os seguintes itens: a denominação, os fins e a sede da associação; os requisitos para a admissão, a demissão e a exclusão dos associados; os direitos e os deveres dos associados; as fontes de recursos para sua manutenção; o modo de constituição e de funcionamento dos órgãos deliberativos; as condições para a alteração das disposições estatutárias e para a dissolução e, ainda, a forma de gestão administrativa e de aprovação das respectivas contas.

Dos associados

Podem ser distinguidos em categorias perante o estatuto social de uma associação, devendo ser resguardados os direitos iguais deles em gerir a pessoa jurídica. O direito de voto, por exemplo, não pode ser suprimido por uma vantagem especial.

A liberdade no estatuto social pode dispor inclusive sobre a intransmissibilidade da qualidade de associado, porém deverá ser realizada expressamente. No caso da transferência do título associativo para outrem, a qualidade da associação será transferida com o título, salvo se houver referência expressa no estatuto social.

Exclusão de sócio

Não pode haver exclusão de sócio sem que haja justa causa, devendo o associado a ser excluído ter direito de defesa, inclusive recurso perante, normalmente, assembleia geral que deve ser convocada para esse fim, a não ser que o estatuto preveja outro procedimento. Importante se faz notar que, mesmo havendo a possibilidade de exclusão do associado, o estatuto não poderá dispor contrário ao direito de defesa e de livre petição do associado.

Restrição de direitos/funções

Dentro do mesmo diapasão do art. 55 do CC, nenhum associado poderá ter retirado direito e/ou função junto à pessoa jurídica que lhe tenha sido conferido pelo próprio estatuto, a não ser que o estatuto preveja outra forma de resguardar o direito. O associado tem direito intrínseco assegurado pela lei e pelo estatuto de exercer a associação.

Gestão das associações

O Código Civil de 2002 ampliou o poder das assembleias gerais, com o intuito de descentralizar e assim tornar mais democrática a gestão das associações.

Compete à assembleia a deliberação sobre destituição de administradores e alteração do estatuto social. Note-se que o art. 59 é estruturado pelo princípio da maioria, exigindo-se, para destituição de diretoria e alteração estatutária, o voto concorde de dois terços dos presentes à assembleia especialmente convocada para esse fim, não podendo ela deliberar, em primeira convocação, sem a maioria absoluta dos associados ou com menos de um terço nas seguintes convocações. Destaque-se o art. 59, parágrafo único, o qual dispõe: "para as deliberações a que se referem os incisos I e II é exigida assembleia especialmente convocada para esse fim, com votação de acordo com o quórum determinado no estatuto social".

Convocação de órgão deliberativo

A convocação de qualquer órgão deliberativo da associação deve ser feita na forma do estatuto. Mesmo assim, no caso de um quinto dos associados se unirem em prol de determinada convocação, esta poderá ser promovida.

Dissolução da associação

No caso de dissolução da associação, o remanescente do seu patrimônio líquido, depois de deduzidas, se for o caso, as quotas ou frações ideais mencionadas no art. 56, parágrafo único, será destinado à entidade de fins não econômicos designada no estatuto, ou, no caso de omissão do estatuto, por deliberação dos associados à instituição municipal, estadual, distrital ou federal, de fins idênticos ou semelhantes. Dispõe o § 1º do art. 61 que, por cláusula do estatuto ou, no seu silêncio, por deliberação dos associados, podem estes, antes da destinação do remanescente citada no artigo mencionado, receber em restituição, atualizado o respectivo valor, as contribuições que tiverem prestado ao patrimônio da associação; e ainda dispõe o § 2º do art. 61 que não existindo no município, no estado, no Distrito Federal ou no território, em que a associação tiver sede, instituição nas condições indicadas anteriormente, o que remanescer do seu patrimônio será devolvido à Fazenda do estado, do Distrito Federal ou da União, nessa ordem.

DAS FUNDAÇÕES

Da instituição da fundação

No caso específico das fundações, a sua criação passa por quatro fases e não apenas por duas. A primeira consiste na reserva de bens com indicação dos fins a que se destinam pelo seu titular/fundador, por meio de escritura pública ou testamento. A segunda fase é a de elaboração do seu estatuto social. A terceira é a aprovação do estatuto pelo Ministério Público. E a quarta é a do registro público.

Da insuficiência para a fundação

No caso de não haver possibilidade de constituir a fundação pelos bens destinados pelo seu instituidor, eles serão incorporados em outra fundação que tenha igual finalidade, se de outro modo não dispuser o instituidor.

Transferência da propriedade

É importante se trazer o conceito de fundação que, para Clóvis Beviláqua, pode ser entendida como uma universidade de bens personalizada em atenção ao fim que lhe dá unidade ou como um patrimônio transfigurado pela ideia que o coloca a serviço de um fim determinado. No caso em tela, havendo a constituição da fundação por negócio jurídico *inter vivos*, o instituidor deverá transferir a propriedade conforme dispõe a lei sob pena dos bens serem registrados por mandado judicial em favor da fundação.

Dever do instituidor

É dever do instituidor dar diretrizes, funções e regras básicas da fundação para que dessa forma quem ficou encarregado de dar continuidade na fundação possa logo que estiver ciente do encargo criar um estatuto e submetê-lo ao Ministério Público.

Competência do Ministério Público

Cuidará das fundações o Ministério Público, que terá por competência: I – aprovar os estatutos, bem como suas modificações; II – fiscalizar as atividades da fundação, inclusive se estiver dentro do objetivo dela; III – requerer a extinção da fundação no caso de se tornar ilícita, impossível ou inútil, sua finalidade e, ainda, poderá propor a sua extinção se dois terços dos gestores competentes votarem a favor.

Alteração do estatuto da fundação

O art. 67 trata das formas como o estatuto da fundação pode ser alterado, e são elas: I – ser deliberada por dois terços dos competentes para gerir e representar a fundação; II – não contrariar ou desvirtuar seu fim; III – ser aprovada pelo órgão do Ministério Público, e, caso este a denegue, poderá o juiz supri-la, a requerimento do interessado.

O prazo no caso de acontecer alteração do estatuto quando ela não foi aprovada unanimemente será decadencial de dez dias a partir da ciência da minoria vencida.

No caso de a fundação não atingir mais a sua finalidade, o Ministério Público ou qualquer interessado poderá solicitar sua extinção incorporando-se o seu patrimônio, salvo disposição em contrário no ato constitutivo ou no estatuto, em outra fundação, designada pelo juiz, que se proponha a fim igual ou semelhante.

É importante também, nesse caso, o parecer do Ministério Público.

DO DOMICÍLIO

O domicílio da pessoa física é o local onde ela estabelece sua residência por vontade própria definitiva, ou seja, com *animus* definitivo. O domicílio serve para individualizar a pessoa.

A13. (OAB/XXIII Exame de Ordem Unificado/FGV/2017) Em ação judicial na qual Paulo é réu, levantou-se controvérsia acerca de seu domicílio, relevante para a determinação do juízo competente. Paulo alega que seu domicílio é a capital do Estado do Rio de Janeiro, mas o autor sustenta que não há provas de manifestação de vontade de Paulo no sentido de fixar seu domicílio naquela cidade.

Sobre o papel da vontade nesse caso, assinale a afirmativa correta.

A) Por se tratar de um fato jurídico em sentido estrito, a vontade de Paulo na fixação de domicílio é irrelevante, uma vez que não é necessário levar em consideração a conduta humana para a determinação dos efeitos jurídicos desse fato.

B) Por se tratar de um ato-fato jurídico, a vontade de Paulo na fixação de domicílio é irrelevante, uma vez que, embora se leve em consideração a conduta humana para a determinação dos efeitos jurídicos, não é exigível manifestação de vontade.

C) Por se tratar de um ato jurídico em sentido estrito, embora os seus efeitos sejam predeterminados pela lei, a vontade de Paulo na fixação de domicílio é relevante, no sentido de verificar a existência de um ânimo de permanecer naquele local.

D) Por se tratar de um negócio jurídico, a vontade de Paulo na fixação de domicílio é relevante, já que é a manifestação de vontade que determina quais efeitos jurídicos o negócio irá produzir.

➥ Veja art. 70, CC.

Comentário: Conforme afirma Nestor Duarte, "o domicílio é a sede jurídica das pessoas. Etimologicamente, vem do latim *domus*, que significa 'casa'. A definição legal, porém, afastou-se desse significado para agregar dois elementos: um objetivo, que é a residência, e outro subjetivo, que é o ânimo definitivo". Assim, a alternativa correta é a letra C, pois se trata de um ato jurídico em sentido estrito e, nesses casos, a vontade é essencial.

Diversos domicílios

No caso de a pessoa possuir várias residências, o seu domicílio será qualquer um deles, já que tem *animus* de residir em vários locais. Importante se faz notar que ter uma mera residência, por exemplo, para veraneio, não gera domicílio. Para que este exista, necessário se faz o *animus*.

Do local de trabalho como domicílio

O domicílio é estendido ao local onde a pessoa exerce seu trabalho de forma habitual ou, então, se o trabalho habitual se der em locais diversos, considerar-se-á qualquer desses lugares como domicílio.

Do domicílio sem residência habitual

O art. 73 abrange os casos em que a pessoa natural não se estabelece com ânimo definitivo, como no caso dos andarilhos/nômades. Dessa forma, é previsto que será considerado seu domicílio qualquer lugar onde for encontrado.

Mudança de domicílio

A pessoa natural que pretende mudar de domicílio deve transferir sua residência para outro lugar com a real intenção de se mudar, sendo vedada a simples transferência, devendo para tanto avisar a municipalidade que tal mudança será realizada, o que será utilizada como prova da intenção manifesta de mudar de domicílio. Uma prova inequívoca disso é a mudança do cadastro do IPTU.

Domicílio das pessoas jurídicas

O domicílio da pessoa jurídica está previsto no art. 75 do Código Civil. Os incisos I a III tratam das pessoas jurídicas de direito público interno que têm domicílio na sede de seu governo. As pessoas jurídicas de direito privado têm domicílio ou sede onde elegerem em seus atos constitutivos (estatutos ou contratos sociais, conforme sua classificação) ou no lugar onde funcionarem sua diretoria e sua administração (art. 75, IV, do CC).

Domicílio legal

No intuito de resguardar o direito de terceiros, a lei especificou alguns casos cujo domicílio não é voluntário, mas sim legal, que são os casos dos incapazes que terão seu domicílio no local de seu representante legal, dos funcionários públicos que serão domiciliados no local em que exercem suas funções permanentes e das profissões itinerantes como é o caso dos oficiais do Exército, que terão domicílio onde servirem. Oficiais da Marinha e da Aeronáutica terão seu domicílio na sede do comando onde se encontram subordinados. Os tripulantes de embarcações marítimas mercantis terão seu domicílio no local onde estiver matriculado o navio. Presos terão domicílio onde cumprem a sentença.

Domicílio do agente diplomático

O foro competente para se julgar o agente diplomático a serviço em país estrangeiro e que lá tenha sido citado é o seu domicílio no país, porém, se no momento em que alegar extraterritorialidade, não fornecer seu domicílio, deverá ser demandado no Distrito Federal ou então no último ponto do território nacional em que esteve.

Cláusula de eleição de foro

Os contratantes podem se utilizar do art. 78 para que possam de modo convencional dispor a respeito do foro que será utilizado em uma eventual demanda. É a chamada cláusula de eleição de foro, que visa a que as partes em comum acordo decidam qual o foro competente para julgar eventuais conflitos a respeito de uma relação jurídica específica.

DOS BENS

Bens. São coisas com valor econômico à pessoa física e/ou jurídica, ou seja, o bem jurídico dos bens é a satisfação das pessoas.

Imóveis	Móveis
Art. 79: "São bens imóveis o solo e tudo quanto se lhe incorporar natural ou artificialmente". Bens imóveis – Classificam-se em: a) imóveis por natureza (a imobilidade é da própria essência do bem, ex.: o solo, art. 79, 1ª parte, do CC); b) por acessão física artificial (bens que aderem fisicamente ao solo, ex.: árvores, pontes, sementes lançadas ao solo, edifícios etc.); c) por acessão intelectual (bens que se integram idealmente ao solo para exploração econômica de seu proprietário e por vontade deste podem, a qualquer tempo, voltar a ser bens móveis, como as máquinas agrícolas, tratores, vasos etc.); d) por determinação legal (são bens incorpóreos a que a lei confere proteção considerando-os como bens imóveis, como é o caso do usufruto, enfiteuse, servidão predial, o direito à sucessão aberta etc.). Os bens servem para as pessoas e não o contrário, por isso, a dificuldade da classificação dos bens. **Art. 80:** "Consideram-se imóveis para os efeitos legais: I – os direitos reais sobre imóveis e as ações que os asseguram; II – o direito à sucessão aberta". **Doutrina:** Em regra, os bens imóveis são assim designados justamente pela sua mobilidade física, ganhando desta forma proteções e dispositivos diferenciados na legislação. Porém, no artigo em epígrafe, o legislador elencou dois casos em que são necessários os contornos dados aos bens imóveis (enfiteuse, anticrese, hipoteca, usufruto, direito real de habitação, *v.* art. 1.225 do CC) e as ações que os asseguram; e o direito à sucessão aberta, visando sempre à proteção da dilapidação do patrimônio. **Art. 81:** "Não perdem o caráter de imóveis: I – as edificações que, separadas do solo, mas conservando a sua unidade forem removidas a outro local; II – os materiais provisoriamente separados de um prédio, para nele se reempregarem". **Doutrina:** As edificações que são consideradas imóveis mas que forem separadas do solo sem perder sua unidade continuam a ser consideradas imóveis e, do mesmo modo que os materiais retirados de um imóvel com o intuito de serem reempregados nele mesmo, também não perderão seu caráter imobiliário.	**Art. 82:** "São móveis os bens suscetíveis de movimento próprio, ou de remoção por força alheia, sem alteração da substância ou da destinação econômico-social". Bens móveis: Classificam-se em: a) bens móveis por natureza (ex.: joias); b) por vontade humana ou antecipação pela função econômica (ex.: lenha); c) e por determinação legal, quando um bem móvel por lei deve ser considerado imóvel (mobilização de bem imóvel – ex.: a energia elétrica a que se refere o art. 155, § 3°, do CP). **Art. 83:** "Consideram-se móveis para os efeitos legais: I – as energias que tenham valor econômico; II – os direitos reais sobre objetos móveis e as ações correspondentes; III – os direitos pessoais de caráter patrimonial e respectivas ações". **Doutrina:** O artigo em comento traz a menção que se consideram móveis para efeitos legais, além daqueles que se movam pela vontade de seu detentor: a) as energias que tenham valor econômico (ex.: energia elétrica); b) os direitos reais sobre objetos móveis e as ações correspondentes; e c) os direitos pessoais de caráter patrimonial e ações respectivas sobre eles. **Art. 84:** "Os materiais destinados a alguma construção, enquanto não forem empregados, conservam sua qualidade de móveis; readquirem essa qualidade os provenientes da demolição de algum prédio". **Doutrina:** Tanto o material de construção que ainda não foi utilizado quanto aquele proveniente de demolição definitiva de edifício serão considerados bens móveis.

(*continua*)

(*continuação*)

Bens fungíveis	Bens consumíveis
Art. 85: "São fungíveis os móveis que podem substituir-se por outros da mesma espécie, qualidade e quantidade". **Doutrina:** Os bens fungíveis, em regra, são aqueles que podem ser substituídos por outros da mesma espécie, qualidade e quantidade, por exemplo, um automóvel, mas tal acepção não é absoluta, pois se o bem possuir características históricas ou sentimentais peculiares a ele será considerado infungível.	**Art. 86:** "São consumíveis os bens móveis cujo uso importa destruição imediata da própria substância, sendo também considerados tais os destinados à alienação". **Doutrina:** Os bens consumíveis são aqueles destinados exclusivamente ao consumo, o qual acarreta, portanto, sua destruição. Porém, é devido analisar a relação entre o bem e o possuidor, pois aqueles bens que são destinados exclusivamente à alienação são consumíveis, pois é inerente ao bem seu desaparecimento para o vendedor no momento em que o mesmo é vendido.
Bens divisíveis	**Bens singulares e coletivos**
Art. 87: "Bens divisíveis são os que se podem fracionar sem alteração na sua substância, diminuição considerável de valor, ou prejuízo do uso a que se destinam". **Doutrina:** Os bens que puderem ser divididos sem perder suas principais características de uso e de valor econômico serão considerados divisíveis, como é o caso dos grãos resultantes de uma safra, ou então a divisão de um terreno em condomínio. **Art. 88:** "Os bens naturalmente divisíveis podem tornar-se indivisíveis por determinação da lei ou por vontade das partes". **Doutrina:** A divisibilidade dos bens pode atender a dois critérios, o primeiro refere-se à natureza do bem, que por si próprio é indivisível, pois se fosse dividido perderia sua substância e o seu valor econômico, e o segundo diz respeito à indivisibilidade por convenção e por comando legal, que por ficção jurídica se tornam indivisíveis, muito embora por natureza pudessem se dividir, como é o caso da herança e de obrigações que devem ser pagas de uma só vez.	**Art. 89:** "São singulares os bens que, embora reunidos, se consideram *de per si*, independentemente dos demais". **Doutrina:** Consideram-se singulares aqueles bens que se forem colocados isoladamente não dependem de nenhum outro para que eles tenham substância e utilidade; já os coletivos devem ser considerados unificadamente, pois não haveria sentido em considerar os bens separadamente. Considera-se coletivo aquele bem que pela união de diversos bens singulares se torna um bem distinto, por exemplo, várias peças unidas que compõem um motor único. **Art. 90:** "Constitui universalidade de fato a pluralidade de bens singulares que, pertinentes à mesma pessoa, tenham destinação unitária. Parágrafo único. Os bens que formam essa universalidade podem ser objeto de relações jurídicas próprias". **Doutrina:** O artigo em comento traz consigo os casos em que é considerado um bem só aquela universalidade de bens singulares que possuem um único dono, sendo o caso de um rebanho ou de uma frota de automóveis, em que o bem é simplesmente um conjunto de vários bens que formam um aglomerado, porém isoladamente são aptos a possuir relações jurídicas próprias, não possibilitando sua substituição por outro de diferente espécie, pois então, a universalidade de fato perderia o sentido. **Art. 91:** "Constitui universalidade de direito o complexo de relações jurídicas, de uma pessoa, dotadas de valor econômico". **Doutrina:** É definido como universalidade de direito aquele conjunto de bens e direitos com valor econômico que compõe um complexo de relações jurídicas, que tenham consigo um vínculo, como é o caso da herança, massa falida, fundo de comércio etc.

DAS DIFERENTES CLASSES DE BENS

Tratar-se-á agora da classificação dos bens entre os arts. 79 a 103 do CC.

DOS BENS CONSIDERADOS EM SI MESMOS

Dos Bens Imóveis

São coisas com valor econômico à pessoa física e/ou à jurídica, ou seja, servir as pessoas (arts. 1º a 78).

Bens imóveis. Classificam-se em: imóveis por natureza (a imobilidade é da própria essência do bem, ex.: o solo, art. 79, 1ª parte, do CC); por acessão física artificial (bens que aderem fisicamente ao solo, ex.: árvores, pontes, sementes lançadas ao solo, edifícios etc.); por acessão intelectual (bens que se integram idealmente ao solo para sua exploração econômica de seu proprietário e por vontade deste podem, a qualquer tempo, voltar a ser bens móveis, como as máquinas agrícolas, tratores, vasos etc.); por determinação legal (são bens incorpóreos que a lei confere proteção considerando-os como bens imóveis, como é o caso do usufruto, enfiteuse, servidão predial, o direito a sucessão aberta etc.). Os bens servem para as pessoas e não o contrário, por isso, a dificuldade da classificação dos bens.

Em regra os bens imóveis são assim designados justamente pela sua mobilidade física, ganhando dessa forma proteções e dispositivos diferenciados na legislação, porém no art. 79 o legislador elencou dois casos em que são necessários os contornos dados aos bens imóveis muito embora possuam mobilidade como essência, por exemplo, o caso dos direitos reais sobre imóveis (enfiteuse, anticrese, hipoteca, usufruto, direito real de habitação, *vide* art. 1.225 do CC) e as ações que os asseguram; e o direito à sucessão aberta, visando sempre à proteção da dilapidação do patrimônio.

As edificações que são consideradas imóveis mas que forem separadas do solo sem perder sua unidade continuam a ser caracterizadas como imóveis e, do mesmo modo que os materiais retirados de um imóvel com o intuito de serem reempregados nele mesmo, também não perderão seu caráter imobiliário.

B1. (Assembleia Legislativa-PB/Procurador/FCC/2013) Em relação aos bens, assinale a alternativa INCORRETA.

A) São pertenças os bens que, não constituindo partes integrantes, se destinam, de modo duradouro, ao uso, ao serviço ou ao aformoseamento de outro.

B) Constitui universalidade de direito a pluralidade de bens singulares que, pertencentes à mesma pessoa, tenham destinação unitária.

C) Os bens naturalmente divisíveis podem tornar-se indivisíveis por determinação da lei ou por vontade das partes.

D) Consideram-se imóveis para os efeitos legais os direitos reais sobre imóveis e as ações que os asseguram, bem como o direito à sucessão aberta.

E) Os materiais destinados a alguma construção, enquanto não forem empregados, conservam sua qualidade de móveis; readquirem essa qualidade os provenientes da demolição de algum prédio.

➥ Veja arts. 80, I e II, 84, 88, 90, 91 e 93, CC.

Comentário: Nesta questão a assertiva incorreta é a letra B, conforme dispõe o art. 90, do Código Civil: "Constitui universalidade de fato a pluralidade de bens singulares que, pertinentes à mesma pessoa, tenham destinação unitária". Isto é, a alternativa demonstra o seu erro ao dizer que constitui universalidade de direito a pluralidade de bens singulares. Em verdade, constitui universalidade de fato.

Dos Bens Móveis

Bens móveis. Classificam-se em: bens móveis por natureza (ex.: joias); por vontade humana ou antecipação pela função econômica (ex.: lenha); e, por determinação legal, quando um bem móvel por lei deve ser considerado imóvel (mobilização de bem imóvel – ex.: a energia elétrica a que se refere o art. 155, § 3º, do CP). Os bens **semoventes** são aqueles que se locomovem mesmo sem a vontade das pessoas físicas (ex.: qualquer animal).

Dos móveis irregulares. Os carros são considerados bens móveis irregulares já que precisam de registro para a transferência de propriedade. No direito civil português o automóvel é coisa móvel sujeita a registro, portanto sujeito ao regime de coisas imóveis (arts. 759 do Código Civil português e 4º e 8º do Decreto-lei n. 54, de 12.02.1975). "Já as criações de espírito são coisas incorpóreas e, logo, coisas móveis" (ABÍLIO NETO. *Código Civil anotado*, Ediforum Lisboa, p.114).

Dos bens móveis para efeitos legais

O art. 83 traz a menção que se consideram móveis para efeitos legais, além daqueles que se movam pela vontade de seu detentor: (i) as energias que tenham valor econômico (ex.: energia elétrica); (ii) os direitos reais sobre objetos móveis e as ações correspondentes; e (iii) os direitos pessoais de caráter patrimonial e ações respectivas sobre eles.

Lei de Direitos Autorais

De acordo com a Lei n. 9.610/98, art. 3º, os direitos autorais são considerados, para efeitos da lei, coisas móveis.

Tanto o material de construção que ainda não foi utilizado como aquele proveniente de demolição definitiva de edifício serão considerados bens móveis enquanto não empregados na obra. A classificação de bens é extremamente importante para a descrição dos objetos do negócio jurídico (art. 104, II, do CC), por isso a importância do art. 84.

➡ Ver questão B1.

Dos Bens Fungíveis e Consumíveis

Bens fungíveis

Os bens fungíveis, em regra, são aqueles que podem ser substituídos por outros da mesma espécie, qualidade e quantidade, por exemplo, um automóvel, mas tal acepção não é absoluta, pois se o bem possuir características históricas ou sentimentais peculiares a ele será considerado infungível.

Bens consumíveis

Os bens consumíveis são aqueles destinados exclusivamente ao consumo, o qual acarreta, portanto, sua destruição. Porém, é devido analisar a relação entre o bem e o possuidor, pois aqueles bens que são destinados exclusivamente à alienação, são consumíveis, pois é inerente ao bem seu desaparecimento para o vendedor no momento em que o mesmo é vendido.

Dos Bens Divisíveis

Os bens que puderem ser divididos sem que sejam perdidas suas principais características de uso e de valor econômico serão considerados divisíveis, como é o caso dos grãos resultantes de uma safra, ou então a divisão de um terreno em condomínio.

A divisibilidade dos bens pode atender a dois critérios, o primeiro refere-se à natureza do bem, que por si próprio é indivisível pois se fosse dividido perderia sua substância, e o segundo diz respeito a indivisibilidade por convenção e por comando legal que por ficção jurídica se tornam indivisíveis, muito embora, por natureza, pudessem se dividir, como é o caso da herança e de obrigações que devem ser pagas de uma só vez.

B2. (TJPE/Juiz Substituto/FCC/2013) Os bens naturalmente divisíveis podem tornar-se indivisíveis

A) por disposição expressa de lei ou pela vontade das partes, desde que, neste caso, o prazo de obrigatoriedade da indivisão não ultrapasse dez anos.

B) apenas pela vontade das partes.

C) por vontade das partes, não podendo exceder de cinco anos a indivisão estabelecida pelo doador ou pelo testador.

D) por vontade das partes, que não poderão acordá-la por prazo maior de cinco anos, insuscetível de prorrogação ulterior.

E) apenas por disposição expressa de lei.

➡ Veja arts. 87 e 88, CC.

Comentário: Conforme o art. 88 do CC, os bens divisíveis podem se tornar indivisíveis por determinação da lei ou pela vontade das partes. Dessa forma, podemos excluir as alternativas B e E. Já o art. 1.320, § 1º, expressamente dispõe que o prazo de cinco anos é sucetível de prorrogação ulterior, o que exclui a alternativa D. Enquanto o § 2º do mesmo dispositivo deixa claro que a indivisão não pode exceder cinco anos quando estabelecida por doador ou testador, sendo, portanto, a alternativa correta. Por fim, resta falar da alternativa A, que se encontra incorreta, pois diz que o prazo não pode superar dez anos quando, na verdade, este não poderá ultrapassar cinco anos quando estabelecida pelas partes, sendo suscetível de prorrogação ulterior. A alternativa correta é a letra C.

➡ Ver questão B1.

Dos Bens Singulares e Coletivos

Consideram-se singulares aqueles bens que, se forem considerados isoladamente, não dependem de nenhum outro para que tenham substância e utilidade. Já os coletivos devem ser considerados unificadamente, pois não haveria sentido em considerar os bens separadamente. Considera-se coletivo aquele bem que pela união de diversos bens singulares se torna um bem distinto, por exemplo, várias peças unidas compõe um motor único.

Universalidade de bens singulares

O art. 90 traz consigo os casos em que são considerados um único bem aquela universalidade de bens singulares que possuem um único dono, sendo o caso de um rebanho ou uma frota de automóveis, em que tais bens são simplesmente um conjunto de vários bens que formam um aglomerado, porém isoladamente são aptos a possuir relações jurídicas próprias não possibilitando sua substituição por outro de diferente espécie, pois então a universalidade de fato perderia o sentido.

É definido como universalidade no direito aquele conjunto de bens e direitos com valor econômico que compõe um complexo de relações jurídicas, que tenham consigo um vínculo, como é o caso da herança, massa falida, fundo de comércio etc.

DOS BENS RECIPROCAMENTE CONSIDERADOS

Bens reciprocamente considerados principais

Bens principais são bens autônomos em relação a qualquer outro (ex.: casa); acessórios dependem da existência de outro bem (ex.: janela). Dessa distinção, surgem duas conclusões importantíssimas: o acessório sempre segue o principal; e o acessório pertence ao titular do bem principal.

Bem principal, acessório e pertença

Todo direito tem o seu objeto. Como o direito subjetivo é poder outorgado a um titular, requer um objeto. Sobre o objeto desenvolve-se o poder de fruição da pessoa.

Em regra, esse poder recai sobre um *bem*. Bem, em sentido filosófico, é tudo o que satisfaz uma necessidade humana (art. 79 do CC). Juridicamente falando, o conceito de coisas corresponde ao de bens, mas nem sempre há perfeita sincronização entre as duas expressões. Às vezes, coisas são o gênero, e bens, a espécie.

Espécie de bens acessórios

O Código enumera expressamente as espécies de bens acessórios. São elas:

Frutos. São bens que, naturalmente, derivam de outro, sem alteração à substância da coisa principal. Quanto ao seu estado os frutos distinguem-se em: *pendentes* (que se encontram ligados à coisa que o produziu); *percebidos* ou *colhidos* (aquele que é destacado da coisa que o produziu); *estanques* (são os frutos percebidos, porém armazenados); *percipiendos* (que já deveriam ter sido colhidos, mas não o foram); e *consumidos* (são os frutos destruídos pelo seu uso ou decomposição integral e que, portanto, deixaram de existir).

Pertença. É um bem acessório, que, conservando sua individualidade e autonomia, serve de adorno do bem principal ou que se destina a conservar-lhe ou facilitar-lhe o uso (ex.: moldura de um quadro). Partes integrantes são acessórios que formam um todo com o bem principal e sem os quais os principais não teriam sequer utilidade (ex.: as lâmpadas, sem as quais os lustres seriam meros adornos, mas não serviriam como fonte de luz).

As pertenças não estão incluídas no negócio jurídico em tese, porém se a lei, o contrato ou o caso concreto determinarem, poderão ser inclusas.

O resultado da exploração econômica do bem principal externado pelos frutos e produtos dele provenientes poderá ser objeto de negócio jurídico, mesmo que não destacados do bem principal, ganhando, portanto, autonomia.

Benfeitorias. Consideram-se benfeitorias tudo aquilo realizado pelo homem que vise a embelezar, aumentar ou facilitar e conservar um bem. As benfeitorias voluptuárias são aquelas que visam apenas a embelezar e/ou dar mais comodidade ao bem (ex.: decoração luxuosa de um cômodo). As benfeitorias úteis têm por escopo facilitar ou aumentar o uso do bem, mesmo que não sejam necessárias (ex.: instalação de iluminação mais moderna e econômica). E as benfeitorias necessárias, o nome já diz, são as indispensáveis para a conservação do bem (ex.: a troca da fiação elétrica que corre o risco de causar um curto-circuito).

B3. (OAB/XXXIII Exame de Ordem Unificado/FGV/2021) Bruna visitou a mansão neoclássica que André herdara de seu tio e cuja venda estava anunciando. Bruna ficou fascinada com a sala principal, decorada com um piano do século XIX e dois quadros do conhecido pintor Monet, e com os banheiros, ornados com torneiras desenhadas pelos melhores profissionais da época. Diante disso, decidiu comprá-la. Na ausência de acordo específico entre Bruna e André, por ocasião da transferência da propriedade, Bruna receberá

A) a mansão com os quadros, o piano e as torneiras, pois todos esses bens são classificados como benfeitorias, que seguem o destino do bem principal vendido.

B) apenas a mansão, eis que o princípio da gravitação jurídica não é aplicável aos demais bens citados no caso.

C) a mansão juntamente com as torneiras dos banheiros, consideradas partes integrantes, mas não os quadros e o piano, considerados pertenças.

D) a mansão e os quadros, pois, sendo considerados pertenças, impõe-se a regra de que o acessório deve seguir o destino do principal, mas o piano e as torneiras poderão ser removidos por André antes da transferência.

➠ Veja arts. 93 e 94, CC.

Comentário: A alternativa A está equivocada porque, pelo art. 94 do Código Civil, "os negócios jurídicos que dizem respeito ao bem principal não abrangem as pertenças, salvo se o contrário resultar da lei, da manifestação de vontade, ou das circunstâncias do caso". Ou seja, os quadros e sobretudo o piano são pertenças que, não constituindo partes integrantes, destinam-se, de modo duradouro, ao uso, ao serviço ou ao aformoseamento de outro, conforme o art. 93 do mesmo diploma. Assim, não seguem o bem principal.

Já a alternativa B está correta exatamente porque trata do negócio jurídico que tem como objeto a transferência da propriedade da mansão e não dos demais itens.

Ocorre, porém, que a questão é polêmica, e a alternativa C também pode ser considerada correta, na medida em que as torneiras também podem ser consideradas partes integrantes da mansão, sendo discutível se seriam ou não destacáveis da propriedade.

Já a letra D está errada porque os quadros não devem seguir o bem principal, a não ser que haja determinação específica para tanto ou a venda se configure na modalidade intitulada "porteira fechada", justamente em que se determina que os acessórios seguirão o principal.

Acréscimos realizados pelo poder público

Os acréscimos realizados pelo poder público ou então por força da natureza não são considerados benfeitorias para efeitos jurídicos, ou seja, por não possuírem intervenção do proprietário, possuidor ou detentor, não serão consideradas benfeitorias.

DOS BENS PÚBLICOS

Bens considerados em relação ao titular

Públicos. São aqueles que pertencem à União, aos estados, aos municípios, ao Distrito Federal e aos entes da Administração Pública indireta. São inalienáveis, imprescritíveis e impenhoráveis.

Dividem-se em: bens de uso comum do povo (qualquer pessoa pode usar; como a rua, as praças etc.); bens de uso especial (de uso da Administração Pública para alguma atividade específica, como os prédios destinados aos fóruns, prefeituras etc.); e bens dominicais (patrimônio próprio da Administração Pública, incluindo-se as terras devolutas e as ilhas. Esses podem ser alienados ou explorados economicamente por pessoas de direito privado).

Privados. Pertencentes a um sujeito de direito privado, normalmente chamado de particular.

Estatuto da Terra. O art. 9º diferencia terras públicas do art. 12, que diferencia terras privadas.

Definição de bens públicos

São considerados públicos aqueles bens que sirvam a coletividade como um todo, seja direta ou indiretamente e são divididos em: os de uso comum do povo, tais como rios, mares, estradas, ruas e praças; os de uso especial, tais como edifícios ou terrenos destinados a serviço ou estabelecimento da administração federal, estadual, territorial ou municipal, inclusive os de suas autarquias; os dominicais, que constituem o patrimônio das pessoas jurídicas de direito público, como objeto de direito pessoal, ou real, de cada uma dessas entidades e se a lei dispuser em contrário, consideram-se dominicais também os bens que pertencem às pessoas jurídicas de direito público com caráter de direito privado.

Da inalienabilidade dos bens públicos

Os bens que integram o patrimônio público são inalienáveis, pois é princípio do direito administrativo a inalienabilidade dos bens públicos desde que sejam de uso comum do povo e os de uso especial, notando-se que este artigo exclui os bens dominicais desse rol.

Da alienação dos bens dominicais

No caso de alienação dos bens dominicais, esta deverá seguir procedimento próprio especificado em lei própria, que, por se tratar de um bem público, deve seguir as normas de direito público e não do privado.

Definição de usucapião

Usucapião. Forma de aquisição originária do bem aplicável a qualquer bem que esteja na posse de pessoa diversa de seu dono, com ânimo de proprietário, de forma mansa e pacífica e depois de transcorrido considerável lapso temporal, porém tal instituto não se aplica quando o bem for de propriedade do poder público, que, por força do art. 103 do CC, não pode em hipótese alguma ter seus bens usucapidos.

A regra é a gratuidade do uso dos bens comuns de uso do povo, porém é possível a cobrança de taxa de uso como força de compensação do capital investido em obras de construção, conservação e melhoria.

Patrimônio

Por mais que não seja tratado no Código, importante se faz notar que patrimônio é todo ativo menos o passivo de uma pessoa, seja ela jurídica, seja ela física.

Classificação dos bens	Embasamento legal	Características	Observação
Corpóreos	X	São direitos das pessoas sobre as coisas, sobre o produto de seu intelecto ou em relação a outra pessoa, com valor econômico: direitos autorais, créditos, invenções. Ex.: automóvel, animal, livro etc.	Sem dispositivo expresso
Incorpóreos	X	São entendidos como abstração do Direito; não têm existência material, mas jurídica. As relações jurídicas podem ter como objeto tanto os bens materiais como os imateriais; as coisas incorpóreas prestam-se à cessão, não podem ser objeto de usucapião nem de transferência pela tradição, que requer a entrega material da coisa	Sem dispositivo expresso
Móveis	Arts. 82 e 83 do CC	São os que podem ser removidos, sem perda ou diminuição de sua substância, por força própria ou estranha	X
Imóveis	Art. 79 do CC	São aqueles bens que não podem ser transportados sem perda ou deterioração	X
Fungíveis	Art. 85 do CC	São aqueles que podem ser substituídos por outros do mesmo gênero, qualidade e quantidade. Ex.: cereais, peças de máquinas, gado etc.	X
Infungíveis	X	São aqueles corpos certos, que não admitem substituição por outros do mesmo gênero, quantidade e qualidade. Ex.: quadro de Portinari, uma escultura ou qualquer outra obra de arte	Sem dispositivo expresso

(continua)

(continuação)

Classificação dos bens	Embasamento legal	Características	Observação
Consumíveis	Art. 86 do CC	São consumíveis os bens móveis, cujo uso importa destruição imediata da própria substância, sendo também considerados tais os destinados à alienação	X
Não consumíveis	X	São os bens que admitem uso reiterado, sem destruição de sua substância. Tal qualidade deve ser entendida no sentido econômico e não no sentido vulgar, pois tudo que existe na face da terra inexoravelmente será consumido, ou ao menos deixará de ser o que é, para ser transformado	Sem dispositivo expresso
Divisíveis	Art. 87 do CC	São os que se podem fracionar sem alteração, na sua substância, diminuição considerável de valor, ou prejuízo do uso a que se destinam	Os bens naturalmente divisíveis podem tornar-se indivisíveis por determinação da lei ou por vontade das partes
Indivisíveis	Art. 88 do CC	É aquele que perde a identidade ou o valor quando fracionado. Há obrigações divisíveis e outras indivisíveis, de acordo com sua natureza ou vontade das partes; direitos que são sempre indivisíveis, como as servidões e a hipoteca	X
Singulares	Art. 89 do CC	São singulares os bens que, embora reunidos, consideram-se de per si, independentemente dos demais. Conforme exposto, deve-se analisar o caso concreto	X
Coletivos	X	São os que são considerados em conjunto com outros	Sem dispositivo expresso
Reciprocamente considerados: principais e acessórios	Art. 92 do CC	Principal é o bem que existe sobre si, abstrata ou concretamente. Acessório é aquele cuja existência supõe a do principal	X
Públicos	Art. 98 do CC	São os de domínio nacional pertencentes à União, aos Estados, ou aos Municípios	X
Particulares	X	São todos os demais em relação aos públicos, pertençam a quem pertencerem	Sem dispositivo expresso

DOS FATOS JURÍDICOS

Tratar-se-á, neste capítulo, de negócios, fatos e atos jurídicos além do ato ilícito.

DO NEGÓCIO JURÍDICO

Capacidade do agente (art. 104, IV)

Como todo ato negocial pressupõe uma declaração de vontade, a capacidade do agente é indispensável à sua participação válida na seara jurídica (arts. 3º a 5º do CC). Se o agente for absolutamente incapaz (art. 3º do CC), os negócios jurídicos serão nulos (art. 166, I, do CC); se o agente for relativamente incapaz (art. 4º do CC), os negócios jurídicos serão anuláveis ou relativamente nulos (art. 171, I, do CC).

Objeto lícito possível determinado ou determinável (art. 104, II)

Deverá ser lícito, ou seja, conforme a lei, não sendo contrário aos bons costumes, à ordem pública e à moral. Deverá ter ainda objeto possível, física ou juridicamente. Deverá ter objeto determinado ou, pelo menos, suscetível de determinação, pelo gênero e quantidade.

Consentimento dos interessados (manifestação da vontade)

As partes deverão anuir, expressa ou tacitamente, para a formação de uma relação jurídica sobre determinado objeto, ou seja, expressar sua vontade (*vide* art. 421 do CC).

Forma prescrita ou não defesa em lei (art. 104, III)

Às vezes será imprescindível seguir determinada forma de manifestação de vontade ao se praticar ato negocial dirigido à aquisição, ao resguardo, à modificação ou extinção de relações jurídicas. A sua não verificação gera nulidade ou ineficácia.

Contratação de agente incapaz (*vide* arts. 3º a 5º do CC e Estatuto do Portador de Deficiência)

No caso de haver contratação entre um agente capaz e outro incapaz, o primeiro não poderá alegar a incapacidade do outro, uma vez que é sua obrigação certificar-se ou ter conhecimento da incapacidade do outro agente. O art. 105 visa apenas a proteger o patrimônio do relativamente incapaz, pois os absolutamente geram negócios nulos, conforme o art. 166, I, do CC, que devem ser decretados de ofício.

Impossibilidade relativa do objeto

O art. 106 traz a hipótese de impossibilidade relativa do objeto. Diferentemente da impossibilidade absoluta que invalida o negócio jurídico, esta poderá cessar com o tempo, mantendo a sua validade.

Forma do negócio jurídico (art. 104, III, do CC)

Meio (conjunto de formalidades) pelo qual se externa a manifestação de vontade nos negócios jurídicos, sem o qual não se produz o efeito jurídico do respectivo negócio (arts. 107 e segs. do CC).

Espécies de forma

Livre ou geral: qualquer meio de exteriorização não previsto como obrigatório pela lei. A validade do negócio depende de uma forma específica só quando a lei assim determinar expressamente.

Especial ou solene: conjunto de regras que a lei estabelece como requisito de validade para garantir a autenticidade do ato, sob pela de nulidade.

Contratual: é a forma eleita pelas partes, conforme dispõe o art. 109 do CC. Quando a lei requerer uma forma, poderá ser efetivada outra, desde que mais solene.

C1. (OAB/Exame de Ordem Unificado/FGV/2012.2) Em relação aos defeitos dos negócios jurídicos, assinale a afirmativa incorreta.

A) A emissão de vontade livre e consciente, que corresponda efetivamente ao que almeja o agente, é requisito de validade dos negócios jurídicos.

B) O erro acidental é o que recai sobre características secundárias do objeto, não sendo passível de levar à anulação do negócio.

C) A simulação é causa de anulação do negócio, e só poderá ocorrer se a parte prejudicada demonstrar cabalmente ter sido prejudicada por essa prática.

D) O objetivo da ação pauliana é anular o negócio praticado em fraude contra credores.

➠ Veja arts. 107 e 167, CC.

Comentário: A questão solicita que o candidato aponte a alternativa errada, de modo que a alternativa que deve ser, portanto, assinalada é a letra C. Isso porque, de fato, a emissão de vontade livre e consciente é elemento de validade dos negócios jurídicos, assim como o agente ser capaz, o objeto lícito, possível e determinado ou determinável, bem como a forma que não seja vedada.

Quanto ao erro, efetivamente, apenas o "erro essencial" prejudica o negócio jurídico de tal modo que ele será anulável. O erro acidental não gera tal possibilidade.

Já a simulação é causa de nulidade, e não de anulação do negócio jurídico, uma vez que citado vício social é de tal amplitude que não gera a possibilidade de anulação, mas sim a sua própria nulidade.

C2. (Juiz do Trabalho/TRT-2ª R./SP/Vunesp/2014) Em relação aos negócios jurídicos, observe as proposições abaixo e responda a alternativa que contenha proposituras corretas:

I) A validade da declaração de vontade não dependerá de forma especial, senão quando a lei expressamente a exigir.

II) Os negócios jurídicos benéficos e a renúncia interpretam-se extensivamente e, no caso de falecido, considerando-se a vontade dos sucessores.

III) Os poderes de representação conferem-se por lei ou pelo interessado.

IV) Os negócios jurídicos devem ser interpretados conforme a boa-fé e os usos do lugar de sua celebração.

V) Nas declarações de vontade se atenderá ao sentido literal da linguagem expressa no documento.

Está correta a alternativa:

A) I, II e IV.

B) II, IV e V.

C) I, III e IV.

D) II, III e V.

E) I, III e V.

➠ Veja arts. 107 e 112 a 115, CC.

Comentário: Está correta a letra C, consagrando os contidos nas opções I, III e IV, porque de fato "A validade da declaração de vontade não dependerá de forma especial, senão quando a lei expressamente a exigir", assim como afirma o art. 107 do CC (opção I).

Igualmente, quanto aos poderes de representação, a rigor eles se conferem por lei ou pelo interessado, conforme o art. 115 do Código Civil (opção III).

Por último, seguindo o preceito destacado pelo art. 113 do mesmo Diploma Legal, "Os negócios jurídicos devem ser interpretados conforme a boa-fé e os usos do lugar de sua celebração" (opção IV).

Contratos solenes

Entre os contratos solenes (art. 104, III, do CC) encontram-se os que dependem de escritura pública, por exemplo, os contratos translativos de direitos reais sobre imóveis de valor superior a determinada cifra, conforme descreve o art. 108.

Requisito formal

No caso, o negócio jurídico, que muito embora não possua requisito formal para sua validade, pode possuir requisito formal contratual, ou seja, pode-se prever contratualmente que o negócio jurídico só possuirá validade e eficácia se for realizado por meio de escritura pública. Sendo assim, se houver tal disposição, o instrumento público se torna obrigatório e sem este o negócio jurídico será inválido.

Do negócio jurídico inexistente

Nesse caso, trata-se da falta de um dos requisitos, ou ainda, da vontade em realizar tal negócio. Assim, o negócio jurídico não produz efeitos porque é considerado o nada jurídico. Inexistência em nada tem a ver com invalidade. O primeiro está de acordo com o nada; já o segundo é eivado de defeito negocial (vícios de consentimento ou social) que pode gerar nulidade absoluta (arts. 166 e 167 do CC) ou relativa (anulação – art. 171 do CC).

Reserva mental

Entende-se por reserva mental a declaração volitiva que não corresponde à real intenção, com o intuito de ludibriar terceiros, ou seja, o negócio realizado possui o condão apenas de iludir outra pessoa, como sabiamente exemplifica Flávio Augusto Monteiro de Barros quando: "*A* assina contrato de empréstimo em favor de *B*, para evitar o suicídio deste, com a intenção de descumprir o avençado". Porém, existe um fator condicionante para que a reserva mental não produza efeitos jurídicos: o contratante deve conhecer da reserva mental do outro, de forma a se preservar o contratante de boa-fé; caso contrário, o contrato assinado com reserva mental sem o conhecimento do outro estará completamente apto a gerar todos os efeitos jurídicos, como se válido fosse (*Curso de direito civil*. São Paulo, Método, p. 78).

C3. (OAB/Exame de Ordem Unificado/FGV/2012.1) Mauro, entristecido com a fuga das cadelinhas Lila e Gopi de sua residência, às quais dedicava grande carinho e afeição, promete uma vultosa recompensa para quem eventualmente viesse a encontrá-las. Ocorre que, no mesmo dia em que coloca os avisos públicos da recompensa, ao conversar privadamente com seu vizinho João, afirma que não irá, na realidade, dar a recompensa anunciada, embora assim o tenha prometido. Por coincidência, no dia seguinte, João encontra as cadelinhas passeando tranquilamente em seu quintal e as devolve imediatamente a Mauro. Neste caso, é correto afirmar que:

A) a manifestação de vontade no sentido da recompensa subsiste em relação a João ainda que Mauro tenha feito a reserva mental de não querer o que manifestou originariamente.

B) a manifestação de vontade no sentido da recompensa não subsiste em relação a João, pois este tomou conhecimento da alteração da vontade original de Mauro.

C) a manifestação de vontade no sentido da recompensa não mais terá validade em relação a qualquer pessoa, pois ela foi alterada a partir do momento em que foi feita a reserva mental por parte de Mauro.

D) a manifestação de vontade no sentido da recompensa subsiste em relação a toda e qualquer pessoa, pois a reserva mental não tem o condão de modificar a vontade originalmente tornada pública.

➥ Veja art. 110, CC.

Comentário: Conforme dispõe o art. 110, do CC, "A manifestação de vontade subsiste ainda que o seu autor haja feito reserva mental de não querer o que manifestou". Porém, o artigo faz uma ressalva mais adiante, dizendo "salvo se dela o destinatário tinha conhecimento". Sendo assim, João, que tinha ciência da real vontade de Mauro, não pode exigir a recompensa, de tal sorte que a alternativa indicada para a questão vem a ser a letra B.

Declaração de vontade nos negócios jurídicos

A declaração de vontade pode ser realizada de qualquer forma, independendo de formalidade, sendo ainda o silêncio uma de suas modalidades quando os usos e costumes autorizarem. Porém, existem negócios jurídicos que necessitam, por força de lei, da declaração expressa da vontade, hipótese na qual o art. 111 não se aplica.

Da interpretação dos negócios jurídicos

O art. 112 vem esclarecer que o negócio jurídico somente se realiza e se concretiza pela vontade das partes, devendo esta ser considerada com maior ênfase, em vez de se ater somente ao sentido literal da linguagem, inclusive do próprio texto do contrato, por exemplo.

O contrato, ou seja, o melhor exemplo de negócio jurídico bilateral, não é dominado apenas pela liberdade contratual em que se resolve a autonomia da vontade. E nesta questão do fundamento da vinculatividade do contrato, se ainda hoje é correto afirmar que a obrigação de cumprir o contrato está associada ao dever, de raiz essencialmente ética, de respeitar a palavra dada, como se enfatiza tradicionalmente invocando a autonomia da vontade, a verdade é que mais importante do que tal dever ético é a necessidade social de assegurar a observância de certos compromissos. Por isso, o valor primacial a considerar ainda é o da segurança jurídica, que é tutelado em nome da confiança do declaratório ou, dizendo de outro modo, da boa-fé objetiva. A boa-fé objetiva seria a soma do princípio da probidade (art. 422 do CC) com a boa-fé subjetiva.

Outra alteração substancial com a Lei n. 13.874/2019, reflexo da MP n. 881/2019 (Medida Provisória da Liberdade Econômica), foi a inclusão de dois novos parágrafos e outros incisos. Isso porque art. 113 do Código Civil, em seu *caput*, determinava que os negócios jurídicos deveriam ser interpretados conforme a boa-fé e os usos e costumes do lugar de sua celebração. A norma, aqui, não fora alterada. Mas a norma, com a inclusão do § 1º, foi modificada para fazer constar que "a interpretação do negócio jurídico deve lhe atribuir o sentido que: (i) for confirmado pelo comportamento das partes posterior à celebração do negócio; (ii) corresponder aos usos, costumes e práticas do mercado relativas ao tipo do negócio; (iii) corresponder à boa-fé; (iv) for mais benéfica à parte que não redigiu o dispositivo, se identificável; e (v) corresponder a qual seria a razoável negociação das partes sobre a questão discutida, inferida das demais disposições do negócio e da racionalidade econômica das partes, consideradas as informações disponíveis no momento de sua celebração". E por último, o § 2º ainda arremata para determinar que "as partes poderão livremente pactuar regras de interpretação, de preenchimento de lacunas e de integração dos negócios jurídicos diversas daquelas previstas em lei".

Infelizmente, o que se nota é que a notória premissa e preocupação de procurar implementar verbetes e orientações liberais levou o escritor da norma a atribuir diversos posicionamentos no mínimo perigosos. É bem verdade que a interpretação do negócio jurídico devendo ser atribuída segundo o comportamento das partes; devendo corresponder às práticas do local e sendo pautada pela boa-fé; e sendo mais benéfica à parte que não redigiu o dispositivo, tal qual em um legítimo contrato de adesão, soa como razoável e benéfica. Agora, deixar a interpretação a cargo da razoável negociação das partes sobre a questão discutida abre espaço para uma invasão do julgador no caso concreto que não parece a mais escorreita e que, inclusive, conflita com o âmago da Medida Provisória que tinha como fito aumentar o poder de decisão dos contratantes e reduzir a intervenção do intérprete do negócio.

Mas mesmo assim – e aqui não se trata de concordar ou não com a ideia liberal que compõe a implementação dos novos ditames – o grande problema diz respeito ao § 2º do art. 113 quando ele determina que "as partes poderão livremente pactuar regras de interpretação, de preenchimento de lacunas e de integração dos negócios jurídicos diversas daquelas previstas em lei". Novamente, trata-se de verdadeiro golpe nos princípios contratuais, que abre espaço para que expedientes básicos sejam limados e postos de lado pelas partes, apontando para, ao fim, por exemplo, a possibilidade de se ter um negócio altamente favorável a uma das partes em prol da outra, conflitando com os dispositivos anteriores do mesmo artigo.

Negócios jurídicos benéficos são aqueles que oneram somente uma das partes, ou seja, são classificados como negócios jurídicos unilaterais, que por sua vez, por força do art. 114, devem sempre ser interpretados de forma estrita.

C4. (Juiz Federal Substituto/2ª R./Cespe-UnB/2013) Com relação a bens, negócios jurídicos e obrigações, e às regras de prescrição em favor da fazenda pública, assinale a opção correta à luz do Código Civil e da jurisprudência do STJ.

A) Nas relações de trato sucessivo em que a fazenda pública figure como devedora, quando não tiver sido negado o próprio direito reclamado, a prescrição atingirá apenas as prestações vencidas antes do quinquênio anterior à propositura da ação. Segundo o STJ, todavia, esse entendimento não é aplicável na hipótese de lei de efeitos concretos cuja vigência acarrete lesão ou modificação do status do suposto titular do direito, haja vista que, nesse caso, o prazo prescricional é contado da data da publicação da lei.

B) Há negócios jurídicos que se exteriorizam de maneira obscura e ambígua, sendo necessário interpretá-los a fim de se precisar a intenção neles consubstanciada. Nesse sentido, o Código Civil não proscreve a interpretação extensiva dos negócios jurídicos benéficos e da renúncia.

C) É anulável o negócio concluído pelo representante em conflito de interesses com o representado, se tal fato era ou devia ser do conhecimento de quem com aquele tratou. O prazo decadencial para se pleitear a anulação desse negócio é de um ano, contado de sua conclusão ou da cessação da incapacidade.

D) A fiança prestada sem autorização de um dos cônjuges implica a ineficácia parcial da garantia com relação ao cônjuge que a ela não anuiu.

E) Será considerada uma universalidade de fato a pluralidade de bens singulares que, pertinentes à mesma pessoa, tenham destinação unitária, não sendo possível, todavia, que os bens formadores dessa universalidade possam ser objeto de relações jurídicas próprias.

➥ Veja arts. 90, 114 e 119, CC; Súmula n. 332, STJ.

Comentário: A alternativa B está equivocada. Vale dizer que o Código Civil estabelece que os negócios jurídicos benéficos e a renúncia se interpretam estritamente, e não de forma extensiva, conforme o seu art. 114. O problema da alternativa a seguir, a letra C, está na questão do prazo.

Isso porque este não é de um ano, conforme apregoa a alternativa, mas, sim, de 180 dias, a contar da conclusão do negócio ou da cessação da incapacidade (art. 119, parágrafo único). A letra D apresenta equívoco, pois a Súmula n. 332, do STJ, diz que "A fiança prestada sem autorização de um dos cônjuges implica a ineficácia total da garantia". A letra E está errada porque esta inicia o entendimento exposto no art. 90, do Código Civil, mas se engana ao afirmar que não é possível, todavia, que os bens formadores dessa universalidade possam ser objeto de relações jurídicas próprias". Portanto, completamente correta está a alternativa A.

➡ Ver questão C2.

DA REPRESENTAÇÃO

Representação ou mandato pode ser conferida em decorrência da lei ou da vontade das partes. Na primeira hipótese a lei vem abrigar situações, em que é necessária a representação, como é o caso dos incapazes e da massa falida; já na segunda hipótese, a vontade das partes é contratual, devendo ser realizada por meio de instrumento de mandato, como é de praxe nas relações entre cliente e advogado.

➡ Ver questão C2.

Da manifestação de vontade

A representação exercida pelo representado possui limites que devem ser seguidos; dessa forma, o representante age em nome do representado, podendo obrigá-lo ou desobrigá-lo na medida dos poderes conferidos pela lei ou mandato. No caso de abuso de poder do mandatário, as obrigações contraídas por este durante o abuso não obrigam o mandante, podendo gerar, ainda, responsabilidade civil ao mandatário pelo abuso de poder.

Anulação de contrato celebrado consigo mesmo

No caso de o representante legal ou mandatário utilizar-se dos poderes de representação para agir somente em seu benefício por intermédio da contratação consigo mesmo, o negócio jurídico é anulável, porém a doutrina ensina que só enseja a anulação do negócio no momento em que é gerado conflito de interesses com o representado ou mandante, devendo para tanto existir a prova do dano.

Tal acepção, por força do parágrafo único do art. 117, considera realizados pelo mandatário ou representante todos os atos praticados por quem por ele foi substabelecido.

Da obrigação de provar às pessoas

O instrumento de mandato é o documento no qual se prova o exato limite imposto pelo mandante para o exercício do mandato, devendo sempre ser exibido a todo aquele que possa negociar com o mandatário, sob pena de este ser responsabilizado pessoalmente pelos negócios que realizar além do limite imposto pela procuração.

Da anulação do negócio em conflito de interesses

No caso, veda-se expressamente que o mandatário realize negócios jurídicos que contrariem os interesses do representado. Se o fato era ou devia ser do conhecimento do terceiro negociante, tal negócio pode ser anulado no prazo de 180 dias, e por ser prazo decadencial não é submetido a nenhuma causa de suspensão ou interrupção. Se após tal prazo houver silêncio, o negócio jurídico é confirmado, não mais sendo passível de anulação.

➥ Ver questão C4.

Representação legal e voluntária

A lei separa a regulamentação das duas espécies de mandato: a legal está regulamentada nos arts. 1.634, V, 1.690, 1.747, I, e 1.774 do CC; e a voluntária ou convencional é regulamentada quase por inteiro nos arts. 653 a 692 do CC, pois são relativos ao contrato nominado de mandato.

Do negócio jurídico
Art. 104: "A validade do negócio jurídico requer: I – agente capaz; II – objeto lícito, possível, determinado ou determinável; III – forma prescrita ou não defesa em lei". **Doutrina: Capacidade do agente.** Como todo ato negocial pressupõe uma declaração de vontade, a capacidade do agente é indispensável à sua participação válida na seara jurídica (arts. 3º a 5º do CC). Se o agente for absolutamente incapaz (art. 3º do CC), os negócios jurídicos serão nulos (art. 166, I, do CC); se o agente for relativamente incapaz (art. 4º do CC), os negócios jurídicos serão anuláveis ou relativamente nulos (art. 171, I, do CC). **Objeto lícito possível determinado ou determinável.** Deverá ser lícito, ou seja, conforme a lei, não sendo contrário aos bons costumes, à ordem pública e à moral. Deverá ter ainda objeto possível, física ou juridicamente. Deverá ter objeto determinado ou, pelo menos, suscetível de determinação, pelo gênero e quantidade. **Consentimento dos interessados.** As partes deverão anuir, expressa ou tacitamente, para a formação de uma relação jurídica sobre determinado objeto, ou seja, expressar sua vontade (*vide* art. 421 do CC). **Forma prescrita ou não defesa em lei.** Às vezes será imprescindível seguir determinada forma de manifestação de vontade ao se praticar ato negocial dirigido à aquisição, ao resguardo, à modificação ou extinção de relações jurídicas. A sua não verificação gera nulidade ou ineficácia.
Art. 115: "Os poderes de representação conferem-se por lei ou pelo interessado". **Doutrina: Da representação.** A representação ou mandato pode ser conferida em decorrência da lei ou da vontade das partes. Na primeira hipótese, a lei vem abrigar situações em que é necessária a representação, como é o caso dos incapazes e da massa falida; já na segunda hipótese, a vontade das partes é contratual, devendo ser realizada por meio de instrumento de mandato, como é de praxe nas relações entre cliente e advogado.
Art. 121: "Considera-se condição a cláusula que, derivando exclusivamente da vontade das partes, subordina o efeito do negócio jurídico a evento futuro e incerto". **Doutrina:** Condição é a cláusula que subordina o efeito do negócio jurídico, oneroso ou gratuito, a evento futuro e incerto. A condição resolutiva tácita está subentendida em todos os contratos bilaterais onerosos, para o caso em que um dos contraentes não cumpra sua obrigação, autorizando, então, o lesado pela inexecução a pedir rescisão contratual e indenização das perdas e danos. Quanto à condição resolutiva expressa, uma vez convencionada, o contrato rescindir-se-á automaticamente, fundando-se no princípio da obrigatoriedade dos contratos, justificando-se quando o devedor estiver em mora.
Art. 131: "O termo inicial suspende o exercício, mas não a aquisição do direito". **Doutrina:** No caso de pender termo inicial, o direito do adquirente permanece intacto, e só estará suspenso até o início do termo inicial.
Art. 132: "Salvo disposição legal ou convencional em contrário, computam-se os prazos, excluído o dia do começo, e incluído o do vencimento. § 1º Se o dia do vencimento cair em feriado, considerar-se-á prorrogado o prazo até o seguinte dia útil. § 2º Meado considera-se, em qualquer mês, o seu décimo quinto dia. § 3º Os prazos de meses e anos expiram no dia de igual número do de início, ou no imediato, se faltar exata correspondência. § 4º Os prazos fixados por hora contar-se-ão de minuto a minuto". **Doutrina:** Os prazos deverão ser contados excluindo-se o dia de seu início e incluindo-se o dia de seu término, e se o dia do vencimento cair em feriado, considerar-se-á prorrogado o prazo até o seguinte dia útil; é considerado metade do mês o seu décimo quinto dia independentemente se de 30 ou 31 dias; prazos de meses e anos expiram no dia de igual número do de início, ou no imediato, se faltar exata correspondência e, por final, os prazos fixados por hora contar-se-ão de minuto a minuto.

(*continua*)

(*continuação*)

Art. 136: "O encargo não suspende a aquisição nem o exercício do direito, salvo quando expressamente imposto no negócio jurídico, pelo disponente, como condição suspensiva". **Doutrina:** A aquisição e o exercício do direito independe do encargo a que o negócio se submete, porém se o negócio jurídico dispuser em contrário, será considerado condição suspensiva.
Art. 137: "Considera-se não escrito o encargo ilícito ou impossível, salvo se constituir o motivo determinante da liberalidade, caso em que se invalida o negócio jurídico". **Doutrina:** Tratando-se de encargo ilícito e impossível, será considerado inexistente ao negócio jurídico a fim de conservá-lo. No caso de ilicitude ou de impossibilidade, a nulidade absoluta deve ocorrer conforme dispõe o art. 166, II, no caso em que o encargo for o motivo determinante do negócio jurídico.
Dos defeitos do negócio jurídico
Art. 145: "São os negócios jurídicos anuláveis por dolo, quando este for a sua causa". **Doutrina: Dolo** (arts. 145 a 150 do CC). É o artifício usado para enganar alguém, induzindo-o à prática de um ato que o prejudica e beneficia o autor do dolo ou terceiro. É, portanto, alteração intencional e proposital da verdade para obtenção de vantagem indevida. São espécies de dolo: *dolus bonus* ou *dolus malus*. O "dolo bom" é apenas um exagero das qualidades do bem ou da pessoa ou amenização dos defeitos, de modo que não induz anulabilidade do ato. O "dolo mau" ou principal, por outro lado, pressupõe a intenção de prejudicar do agente que age com astúcia, ludibriando pessoas sensatas e atentas e por isso gera a anulação do ato (art. 171, II, do CC).
Art. 151: "A coação, para viciar a declaração da vontade, há de ser tal que incuta ao paciente fundado temor de dano iminente e considerável à sua pessoa, à sua família ou aos seus bens. Parágrafo único. Se disser respeito a pessoa não pertencente à família do paciente, o juiz, com base nas circunstâncias, decidirá se houve coação". **Doutrina: Coação** (arts. 151 a 155 do CC). Violência ou pressão física ou moral (sobre a pessoa, bens ou honra) que impede a pessoa de agir livremente. A doutrina entende que a coação física sequer permite manifestação de vontade e, portanto, o ato assim praticado é nulo e não anulável. Já a coação moral é passível de anulabilidade desde que: a ameaça seja a causa do ato praticado pela vítima, que ela seja grave (que cause temor justificado), que ela seja injusta (a ameaça do exercício de um direito não configura coação; por exemplo, o credor ameaçar ingressar com processo de execução não torna o ato do pagamento anulável), que a ameaça do dano seja atual e iminente, o dano da vítima da coação seja ao menos igual ao prejuízo a que está sendo obrigado e recaia sobre a própria vítima, sua família ou seus bens. Ressalte-se que o simples temor reverencial (respeito e obediência aos pais) e a ameaça do exercício de um direito não configuram coação. O efeito da coação, por ser defeito leve do negócio jurídico, é anulação (leia-se: nulidade relativa), conforme o art. 171, II, do CC.
Art. 156: "Configura-se o estado de perigo quando alguém, premido da necessidade de salvar-se, ou a pessoa de sua família, de grave dano conhecido pela outra parte, assume obrigação excessivamente onerosa. Parágrafo único. Tratando-se de pessoa não pertencente à família do declarante, o juiz decidirá segundo as circunstâncias". **Doutrina: Estado de perigo.** Esta modalidade de vício de consentimento não estava prevista no CC/1916 e ocorre quando uma parte assume obrigações excessivamente onerosas para salvar-se ou a alguém de sua família, de grave dano moral ou material que a outra parte conhece. Em não sendo o dano à pessoa ou à sua família, caberá ao juiz decidir sobre a validade do ato (ex.: pai que tem o filho sequestrado, vende seus bens a preço vil, e a outra parte sabe do fato que está levando o pai a isso). Nesses casos, os negócios poderão ser anulados.
Art. 157: "Ocorre a lesão quando uma pessoa, sob premente necessidade, ou por inexperiência, se obriga a prestação manifestamente desproporcional ao valor da prestação oposta. § 1º Aprecia-se a desproporção das prestações segundo os valores vigentes ao tempo em que foi celebrado o negócio jurídico. § 2º Não se decretará a anulação do negócio, se for oferecido suplemento suficiente, ou se a parte favorecida concordar com a redução do proveito". **Doutrina: Lesão** (art. 157 do CC). Também é novidade do CC/2002. Na lesão, o contratante realizará negócio que só lhe trará desvantagens, em razão de uma necessidade econômica ou por inexperiência, obrigando-se ao pagamento de prestações muito maiores do que os valores de mercado.

(*continua*)

(*continuação*)

Art. 158: "Os negócios de transmissão gratuita de bens ou remissão de dívida, se os praticar o devedor já insolvente, ou por eles reduzido à insolvência, ainda quando o ignore, poderão ser anulados pelos credores quirografários, como lesivos dos seus direitos. § 1º Igual direito assiste aos credores cuja garantia se tornar insuficiente. § 2º Só os credores que já o eram ao tempo daqueles atos podem pleitear a anulação deles". **Doutrina: Fraude contra credores.** Ocorre quando o devedor, maliciosamente, desfaz-se de seu patrimônio, prejudicando seus credores em um processo de execução. São dois os elementos característicos da fraude contra credores: a **insolvência do devedor** (elemento objetivo) e a **má-fé do devedor** (elemento subjetivo). O ato fraudulento somente pode ser anulado por meio de uma ação própria, denominada **ação pauliana** ou **revocatória**, em que o credor pode obter a revogação dos negócios lesivos, voltando os bens para o patrimônio do devedor fraudulento que, assim, efetua o concurso de credores na insolvência do devedor (a ação pauliana aproveita a todos os credores, ainda que proposta por apenas um deles).
Da invalidade do negócio jurídico
Art. 166: "É nulo o negócio jurídico quando: I – celebrado por pessoa absolutamente incapaz; II – for ilícito, impossível ou indeterminável o seu objeto; III – o motivo determinante, comum a ambas as partes, for ilícito; IV – não revestir a forma prescrita em lei; V – for preterida alguma solenidade que a lei considere essencial para a sua validade; VI – tiver por objetivo fraudar lei imperativa; VII – a lei taxativamente o declarar nulo, ou proibir-lhe a prática, sem cominar sanção". **Doutrina: Nulidade** (nulidade absoluta). É uma sanção, por meio da qual a lei priva de efeitos jurídicos o negócio jurídico celebrado contra os preceitos disciplinadores dos seus pressupostos de validade; pode ser absoluta ou relativa. No artigo em tela há um rol taxativo de sete incisos que privilegiam a nulidade absoluta.

DA CONDIÇÃO, DO TERMO E DO ENCARGO

Definição de condição

Condição é a cláusula que subordina o efeito do negócio jurídico, oneroso ou gratuito, a evento futuro e incerto, do qual esta depende exclusivamente da vontade das partes. Todavia, existem negócios unilaterais (ex.: testamento) que admitem condições, mesmo havendo a participação de uma só pessoa. A condição resolutiva tácita está subentendida em todos os contratos bilaterais onerosos, para o caso em que um dos contraentes não cumpra sua obrigação, autorizando, então, o lesado pela inexecução a pedir rescisão contratual e indenização das perdas e danos. Quanto à condição resolutiva expressa, uma vez convencionada, o contrato rescindir-se-á automaticamente, fundando-se no princípio da obrigatoriedade dos contratos, justificando-se quando o devedor estiver em mora. São requisitos essenciais da condição: a futuridade e a incerteza. O efeito do negócio jurídico irá depender de fato futuro, e o acontecimento incerto é algo que poderá ocorrer ou não. No caso de o efeito jurídico depender do evento certo, por exemplo, a morte, não haverá condição e sim outro elemento, o termo.

C5. (OAB/XXIV Exame de Ordem Unificado/FGV/2017) Eduardo comprometeu-se a transferir para Daniela um imóvel que possui no litoral, mas uma cláusula especial no contrato previa que a transferência somente ocorreria caso a cidade em que o imóvel se localiza viesse a sediar, nos próximos dez anos, um campeonato mundial de surfe. Depois de realizado o negócio, todavia, o advento de nova legislação ambiental impôs regras impeditivas para a realização do campeonato naquele local. Sobre a incidência de tais regras, assinale a afirmativa correta.

A) Daniela tem direito adquirido à aquisição do imóvel, pois a cláusula especial configura um termo.

B) Prevista uma condição na cláusula especial, Daniela tem direito adquirido à aquisição do imóvel.

C) Há mera expectativa de direito à aquisição do imóvel por parte de Daniela, pois a cláusula especial tem natureza jurídica de termo.

D) Daniela tem somente expectativa de direito à aquisição do imóvel, uma vez que há uma condição na cláusula especial.

➡ Veja arts. 121 e 125, CC.

Comentário: A opção a ser assinalada é a D. O que há que se considerar é que se o negócio ficar subordinado a uma condição suspensiva, não ocorrerá aquisição de direito enquanto ela não se consumar.

Das condições ilícitas

O art. 122 amplia, em sua redação, a ilicitude das condições. No vetusto, a ilicitude se caracterizava pela vedação expressa na lei – *verbis*: "que a lei não vedar expressamente" –; no hodierno, caracteriza-se a falta de licitude das condições, por serem elas "contrárias à lei, à ordem pública ou aos bons costumes", ampliando de forma alternativa – e/ou não cumulativa –, ou seja, mesmo que a lei não vede expressamente – condição indispensável para Beviláqua –, se, *verbi gratia*, contrariar somente os bons costumes, caracterizada está a ilicitude das condições. Também substitui o vocábulo ato por negócio jurídico e adjetiva o arbítrio com "puro" – *verbis*: "sujeitarem ao puro arbítrio das partes".

Condições que invalidam os negócios jurídicos

As condições física ou juridicamente impossíveis, quando suspensivas; as ilícitas, ou de fazer coisa ilícita e as condições incompreensíveis ou contraditórias invalidarão os negócios jurídicos, quando estes forem subordinados a elas.

C6. (TJPE/Juiz Substituto/FCC/2013) Invalidam os negócios jurídicos que lhes são subordinados as condições

A) impossíveis e as de não fazer coisa impossível, quando resolutivas.

B) suspensivas quando juridicamente impossíveis, mas não as que forem apenas fisicamente impossíveis.

C) ilícitas, mas não as de fazer coisa ilícita, porque, neste caso, apenas a condição é inválida e não os negócios.

D) física ou juridicamente impossíveis, quando resolutivas.

E) incompreensíveis ou contraditórias.

➡ Veja arts. 123 e 124, CC.

Comentário: Na questão exposta, a assertiva correta é a letra E. A opção descrita, acerca daquilo que invalida os negócios jurídicos que lhes são subordinados, é temática do art. 123, do CC, que, em seu inciso III, diz que "as condições incompreensíveis ou contraditórias" são as capazes de gerar tal invalidação. Ponderando sobre as demais opções, a letra B, por exemplo, demonstra deslize ao citar as condições suspensivas quando juridicamente impossíveis, mas não as que forem apenas fisicamente impossíveis. A rigor, é o contrário, isto é, as que forem, sim, apenas fisicamente impossíveis. Já em C, o equívoco está em dizer que são as lícitas, mas não as de fazer coisa ilícita. É exatamente as de fazer coisa ilícita. E, por último, em D, o erro está em afirmar "resolutivas" no lugar de "suspensiva".

Da inexistência de condição com objeto impossível

As obrigações de não fazer que tenham por objeto a realização de coisa impossível, bem como aquelas condições resolutivas impossíveis, são consideradas inexistentes para o mundo jurídico. O Código Civil faz no art. 124 uma incongruência, já que trata da inexistência no caso das condições impossíveis. A inexistência é o nada e este não precisaria ser legislado, e a impossibilidade gera nulidade absoluta conforme o art. 166, II, do CC. As condições resolutivas impossíveis e as de não fazer coisa impossível são consideradas inexistentes para o mundo jurídico.

➥ Ver questão C6.

Da condição suspensiva e sua validade

O art. 125 prescreve que o negócio jurídico pendente de condição suspensiva é válido, porém sua eficácia é suspensa até o cumprimento da condição que o suspendeu. Após cumprida essa condição, o negócio jurídico ganha eficácia completa e está apto a gerar todos os seus efeitos.

O negócio jurídico condicionado gera para a outra parte apenas expectativa de direito e não o direito sobre a coisa em si, de forma que seu real proprietário ainda poderá dispor deste bem da maneira que bem entender. Mas se a condição pactuada for cumprida, os atos de disposição do bem que forem incompatíveis com o objeto do negócio serão anulados, retornando ao *status quo ante.*

Condição resolutiva

Por ser resolutiva, a condição possui apenas o condão de extinguir o negócio jurídico condicionado por ela. Partindo desse pressuposto, o negócio jurídico possuirá validade e eficácia plena até o momento em que a condição resolutiva for realizada.

A condição resolutiva tem o poder de extinguir o negócio jurídico que condicionava, retornando a situação jurídica a seu *status quo ante*, porém se o contrato se estender no tempo e for de execução continuada, a condição resolutiva somente se operará com efeitos *ex nunc*, ou seja, não ataca as prestações já cumpridas, somente aquelas que vencerão a partir do momento do cumprimento da condição resolutiva.

Inexistência da condição dolosa

Se a condição avençada for dolosamente impedida de se concluir por aquele a quem ela desfavorece, toma-se por inexistente tal condição e considera-se cumprida. É importante ainda ressaltar que o ônus da prova referente ao dolo é da parte que saiu prejudicada.

Da conservação do bem objeto de condição

O titular da expectativa do direito nos casos de condição suspensiva ou resolutiva pode praticar atos que tenham por escopo a conservação do bem.

Termo inicial

Termo é todo fato futuro e certo que condiciona os efeitos do negócio jurídico. No caso de pender termo inicial, o direito do adquirente permanece intacto, e só estará suspenso até o início do implemento do fato.

Contagem de prazos

Os prazos deverão ser contados excluindo-se o dia de seu início e incluindo-se o dia de seu término; se o dia do vencimento cair em feriado, considerar-se-á prorrogado o prazo até o seguinte dia útil. É considerado metade do mês o seu 15º dia, independentemente se de 30 ou 31 dias; prazos de meses e anos expiram no dia de igual número do de início, ou no imediato, se faltar exata correspondência; por fim, os prazos fixados por hora contar-se-ão de minuto a minuto.

Prazo em testamento

Os prazos devem beneficiar sempre os herdeiros e os devedores, pois lhes é permitido quitar suas obrigação antes de vencido o prazo, situação que não ocorre com o credor, uma vez que este não poderá exercer seu direito antes do término do prazo.

Exequibilidade dos negócios sem prazo

Em regra, todos os negócios jurídicos sem prazo se norteiam pelo princípio da executividade imediata, ou seja, podem ser executados no momento em que a vontade é expressa, porém naqueles negócios que devam ser executados em lugar diverso ou demandem certo tempo, estes serão executados em momento posterior respeitando-se o lapso temporal exigido pela logística.

São temas correlatos e por esse motivo aplicam-se as disposições das condições resolutivas e suspensivas quando se trata do termo final e inicial.

A aquisição e o exercício do direito independem do encargo a que o negócio se submete, porém se o negócio jurídico dispuser em contrário, será considerado como condição suspensiva.

Tratando-se de encargo ilícito e impossível, será considerado inexistente ao negócio jurídico a fim de conservá-lo. No caso de ilicitude ou de impossibilidade, a nulidade absoluta deve ocorrer conforme dispõe o art. 166, II, no caso em que o encargo for o motivo determinante do negócio jurídico.

DOS DEFEITOS DO NEGÓCIO JURÍDICO

Do Erro ou Ignorância

Erro (arts. 138 a 144 do CC)

É uma falsa representação da realidade, de modo que se o agente soubesse a verdade, talvez não manifestasse a mesma vontade. O erro apresenta-se nas modalidades a seguir elencadas.

Erro substancial/essencial/relevante

Recai sobre a natureza do ato; atinge a obrigação principal; incide sobre as qualidades essenciais do objeto ou da pessoa. Essa modalidade é a única que acarreta a nulidade do ato.

Erro acidental ou secundário

Refere-se às qualidades secundárias ou acessórias da pessoa ou do objeto do ato negocial, mas não induz anulação deste por ser o motivo relevante da manifestação da vontade do agente (exceto nas relações de consumo).

Erro de direito

Refere-se à falta de conhecimento ou conhecimento equivocado de uma norma jurídica.

Efeito: Anulação, art. 171, II, do CC, já que é defeito leve, podendo ser convalidado (art. 172 do CC).

Falso motivo ou falsa causa

É o erro quanto ao fim colimado, que não vicia o negócio jurídico, exceto se constar expressamente no contrato, integrando a razão essencial da declaração de vontade. Ex.: comprar um estabelecimento comercial prevendo expressamente (condição) um movimento mensal que, posteriormente, não se verifica; nesse caso, o negócio torna-se anulável (art. 171, II, do CC, podendo ser confirmado – art. 172 do CC).

C7. (Juiz do Trabalho/TRT-2ª R./SP/Vunesp/2014) Em relação aos defeitos do negócio jurídico, aponte a alternativa correta:

A) Não vicia o negócio jurídico a coação exercida por terceiro, ainda que dela tivesse conhecimento a parte que a aproveite.

B) Vale o pagamento cientemente feito ao credor incapaz de quitar, se o devedor provar que em benefício dele efetivamente reverteu.

C) O falso motivo não vicia a declaração de vontade mesmo quando expresso como razão determinante.

D) A pessoa obrigada, por dois ou mais débitos da mesma natureza, a um só credor, não tem o direito de indicar a qual deles oferece pagamento, se todos forem líquidos e vencidos.

E) A transmissão errônea da vontade por meios interpostos é nula nos mesmos casos em que o é a declaração direta.

➥ Veja arts. 140, 141, 154, 310 e 352, CC.

Comentário: E se a letra B é a correta, a alternativa A está errada porque vicia, sim, o negócio jurídico a coação exercida por terceiro, se dela tivesse conhecimento a parte que a aproveita (art. 154, CC). Em C, o erro está ao se dizer que o falso motivo não vicia a declaração de vontade mesmo quando expresso como razão determinante. Adiante, em D, o equívoco consiste no fato de que a pessoa obrigada por dois ou mais débitos da mesma natureza, a um só credor, tem, sim, o direito de indicar a qual deles oferece o pagamento, se todos forem líquidos e vencidos. Essa é a redação do art. 352 do CC. Para fechar, a negativa presente em E reside no fato de que não se trata de nulidade, mas sim de anulabilidade.

Transmissão errônea

A obrigação só vincula o devedor no momento em que a vontade é expressa de maneira clara e inequívoca, porém se for declarada por *e-mail*, telefone, telegrama, e neste contiver erro capaz de macular a real intenção do negócio, este poderá ser anulável. Se, contudo, o objetivo real for alcançado, o negócio será confirmado.

➥ Ver questão C7.

Erro de indicação

O vício do art. 142 refere-se ao início do negócio jurídico, caso o erro seja de tal natureza pode vir a ser corrigido em tempo hábil para o negócio próspero. A identificação do art. 142 seria uma espécie de confirmação (art. 172 do CC). O erro acidental não acarreta anulação do negócio jurídico, por justamente se referir a questões secundárias do objeto ou da pessoa.

Erro de cálculo

O erro de cálculo refere-se somente ao erro aritmético, hipótese que enseja a retificação da declaração volitiva.

Da real vontade do manifestante

O art. 144 descreve a real vontade do manifestante, não anulando o negócio jurídico quando a pessoa, a quem a manifestação de vontade se dirige, se oferecer para executá-lo na conformidade da autonomia da vontade do manifestante (art. 421 do CC). Trata-se de norma alicerçada no princípio da boa-fé contratual (art. 422 do CC) e de economia processual no mundo dos negócios globalizados.

Do Dolo

Dolo (arts. 145 a 150 do CC)

É o artifício usado para enganar alguém, induzindo-o à prática de um ato que o prejudica e beneficia o autor do dolo ou terceiro. É, portanto, alteração intencional e proposital da verdade para obtenção de vantagem indevida. São espécies de dolo: *dolus bonus* ou *dolus malus*. O "dolo bom" é apenas um exagero das qualidades do bem ou da pessoa ou amenização dos defeitos, de modo que não induz anulabilidade do ato. O "dolo mau" ou principal, por outro lado, pressupõe a intenção de prejudicar do agente que age com astúcia, ludibriando pessoas sensatas e atentas e por isso gera a anulação do ato (art. 171, II, do CC).

***Dolus causam* ou principal e *dolus incidens* ou acidental.** O primeiro refere-se ao próprio motivo do negócio, sendo capaz de causar anulabilidade. O dolo acidental não afeta a declaração de vontade, de modo que o ato realizar-se-ia de qualquer forma e por isso não acarreta anulabilidade, mas gera perdas e danos. O STF entendeu doloso o comportamento da credora, mas não anulou o ato por considerá-lo acidental, condenando-a, porém, a pagar a diferença entre o preço pago e o valor em que ele havia sido avaliado (*RT* 148/379).

Dolo negativo ou positivo

O dolo negativo é o omissivo, ou seja, o agente suprime a verdade. O dolo positivo é decorrente de uma ação que sugere o falso (ex.: captação de testamento).

O dolo em realizar negócio jurídico viciado não é exclusivo da modalidade comissiva, podendo ser também manifestado na forma omissiva, desde que a omissão seja por qualidade ou característica essencial à realização do negócio, hipótese em que se deve provar que se fosse informado, o negócio não se realizaria.

C8. (Defensoria Pública-SP/Defensor/FCC/2012) Em relação aos defeitos do negócio jurídico, é correto afirmar:

A) O dolo recíproco enseja a anulação do negócio jurídico e a respectiva compensação das perdas e ganhos recíprocos.

B) O dolo do representante legal de uma das partes obriga o representado a responder civilmente perante a outra parte, independente do proveito que houver auferido.

C) O dolo do representante convencional de uma das partes obriga o representado a responder civilmente perante a outra parte, até o limite do proveito que houver auferido.

D) A caracterização da omissão dolosa em negócio bilateral exige a prova de que sem a omissão o negócio não teria sido celebrado.

E) O dolo de terceiro enseja a anulação do negócio jurídico, independente do conhecimento das partes contratantes.

➥ Veja arts. 147 a 150, CC.

Comentário: A alternativa D é a correta. A alternativa apresenta o contido no art. 147, do CC. Este dispõe que "Nos negócios jurídicos bilaterais, o silêncio intencional de uma das partes a respeito de fato ou de qualidade que a outra parte haja ignorado, constitui omissão dolosa, provando-se que sem ela o negócio não se teria celebrado.

Dolo de terceiro

Para acarretar a anulabilidade do negócio, um dos contratantes deve conhecer a verdade. É preciso provar o conhecimento do dolo de terceiro por uma das partes. A parte prejudicada deve mover ação de anulação se provar o conhecimento da outra parte; caso contrário, deverá pedir indenização ao terceiro (autor do engano intencional).

Dolo do representante legal de uma das partes

Não pode ser considerado dolo de terceiro porque neste caso o representante age como se fosse a própria parte. Nesse caso, a parte mal representada deverá indenizar a vítima (outra parte) no montante do proveito que usufruiu e poderá promover ação regressiva contra o representante legal, exceto se estavam de comum acordo. Se o representante da parte for convencional e não legal, ambos (representante e representado) responderão, solidariamente, por perdas e danos.

Dolo bilateral

Existência de dolo recíproco, ou seja, torpeza de ambas as partes, não podendo nenhuma delas pleitear anulação do ato ou indenização. O art. 150 traz à tona a famosa frase: "não se pode alegar a própria torpeza".

➥ Ver questão C8.

Da Coação

Coação (arts. 151 a 155 do CC)

Violência ou pressão física ou moral (sobre a pessoa, bens ou honra) que impede a pessoa de agir livremente. A doutrina entende que a coação física sequer permite manifestação de vontade e, portanto, o ato assim praticado é nulo e não anulável. Já a coação moral é passível de anulabilidade desde que: a ameaça seja a causa do ato praticado pela vítima; que ela seja grave (que cause temor justificado); que ela seja injusta (a ameaça do exercício de um direito não configura coação, por exemplo, o credor ameaçar ingressar com processo de execução não torna o ato do pagamento anulável); que a ameaça do dano seja atual e iminente; o dano da vítima da coação seja ao menos igual ao prejuízo a que está sendo obrigado; e recaia sobre a própria vítima, sua família ou seus bens. Ressalte-se que o simples temor reverencial (respeito e obediência aos pais) e a ameaça do exercício de um direito não configuram coação. O efeito da coação, por ser defeito leve do negócio jurídico, é anulação (leia-se: nulidade relativa), conforme o art. 171, II, do CC.

C9. (OAB/XIII Exame de Ordem Unificado/FGV/2014) Lúcia, pessoa doente, idosa, com baixo grau de escolaridade, foi obrigada a celebrar contrato particular de assunção de dívida com o Banco FDC S.A., reconhecendo e confessando dívidas firmadas pelo seu marido, esse já falecido, e que não deixara bens ou patrimônio a inventariar. O gerente do banco ameaçou Lúcia de não efetuar o pagamento da pensão deixada pelo seu falecido marido, caso não fosse assinado o contrato de assunção de dívida. Considerando a hipótese acima e as regras de Direito Civil, assinale a afirmativa correta.

A) O contrato particular de assunção de dívida assinado por Lúcia é anulável por erro substancial, pois Lúcia manifestou sua vontade de forma distorcida da realidade, por entendimento equivocado do negócio praticado.

B) O ato negocial celebrado entre Lúcia e o Banco FDC S.A. é anulável por vício de consentimento, em razão de conduta dolosa praticada pelo banco, que ardilosamente falseou a realidade e forjou uma situação inexistente, induzindo Lúcia à prática do ato.

C) O instrumento particular firmado entre Lúcia e o Banco FDC S.A. pode ser anulado sob fundamento de lesão, uma vez que Lúcia assumiu obrigação excessiva sobre premente necessidade.

D) O negócio jurídico celebrado entre Lúcia e o Banco FDC S.A. é anulável pelo vício da coação, uma vez que a ameaça praticada pelo banco foi iminente e atual, grave, séria e determinante para a celebração da avença.

➥ Veja arts. 151 e 157, CC.

Comentário: Esta questão remete ao estudo dos negócios jurídicos e seus vícios, cenário em que, dependendo da gravidade do vício que compõe o negócio, este poderá ser considerado nulo de pleno direito, como se nunca tivesse existido, não produzindo efeitos. Ou, de outro lado, há aqueles vícios que embora maculem o negócio jurídico, por não serem considerados tão graves poderão inclusive ser confirmados.

No caso citado, o vício percebido é o da coação, Segundo o qual o agente causador, mediante a óbvia coação, altera o emento volitivo natural da vítima, viciando, portanto, a sua manifestação de vontade.

Aqui, desse modo, tem-se que a vontade de Lúcia foi viciada na medida em que o colaborador da instituição bancária "ofendeu" a manifestação de sua vontade ao ameaçá-la afirmando não efetuar o pagamento da pensão deixada pelo seu finado marido, se Lucia não assinasse o contrato de assunção de dívida.

É apenas de se lembrar que tal coação deverá ser capaz de efetivamente viciar a vontade da vítima, não se falando em anulação do negócio se a citada coação não for de tal monta que altere o real desejo da vítima, quando da realização do negócio jurídico.

Portanto, a letra D é a correta, uma vez que muito bem ilustra o art. 151, do Código Civil, *in verbis*: "A coação, para viciar a declaração da vontade, há de ser tal que incuta ao paciente fundado temor de dano iminente e considerável à sua pessoa, à sua família, ou aos seus bens".

Da coação como vício

A coação deve ser irresistível para que seja caracterizada como vício e dessa forma anular o negócio jurídico. O julgador deve ponderar se o coator possui características relevantes em comparação ao coagido para que seja possível a coação. Por exemplo, é inadmissível que exista coação física de uma mulher em relação a um homem de grande porte físico.

Excludentes da coação

O art. 153 trata exclusivamente das situações excludentes da coação, as quais não serão consideradas coação. Ameaça do exercício normal de direito e o simples temor reverencial excluem a coação e não configuram vício do consentimento: não anulam o negócio jurídico. São elas: a ameaça do exercício normal de direito e o simples temor reverencial, que consiste no receio de desagrado a pessoa para a qual se deve obediência ou de quem por algum motivo é dependente.

Coação exercida por terceiro

A coação exercida por terceiro, ainda que dela não tenha ciência o contratante, vicia o negócio, e se este obteve aproveitamento responderá solidariamente com o terceiro.

➥ Ver questão C7.

Da boa-fé do terceiro

O terceiro de boa-fé possui seus direitos resguardados no negócio jurídico viciado pela coação, desde que a coação seja realizada por terceiro e o beneficiado do negócio não tenha ou não deva ter conhecimento da coação, hipótese em que os prejuízos experimentados pelo coacto serão resolvidos em perdas e danos, a serem pagos pelo coator.

Do Estado de Perigo

Esta modalidade de vício de consentimento não estava prevista no Código Civil de 1916 e ocorre quando uma parte assume obrigações excessivamente onerosas para salvar-se ou a alguém de sua família, de grave dano moral ou material que a outra parte conhece. Não sendo o dano à pessoa ou à sua família, caberá ao juiz decidir sobre a validade do ato (ex.: pai que tem o filho sequestrado, vende seus bens a preço vil, e a outra parte sabe do fato que está levando o pai a isso). Nesses casos, os negócios poderão ser anulados. Portanto, no estado de perigo observa-se um grave dano moral ou material direta ou indiretamente à pessoa.

Da Lesão

Lesão (art. 157 do CC)

Também é novidade do Código Civil de 2002. Na lesão, o contratante realizará negócio que só lhe trará desvantagens, em razão de uma necessidade econômica ou por inexperiência, obrigando-se ao pagamento de prestações muito maiores do que os valores de mercado.

C10. (OAB/XXXI Exame de Ordem Unificado/FGV/2020) João, único herdeiro de seu avô Leonardo, recebeu, por ocasião da abertura da sucessão deste último, todos os seus bens, inclusive uma casa repleta de antiguidades.

Necessitando de dinheiro para quitar suas dívidas, uma das primeiras providências de João foi alienar uma pintura antiga que sempre estivera exposta na sala da casa, por um valor módico, ao primeiro comprador que encontrou.

João, semanas depois, leu nos jornais a notícia de que reaparecera no mercado de arte uma pintura valiosíssima de um célebre artista plástico. Sua surpresa foi enorme ao descobrir que se tratava da pintura que ele alienara, com valor milhares de vezes maior do que o por ela cobrado. Por isso, pretende pleitear a invalidação da alienação.

A respeito do caso narrado, assinale a afirmativa correta.

A) O negócio jurídico de alienação da pintura celebrado por João está viciado por lesão e chegou a produzir seus efeitos regulares, no momento de sua celebração.

B) O direito de João a obter a invalidação do negócio jurídico, por erro, de alienação da pintura, não se sujeita a nenhum prazo prescricional

C) A validade do negócio jurídico de alienação da pintura subordina-se necessariamente à prova de que o comprador desejava se aproveitar de sua necessidade de obter dinheiro rapidamente.

D) Se o comprador da pintura oferecer suplemento do preço pago de acordo com o valor de mercado da obra, João poderá optar entre aceitar a oferta ou invalidar o negócio.

➥ Veja arts. 157 e 178, II, CC.

Comentário: A alternativa A é a correta. A alternativa em questão representa o instituto da lesão, segundo o qual, conforme o art. 157 do Código Civil, dá-se quando uma pessoa, sob premente necessidade, ou por inexperiência, se obriga a prestação manifestamente desproporcional ao valor da prestação oposta. No caso em tela, João claramente alienou a pintura por valor muito inferior ao que de fato valia para saldar as suas dívidas. Ficou configurado, assim, o vício do negócio jurídico intitulado lesão. A alternativa B diz respeito ao instituto do erro, que, como a lesão, também retrata um vício de consentimento do negócio jurídico. Mas enquanto a lesão se refere ao negócio praticado em evidente desvantagem a uma das partes em razão de sua ignorância ou por necessidade, o erro se dá quando as declarações de vontade emanarem de erro substancial que poderia ser percebido por pessoa de diligência normal, em face das circunstâncias do negócio, tal qual contido no art. 138 do Código Civil. A letra C não oferece sentido ao dispor que a validade da venda da pintura dependeria de qualquer prova por parte do comprador que a venda estaria subordinada à necessidade de ele provar que ele desejou se aproveitar da necessidade de João. A letra D se equivoca ao trazer que João poderia optar por aceitar a oferta ou meramente invalidar o negócio caso houvesse a apresentação de suplemento do preço.

C11. (Juiz Substituto/TJRJ/Vunesp/2014) Assinale a alternativa que corretamente discorre sobre os defeitos do negócio jurídico.

A) Nas hipóteses de lesão previstas no Código Civil, pode o lesionado optar por não pleitear a anulação do negócio jurídico, deduzindo, desde logo, pretensão com vista à revisão judicial do negócio por meio da redução do proveito do lesionador ou do complemento do preço.

B) A simulação é uma causa de anulabilidade do negócio jurídico, que pode ser alegada por uma das partes contra a outra e, em sendo a simulação inocente, o negócio jurídico dissimulado poderá ser válido.

C) A anterioridade do crédito que permite que o credor pleiteie a anulação do ato jurídico cujo objetivo seria praticar fraude contra credores decorre de haver sido reconhecido judicialmente tal crédito, ao tempo do ato tido como fraudulento.

D) É possível pleitear a anulação de ato jurídico em embargos de terceiro, com fundamento na alegação de fraude contra credores, pretensão esta que também pode ser deduzida, alternativamente, em ação pauliana.

➥ Veja arts. 157, 158, § 2º, e 167, CC; Súmula n. 195, STJ; Enunciado n. 291, CJF.

Comentário: A assertiva correta é a A, uma vez que combinado o que dispõe o art. 157, do Código Civil, que conceitua lesão, e o Enunciado n. 291, do CJF, que traz a possibilidade de "o lesionado optar por não pleitear a anulação do negócio jurídico, deduzindo, desde logo, pretensão com vista à revisão judicial do negócio por meio da redução do proveito do lesionador ou do complemento do preço".

Da Fraude contra Credores

Ocorre quando o devedor, maliciosamente, desfaz-se de seu patrimônio, prejudicando seus credores. São dois os elementos característicos da fraude contra credores: a insolvência do devedor (elemento objetivo) e a má-fé do devedor (elemento subjetivo).

➥ Ver questão C11.

Da anulação da fraude contra credores

O ato fraudulento somente pode ser anulado por meio de uma ação própria, denominada ação pauliana ou revocatória, em que o credor pode obter a revogação dos negócios lesivos, voltando os bens para o patrimônio do devedor fraudulento que, assim, efetua o concurso de credores na insolvência do devedor (a ação pauliana é aproveitada por todos os credores, ainda que proposta por apenas um deles).

C12. (OAB/Exame de Ordem Unificado/FGV/2013.1) João, credor quirografário de Marcos em R$ 150.000,00, ingressou com Ação Pauliana, com a finalidade de anular ato praticado por Marcos, que o reduziu à insolvência. João alega que Marcos transmitiu gratuitamente para seu filho, por contrato de doação, propriedade rural avaliada em R$ 200.000,00. Considerando a hipótese acima, assinale a afirmativa correta.

A) Caso o pedido da Ação Pauliana seja julgado procedente e seja anulado o contrato de doação, o benefício da anulação aproveitará somente a João, cabendo aos demais credores, caso existam, ingressarem com ação individual própria.

B) O caso narrado traz hipótese de fraude de execução, que constitui defeito no negócio jurídico por vício de consentimento.

C) Na hipótese de João receber de Marcos, já insolvente, o pagamento da dívida ainda não vencida, ficará João obrigado a repor, em proveito do acervo sobre que se tenha de efetuar o concurso de credores, aquilo que recebeu.

D) João tem o prazo prescricional de dois anos para pleitear a anulação do negócio jurídico fraudulento, contado do dia em que tomar conhecimento da doação feita por Marcos.

➥ Veja arts. 158, 162, 165 e 178, II, CC.

Comentário: O art. 162, do Código Civil, define o procedimento que o credor quirografário deve tomar após o recebimento de valor do devedor insolvente, ficando claro que a alternativa correta é a letra C.

Contratante insolvente

No caso, quando o contratante for notoriamente insolvente, podendo ser constatado por meio de certidão de protestos e de execuções, os contratos por ele celebrados são passíveis de anulação, uma vez que é obrigação do outro contratante averiguar a situação da pessoa com quem contrata.

Do pagamento realizado para devedor insolvente

O art. 160 vem resguardar o adquirente de boa-fé (arts. 113 e 422 do CC) que pagou a devedor insolvente, facultando a este o pagamento do valor que resta para a quitação do bem, para que dessa forma se previna eventual intento de ação revocatória contra si.

Da ação pauliana

O devedor insolvente, a pessoa que com ele celebrou a estipulação considerada fraudulenta, ou terceiros adquirentes que hajam procedido de má-fé, são pessoas capazes de figurar no polo passivo da ação pauliana, que é via adequada para a apuração de fraude contra credores (art. 171, II, do CC).

Dos credores quirografários

Não há hierarquia entre credores quirografários, sendo vedado, portanto, o privilégio de apenas um deles. Porém, se apenas um dos devedores quirografários receber seu crédito em detrimento dos demais, este deverá repor, após o ingresso de ação própria, o valor recebido ao acervo, beneficiando não só aqueles que ingressaram com a ação, e sim todos do concurso creditório.

Os credores quirografários não possuem hierarquia entre si no tocante à ordem de recebimento de seus créditos, tampouco no recebimento de privilégios, e se houver uma garantia dada a um credor em detrimento dos demais, tal garantia será presumidamente considerada fraudulenta, sendo passível de anulação (art. 171, II, do CC).

No caso, prestigia-se a função social do contrato (art. 421 do CC) e a boa-fé (arts. 113 e 422 do CC) quando o art. 164 prevê que os negócios realizados pelo devedor insolvente serão presumidamente válidos, desde que indispensáveis à manutenção de estabelecimento mercantil, rural ou industrial, ou à sua subsistência e de sua família.

Quaisquer vantagens obtidas pela anulação de negócio jurídico fraudulento deverão necessariamente ser arrecadadas pelo acervo e beneficiar todos os credores habilitados, não podendo privilegiar somente o(s) autor(es) da ação pauliana.

➥ Ver questão C12.

DA INVALIDADE DO NEGÓCIO JURÍDICO

Defeitos dos negócios jurídicos	Embasamento legal	Vícios do consentimento	Vícios sociais	Efeitos
Erro	Art. 139 do CC	Sim	Não	Anulável
Dolo	Art. 145 do CC	Sim	Não	Anulável
Coação	Art. 151 do CC	Sim	Não	Anulável
Lesão	Art. 157 do CC	Sim	Não	Anulável
Estado de perigo	Art. 156 do CC	Sim	Não	Anulável
Fraude contra credores	Art. 158 do CC	Não	Sim	Anulável
Simulação	Art. 167 do CC	Não	Sim	Nulo

Do negócio jurídico nulo

Invalidade: pode ser nulidade (nulidade absoluta) ou anulação (nulidade relativa).

Nulidade (nulidade absoluta) é uma sanção por meio da qual a lei priva de efeitos jurídicos o negócio jurídico celebrado contra os preceitos disciplinadores dos seus pressupostos de validade. No art. 166 se tem um rol taxativo de sete incisos que privilegiam a nulidade absoluta, a saber: I – negócio jurídico celebrado por pessoa absolutamente incapaz; II – negócio jurídico em que for ilícito, impossível ou indeterminável o seu objeto; III – negócio jurídico em que o motivo determinante, comum a ambas as partes, seja ilícito; IV – negócio jurídico que não revestir a forma prescrita em lei; V – negócio jurídico em que for preterida alguma solenidade que a lei considere essencial para a sua validade; VI – negócio jurídico que tiver por objetivo fraudar lei imperativa; e VII – negócio jurídico que a lei taxativamente o declarar nulo, ou proibir-lhe a prática, sem cominar sanção.

Da simulação (art. 167 do CC)

Declaração enganosa da vontade pela parte que, com isso, visa a efeito diverso daquele decorrente do ato praticado para burlar a lei ou iludir terceiros. Requisitos para a anulação: falsa declaração bilateral de vontade; divergência entre a vontade interna ou real e a vontade exteriorizada pelas partes; essa divergência ser intencional e sempre de acordo com a outra parte.

➡ Ver questão C1.

Espécies de simulação

Simulação absoluta: ocorre quando o ato negocial sequer existe na realidade ou quando contiver cláusula, declaração, confissão ou condição totalmente falsa, inexistindo qualquer relação jurídica.

Simulação relativa: ocorre quando o negócio jurídico realizado esconde uma outra intenção das partes. Estas fingem uma relação jurídica que na realidade não existe com o objetivo de disfarçar um outro negócio não permitido pela norma jurídica porque prejudica terceiro.

De quem pode requerer a nulidade

O tema referente às nulidades é de ordem pública, cuidando o art. 168 da legitimidade para que seja pleiteada a nulidade de determinado negócio jurídico, em que são autorizadas para tanto qualquer pessoa interessada ou o Ministério Público. Com a mesma justificativa, sempre que possuir conhecimento da nulidade, o juiz deve pronunciá-la, sendo vedado que a supra, mesmo que as partes requeiram.

C13. (Juiz Federal Substituto/2ª R./Cespe-UnB/2013) De acordo com o Código Civil, o Estatuto do Idoso e a jurisprudência do STJ, assinale a opção correta.

A) Entre as preferências e privilégios dos credores, o privilégio geral só compreende os bens sujeitos ao pagamento do crédito que ele favorece; e o especial, todos os bens não sujeitos ao crédito real nem a privilégio geral.

B) A interrupção da prescrição por um credor não aproveita aos outros; da mesma maneira, a interrupção da prescrição produzida contra o principal devedor não prejudica o fiador.

C) Segundo os ditames do Estatuto do Idoso e de acordo com o entendimento do STJ, é vedado às seguradoras de planos de saúde o aumento desarrazoado das mensalidades dos planos pelo simples fato de mudança de faixa etária.

D) As nulidades devem ser pronunciadas pelo juiz, quando conhecer do negócio jurídico ou dos seus efeitos e as encontrar provadas, sendo-lhe permitido supri-las de ofício ou a requerimento das partes.

E) Segundo o Código Civil, a invalidade do instrumento induz a do negócio jurídico mesmo que este possa ser provado por outro meio.

➡ Veja arts. 168, 183, 204, § 3º, e 963, CC; art. 15, § 3º, Lei n. 10.741/2003.

Comentário: O art. 15, § 3º, do Estatuto do Idoso, é mais do que claro ao afirmar: "É vedada a discriminação do idoso nos planos de saúde pela cobrança de valores diferenciados em razão da idade". Dessa feita, tem-se que a alternativa C é a correta.

Da impossibilidade de confirmação

O negócio jurídico viciado pela nulidade é totalmente contrário à ordem pública, não podendo a lei permitir que seja confirmado ou então que o tempo torne negócio válido, sendo, pois, imprescritível. Ou seja, não cabe o art. 172 do CC no caso de defeito grave, somente defeito leve que ensejaria a anulação (art. 171, II, do CC).

Da conversão do negócio jurídico nulo

Em prestígio ao princípio da boa-fé objetiva (arts. 113 e 422 do CC), o art. 170 traz o instituto da conversão que visa a transformar o negócio jurídico nulo em outro plenamente válido, desde que a vontade das partes seja de realizar o negócio como se válido fosse.

Casos especiais de anulação

Trata-se aqui da nulidade relativa do negócio jurídico. Além dos casos previstos na legislação, o legislador houve por bem elencar a incapacidade relativa do agente (art. 4º, I, do CC) e os vícios resultantes de erro, dolo, coação, estado de perigo, lesão ou fraude contra credores (art. 171, II, do CC). A anulabilidade de um negócio jurídico não pode ser declarada *ex officio* pelo magistrado, devendo sempre ser suscitada pelas partes, já que essa modalidade de vício convalesce no tempo e pode ser confirmada pelas partes.

Da confirmação do negócio anulável

Em contraponto aos casos de nulidade, o negócio anulável pode ser confirmado pelas partes, resguardando-se o direito de terceiros. Ou seja, não cabe nesse caso confirmar/convalidar fraude contra credor.

No caso do art. 173, para que haja confirmação do negócio jurídico anulável, a vontade deve ser expressa e inequívoca, devendo ser esclarecido exatamente o objeto da ratificação do negócio, sendo obrigatório que o instrumento de confirmação siga a mesma forma do instrumento a ser confirmado. Por exemplo, se o contrato anulável foi celebrado por escritura pública, o instrumento de ratificação também deverá ser elaborado dessa forma.

É dispensada a ratificação expressa do negócio quando o devedor ciente do vício já iniciou a execução do contrato e o cumpriu em parte. Trata-se da ratificação tácita que possui como requisitos: o cumprimento parcial do negócio, a ciência do vício e a vontade em confirmá-lo.

Fala-se aqui dos efeitos da confirmação do negócio jurídico eivado de nulidade relativa (anulação): uma vez confirmado, impede que o devedor intente contra o credor quaisquer ações ou exceções relativas a esse negócio jurídico.

São tratadas aqui as hipóteses em que é indispensável a autorização de terceiro para que o negócio jurídico seja plenamente válido e eficaz. No caso de não existir tal autorização, o negócio será anulável, porém tal vício poderá ser suprido se quem deveria emitir a autorização o fizer posteriormente, como nos casos em que é necessária a outorga uxória ou marital para que seja possível a alienação de determinado bem imóvel, podendo tal autorização ser emitida posteriormente, não invalidando a alienação.

Da necessidade de sentença para a anulação

O julgamento por sentença é forma única de se declarar a anulação de um negócio jurídico, vedando-se o pronunciamento de ofício, e, diferentemente das hipóteses de nulidade, somente os interessados são legitimados para suscitar a anulabilidade do negócio jurídico. Se declarada a anulação, esta só beneficiará as partes, salvo quando houver solidariedade ou indivisibilidade.

Do prazo para anulação

A anulação do negócio jurídico viciado deverá ser suscitada dentro do prazo decadencial de quatro anos, que deverá ser contado a partir da cessação da coação; no caso de erro, dolo, fraude contra credores, estado de perigo ou lesão, do dia em que se realizou o negócio jurídico; nos atos realizados por incapazes, no dia em que cessar a incapacidade.

Quando a lei não especificar prazo decadencial para pleitear-se a anulação, este será sempre de dois anos contados do dia em que o ato se concluiu.

➥ Ver questão C12.

Da anulação pelo relativamente incapaz

Desaparece para o relativamente incapaz (art. 4º do CC) o direito de pleitear a anulação do negócio jurídico (*vide* art. 171 do CC) e em consequência eximir-se de uma obrigação, com base nessa justificativa, quando na data da realização do negócio intencionalmente omitiu sua menoridade ou, então, declarou-se maior quando se obrigou.

Trata-se de proteção ao negociante de boa-fé (arts. 113 e 422 do CC) que, se conseguir provar que o valor pago foi revertido em benefício do incapaz, terá esse valor restituído, impedindo que o incapaz enriqueça injustificadamente. *Vide* a parte de provas do Código Civil – arts. 212 a 232 do CC.

Do efeito retroativo

A anulação, no momento em que é declarada, opera retroativamente nos efeitos que o negócio jurídico produziu no mundo, que, por consequência da anulação, deverá retornar ao *status quo ante*, ou seja, deve-se restituir as partes à mesma situação na qual se encontravam antes da celebração do negócio jurídico viciado. Nas hipóteses de se tornar impossível ou extremamente onerosa a restituição da situação anterior, resolver-se-á com justa indenização (arts. 927 e segs. do CC).

Da invalidade do instrumento de prova

A anulação do instrumento não se confunde com a anulação do negócio jurídico em si, desde que seja possível provar que a essência do negócio não é viciada, excluindo-se o caso de o instrumento ser essencial à validade do negócio.

A invalidade de parte do objeto do negócio não implica na invalidação dele como um todo, assim como o vício do acessório não induz à invalidade do principal, porém a invalidade do principal acarreta na do acessório.

DOS ATOS JURÍDICOS LÍCITOS

Os atos jurídicos, muito embora não possuam conteúdo negocial, têm suas disposições reguladas, no que couber, pelo título responsável pelos negócios jurídicos.

➥ Ver questão C13.

DOS ATOS ILÍCITOS

Ato ilícito é o ato praticado em desacordo com a ordem jurídica, violando direito subjetivo individual e causando dano, seja patrimonial, seja moral, a outrem, nascendo a obrigação de repará-lo, conforme dispõe o art. 927, *caput*, do mesmo diploma, quando cumulado com o art. 186 e/ou 187 do CC. A consequência jurídica, portanto, é a obrigação de indenizar (arts. 927 a 954 do CC). *Vide* Súmulas ns. 37 e 43 do STJ.

Elementos do ato ilícito

Culpa, dano, nexo de causalidade e prova.

Culpa em sentido amplo

Prática de um ato lesivo, voluntário e contrário à lei, causado por ação, omissão, negligência ou imprudência.

Dano efetivo

É a necessidade de comprovação do ato lesivo que acarreta um dano material ou moral a outrem.

Nexo de causalidade

É o elo existente entre o dano efetivo e o comportamento ilícito do agente. Não haverá o nexo e, portanto, o dever de indenizar, se houver culpa exclusiva da vítima, culpa concorrente da vítima, em razão de culpa bilateral, por força maior e por caso fortuito.

Prova do dano moral

Se prova conforme os incisos destacados no art. 212 do CC.

Responsabilidade civil dos usuários da internet

Estes podem ser pessoas naturais, jurídicas ou até mesmo pessoas de direito público. É justamente esta a parcela da internet, a dos internautas, que está mais sujeita a causar e sofrer danos. Sabemos que, além da responsabilidade civil contratual, responderá civilmente todo "aquele que, por ação ou omissão voluntária, negligência ou imprudência, violar direito e causar dano a outrem, ainda que exclusivamente moral" (art. 186 c/c o art. 927 do CC). Novamente, não só o usuário, mas também o *website* e o provedor estarão sujeitos à aplicação do art. 186 (DE LUCCA, Newton. "Títulos e contratos eletrônicos". In: DE LUCCA, Newton; SIMÃO FILHO, Adalberto (coords.). *Direito & internet:* aspectos jurídicos relevantes. São Paulo, Edipro, 2000).

O art. 187 trata do ato lesivo que extrapola os limites impostos pela lei, fim econômico ou social, pela boa-fé (arts. 113 e 422) e pelos costumes sociais.

C14. (OAB/Exame de Ordem Unificado/FGV/2013.2) Pedro, engenheiro elétrico, mora na cidade do Rio de Janeiro e trabalha na Concessionária Iluminação S.A. Ele é viúvo e pai de Bruno, de sete anos de idade, que estuda no colégio particular Amarelinho. Há três meses, Pedro celebrou contrato de financiamento para aquisição de um veículo importado, o que comprometeu bastante seu orçamento e, a partir de então, deixou de arcar com o pagamento das mensalidades escolares de Bruno. Por razões de trabalho, Pedro será transferido para uma cidade serrana, no interior do Estado e solicitou ao estabelecimento de ensino o histórico escolar de seu filho, a fim de transferi-lo para outra escola. Contudo, teve seu pedido negado pelo Colégio Amarelinho, sendo a negativa justificada pelo colégio como consequência da sua inadimplência com o pagamento das mensalidades escolares.

Para surpresa de Pedro, na mesma semana da negativa, é informado pela diretora do Colégio Amarelinho que seu filho não mais participaria das atividades recreativas diuturnas do colégio, enquanto Pedro não quitar o débito das mensalidades vencidas e não pagas.

Com base no caso narrado, assinale a afirmativa correta.

A) O Colégio Amarelinho atua no exercício regular do seu direito de cobrança e, portanto, não age com abuso de direito ao reter o histórico escolar de Bruno, haja vista a comprovada e imotivada inadimplência de Pedro.

B) As condutas adotadas pelo Colégio Amarelinho configuram abuso de direito, pois são eticamente reprováveis, mas não configuram atos ilícitos indenizáveis.

C) Tanto a retenção do histórico escolar de Bruno, quanto a negativa de participação do aluno nas atividades recreativas do colégio, configuram atos ilícitos objetivos e abusivos, independente da necessidade de provar a intenção dolosa ou culposa na conduta adotada pela diretora do Colégio Amarelinho.

D) Para existir obrigação de indenizar do Colégio Amarelinho, com fundamento no abuso de direito, é imprescindível a presença de dolo ou culpa, requisito necessário para caracterizar o comportamento abusivo e o ilícito indenizável.

➥ Veja arts. 186 e 931, CC.

Comentário: A alternativa correta é a C, uma vez que as práticas despendidas pelo Colégio Amarelinho configuram ato ilícito, conforme dispõe o art. 186: "Aquele que, por ação ou omissão voluntária, negligência ou imprudência, violar direito e causar dano a outrem, ainda que exclusivamente moral, comete ato ilícito". Ainda o art. 42 do CDC corrobora com este entendimento, não havendo dúvidas de que a correta é a letra C.

C15. (TJPE/Juiz Substituto/FCC/2013) O abuso de direito acarreta

A) apenas a ineficácia dos atos praticados e considerados abusivos pela parte prejudicada, independentemente de decisão judicial.

B) indenização a favor daquele que sofrer prejuízo em razão dele.

C) consequências jurídicas apenas se decorrente de coação, ou de negócio fraudulento ou simulado.

D) somente a ineficácia dos atos praticados e considerados abusivos pelo juiz.

E) indenização apenas em hipóteses previstas expressamente em lei.

➥ Veja art. 187 c/c 927, *caput*, CC.

Comentário: A assertiva correta é a letra B. O abuso de direito gera indenização a favor daquele que sofreu o dano. Não importa se é decorrente de coação ou não.

C16. (Juiz Federal Substituto/5ª R./Cespe-UnB/2013) No que se refere à responsabilidade civil, assinale a opção correta.

A) A jurisprudência do STJ tem afastado a caracterização de assalto ocorrido em estabelecimentos bancários como caso fortuito ou força maior, mantendo o dever de indenizar da instituição bancária, já que a segurança é essencial ao serviço prestado.

B) É devida indenização por lucros cessantes aos dependentes, considerando-se a vida provável do falecido do qual dependam. Segundo a jurisprudência do STJ, a longevidade provável da vítima, para efeito de fixação do tempo de pensionamento, pode ser apurada, no caso concreto, por critério fixado livremente pelo próprio julgador.

C) O início do prazo para a fluência dos juros de mora, nos casos de condenação a indenização por dano moral decorrente de responsabilidade extracontratual, ocorre na data do ajuizamento da ação.

D) Quanto à sua origem, a responsabilidade civil pode ser classificada em contratual ou negocial e extracontratual ou aquiliana. Esse modelo binário de responsabilidades, embora consagrado de modo unânime pela doutrina e pela jurisprudência pátria, não está expressamente previsto no Código Civil, ao contrário do que ocorre no CDC.

E) Com base no Código Civil brasileiro, o abuso de direito pode ser conceituado como ato jurídico de objeto lícito, mas cujo exercício, levado a efeito sem a devida regularidade, acarreta um resultado ilícito. Na codificação atual, portanto, não foi mantida a concepção tridimensional do direito de Miguel Reale, segundo o qual o direito é fato, valor e norma.

➥ Veja arts. 186, 187 e 927, *caput*, CC; Súmula n. 54, STJ.

Comentário: A assertiva correta é a letra A, uma vez que: "Direito civil. Agravo regimental nos embargos de declaração no recurso especial. Responsabilidade civil. Assalto à mão armada ocorrido nas dependências de estacionamento mantido por agência bancária. Oferecimento de vaga para clientes e usuários. Corresponsabilidade da instituição bancária e da administradora do estacionamento. Indenização devida. 1 – A instituição bancária possui o dever de segurança em relação ao público em geral (Lei n. 7.102/83), o qual não pode ser afastado por fato doloso de terceiro (roubo e assalto), não sendo admitida a alegação de força maior ou caso fortuito, mercê da previsibilidade de ocorrência de tais eventos na atividade bancária. 2 – A contratação de empresas especializadas para fazer a segurança não desobriga a instituição bancária do dever de segurança em relação aos clientes e usuários, tampouco implica transferência da responsabilidade às referidas empresas, que, inclusive, respondem solidariamente pelos danos. 3 – Ademais, o roubo à mão armada realizado em pátio de estacionamento, cujo escopo é justamente o oferecimento de espaço e segurança aos usuários, não comporta a alegação de caso fortuito ou força maior para desconstituir a responsabilidade civil do estabelecimento comercial que o mantém, afastando, outrossim, as excludentes de causalidade encartadas no art. 1.058, do CC/1916 (atual 393 do CC/2002). 4 – Agravo regimental desprovido" (STJ, Ag. Reg. nos Emb. Decl. no REsp n. 844.186/RS, 4ª T., rel. Min. Antonio Carlos Ferreira, *DJe* 29.06.2012).

Excludentes de ilicitude dos atos lesivos (art. 188 do CC)

Legítima defesa (ex.: uso moderado dos meios necessários para repelir agressão atual ou iminente), exercício regular de um direito (ex.: prática de um ato permitido pelo ordenamento) e estado de necessidade (ex.: dano indispensável causado em razão de um perigo iminente). O art. 188, vetusto art. 160 – o hodierno – inclui, em seu inciso II, a "lesão a pessoa" como não constituinte de ato ilícito quando o intuito dela é remover perigo iminente, enquanto o Código Beviláqua falava apenas sobre "deterioração ou destruição da coisa".

DA PRESCRIÇÃO E DA DECADÊNCIA

DA PRESCRIÇÃO

A pretensão é o direito de reclamar, de exigir em juízo, por meio de uma ação, o cumprimento da prestação devida. O instituto da prescrição é necessário para que haja tranquilidade na ordem jurídica, ou seja, para que se consolidem todos os direitos. A prescrição é uma pena para o negligente, que perde o direito, caso não zele por ele. Quando seu direito sofre ameaça e/ou violação, protege-se o direito subjetivo por uma ação judicial. Com a prescrição da dívida, basta conservar os recibos até a data em que esta se consuma, ou examinar o título do alienante e os de seus predecessores imediatos, em um período de dez anos apenas. Prazos de *prescrição* são, apenas e exclusivamente, os taxativamente discriminados na Parte Geral, nos arts. 205 (regra geral) e 206 (regras especiais).

Requisitos da prescrição

A prescrição tem como requisitos:

a) a inércia do titular, ante a violação de um direito seu; e

b) o decurso do tempo fixado em lei.

Da exceção

O prazo prescricional da pretensão é aplicável na mesma proporção aos casos de defesa. Caso a pretensão esteja prescrita, a defesa do direito também estará, não cabendo mais a ação. A exceção é uma espécie de defesa que só se viabiliza quando a pretensão for deduzida.

Renúncia da prescrição

O devedor poderá renunciar aos benefícios da prescrição de forma expressa por meio de declaração explícita de sua intenção em renunciar, ou então de forma tácita, que ocorre no momento em que ele pratica atos incompatíveis com ela, por exemplo se este pagar uma dívida já prescrita.

C17. (Procurador-SP/Nível I/FCC/2012) No tocante à prescrição, considere as seguintes afirmações:

I. Seu prazo em curso pode ser aumentado ou diminuído por lei posterior.

II. A morte do credor suspende o prazo de prescrição em favor dos seus sucessores até a abertura do inventário ou arrolamento.

III. Não corre na pendência de ação de evicção.

IV. O pagamento de dívida prescrita por tutor de menor absolutamente incapaz comporta repetição.

V. Pode ser objeto de renúncia expressa previamente convencionada pelas partes.

Está correto APENAS o que se afirma em

A) III e IV.

B) I e IV.

C) II e V.

D) I e III.

E) IV e V.

➥ Veja arts. 191, 192, 196 e 199, *caput* e III, CC.

Comentário: A letra D está correta. Ela reflete o acerto das hipóteses contidas nas opções I e III. De antemão, a opção III espelha o art. 199, III, do CC, que afirma não correr a prescrição em ação de evicção. Isso, por si só, elimina as letras B, C e E, que se silenciam sobre. Já a opção I acerta, a contrario sensu, uma vez que o art. 192 do CC dispõe que os prazos da prescrição não podem ser alterados por acordo das partes. Destaque-se, ainda, que a prescrição contra uma pessoa continua a correr contra seu sucessor, inteligência do art. 196 do CC.

Da prescrição como matéria de ordem pública

O instituto da prescrição é matéria de ordem pública, sendo vedada a sua dilação convencional pelas partes. Não cabe às partes estipular em contrato prazo prescricional, visto que essa matéria está regida pelo Código Civil ou lei específica, sendo de ordem pública.

A prescrição pode ser suscitada pelo devedor em qualquer grau de jurisdição e fase processual.

É dever do mandatário observar o que é melhor para seu representado, não sendo admissível que, por sua negligência, o mandante se veja prejudicado, nascendo para este o direito de ação contra seu representante ou mandatário.

C18. (TJPE/Juiz Substituto/FCC/2013) Dispondo o art. 2.043 do Código Civil que continuam em vigor as disposições de natureza processual cujos preceitos de natureza civil hajam sido incorporados ao Código Civil, até que por outra forma se disciplinem, autoriza afirmar que

A) não mais se considera título executivo qualquer documento particular subscrito por duas testemunhas, firmado após a vigência do Código Civil de 2002.

B) embora tendo a transação sido qualificada como contrato, pelo Código Civil, ainda não se admite a transação extrajudicial, porque sempre deve ser celebrada depois de o processo achar-se em curso e homologada pelo juiz.

C) o juiz pode, de ofício, reconhecer a decadência legal e a decadência convencional.

D) ainda não é possível o juiz conhecer de ofício da prescrição.

E) ainda prevalece legalmente a exigência do art. 585, II, do Código de Processo Civil, segundo a qual para configurar título executivo extrajudicial o documento particular assinado pelo devedor tem de ser também assinado por duas testemunhas.

➥ Veja arts. 193, 210, 211, 842 e 2.043, CC; art. 784, II a IV, CPC/2015.

Comentário: A assertiva correta é a letra E. Ela muito bem confirma o texto do art. 585, II, do Código de Processo Civil. A alternativa B, por exemplo, está equivocada, tendo em vista os dizeres do art. 842, do Código Civil. Já, segundo o art. 210, do CC, o juiz não pode, mas sim deve reconhecer de ofício a decadência, quando estabelecida por lei. Assim, como outro exemplo, também fica deixada de lado a opção pela letra C.

➥ Ver questão C17.

Da disposição do direito

A prescrição não é personalíssima, pois não se liga à pessoa, e sim a direitos que esta possuía; da mesma maneira que os direitos são transmissíveis, a prescrição também o é.

➥ Ver questão C17.

Da interpretação do STJ

A pretensão de reparação civil se contratual seria de dez anos cumprindo a prescrição disposta no art. 205 e o prazo da indenização do art. 206, § 3º, V seria no caso da indenização quando o fato gerador for extracontratual.

Das Causas que Impedem ou Suspendem a Prescrição

Da não aplicação da prescrição

A prescrição não correrá contra os cônjuges, na constância da sociedade conjugal; entre ascendentes e descendentes, durante o poder familiar; entre tutelados ou curatelados e seus tutores ou curadores, durante a tutela ou curatela. Assim a prescrição ficará impedida de decorrer no tempo nessas hipóteses.

Os absolutamente incapazes, os ausentes do país em serviço público da União, dos estados ou dos municípios e os que se acharem servindo nas Forças Armadas, em tempo de guerra, não terão a prescrição correndo contra si.

A condição suspensiva, o prazo não vencido e a pendência de ação de evicção (arts. 447 a 457 do CC) impedem que a prescrição seja computada.

Quando a ação cível originar-se de ilícito penal (art. 186 do CC), não correrá a prescrição enquanto não houver sentença definitiva na apuração daquele fato. Quando o dano se originar de crime, a condenação penal servirá de título executivo na esfera cível (art. 935 do CC). Somente no caso de a obrigação ser indivisível, os credores solidários se aproveitarão da suspensão da prescrição. Lembre-se de que não há presunção para credores solidários, ou seja, somente há solidariedade em virtude de contrato ou de lei.

➡ Ver questão C18.

C19. (Juiz Substituto/TJSP/Vunesp/2017) Não sendo proprietário de imóvel, Nelson passa a ocupar como seu, no ano de 2005, imóvel localizado em área urbana de Brasília, com 450 metros quadrados. Ali estabelece sua moradia habitual, tornando pública a posse. O imóvel é de propriedade de Fábio, embaixador brasileiro em atividade na Bélgica desde o ano 2000. Quando retorna ao Brasil no ano de 2008, Fábio se aposenta e fixa residência em Santa Catarina. No ano de 2016, Nelson propõe ação de usucapião contra Fábio. Considerando ser incontroverso que Nelson exerce a posse, sem quaisquer vícios, assinale a alternativa correta.

A) A ação é improcedente, pois, embora dispensados o justo título e a boa-fé, e tendo a posse sido contínua e pacífica, não foi preenchido o pressuposto temporal de 15 (quinze) anos.

B) A ação é improcedente, pois, embora a posse tenha sido exercida com *animus domini*, de forma continua e pacífica, faltou o preenchimento do requisite temporal de 10 (dez) anos, em razão da existência de causa impeditiva atinente à ausência de Fábio do país, o que impediu a contagem do prazo da prescrição aquisitiva entre 2005 e 2008.

C) A ação é procedente, pois foram preenchidos todos os requisitos legais da usucapião especial urbana: posse com *animus domini*, por 5 (cinco) anos, já que Nelson estabeleceu no imóvel sua moradia habitual, sem interrupção e oposição, não sendo proprietário de outro imóvel urbano ou rural.

D) A ação é procedente, pois foram preenchidos todos os requisitos legais da usucapião extraordinária: posse com *animus domini* por 10 (dez) anos, já que Nelson estabeleceu no imóvel sua moradia habitual, sem interrupção ou oposição.

➡ Veja arts. 198, II, 1.238, II, e 1.242, CC; art. 214, § 5º, LRP.

Comentário: a alternativa certa á a letra B. Isso porque a ausência de Fábio em terra nacional suspende a contagem de prazo necessário para a aquisição da propriedade por intermédio de usucapião, conforme o inciso II do art. 198.

Das Causas que Interrompem a Prescrição

A prescrição só poderá ser interrompida uma única vez quando do despacho do juiz, mesmo incompetente, que ordenar a citação, se o interessado a promover no prazo e na forma da lei processual; por protesto, nas condições do inciso antecedente; por protesto cambial; pela apresentação do título de crédito em juízo de inventário ou em concurso de credores; por qualquer ato judicial que constitua em mora o devedor; por qualquer ato inequívoco, ainda que extrajudicial, que importe reconhecimento do direito pelo devedor. Após ultrapassado o lapso temporal da interrupção, a prescrição voltará a ser contada a partir da data do ato que a interrompeu, ou do último ato do processo para interrompê-la. As causas interruptivas da prescrição são as que descartam a prescrição iniciada, de forma que seu prazo recomece a correr da data do ato que a interrompeu, ou do último ato do processo para interrompê-la (art. 202, parágrafo único, do CC).

C20. (Juiz Substituto/TJSP/Vunesp/2017) Pedro celebra contrato de seguro, com cobertura para invalidez total e permanente. Em 20 de outubro de 2008, é vítima de acidente. Fica hospitalizado e passa por longo tratamento médico. Cientificado em 20 de julho de 2010 de que é portador de incapacidade total e permanente, formula pedido administrativo de pagamento da indenização securitária em 20 de novembro de 2010. A seguradora alega que não há cobertura e, em 20 de setembro de 2011, formaliza a recusa ao pagamento da indenização, cientificando o segurado. Inconformado, Pedro propõe ação de cobrança de indenização securitária em 20 de janeiro de 2012. Assinale a alternativa correta.

A) O direito de ação está atingido pela prescrição, uma vez que, embora o prazo para propositura seja de 3 (três) anos, conforme dispõe o art. 206, § 3º, do Código Civil, a contagem teve início na data do acidente e não houve causa de interrupção.

B) A ação deve ter prosseguimento porque o prazo de prescrição envolvendo a pretensão de beneficiário contra a seguradora é de 3 (três) anos, conforme dispõe o art. 206, § 3º, do Código Civil, e a contagem tem início com a cientificação da incapacidade.

C) A ação deve ter prosseguimento, uma vez que o prazo para propositura teve início no momento em que Pedro teve ciência da incapacidade, que o prazo foi suspenso com a formulação do pedido administrativo e voltou a fluir com a cientificação da recusa da seguradora, e que na relação entre segurado e seguradora o prazo para a propositura é de 1 (um) ano, conforme dispõe o art. 206, § 1º, inciso II, *b*, do Código Civil.

D) O direito de ação está atingido pela prescrição, uma vez que o prazo para propositura teve início na data do acidente e que na relação entre segurado e seguradora o prazo para a propositura é de 1 (um) ano, conforme dispõe o art. 206, § 1º, inciso II, *b*, do Código Civil.

➡ Veja arts. 202, VI, e 206, § 1º, II, CC; Súmulas ns. 229, 278 e 475, STJ.

Comentário: a alternativa correta é a C. De fato, o prazo de prescrição da pretensão para o cenário em questão é de um ano, e a sua contagem se dá a partir do momento em que Pedro tem ciência da incapacidade que a ele acomete. De toda feita, ele foi suspenso com a formulação do pedido administrativo. Assim, transcorreu-se primeiro o período de 4 meses entre a data da ciência da incapacidade e a data da formulação do pedido administrativo, e outros 4 meses entre o momento da recusa da seguradora e a data do ajuizamento da ação, totalizando 8 meses.

Da capacidade para pleitear a interrupção

Qualquer pessoa, seja jurídica ou física, juridicamente interessada poderá interromper a prescrição.

Da interrupção em casos de solidariedade

Se a prescrição for interrompida, o art. 204 traz a regulamentação em caso de solidariedade ativa ou passiva, legal ou convencional, de forma que a interrupção da prescrição por um credor não aproveita aos outros; da mesma forma, a interrupção operada contra o codevedor, ou seu herdeiro, não prejudica aos demais coobrigados e, ainda, a interrupção por um dos credores solidários aproveita aos outros, assim como a interrupção efetuada contra o devedor solidário envolve os demais e seus herdeiros; ainda a interrupção operada contra um dos herdeiros do devedor solidário não prejudica os outros herdeiros ou devedores, senão quando se trate de obrigações e direitos indivisíveis; e, por fim, a interrupção produzida contra o principal devedor prejudica o fiador.

➡ Ver questão C13.

Dos Prazos da Prescrição

Prazos de prescrição são, apenas e exclusivamente, os taxativamente discriminados na Parte Geral, nos arts. 205 (regra geral) e 206 (regras especiais), sendo de decadência todos os demais, por conta do princípio da aplicabilidade, estabelecidos como complemento de cada artigo que rege a matéria, tanto na Parte Geral como na Especial. Para evitar a discussão sobre se a ação prescreve ou não, adotou-se a tese da prescrição da pretensão, por ser considerada a mais condizente com o direito processual contemporâneo. A prescrição irá acontecer no prazo de dez anos, se a lei não discriminar. No caso de o prazo se iniciar com base no Código Civil de 1916, deve-se analisar o art. 2.028 do CC.

Observação	
Prescrição	Anos e prazos nos arts. 205 e 206
Decadência	Dia, mês, ano e prazos no decorrer do Código Civil, por força do princípio da aplicabilidade norteador do CC/2002
Prazo geral prescricional	art. 205
Prazo geral decadencial	art. 179

➥ *Vide* GUILHERME, Luiz Fernando do Vale de Almeida. *Código Civil comentado e anotado*, 2ª ed., Barueri, Manole, 2016, p. 149-151 (súmulas).

DA DECADÊNCIA

O art. 207 dispõe que não se aplica à decadência as normas que impedem, suspendem ou interrompem a prescrição, exceto se houver disposição em contrário.

O disposto nos arts. 195 e 198, I, do CC, muito embora esteja no capítulo que trata da prescrição, possui como regra o aplicável à decadência.

Ação regressiva contra representante: "As pessoas jurídicas e os relativamente incapazes têm ação regressiva contra representantes legais que derem causa à decadência ou não a alegarem em momento oportuno" (DINIZ. *Curso de direito civil*, v. I, 2009, p. 233).

A decadência não ocorrerá contra pessoas com incapacidade absoluta, enquanto não cessada a incapacidade. Após cessada, a decadência terá início.

Lei de Imprensa

O prazo decadencial previsto no art. 56 da Lei n. 5.250/67 (Lei de Imprensa) para propositura de ação de indenização por dano moral não foi recepcionado pela CF, submetendo-se atualmente pelas disposições do CC/2002.

Da decadência de ofício

A decadência legal é matéria de ordem pública que corre irrevogavelmente e de forma indisponível, portanto não comporta renúncia, não sendo por suposto transacionada (arts. 840 a 850 do CC). É resultante de prazo legal e não pode ser renunciada pelas partes, nem antes nem depois de consumada, sob pena de nulidade.

O art. 210 diz, imperativamente, que o juiz "deve" (é dever e não faculdade), de ofício, conhecer da decadência, e não "pode", "quando estabelecida por lei". Ainda que se trate de direitos patrimoniais, a decadência deve ser decretada de ofício, quando estabelecida por lei. Ou seja, a responsabilidade é do magistrado em conhecer da decadência *ex officio*.

➥ Ver questão C18.

Da decadência convencional

Quando a decadência advir de convenção entre as partes (art. 421 do CC), poderá o beneficiado por ela alegá-la em qualquer grau de jurisdição e, ainda, arbitragem, porém é vedada ao juiz a sua declaração de ofício (art. 210 do CC).

➥ Ver questão C18.

DA PROVA

Da prova do negócio jurídico

Estão arrolados de forma exemplificativa os meios de provas dos fatos jurídicos, que não possuem forma especial. São eles: confissão, documento, testemunha, presunção e perícia.

A prova (arts. 212 a 232 do CC) é o meio empregado para comprovar a existência do ato ou negócio jurídico.

Confissão. Entende-se que a confissão não é prova, e sim negócio jurídico unilateral que põe fim à discussão da natureza do fato jurídico.

De quem pode confessar

A confissão é ato personalíssimo daquele que praticou o ato/negócio, sendo tal faculdade indelegável, não podendo ser suprida. Porém, se o representante confessar, a confissão só terá efeitos na medida dos poderes do mandato.

C21. (OAB/Exame de Ordem Unificado/FGV/2013.2) O legislador estabeleceu que, salvo se o negócio jurídico impuser forma especial, o fato jurídico poderá ser provado por meio de testemunhas, perícia, confissão, documento e presunção. Partindo do tema meios de provas, e tendo o Código Civil como aporte, assinale a afirmativa correta.

A) Na escritura pública admite-se que, caso o comparecente não saiba escrever, outra pessoa capaz e a seu rogo poderá assiná-la.

B) A confissão é revogável mesmo que não decorra de coação e é anulável se resultante de erro de fato.

C) A prova exclusivamente testemunhal é admitida, sem exceção, qualquer que seja o valor do negócio jurídico.

D) A confissão é pessoal e, portanto, não se admite seja feita por um representante, ainda que respeitados os limites em que este possa vincular o representado.

➥ Veja arts. 213, parágrafo único, 214, 215, § 2º, e 227, CC.

Comentário: A assertiva correta neste caso é a letra A, já que, assim como afirma o art. 215, em seu § 2º: "Se algum comparecente não puder ou não souber escrever, outra pessoa capaz assinará por ele, a seu rogo".

Da possibilidade de anulação da confissão

A confissão é ato/negócio de liberalidade, devendo ser realizada pela vontade de quem confessa e, uma vez realizada, não poderá ser revogada, porém, se for originada de erro de fato ou de coação, a anulação é permitida (arts. 139, I e II, 151 a 155 e 171, II, do CC).

➥ Ver questão C21.

Da escritura pública

A escritura pública é o instrumento que possui fé pública e goza de presunção de veracidade e para tanto deverá conter basicamente a data e o local de sua realização; o reconhecimento da identidade e capacidade das partes e de quantos hajam comparecido ao ato, por si, como representantes, intervenientes ou testemunhas; nome, nacionalidade, estado civil, profissão, domicílio e residência das partes e demais comparecentes, com a indicação, quando necessária, do regime de bens do casamento, nome do outro cônjuge e filiação; manifestação clara da vontade das partes e dos intervenientes; referência ao cumprimento das exigências legais e fiscais inerentes à legitimidade do ato; declaração de ter sido lida na presença das partes e demais comparecentes, ou de que todos a leram; assinatura das partes e dos demais comparecentes, bem como a do tabelião ou seu substituto legal, encerrando o ato. Se algum comparecente não puder ou não souber escrever, outra pessoa capaz assinará por ele, a seu rogo, devendo ser redigida em língua nacional, e se algum dos comparecentes não souber a língua nacional e o tabelião não entender o idioma em que se expressa, deverá comparecer tradutor público para servir de intérprete, ou, não o havendo na localidade, outra pessoa capaz que, a juízo do tabelião, tenha idoneidade e conhecimento bastante. Se algum dos comparecentes não for conhecido do tabelião, nem puder identificar-se por documento, deverão participar do ato pelo menos duas testemunhas que o conheçam e atestem sua identidade.

➡ Ver questão C21.

Da extensão da fé pública

A fé pública de que o servidor público goza se estende às certidões textuais de qualquer peça judicial, do protocolo das audiências ou de outro qualquer livro a cargo do escrivão, sendo extraídas por ele, ou sob a sua vigilância, e por ele subscritas, incluindo-se os traslados de autos, quando por outro escrivão consertados.

Também gozam da mesma fé pública do art. 216 os tabeliães ou oficiais de registro, os documentos públicos originais, traslados, certidões de instrumento e documentos notoriais, entre outros.

Se a documentação trasladada possuir força probante no seu original, seu traslado será considerado instrumento público.

Da veracidade dos fatos pela assinatura

Presumem-se verdadeiros os atos assinados por seus signatários, porém trata-se de presunção relativa (*iuris tantum*) que não os exime de futuramente realizar prova da autenticidade do documento.

A autorização de terceiro para validade do negócio jurídico deverá seguir a mesma forma do negócio que o deu origem; se por escritura pública, a autorização deverá ser também.

Do instrumento particular

O instrumento particular é realizado somente com a assinatura dos interessados, desde que estes estejam na livre administração e disposição de seus bens. Este documento serve de prova e dá existência ao ato negocial.

Instrumento público

O instrumento público é essencial para que se operem contra terceiros os efeitos das obrigações convencionais de qualquer valor, bem como os da cessão. Porém, o instrumento particular feito e assinado, ou somente assinado, por quem estiver na livre disposição e administração de seus bens, é apto a provar as obrigações.

Do telegrama

A autenticidade do telegrama pode ser atestada, quando contestada, pela apresentação do documento original devidamente assinado. O art. 222 do CC já pode ser considerado derrogado pelo desuso do telegrama.

Da cópia fotográfica

A fotocópia de documento, desde que conferida pelo tabelião, vale como prova, mas a partir do momento em que sua autenticidade for contestada, é necessária a apresentação do original. No caso de títulos de crédito é necessário observar o princípio da cartularidade, em que o original é indispensável, podendo-se utilizar fotocópias apenas nos casos especificados em lei.

Da tradução de documentos em língua estrangeira

Não é admitido no ordenamento jurídico brasileiro documento redigido apenas em língua estrangeira: é devido que tais documentos sejam traduzidos para a língua portuguesa por tradutor juramentado, pois só assim possuirão força vinculante entre as partes. Documentos alienígenas podem ser registrados no Brasil para fins de conservação, porém para sua eficácia devem ser traduzidos e essa tradução deve ser registrada.

Da autenticidade das reproduções artísticas

Quanto às reproduções de documentos, o Código Civil de 2002 atribui força probante a estas, ainda que simples, desde que a outra parte não as impugne.

A prova exclusivamente testemunhal só se admite nos negócios jurídicos cujo valor não ultrapasse o décuplo do maior salário mínimo vigente no país, ao tempo em que foram celebrados (art. 227 do CC). Porém, a prova testemunhal será sempre admitida como prova subsidiária ou complementar.

Da prova documental

A simples apresentação de livros e fichas dos empresários não é suficiente para serem utilizados como prova, salvo se confeccionados por escritura pública ou instrumento particular com efeitos de escritura pública, podendo ser contestada pela comprovação de inexatidão ou falsidade. Para que tenham força probatória, os referidos documentos deverão possuir elementos subsidiários que os confirmem.

Da limitação da prova testemunhal

A prova exclusivamente testemunhal não pode ser admitida em negócios acima de determinado valor, conforme estipula o art. 227 do CC.

Com o atual CPC, a prova testemunhal é sempre admitida (art. 401 do antigo CPC não tem correspondente no atual CPC).

➠ Ver questão C21.

Dos incapazes de testemunhar

O art. 228 do CC enumera os incapazes de testemunhar. O art. 229 do CC enumera aqueles que estão dispensados de depor (ex.: médico, padre, advogado – segredo profissional). Estão igualmente dispensados de depor aqueles que não puderem responder sem desonra própria, de seu cônjuge, parente em grau sucessível, ou amigo íntimo, bem como sobre fatos que exponham as mesmas pessoas a perigo de vida, de demanda ou de dano patrimonial imediato.

O art. 229 é claro em declarar quem não poderá ser obrigado a depor: I – a cujo respeito, por estado ou profissão, deva guardar segredo, ou seja, igual a descrição do art. 144 do CC/1916; II – a que não possa responder sem desonra própria, de seu cônjuge, parente em grau sucessível, ou amigo íntimo; e, por fim, III – que o exponha, ou às pessoas referidas no inciso antecedente, a perigo de vida, de demanda ou de dano patrimonial imediato.

Da presunção

As presunções cotidianas não são admitidas quando a lei exclui a prova testemunhal, excluindo-se as presunções que a lei determina.

Aquele que se negar a se submeter a exame médico necessário não poderá aproveitar-se de sua recusa (art. 231 do CC). Trata-se da hipótese de presunção ficta da paternidade àquele que se recusa à realização de exame de DNA. A recusa à perícia médica judicialmente ordenada poderá suprir a prova que se pretendia obter com o exame (art. 232 do CC).

"Não há lei que obrigue, seja o pai ou a mãe, réu em uma ação de investigação de paternidade, a submeter-se ao exame de DNA solicitado. Porém, a recusa em submeter-se ao exame pericial sem qualquer justificativa leva à presunção da veracidade dos fatos alegados, aplicando-se a regra do art. 400 do novo CPC" (*RT* 750/336).

Classificação dos negócios jurídicos	Classificação dos negócios jurídicos	Embasamento legal	Características	Observação
Quanto à manifestação da vontade	Unilaterais	Doutrina	Negócio jurídico formado pela virtude de uma parte	X
	Bilateral	Doutrina	Negócio jurídico formado por virtudes de duas ou mais partes	
Quanto às vantagens que produz	Gratuitos	Doutrina	Quando as partes obtêm benefícios ou enriquecimentos patrimoniais sem nenhuma contraprestação (doação)	X
	Onerosos	Doutrina	Quando todas as partes buscam, reciprocamente, obter vantagens para si ou para outrem, mediante contraprestação (compra e venda, locação)	X
Quanto às vantagens que produz	Bifrontes*	Doutrina	Se, conforme a vontade das partes, puderem ser gratuitos ou onerosos, sem que a sua configuração jurídica fique atingida (depósito, mútuo e mandado)	* Posição adotada majoritariamente na doutrina de Maria Helena Diniz
	Neutros*	Doutrina	Os negócios que não possuem atribuição patrimonial, tendo os bens que recaem o negócio uma destinação específica (instituição de um bem de família, doação remuneratória)	* Posição adotada majoritariamente na doutrina de Maria Helena Diniz

(*continua*)

(*continuação*)

Classificação dos negócios jurídicos	Classificação dos negócios jurídicos	Embasamento legal	Características	Observação
Quanto à formalidade	Solenes	Doutrina	Solenes ou formais são os que dependem, além de possíveis outros requisitos, da obediência em forma prescrita em lei	X
	Não solenes	Doutrina	Não solenes são de forma livre de acordo com a conveniência e vontade das partes (compra e venda de móveis que se aperfeiçoa até ser realizada verbalmente)	X
Quanto ao conteúdo	Patrimonial	Doutrina	São os que versam sobre questões suscetíveis de aferição econômica (negócios reais, obrigações)	X
	Extrapatrimonial	Doutrina	São aqueles atinentes aos direitos personalíssimos e aos direitos de família	X
Quanto ao tempo em que produzem seus efeitos	*Inter vivos*	Doutrina	São os que acarretam consequências jurídicas durante a vida do interessado	X
	Causa mortis	Doutrina	Deverá produzir efeito após a morte de seu agente (testamento)	X
Quanto à existência	Principais	Doutrina	São os negócios jurídicos que existem por si só, não dependem de qualquer outro para a sua existência (locação, compra e venda etc.)	X
	Acessórios	Doutrina	São os negócios jurídicos que têm sua existência subordinada a outro negócio jurídico principal, dessa forma, se o principal for nulo, a obrigação acessória também o será, mas a recíproca não é verdadeira (cláusula penal, fiança etc.)	X
Quanto aos efeitos	Constitutivos	Doutrina	Se sua eficácia operar-se *ex nunc*, ou seja, no momento da conclusão (compra e venda)	X
	Declarativos	Doutrina	Aqueles em que a eficácia é *ex tunc*, ou melhor, só se efetiva no momento em que se operou o fato a que se vincula a declaração de vontade (divisão do condomínio, partilha etc.)	X

PARTE ESPECIAL

A Parte Especial é dividida em cinco livros, a saber: (i) Livro I – Do direito das obrigações (arts. 233 a 965 do CC); (ii) Livro II – Do direito de empresa (arts. 966 a 1.195 do CC); (iii) Livro III – Do direito das coisas (arts. 1.196 a 1.510 do CC); (iv) Livro IV – Do direito da família (arts. 1.511 a 1.783-A do CC) e (v) Livro V – Do direito das sucessões (arts. 1.784 a 2.027 do CC). Ou seja, o Código Civil pátrio está dividido em três grandes livros: Parte Geral (arts. 1º a 232), Parte Especial – acima – sendo a maior delas e Parte Final e Transitória (arts. 2.028 a 2.046) para negócios que se iniciaram no decorrer do CC de 1916.

DO DIREITO DAS OBRIGAÇÕES

Obrigação nada mais é que o vínculo entre devedor e credor tendo um nexo causal oriundo de uma relação de crédito-débito (arts. 233 a 388 do CC) ou por virtude de ato ilícito (arts. 186 e 187, atualmente arts. 927 a 954 do CC).

DAS MODALIDADES DAS OBRIGAÇÕES

<table>
<tr><td>Conceito (arts. 233 a 420)</td><td colspan="4">Direito das obrigações consiste em um complexo de normas que regem relações jurídicas de ordem patrimonial, que têm por objeto prestações de um sujeito em proveito de outro
Obrigação é um vínculo jurídico em virtude do qual uma pessoa fica adstrita a satisfazer uma prestação em proveito da outra (GOMES, 2011)
Trata-se de uma relação jurídica de natureza pessoal, através da qual uma pessoa (devedor) fica obrigada a cumprir uma prestação economicamente apreciável</td></tr>
<tr><td rowspan="4">Elementos constitutivos da obrigação</td><td>Pessoal</td><td colspan="3">Sujeito ativo (credor) e sujeito passivo (devedor)</td></tr>
<tr><td>Material</td><td colspan="3">Objeto da obrigação: prestação positiva ou negativa do devedor, desde que seja ela lícita, possível física e juridicamente, determinada e suscetível de estimação econômica, objeto mediato e objeto imediato (bens móveis, imóveis e semoventes)</td></tr>
<tr><td>Imaterial</td><td colspan="3">O vínculo jurídico sujeita o devedor a determinada prestação em favor do credor
Trata-se do elemento que garante em qualquer espécie de obrigação o seu cumprimento, porque se este não se realizar espontaneamente, realizar-se-á coercitivamente, com o emprego de força, que o Estado coloca à disposição do credor, por intermédio do Poder Judiciário</td></tr>
<tr><td>Vínculo jurídico</td><td colspan="3">Sujeita o devedor à realização de um ato positivo ou negativo no interesse do credor, unindo os dois sujeitos e abrangendo o dever da pessoa obrigada</td></tr>
<tr><td rowspan="2">Espécies de obrigações</td><td rowspan="2">Obrigação de dar (arts. 233 a 246)</td><td rowspan="2">Consiste em obrigação positiva, pela qual o devedor deve entregar um objeto que está na sua posse, transferindo-lhe a propriedade. Subdivide-se em obrigação de dar coisa certa, quando o objeto da obrigação é certo, determinado antes da entrega, e obrigação de dar coisa incerta, quando a obrigação é genérica, por ser o objeto incerto, sendo determinado apenas por seu gênero e quantidade</td><td>Coisa certa (arts. 233 a 242)</td><td>Coisa certa é coisa individualizada, que se distingue das demais por características próprias, móvel ou imóvel. A coisa certa a que se refere o CC é a determinada, perfeitamente individualizada. É tudo aquilo que é determinado de modo a ser distinguido de qualquer outra coisa</td></tr>
<tr><td>Coisa incerta (arts. 243 a 246)</td><td>A expressão "coisa incerta" indica que a obrigação tem objeto indeterminado, mas não totalmente, porque deve ser indicada, ao menos, pelo gênero e pela quantidade. É, portanto, indeterminada, mas determinável. Falta apenas determinar sua qualidade. Sendo indispensável, portanto, nas obrigações de dar coisa incerta, a indicação de que fala o texto</td></tr>
</table>

(*continua*)

(*continuação*)

Espécies de obrigações	Obrigação de fazer (arts. 247 a 249)	Vincula o devedor à prestação de um serviço ou um ato, seu ou de terceiro, em benefício do credor ou de terceira pessoa. Tem por objeto qualquer comportamento humano, lícito e possível, do devedor ou de terceiro às custas daquele, seja a prestação de um serviço material ou intelectual
	Obrigação de não fazer (arts. 250 e 251)	É a obrigação na qual o devedor assume o compromisso de se abster de algum ato, que poderia praticar livremente se não tivesse se obrigado a atender interesse jurídico do credor ou de terceiro

DAS OBRIGAÇÕES DE DAR

Das Obrigações de Dar Coisa Certa

Conceito

Obrigação é o vínculo transitório entre credor e devedor, tendo uma natureza jurídica de crédito ou indenizatória.

Elementos obrigacionais

Partes (credor e devedor), vínculo jurídico (nexo causal) e objeto.

Obrigação de dar

A obrigação de dar consiste em obrigação positiva, a qual estabelece uma relação obrigacional (nexo causal) do devedor, que se compromete a entregar algo ao credor. Essa **obrigação** tem por **objeto uma coisa certa e determinada** (arts. 233 a 242 do CC) ou **incerta** (arts. 243 a 246 do CC).

D1. (OAB/XXV Exame de Ordem Unificado/FGV/2018) Arlindo, proprietário da vaca Malhada, vendeu-a a seu vizinho, Lauro. Celebraram, em 10 de janeiro de 2018, um contrato de compra e venda, pelo qual Arlindo deveria receber do comprador a quantia de R$ 2.500,00, no momento da entrega do animal, agendada para um mês após a celebração do contrato. Nesse interregno, contudo, para surpresa de Arlindo, Malhada pariu dois bezerros.

Sobre os fatos narrados, assinale a afirmativa correta.

A) Os bezerros pertencem a Arlindo.
B) Os bezerros pertencem a Lauro.
C) Um bezerro pertence a Arlindo e o outro, a Lauro.
D) Deverá ser feito um sorteio para definir a quem pertencem os bezerros.

➡ Veja art. 237, *caput* e parágrafo único, CC.

Comentário: Os bezerros deverão pertencer ao vendedor Arlindo, perfazendo a alternativa A. Trata-se da inteligência do art. 237 do CC, pelo qual, até a tradição, o bem, acrescido de seus melhoramentos, pertencerão ao devedor. E aí, fica facultado a ele devedor elevar o aumento do preço e, se porventura o credor não anuir, poderá ser resolvida a obrigação.

Obrigação de dar coisa certa

Ter-se-á obrigação de dar coisa certa quando seu objeto for constituído por um corpo certo e determinado, estabelecendo entre as partes da relação obrigacional um vínculo em que o devedor deverá entregar ao credor uma coisa individualizada, *v. g.*, o iate "Netuno". A entrega do principal abrangerá a dos acessórios. Até a entrega ("tradição"), pertencerá ao devedor a coisa. Se houver acréscimos ou melhoramentos, poderá exigir aumento do preço, sob pena de se extinguir a obrigação.

Aplicação do princípio *accessorium sequitur principale*

A obrigação de dar coisa certa abrange os acessórios, exceto se o contrário resultar do título ou das circunstâncias do caso, pelo princípio de que o acessório segue o principal. Na coisa certa, cuja entrega está obrigado o devedor, compreendem-se os acessórios, ou seja, as pertenças, partes integrantes, frutos, produtos, rendimentos, benfeitorias. Ou seja, a obrigação é reciprocamente considerada – obrigação principal e obrigação acessória. Observação: os bens, os negócios jurídicos, a obrigação e os contratos têm a mesma classificação.

Perda de coisa certa sem culpa do devedor

Não havendo culpa do devedor e perdida a coisa por caso fortuito ou força maior antes de efetuada a tradição ou pendente a condição suspensiva, resolver-se-á a obrigação para ambos os contratantes, devendo o devedor restituir ao credor o *quantum* recebido pelo preço ajustado na obrigação de dar coisa certa.

Perecimento da coisa certa por culpa do devedor

Se a coisa vier a perecer por culpa do devedor, ele deverá responder pelo equivalente, ou seja, pelo valor que a coisa tinha no instante de seu perecimento, mais perdas e danos, que compreendem o prejuízo efetivamente sofrido pelo credor (dano emergente) e o lucro que deixou de auferir (lucro cessante). Assim, ter-se-á o ressarcimento do gravame causado ao credor, uma vez que o devedor é obrigado a conservar a coisa até que ela seja entregue ao credor.

Deterioração

Diz respeito à depreciação derivada de dano originado das intempéries, fato que pode ser por culpa do devedor, não ensejando, portanto, indenização por parte deste. Sendo assim, pode o credor resolver a obrigação e ter o valor ressarcido devidamente corrigido, ou então aceitar a coisa no estado em que se encontra, com o devido abatimento relativo à deterioração constatada.

Deterioração da coisa

Se a coisa se deteriorar sem culpa do devedor, o credor poderá resolver a obrigação, ou aceitar a coisa, abatido do preço o valor que se perdeu. Porém, sendo culpado o devedor, o credor poderá exigir o equivalente, ou aceitar a coisa no estado em que se acha, com direito a reclamar perdas e danos.

Tradição

É o ato pelo qual a relação obrigacional se aperfeiçoa; até este momento o bem pertence ao devedor juntamente com seus acréscimos e melhorias, de forma que o devedor poderá incluir no preço tais melhoramentos. Porém, é necessária a anuência do credor que, se não o fizer, poderá resolver a obrigação. Importante ressaltar, ainda, que os frutos pendentes serão de propriedade do credor e os já percebidos do devedor.

Obrigação de restituir

Nesta, não se transfere a propriedade, apenas o uso, fruição ou posse direta da coisa durante certo tempo. Havendo acréscimo sem trabalho do devedor, o credor lucrará, sem indenização daquele. Se houver trabalho ou dispêndio, aplicam-se as regras atinentes ao possuidor de boa-fé (arts. 113 e 422 do CC) ou má-fé (art. 187 do CC).

Perda da coisa

Se a coisa certa se perder, antes da tradição, sem culpa do devedor, o credor sofrerá a perda e a obrigação se resolve, ressalvados seus direitos até a data da perda. Porém, havendo culpa do devedor, este responderá pelo equivalente, mais perdas e danos.

Deterioração da coisa

Se a coisa se deteriorar sem culpa do devedor, o credor a receberá sem direito a indenização. Se houver culpa do devedor, ocorrerá o mesmo que na perda.

Enriquecimento sem causa

A vedação ao enriquecimento sem causa (arts. 884 a 886 do CC) inibe ao devedor o recebimento de qualquer valor a título de indenização, se sobrevierem à coisa acréscimos ou melhoramentos em caso de ausência de despesa ou trabalho executados por ele.

Benfeitorias realizadas pelo possuidor de boa-fé ou de má-fé

Em análise ao art. 241, o art. 242 dita que, caso haja trabalho ou despesa do devedor em relação ao aumento ou melhoramento da coisa, deverá o credor indenizá-lo apropriadamente. *Vide* regras dos arts. 1.219 a 1.222 do Código Civil.

Boa-fé: necessárias e úteis. Voluptuárias podem ser levantadas.

Má-fé: apenas necessárias (art. 1.220). Por exemplo: entregar cem sacas de café.

Das Obrigações de Dar Coisa Incerta

Conceituação de obrigação de dar coisa incerta

A obrigação de dar coisa incerta consiste na relação obrigacional em que o objeto, indicado de forma genérica no início da relação, vem a ser determinado mediante um ato de escolha, por ocasião de seu adimplemento.

Determinação genérica e numérica da coisa

Na obrigação de dar coisa incerta, esta será indicada ao menos pelo gênero e pela quantidade, sem que nenhuma individualização seja feita. Por exemplo, cem sacas de café.

Concentração

Para que a obrigação de dar coisa incerta seja suscetível de cumprimento, será preciso que a coisa seja determinada por meio de um ato de escolha ou concentração, que é a sua individuação, manifestada no instante do cumprimento de tal obrigação, mediante atos apropriados, como a separação (que compreende a pesagem, a medição e a contagem) e a expedição.

Direito de escolha e seus limites

Competirá a escolha a quem os contratantes a confiaram no título constitutivo da obrigação de dar coisa incerta. Se nada a respeito houver sido convencionado, a concentração caberá ao devedor, que, por sua vez, não poderá escolher a pior, nem estará obrigado a prestar a melhor, devendo guardar o meio-termo.

Após a concentração e a escolha do bem, a parte que escolheu transforma a obrigação de dar coisa incerta em obrigação de dar coisa certa, sendo regido então pela seção anterior.

Obrigação de dar coisa incerta

É aquela em que a coisa é indicada de forma genérica no início da relação. Não há incerteza, apenas indeterminação. Será determinada quando da escolha no cumprimento da obrigação. A escolha, salvo disposição em contrário, será feita pelo devedor, que não poderá entregar a pior, nem está obrigado a entregar a melhor. No momento da individuação da coisa, vigorarão as regras da obrigação de dar coisa certa. Antes da escolha, o devedor não poderá alegar perda ou deterioração da coisa (art. 246 do CC).

DAS OBRIGAÇÕES DE FAZER

A obrigação de fazer é a que vincula o devedor à prestação de um serviço ou ato positivo, material ou imaterial, seu ou de terceiro, em benefício do credor ou de terceira pessoa. Por exemplo: a de construir um edifício, a de escrever um poema etc.

Obrigação de fazer de natureza infungível

Ter-se-á a obrigação de fazer infungível se consistir seu objeto num *facere* que só poderá, ante a natureza da prestação ou por disposição contratual, ser executado pelo próprio devedor, sendo, portanto, *intuitu personae*, uma vez que se levam em conta as qualidades pessoais do obrigado.

Consequência do inadimplemento voluntário de obrigação de fazer infungível

Se a prestação não cumprida pelo devedor for infungível, por ser *intuitu personae*, o credor não poderá de modo algum obter sua execução direta, ante o princípio de que *nemo potest precise cogi ad factum*, ou melhor, de que ninguém pode ser diretamente coagido a praticar o ato a que se obrigara. A liberdade do devedor será respeitada; logo, quem se recusar à prestação a ele só imposta, incorrerá no dever de indenizar perdas e danos (*v.* art. 389 do CC). É o caso de um poeta que se nega a compor poema a que se obrigara.

A responsabilidade do devedor em indenizar o credor em perdas e danos (arts. 389 e 402 do CC) nascerá invariavelmente da sua culpa na impossibilidade da prestação devida; caso contrário, a obrigação se resolverá. A quantificação das perdas e danos se dará pelo art. 944 do mesmo Código.

Da obrigação de fazer

É aquela obrigação que vincula o devedor, ou terceira pessoa a prestação de um ato em benefício do credor ou terceiro. A obrigação de fazer será personalíssima quando a prestação incumbida ao devedor deve ser só por ele realizada. Negando-se, neste caso, o devedor a executá-la, não poderá ser obrigado, respondendo, porém, por perdas e danos. Se houver a impossibilidade de prestar a obrigação, sem culpa do devedor, a obrigação se resolve. Se houver culpa sua, responde por perdas e danos.

Se a obrigação puder ser executada por terceiro, o credor poderá optar por essa via, à custa do devedor, sem prejuízo da indenização cabível (art. 249 do CC).

D2. (Juiz do Trabalho/TRT-2ª R./SP/Vunesp/2014) Em relação ao cumprimento das obrigações, aponte a alternativa correta:

A) O ato a ser executado pode ser realizado pelo devedor ou por terceiro às custas deste, caso em que será indevida indenização.

B) Praticado pelo devedor o ato, a cuja abstenção se obrigou, não o desfazendo, em caso de urgência, o credor poderá desfazê-lo por iniciativa própria, independentemente de autorização judicial.

C) A escolha da forma de cumprimento da obrigação alternativa cabe ao credor, se outra coisa não se estipulou.

D) Em caso de pluralidade de credores, cada um exigirá exclusivamente o seu quinhão, desobrigando-se o devedor da dívida em relação a cada um dos credores.

E) O credor que propuser ação contra apenas um dos devedores solidários renuncia à solidariedade.

➥ Veja arts. 249, 251, parágrafo único, 252, 260 e 275, parágrafo único, CC.

Comentário: A assertiva correta é a letra B, conforme dispõe o art. 251, do Código Civil, em seu parágrafo único, ao afirmar: "Em caso de urgência, poderá o credor desfazer ou mandar desfazer, independentemente de autorização judicial, sem prejuízo do ressarcimento devido".

DAS OBRIGAÇÕES DE NÃO FAZER

A obrigação de não fazer é aquela em que o devedor assume o compromisso de se abster de algum fato que poderia praticar livremente se não se estivesse obrigado, para atender interesse jurídico do credor ou de terceiro. Por exemplo, a de não vender uma casa a não ser ao credor.

Descumprimento da *obligatio ad non faciendum* pela impossibilidade da abstenção do fato

Se a obrigação de não fazer se impossibilitar, sem culpa do devedor, que não poderá abster-se do ato em razão de força maior ou de caso fortuito, resolver-se-á exonerando-se o devedor. Por exemplo, se alguém se obriga a não impedir passagem de pessoas vizinhas em certo local de sua propriedade e vem a receber ordem do Poder Público para fechá-la.

Das obrigações de não fazer

Ocorrem quando o devedor se obriga a abster-se da prática de determinado ato. Não podendo se abster da prática do ato, sem culpa do devedor, a obrigação se resolve. Porém, se o devedor o praticar, o credor poderá exigir que se desfaça, sob pena de se desfazer à sua custa, além de merecer o credor perdas e danos.

➥ Ver questão D2.

DAS OBRIGAÇÕES ALTERNATIVAS

Duas ou mais coisas na obrigação, apenas uma na solução. A escolha cabe ao devedor, se não se estipulou o contrário. Nas prestações periódicas, a escolha poderá ser feita em cada período. Havendo impossibilidade de se prestar uma das obrigações, subsistirá a outra. Se a escolha não competir ao credor e por culpa do devedor a obrigação se tornar inexequível, o devedor deve pagar o valor daquela que por último pereceu, mais perdas e danos. Se a escolha couber ao credor e uma das obrigações pereceu por culpa do devedor, o credor poderá exigir a outra ou o valor da outra, mais perdas e danos. Se as duas se impossibilitarem, o credor poderá reclamar o valor de qualquer das duas, além de perdas e danos. Não havendo culpa do devedor e todas se impossibilitarem, resolve-se a obrigação.

D3. (OAB/XVII Exame de Ordem Unificado/FGV/2015) Gilvan (devedor) contrai empréstimo com Haroldo (credor) para o pagamento com juros do valor do mútuo no montante de R$ 10.000,00. Para facilitar a percepção do crédito, a parte do polo ativo obrigacional ainda facultou, no instrumento contratual firmado, o pagamento do montante no termo avençado ou a entrega do único cavalo da raça manga larga marchador da fazenda, conforme escolha a ser feita pelo devedor.

Ante os fatos narrados, assinale a afirmativa correta.

A) Trata-se de obrigação alternativa.

B) Cuida-se de obrigação de solidariedade em que ambas as prestações são infungíveis.

C) Acaso o animal morra antes da concentração, extingue-se a obrigação.

D) O contrato é eivado de nulidade, eis que a escolha da prestação cabe ao credor.

➥ Veja art. 252, CC.

Comentário: O caso em apreço simboliza a letra da lei, na forma do art. 252 do CC. Tratam-se das obrigações alternativas, que pela sua natureza estabelecem que o devedor pode cumprir a sua obrigação se cumprida uma de duas alternativas lançadas pelo credor, sendo que compete ao devedor a escolha de qual delas cumprirá para finalizar a sua obrigação. Assim, a alternativa correta é a letra A.

➥ Ver questão D2.

Impossibilidade de uma das prestações ser objeto de obrigação

Quando uma das obrigações alternativas se tornar ilícita, impossível, indeterminada ou indeterminável, toda a obrigação se concentrará na outra, já que a obrigação se tornará inexequível. Observação: o termo para obrigação é inexequível, já o negócio jurídico é inválido (nulo).

Impossibilidade de cumprir qualquer uma das obrigações

Caso todas as obrigações alternativas se tornarem impossíveis, e a escolha competir ao devedor, deverá este pagar se houver culpa apenas ao credor o valor equivalente à última obrigação que se tornou impossível além das perdas e danos (*vide* arts. 389 e 944 do CC).

Direito de concentração ao credor

Caso uma das obrigações alternativas se torne impossível por culpa do devedor e a escolha deva ser efetuada pelo credor, poderá este optar pela obrigação restante ou então exigir o pagamento do restante mais perdas e danos (art. 389 do CC); ou se também por culpa do devedor todas as obrigações se tornarem impossíveis, poderá o credor optar pelo recebimento do valor de qualquer uma, além das perdas e danos (arts. 389 e 944 do CC).

Extinção da obrigação

No caso de pluralidade de obrigações e da impossibilidade de todas elas sem culpa do devedor, todas devem ser extintas. O artigo era o mesmo do correspondente ao art. 888 Código Civil de 1916.

DAS OBRIGAÇÕES DIVISÍVEIS E INDIVISÍVEIS

Obrigação divisível

A obrigação divisível é aquela cuja prestação é suscetível de cumprimento parcial, sem prejuízo de sua substância e de seu valor.

Obrigação indivisível

A obrigação indivisível é aquela cuja prestação só pode ser cumprida por inteiro por sua natureza, por motivo de ordem econômica ou alguma razão determinante do negócio jurídico, não comportando sua cisão em várias obrigações parceladas distintas, pois uma vez cumprida parcialmente a prestação, o credor não obtém nenhuma utilidade ou obtém a que não representava a parte exata do que resultaria do adimplemento integral. Tal indivisibilidade da obrigação poderá ser física, legal, convencional ou judicial.

Condomínio

Cabe ação divisória de prédio urbano (*RT* 247/441).

Multiplicidade de devedores e prestação indivisível

Se a obrigação for indivisível e houver multiplicidade de devedores, qualquer desses estará obrigado pela dívida inteira. Se algum realizar o pagamento, ficará sub-rogado (arts. 346 a 351 do CC) nos direitos creditórios em face do outro devedor.

Obrigação do avalista

Não é divisível tal obrigação.

Despesas condominiais – tanto o nu-proprietário como o usufrutuário são responsáveis pela dívida da unidade condominial.

Da multiplicidade de credores

No caso de multiplicidade de credores, poderão qualquer um desses exigir a dívida por inteiro, porém o devedor ou os devedores desobrigar-se-ão, pagando a todos os credores simultaneamente, ou, se pagarem a um dos credores, somente deverão exigir deste uma caução de ratificação dos outros, que consiste em uma garantia dada pelo credor, que recebe o pagamento afirmando que repassará aos outros credores os valores correspondentes à quota-parte de cada um.

➠ Ver questão D2.

Direito do credor não satisfeito de exigir o que lhe é devido

Caso apenas um credor receba o pagamento, poderão os outros exigir deste o recebimento dos valores correspondentes à quota-parte de cada um em pecúnia.

Remissão

É sinônimo de perdão; desta forma, se um dos credores remitir a dívida, tal perdão se refere apenas ao quinhão correspondente ao seu crédito perante o devedor, subsistindo para tanto o restante da dívida perante os outros credores, que a poderão exigir desde que descontado o valor perdoado pelo credor remitente.

Da conversão da obrigação indivisível em perdas e danos

A conversão da obrigação indivisível em perdas e danos (art. 402 do CC) implica a perda da sua indivisibilidade pelo caráter pecuniário da indenização, possibilitando então a divisão equitativa entre os diversos devedores, se por culpa de todos, ou então, se for culpa de apenas um, só este estará obrigado às perdas e danos.

DAS OBRIGAÇÕES SOLIDÁRIAS

Há multiplicidade de credores ou devedores, cada um com direito, ou obrigado, à dívida toda. A solidariedade não se presume, decorre de lei ou da vontade das partes. Haverá solidariedade ativa quando houver multiplicidade de credores, podendo cada um exigir a prestação por inteiro. Por outro lado, a obrigação solidária passiva é aquela com multiplicidade de devedores, em que cada um responderá pela integralidade da prestação, como se fosse o único devedor.

Solidariedade

É instituto jurídico previsto na lei ou no contrato, e só dessas fontes poderá se originar, não se presumindo a solidariedade em hipótese alguma.

Condições impostas à obrigação

As condições relativas à obrigação contraída por diversos credores poderão ser flexíveis e individualizadas a cada um, não sendo exigido que todos possuam a mesma condição de prazo e local de pagamento, podendo o credor por sua liberalidade definir tais condições e a quem se aplicará.

D4. (Assembleia Legislativa-PB/Procurador/FCC/2013) Em relação às obrigações solidárias, analise as seguintes afirmações:

I. Importará renúncia da solidariedade a propositura de ação pelo credor contra um ou alguns dos devedores, não demandando de imediato os demais.

II. A obrigação solidária pode ser pura e simples para um dos cocredores ou codevedores, e condicional, ou a prazo, ou pagável em lugar diferente, para o outro.

III. Se um dos credores solidários falecer deixando herdeiros, cada um destes só terá direito a exigir e receber a quota do crédito que corresponder ao seu quinhão hereditário, salvo se a obrigação for indivisível.

Está correto o que se afirma APENAS em

A) II e III.
B) I e III.
C) II.
D) I e II.
E) I.

➡ Veja arts. 266, 270 e 275, CC.

Comentário: As afirmações contidas em II e III estão corretas, de maneira que a alternativa certa fica sendo a letra A. Isso porque, na prática, a opção II simplesmente repete o texto da lei, mais especificamente do art. 266, do Código Civil. Já a assertiva III faz o mesmo, mas tendo como amparo legal o art. 270, do CC. Detalhando mais, significa que é admitida distinção no tratamento a credores e devedores solidários, não havendo comprometimento à solidariedade. Isso ocorre na medida em que se autoriza tratamento diferente em virtude de peculiaridades do devedor e do credor. Já em relação ao art. 270, o que cabe afirmar é que entre os credores que estão sucedendo ao credor solidário e os outros credores não se configura a solidariedade existente. Cada herdeiro poderá cobrar somente do devedor o que lhe couber. Já a exigência da integralidade da prestação só poderá ganhar luz se se tratar de prestação indivisível.

Da Solidariedade Ativa

Na solidariedade ativa poderão os múltiplos credores cobrar a dívida por inteiro do credor.

Devedor poderá pagar a qualquer credor antes de ter a dívida exigida

O direito do devedor de quitar a dívida com qualquer dos credores solidários termina no momento em que algum deles demandar contra o devedor comum. Após o ingresso do intento judicial, o devedor só poderá quitar àquele que demandou.

Pagamento parcial da dívida

A dívida paga parcialmente a apenas um dos credores extingue-se até o limite do pagamento.

Direito dos herdeiros à quota do crédito

No caso de obrigações divisíveis, poderão os herdeiros do credor falecido exigir o pagamento da obrigação nos limites do quinhão hereditário de cada um.

➥ Ver questão D4.

Solidariedade em casos de conversão para perdas e danos

A solidariedade ainda permanece, mesmo se a obrigação for convertida em perdas e danos (art. 402 do CC).

Responsabilidade perante os outros credores de dívida recebida ou remida

Se o credor, por ato de liberalidade, resolver perdoar a dívida ou então recebê-la, estará automaticamente obrigado a pagar aos outros credores solidários a quantia que correspondia ao quinhão de cada um.

Exceções pessoais do devedor

As exceções pessoais dizem respeito à pessoa do credor, portanto não é possível que estas ataquem a pessoa dos outros credores solidários.

Julgamento em casos de solidariedade

Por força da redação dada pela Lei n. 13.105/2015, o julgamento contrário a um dos credores solidários não atinge os demais, mas o julgamento favorável aproveita-lhes, sem prejuízo de exceção pessoal que o devedor tenha direito a invocar em relação a qualquer deles.

Da Solidariedade Passiva

Direito do credor de receber a dívida

A dívida que possuir pluralidade de devedores e um credor poderá ser cobrada por este em face de um, de alguns ou de todos os devedores, pela quantia total ou parcial. Se o pagamento realizado por um deles for parcial, o restante continuará solidário pelo restante do débito, assim como subsistirá a solidariedade se o credor propor ação contra um ou alguns dos devedores.

➥ Ver questões D2 e D4.

Obrigação dos herdeiros perante a dívida

Os herdeiros de um dos devedores solidários não serão obrigados a pagar a dívida deixada pelo falecido. A dívida só poderá ser cobrada nos limites da herança de cada um. No caso, deverá ser efetuada a reunião de todos os herdeiros para figurar como apenas um devedor solidário.

D5. (OAB/XXIV Exame de Ordem Unificado/FGV/2017) André, Mariana e Renata pegaram um automóvel emprestado com Flávio, comprometendo-se solidariamente a devolvê-lo em quinze dias. Ocorre que Renata, dirigindo acima do limite de velocidade, causou um acidente que levou à destruição total do veículo.

Assinale a opção que apresenta os direitos que Flávio tem diante dos três.

A) Pode exigir, de qualquer dos três, o equivalente pecuniário do carro, mais perdas e danos.

B) Pode exigir, de qualquer dos três, o equivalente pecuniário do carro, mas só pode exigir perdas e danos de Renata.

C) Pode exigir, de cada um dos três, um terço do equivalente pecuniário do carro e das perdas e danos.

D) Pode exigir, de cada um dos três, um terço do equivalente pecuniário do carro, mas só pode exigir perdas e danos de Renata.

➠ Veja art. 279, CC.

Comentário: Pela solidariedade passiva se tem a hipótese de existência de um conjunto de devedores que poderão ver o débito contra o todo sendo cobrado meramente de alguns deles, sem o respeito da quota-parte de cada um no débito. Vale dizer, a solidariedade (ativa ou passiva) não se presume, sendo produto do acordo entre as partes ou decorrente da lei (art. 265 do CC). Assim, Flávio – o credor – estabeleceu por meio do contrato a existência da solidariedade passiva entre os devedores André, Mariana e Renata, de tal sorte que o automóvel (ou o valor pecuniário que ele representa) poderia ser cobrado de qualquer dos três em caso de inadimplemento na devolução. Dito isso, o art. 279 do CC determina que, apesar de cada dos solidários ser responsável pelo todo da dívida, incumbirá ao causador de eventual dano as perdas e danos. Por isso a letra a ser assinalada é a B.

Remissão ou pagamento da dívida

A remissão ou o pagamento recebido ou efetuado por um dos devedores não se transmite aos outros, devendo descontar-se do valor total da dívida aquele valor pago pelo devedor remitido ou adimplente.

Consentimento dos devedores para estipularem cláusulas, condições ou obrigações adicionais

As condições adicionais que eventualmente forem pactuadas entre o credor e um dos devedores não poderão se estender aos outros devedores, caso tais condições venham a agravar a situação destes, porém tais condições são permitidas desde que acompanhadas do consentimento.

Impossibilidade da prestação por culpa de um dos devedores solidários

A obrigação de pagar o equivalente subsistirá a todos os devedores solidários, mesmo se a prestação se tornar impossível, porém o valor correspondente às perdas e danos só poderá ser cobrado daquele devedor que ocasionou a impossibilidade.

Responsabilidade pelos juros da mora

O pagamento dos juros decorrentes de mora também é solidário, obrigando a todos os devedores, porém se a causa da mora foi dada por apenas um, deverá este se responsabilizar perante os outros devedores.

Das exceções pelo devedor

As exceções pessoais que eventualmente um devedor oponha contra o credor não serão transmitidas aos demais, pois é da própria natureza do instituto o caráter pessoal da alegação oposta fundamentada em características peculiares àquele devedor/credor.

Renúncia da solidariedade pelo credor

A liberação do vínculo obrigacional de apenas um, alguns ou todos os devedores é faculdade do credor, é ato de liberalidade, não importando, portanto, a liberação dos demais devedores solidários.

D6. (OAB/XXVI Exame de Ordem Unificado/FGV/2018) Paula é credora de uma dívida de R$ 900.000,00 assumida solidariamente por Marcos, Vera, Teresa, Mirna, Júlio, Simone, Úrsula, Nestor e Pedro, em razão de mútuo que a todos aproveita. Antes do vencimento da dívida, Paula exonera Vera e Mirna da solidariedade, por serem amigas de longa data. Dois meses antes da data de vencimento, Júlio, em razão da perda de seu emprego, de onde provinha todo o sustento de sua família, cai em insolvência. Ultrapassada a data de vencimento, Paula decide cobrar a dívida.

Sobre a hipótese apresentada, assinale a afirmativa correta.

A) Vera e Mirna não podem ser exoneradas da solidariedade, eis que o nosso ordenamento jurídico não permite renunciar a solidariedade de somente alguns dos devedores.

B) Se Marcos for cobrado por Paula, deverá efetuar o pagamento integral da dívida e, posteriormente, poderá cobrar dos demais as suas quotas-partes. A parte de Júlio será rateada entre todos os devedores solidários, inclusive Vera e Mirna.

C) Se Simone for cobrada por Paula deverá efetuar o pagamento integral da dívida e, posteriormente, poderá cobrar dos demais as suas quotas-partes, inclusive Júlio.

D) Se Mirna for cobrada por Paula, deverá efetuar o pagamento integral da dívida e, posterior-mente, poderá cobrar as quotas-partes dos demais. A parte de Júlio será rateada entre todos os devedores solidários, com exceção de Vera.

➥ Veja arts. 282, 283 e 284, CC.

Comentário: A letra A está errada porque, a rigor, há, sim, a possibilidade de o credor liberar da solidariedade algum ou alguns dos devedores solidários, conforme o art. 282 do CC. A letra correta é a B, uma vez que, pela solidariedade ativa se tem o cenário em que o credor poderá cobrar a dívida integral de apenas um dos devedores, que poderá se insurgir de forma regressiva contra os demais, e aquele que cair em insolvência terá a sua parte coberta pelos demais, inclusive pelos insolventes, conforme os arts. 282 e 284 do CC. A letra C está errada porque Simone de fato poderia cobrar dos demais codevedores as suas respectivas quotas-partes, assim como preleciona o art. 283 do CC, mas ela não poderia cobrar do devedor insolvente, Júlio.

Direito do devedor de exigir as quotas dos insolventes

O devedor poderá pagar a dívida por completo e, dessa forma, poderá cobrar dos demais devedores o correspondente à sua quota-parte na dívida, e se entre os devedores houver algum que esteja insolvente, sua quota-parte será dividida igualmente entre os demais.

➥ Ver questão D6.

Responsabilidade dos exonerados da solidariedade perante a parte da dívida do insolvente

Os devedores exonerados da obrigação estarão obrigados a contribuir no rateio realizado, se um dos devedores for insolvente.

➠ Ver questão D6.

Dívida solidária de interesse exclusivo de um dos devedores

Se uma dívida solidária for do interesse exclusivo de apenas um dos devedores, como é o caso da fiança (arts. 818 a 839 do CC), e o outro quitar a dívida, o interessado será responsabilizado inteiramente pelo valor pago pelo não interessado.

DA TRANSMISSÃO DAS OBRIGAÇÕES

DA CESSÃO DE CRÉDITO

É o negócio jurídico pelo qual o credor (cedente) transfere a terceiro (cessionário), independentemente do consenso do devedor (cedido), os seus direitos creditórios. Pode-se dizer, portanto, que a cessão de crédito é um negócio jurídico bilateral, gratuito ou oneroso, pelo qual o credor de uma obrigação, chamado cedente, transfere, no todo ou em parte, a terceiro – cessionário –, independentemente do consenso do devedor (cedido) e sua posição na relação obrigacional, com todos os acessórios e garantias, salvo disposição em contrário, sem que se opere a extinção do vínculo obrigacional. Qualquer crédito poderá ser cedido, conste ou não de um título, esteja vencido ou por vencer, se a isto não se opuser: a natureza da obrigação; o ordenamento jurídico; e a convenção do devedor.

Dos acessórios na cessão de crédito

É mister analisar o que é acessório. O Código Civil de 2002 define o que seja acessório, em seu art. 92, como sendo todo bem cuja existência pressupõe a do bem principal (dos bens reciprocamente considerados, a lógica é a mesma para as obrigações, para os negócios jurídicos, as obrigações e os contratos). Portanto, não havendo disposição em contrário, será transmitido ao cessionário, além do direito à prestação principal, todos os acessórios do crédito, ou seja, os direitos pessoais e os reais de garantia, os direitos de preferência, a cláusula penal (art. 420 do CC) etc.

D7. (OAB/XIII Exame de Ordem Unificado/FGV/2014) A transmissibilidade de obrigações pode ser realizada por meio do ato denominado cessão, por meio da qual o credor transfere seus direitos na relação obrigacional a outrem, fazendo surgir as figuras jurídicas do cedente e do cessionário.
Constituída essa nova relação obrigacional, é correto afirmar que

A) os acessórios da obrigação principal são abrangidos na cessão de crédito, salvo disposição em contrário.

B) o cedente responde pela solvência do devedor, não se admitindo disposição em contrário.

C) a transmissão de um crédito que não tenha sido celebrada única e exclusivamente por instrumento público é ineficaz em relação a terceiros.

D) o devedor não pode opor ao cessionário as exceções que tinha contra o cedente no momento em que veio a ter conhecimento da cessão.

➠ Veja arts. 287, 288, 294 e 296, CC.

Comentário: A letra A, que está correta, é a que exatamente descreve o art. 287, do Código Civil, o qual afirma que "Salvo disposição em contrário, na cessão de um crédito abrangem-se todos os seus acessórios". Já a letra C, por exemplo, equivoca-se na medida em que admite apenas a celebração mediante instrumento público, o que não é verdade, uma vez que o art. 288 do CC absorve a possibilidade de existir a celebração também por instrumento particular, desde que revestido das solenidades apresentadas no art. 654, § 1º.

Exigência de instrumento público ou particular revestido das devidas solenidades

Em relação à forma da cessão de crédito, esta se configura como um negócio jurídico não solene ou consensual, por independer de forma determinada, bastando a simples declaração de vontade do cedente e do cessionário. A cessão somente valerá perante terceiros se contiver: a indicação do lugar onde foi passada; a qualificação do outorgante (cedente) e do outorgado (cessionário); a data e o objetivo da outorga, ou seja, da cessão com a designação e a extensão dos poderes conferidos, além de ser celebrada mediante instrumento público ou particular. É importante descrever as solenidades encontradas no art. 654, § 1º: "o instrumento particular deve conter a indicação do lugar onde foi passado, a qualificação do outorgante e do outorgado, a data e o objetivo da outorga com a designação e a extensão dos poderes conferidos".

➠ Ver questão D7.

Cessão de crédito imobiliário

A cessão de crédito garantida por hipoteca abrange a garantia e, por se tratar de crédito real imobiliário, é de toda conveniência para o cessionário que se proceda à averbação da cessão ao lado do registro da hipoteca. Portanto, para assegurar os direitos transferidos pela cessão, o cessionário tem o direito de fazer averbar a cessão no registro do local do imóvel.

Ciência do devedor acerca do crédito cedido

A **cessão do crédito** é a transferência, feita pelo credor, de seus direitos sobre um crédito a outra pessoa. Nesse caso específico, a cessão de crédito não tem eficácia em relação ao devedor, senão quando a este notificada; mas por notificado se tem o devedor que, em escrito público ou particular, se declarou ciente da cessão feita. A formalidade do registro de instrumento particular pode ser considerada, neste caso, quando o devedor for notificado e este se declarar ciente da cessão feita.

Diversas cessões do mesmo crédito

Ocorrendo pluralidade de cessões, cujo título representativo seja da essência do crédito, como se dá nas obrigações cambiais, o devedor deve pagar a quem se apresentar como portador do instrumento. Se de má-fé o cedente fizer a cessão do mesmo crédito, prevalecerá a cessão que tiver sido completada com a entrega do título referente ao crédito cedido.

Pagamento da obrigação ao credor primitivo

Não há prazo previsto em lei para a notificação da cessão ao devedor. Deverá ser feita antes do pagamento do débito, sob pena de ver o devedor exonerado da obrigação de pagar ao credor primitivo, de modo que o cessionário nenhuma ação terá contra o devedor não notificado, mas sim contra o cedente.

Atos conservatórios do direito cedido

O cessionário, tendo os mesmos direitos, com todos os seus acessórios, vantagens e ônus, do credor a quem substituiu na obrigação principal, portanto, independentemente do conhecimento da cessão pelo devedor, pode exercer os atos conservatórios do direito cedido.

Direito do devedor de opor ao cessionário

O devedor cedido não perderá, com a cessão do crédito, o direito de opor ao cessionário as exceções que lhe competirem e as que tinham contra o cedente no instante da notificação da cessão. Portanto, as defesas contra o cedente, que teria o devedor no momento em que veio a ter ciência da cessão, jamais ulteriores à notificação, poderão ser opostas ao credor primitivo e ao cessionário.

➥ Ver questão D7.

Cessão por título oneroso

Se o cedente cedeu onerosa ou gratuitamente, de má-fé, um título inexistente, nulo ou até mesmo anulável, deverá ressarcir todos os prejuízos causados. O cedente, independentemente de sua autonomia da vontade, assumirá a responsabilidade perante o cessionário pela existência do crédito ao tempo em que fora cedido o título. A má-fé opõe se à boa-fé, indicativa dos atos que se praticam sem maldade ou sem contravenção aos preceitos legais. Ao contrário, o que se faz contra a lei, sem justa causa, sem fundamento legal, com ciência disso, é feito de má-fé (art. 187 do CC).

Salvo estipulação em contrário, o cedente não responde pela solvência do devedor

O cedente, salvo estipulação em contrário, não responde pela solvência do devedor, pois, em regra, apenas assume uma obrigação de garantia e existência do crédito. No direito civil, a solvência exprime a boa situação econômica, em virtude de o devedor possuir haveres em valor superior ao montante de suas dívidas.

➥ Ver questão D7.

Obrigações do cedente responsável junto ao cessionário pela solvência do devedor

Enquanto na garantia de direito o cedente será responsável pelo valor da dívida cedida, na chamada garantia de fato, denominação usada para se referir à responsabilidade do cedente pela solvência do devedor, aquele somente responderá pelo que recebeu do cessionário e não pelo total da dívida cedida. A responsabilidade do cedente pela solvência do devedor não poderá ir além do montante que o cessionário recebeu no tempo da cessão.

Penhora do crédito e impossibilidade de cessão

A penhora, como garantia real (art. 1.419 do CC), vincula o crédito ao pagamento do débito do exequente, portanto, uma vez penhorado, não pode mais ser transferido pelo credor de boa-fé. Caso o devedor não tenha sido notificado da penhora e vier a pagar a dívida ao credor primitivo, liberar-se-á do vínculo obrigacional, subsistindo contra o credor os direitos de terceiro.

Cessão de débito ou assunção de dívida

É o negócio jurídico pelo qual o devedor, com a anuência expressa do credor, transfere a terceiro os encargos obrigacionais, o qual substitui o devedor. A cessão de débito, também conhecida como assunção de dívida, é um negócio jurídico bilateral onde o devedor, com o consentimento expresso do credor, transfere a terceiros os encargos obrigacionais. Diferentemente da cessão de crédito, o consentimento na assunção de dívida deve ser dado pelo credor. Deve ser estipulado prazo ao credor para que dê o consentimento, essencial para a validade desse negócio jurídico (art. 104, III, primeira parte do CC, que dispõe: "a validade do negócio jurídico requer: [...] III – forma prescrita ou não defesa em lei"), interpretando-se seu silêncio como recusa.

Extinção das garantias

Consideram-se extintas a partir da assunção de dívida as garantias especiais originariamente dadas ao credor, com exceção do assentimento expresso do devedor primitivo. As chamadas garantias especiais dadas pelo devedor primitivo ao credor, vale dizer, são aquelas garantias que não são da essência da dívida e que foram prestadas em atenção à pessoa do devedor. Exemplo: fiança, aval etc.

Anulação da substituição do devedor

No caso de anulação da substituição do devedor, restaura-se o débito, com todas as suas garantias, exceto as garantias prestadas por terceiros, salvo se este conhecia o vício que maculava a obrigação. Portanto, se o contrato de assunção vier a ser anulado, ocorre o renascimento da obrigação para o devedor originário, com todos os seus privilégios e garantias, salvo as que tiverem sido prestadas por terceiro.

Das exceções pessoais do devedor

O novo devedor não pode opor ao credor as defesas pessoais (incapacidade, vício de consentimento etc.) que competiam ao devedor primitivo. Essa faculdade, portanto, somente poderá ser oposta pelo devedor primitivo.

Pagamento do crédito de imóvel hipotecado

O adquirente de imóvel hipotecado pode assumir o pagamento do crédito garantido, se o credor notificado da assunção de dívida pelo adquirente do imóvel gravado não vier a impugná-la dentro de trinta dias. Sua inércia, no escamento desse prazo, deverá ser entendida como se aquele assentimento tivesse sido dado. Trata-se da aceitação tácita do credor hipotecado.

DO ADIMPLEMENTO E EXTINÇÃO DAS OBRIGAÇÕES

DO PAGAMENTO

De Quem Deve Pagar

Pagamento

É a execução voluntária e exata, por parte do devedor, da prestação devida ao credor, no tempo, forma e lugar previstos no título constitutivo.

Solvens. Se a obrigação não for *intuitu personae*, será indiferente ao credor a pessoa que solver a prestação – o próprio devedor ou outra por ele –, pois o que lhe importa é o pagamento, já que a obrigação se extinguirá com o adimplemento. A pessoa que deve pagar será qualquer interessado juridicamente no cumprimento da obrigação, como o próprio devedor, o fiador, o coobrigado, o herdeiro, outro credor do devedor, o adquirente do imóvel hipotecado e, enfim, todos os que indiretamente fazem parte do vínculo obrigacional, hipótese em que, se pagarem o débito, sub-rogar-se-ão em todos os direitos creditórios. Até mesmo terceiro não interessado poderá pagar o débito, em nome e por conta do devedor.

D8. (Juiz do Trabalho/TRT-2ª R./SP/Vunesp/2014) Em relação ao pagamento, aponte a alternativa correta:

A) O interessado somente pode pagar a dívida se o credor assentir.

B) O terceiro não interessado em hipótese alguma poderá fazer o pagamento.

C) A eficácia do pagamento independe da transmissão da propriedade.

D) Só é válido o pagamento feito ao credor diretamente, não sendo lícita a representação.

E) Aquele que possui o recibo devidamente assinado pelo credor presume-se autorizado a receber o pagamento, ficando liberado o devedor.

➡ Veja arts. 304, 305, 307, 308 e 311, CC.

Comentário: Fica eleita a alternativa E para responder à questão. O art. 311, do CC, é claro ao dispor que se considera "autorizado a receber o pagamento o portador da quitação, salvo se as circunstâncias contrariarem a presunção daí resultante".

Como exemplo de erro no olhar da questão, a alternativa A não é feliz, pois não consagra as hipóteses em que o interessado pode pagar a dívida do devedor, ainda que esse se oponha, usando para tanto os meios conducentes à exoneração do devedor. E a mesma linha de raciocínio é usada para rechaçar a alternativa seguinte, a B, quando esta categoricamente afirma não ser possível ao interessado pagar a dívida do devedor.

D9. (OAB/XXXI Exame de Ordem Unificado/FGV/2020) Jacira mora em um apartamento alugado, sendo a locação garantida por fiança prestada por seu pai, José. Certa vez, Jacira conversava com sua irmã Laura acerca de suas dificuldades financeiras, e declarou que temia não ser capaz de pagar o próximo aluguel do imóvel. Compadecida da situação da irmã, Laura procurou o locador do imóvel e, na data de vencimento do aluguel, pagou, em nome próprio, o valor devido por Jacira, sem oposição desta.

Nesse cenário, em relação ao débito do aluguel daquele mês, assinale a afirmativa correta.

A) Laura, como terceira interessada, sub-rogou-se em todos os direitos que o locador tinha em face de Jacira, inclusive a garantia fidejussória.

B) Laura, como terceira não interessada, tem apenas direito de regresso em face de Jacira.

C) Laura, como devedora solidária, sub-rogou-se nos direitos que o locador tinha em face de Jacira, mas não quanto à garantia fidejussória.

D) Laura, tendo realizado mera liberalidade, não tem qualquer direito em face de Jacira.

➡ Veja art. 305, CC.

Comentário: A resposta B está certa. Conforme o art. 305 do Código Civil, o terceiro não interessado, que paga a dívida em seu próprio nome, tem direito a reembolsar-se do que pagar; mas não se sub-roga nos direitos do credor. A letra A está errada ao já fazer constar que Laura seria uma terceira interessada. A figura do terceiro interessado materializa o caso da pessoa que tem vínculo direto com a obrigação mesmo não sendo o devedor, mas sendo alguém que sofre as consequências de eventual inadimplemento por parte do devedor. No caso, Laura representa uma terceira não interessada, porque, caso a devedora não adimplisse a obrigação, Laura não sofreria as consequências pela falta de pagamento, mas sim o fiador, José. A letra C está completamente equivocada, já que a solidariedade não é presumida, mas sim definida por lei ou por contrato. No caso, Laura não é devedora. A letra D está errada porque Laura, ao pagar em nome próprio e não em nome da devedora Jacira, tem sim direito ao reembolso, conforme o art. 305 do Código Civil.

Direito do terceiro de ser reembolsado por aquilo que pagou

Como é proibido por lei o locupletamento à custa alheia, a lei exige que o terceiro que pagou a dívida ingresse com uma ação *in rem verso*. Ação *in rem verso* é a denominação que também se dá à ação de repetição do indébito. Dessa forma, o *in rem verso*, por seu sentido obrigatório, quer exprimir o que é feito por uma pessoa em benefício ou proveito de outrem. O parágrafo único dispõe que caso pague a dívida antes de vencida, o terceiro não interessado, somente terá direito ao reembolso no vencimento. Terceiro não interessado será toda pessoa que não tenha qualquer ligação, ou que não seja afetada, sob qualquer aspecto, pelo ato jurídico, ou pela ação judicial, de que outros participem.

➥ Ver questões D8 e D9.

Pagamento por terceiro, com desconhecimento ou oposição do devedor

O pagamento feito por terceiro com desconhecimento ou oposição do devedor não obriga a reembolsar aquele que pagou, se o devedor tinha meios para refutar a ação. Se o terceiro interessado ou não efetuou o pagamento com o desconhecimento ou contra a vontade do devedor, não poderá obter reembolso se o devedor possuía meios para ilidir a ação do credor na cobrança da dívida.

Eficácia do pagamento que importe em transmissão de propriedade

Somente terá eficácia o pagamento que importar transmissão de propriedade, seja bem imóvel ou móvel, quando feito pelo dono titular do direito real. O credor ficará isento da obrigação de restituir pagamento de coisa fungível, se estiver de boa-fé e se já a consumiu. No caso de o devedor alienar o bem sem ser o seu verdadeiro proprietário, este poderá entrar com ação contra o devedor. Porém, se o bem não chegar a ser consumido, o seu titular poderá reivindicá-lo do credor.

➥ Ver questão D8.

Daqueles a Quem se Deve Pagar

De quem deve receber

O pagamento deverá ser feito ao credor, ao cocredor ou a quem de direito o represente, sob pena de só valer depois de por ele ratificado, ou tanto quanto reverter em seu proveito. Caso o pagamento não seja feito ao credor ou a seu legítimo representante, será inválido e não terá força liberatória.

➥ Ver questão D8.

Credor putativo

É aquele que se apresenta aos olhos de todos como sendo o verdadeiro credor, embora não seja. Portanto, o pagamento feito de boa-fé, ou seja, o pagamento feito pelo devedor que acredita piamente que o credor putativo seja o verdadeiro credor, é válido. Portanto, para que o pagamento feito ao credor putativo tenha validade, serão necessários os seguintes requisitos: a boa-fé do devedor, escusabilidade ou reconhecibilidade de seu erro, uma vez que agiu com cautela.

Pagamento feito ao incapaz de dar quitação

No caso de o devedor, cientemente, pagar a credor incapaz de quitar, sem este estar logicamente representado ou assistido, o pagamento poderá ser nulo ou anulável, dependendo da pessoa que recebeu o pagamento absoluta ou relativamente incapaz (arts. 3º e 4º do CC); portanto, para existir a validade do pagamento, o devedor precisará provar que o pagamento se reverteu em benefício do credor (art. 181 do CC).

O devedor poderá pagar para alguém que se apresente a ele com o título que deverá ser entregue como quitação, havendo a presunção *iuris tantum*, a qual se remete ao mandato tácito, ou seja, de que essa pessoa está autorizada pelo credor a receber o pagamento da prestação e lhe entregar a quitação. Entretanto, o devedor poderá se recusar a pagar o terceiro, exigindo prova de autenticidade, já que este pode agir de má-fé, pois se pagar mal, o devedor deverá pagar novamente ao credor, e provando a má-fé terá o direito regressivo contra o terceiro mais perdas e danos.

➠ Ver questão D8.

Do pagamento feito a pessoa errada

Existe um ditado popular, muito utilizado pela Professora Maria Helena Diniz, em que se diz: "quem paga mal paga duas vezes". É o caso do art. 312. Se o devedor pagar a credor impedido legalmente de receber, por estar seu crédito penhorado ou impugnado, deverá pagar novamente. O devedor nesse caso terá direito regressivo contra o credor.

Do Objeto do Pagamento e sua Prova

Pagamento em prestação diversa do que é devido

A obrigação possui como princípio fundamental o de que o credor não poderá ser obrigado a receber prestação diversa da que lhe é devida, ainda que mais valiosa. O devedor, para extinguir a obrigação, deve entregar exatamente o objeto ou a prestação pactuada.

Pode ocorrer que o credor aceite a prestação ou o objeto diverso daquele devido; com isso, ocorrerá uma forma de pagamento indireto, chamado dação em pagamento, encontrada no art. 356 do CC: "O credor pode consentir em receber prestação diversa da que lhe é devida". Desse modo, dação em pagamento será um acordo liberatório, em que o credor recebe uma prestação diversa da convencionada.

Objeto do pagamento

A prova do pagamento será aquilo firmado entre as partes, e quando paga a dívida, o devedor tem direito de receber sua prova de pagamento (quitação regular), com a finalidade de exonerar o devedor do vínculo obrigacional.

Obrigação divisível

É aquela em que a prestação é suscetível de cumprimento parcial, sem prejuízo de sua substância e valor. O art. 315 dispõe que no caso do não ajuste da possibilidade de pagamento parcelado, o devedor não pode pagar e o credor não pode receber prestação divisível.

Dívidas em dinheiro

As obrigações que têm por objeto uma prestação de dinheiro são chamadas de obrigações pecuniárias, por terem em vista proporcionar ao credor o valor nominal que as respectivas espécies possuam como tais.

O pagamento da obrigação pecuniária será efetuado em dinheiro no vencimento, em moeda corrente, ou seja, em real pelo valor descrito nominalmente, e no lugar estipulado para o cumprimento da ação.

Licitude do aumento progressivo das prestações sucessivas

O aumento progressivo de prestações sucessivas é lícito, desde que contenha a cláusula de atualização de valores monetários, a qual é fundada em uma revisão, por uma das partes, tendo como parâmetro a desvalorização da moeda. Vale lembrar que esse aumento progressivo deverá sempre respeitar os limites da autonomia da vontade (art. 421 do CC): equilíbrio contratual, boa-fé objetiva (art. 422 do CC), a função social do contrato (art. 421 do CC) e o próprio ordenamento jurídico.

Desproporção entre o montante devido e o do momento de sua execução

O art. 317 trata de correção judicial do contrato. Portanto, no caso de desproporção manifesta, causada por motivo imprevisível, entre o valor da prestação devida e o do momento de sua execução, poderá o magistrado corrigi-lo, mas sempre a pedido da parte, de modo que assegure o equilíbrio contratual, não trazendo perda patrimonial para uma parte e enriquecimento ilícito para outra.

Nulas as convenções de pagamento em ouro ou em moeda estrangeira, excetuados os casos previstos na legislação especial

As cláusulas que estipularem pagamento em ouro ou em moeda estrangeira serão nulas, igualmente aquelas que compensarem a diferença entre o valor da moeda nacional e o da estrangeira. O art. 2º do Decreto-lei n. 857/69 excetua os casos em que é possível efetuar o pagamento em moeda estrangeira. São os casos, por exemplo, do contrato de exportação e importação de mercadorias e do contrato de compra e venda de câmbio. O art. 318 tem em vista as experiências inflacionárias sofridas pelo país há vários anos, objetivando proteger o patrimônio e evitar o enriquecimento ilícito, ou melhor, o empobrecimento populacional.

Quitação

É a declaração documentada em que o credor ou seu representante reconhece ter recebido o pagamento de seu crédito, exonerando o devedor da obrigação. Com a quitação nas mãos do devedor, presume-se que foi extinta a obrigação. Portanto, é direito do devedor receber a quitação no ato do pagamento. Vale ressaltar que atualmente muitos julgados já aceitam a quitação dada por meios eletrônicos ou por qualquer forma de comunicação a distância.

Da quitação e seu conteúdo

A declaração deverá conter os seguintes elementos: valor; espécie da dívida quitada; o nome do devedor, ou quem por este pagou; o tempo e o lugar do pagamento; a assinatura do credor ou do seu representante. Mesmo que a quitação não contenha esses requisitos, terá validade, desde que se comprove o pagamento do débito, isso porque esses requisitos não são elementos de validade da quitação.

➠ Ver questão D9.

Quitação dada pela devolução do título

Se o credor perder o título, poderá o devedor exigir que ele faça uma declaração se comprometendo a não utilizar o título desaparecido ou extraviado. Caso o credor não queira entregar ou fazer tal documento, o devedor poderá reter o pagamento até receber essa declaração. Portanto, essa declaração é de suma importância, já que se declara a extinção de uma parcela da obrigação principal ou da própria obrigação.

Pagamento em quotas periódicas

Nas obrigações de prestação sucessiva e no pagamento em quotas periódicas, o cumprimento da última pressupõe o das anteriores também (presunção *iuris tantum*), pois o pagamento da última extingue a relação obrigacional. Não há esse tipo de presunção quando o pagamento for feito por boleto bancário, já que neste caso o credor recebe pelo banco e este não controla se houve ou não o cumprimento das obrigações anteriores.

Quitação do capital sem reserva dos juros

No caso de o credor dar quitação do capital sem reserva de juros, existe a presunção *iuris tantum* de que houve o pagamento do débito. Note-se que a reserva de juros é acessória à principal; portanto, havendo quitação, presume-se que fora tudo pago, já que abrange também os juros.

Presunção de pagamento

Quando se tratar de débitos certificados por um título de crédito – como a nota promissória, o título de câmbio, entre outros –, a quitação poderá ser conferida pela devolução do título, visto que o credor não poderá cobrar o devedor quando este estiver com os títulos em seu poder, exceto se o credor provar que o devedor o adquiriu ilicitamente. Portanto, essa presunção de que houve o pagamento e que o título se encontra nas mãos do devedor será *juris tantum*, pois se o credor conseguir provar dentro do prazo decadencial de 60 dias que não existiu pagamento, a quitação ficará sem efeito.

Despesas com o pagamento e a quitação a cargo do devedor

O credor tem direito a receber sua prestação livre de qualquer encargo ou gravame que limite seu direito. Por esse motivo, as despesas com o pagamento e a quitação, salvo estipulação em contrário, serão suportadas pelo devedor. Portanto, não pode o credor receber seu pagamento com algum dispêndio que traga prejuízos ou restrinja seus direitos.

Do pagamento em medida ou peso

O art. 326 prevê o caso em que a obrigação tem por objeto uma coisa que se deva medir, ou pesar, e que quando não houver nenhuma manifestação do credor ou devedor, presumir-se-á que eles aceitaram a adoção da medida do lugar da execução do contrato. A arroba é um exemplo claro, pois em determinados lugares corresponde a 12 quilos e em outros a 15 quilos.

Do Lugar do Pagamento

Contratos escritos

Pode-se convencionar, tendo em vista a autonomia da vontade (art. 421 do CC), o lugar do pagamento. Caso não esteja convencionado, o pagamento deverá ser efetuado no domicílio do devedor. Caso tenha sido designado dois ou mais lugares, o credor elegerá um deles para receber o pagamento.

Lugar do pagamento

É o lugar onde deve ser realizado o pagamento. A regra geral é a de que o pagamento deva ser realizado no domicílio do devedor, a fim de se lhe evitar maiores despesas (dívida quesível ou *quérable*). Entretanto, podem as partes estipular que o pagamento seja feito no domicílio do credor (dívida portável ou *portable*). Mas, em certas circunstâncias, a lei estipulará o lugar do pagamento.

Tradição de um bem imóvel

O art. 328 do Código Civil segue a mesma linha do art. 341 deste diploma em que: "se a coisa devida for imóvel ou corpo certo que deva ser entregue no mesmo lugar onde está, poderá o devedor citar o credor para vir ou mandar recebê-la, sob pena de ser depositada". Em suma, se o pagamento consistir na tradição de um imóvel ou em prestações relativas a imóvel, o cumprimento da obrigação se dará no lugar onde situado o bem.

Possibilidade de realizar o pagamento em local diferente

Caso ocorra algum motivo grave (doença, calamidade pública, enchente, queda de ponte etc.) que impeça o cumprimento da obrigação no local estipulado pelo negócio jurídico, o devedor poderá, a fim de evitar a mora, efetuar o pagamento em local diverso do convencionado, desde que não prejudique o credor e assuma todas as despesas. Entretanto, se a dívida for portável e, por motivos graves, o pagamento não possa ser realizado no domicílio do credor, o devedor deverá depositar em juízo ou enviar o pagamento pelo correio, para não suportar as consequências da mora e não causar prejuízo ao credor.

Renúncia do credor ao local de pagamento previsto no contrato

Caso o devedor venha efetuar, reiteradamente, o pagamento da prestação em outro lugar, diferente daquele convencionado pelas partes no negócio jurídico, haverá a presunção *juris tantum* de que o credor renunciou ao local do cumprimento da obrigação, fundamentando-se no princípio da boa-fé objetiva e subjetiva e na ideia de *supressio* e de *surrectio*.

A *supressio* consiste na limitação do direito subjetivo, sem contrariar a boa-fé, por causa da inércia de uma das partes em exercer o seu direito. É o caso de o credor perder o seu direito do local do pagamento, surgindo para a outra parte o direito subjetivo não pactuado, isto é, o devedor tem o direito de efetuar o pagamento diferentemente do estipulado no negócio jurídico, ou seja, a *surrectio*.

Do Tempo do Pagamento

Direito de exigir imediatamente o pagamento

O princípio da satisfação imediata estrutura o art. 331. Já que se as partes não vieram a ajustar uma determinada data para o pagamento da dívida, poderá o credor exigi-la imediatamente. O princípio da satisfação imediata é afastado pela própria natureza da obrigação; portanto, as partes devem estabelecer um novo prazo, já que ninguém poderá exigir imediatamente a obrigação de dar algo que não está ao seu alcance.

Obrigações condicionais

A condição sempre irá submeter à obrigação a evento futuro e incerto; portanto, a obrigação condicional será aquela que, para existir, o vínculo dependerá da futuridade e da incerteza. Para tanto, esta será cumprida apenas na data do implemento da condição, cabendo ao credor a prova de que deste teve ciência o devedor. Portanto, o credor só poderá exigir o cumprimento da obrigação, quando o devedor tiver o conhecimento do implemento da obrigação.

D10. (Juiz Federal Substituto/2ª R./Cespe-UnB/2013) Assinale a opção correta com base no Código Civil.

A) É impenhorável o único imóvel residencial do devedor que esteja locado a terceiros, desde que a renda obtida com a locação seja revertida para a subsistência ou a moradia da sua família.

B) A prova exclusivamente testemunhal só se admite nos negócios jurídicos cujo valor não ultrapasse vinte vezes o maior salário mínimo vigente no país ao tempo em que esses negócios tenham sido celebrados.

C) A novação feita sem o consenso do fiador com o devedor principal não importa na exoneração daquele do encargo.

D) Os prazos de favor obstam a compensação.

E) No caso de pagamento em quotas periódicas, a quitação da última implica presunção absoluta de estarem solvidas as cotas anteriores.

➠ Veja arts. 332, 336 e 372, CC; Súmula n. 486, STJ.

Comentário: O contido na letra A é autoexplicativo e repete por completo o texto da Súmula n. 486, do Superior Tribunal de Justiça.

Casos em que a dívida poderá ser cobrada antes do prazo ajustado

Ao credor assistirá o direito de cobrar a dívida antes de vencido o prazo estipulado no contrato (autonomia da vontade – art. 421 do CC) ou por norma (ordenamento jurídico – *vide* art. 59 da CF), nos casos descritos nos incisos do art. 333. Não obstante, se houver, na dívida, solidariedade passiva, o vencimento antecipado somente atingirá o codevedor que se enquadrar nos casos antes citados, não se estendendo aos demais codevedores.

DO PAGAMENTO EM CONSIGNAÇÃO

Depósito judicial ou em estabelecimento bancário

O conceito deste modo de pagamento indireto está expresso no próprio art. 334; portanto, o pagamento em consignação consiste no depósito judicial, chamado de consignação judicial, ou em estabelecimento bancário, denominado de consignação extrajudicial, da coisa devida, por meio da ação de consignação. A consignação tem como finalidade exonerar o devedor da relação obrigacional, que se encontra em mora do credor.

Hipóteses de consignação

As hipóteses legais que autorizam a propositura da ação de consignação são:

a) houver mora *accipiendi*;

b) o credor for incapaz de receber, por sofrer alguma doença mental e não tiver nomeado curador; for desconhecido; for declarado ausente; ou residir em local incerto ou de difícil acesso;

c) ocorrer dúvida sobre quem seja o legítimo credor; e

d) pender litígio sobre o objeto do pagamento.

D11. (OAB/XIV Exame de Ordem Unificado/FGV/2014) João é locatário de um imóvel residencial de propriedade de Marcela, pagando mensalmente o aluguel por meio da entrega pessoal da quantia ajustada. O locatário tomou ciência do recente falecimento de Marcela ao ler "comunicação de falecimento" publicada pelos filhos maiores e capazes de Marcela, em jornal de grande circulação.

Marcela, à época do falecimento, era viúva. Aproximando-se o dia de vencimento da obrigação contratual, João pretende quitar o valor ajustado. Todavia, não sabe a quem pagar e sequer tem conhecimento sobre a existência de inventário.

De acordo com os dispositivos que regem as regras de pagamento, assinale a afirmativa correta.

A) João estará desobrigado do pagamento do aluguel desde a data do falecimento de Marcela.

B) João deverá proceder à imputação do pagamento, em sua integralidade, a qualquer dos filhos de Marcela, visto que são seus herdeiros.

C) João estará autorizado a consignar em pagamento o valor do aluguel aos filhos de Marcela.

D) João deverá utilizar-se da dação em pagamento para adimplir a obrigação junto aos filhos maiores de Marcela, estando estes obrigados a aceitar.

➥ Veja art. 335, IV, CC.

Comentário: Se o devedor, sabedor de sua obrigação de realizar pagamento não souber a quem o fazer, tendo em vista dificuldade na identificação do credor, conforme o art. 334, do CC, terá extinta a sua obrigação se fizer o pagamento na modalidade de "depósito judicial ou em estabelecimento bancário da coisa devida, nos casos e forma legais".

Aqui, portanto, como ocorreu dúvida sobre a quem João deveria pagar, pode ele realizar o pagamento a partir do pagamento em consignação, conforme o art. 335, IV.

Para que a consignação tenha força de pagamento

Será necessário reunir as condições subjetivas (arts. 304 a 312 do CC) e objetivas (arts. 233, 244, 313 a 315, 318 a 320 do CC). A consignação deverá ser livre, completa e real.

➥ Ver questão D10.

Do local para ser consignado

A oferta do depósito deverá ocorrer no local convencionado para o pagamento; feito o depósito, o devedor estará liberado da obrigação, exceto se for a ação de consignação julgada improcedente, porque, nessa hipótese, não houve pagamento.

Levantamento do depósito consignado pelo devedor

A consignação é caracterizada como modo extintivo da obrigação, em que possibilita ao devedor exonerar-se do liame obrigacional, não sofrendo as consequências da inadimplência. No caso de consignação extrajudicial, o credor será notificado do depósito bancário e terá um prazo de dez dias para impugná-lo, ficando o devedor sujeito a exoneração. Na hipótese de o credor aceitar a consignação, a quantia não poderá mais ser levantada pelo devedor; este só poderá solicitar o levantamento do depósito se houver recusa do credor. Já no caso de consignação judicial, o depositante, apenas no curso da ação de consignação, poderá requerer o levantamento do depósito, desde que este não tenha sido aceito ou impugnado, e ainda deverá custear todas as despesas processuais da ação.

Se o depósito judicial for julgado procedente, o devedor não poderá mais levantá-lo, mesmo com o consentimento do credor. Porém, existe uma exceção para os casos de obrigações solidárias ou indivisíveis: quando houver acordo entre os outros devedores e fiadores a fim de estes resguardarem seus direitos. Por conseguinte, o credor só poderá consentir o levantamento se houver anuência de todos, acatando ao princípio da autonomia de vontade.

Efeitos do consentimento do credor para com a consignação

Caso o credor, depois de contestar a lide ou aceitar o depósito, consinta no levantamento, os codevedores e fiadores têm direito a serem ouvidos. Se não o forem ou se discordarem, ficam então desobrigados. É importante ressaltar que a obrigação não se extingue, permanecendo vinculado o consignante, mas, em sobre a coisa consignada, perde o credor os direitos e garantias.

Consignação de coisa imóvel

Uma vez que a coisa devida for imóvel ou de corpo certo que precise ser entregue no lugar onde está localizada (por exemplo, uma casa), o devedor poderá citar o credor para vir ou mandar recebê-la, sob pena de ser depositada e, com isso, o devedor estará isento de qualquer responsabilidade. No caso de o credor não aparecer no local determinado para receber a coisa, o devedor poderá providenciar a consignação da prestação no local em que se encontra a coisa, para que possa se exonerar da obrigação.

Depósito de coisa indeterminada

Quando a escolha da coisa indeterminada competir ao credor, este deverá ser citado a fazê-la, sob pena de perder o direito de escolha, que passará a ser do devedor, além de ver depositada a coisa escolhida pelo devedor. Uma vez escolhida a coisa pelo devedor, ela se torna certa (art. 244 do CC) e deverá ser entregue no local onde está situada, citando o credor mais uma vez, agora para recebê-la, e este não acatando a citação, terá a coisa depositada pelo devedor.

Das despesas referentes a consignação

Quando efetuado o depósito, as despesas judiciais (guarda, conservação, honorários advocatícios etc.) caberão ao credor se o magistrado o julgar procedente, e ao devedor se improcedente.

Consignação de coisa litigiosa

Se ocorrer litígio sobre a coisa e não estiver esclarecido a quem caiba o recebimento, será caso de consignação. Todavia, caso o devedor não promova a consignação, assume então os riscos da escolha que faça da pessoa a quem pagar, dependendo do êxito da demanda. Caso o vencedor seja terceiro, ficará o devedor obrigado a pagar ao verdadeiro credor que venceu a demanda, tendo o direito de pedir a devolução do que pagou antes da decisão da ação ao litigante vencido.

Requerimento da consignação em caso de dívida vencida

Como a ação de consignação é privativa do devedor para liberar-se do débito, caso a dívida vença e não haja depósito feito pelo próprio devedor, qualquer um dos credores estará autorizado a receber a consignação. Dessa forma, estará garantido o direito de receber a satisfação do crédito, sendo o devedor exonerado de tal obrigação, não importando qual dos credores seja reconhecido como detentor legítimo do direito creditório.

DO PAGAMENTO COM SUB-ROGAÇÃO

Definição de sub-rogação

Pagamento decorrente da sub-rogação pessoal ou subjetiva, em que há substituição, nos direitos creditórios, daquele que solveu obrigação alheia ou emprestou quantia necessária para o pagamento que satisfez o credor. Efetivado o pagamento por terceiro, o credor ficará satisfeito e não mais terá o poder de reclamar do devedor o inadimplemento da obrigação. No entanto, o pagamento com sub-rogação não é liberatório para o devedor. Este terá um vínculo com o terceiro que solveu a dívida e tornou-se o novo credor da relação obrigacional.

Sub-rogação convencional

A sub-rogação é convencional quando: (i) o credor recebe o pagamento de terceiro e expressamente lhe transfere todos os seus direitos e (ii) terceira pessoa empresta ao devedor a quantia precisa para solver a dívida, sob a condição expressa de ficar o mutuante sub-rogado nos direitos do credor primitivo.

A sub-rogação convencional é similar à cessão de crédito pelo fato de as duas terem uma alteração subjetiva da obrigação, porém não podem ser confundidas, mesmo sendo regidas pelas mesmas normas e princípios dos arts. 286 a 298 do CC, pois enquanto a cessão de crédito consiste na vontade do credor em transferir os direitos creditórios, não importando o pagamento, a sub-rogação requer o pagamento, independentemente, da vontade do credor de transferir a titularidade do crédito.

Transferência de todos os direitos, ações, privilégios e garantias

Dois são os efeitos produzidos pela sub-rogação legal ou convencional. O primeiro deles é o liberatório, uma vez que exonera o devedor perante o credor primitivo. Porém também possui um efeito não liberatório, pois o devedor permanece vinculado com o novo credor. O outro efeito é o translativo, porque a sub-rogação tem por efeito transferir, para a pessoa do sub-rogado, todas as ações, privilégios e garantias do primitivo credor relacionadas à dívida, em face do devedor principal e seus fiadores.

Sub-rogação legal

Os direitos do sub-rogatário têm limite na soma que tiver despendido para desobrigar o devedor e terá contra este e seus fiadores ação na medida do que tiver efetivamente pago. Vale ressaltar que, além do direito limitado à quantia desembolsada e seus acessórios, beneficia-se também o credor sub-rogado dos juros após a sub-rogação.

Sub-rogação parcial

Quando ocorre sub-rogação parcial, ou seja, quando terceiro solve parcialmente a dívida, surge um conflito de preferências: se compete a garantia de se pagar pelos bens do devedor ao antigo credor ou ao sub-rogado parcial. A solução está na lei, que prescreve que terá preferência o antigo credor, pelo remanescente do seu crédito, já que o sub-rogatário não tem um direito a ele oponível.

DA IMPUTAÇÃO DO PAGAMENTO

É a faculdade de escolher, dentre várias prestações de coisa/bem fungível, devidas ao mesmo credor, pelo mesmo devedor, qual dos débitos satisfará.

Imputação do pagamento pelo credor

A imputação do pagamento pelo credor terá efeito quando o devedor não indicar o débito e se o credor, ao efetuar o resgate do depósito, quitá-lo no instante do pagamento. O devedor só poderá impugnar judicialmente a quitação no caso de o credor ter agido com violência ou dolo.

Da preferência dos juros na imputação do pagamento

Se o débito for de capital e juros, imputar-se-á o pagamento primeiramente nos juros vencidos para, depois, imputar-se no capital. Essa regra só será excepcionada se houver estipulação em contrário, que será respeitada em razão da soberana vontade das partes. Todavia, se o credor vier a passar a quitação por conta do capital, permanece subsistindo os juros, porque a imputação nos juros lhe seria mais favorável e, se quitou o capital no todo ou em parte, não pode recuar para exonerar o devedor.

Da imputação predefinida pela lei

Se o devedor não escolher a dívida em que quer imputar o pagamento e se o credor, no ato da quitação, não usar o seu direito de indicar onde o imputará, a lei supre tal brecha, ordenando que a imputação seja feita nas dívidas líquidas e vencidas em primeiro lugar. Agora, caso todas as dívidas forem líquidas e vencidas ao mesmo tempo, a imputação será feita na mais onerosa.

DA DAÇÃO EM PAGAMENTO

Pagamento diverso do que lhe é devido

Ocorre dação em pagamento quando o devedor entrega em pagamento ao seu credor, e com sua anuência, prestação de natureza diversa da que lhe era devida. É um acordo liberatório, feito entre credor e devedor, onde há entrega de uma prestação por outra para solver a dívida, sem que haja substituição da obrigação por uma nova.

No caso de dação em forma de dinheiro, ajustar-se-ão as normas do contrato de compra e venda

Na dação em pagamento, a prestação em dinheiro é substituída pela entrega de um objeto, ou seja, o credor não recebe por preço certo e determinado. Entretanto, se o preço da coisa for especificado, e cuja propriedade e posse forem transferidas ao credor, o negócio será regido pelas normas de compra e venda.

Dação em título de crédito

Caso a coisa dada em dação de pagamento for título de crédito, a transferência importará em cessão, portanto o cedido (devedor) deverá ser notificado (art. 290 do CC), permanecendo o *solvens* (cedente) responsável pela existência do crédito transmitido e não pela solvência do devedor referente ao título que o cessionário (terceiro) aceitou.

Evicção

É a perda total ou parcial de uma coisa, em virtude de sentença que a atribui a terceiro, que não o alienante ou o adquirente. Conforme previsto em lei, a evicção da coisa recebida pelo credor anula a quitação dada, fazendo com que se restabeleça a obrigação primitiva com todas as suas garantias, já que a perda da coisa por sentença sucede como se nenhuma quitação fosse dada, isto é, volta-se tudo ao *statu quo ante*.

DA NOVAÇÃO

A novação é uma espécie de pagamento indireto que consiste na criação de uma nova obrigação, com a finalidade de extinguir a antiga. Diz-se que há novação quando as partes criam obrigação nova para extinguir uma antiga, podendo se dar quando: (i) o devedor contrai com o credor nova dívida para extinguir e substituir a anterior; (ii) novo devedor sucede ao antigo, ficando este quite com o credor; e (iii) em virtude de obrigação nova, outro credor é substituído ao antigo, ficando o devedor quite com este.

Quando inexistir o ânimo de novar

Para que se tenha novação é necessário que as partes ajam com *animus novandi*, ou seja, que as partes queiram, expressa ou tacitamente, de forma inequívoca, a criação da nova obrigação, extinguindo-se assim o liame obrigacional. Caso não exista essa intenção de novar, a segunda obrigação apenas confirma a primeira.

Novação subjetiva passiva

Ocorre quando um terceiro assume a dívida de um devedor primitivo, substituindo-o sem o consentimento deste, desde que o credor concorde com tal mudança.

Direito de ação regressiva contra o antigo devedor

A insolvência é a situação na qual o devedor se encontra obrigado ao pagamento de um débito superior ao seu patrimônio. Por esse motivo, compete ao credor verificar a sua situação antes de aceitá-lo. No caso de o devedor ser insolvente e o credor consentir com a substituição do antigo devedor, o credor não poderá promover ação regressiva contra o devedor primário, salvo se provar má-fé na substituição. Nesse caso, a novação será nula e a obrigação antecedente ressurgirá.

Das garantias, acessórios e créditos reais sobre o imóvel

A sobrevivência dos acessórios na nova obrigação é possibilitada pela própria lei, quando as partes ajustarem em tal sentido. Todavia, tal acordo não pode vincular terceiros que não consentiram. Isso significa que o credor não aproveitará a hipoteca, o penhor ou a anticrese se os bens dados em garantia pertencem a terceiros que não participaram da novação. Uma vez extinto o vínculo primitivo, essas garantias só reaparecem por vontade de quem as prestou.

Novação em obrigação solidária

A novação, ao extinguir o débito, liberta os devedores daquele vínculo. Agora, se a obrigação é solidária, a novação concluída entre o credor e um dos devedores solidários exonera os demais, subsistindo as preferências e garantias do crédito novado somente sobre os bens do devedor que contrai a nova.

Exoneração do fiador

Extinta a obrigação primitiva, também deixam de existir os acessórios e as garantias a ela pertencentes, ou seja, a fiança também estará extinta com a novação. Dessa maneira, caso o fiador não consinta com tal novação, estará exonerado da obrigação.

Não poderão ser objeto de novação obrigações nulas ou extintas, salvo as obrigações simplesmente anuláveis

São extintas as obrigações nulas, uma vez que não geram efeito jurídico algum e não podem ser confirmadas pela novação. As obrigações extintas não são suscetíveis de novação, porque elas já se concluíram e não haverá nada para extinguir novamente, ou seja, não se pode novar o que inexiste.

Agora, as obrigações anuláveis, como não afetam a ordem pública, podem ser confirmadas por novação, dando lugar então a uma nova obrigação, que gerará todas as consequências jurídicas dela esperada, uma vez que válida e eficaz.

DA COMPENSAÇÃO

É um modo especial de extinção de obrigações, em que duas pessoas são, ao mesmo tempo, credor e devedor uma da outra, perfazendo a extinção das duas obrigações até o limite da operação mútua da quitação entre credor e devedor.

Existe também a compensação decorrente de lei, denominada compensação legal, que, independentemente de acordo entre as partes e até mesmo com oposição de uma delas, extinguirá as obrigações recíprocas.

A compensação apenas acontecerá quando tiver por objetos dívidas líquidas, ou seja, certas e determinadas, vencidas e de prestações fungíveis, pois as infungíveis são consideradas incompensáveis. Mas se uma das dívidas for ilíquida, só poderá ser compensada mediante determinação do juiz (compensação judicial).

Compensação de coisas fungíveis

De acordo com a lei, quando especificada no contrato, a compensação requer débitos idênticos, pois se os débitos forem da mesma espécie, mas de qualidades diferentes, não se compensarão.

Compensação para o fiador

A compensação apenas extinguirá as obrigações entre credores e devedores principais, não acrescentando obrigações de terceiros. Todavia, a lei permite uma exceção ao fiador, terceiro interessado, de compensar seu débito com o de seu credor ao afiançado, a fim de evitar pagamentos simultâneos. O fiador, ao compensar seu débito com o que lhe deve o credor de seu afiançado, poderá exercer contra este o direito de regresso, com o objetivo de receber aquilo que pagou.

Prazos de favor e a compensação

Os prazos de favor, que são aqueles concedidos gentilmente pelo credor, não podem ser alegados pelo beneficiário para ilidir a compensação do seu débito com o de seu devedor.

➡ Ver questão D10.

Causas que impedem a compensação

A diferença de causa nas dívidas não impede a compensação, salvo se provier: de esbulho, isto é, quando, mediante violência, o possuidor se vê privado da posse, furto ou roubo, por serem atos ilícitos; de comodato, ou seja, contrato de empréstimo gratuito de bem infungível, o qual deve ser restituído no tempo determinado; de depósito, contrato pelo qual o depositário recebe um bem móvel do depositante, obrigando-se a guardá-lo temporária e gratuitamente, para depois ser restituído quando lhe for exigido, não sendo suscetível de compensação, pois se extingue a obrigação com a devolução da coisa. Já os alimentos não podem ser compensados, porque envolvem tudo aquilo que é essencial ao sustento da pessoa, e com a compensação deste não mais concederia meios para a sobrevivência do alimentado, assim como as coisas impenhoráveis descritas no art. 833 do novo CPC (art. 649 do CPC/73). Sobre coisa impenhorável, é importante lembrar-se da Lei n. 8.009/90 e das Súmulas ns. 242 do TRF e 364 do STJ.

Art. 374, revogado

O art. 374 foi revogado, tendo em vista que a Lei n. 10.677, de 22.05.2003, revogou a parte do Código Civil que tratava do tema.

Casos em que não haverá compensação

Não haverá compensação em duas hipóteses: quando houver acordo entre as partes, excluindo a compensação, e se houver renúncia antecipada por partes de um dos devedores, podendo ser ela tácita, isto é, quando um dos devedores solver espontaneamente o seu débito, ou expressa, no caso de existir uma declaração restringindo a possiblidade da compensação.

Impedimento de compensação em caso de alguém assumir obrigação de um terceiro

A compensação requer a personalidade dos sujeitos, ou seja, se uma pessoa age como representante legal ou convencional de alguém, não pode opor o crédito do representado para compensar seu próprio débito.

Direito de oposição à compensação pelo credor

Ao ceder o seu crédito, o credor deverá notificar o devedor do fato. Notificado o devedor, se este não se opuser à cessão do crédito, não poderá suscitar contra o cessionário a compensação que poderia ter sido acertada contra o cedente, uma vez que não haverá prestações recíprocas. Todavia, não ocorrendo a notificação do devedor, este poderá opor ao cessionário a compensação do crédito que antes tinha em face do cedente.

Despesas com a compensação de dívidas não pagáveis no mesmo lugar

Quando as dívidas compensadas não forem pagáveis no mesmo lugar, e no caso de um dos devedores precisar realizar despesas, como remessa de dinheiro, transporte de mercadoria, entre outras, para efetuar o pagamento do débito, somente haverá compensação se essas despesas forem deduzidas.

Imputação do pagamento e compensação de dívidas

Na existência de várias dívidas compensáveis, as partes deverão observar as mesmas regras sobre imputação do pagamento, ou seja, o devedor tem o direito de indicar qual dívida pretende compensar. Caso não indique, a escolha caberá ao credor.

Impedimento de compensação para causar prejuízo a direito de terceiro

A compensação opera-se automaticamente entre as partes, desde que entre elas existam dívidas recíprocas, líquidas e exigíveis, de coisa homogênea. Porém, a lei interrompe a incidência de tal princípio no caso de advir daí prejuízo para terceiro. Tal prejuízo ocorreria se o devedor pudesse, para compensar dívida com o seu credor, adquirir crédito já penhorado por terceiro.

DA CONFUSÃO

Para que haja um vínculo obrigacional, faz-se necessária a existência de dois polos, o ativo e o passivo, o credor e o devedor, não se confundindo entre si. A confusão extingue a obrigação justamente porque essas qualidades se confundem em uma única pessoa por alguma circunstância, pois ninguém pode ser juridicamente credor e devedor de si mesmo, ou demandar contra si próprio.

A confusão pode ser em parte ou no total da dívida

A confusão comporta duas espécies, conforme indica o art. 382: a total ou própria, e ainda, a parcial ou imprópria. A total ou própria se dá em relação a toda dívida ou crédito, e a parcial ou imprópria realiza-se apenas em relação a uma parte do débito ou crédito.

Da confusão para o credor ou devedor solidário

Se a confusão ocorre na pessoa de um dos credores ou de um dos devedores solidários, a obrigação se extingue até a concorrência da respectiva quota no crédito ou na dívida. Com isso, a solidariedade subsistirá quanto ao remanescente, de maneira que os demais cocredores ou codevedores continuarão vinculados, sendo deduzida a parte referente ao cocredor ou codevedor na qual se operou a confusão.

Término da confusão e seus efeitos

A consequência da interrupção da confusão é a restauração da obrigação com todos os seus acessórios. Isso significa que os devedores e fiadores que já haviam se libertado do liame obrigacional ficam novamente vinculados por força da lei.

DA REMISSÃO DAS DÍVIDAS

É a liberalidade do credor, consistente em dispensar o devedor do pagamento da dívida. O credor voluntariamente abre mão do seu direito de crédito, com o objetivo de extinguir a relação obrigacional. Para que ocorra a remissão, é necessário o consentimento inequívoco, expresso ou tácito, do devedor, mas sem que haja qualquer dano a direito de terceiro.

Capacidade para remir

A lei requer capacidade do remitente (credor) para alienar e do remido (devedor) para consentir e adquirir. A remissão será tácita se decorrer de caso previsto em lei, pois presume-se que o credor tinha a intenção de desonerar o devedor. Quando houver devolução voluntária do instrumento particular pelo próprio credor, estará revelada a intenção deste de perdoar o devedor, provando assim a extinção da obrigação.

Remissão de dívidas e penhor

O penhor é direito acessório da obrigação, que consiste na entrega de um bem móvel ao credor, como forma de garantia da dívida. O credor poderá renunciar o penhor sem perdoar a dívida, pois a remissão da obrigação principal terá eficácia sobre a acessória, mas o contrário não atingirá o débito.

Remissão de dívidas com solidariedade

Em uma obrigação solidária, se vários forem os coobrigados, a remissão concedida em benefício de um deles extinguirá o débito na quota a ele correspondente, permanecendo a solidariedade contra os demais, porém deduzida a parte perdoada.

DO INADIMPLEMENTO DAS OBRIGAÇÕES

É o descumprimento da obrigação, respondendo o devedor pela soma das perdas e danos, juros, atualização monetária (índices oficiais) e honorários advocatícios, e o patrimônio do devedor responderá pelo inadimplemento da obrigação. O inadimplemento pode ser voluntário (absoluto e relativo) ou involuntário (caso fortuito ou de força maior).

Conceito de inadimplemento da obrigação

Falta de prestação devida ou o descumprimento, voluntário ou involuntário, do dever jurídico por parte do devedor.

Inexecução voluntária

O obrigado deixar de cumprir, dolosa ou culposamente, a prestação devida, sem a dirimente do caso fortuito ou força maior, devendo, por isso, responder pelas perdas e danos, mais juros e atualização monetária segundo índices oficiais regularmente estabelecidos e honorários advocatícios.

Modos de inadimplemento voluntário

Absoluto, se a obrigação não foi cumprida, total ou parcialmente, nem poderá sê-lo; ou *relativo*, se a obrigação não foi cumprida no tempo, lugar e forma devidos, mas podendo sê-lo com proveito para o credor, hipótese em que se terá a mora (art. 394 a 401 do CC).

Obrigação negativa

Na obrigação de não fazer (arts. 250 e 251 do CC), o devedor do vínculo obrigacional é havido por inadimplente desde o dia em que executou o ato de que se devia abster. A partir desse dia, surgirão os efeitos como responsabilidade por perdas e danos, mora, desfazimento do ato, resolução contratual, entre outros, resultados do descumprimento da obrigação de não fazer.

Princípio da imputação civil dos danos

É o patrimônio do devedor que suporta o poder de excussão que o credor tem sobre ele, salvo aqueles impenhoráveis por lei. Restrições: arts. 158 a 165, 477 e 495 do CC.

O art. 391 dispõe sobre a responsabilidade contratual do inadimplente, tendo em vista a responsabilidade patrimonial gerada por força do princípio escrito anteriormente, como garantia do adimplemento.

Inadimplemento em contratos benéficos ou gratuitos

Os contratos benéficos ou gratuitos são aqueles que trazem vantagem a uma parte, enquanto a outra sofre o sacrifício (p. ex., comodato, doação pura e simples). O contratante é considerado inadimplente por simples culpa (arts. 186 e 187 do CC), enquanto a outra parte somente será considerada inadimplente quando não cumprir a prestação dolosamente (arts. 145 a 147 do CC). Portanto, a parte que favorece não será responsável em reparar a outra por perdas e danos, a menos que esta aja dolosamente, a fim de descumprir o contrato; já a parte favorecida responderá pelas perdas e danos que causar por simples culpa, pois no caso do comodato, o comodatário tem o dever de guardar a coisa como convencionado no negócio, sob pena de responder por perdas e danos (arts. 389 e 402 do CC).

Inadimplemento em contratos onerosos

Em contrapartida, os contratos onerosos são aqueles que trazem vantagens para ambas as partes; logo, ambos os contratantes responderão por culpa, salvo exceções legais.

Princípio da exoneração do devedor pela impossibilidade de cumprir a obrigação sem culpa (art. 393)

O credor não terá qualquer direito à indenização pelos prejuízos decorrentes de força maior ou caso fortuito.

Exceções à irresponsabilidade por dano decorrente de força maior ou de caso fortuito

O credor terá direito de receber uma indenização por inexecução da obrigação inimputável ao devedor se: (i) as partes, expressamente, convencionaram a responsabilidade do devedor pelo cumprimento da obrigação, mesmo ocorrendo força maior ou caso fortuito; (ii) o devedor estiver em mora, devendo pagar juros moratórios, respondendo, ainda, pela impossibilidade da prestação resultante de força maior ou caso fortuito ocorrido durante o atraso, salvo se provar que o dano ocorreria mesmo que a obrigação tivesse sido desempenhada oportunamente, ou demonstrar a isenção de culpa.

Requisito objetivo e subjetivo da força maior e do caso fortuito

O requisito objetivo da força maior ou do caso fortuito configura-se na inevitabilidade do acontecimento, e o subjetivo na ausência de culpa (arts. 186 e 187 do CC) na produção do evento.

DA MORA

A mora *solvendi* é aquela do devedor decorrente da demora no cumprimento da obrigação, configurando sua culpa quando não efetuado o pagamento na forma, lugar e tempo ajustados contratualmente ou estabelecidos em lei. Há também a mora do credor, denominada de mora *accipiendi*, isto é, quando este não aceita o cumprimento da obrigação no tempo, lugar e forma convencionados entre as partes ou disposto em lei.

D12. (OAB/XXVI Exame de Ordem Unificado/FGV/2018) Lúcio, comodante, celebrou contrato de comodato com Pedro, comodatário, no dia 1º de outubro de 2016, pelo prazo de dois meses. O objeto era um carro da marca Y no valor de R$ 30.000,00. A devolução do bem deveria ser feita na cidade Alfa, domicílio do comodante, em 1º de dezembro de 2016. Pedro, no entanto, não devolveu o bem na data marcada e resolveu viajar com amigos para o litoral até a virada do ano. Em 1º de janeiro de 2017, desabou um violento temporal sobre a cidade Alfa, e Pedro, ao voltar da viagem, encontra o carro destruído. Com base nos fatos narrados, sobre a posição de Lúcio, assinale a afirmativa correta.

A) Fará jus a perdas e danos, visto que Pedro não devolveu o carro na data prevista.
B) Nada receberá, pois o perecimento se deu em razão de fato fortuito ou de força maior.
C) Não terá direito a perdas e danos, pois cedeu o uso do bem a Pedro.
D) Receberá 50% do valor do bem, pois, por fato inimputável a Pedro, o bem não foi devolvido.

➠ Veja arts. 394, 399 e 582, CC.

Comentário: A letra correta é a A. Antes de mais nada, há que se considerar a existência da *mora solvendi*, que consiste na mora do devedor. Vale dizer que a mora não vem a ser meramente o atraso no cumprimento de uma obrigação, mas, sim, quando se der o cumprimento em lugar ou de forma diversa da exigida. No caso em tela, há a mora em virtude do atraso, uma vez que já existia a exigibilidade de prestação, além de um vencimento de dívida líquida e certa. Dito tudo isso, conforme o art. 399, o devedor em mora responde pela impossibilidade da prestação ainda que essa decorra de caso fortuito ou de força maior, se ocorrida durante o atraso. O devedor somente se exoneraria da obrigação de indenizar se ficasse constatado que o dano ocorreria mesmo que ele não estivesse em mora. Então, por exemplo, se um imóvel fosse objeto de comodato, houvesse o atraso, e durante o período da mora ocorresse uma inundação, teria havido força maior que teria tornado a prestação durante a mora. Porém, o dano teria se dado mesmo que o imóvel tivesse sido restituído no prazo.

D13. (Juiz Federal Substituto/2ª R./Cespe-UnB/2013) Com relação a direitos reais, obrigações e contratos, assinale a opção correta de acordo com o Código Civil.

A) O atual Código Civil consagra a positivação do princípio de que os direitos reais são *numerus clausus*, somente podendo ser criados por lei.

B) O Código Civil vigente prevê tanto a mora simultânea quanto a mora alternativa.

C) No seguro de pessoas, a apólice ou o bilhete podem ser ao portador.

D) Pode-se estipular a fiança ainda que sem consentimento do devedor, mas não contra a sua vontade.

E) A nulidade de qualquer das cláusulas da transação não implica, por si só, a nulidade da transação.

➥ Veja arts. 394, 760, 820, 848 e 1.225, CC.

Comentário: Correta está a alternativa A, com sustentáculo no art. 1.225, do CC, ao criar os chamados direitos reais e positivá-los no ordenamento jurídico. O art. 394 do referido Código, ao tratar da mora, informa que estará "em mora o devedor que não efetuar o pagamento e o credor que não quiser recebê-lo no tempo, lugar e forma que a lei ou a convenção estabelecer". A letra D está errada porque o art. 820, do CC, diz que pode sim se "estipular a fiança, ainda que sem consentimento do devedor ou contra a sua vontade". Já a última opção, a letra E, erra ao dizer que a nulidade de qualquer das cláusulas da transação não implica a nulidade da transação, a teor do art. 848 do mesmo Diploma.

Indenização pela mora

Na mora *solvendi* caberá ao devedor indenizar o credor pelos prejuízos sofridos com o retardamento da obrigação. A indenização consistirá em soma de dinheiro, acrescida de juros, ditos moratórios, atualização monetária conforme índices oficiais, reembolso de quaisquer despesas feitas em consequência da mora e honorários advocatícios, estes sempre que houver sido acionado o aparato judicial. Pode o credor rejeitar a prestação e exigir, além da indenização pela mora, o valor correspondente à integralização da prestação, desde que prove que esta se tornou inútil em razão da mora.

Não haverá mora quando não existir fato ou omissão imputável ao devedor

Não se caracterizará a mora do devedor quando a sua culpa pelo retardamento do pagamento não for comprovada. Portanto, não havendo fato ou omissão imputável a ele, não haverá mora *solvendi*, e o credor não poderá reclamar as perdas e danos. Na hipótese de caso fortuito ou força maior, o credor também não poderá reclamá-las.

Constituição em mora

A constituição em mora se dá automaticamente no momento em que dívida líquida e positiva chega a seu termo, ou seja, após o vencimento, automaticamente o devedor estará em mora, independentemente de notificação. Já no caso de a obrigação não possuir um termo, a constituição em mora só se dará mediante interpelação judicial ou extrajudicial.

A mora proveniente de ato ilícito (arts. 186 e 187 do CC) é instantânea ao momento de sua prática, contraindo quem praticou o ato todos os riscos oriundos da mora.

A citação válida ainda quando ordenada por juízo incompetente constitui em mora o devedor (art. 240 do CPC/2015).

Responsabilidade do devedor em mora pela impossibilidade da prestação

Uma das consequências de o devedor estar em mora, por força do art. 399, é que se a prestação se tornar impossível, mesmo que por conta de caso fortuito ou força maior (art. 393 do

CC), deverá este responder por tal impossibilidade, salvo se conseguir provar que é isento de culpa ou que o dano ocorreria mesmo se a obrigação fosse devidamente adimplida.

D14. (OAB/XVI Exame de Ordem Unificado/FGV/2015) Joana deu seu carro a Lúcia, em comodato, pelo prazo de 5 dias, findo o qual Lúcia não devolveu o veículo. Dois dias depois, forte tempestade danificou a lanterna e o parachoque dianteiro do carro de Joana. Inconformada com o ocorrido, Joana exigiu que Lúcia a indenizasse pelos danos causados ao veículo.

Diante do fato narrado, assinale a afirmativa correta.

A) Lúcia incorreu em inadimplemento absoluto, pois não cumpriu sua prestação no termo ajustado, o que inutilizou a prestação para Joana.

B) Lúcia não está em mora, pois Joana não a interpelou, judicial ou extrajudicialmente.

C) Lúcia deve indenizar Joana pelos danos causados ao veículo, salvo se provar que os mesmos ocorreriam ainda que tivesse adimplido sua prestação no termo ajustado.

D) Lúcia não responde pelos danos causados ao veículo, pois foram decorrentes de força maior.

➠ Veja art. 399, CC.

Comentário: A alternativa correta é a letra C. No caso, Lúcia deveria indenizar Joana pelos danos do veículo, a não ser que ficasse provado que referidos danos ocorreriam ainda que tivesse cumprido com a sua obrigação no tempo correto.

➠ Ver questão D12.

Mora do credor

O credor que se recusa a receber a obrigação devida, ou então que demora em recebê-la, também estará constituído em mora, e ficarão por conta deste as despesas despendidas pelo devedor na conservação da coisa. Sujeita-se, também, a receber o bem com o valor reduzido em função da desvalorização, devendo pautar a estimação pelo valor mais favorável ao devedor.

Purga-se a mora nas seguintes hipóteses

A purgação da mora é o ato que visa à quitação, liberação e extinção da obrigação, fazendo cessar todas as consequências derivadas dela. A purgação da mora poderá ser por parte do devedor ou do credor. Ter-se-á a purgação da mora do devedor quando este pagar a prestação devida, acrescida de todos os danos advindos do atraso, como os juros moratórios. A purgação da mora por parte do credor dar-se-á quando o credor se oferecer para receber o pagamento, sujeitando-se arcar com todos os efeitos da mora, além de reembolsar o devedor com as despesas efetuadas para a conservação da coisa.

DAS PERDAS E DANOS

Definição de perdas e danos

Segundo o art. 402, além do que o credor efetivamente perdeu, também o que razoavelmente deixou de lucrar deve ser ressarcido. Estabelece, ainda, este diploma legal, no art. 403, que: "ainda que a inexecução resulte de dolo do devedor, as perdas e danos só incluem os prejuízos efetivos e os lucros cessantes por efeito dela direto e imediato, sem prejuízo do disposto na lei processual. Fácil é perceber que esses dispositivos se referem, exclusivamente, aos danos patrimoniais, sem aludir ao dano moral ou prejuízo extrapatrimonial que o inadimplemento do dever pudesse acarretar ao credor" (DINIZ, Maria Helena. *Curso de direito civil*, v. 7, cit., p. 121-2). Mário Luiz Delgado Régis, comentando o art. 402, entende por perdas e danos a indenização imposta ao devedor que não cumpriu, em parte ou absolutamente, a obrigação. O dispositivo estabelece a extensão das perdas e danos, que devem abranger: (i) dano emergente, sendo este a diminuição patrimonial sofrida pelo credor, ou seja, aquilo que ele efetivamente perde, seja porque teve o seu patrimônio depreciado, seja porque aumentou o seu passivo; e (ii) lucros cessantes, que consistem na diminuição potencial do patrimônio do credor pelo lucro que deixou de auferir, dado o inadimplemento do devedor. Note-se que os lucros cessantes só são devidos quando previstos ou previsíveis no momento em que a obrigação foi contraída (RÉGIS, Mário Luiz Delgado. In: FIUZA, Ricardo (coord.). *Novo Código Civil comentado*. São Paulo, Saraiva, 2002, p. 360).

Perdas e danos

Seriam as perdas e danos o equivalente do prejuízo suportado pelo credor em virtude de o devedor não ter cumprido, total ou parcialmente, absoluta ou relativamente, a obrigação, expressando-se numa soma de dinheiro correspondente ao desequilíbrio sofrido pelo lesado, segundo Maria Helena Diniz (*Direito civil*, v. II, p. 120).

Consiste no pagamento pelo devedor do prejuízo ao credor, por não ter adimplido a obrigação. Abrange o que efetivamente perdeu e o que deixou de lucrar (dano emergente e lucro cessante) (*vide* STJ, REsp n. 248.304, 4ª T.).

Perdas e danos abrangem simplesmente os prejuízos efetivos e os lucros cessantes

As perdas e danos, independentemente de dolo ou culpa do devedor, só dizem respeito aos prejuízos e lucros cessantes provados, existentes em razão do inadimplemento obrigacional (art. 389 do CC).

Perdas e danos nas obrigações de pagamento em dinheiro

As perdas e danos são divididas em prestações que consistem nos valores correspondentes à atualização monetária calculada por índice oficial, assim como à remuneração correspondente aos juros, bem como às custas e honorários advocatícios, tudo isso sem prejuízo do valor convencionado em cláusula penal a título de multa. Cumpre ressaltar ainda que, se o somatório da pena convencional e dos juros não comportarem todo o prejuízo experimentado pelo credor, poderá o juiz conceder indenização suplementar a título de ressarcimento pelos danos, caso não exista previsão contratual de pena.

Juros de mora contados desde a citação inicial

A citação é marco inicial para que se inicie a contagem dos juros referentes à mora do devedor. Esta norma será aplicada apenas em caso de obrigações ilíquidas, em que a liquidação é feita mediante sentença judicial, de obrigação sem termo de vencimento que exige notificação, interpretação, protesto ou citação para que o devedor se constitua em mora; e de obrigação proveniente de ato ilícito (arts. 186 e 187 do CC), que acarreta responsabilidade extracontratual objetiva (art. 927, parágrafo único, do CC), pois para a obrigação decorrente de ato ilícito que conduz responsabilidade subjetiva (art. 927, *caput*, do CC), seus juros serão contabilizados a partir do instante em que se praticou o ato ilícito, e para as obrigações líquidas e positivas, os juros contam-se a partir do vencimento do termo.

DOS JUROS LEGAIS

Os juros moratórios, quando não forem acordados, ou os estipularem sem taxa estipulada, serão fixados segundo a taxa que estiver em vigor para a mora do pagamento de impostos devidos à Fazenda Nacional.

Os juros moratórios são devidos mesmo que o credor não alegue prejuízo, e também deverão ser pagos independentemente da natureza da prestação.

Pagamento em dinheiro

Os juros serão devidos desde o instante em que o devedor for constituído em mora. Já para os demais débitos, os juros serão contados sobre a avaliação do valor pecuniário do objeto da prestação, estabelecidos por sentença judicial ou arbitral (Lei n. 9.307/96; *vide* GUILHERME, Luiz Fernando do Vale de Almeida. *Manual de arbitragem*. 3. ed. São Paulo, Saraiva, 2013) ou transação entre as partes (arts. 840 a 850 do CC).

DA CLÁUSULA PENAL

É uma obrigação acessória, pactuada previamente entre as partes, a fim de implementar uma multa na obrigação, penalizando a parte que deixar de cumprir a obrigação ou apenas retardá-la, garantindo, desse modo, o cumprimento da obrigação e o valor das perdas e danos (arts. 389 e 402 do CC).

A cláusula penal será aplicada quando o devedor deixar de cumprir a obrigação no prazo determinado, incorrendo de *pleno iure*, sem notificação ou aviso, ou seja, de forma automática, ou quando o devedor deixar de cumprir a obrigação sem prazo prefixado, e nesse caso a cláusula penal será devida automaticamente, mas apenas após a notificação ou o aviso do devedor.

D15. (OAB/XVII Exame de Ordem Unificado/FGV/2015) Carlos Pacheco e Marco Araújo, advogados recém-formados, constituem a sociedade P e A Advogados. Para fornecer e instalar todo o equipamento de informática, a sociedade contrata José Antônio, que, apesar de não realizar essa atividade de forma habitual e profissional, comprometeu-se a adimplir sua obrigação até o dia 20.02.2015, mediante o pagamento do valor de R$ 50.000,00 (cinquenta mil reais) no ato da celebração do contrato. O contrato celebrado é de natureza paritária, não sendo formado por adesão. A cláusula oitava do referido contrato estava assim redigida: "O total inadimplemento deste contrato por qualquer das partes ensejará o pagamento, pelo infrator, do valor de R$ 50.000,00 (cinquenta mil reais)". Não havia, no contrato, qualquer outra cláusula que se referisse ao inadimplemento ou suas consequências. No dia 20.02.2015, José Antônio telefona para Carlos Pacheco e lhe comunica que não vai cumprir o avençado, pois celebrou com outro escritório de advocacia contrato por valor superior, a lhe render maiores lucros.
Sobre os fatos narrados, assinale a afirmativa correta.

A) Diante da recusa de José Antônio a cumprir o contrato, a sociedade poderá persistir na exigência do cumprimento obrigacional ou, alternativamente, satisfazer-se com a pena convencional.

B) A sociedade pode pleitear o pagamento de indenização superior ao montante fixado na cláusula oitava, desde que prove, em juízo, que as perdas e os danos efetivamente sofridos foram superiores àquele valor.

C) A sociedade pode exigir o cumprimento da cláusula oitava, classificada como cláusula penal moratória, juntamente com o desempenho da obrigação principal.

D) Para exigir o pagamento do valor fixado na cláusula oitava, a sociedade deverá provar o prejuízo sofrido.

➥ Veja art. 410, CC.

Comentário: A alternativa correta consiste na letra A. Isso porque, conforme determina o art. 410 do CC, quando se estipula a cláusula penal para o caso de inadimplemento total, a obrigação se converterá em alternativa em benefício do credor.

D16. (Juiz Substituto/TJSP/Vunesp/2017) Em relação à cláusula penal decorrente da inexecução de obrigação, assinale a alternativa correta.

A) Para exigir a pena convencional, é necessário que o credor alegue o prejuízo e que este não exceda o valor da obrigação principal.

B) A exigibilidade da cláusula penal perante pessoa juridical está condicionada à comprovação de abuso da personalidade jurídica, caracterizado pelo desvio de finalidade, ou pela confusão patrimonial.

C) Sempre que o prejuízo exceder a pena convencional, o credor poderá exigir indenização suplementar, competindo-lhe provar o prejuízo excedente.

D) O prejuízo excedente à cláusula penal poderá ser exigido se houver expressa convenção contractual nesse sentido.

➥ Veja arts. 50, 408, 411 e 416, CC.

Comentário: A letra correta é a D, em consonância com o art. 416 do CC, que dita, em linhas gerais, que mesmo que o prejuízo exceder o valor da cláusula penal, o credor não poderá exigir valor suplementar se não houver sido convencionado entre as partes.

Dos termos da cláusula penal

A cláusula penal ou pena convencional poderá ser exigida nos casos de inadimplemento completo ou parcial da obrigação, e até para simples constituição em mora. A multa ou cláusula penal pode ser convencionada em conjunto com a obrigação ou em ato posterior a ela. Quando a pena convencional for imposta para o inadimplemento absoluto da obrigação ou de uma de suas cláusulas, será compensatória, mas quando convencionada para casos de simples mora, será denominada pena convencional moratória.

D17. (OAB/XXV Exame de Ordem Unificado/FGV/2018) Em 05 de dezembro de 2016, Sérgio, mediante contrato de compra e venda, adquiriu de Fernando um computador seminovo (ano 2014) da marca Massa pelo valor de R$ 5.000,00. O pagamento foi integralizado à vista, no mesmo dia, e foi previsto no contrato que o bem seria entregue em até um mês, devendo Fernando contatar Sérgio, por telefone, para que este buscasse o computador em sua casa. No contrato, também foi prevista multa de R$ 500,00 caso o bem não fosse entregue no prazo combinado.

Em 06 de janeiro de 2017, Sérgio, muito ansioso, ligou para Fernando perguntando pelo computador, mas teve como resposta que o atraso na entrega se deu porque a irmã de Fernando, Ana, que iria trazer um computador novo para ele do exterior, tinha perdido o voo e só chegaria após uma semana. Por tal razão, Fernando ainda dependia do computador antigo para trabalhar e não poderia entregá-lo de imediato a Sérgio.

Acerca dos fatos narrados, assinale a afirmativa correta.

A) Sérgio poderá exigir de Fernando a execução específica da obrigação (entrega do bem) ou a cláusula penal de R$ 500,00, não podendo ser cumulada a multa com a obrigação principal.

B) Sérgio poderá exigir de Fernando a execução específica da obrigação (entrega do bem) simultaneamente à multa de R$ 500,00, tendo em vista ser cláusula penal moratória.

C) Sérgio somente poderá exigir de Fernando a execução específica da obrigação (entrega do bem), não a multa, pois o atraso foi por culpa de terceiro (Ana), e não de Fernando.
D) Sérgio somente poderá exigir de Fernando a cláusula penal de R$ 500,00, não a execução específica da obrigação (entrega do bem), que depende de terceiro (Ana).

➡ Veja art. 411, CC.

Comentário: a alternativa correta é a letra B. Isso porque, no caso, há o atraso na entrega do bem, configurando-se o inadimplemento relativo e não o absoluto. Desse modo, conforme o art. 411 do CC, o credor tem o arbítrio de exigir o cumprimento da obrigação, somada à cobrança da cláusula penal moratória. Fosse o descumprimento absoluto, esse se converteria em alternativa em benefício ao credor, conforme o art. 410 do CC. Já a letra C está errada porque não se fala em promessa de fato de terceiro e já a letra D, pois, ainda que se tratasse de promessa de fato de terceiro, o contratante responderia.

Cláusula penal compensatória

Quando estipulada a cláusula penal compensatória para o caso de total descumprimento da obrigação, caberá ao credor optar entre pedir o valor da multa ou o adimplemento da obrigação, sem que este acumule o recebimento da multa e o cumprimento da prestação. Portanto, o devedor, pagando a multa, nada mais deve ao credor.

Cláusula penal para o caso de mora

Para o caso de a pena convencional compensatória ser estipulada como garantia de cláusula especial da obrigação, o credor poderá exigir o cumprimento da pena ou multa juntamente com o desempenho da obrigação principal. Quando convencionada para o caso de mora, terá o credor o direito de exigir cumulativamente a cláusula e o cumprimento da obrigação principal.

Valor máximo para a cláusula penal

O art. 412 dispõe que o valor da cláusula penal não pode exceder ao valor da obrigação principal. A ideia de cláusula penal como indenização não significa que esta deva ser fonte de enriquecimento sem causa ao credor em detrimento do devedor. Atende, também, a função social do contrato, já que a indenização significa uma sanção imposta para cobrir os prejuízos do prejudicado.

Redução da cláusula penal pelo juiz de Direito

O magistrado, quando conhecer da causa que envolva o inadimplemento de uma obrigação com cláusula penal, deverá observar se o valor combinado a título de penalidade é compatível com o descumprimento, devendo reduzi-lo se a obrigação houver sido parcialmente adimplida. É necessário também que o juiz observe a proporcionalidade entre a cláusula penal e a natureza e a finalidade do negócio, devendo diminuir a pena, caso seja manifestamente excessiva.

Cláusula penal em obrigações indivisíveis

A pena será solidária a todos os devedores no limite de sua quota-parte, porém o valor total poderá ser pleiteado em face daquele que causou o motivo da pena, resguardando-se o direito de regresso dos devedores que não são culpados contra aquele que deu causa à pena.

Cláusula penal em obrigações divisíveis

No caso de obrigação divisível e com pluralidade de devedores, só incorrerá na pena o devedor ou herdeiro do devedor que a infringir, e proporcionalmente à sua quota na obrigação, pois o credor só foi lesado ao que correspondia à quota daquele devedor.

Não será necessária prova do dano para cobrar cláusula penal

A existência de cláusula penal (art. 412 do CC) presume a ocorrência de dano, além de consistir em penalidade ao contratante inadimplente e, dessa maneira, não se faz necessária a prova do dano. A estipulação de cláusula penal deve satisfazer todos os prejuízos decorrentes do eventual inadimplemento, sendo vedado o pedido de indenização suplementar, salvo se for estipulado em contrário. Nesse caso, deverá o credor que tiver sido prejudicado comprovar os danos experimentados, para que assim faça jus à indenização suplementar.

D18. (Juiz Federal Substituto/2ª R./Cespe-UnB/2013) A respeito do direito das obrigações, dos contratos e do enriquecimento sem causa, assinale a opção correta de acordo com o que disciplina o Código Civil.

A) Nos contratos onerosos, o alienante responde pela evicção. Essa subsiste garantia ainda que a aquisição tenha se realizado em hasta pública.

B) Na hipótese de exclusão contratual da responsabilidade pela evicção, se esta se der, o evicto terá direito a receber o preço que tiver pago pela coisa evicta se não sabia do risco da evicção, mas, todavia, se dele tiver sido previamente informado, não lhe será albergado o direito de receber a quantia paga, mesmo que não tenha assumido o risco quando tomou conhecimento desse.

C) Aquele que, sem justa causa, enriquecer à custa de outrem será obrigado a restituir o indevidamente auferido com atualização dos valores monetários. Se o enriquecimento tiver por objeto coisa determinada, quem a recebeu será obrigado a restituí-la, e, se a coisa não mais subsistir, a restituição se fará pelo valor do bem na época em que foi recebido.

D) Para exigir a pena convencional, o credor deve, necessariamente, alegar e provar o prejuízo.

E) No dano emergente, avaliam-se os reflexos futuros do ato lesivo sobre o patrimônio do credor; assim, esse dano corresponde ao acréscimo patrimonial que seria concedido ao ofendido caso a obrigação contratual ou legal tivesse sido cumprida.

➥ Veja arts. 416, 447, 449 e 884, CC.

Comentário: A alternativa indicada é a letra A. O art. 447, do CC, diz: "Nos contratos onerosos, o alienante responde pela evicção. Subsiste esta garantia ainda que a aquisição se tenha realizado em hasta pública".

DAS ARRAS OU SINAL

Consiste na entrega de quantia em dinheiro ou bem móvel de um dos contraentes ao outro, a fim de garantir o pontual cumprimento da obrigação e confirmar a existência do negócio.

Arras confirmatórias

Consistem na entrega de um bem móvel a outra parte em sinal de confirmação do contrato, a fim de torná-lo obrigatório, buscando impedir o arrependimento dos contratantes. As arras serão computadas no preço, se da mesma espécie, ou restituídas. Se quem as ofereceu não der cumprimento ao contrato, a outra parte o terá como desfeito. Se a inexecução for de quem recebeu as arras, aquela parte que as deu poderá ter o contrato como desfeito e exigir sua devolução mais o equivalente, juros, atualização e honorários. A parte inocente poderá pedir indenização suplementar, se as arras não forem suficientes.

D19. (OAB/Exame XXX 2019) Lucas, interessado na aquisição de um carro seminovo, procurou Leonardo, que revende veículos usados. Ao final das tratativas, e para garantir que o negócio seria fechado, Lucas pagou a Leonardo um percentual do valor do veículo, a título de sinal. Após a celebração do contrato, porém, Leonardo informou a Lucas que, infelizmente, o carro que haviam negociado já havia sido prometido informalmente para um outro comprador, velho amigo de Leonardo, motivo pelo qual Leonardo não honraria a avença.

Frustrado, diante do inadimplemento de Leonardo, Lucas procurou você, como advogado(a), para orientá-lo.

Nesse caso, assinale a opção que apresenta a orientação dada.

A) Leonardo terá de restituir a Lucas o valor pago a título de sinal, com atualização monetária, juros e honorários de advogado, mas não o seu equivalente.

B) Leonardo terá de restituir a Lucas o valor pago a título de sinal, mais o seu equivalente, com atualização monetária, juros e honorários de advogado.

C) Leonardo terá de restituir a Lucas apenas metade do valor pago a título de sinal, pois informou, tão logo quanto possível, que não cumpriria o contrato.

D) Leonardo não terá de restituir a Lucas o valor pago a título de sinal, pois este é computado como início de pagamento, o qual se perde em caso de inadimplemento.

➡ Veja art. 418 do CC.

Comentário: A resposta correta é a letra B. Como Leonardo já havia recebido o depósito a título de arras (sinal) e, como ele mesmo, Leonardo, desistiu do negócio, determina o art. 418 do Código Civil que ele devolva o recebido, mais o seu equivalente, com atualização monetária, juros e honorários de advogado. A resposta A está errada porque não impõe a Leonardo que ele devolva o valor recebido a título de arras mais o seu equivalente. A resposta C está errada porque determina que Leonardo devolva apenas a metade daquilo por ele recebido a título de arras. A resposta D está completamente errada porque, em que pese as arras serem interpretadas como início de pagamento, uma vez que o negócio foi frustrado por Leonardo, compete a ele devolver o adiantamento do recebido, além das demais implicações legais.

Arras penitenciais

Quando houver estipulação de direito de arrependimento, as arras ou sinal terão caráter indenizatório. Não haverá direito à indenização suplementar.

Origem da expressão

Do latim, *arrha*, no sentido de garantia.

Origem do instituto

As arras eram usadas nos contratos esponsalícios, assinalando Caio Mário (*Curso de direito civil*, v. II, p. 209) que, ao ser extinto "o regime da comunidade familiar e tornando-se insuficiente a troca *in specie* para conter a complexidade dos negócios jurídicos, transplantou-se do direito de família para as relações obrigacionais", para que fosse o pacto avençado garantido ou reforçado. No Direito pré-romano tinha efeito assecuratório; no Direito Romano pré-justiniano, servia para a demonstração material do acordo de vontades. Já nas Institutas, entende-se que as arras representavam a faculdade de retratação do pactuado. No Brasil, a vetusta codificação civil enfatizava as arras como "instrumento preparatório para a celebração do contrato"; já a nova redação do Código Civil (art. 420 do CC), ao tirar as arras da parte geral dos contratos, remetendo-as ao campo das obrigações, dá-lhes caráter de prefixação de indenização.

As arras no Código de Defesa do Consumidor (CDC). O instituto das arras configura-se e se perfaz às linhas do CDC, limitado, porém, pela nova sistemática desta codificação, que serve de repositório legal para todo o sistema. Lícita se afigura a utilização das arras, desde que o seu valor se atenha a parâmetros razoáveis, e não sirva de fonte de enriquecimento sem causa, tanto mais quando oriundo de infortúnios e imprevistos de uma das partes. Dessa forma, de par com o respeito à equidade hoje buscada nos negócios, estar-se-á preservando a eficácia deste instituto, que muito serviu e muito ainda pode servir à sociedade.

Sistemática

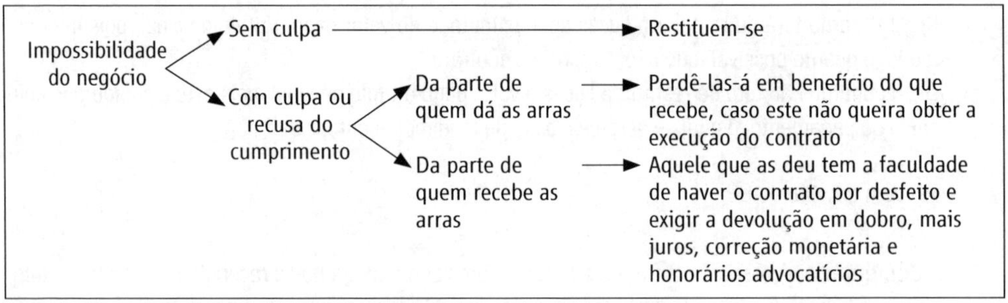

Modos de retenção e recebimento das arras

Existem duas situações em que as arras são devidas: na primeira, se aquele que deu as arras não der execução no contrato, terá o valor pago retido pela outra parte; na segunda, quem deixou de executar é aquele que as recebeu e poderá desfazer o contrato e exigir a devolução do valor pago, somado ao equivalente sem prejuízo da correção monetária, juros e honorários advocatícios.

Indenização suplementar e execução do contrato

O art. 419 permite que a parte inocente solicite indenização suplementar se provar maior prejuízo, valendo as arras como taxa mínima. Ademais, o Código Civil reservou ao credor, no mesmo artigo, a possibilidade de exigir o cumprimento da obrigação com as perdas e danos, tendo as arras como o mínimo da indenização.

Direito de arrependimento

Função secundária. Pode-se dizer que existe uma função penitencial, mas será necessária estipulação expressa, limitando-se, nesse caso, o valor da indenização ao valor das arras, não cabendo direito à indenização suplementar, mesmo que o prejuízo sofrido tenha sido maior, uma vez que o arrependimento é direito estabelecido no contrato. De resto, vale o disposto no quadro já citado. Assemelham-se as arras penitenciais à cláusula penal, da qual se diferem por constituírem uma convenção acessória real (deve haver tradição para seu perfazimento), ao passo que a cláusula penal tem natureza consensual.

D20. (OAB/XXXIII Exame de Ordem Unificado/FGV/2021) Valdeir e Max assinaram contrato particular de promessa de compra e venda com direito de arrependimento, no qual Valdeir prometeu vender o apartamento 901 de sua propriedade por R$ 500.000,00 (quinhentos mil reais). Max, por sua vez, se comprometeu a comprar o imóvel e, no mesmo ato de assinatura do contrato, pagou arras penitenciais de R$ 50.000,00 (cinquenta mil reais). A escritura definitiva de compra e venda seria outorgada em 90 (noventa) dias a contar da assinatura da promessa de compra e venda, com o consequente pagamento do saldo do preço. Contudo, 10 (dez) dias antes da assinatura da escritura de compra e venda, Valdeir celebrou escritura definitiva de compra e venda, alienando o imóvel à Ana Lúcia que pagou a importância de R$ 750.000,00 (setecentos e cinquenta mil reais) pelo mesmo imóvel. Max, surpreendido e indignado, procura você, como advogado(a), para defesa de seus interesses.
Sobre a hipótese apresentada, assinale a afirmativa correta.
A) Max poderá exigir de Valdeir a importância paga a título de arras mais o equivalente, com atualização monetária segundo índices oficiais regularmente estabelecidos, juros e honorários de advogado.
B) Por se tratar de arras penitenciais, Max poderá exigir de Valdeir apenas R$ 50.000,00 (cinquenta mil reais), e exigir a reparação pelas perdas e danos que conseguir comprovar.
C) Max poderá exigir de Valdeir até o triplo pago a título de arras penitencias.
D) Max não poderá exigir nada além do que pagou a título de arras penitenciais.

➡ Veja art. 420, CC.

Comentário: A pergunta traz à baila a questão das arras. As arras são, antes de mais nada, um mecanismo de garantia que serve para assegurar o cumprimento de uma obrigação. Elas se dividem em arras penitenciais e em arras confirmatórias. As últimas são próprias para os contratos em que não há direito de arrependimento. Assim, nessa circunstância, o comprador, para mostrar que tem o interesse de adimplir totalmente a obrigação de pagar o preço, oferece ao vendedor um adiantamento desse pagamento, também chamado de sinal. Desse modo, caso mais adiante o comprador não cumpra o contrato e não pague o resto do preço, ele perde aquele valor adiantado em prol do vendedor. Além disso, o vendedor poderá requerer ainda perdas e danos em razão de o negócio ter sido frustrado sem que houvesse a expectativa por parte dele – vendedor – de que o negócio pudesse ser desfeito. Ademais, o valor adiantado será atualizado monetariamente, acrescido de juros e honorários de advogado.
Ainda nessa modalidade de contrato, porém, caso quem desista do negócio seja o vendedor, deverá o cobrador receber o valor adiantado em dobro (dobro justamente para o fim de apenas devolver ao comprador o valor que ele tinha adiantado e a segunda parte como punição pela frustração do negócio), além de perdas e danos, justamente pelo fato de ter "pego o comprador de surpresa". A mesma aplicação da atualização monetária, com acréscimo de juros e honorários, será executada.
Já as arras penitenciais são próprias dos contratos em que há o direito de arrependimento. A lógica de raciocínio é similar ao cenário anterior, mas, nesse caso, como o arrependimento já estava previsto entre os contratantes, não se fala em aplicação de perdas e danos, e, sim, apenas e tão somente em perda do valor adiantado pelo comprador se ele desistir do negócio e restituição em dobro pelo vendedor caso seja ele que desista do negócio.
Por toda a explicação anterior, conforme o art. 420, Max não poderá exigir indenização suplementar além do que pagou, determinando que a alternativa correta é a letra D.

DOS CONTRATOS EM GERAL

Conceito (arts. 421 a 853)	Contrato é o acordo de duas ou mais vontades, na conformidade da ordem jurídica, destinado a estabelecer uma regulamentação de interesses entre as partes, com o escopo de adquirir, modificar ou extinguir relações jurídicas de natureza patrimonial	
Requisitos	Subjetivos (art. 104, I)	Existência de duas ou mais pessoas, capacidade genérica para praticar os atos da vida civil, aptidão específica para contratar e consentimento das partes contratantes (arts. 3º a 5º – capacidade/1º a 78 – pessoas)
	Objetivos (art. 104, II)	Licitude do objeto do contrato, possibilidade física ou jurídica do objeto do negócio jurídico, determinação do objeto do contrato e economicidade de seu objeto (arts. 79 a 103)
	Formais (art. 104, II)	Arts. 107 e 108 do CC

Quanto à pessoa do contrato		Contratos reciprocamente considerados	
Contratos pessoais	São intransmissíveis, não podendo ser executados por outrem, nem cedidos	Principais (arts. 481 a 532)	São os que existem entre si, exercendo sua função e finalidade independentemente do outro
Contratos impessoais	A pessoa de um dos contraentes é juridicamente irrelevante para a execução do contrato pelo outro	Acessórios (arts. 818 a 839)	São aqueles cuja existência jurídica supõe a do principal, pois visam a assegurar a sua execução

Quanto à natureza dos contratos			
Unilaterais (arts. 854 a 886)	Os contratos dos quais resultam obrigações só para uma das partes. Exemplo: doação	Bilaterais (art. 476)	Obrigações unidas uma à outra por um vínculo de reciprocidade ou interdependência. Exemplo: compra e venda
Onerosos (arts. 481 a 532)	São aqueles que trazem vantagens para ambos os contratantes. Exemplo: locação	Gratuitos (arts. 538 a 564)	Oneram somente uma das partes, a outra parte não obtém vantagem. Exemplo: doação pura e simples
Comutativos (arts. 610 a 626)	Cada parte recebe uma contraprestação, equivalente	Aleatórios (arts. 458 a 461)	As partes se arriscam a uma contraprestação inexistente ou desproporcional
Paritários (arts. 653 a 692)	Contratos, cujas partes se apresentam em isonomia	Por adesão (arts. 423 e 424)	Uma das partes monopoliza e impõe as cláusulas, outra parte apenas adere às propostas apresentadas

Quanto à forma		Quanto à denominação	
Consensuais (Lei n. 8.245/91)	Que se perfazem pela simples anuência das partes, sem necessidade de outro ato. Exemplo: locação	Nominados em espécie (arts. 481 a 532)	Contratos nominados são aqueles que têm designação própria pela lei. O CC disciplina vinte contratos nominados. Exemplo: contratos de compra e venda
Solenes (art. 481)	São aqueles para cuja celebração a lei prescreve uma forma especial. Exemplo: compra e venda de imóvel		
Reais (arts. 579 a 585)	Aqueles que se ultimam com a entrega da coisa, feita por um contratante a outro. Exemplo: comodato	Inominados (art. 425)	São contratos que não são regulados expressamente pelo CC ou por lei especial, porém são permitidos juridicamente

Liberdade contratual

Toda vez que a formação do negócio jurídico depender da conjunção de duas vontades, elas encontram-se na presença de um contrato, que é, pois, o acordo de duas ou mais vontades, em vista de produzir efeitos jurídicos. O art. 421 do Código Civil dispõe que a liberdade de contratar será exercida em razão e nos limites da função social do contrato, a qual o condiciona ao atendimento do bem comum e dos fins sociais. Dessa feita, os interesses individuais das partes contratantes não poderão ser contrários à ordem pública e aos bons costumes, uma vez que estão subordinados ao interesse coletivo. Há diversos princípios que regem o direito contratual e verificar-se-á que o legislador tem restringido, mais ou menos, a liberdade contratual. Essa liberdade encontra restrição na lei, e só nela. A liberdade contratual não é absoluta, pois está limitada não só pela supremacia da ordem pública, que veda a convenção que lhe seja contrária e aos bons costumes, de forma que a vontade dos contratantes está subordinada ao interesse coletivo, mas também pela função social do contrato, que o condiciona ao atendimento do bem comum e dos fins sociais (DINIZ, Maria Helena. *Código Civil anotado.* São Paulo: Saraiva, 2009, p. 364).

Ocorre, no entanto, que essa interpretação da norma passou por certa revisão com as alterações trazidas pela Lei n. 13.874/2019. Isso porque o art. 421, que condicionava a liberdade contratual à função social do contrato, recebeu a inclusão de parágrafo único para definir que, "nas relações contratuais privadas, prevalecerão o princípio da intervenção mínima e a excepcionalidade da revisão contratual". Com isso, mais uma vez se nota a preocupação em deixar a cargo dos contratantes a realização de acordos, com pouca ou quase nenhuma presença do Estado/julgador para revisitar as estipulações das partes, materializando a ideia de liberalismo e de pouco intervencionismo estatal. O maior dos problemas no caso é, antes mais nada, a própria contradição com a mesma norma alterada nos parágrafos do art. 113, que tinham como premissa interpretar e legitimar os contratos segundo os bons costumes, as boas práticas, a boa-fé, e que, inclusive, dava maior respaldo à parte que não redigiu o dispositivo. Após isso, a norma apenas entende por bem não intervir e evitar revisões de acordos entre partes.

O art. 421-A, também introduzido pela Lei n. 13.874/2019, determina que os contratos civis e empresariais se presumem paritários e simétricos até que se prove o contrário, ressalvados os regimes jurídicos previstos em leis especiais, garantindo também que (i) as partes negociantes poderão estabelecer parâmetros objetivos para a interpretação das cláusulas negociais e de seus pressupostos de revisão ou de resolução; (ii) a alocação de riscos definida pelas partes deve ser respeitada e observada; e (iii) a revisão contratual somente ocorrerá de maneira excepcional e limitada.

Aqui, o artigo introduzido de pronto estabelece e entende que as partes pactuam livremente e de forma paritária, definindo as "regras do jogo" em equidade, sem situações que levem a entender que uma das partes possa determinar as regras do acordo e a outra apenas aceitar. Fica aberta a perspectiva de revisão de termos dos acordos entre as partes, contando que tais definições possam, em desacordo com a premissa do *caput* do artigo, ser realizadas apenas pela parte que estipula o acordo, sendo, assim, mais favorável a ela. O inciso II do artigo reforça a ideia de que as partes são tidas e vistas como igualitárias, determinando que a alocação dos riscos vislumbrada pelas partes quando da realização dos acordos deverá ser respeitada; em seguida, o inciso III reitera que a revisão contratual se dará de forma excepcional e limitada.

Classificação contratual

Unilaterais são os contratos que criam obrigações unicamente a uma das partes, como a doação pura (GONÇALVES, Carlos Roberto. *Direito civil brasileiro*, cit., p. 90). No contrato bilateral, ambas as partes contraem obrigações e ao menos alguns deveres recíprocos de prestação estão vinculados entre si, de maneira que a prestação de um representa, conforme a vontade de ambas as partes, a contraprestação, a compensação pela outra (idem). Embora não seja tão defendida sua existência pela doutrina, alguns autores estabelecem a classificação do contrato plurilateral como sendo aquele que contém mais de duas partes (op. cit., p. 91). Gratuitos são os contratos nos quais apenas uma das partes aufere benefício ou vantagem. Ao outro contratante, no caso, só recaem a obrigação e o sacrifício (op. cit., p. 93). Na modalidade do contrato oneroso, ambas as partes obtêm proveito e empenham algum sacrifício, isto é, notam-se vantagens e desvantagens, prós e contras (idem). Os contratos descritos, os onerosos, subdividem-se em comutativos e aleatórios. Os primeiros são de prestações certas e determinadas. As partes, assim, podem prever as vantagens e as desvantagens decorrentes da celebração, porque não envolve algum risco incerto e futuro (op. cit., p. 94). O vocábulo aleatório provém do latim *alea,* que significa sorte, acaso, risco. É então o contrato bilateral oneroso em que pelo menos uma das partes não consegue antever o benefício que receberá, em troca da prestação fornecida (op. cit., p. 95). Dentro da macroclassificação proposta, uma das modalidades é a formatação em contratos paritários e contratos de adesão. Os primeiros se referem ao tipo de vínculo tradicional, em que as partes discutem livremente as condições, porque se encontram em situação de igualdade (par a par) (GONÇALVES, Carlos Roberto. *Direito civil brasileiro,* cit., p. 97). Nos contratos de adesão, não se permite essa liberdade, em razão da preponderância da vontade de um dos contratantes, que elabora todas as cláusulas (idem). Os contratos de execução instantânea ou imediata são os que se consumam em um só ato, sendo cumpridos imediatamente após a sua celebração, como vem a ser o caso da compra e venda à vista (idem). Já os contratos de execução diferida ou retardada são também cumpridos em um ato só, mas em um momento ainda futuro, isto é, a prestação de um dos contraentes não se finaliza depois da celebração, mas sim a termo (idem). Os contratos de trato sucessivo ou também intitulados de execução continuada são aqueles cumpridos por intermédio de atos reiterados (idem). Os contratos personalíssimos são efetuados em atenção aos predicados pessoais de um dos contratantes (op. cit., p. 97). Impessoais são os vínculos em que a prestação pode ser cumprida, indiferentemente, pelo obrigado ou mesmo por terceiro. O que importa, assim, é a execução da obrigação e do contrato como consequência, não exatamente por quem (idem). Contratos principais têm existência autônoma, própria, sem a dependência de outro para a sua existência, como nos casos da compra e venda e da locação, por exemplo (idem). Os contratos acessórios já dependem de outros, tendo a sua execução subordinada ao contrato principal. Ou seja, só existirá o vínculo acessório, obviamente, se houver um principal que o legitime e que dê luz à sua existência (idem). Os contratos são solenes quando precisam obedecer a uma forma descrita pela lei para se aperfeiçoar (idem). Contratos não solenes são os de forma livre, bastando o consentimento das partes para a sua formalização (idem). Consensuais são aqueles que se formam unicamente pelo acordo de vontades (*solo consensu*), independentemente da entrega da coisa e da observância de determinada forma. Por isso também não considerados como não solenes (idem, p. 108). Os reais, quando de sua celebração, além da existência do consentimento, exigem a presença da entrega da coisa (idem). O contrato preliminar é aquele em que se objetiva um contrato definitivo futuro. Como afirma Caio Mário, é o vínculo "por via do qual ambas as partes ou uma delas se compromete a celebrar mais tarde outro contrato, que será o principal" (2009, p. 81). O contrato definitivo tem objetos distintos, conforme a natureza de cada contrato. Cada avença se vale de um objeto peculiar (GONÇALVES, Carlos Roberto. *Direito civil brasileiro,* cit., p. 108). O contrato típico, também conhecido como nominado, é aquele que tem as suas regras disciplinares deduzidas de maneira precisa nas codificações ou nas normas (idem). Entende-se por contrato atípico, ou seja, inominado, o vínculo contratual que não foi agraciado pelo batismo legislativo ou que não foi tipificado (idem). "Diz-se misto o contrato que alia a tipicidade e a atipicidade, ou seja, aquele em que as partes imiscuem em uma espécie regularmente dogmatizada, aspectos criados por sua própria imaginação, desfigurando-a em relação ao modelo legal" (PEREIRA, Caio Mário da Silva. *Instituições de direito civil*, cit., 2009, p. 53).

Princípios contratuais

(i) autonomia da vontade;
(ii) consensualismo;
(iii) obrigatoriedade das convenções (*pacta sunt servanda*);
(iv) relatividade dos efeitos contratuais;
(v) boa-fé (objetiva);
(vi) probidade;
(vii) eticidade;
(viii) princípio da função social do contrato;
(ix) conservação contratual;
(x) equivalência contratual.

(GUILHERME, Luiz Fernando do Vale de Almeida. *Função social do contrato e contrato social:* análise da crise econômica. 2. ed. São Paulo, Saraiva, 2015, p. 69 e segs.).

O (i) *princípio da autonomia da vontade* é produto do ideário que marcou a Revolução Francesa, no final do séc. XVIII. A premissa que se assumiu foi a de que as partes seriam livres para contratar, sendo vedada a interferência do Estado sobre o direito individual dos contratantes.

Já pelo (ii) *princípio do consensualismo* tem-se que o contrato nada mais é senão o resultado do consenso assumido pelas partes, baseado na confiança e no respeito recíprocos.

O (iii) *princípio da obrigatoriedade das convenções* (*pacta sunt servanda*) decorre justamente da autonomia da vontade e faz com que aquilo que foi assumido livremente pelas partes seja lei para elas. Isso quer dizer que, se um dos contratantes não cumprir com aquilo que foi livremente assumido por ele anteriormente, fica autorizado o outro contratante a requerer a intervenção legal do Estado para que seja cumprida a obrigação. Em suma, o princípio consagra a máxima de que "o contrato faz lei entre as partes".

O (iv) *princípio da relatividade dos efeitos contratuais* faz com que terceiros não envolvidos na relação contratual não sejam atingidos pelo contrato e que este só produza efeitos para aqueles que manifestaram a sua vontade.

O (v) *princípio da boa-fé (objetiva)* (art. 113 do CC) é, na verdade, certamente um dos mais relevantes princípios que tutelam os contratos. Ele se subdivide em boa-fé subjetiva e boa-fé objetiva. A rigor, a boa-fé subjetiva é aquela que vigorava no Código Civil de 1916, que basicamente consistia em uma atitude passiva dos contratantes quando da realização e da execução de um contrato. Agir sob o manto da boa-fé subjetiva significava agir em um mero "estado de inocência". Significava uma boa-fé que estava no coração e na alma. Mas a boa-fé objetiva, que está presente no Código Civil atual e que tutela as relações, vai além e tem um espírito ativo, em que não basta apenas o "estado de inocência" das partes, mas sim, também, um dever de sempre agir com lealdade, retidão e de, inclusive, proteger as expectativas da outra parte contratante. Quer dizer, de livre e espontânea vontade, eventualmente ir além daquilo que foi assumido como uma obrigação no contrato unicamente para defender os interesses do parceiro daquele contrato. Ou seja, é fazer mais do que aquilo que se obrigou a fazer para proteger o outro contratante, esperando que ele faça da mesma forma.

O (vi) *princípio da probidade* caminha de mãos dadas com o princípio da boa-fé objetiva. A rigor, os princípios da probidade e da boa-fé (arts. 113 e 422 do CC) estão ligados não só à interpretação do contrato, pois o sentido literal da linguagem não deverá prevalecer sobre a intenção inferida da declaração de vontade das partes, mas também ao interesse social de segurança das relações jurídicas, uma vez que as partes têm o dever de agir com lealdade, probidade e confiança recíprocas, isto é, impedindo que uma dificulte a ação da outra. O art. 422 trata especificamente de um agir ético, moldado nas ideias de proceder com correção, com dignidade, pautando sua atitude pelos princípios da honestidade, da boa intenção e no propósito de a ninguém prejudicar.

O (vii) *princípio da eticidade* tem íntima relação com os princípios da probidade e da boa-fé, ligados não só à interpretação do contrato, pois o sentido literal da linguagem não deverá prevalecer sobre a intenção inferida da declaração de vontade das partes, mas também ao interesse social de segurança das relações jurídicas, uma vez que as partes têm o dever de agir com lealdade, probidade e confiança recíprocas, isto é, impedindo que uma dificulte a ação da outra. O art. 422 trata especificamente da boa-fé objetiva, a qual consiste em um consentimento ético, moldado nas ideias de proceder com correção, com dignidade, pautando sua atitude pelos princípios da honestidade, da boa intenção e no propósito de a ninguém prejudicar. Os princípios da probidade (art. 422 do CC) e da boa-fé (art. 422 do CC) deverão ser observados na conclusão e na execução do contrato, e também nas fases pré e pós-contratuais, além de em todas as relações privadas.

O (viii) *princípio da função social do contrato* é uma cláusula geral, intencionalmente formulada de maneira vaga e imprecisa, a fim de que o magistrado possa densificar o seu conteúdo. Entretanto, o legislador não identificou a consequência da ofensa à função social do contrato, conforme a Constituição Federal fez com a função social da propriedade (art. 182, em decorrência do art. 3º, I).

Dando prosseguimento, o (ix) *princípio da conservação contratual* está intimamente ligado ao da função social do contrato. O contrato, antes de mais nada, faz girar riqueza, propiciando acesso a bens e serviços que favorecem o desenvolvimento econômico e social do Estado e da pessoa humana. Por isso, sempre que possível, é fundamental para a sociedade que os contratos sejam respeitados e levados a cabo, ainda que eventualmente existam óbices em seu desenrolar. Isso não quer dizer que não aconteçam situações que possibilitam a sua interrupção ou o seu desfazimento, mas é próprio do ordenamento procurar salvar os contratos a fim de que eles sejam mantidos.

Para arrematar, tem-se o (x) *princípio da equivalência contratual*, segundo o qual se entende que as partes estão em posição de igualdade na realização do contrato, não cabendo falar em vulnerabilidade de uma em relação a outra. Vale dizer que o princípio da equivalência contratual foi reforçado a partir da edição da Medida Provisória n. 881/2019 (Medida Provisória da Liberdade Econômica, convertida na Lei n. 13.874/2019), que trouxe as premissas da simetria e da paridade, exatamente para admitir que a revisão dos acordos pelo Estado só se daria em último caso, na medida que, em tese, as partes estariam em condição de igualdade quando da realização dos contratos e, com isso, o acordo seria um mero produto da manifestação de suas vontades, justificando a revisão pelo Estado apenas em último caso.

D21. (OAB/XVII Exame de Ordem Unificado/FGV/2015) Flávia vendeu para Quitéria seu apartamento e incluiu, no contrato de compra e venda, cláusula pela qual se reservava o direito de recomprá-lo no prazo máximo de 2 (dois) anos. Antes de expirado o referido prazo, Flávia pretendeu exercer seu direito, mas Quitéria se recusou a receber o preço.
Sobre o fato narrado, assinale a afirmativa correta.

A) A cláusula pela qual Flávia se reservava o direito de recomprar o imóvel é ilícita e abusiva, uma vez que Quitéria, ao se tornar proprietária do bem, passa a ter total e irrestrito poder de disposição sobre ele.

B) A cláusula pela qual Flávia se reservava o direito de recomprar o imóvel é válida, mas se torna ineficaz diante da justa recusa de Quitéria em receber o preço devido.

C) A disposição incluída no contrato é uma cláusula de preferência, a impor ao comprador a obrigação de oferecer ao vendedor a coisa, mas somente quando decidir vendê-la.

D) A disposição incluída no contrato é uma cláusula de retrovenda, entendida como o ajuste por meio do qual o vendedor se reserva o direito de resolver o contrato de compra e venda mediante pagamento do preço recebido e das despesas, recuperando a coisa imóvel.

➠ Veja art. 505, CC.

Comentário: A alternativa certa é a letra D. Isso porque o cenário retrata a hipótese da retrovenda, situação segundo a qual o vendedor de coisa imóvel pode se reservar o direito de recomprar no prazo máximo de três anos o imóvel, desde que restituindo o preço recebido anteriormente e reembolsando as despesas do comprador. É, assim, um expediente lícito, eficaz e não abusivo.

D22. (OAB/XXIII Exame de Ordem Unificado/FGV/2017) Paulo, viúvo, tinha dois filhos: Mário e Roberta. Em 2016, Mário, que estava muito endividado, cedeu para seu amigo Francisco a quota-parte da herança a que fará jus quando seu pai falecer, pelo valor de R$ 1.000.000,00 (um milhão de reais), pago à vista. Paulo falece, sem testamento, em 2017, deixando herança líquida no valor de R$ 3.000.000,00 (três milhões de reais). Sobre a partilha da herança de Paulo, assinale a afirmativa correta.

A) Francisco não será contemplado na partilha porque a cessão feita por Mário é nula, razão pela qual Mário e Roberta receberão, cada um, R$ 1.500.000,00 (um milhão e quinhentos mil reais).

B) Francisco receberá, por força da partilha, R$ 1.000.000,00 (um milhão de reais), Mário ficará com R$ 500.000,00 (quinhentos mil reais) e Roberta com R$ 1.500.000,00 (um milhão e quinhentos mil reais).

C) Francisco e Roberta receberão, cada um, por força da partilha, R$ 1.500.000,00 (um milhão e quinhentos mil reais) e Mário nada receberá.

D) Francisco receberá, por força da partilha, R$ 1.000.000,00 (um milhão de reais), Roberta ficará com R$ 2.000.000,00 (dois milhões de reais) e Mário nada receberá.

➠ Veja art. 426, CC.

Comentário: A alternativa certa é a letra A. Bem, como se sabe, é proibido o negócio que tem por objeto a herança de pessoa viva. Desse modo, ficando nulo negócio dessa natureza, tornam-se sem força seus efeitos. Com isso, a partilha segue entre os descendentes e Paulo como se a cessão não tivesse sido feita, cabendo a cada descendente a metade da herança.

Contrato de adesão

É aquele em que a manifestação da vontade de uma das partes se reduz a mera anuência a uma proposta da outra, ou seja, as cláusulas já feitas por uma das partes. Opõe-se à ideia de contrato paritário, por inexistir a liberdade de convenção, visto que exclui qualquer possibilidade de debate e transigência entre as partes, pois um dos contratantes se limita a aceitar as cláusulas e condições previamente redigidas e impressas pelo outro, aderindo a uma situação contratual já definida em todos os seus termos.

Cláusulas ambíguas e/ou contraditórias

Inseridas em contrato por adesão, deverão ser interpretadas de modo mais favorável ao aderente, resguardando-o, por estar em situação mais frágil do que a do ofertante.

Código de Defesa do Consumidor. A análise do contrato de consumo é sempre em prol do consumidor (*vide* Lei n. 8.078/90, art. 51).

Cláusulas nulas nos contratos de adesão

Serão consideradas inválidas, neste caso nulas, as cláusulas que ajustem a renúncia antecipada do aderente a direito que derive da própria natureza do negócio. Por exemplo, em um contrato de locação não se pode aplicar ao locatário a renúncia antecipada ao seu direito de desfrutar da coisa locada, que é natureza do negócio, pois configurará cláusula abusiva ou leonina, ferindo, assim, a liberdade de contratar, e por consequência gerando insegurança e desequilíbrio contratual.

Contratos atípicos ou inominados

Os contratos atípicos ou inominados são aqueles em que o acordo entre as partes não é definido no ordenamento, ou seja, suas características e requisitos de validade, existência e eficácia não estão regulados na lei, mas isso não significa que a lei não o proteja, pois a autonomia de vontade é respaldada pelo ordenamento jurídico. Portanto, os contratantes poderão criar quaisquer contratos de que necessitarem na esfera dos negócios, desde que não contrariem os bons costumes, além de observarem as normas estabelecidas pelo Código Civil, principalmente os requisitos impostos no art. 104 do citado diploma.

Herança de pessoa viva

Só se nasce herança e se torna objeto contratual aquele conjunto de bens que pertenciam ao *de cujus*, não sendo plausível que venha a se negociar tal patrimônio enquanto seu proprietário ainda viver. O bem jurídico é resguardado pela sistemática jurídica, em que o art. 426 está pautado exatamente na nulidade do art. 166, II.

Da Formação dos Contratos

Da obrigatoriedade da proposta

A obrigatoriedade da proposta visa a assegurar a estabilidade das relações sociais; contudo, a proposta deixa de ser obrigatória nas hipóteses do rol taxativo dos incisos I a IV do art. 428. Quando feita entre presentes, a proposta deverá ser imediatamente aceita pelo oblato, caso contrário o ofertante não estará obrigado a cumpri-la. Considera-se entre **presentes** as propostas realizadas pessoalmente, por telefone ou mediante comunicação semelhante, como por meio de teleconferência, salas de bate-papo ou *skype*.

Já à pessoa **ausente** a proposta poderá ser feita mediante carta, telegrama e fac-símile, por exemplo, e sua resposta deverá ser expedida em tempo razoável, se não possuir prazo, ou dentro deste, quando for o caso. Por fim, deixa de ser obrigatória a proposta que é retratada a tempo, antes de chegar ao conhecimento do oblato, ou simultaneamente com o conhecimento da proposta, tornando-se eficaz o arrependimento do proponente. É interessante observar que não se pode encaixar o *e-mail* dentro do rol da última parte do inciso I do art. 428.

D23. (Juiz do Trabalho/TRT-2ª R./SP/Vunesp/2014) Quanto aos contratos, observe as proposições abaixo e ao final responda a alternativa que contenha proposituras corretas:

I. A proposta obriga o proponente, se o contrário não resultar dos termos dela, da natureza do negócio, ou das circunstâncias do caso.
II. É obrigatória, se feita sem prazo a pessoa ausente e tiver decorrido tempo suficiente para chegar a resposta ao conhecimento do proponente.
III. A coisa recebida em virtude de contrato comutativo não pode ser enjeitada por vícios ou defeitos ocultos, que apenas lhe diminuam o valor.
IV. O contrato preliminar deve conter todos os requisitos essenciais ao contrato a ser celebrado, inclusive quanto à forma.
V. A evicção subsiste mesmo na aquisição que se tenha realizada em hasta pública.

Está correta a alternativa:
A) I e V.
B) II e IV.
C) III e V.
D) I e III.
E) II e IV.

➟ Veja arts. 427, 428, II, 441, 447 e 462, CC.

Comentário: A assertiva correta é A, conforme dispõe a combinação dos arts. 427, que trata da obrigação decorrente de proposta de contrato, e 447, do Código Civil, que traz a figura da evicção e a manutenção desta, mesmo que a aquisição tenha se dado em hasta pública.

Oferta pública

A oferta anunciada poderá ter a mesma força vinculante da proposta, desde que reúna dentro de si os requisitos essenciais do contrato, podendo ser revogada pela mesma via na qual fora anunciada.

Aceitação

É a manifestação da vontade do destinatário de uma proposta, feita dentro do prazo, aderindo a esta em todos os seus termos, tornando o contrato definitivamente concluído, desde que chegue, oportunamente, ao conhecimento do ofertante. Seus requisitos são: (i) não exige obediência a determinada forma, salvo nos contratos solenes, podendo ser expressa ou tácita (art. 432 do CC); (ii) deve ser oportuna (arts. 430 e 431 do CC); (iii) deve corresponder a uma adesão integral à oferta; e (iv) deve ser conclusiva e coerente. Se a aceitação chegar tardiamente ao conhecimento do proponente, este deverá imediatamente comunicar tal fato ao aceitante sob pena de responder por perdas e danos (arts. 389 e 402).

Contraproposta

A proposta é o negócio jurídico unilateral pelo qual o proponente estabelece as condições e o objeto do negócio jurídico; para que seja estabelecido vínculo obrigacional, deverá contar com a aceitação do oblato. Porém, se tal aceitação ocorrer fora do prazo, com adições, restrições ou modificações, uma nova proposta será feita.

Contratos que não exijam aceitação expressa, ou com a dispensa do proponente

A aceitação poderá ser expressa ou tácita. No art. 432, trata-se da aceitação na modalidade tácita, que é admitida por razão dos usos e costumes inerentes ao próprio negócio, sendo dessa forma dispensada a aceitação expressa. Assim sendo, o contrato será aperfeiçoado. Caso não seja esta a intenção, o oblato poderá recusar a proposta, mas essa recusa deverá ser na forma expressa.

Retratação do aceitante antes da aceitação

O oblato poderá aceitar a proposta e posteriormente arrepender-se, desde que sua retratação chegue ao proponente antes ou com a aceitação e, a partir de então, será considerada inexistente a aceitação. Se a retratação chegar ao conhecimento do ofertante tardiamente, o oblato ainda permanecerá vinculado ao contrato.

Contrato entre ausentes

O contrato entre ausentes é aquele em que as partes efetivam as suas vontades por meio de cartas, telegramas ou outro meio de comunicação semelhante. Existem algumas teorias que buscam determinar o momento em que as manifestações de vontade se dão, e o art. 434 faz menção à teoria da declaração da expedição, que é aquela em que o oblato manifesta a sua resposta enviando-a ao proponente. A outra teoria mencionada no art. 434 é a teoria da declaração da recepção, que exige mais do oblato, pois além da resposta escrita e enviada ao proponente, requer que este obtenha o conhecimento do teor da correspondência enviada.

Reputar-se-á celebrado o contrato no lugar em que foi proposto

Para todos os efeitos, salvo disposição em contrário, será considerado como lugar do contrato o mesmo de onde a proposta foi realizada, pois o vínculo obrigacional é gerado, pelo princípio do consensualismo, no momento em que as partes emitem a sua vontade positiva em contratar com a outra.

Da Estipulação em Favor de Terceiro

Ocorre quando, em um contrato entre duas pessoas, pactua-se que a vantagem resultante do ajuste reverterá em benefício de terceiro, estranho à convenção e nela não representado. É negócio peculiar, pois, em vez de resultarem do contrato obrigações recíprocas entre os contraentes, apenas um deles assume o encargo de realizar prestação em favor de terceiro. Por conseguinte, nessa relação jurídica aparecem três figurantes: o estipulante, o promitente e o beneficiário. *Estipulante* é o que obtém do *promitente*, ou devedor, a promessa em favor do *beneficiário*. Um exemplo típico dessa modalidade contratual é o contrato de seguro em que o estipulante (aquele que contrata o seguro) convenciona com o promitente (seguradora) obrigação cuja prestação deverá ser cumprida em favor de terceiro (vítima de acidente, por exemplo).

O estipulante poderá substituir o terceiro beneficiário, além de exonerar o devedor da obrigação. Se for estipulado o direito de o terceiro reclamar a execução do contrato, automaticamente ficará o estipulante proibido de exonerar o devedor da obrigação.

A estipulação realizada pelo estipulante é ato de liberalidade de sua parte para que se possa beneficiar um terceiro até então alheio ao negócio. Dessa forma, faculta-se ao estipulante a substituição do beneficiário a qualquer tempo, sem necessitar da anuência deste e da do outro contratante, por ato *inter vivos* ou *causa mortis*.

Da Promessa de Fato de Terceiro

Responsabilidade daquele que prometer fato de terceiro

O Código de 2002, art. 439, repete a regra do de 1916, segundo a qual aquele que tiver prometido fato de terceiro responderá por perdas e danos, quando este não o executar. Isso porque ninguém pode vincular terceiro a uma obrigação. A pessoa só se torna devedora de uma obrigação ou por manifestação de sua própria vontade, ou por força da lei, ou em decorrência de ato ilícito por ela praticado. Por conseguinte, se alguém promete ato de terceiro, este não se obriga, a menos que dê sua anuência à proposta. Todavia, não há ilicitude no ato do promitente, e sua promessa apenas o vincula a uma obrigação de fazer, ou seja, a de conseguir o ato de terceiro.

Se o promitente se comprometeu com um fato a ser realizado por terceiro, e este tenha concordado em realizar, não subsistirá responsabilidade ao promitente, sendo assim exonerado da obrigação. Logo, o terceiro terá de reparar os danos causados pelo inadimplemento.

Dos Vícios Redibitórios

O propósito do legislador, ao disciplinar essa matéria, é aumentar as garantias do adquirente. De fato, ao proceder à aquisição de um objeto, o comprador não pode, em geral, examiná-lo com a profundidade suficiente para descobrir os possíveis defeitos ocultos, tanto mais que, em regra, não tem a posse da coisa. Por conseguinte, e considerando a necessidade de rodear de segurança as relações jurídicas, o legislador faz o alienante responsável pelos vícios ocultos da coisa alienada. A maioria das outras legislações cuida dos vícios redibitórios no capítulo da compra e venda, pois esse é o campo em que ordinariamente o problema se propõe. Não se confundem vícios redibitórios com os vícios sociais ou de consentimento chamados neste Código de defeitos dos negócios jurídicos (arts. 138 e segs. do CC).

Para caracterizar os vícios redibitórios, é necessário que o vício oculto da coisa seja objeto de um contrato comutativo e torne o bem impróprio ou diminua seu valor.

O parágrafo único cuida da aplicação do vício redibitório nas doações onerosas, já que nessas haverá contraprestação obrigacional.

➥ Ver questão D23.

Direito de reclamar abatimento no preço

A coisa que está imbuída de vício oculto poderá ser devolvida, rescindindo o contrato, mediante ação redibitória, recuperando o preço pago, acrescidos de suas despesas, e se o alienante tinha conhecimento do vício, o adquirente poderá requerer mais perdas e danos. A segunda possibilidade do adquirente, ante o vício redibitório, é que este poderá permanecer com a coisa e pleitear o abatimento do preço, sem que haja a redibição do contrato.

D24. (OAB/XXIII Exame de Ordem Unificado/FGV/2017) Juliana, por meio de contrato de compra e venda, adquiriu de Ricardo, profissional liberal, um carro seminovo (30.000 km) da marca Y pelo preço de R$ 24.000,00. Ficou acertado que Ricardo faria a revisão de 30.000 km no veículo antes de entregá-lo para Juliana no dia 23 de janeiro de 2017. Ricardo, porém, não realizou a revisão e omitiu tal fato de Juliana, pois acreditava que não haveria qualquer problema, já que, aparentemente, o carro funcionava bem. No dia 23 de fevereiro de 2017, Juliana sofreu acidente em razão de defeito no freio do carro, com a perda total do veículo. A perícia demostrou que a causa do acidente foi falha na conservação do bem, tendo em vista que as pastilhas do freio não tinham sido trocadas na revisão de 30.000 km, o que era essencial para a manutenção do carro. Considerando os fatos, assinale a afirmativa correta.

A) Ricardo não tem nenhuma responsabilidade pelo dano sofrido por Juliana (perda total do carro), tendo em vista que o carro estava aparentemente funcionando bem no momento da tradição.

B) Ricardo deverá ressarcir o valor das pastilhas de freio, nada tendo a ver com o acidente sofrido por Juliana.

C) Ricardo é responsável por todo o dano sofrido por Juliana, com a perda total do carro, tendo em vista que o perecimento do bem foi devido a vício oculto já existente ao tempo da tradição.

D) Ricardo deverá ressarcir o valor da revisão de 30.000 km do carro, tendo em vista que ela não foi realizada conforme previsto no contrato.

➥ Veja arts. 441 e 443, CC.

Comentário: A letra a ser assinalada é a C, uma vez que reza o art. 444 do CC que a responsabilidade do alienante subsiste ainda que a coisa pereça em poder do alienatário, se perecer por vício oculto já existente ao tempo da tradição.

Efeitos do conhecimento ou não do vício da coisa

Vício redibitório é aquele referente ao defeito oculto da coisa, que se revela com a sua utilização, imperceptível no momento da contratação. Se quem alienou o bem desconhecia o vício, deverá ressarcir o comprador com o equivalente ao valor pago mais as despesas oriundas do contrato. Porém, se o alienante conhecia do vício, caracteriza-se ofensa ao princípio da boa-fé (art. 422 do CC) dos contratos, devendo então ser penalizado, além do ressarcimento e das despesas do contrato, com indenização por perdas e danos.

➥ Ver questão D24.

Vício oculto

Se existia o vício oculto e a coisa perecer mesmo depois da tradição e em mãos do alienatário, a responsabilidade do alienante ainda subsistirá. Se o alienante agir de má-fé, ou seja, este tinha ciência do vício, restituirá o que recebeu, acrescido de despesas contratuais, mais perdas e danos, e no caso de o alienante estar de boa-fé, apenas pagará o valor recebido mais as eventuais despesas com o contrato.

Prazos para reclamar a redibição ou abatimento no preço

O art. 445 do CC trata dos prazos para que o adquirente do bem possa pleitear a redibição ou o abatimento no valor pago. Se o bem adquirido for de natureza móvel, terá o adquirente prazo decadencial de trinta dias; já se o bem for de natureza imóvel, o prazo será estendido, e será de um ano contado da alienação. Porém, se o bem imóvel estiver na posse do adquirente, o prazo de um ano será reduzido pela metade. São ressalvados os casos em que o vício só puder ser detectado em momento posterior; dessa forma, o prazo é de 180 dias para os bem móveis, contados da data do conhecimento do vício, e de um ano para os bens imóveis. Se a alienação for de semoventes, os prazos serão regidos por lei especial ou pelos usos locais no que concerne a esse tipo de negócio. É importante ainda relembrar que os prazos aqui citados são decadenciais, não sendo portanto suscetíveis a interrupção ou suspensão.

A cláusula de garantia oferece ao comprador um lapso temporal maior para ser ressarcido por eventuais defeitos da coisa alienada, porém é dever decadencial do comprador informar ao alienante sobre o defeito da coisa no prazo de trinta dias.

Da Evicção

O alienante tem o dever de garantir o uso e gozo da coisa alienada ao adquirente, protegendo-o de eventuais pretensões de terceiro que possam ocorrer em razão do domínio e posse da coisa, e defendendo-o de uma possível evicção. A evicção, portanto, vem a ser a perda total ou parcial da coisa, por força de decisão judicial ou arbitral, fundada em motivo jurídico anterior, preexistente no contrato, conferida a outrem, verdadeiro dono da coisa, que invocou o título anterior ao negócio que transmitiu a coisa ao adquirente. A responsabilidade do alienante pela evicção se estende tanto nos contratos onerosos, quanto nas aquisições realizadas em hasta pública (p. ex., leilões).

➡ Ver questão D18.

Liberalidade para versar sobre a evicção e sua exceção

A responsabilidade pela evicção é um direito disponível das partes, uma vez que os contratantes se encontram em pé de igualdade e podem convencionar regras próprias a respeito da perda da coisa por sentença judicial, inclusive diminuir a responsabilidade, aumentá-la ou até a excluir, mediante cláusulas contratuais que tratem expressamente sobre o assunto. Como ensina Maria Helena Diniz, "se o contrato nada dispuser a respeito, subtender-se-á que tal garantia da evicção estará assegurada para o adquirente, respondendo o alienante por ela" (*Curso de direito civil*, v. III, p. 290).

Muito embora por vontade das partes seja avençado que o alienante será excluído da responsabilidade pela evicção, a legislação limita a eficácia de tal cláusula no momento em que prescreve que o evicto poderá obter seu dinheiro de volta, caso não sabia do risco da evicção, ou então se sabia, não o assumiu expressamente.

D25. (OAB – Exame XXX 2019) Joana doou a Renata um livro raro de Direito Civil, que constava da coleção de sua falecida avó, Marta. Esta, na condição de testadora, havia destinado a biblioteca como legado, em testamento, para sua neta, Joana (legatária). Renata se ofereceu para visitar a biblioteca, circunstância na qual se encantou com a coleção de clássicos franceses. Renata, então, ofereceu-se para adquirir, ao preço de R$ 1.000,00 (mil reais), todos os livros da coleção, oportunidade em que foi informada, por Joana, acerca da existência de ação que corria na Vara de Sucessões, movida pelos herdeiros legítimos de Marta. A ação visava impugnar a validade do testamento e, por conseguinte, reconhecer a ineficácia do legado (da biblioteca) recebido por Joana. Mesmo assim, Renata decidiu adquirir a coleção, pagando o respectivo preço.
Diante de tais situações, assinale a afirmativa correta.

A) Quanto aos livros adquiridos pelo contrato de compra e venda, Renata não pode demandar Joana pela evicção, pois sabia que a coisa era litigiosa.

B) Com relação ao livro recebido em doação, Joana responde pela evicção, especialmente porque, na data da avença, Renata não sabia da existência de litígio.

C) A informação prestada por Joana a Renata, acerca da existência de litígio sobre a biblioteca que recebeu em legado, deve ser interpretada como cláusula tácita de reforço da responsabilidade pela evicção.

D) O contrato gratuito firmado entre Renata e Joana classifica-se como contrato de natureza aleatória, pois Marta soube posteriormente do risco da perda do bem pela evicção.

➡ Veja arts. 448, 449 e 450, *caput* e parágrafo único, CC.

Comentário: A alternativa A está correta. No caso em tela, não há evicção porque Renata sabia do litígio, mas não assumiu a evicção, nos termos do art. 449: "Não obstante a cláusula que exclui a garantia contra a evicção, se esta se der, tem direito o evicto a receber o preço que pagou pela coisa evicta, se não soube do risco da evicção, ou, dele informado, não o assumiu".

Por seu turno, a alternativa B está incorreta, pois Renata sabia sim do risco ao ser informada por Joana. Entretanto, só responde pela evicção em contrato oneroso, de acordo com o art. 447: "Nos contratos onerosos, o alienante responde pela evic-ção. Subsiste esta garantia ainda que a aquisição se tenha realizado em hasta pública".

A letra C está incorreta, porque a informação acerca da evicção não é reforço e sim exclusão.

Por último, a letra D está totalmente errada, já que, antes de mais nada, a avó Marta já se encontrava falecida no momento do contrato de doação entre a sua neta, Joana, e Renata. Assim, Marta sequer teria como saber da possibilidade da perda do bem em virtude da evicção.

➠ Ver questão D18.

Direitos do evicto

O evicto possui o direito a ser ressarcido de quaisquer valores dispendidos em razão do negócio, além do preço pago pela coisa, da indenização dos frutos que tiver sido obrigado a restituir, das despesas dos contratos, dos prejuízos que diretamente resultarem da evicção e das custas judiciais sem prejuízo dos honorários do advogado eventualmente constituído por ele.

➠ Ver questão D25.

Obrigações e deveres do alienante

A obrigação de ressarcir o evicto pelo dano sofrido com os acréscimos do art. 451 ainda subsistirá, mesmo que o bem que sofreu os efeitos da evicção esteja deteriorado, sendo vedado, porém, se tal deterioração ocorreu por ato doloso do adquirente.

As benfeitorias úteis ou necessárias que não forem devidamente remuneradas ao evicto deverão ser supridas integralmente pelo alienante, tendo o adquirente, possuidor de boa-fé, o direito de segurar a coisa até que receba todo montante derivado das despesas das benfeitorias.

Se as benfeitorias (art. 96 do CC) forem abonadas ao evicto e estas não forem realizadas por ele, o valor a elas correspondente deverá ser levado em conta no momento da restituição, pois se não fosse dessa maneira, haveria o enriquecimento ilícito por parte do evicto. Lembrando que benfeitorias são obras ou despesas feitas na coisa, para o fim de conservá-la, melhorá-la ou embelezá-la (VENOSA, Silvio. *Código Civil interpretado*. São Paulo, Atlas, p. 103).

Responsabilidades do adquirente

Se o evicto houver obtido vantagens na deterioração do bem e estas não forem objeto de indenização, deverão então tais vantagens serem deduzidas do montante devido pelo alienante ao adquirente.

Evicção parcial, considerável ou não, consequências e efeitos

Se a evicção for parcial, o evicto poderá optar pela rescisão do contrato ou pela restituição do preço correspondente ao desfalque sofrido. No caso de escolher pela rescisão contratual, o evicto deverá devolver a coisa ao alienante, no mesmo estado em que a recebeu, e este o restituirá.

Agora, se o evicto optar pela restituição da parte do preço pelo desfalque sofrido, o abatimento do preço será calculado de maneira proporcional ao valor da coisa, mesmo que esta tenha sofrido desvalorização, podendo receber o evicto menos do que realmente gastou nela. Mas se a evicção parcial não for considerável, o evicto apenas poderá pleitear indenização proporcional ao desfalque que sofreu.

Bem jurídico da evicção

É requisito para o pleito dos direitos da evicção que o adquirente denuncie à lide o alienante imediato (arts. 70 a 76 do CPC/73 e arts. 125 a 129 do CPC/2015), ou qualquer um deles, sob pena de não ter seu direito atendido. Caso o alienante não atenda à denunciação da lide, e a evicção for manifestamente procedente, poderá o adquirente deixar de contestar ou se utilizar de recursos.

O instituto da evicção visa a proteger o adquirente de boa-fé, que não sabia que a coisa pendia de litígio ou era de propriedade de outrem. Por esse motivo, se o adquirente tiver conhecimento dessas características, não poderá demandar pela evicção (art. 457 do CC), pois estará subentendido que este renunciou à garantia da evicção, restando apenas o direito de retomar o valor que gastou, no caso de perda do bem.

Dos Contratos Aleatórios

Contratos aleatórios, coisas ou fatos futuros

Na classificação dos contratos, os aleatórios se opõem aos comutativos. Lembre-se que: *comutativos* são aqueles contratos em que não só as prestações apresentam uma relativa equivalência, como também as partes podem avaliar, desde logo, o montante delas. As prestações são certas e determináveis, podendo qualquer dos contratantes antever o que receberá em troca da prestação que oferece; e *aleatórios* são os contratos em que o montante da prestação de uma ou de ambas as partes não pode ser desde logo previsto, por depender de um risco futuro, capaz de provocar sua variação. Com efeito, o contrato aleatório é aquele em que as prestações oferecem uma possibilidade de ganho ou perda para qualquer das partes, por dependerem de um evento futuro e incerto que pode alterar o seu montante. *O objeto do negócio está ligado à ideia de risco*. Isto é, existe uma álea no negócio, podendo daí resultar um lucro ou uma perda para qualquer das partes.

Contrato aleatório de coisas futuras e incertas

O contrato aleatório é por natureza um negócio jurídico que depende de "sorte", ou melhor, depende de condições que fogem ao controle dos contratantes, como é o caso da safra. Sendo assim, aquele que espera uma safra está sujeito a qualquer quantidade que ela venha a produzir, mas independentemente da quantidade, o valor pago será integral, mesmo que abaixo do esperado. Caso não venha a coisa a existir, o negócio jurídico não se aperfeiçoa e não cria vínculos obrigacionais entre as partes, devendo o alienante restituir somente o valor recebido.

Contrato aleatório de coisas existentes e expostas a risco

Se o adquirente assumir o risco da coisa objeto de contrato aleatório, e esta deixar de existir no todo ou em parte no dia do contrato, terá o alienante direito a todo o preço.

Para que o contrato seja caracterizado como aleatório, a consumação do risco a que ele se refere deverá ser ignorada pelo alienante, porém se este possuía conhecimento de que era inevitável a consumação do risco, o contrato aleatório por ele firmado com o adquirente poderá ser anulado baseado em dolo.

Do Contrato Preliminar

Requisitos do contrato preliminar

Exceto quanto à forma (art. 104, III, do CC), o contrato preliminar deve conter todos os requisitos essenciais ao contrato a ser celebrado (art. 462 do CC). Esse tipo de negócio, embora a lei não o diga, deve ser celebrado por escrito, pois a prova exclusivamente testemunhal não pode ser admitida (art. 227 do CC) em negócios acima de determinado valor. Ao firmar contrato preliminar, os contratantes assumem uma obrigação recíproca de fazer, ou seja, a de oportunamente se outorgar um contrato definitivo. O grande problema que se propõe nesse campo é saber o que acontece quando, a despeito de haver assumido aquela obrigação de fazer, um dos contratantes se recusa a cumpri-la, negando-se a firmar o contrato definitivo. O contrato preliminar pode aparecer com diversos outros nomes, dentre eles: compromisso de compra e venda (não confundir com o contrato de compromisso – arts. 851 a 853 do CC, nem com o próprio contrato de compra e venda), pacto etc.

Objeto do contrato preliminar

O contrato preliminar possui como objeto uma obrigação de fazer, que consiste na realização de outro contrato. Dessa forma, estão as partes vinculadas a efetivá-lo, desde que observado o disposto no art. 462 e que nele não conste cláusula de arrependimento, podendo essa realização ser exigida por qualquer das partes assinando prazo para que a outra cumpra com essa obrigação, devendo o contrato ser levado a registro.

➥ Ver questão D23.

Execução do contrato preliminar

Se o prazo se esgotar e a parte contratante não cumprir com a obrigação, o credor poderá pleitear judicialmente a execução específica da obrigação de fazer compreendida no contrato preliminar, seguindo com o desenvolvimento na esfera processual civil. Mas se mesmo após a sentença, uma das partes se recusar a realizar o contrato definitivo, o juiz poderá substituir a vontade do inadimplente, atribuindo caráter definitivo ao contrato preliminar, exceto se não opuser a natureza da obrigação, por ser personalíssima, situação em que o contrato se resolverá em perdas e danos.

Direito da outra parte de pedir perdas e danos

No caso de o estipulante não executar o contrato preliminar, seu inadimplemento resultará em rescisão contratual e pagamento de perdas e danos, uma vez que não há possibilidade de arrependimento e a outra parte precisa ser compensada pelo descumprimento do contrato, mas isso só se dará se a outra parte assim desejar.

Aceitação do contrato preliminar

Se a promessa de fazer outro contrato partir de apenas um dos contratantes, implica necessariamente ao outro a manifestação expressa de aceitação pelo prazo estipulado na promessa, sob pena de inexistência desta. Caso o prazo não esteja previsto, deverá ser obedecido aquele que razoavelmente for assinado pelo devedor.

Do Contrato com Pessoa a Declarar

O contrato com pessoa a declarar é aquele que contém a cláusula *pro amico electo*, a qual permite a um dos contratantes (*stipulans*) indicar uma pessoa (*electus*) para substituí-lo, e esta deverá assumir todas as obrigações e adquirir todos os direitos decorrentes do contrato, revelando seu nome apenas no momento da conclusão do contrato. É importante lembrar que esta cláusula é muito utilizada em contratos de compromisso de compra e venda de imóveis, em que o comprador se reserva no direito de indicar terceiro para constar na escritura definitiva.

Comunicação sobre a pessoa indicada

A indicação da pessoa que adquirirá os direitos e assumirá as obrigações decorrentes do ato contratual só terá efeito se comunicada dentro do prazo de cinco dias da conclusão do contrato, ou por outro prazo estipulado. A aceitação da pessoa nomeada só produzirá efeitos se apresentar a mesma forma no qual o contrato foi realizado.

Direitos e obrigações do indicado

Dada a aceitação com os mesmos moldes do contrato, a pessoa indicada receberá os direitos e obrigações provenientes do contrato, a partir de sua celebração, desaparecendo da relação contratual aquele que fez a indicação do terceiro.

Eficácia do contrato

Caso não exista a indicação do nomeado ou se este recusar a aceitar a nomeação, o contrato terá plena eficácia entre os contratantes originários. Assim também ocorrerá se o nomeado era insolvente e o outro o desconhecia no momento da indicação.

Contrato com pessoa a declarar e esta seja incapaz

Se a incapacidade (arts. 3º e 4º do CC) ou insolvência do nomeado existir no momento da estipulação, reputar-se-á inválida a nomeação e o contrato possuíra plena vigência e eficácia entre os contratantes originários.

DA EXTINÇÃO DO CONTRATO

Do Distrato

O distrato é um negócio jurídico que rompe o vínculo contratual, mediante a declaração de vontade de ambos os contraentes de pôr fim ao contrato que firmaram.

Forma do distrato

O distrato ou resilição bilateral submete-se às formas relativas aos contratos (art. 104, III, do CC). Assim sendo, se o contrato que se pretende resolver foi constituído por escritura pública por exigência legal, o distrato, para ter validade, deverá respeitar essa forma. Se a lei exigir que certo contrato seja feito por instrumento particular, o distrato não poderá ser verbal, devendo realizar-se por instrumento particular. Se a lei não exigir forma especial para o contrato, poderá ser ele distratado por qualquer meio. O contrato consensual, assim como a locação, poderá ser distratado verbalmente ou pela simples entrega da coisa alugada.

A Lei n. 4.591/64, que dispõe sobre conomínio em edificações e as incorporações imobiliárias, recebeu alterações relevantes no final de 2018 com a edição da Lei n. 13.786. Além de conter disposições que estão na ordem do dia das relações entre consumidor e fornecedor, assim como a necessidade de o contrato apresentar um quadro resumo e o direito de arrependimento de sete dias conferido ao adquirente de imóvel, a norma também determina que em caso de distrato ou de resolução por inadimplemento da obrigação do adquirente, o incorporador deve restituir parcialmente as quantias recebidas, deduzidas as perdas e danos decorrentes do desfazimento do acordo, limitadas a 25% das quantias pagas, devendo a restituição se dar no prazo máximo de 180 dias do distrato ou da resolução.

Resilição unilateral

Em linhas gerais consiste na desistência do contrato de forma unilateral, não se confundindo com o inadimplemento. A resilição é originada pelo desinteresse de uma das partes em permanecer pactuada com a outra.

A denúncia do contrato poderá ocorrer mediante notificação do intuito de desistir a outra parte, que, se houver feito grandes investimentos esperando a execução do contrato, só será operada após transcorrido prazo compatível com a natureza e o vulto dos investimentos.

Da Cláusula Resolutiva

Cláusula resolutiva expressa ou tácita

Dentro do nosso ordenamento jurídico existem duas modalidades de cláusulas resolutivas: a expressa e a tácita.

Em todo contrato bilateral ou sinalagmático pressupõe-se a existência de uma cláusula resolutiva tácita, elaborada para que o lesado pelo inadimplemento tenha autorização de pedir a rescisão contratual, com perdas e danos à parte inadimplente. No entanto, a cláusula resolutiva tácita dependerá de interpelação judicial, ou seja, a rescisão do contrato deverá ser pronunciada judicialmente.

Já quando as partes ajustam expressamente a cláusula resolutiva, esta será expressa. Uma vez estipulada a cláusula resolutiva expressa, o contrato se rescindirá automaticamente, pois o não cumprimento da obrigação por qualquer uma das partes, resultará em rescisão contratual, de pleno direito, não havendo necessidade de interpelação judicial.

Direito da parte lesada de pedir a resolução do contrato ou exigir-lhe o cumprimento, sem prejuízo da indenização por perdas e danos

No contrato sob condição resolutiva tácita, quando houver inadimplência por parte de um dos contratantes, o prejudicado poderá optar pela resolução do contrato, caso não queira o seu cumprimento. Mas, qualquer que seja a sua opção, caberá ao lesado requerer indenização por perdas e danos.

Da Exceção de Contrato não Cumprido

Contratos bilaterais

Os contratos bilaterais produzem obrigações para todos os contratantes, abrangendo prestações recíprocas, uma vez que eles são simultaneamente credor e devedor um do outro. Logo, se uma das partes não cumprir a sua prestação, não poderá exigir o implemento da prestação do outro.

Se um dos contratantes sofrer diminuição em seu patrimônio, que comprometa ou torne duvidosa a prestação a que se obrigou, poderá o outro recusar-se a cumprir a sua até que aquela satisfaça a sua ou dê garantia suficiente de que irá cumpri-la, a não ser que a perda patrimonial seja ocasionada pelo próprio contrato, gerando assim enriquecimento sem causa (art. 844 do CC). Nasce o direito de reter o preço quando o patrimônio do vendedor for abalado e tornar duvidosa a entrega da coisa.

D26. (OAB/XXVI Exame de Ordem Unificado/FGV/2018) Jorge, engenheiro e construtor, firma, em seu escritório, contrato de empreitada com Maria, dona da obra. Na avença, foi acordado que Jorge forneceria os materiais da construção e concluiria a obra, nos termos do projeto, no prazo de seis meses. Acordou-se, também, que o pagamento da remuneração seria efetivado em duas parcelas: a primeira, correspondente à metade do preço, a ser depositada no prazo de 30 (trinta) dias da assinatura do contrato; e a segunda, correspondente à outra metade do preço, no ato de entrega da obra concluída. Maria, cinco dias após a assinatura da avença, toma conhecimento de que sobreveio decisão em processo judicial que determinou a penhora sobre todo o patrimônio de Jorge, reconhecendo que este possui dívida substancial com um credor que acaba de realizar ato de constrição sobre todos os seus bens (em virtude do valor elevado da dívida).

Diante de tal situação, Maria pode

A) recusar o pagamento do preço até que a obra seja concluída ou, pelo menos, até o momento em que o empreiteiro prestar garantia suficiente de que irá realizá-la.

B) resolver o contrato por onerosidade excessiva, haja vista que o fato superveniente e imprevisível tornou o acordo desequilibrado, afetando o sinalagma contratual.

C) exigir o cumprimento imediato da prestação (atividade de construção), em virtude do vencimento antecipado da obrigação de fazer, a cargo do empreiteiro.

D) desistir do contrato, sem qualquer ônus, pelo exercício do direito de arrependimento, garantido em razão da natureza de contrato de consumo.

➥ Veja arts. 476 e 477, CC.

Comentário: A letra a ser assinalada é a A. Os contratos bilaterais garantem obrigações recíprocas às partes. No caso em tela, havendo a latente possibilidade de que uma delas (Jorge) não cumpra com a sua, não pode a outra parte (Maria) ser impelida a cumprir com a sua, tendo em vista o art. 476 do CC, que trata da exceção de contrato não cumprido.

Da Resolução por Onerosidade Excessiva

Prestação excessivamente onerosa para uma das partes em contratos de execução continuada

A resolução por onerosidade excessiva tem por campo apenas o contrato de execução continuada ou diferida no futuro, o que equivale a excluir de seu alcance o contrato de execução imediata. É a ideia da velha cláusula *rebus sic stantibus*, em que se dizia que os contratos que têm duração continuada, ou dependência de futuro, são entendidos como se as coisas permanecessem as mesmas. O Código de Defesa do Consumidor trouxe uma inovação importante em matéria da possibilidade de revisão do contrato pelo juiz, infirmando assim o princípio da força vinculante do contrato, criando um reforço para a chamada teoria da superveniência. O que há de inovador no preceito é que a revisão independe da imprevisibilidade do fato superveniente que tornou excessivamente onerosa a prestação do consumidor. É mister ter-se em vista que a regra está circunscrita às relações de consumo. Mas é tão amplo o conceito dessas relações que a repercussão da regra na vida cotidiana pode ser sensível. Assim, vê-se como tem evoluído o contrato, talvez no sentido de sacrificar a amplitude de seus princípios básicos em favor das restrições que almejam torná-lo mais justo e mais humano.

D27. (Juiz Substituto/TJRJ/Vunesp/2014) Nos contratos de execução continuada ou diferida, se a prestação de uma das partes se tornar excessivamente onerosa, com extrema vantagem para a outra, em virtude de acontecimentos extraordinários e imprevisíveis, poderá o devedor pedir

A) a devolução parcial dos valores excedentes nas prestações pagas ao credor.

B) a resolução do contrato.

C) a resilição unilateral do contrato.

D) o distrato.

➥ Veja art. 478, CC.

Comentário: A assertiva correta é a B, conforme dispõe o art. 478, do CC: "Nos contratos de execução continuada ou diferida, se a prestação de uma das partes se tornar excessivamente onerosa, com extrema vantagem para a outra, em virtude de acontecimentos extraordinários e imprevisíveis, poderá o devedor pedir a resolução do contrato. Os efeitos da sentença que a decretar retroagirão à data da citação".

➡ Ver questão D9.

Possibilidade de modificar equitativamente as condições do contrato

O Código Civil de 2002 admitiu a resolução por onerosidade excessiva, mas poderá ser evitada se o réu modificar as condições do contrato com os preceitos de sua função social (art. 421 do CC), boa-fé objetiva (art. 422 do CC) e princípio da probidade (art. 422 do CC).

A fim de garantir o equilíbrio contratual das avenças unilaterais e evitar a onerosidade excessiva para a parte devedora, o presente art. 480 prevê que o obrigado poderá pleitear judicialmente a redução da prestação ou alteração da maneira de executá-la.

DAS VÁRIAS ESPÉCIES DE CONTRATO

O estudo dos contratos se divide em teoria geral e espécies de contratos. Se a teoria geral trata do conceito de contrato; de seus princípios; formação, desfazimento, vício redibitório, evicção e contratos envolvendo terceiros, caminhando do art. 421 ao art. 480, o estudo dos contratos em espécie destrincha as formas mais usuais deles, partindo do art. 481 ao art. 853 do mesmo Código Civil.

DA COMPRA E VENDA

É o contrato pelo qual uma pessoa se obriga a transferir para outra o domínio de coisa corpórea ou incorpórea, mediante o pagamento de certa quantia em dinheiro ou valor correspondente. A transferência da coisa só se opera com a tradição (coisa móvel) ou com o registro do título aquisitivo (coisa imóvel). Sem a entrega da coisa, o comprador não será o dono. É um contrato bilateral (obrigações para ambos), oneroso (ambos têm vantagens patrimoniais), comutativo (equivalência de prestações e certeza quanto ao seu valor) ou aleatório (risco), consensual (a lei não exige forma) ou solene (a lei exige forma), translativo de domínio (serve de título para aquisição da propriedade). As despesas de escritura ficam a cargo do comprador e as despesas da tradição ficam a cargo do vendedor.

Compra e venda pura e simples

A compra e venda possui a manifestação positiva da vontade das partes em comprar e vender determinado bem, como marco que vincula e obriga as partes reciprocamente, devendo o consentimento destas ser livre e inequívoco. Não havendo condição ou termo, a compra e venda considerar-se-á pura e simples ao produzir efeitos a partir do instante em que as partes convencionarem o objeto e seu preço.

Compra e venda de objeto atual ou futuro

O objeto da compra e venda pode ser atual ou futuro. No primeiro, a compra e venda opera-se de pleno direito no momento da declaração de vontade das partes, ao passo que na segunda, para que o contrato seja plenamente executável, é necessário o cumprimento de uma condicionante de validade, que é justamente a existência futura do objeto do negócio jurídico. Caso essa condição não venha a se cumprir e o objeto não exista, o contrato de compra e venda será inexistente por ausência do objeto, que é requisito básico de existência do contrato. Por isso, a importância de deixar claro, no caso de coisa futura, se o contrato ficará sem efeito se esta não se tornar existente, ou se configurará um contrato aleatório.

D28. (OAB/Exame XXX 2019) Vilmar, produtor rural, possui contratos de compra e venda de safra com diversos pequenos proprietários. Com o intuito de adquirir novos insumos, Vilmar procurou Geraldo, no intuito de adquirir sua safra, cuja expectativa de colheita era de cinco toneladas de milho, que, naquele momento, estava sendo plantado em sua fazenda. Como era a primeira vez que Geraldo contratava com Vilmar, ele ficou em dúvida quanto à estipulação do preço do contrato.

Considerando a natureza aleatória do contrato, bem como a dúvida das partes a respeito da estipulação do preço deste, assinale a afirmativa correta.

A) A estipulação do preço do contrato entre Vilmar e Geraldo pode ser deixada ao arbítrio exclusivo de uma das partes.

B) Se Vilmar contratar com Geraldo a compra da colheita de milho, mas, por conta de uma praga inesperada, para cujo evento o agricultor não tiver concorrido com culpa, e este não conseguir colher nenhuma espiga, Vilmar não deverá lhe pagar nada, pois não recebeu o objeto contratado.

C) Se Vilmar contratar com Geraldo a compra das cinco toneladas de milho, tendo sido plantado o exato número de sementes para cumprir tal quantidade, e se, apesar disso, somente forem colhidas três toneladas de milho, em virtude das poucas chuvas, Geraldo não receberá o valor total, em virtude da entrega em menor quantidade.

D) A estipulação do preço do contrato entre Vilmar e Geraldo poderá ser deixada ao arbítrio de terceiro, que, desde logo, prometerem designar.

➡ Veja arts. 458, 483, 485 e 489 do CC.

Comentário: A resposta correta é a letra D. Com efeito, o art. 485 do Código Civil admite que a estipulação do preço seja atribuída por um terceiro: "A fixação do preço pode ser deixada ao arbítrio de terceiro, que os contratantes logo designarem ou prometerem designar. Se o terceiro não aceitar a incumbência, ficará sem efeito o contrato, salvo quando acordarem os contratantes designar outra pessoa". A alternativa A está errada pois que em um contrato de compra e venda não se admite que o preço seja estipulado apenas por uma das partes, conforme o art. 489 do CC: "Nulo é o contrato de compra e venda, quando se deixa ao arbítrio exclusivo de uma das partes a fixação do preço". Já a letra C está equivocada porque, em se tratando de um contrato aleatório, o preço pode ser devido ainda que o objeto não tenha sido entregue, tal qual determinado pelo art. 483 do CC: "A compra e venda pode ter por objeto coisa atual ou futura. Neste caso, ficará sem efeito o contrato se esta não vier a existir, salvo se a intenção das partes era de concluir contrato aleatório".

Compra e venda à vista de amostras, protótipos ou modelos

A regra de amostra, protótipo ou modelo tem fundamento no princípio da boa-fé, principalmente no que concerne ao dever de informar. A amostra, o protótipo ou o modelo integram a informação em sua modalidade mais persuasiva, que é a imagem.

O art. 434 impõe o dever de conformidade entre o objeto que serviu de referência à compra e o que efetivamente foi entregue pelo vendedor, e caso este não entregue o objeto nas mesmas condições prometidas ao adquirente, o vendedor poderá sofrer a rescisão contratual, além de pagar perdas e danos.

Estipulação do preço e formas de pagamento

O valor do contrato poderá ficar a encargo de um terceiro que não participa da relação jurídica, possuindo a única função de estabelecer o preço. Porém, se o terceiro não aceitar a tarefa, o contrato ficará sem efeito, salvo se os contratantes estabelecerem a possibilidade de designar outra pessoa para estabelecer o preço.

O preço de determinado bem poderá ser vinculado a tabelas praticadas comumente no mercado, porém deverá ser estabelecida a data e o local, tendo em vista que as tabelas e a bolsa são variáveis de acordo com a flutuação do mercado. Se no dia marcado os valores oscilarem para a fixação do preço, ter-se-á como parâmetro a média de oscilação daquela data.

As partes podem estabelecer a variação do preço com base em índices e parâmetros acessíveis ao público e determinados na data da execução do contrato.

➥ Ver questão D28.

Da compra e venda por preço habitual

Se não houver preço determinado pela convenção das partes, por terceiros, por tabelamento e índices oficiais, e tampouco o estabelecimento de critérios para sua determinação, será considerado como preço válido aquele praticado habitualmente pelo vendedor, ou então, na falta de consenso, o preço a ser utilizado será a média dos valores que divergiram.

Nulidade do contrato com valor fixado exclusivamente por uma das partes

A fixação unilateral dos preços praticados no contrato de compra e venda é motivo de nulidade. O que é vedado é a estipulação arbitrária e unilateral em momento posterior do contrato e não no momento da proposta, pois é de praxe que o proponente defina o preço, que, sendo aceito, vincula os contratantes. A nulidade reside em cláusula que determina que o preço a ser praticado posteriormente seja estabelecido exclusivamente por uma das partes.

➥ Ver questão D28.

Despesas com escritura, registro e tradição

Compete ao comprador todas as despesas referentes à escritura e registro da coisa objeto do contrato, e a cargo do vendedor os dispêndios relativos ao transporte, desmontagem e montagem, ou seja, todos os meios necessários à efetivação da tradição do bem.

Entrega da coisa em caso de venda a crédito

Quando a venda não for a crédito, ou seja, for à vista, o vendedor não terá a obrigatoriedade de entregar o bem antes do pagamento do preço, podendo até deter o bem ao comprador, pois na venda à vista o pagamento precisa ser imediato. Por outro lado, se o vendedor não tiver condições de entregar a coisa, não terá o comprador o dever de pagar o preço. Já na venda a crédito, em regra, o vendedor entrega o bem, mesmo sem ter recebido o preço total do comprador.

Responsabilidades do vendedor e do comprador

Em regra, até o momento da tradição do bem, todos os riscos referentes à coisa correm por conta do vendedor, pois, sem a tradição, o bem estará no nome do vendedor e não do comprador. Logo, se o bem se perder ou deteriorar, o vendedor deverá se responsabilizar. A responsabilidade será do devedor quando, por caso fortuito ou força maior, no momento do ato de contar, marcar ou assinalar coisas que já tiverem sido postas à sua disposição, o preço se degradar ou se perder. Deverá também se responsabilizar, o comprador, nos casos em que estiver em mora com o recebimento da coisa, pois desta advém risco.

➠ Ver questão D28.

Do lugar onde deverá ser concretizada a tradição da coisa

Em regra, quando não existe disposição em contrário, a entrega do bem será realizada no local onde a coisa se encontrava quando a venda fora efetivada.

Da entrega do bem em lugar diverso

Se o comprador ordenar ao vendedor que entregue o bem em lugar diverso, deverá arcar com todos os riscos decorrentes da mudança.

Efeitos da insolvência do comprador antes da entrega da coisa

Se a insolvência do devedor ocorrer antes da tradição, o vendedor poderá adiar a entrega do bem até que o comprador lhe preste garantias suficientes que assegurem o cumprimento dos pagamentos no prazo ajustado.

Anulação da venda feita por ascendente a descendente

Os ascendentes não podem vender aos descendentes sem que os demais descendentes, expressamente, manifestem a sua anuência, bem como o cônjuge ou companheiro. O legislador impôs essa condição para que a venda não tente encobrir uma doação, prejudicando, assim, os demais herdeiros. Se não houver a anuência dos demais descendentes e/ou cônjuge ou companheiro, há a possibilidade de anulação da venda, por meio da ação anulatória. O prazo para anular a venda de ascendente para descendente é decadencial de dois anos, conforme dispõe o art. 179 do CC, sendo parte autora a que se sentir prejudicada pelo negócio jurídico. A partir do ingresso do Código Civil de 2002, não se pode mais aplicar a Súmula n. 494 do STF (*vide* art. 177 do CC/1916), porém essa súmula pode ser aplicada para casos em que o contrato se iniciou anteriormente à codificação de 2002, por força do art. 2.028 do CC/2002. Agora, caso ocorra a venda mediante interposta pessoa, com a finalidade de beneficiar o descendente, essa venda será considerada simulada e, conforme o art. 167 do CC/2002, deverá ser nula.

➠ Ver questão D28.

Impedimentos à compra e venda

É nula a compra e venda, mesmo em hasta pública, quando realizada pelos tutores, curadores, testamenteiros e administradores dos bens confiados à sua guarda ou administração; pelos servidores públicos, em geral, dos bens ou direitos da pessoa jurídica a que servirem, ou que estejam sob sua administração direta ou indireta; pelos juízes, secretários de tribunais, arbitradores, peritos e outros serventuários ou auxiliares da justiça, dos bens ou direitos sobre que se litigar em tribunal, juízo ou conselho, no lugar onde servirem, ou a que se estender a sua autoridade; pelos leiloeiros e seus prepostos, dos bens cuja venda estejam encarregados. Essas proibições se estendem também à cessão de crédito, quando essas pessoas estiverem relacionadas aos direitos que devem zelar.

O art. 498 traz exceções ao art. 497, III, o qual busca evitar conflito de interesses, além do conflito existente entre o vínculo das pessoas e o interesse próprio. O conflito de interesses é afastado nos casos de compra e venda ou cessão entre coerdeiros, pagamento de dívida ou para garantia de bens já pertencentes a pessoas designadas no inciso III do art. 497.

Da compra e venda entre cônjuges

Os bens pertencentes aos cônjuges de forma individual, ou seja, aqueles que estão excluídos da comunhão, poderão ser objeto de contrato de compra e venda a ser realizada entre eles.

Todavia, os consortes, cujo regime matrimonial for o da comunhão universal de bens, não poderão celebrar o contrato de compra e venda entre si, já que os bens são comuns ao casal, e não há cabimento alguém comprar algo que já lhe pertença.

D29. (Juiz Federal Substituto/2ª R./Cespe-UnB/2013) Acerca dos contratos e do SFH, assinale a opção correta de acordo com o que disciplinam o Código Civil e a jurisprudência do STJ.

A) A *supressio* configura-se quando há a supressão, por renúncia tácita, de um direito, em virtude do seu não exercício. A surrectio, por sua vez, ocorre nos casos em que o decurso do tempo implica o surgimento de uma posição jurídica pela regra da boa-fé.

B) Segundo o Código Civil, o doador pode estipular cláusula de reversão em favor de terceiro na hipótese de este sobreviver ao donatário.

C) É lícita a compra e venda entre cônjuges com relação a bens incluídos na comunhão.

D) O direito de preferência é passível de cessão e pode ser transmitido aos herdeiros.

E) O STJ já pacificou o entendimento no sentido da possibilidade de o mutuário do SFH ser obrigado a contratar o seguro habitacional obrigatório com a instituição financeira mutuante ou com a seguradora por ela indicada, não havendo abusividade em tal situação.

➠ Veja arts. 499, 520 e 547, CC; Súmula n. 473, STJ.

Comentário: A alternativa B, na verdade, não acerta porque o diploma legal civil diz que "O doador pode estipular que os bens doados voltem ao seu patrimônio, se sobreviver ao donatário" (art. 547). A alternativa C tenta confundir o candidato. A rigor, conforme o art. 499, do CC, "É lícita a compra e venda entre cônjuges, com relação a bens excluídos da comunhão", e não com relação aos incluídos. A letra D contém erro em seu texto pois o art. 520, do CC, informa que "O direito de preferência não se pode ceder nem passa aos herdeiros". Já a letra E também está errada porque a Súmula n. 473, do STJ, informa que "O mutuário do SFH não pode ser compelido a contratar o seguro habitacional obrigatório com a instituição financeira mutuante ou com a seguradora por ela indicada". A alternativa correta é a letra A, uma vez que, de fato, a supressio vem a ser a redução do conteúdo obrigacional pela inércia de uma das partes em exercer direito e a surrectio consiste na ampliação do conteúdo obrigacional, de modo que a atitude de uma das partes gera na outra a expectativa de direito ou faculdade não pactuada.

Efeitos da confusão do preço/medida na compra e venda de um imóvel

Trata-se da denominada venda *ad mensuram*. Nesse sentido, subsistindo diferença quanto à dimensão do imóvel, poderá o comprador exigir a complementação da área, abatimento do preço ou, ainda, poderá requerer o desfazimento do contrato. Ademais, salienta-se que o procedimento aqui narrado não se confunde com as demandas decorrentes do vício redibitório, uma vez que não existe defeito oculto, mas tão somente equívoco em relação às próprias características do negócio, específico por medida de extensão, condicionado o preço a determinado fator métrico. Com efeito, acrescente-se que a lei apresenta certa tolerância, de modo a se entender que as normas do direito privado são supletivas ao acordo das partes. Finalmente, o § 3º trata da venda *ad corpus*, em que a coisa é vendida como bem certo e determinado, de maneira que não subsistirá direito à defesa para reclamar diferença quanto à metragem do imóvel, disposta no instrumento contratual meramente de forma enunciativa.

Prazo para ação de complementação de área

A ação para defender o direito à complementação da área ou qualquer outra defesa anteriormente citada se denomina *ex empto* ou *ex vendito*. Cuida-se de demanda pessoal, cujo prazo de decadência é de um ano, a contar do registro do título, necessário ao aprimoramento do negócio jurídico. Ademais, note-se que a norma considera o vício perceptível quando da imissão na posse, de modo que, enquanto o novo proprietário não tomou efetiva posse do bem, não poderá verificar a diferença de metragem neste deduzida.

Responsabilidade do vendedor perante os débitos que gravem a coisa até o momento da tradição

O vendedor deverá entregar a coisa desembaraçada de quaisquer débitos ou garantias pessoais que recaiam sobre a coisa até o momento de sua tradição, salvo se existir cláusula diversa no contrato.

Defeito oculto nas coisas vendidas conjuntamente

No art. 503 não se aplica o princípio *accessorium sequitur principale*, onde bem acessório segue o principal, pois quando se fala em venda conjunta, fala-se em diversos bens independentes que são vendidos em lote; portanto, se um desses bens possuir vícios, os demais não poderão ser rejeitados automaticamente pelo comprador. Todavia, se o conjunto de bens representar uma universalidade, o alienante será responsável, no caso de defeito oculto, pelo complexo e não por cada objeto.

Direito de prelação dos condôminos

Trata-se do direito de prelação dos condôminos em adquirir a quota-parte de outro colocada à venda. O direito de prelação nada mais é que a preferência na aquisição da quota-parte de um bem indivisível de outro condômino. Sendo assim, se o condômino vendedor alienar para outro, poderá o condômino interessado em adquirir a quota depositar o preço do prazo decadencial de 180 dias.

Direito de arrependimento

O direito de arrependimento ganha destaque, podendo ser vislumbrado como um direito potestativo do comprador, a depender da circunstância, assim como pode ser um direito a ser exercido pelos contraentes em um contrato quando por eles previamente estipulado.

Isso quer dizer que, dependendo da natureza contratual, reside ao comprador, independentemente da vontade ou de qualquer razão dada pela outra parte, a possibilidade de se arrepender e de tornar inexistente a avença contraída, cancelando-a. Em verdade, está se falando a respeito dos **contratos de consumo**, a partir dos quais, em se tratando de um contrato realizado fora do estabelecimento comercial do fornecedor, o consumidor tem o direito de, sem necessitar apresentar qualquer justificativa, arrepender-se e cancelar o contrato, desde que o faça em até 7 dias a partir da realização do contrato ou da chegada do bem ao lugar indicado no contrato. O regramento é estipulado no art. 48 do Código de Defesa do Consumidor e, ao cancelar negociação com a devolução integral do valor pago pelo consumidor ao fornecedor, busca proteger a decisão de compra do consumidor, que, ao fazê-lo sem necessariamente a melhor proteção em sua escolha, poderia estar maculando em certa medida a sua vontade e fazendo uma aquisição por impulso.

Já o arrependimento também pode ser visto em um contrato de compra e venda de natureza **civil**, quando vislumbrada a transferência de domínio de propriedade, restaurando-se, assim, os dizeres presentes no capítulo das arras penitenciais (art. 420). Conforme dito, quando se tratar de um contrato em que se dá a transferência de domínio, as partes podem livremente estipular o direito de se arrependerem para cancelar o contrato, sendo certo, no entanto, que também se estipulará que o devedor dará adiantamento de pagamento em pecúnia e, caso ele desista do contrato, deverá compensar o credor justamente não recebendo de volta o montante dado em adiantamento. De outro lado, se o credor proprietário do imóvel desistir da avença, deverá devolver em dobro aquilo que recebeu em adiantamento, não sendo cabível, qualquer que seja aquele que desista, direito à indenização suplementar, uma vez que as partes inicialmente já haviam previsto a possibilidade de arrependimento e desistência do negócio, não havendo que se falar em frustração maior de expectativa.

Das Cláusulas Especiais à Compra e Venda

Da Retrovenda

O novo Código disciplinou o *contrato preliminar* (arts. 462 e segs.) dando-lhe absoluta eficácia, pois permitiu que a sentença reconhecesse a obrigação do inadimplente e substituísse a vontade faltante daquele contratante, e consagrou uma *subseção à venda com reserva de domínio* (arts. 521 a 528). Com efeito, em seção autônoma do capítulo consagrado à compra e venda, o legislador disciplinou a *retrovenda*, a *venda a contento*, o pacto de *preferência*, o pacto de *melhor comprador* e o pacto *comissório*. Alguns fenômenos, dos quais o principal, mas não o único, é a inflação monetária, tiraram qualquer sentido da maioria desses pactos. De modo que, em nossos dias, se ainda excepcionalmente se pode ouvir falar em pacto de preferência ou em *lex comissoria*, quase ninguém recorrerá a uma retrovenda ou a um pacto de melhor comprador. De resto, a extrema escassez de julgados sobre o assunto mostra que esses temas, talvez de algum interesse no passado, estão enterrados no presente, oferecendo um interesse que se poderia chamar histórico. Como a compra e venda de um imóvel implica elevadas despesas, dificilmente alguém recorrerá a esse negócio para desfazê-lo em breve intervalo, por meio da retrovenda.

Retrovenda. Cláusula especial do contrato de compra e venda pela qual o vendedor se reserva o direito de reaver o imóvel que alienou, dentro do prazo máximo decadencial de três anos, pagando ao comprador a quantia que havia recebido mais as despesas por este realizadas. É admitida somente na compra e venda de imóveis. O pacto de retrovenda torna a propriedade resolúvel (a propriedade se extinguirá quando o alienante exercer o seu direito de reaver o bem). O direito de resgate só pode ser exercido dentro do prazo de três anos e é intransmissível (ato personalíssimo do vendedor). Entretanto, se este prazo decadencial de três anos vencer, o vendedor não mais poderá exercer o seu direito de resgate.

D30. (OAB/Exame de Ordem Unificado/FGV/2012.3) Marcelo firmou com Augusto contrato de compra e venda de imóvel, tendo sido instituído no contrato o pacto de preempção. Acerca do instituto da preempção, assinale a afirmativa correta.

A) Trata-se de pacto adjeto ao contrato de compra e venda em que Marcelo se reserva ao direito de recobrar o imóvel vendido a Augusto no prazo máximo de 3 anos, restituindo o preço recebido e reembolsando as despesas do comprador.

B) Trata-se de pacto adjeto ao contrato de compra e venda em que Marcelo impõe a Augusto a obrigação de oferecer a coisa quando vender, ou dar em pagamento, para que use de seu direito de prelação na compra, tanto por tanto.

C) Trata-se de pacto adjeto ao contrato de compra e venda em que Marcelo reserva para si a propriedade do imóvel até o momento em que Augusto realize o pagamento integral do preço.

D) Trata-se de pacto adjeto ao contrato de compra e venda em que Marcelo, enquanto constituir faculdade de exercício, poderá ceder ou transferir por ato inter vivos.

Veja arts. 505, 513 e 521, CC.

Comentário: O direito de preferência, ou preempção, encontra salvaguarda no Código Civil entre os arts. 513 e 520, e consiste na situação em que uma pessoa passa a ter o direito de preferência na aquisição de um bem, quando o dono vier a aliená-la. Assim, Augusto passa a ter a obrigação de oferecer a Marcelo o imóvel antes de vendê-lo, e Marcelo fará a decisão pela compra ou não. A letra indicada é a B.

Depósito judicial do valor referente ao direito de resgate

Se o comprador injustificadamente se recusar a receber a quantia estabelecida no pacto de retrovenda, poderá o vendedor, para resgatar o bem, depositar a quantia correta judicialmente. Caso insuficiente, o vendedor não será restituído ao domínio da coisa até que se deposite o valor integral.

Direito de retrato

O direito de retrato só poderá ser transmitido por *causa mortis* e não por ato *inter vivos*, uma vez que o art. 507 prevê que a transmissão e cessão do direito de retrato somente se dará aos herdeiros e legatários, e que durante a sucessão aberta poderão exercer o direito de retrato que era de titularidade do *de cujus*.

Se o direito de retrato couber concorrentemente a duas ou mais pessoas, e só uma exercer, o comprador possuirá a faculdade de intimar as outras concorrentes a fim de dar conhecimento, devendo prevalecer aquele depósito que primeiramente foi efetuado por inteiro.

Da Venda a Contento e da Sujeita a Prova

Venda a contento

Cláusula que subordina o contrato à condição de ficar desfeito se o comprador não se agradar da coisa. Para que o contrato gere efeitos, o comprador deve declarar que a coisa que adquiriu lhe satisfaz. Tal cláusula é geralmente inserida nos contratos que envolvem gêneros que se costumam provar, medir, pesar etc. É uma condição suspensiva, portanto os efeitos do contrato de compra e venda ficam suspensos até que o comprador faça sua declaração. O vendedor não pode discutir a manifestação de desagrado. É direito intransmissível, pois é personalíssimo.

Condição suspensiva da venda sujeita a prova

A venda que se sujeita à aprovação do comprador estará suspensa até o momento que se adeque perfeitamente aos moldes estabelecidos pelo comprador e desde que tenha sido garantida pelo vendedor. Como ensina Maria Helena Diniz, "Se, porventura, o comprador não quiser tornar o negócio definitivo, tendo a coisa a qualidade enunciada e a idoneidade para atingir sua finalidade, viabilizará a execução judicial do contrato e responderá pelas perdas e danos" (*Curso de direito civil*, v. III. São Paulo, Saraiva, p. 291).

Responsabilidade do comprador como comodatário

No caso de preponderar a condição suspensiva da venda a contento e da sujeita a prova, o comprador que recebeu a coisa pendente de prova terá obrigações de mero comodatário enquanto este não manifestar a sua intenção de aceitar o bem comprado, devendo devolvê-lo e conservá-lo, como se o bem fosse emprestado. Agora, se houver negligência ou mora em relação ao bem, o comprador responderá pelas perdas e danos, sem ter o direito de reaver quaisquer despesas que tenham surgido na conservação da coisa, exceto se a coisa sofrer p... decorrente de fatos de caso fortuito ou força maior.

Prazo para a declaração de vontade do comprador

A ausência de prazo convencionado para a declaração do comprador em aceitar ou enjeitar a coisa enseja para o vendedor o direito de intimar o comprador por qualquer via a fim de que este realize a declaração em prazo improrrogável. Em caso de silêncio por parte do comprador, isso indicará recusa à efetivação do negócio, gerando-lhe o dever de restituir o bem.

Da Preempção ou Preferência

Preempção, prelação ou preferência

Cláusula pela qual o comprador de coisa móvel ou imóvel fica obrigado a oferecê-la, em igualdade de condições, a quem lhe vendeu, se tiver pretensão de vendê-la ou dá-la em pagamento. O prazo da prelação não poderá exceder 180 dias, no caso de coisa móvel, e, para a coisa imóvel, dois anos, sendo o prazo de caducidade de três dias para coisa móvel e de sessenta dias para coisa imóvel, contados da data de oferta. É direito intransmissível, pois tem caráter pessoal.

➡ Ver questão D30.

Direito de prelação do vendedor

O vendedor poderá exercer sua preferência em reaver a coisa intimando o comprador no momento em que tiver notícia da intenção da venda da coisa.

Deveres e responsabilidades de quem exerce o direito de preferência

O exercício do direito de preferência é condicionado ao pagamento em iguais condições ao que foi oferecido ao outro, sob pena da perda da preferência.

Prazos para exercer direito de preferência

O direito de preferência, sem que haja prazo ajustado no contrato, deverá caducar, no caso de inexistir posição contrária, em três dias, no caso de bem móvel, e sessenta dias, em caso de bem imóvel, contados a partir da data do recebimento da notificação, judicial ou extrajudicial, pelo vendedor.

Direito de preempção estipulado a favor de dois ou mais indivíduos em comum

O direito de preempção só poderá ser exercido em relação à coisa como um todo; porém, se esse direito for estipulado a mais de um indivíduo, e um deles perder o prazo para a preempção, ou deixar de fazer o uso deste direito, a preferência subsistirá em relação aos restantes.

Responsabilidade do alienante e do comprador em caso de bem com direito de preferência

É de responsabilidade do vendedor que se comprometeu no direito de preferência informar o comprador dos preços e condições do pagamento, e se não o fizer deverá responder por perdas e danos, assim como o terceiro adquirente, desde que seja de má-fé.

É de responsabilidade do comprador que deseja alienar a coisa, dar ciência ao vendedor primário do preço e das vantagens que lhe oferecerem por ela, sob pena de pagar indenização pelas perdas e danos causados pela não notificação prévia. O preemptor também terá o direito de acionar o terceiro adquirente, caso se configure a má-fé por parte deste.

Direito de preferência em casos de desapropriação

Se aquele bem que foi objeto de decreto expropriatório não se destinar ao propósito predito, automaticamente possuirá o expropriado a preferência na compra do bem pelo preço atual, com todas as suas valorizações e correções, conforme índices oficiais.

Direito de preferência: ato personalíssimo

O direito a preferência é personalíssimo, não se transmitindo nem mediante cessão, nem por herança.

➡ Ver questão D29.

Da Venda com Reserva de Domínio

Reserva de domínio

Cláusula pela qual o vendedor reserva para si a propriedade do bem móvel até o momento em que se integralize o pagamento do preço. O comprador tem a posse, e não o domínio. É uma cláusula suspensiva, uma vez que se suspende a transmissão até o cumprimento da condição (pagamento do preço). O vendedor tem a opção de reclamar o preço ou a coisa se a outra parte não cumprir sua obrigação. Tal cláusula deve ser estipulada por escrito.

➡ Ver questão D30.

Da forma e registro da venda com reserva de domínio

É condição de validade da cláusula de reserva de domínio sua elaboração por escrito e respectivo registro a ser realizado no Cartório de Títulos e Documentos do domicílio do comprador para ter validade perante terceiros.

Obrigatoriedade da caracterização da coisa para efetivação da venda com reserva de domínio

É necessária a individualização específica do bem infungível para que este seja objeto de cláusula de reserva de domínio, diferenciando-se de outros bens similares. Em caso de dúvida, a decisão será favorável ao terceiro que adquiriu o bem de boa-fé (art. 422 do CC).

Transferência da propriedade com reserva de domínio

A transferência da propriedade do bem (arts. 1.225, I, e 1.228 do CC), quando houver cláusula de reserva de domínio, dar-se-á automaticamente no momento do pagamento integral da coisa, porém o comprador é responsável pelos danos a partir do momento em que ele receber a sua propriedade.

Execução da cláusula de reserva de domínio

A execução da cláusula de reserva de domínio só estará operante no momento em que o devedor estiver em mora com suas obrigações, porém a mora neste caso não se caracteriza simplesmente pelo inadimplemento contratual, devendo o vendedor para tanto notificar o inadimplente por meio do protesto de título ou interpelação judicial.

Caso o comprador esteja em mora, o vendedor poderá exigir as prestações vencidas e aquelas que irão vencer durante o curso da ação, sem prejuízo do montante que lhe for de direito, ou então tem como opção a recuperação da posse da coisa vendida.

Recuperação da posse da coisa vendida

Caso o vendedor opte pela recuperação da posse da coisa vendida e a coisa esteja deteriorada, é facultado a este a retenção dos valores pagos pelo comprador até o limite da deterioração, somados às despesas que eventualmente forem percebidas. O excedente do total deverá ser restituído ao comprador, e o que faltar lhe será cobrado, de conformidade com a lei processual.

Direito de vendas com reserva de domínio às instituições financeiras

O art. 528 permite que instituições financeiras autorizadas pelo Banco Central participem de vendas com reserva de domínio. Assim sendo, o vendedor poderá receber da instituição o pagamento da coisa à vista, hipótese esta em que se transferirá ao banco quaisquer direitos ou ações referentes ao contrato. O financiamento e a ciência do comprador deverão ser levados a registro para que possua eficácia.

Da Venda sobre Documentos

A tradição do bem na venda sobre documentos, muito utilizada nos contratos de importação e exportação, é substituída pela entrega do documento representativo da coisa negociada, já que em vez de se entregar o bem, entregam-se os documentos que o representam e os outros exigidos pelo contrato, ou, no silêncio deste, pelos usos. O vendedor será liberado da obrigação com a entrega desses documentos, podendo cobrar o preço, e o comprador, com os documentos em suas mãos, poderá reclamar a entrega da mercadoria e não poderá recusar-se a realizar o pagamento, quando os documentos se apresentarem em ordem, com a justificativa de que a coisa vendida esteja com defeito, exceto se tal defeito tenha sido comprovado.

Do pagamento da venda sobre documentos

O art. 530 dispõe que o local do pagamento na compra e venda sobre documentos deve ser, em regra, onde os documentos serão entregues. Porém, tal regra é de livre disposição das partes, podendo estas estipular diversamente do texto da lei.

Venda sobre documentos com transporte segurado

Em caso de venda sobre documentos realizada a distância, que necessite de transporte segurado, as despesas relativas a esse seguro correm por conta do comprador, salvo no caso em que ao final do contrato vier a se descobrir a ciência do vendedor quanto a perda ou avaria do bem. Nesse caso, por ter agido de má-fé, este deverá arcar com todos aqueles riscos (*vide* arts. 422 e 745 a 788 do CC).

Venda sobre documentos com intermédio de estabelecimento bancário

A instituição bancária pode ser intermediária no negócio jurídico, cabendo a esta simplesmente pagar a outra parte no momento da entrega dos documentos, não tendo a obrigação de verificar a coisa, uma vez que é mera intermediária, não gerando, assim, responsabilidade alguma. Caso o estabelecimento bancário se recuse a pagar, poderá o vendedor pretendê-lo diretamente do comprador. Nesse caso, o comprador deverá acionar o banco para obter não só a restituição das importâncias depositadas e não pagas, mas também das perdas e danos causados pela atitude culposa da instituição financeira.

DA TROCA OU PERMUTA

A troca ou permuta é o contrato pelo qual as partes se obrigam a dar uma coisa por outra que não seja dinheiro, pois somente bens (um direito, uma coisa corpórea, um bem móvel ou um bem imóvel) podem ser permutados. Cada uma das partes arcará com a metade das despesas da troca.

O contrato de troca ou permuta tem a mesma natureza da compra e venda, sendo inclusive aplicadas as mesmas normas, porém se diferenciam, pois a prestação de um dos contratantes do contrato de compra e venda consiste em dinheiro, o que na permuta consiste em bem. É um contrato bilateral, oneroso, comutativo e translativo de propriedade, e considerado o mais antigo dos contratos. Há anulabilidade da troca desigual entre ascendentes e descendentes, sem consentimento do cônjuge e demais descendentes.

Aplicam-se todas as regras do contrato de compra e venda (arts. 481 a 532 do CC), menos os arts. 490 (art. 533, I, do CC) e 496 (art. 533, II, do CC).

DO CONTRATO ESTIMATÓRIO

Também chamado de venda em consignação, é o contrato pelo qual o consignatário recebe bens móveis do consignante, ficando autorizado a vendê-los, obrigando-se ao pagamento de um preço estimado anteriormente, caso não consiga restituir as coisas consignadas no prazo ajustado.

Obrigação do consignatário de pagar o preço da coisa, caso ela se perca em sua posse

O consignatário possui o dever de zelar pela coisa consignada, de forma que se torna obrigado a pagar o preço da coisa quando sua restituição se torne impossível, ainda que o fato que impossibilitou não possa ser imputado ao consignatário. Isso ocorre porque a transferência da posse da coisa pelo consignante ao consignatário dará a este a responsabilidade de arcar com todos os riscos de perda ou deterioração da coisa.

Impossibilidade de penhora ou execução sobre a coisa consignada

A coisa consignada não poderá ser objeto de penhora ou de sequestro pelos credores do consignatário enquanto não for pago integralmente o preço. Isso porque a coisa consignada não pertence ao consignatário; portanto, seus credores não poderão penhorar os bens, nem prejudicar o consignante, que continua proprietário do bem.

Disposição da coisa pelo consignante

Enquanto o bem objeto de contrato estimatório, ou seja, que esteja em consignação, estiver na posse do consignatário, o consignante não poderá aliená-lo antes da restituição ou da simples comunicação da restituição pelo consignatário, sob pena de nulidade.

DA DOAÇÃO

O art. 538 dispõe sobre a doação no direito brasileiro e se difere do art. 1.165 do Código Civil de 1916, pois supre a expressão: "que os aceita". A doação é contrato real, que apenas se aperfeiçoa com a entrega da coisa pelo donatário, não havendo pretensão deste em virtude de inadimplemento do doador, o que apenas seria possível se de obrigação tratasse. Somente por dolo responde o doador em caso de evicção ou vício redibitório. O que importa na doação é a atribuição patrimonial; se não houver isso, não haverá doação. A questão a ser apreciada fica por conta do termo genérico e impreciso "vantagens". Vantagens são situações positivas que possam ser valoradas economicamente e transferidas gratuitamente para a titularidade de outro sujeito.

Contemplação por merecimento

A doação que premia o merecimento do donatário, bem como aquela que o remunera por serviço prestado não perdem o caráter de liberalidade, portanto não são exigíveis e são passíveis de desistência até o momento da tradição.

Doação por escritura pública ou instrumento particular

As doações, em regra, deverão ser elaboradas mediante confecção de instrumento público ou particular, salvo se a doação versar sobre bens móveis de pequeno valor e que a tradição seja imediata.

D31. (OAB/XXXI Exame de Ordem Unificado/FGV/2020) Antônio, divorciado, proprietário de três imóveis devidamente registrados no RGI, de valores de mercado semelhantes, decidiu transferir onerosamente um de seus bens ao seu filho mais velho, Bruno, que mostrou interesse na aquisição por valor próximo ao de mercado.
No entanto, ao consultar seus dois outros filhos (irmãos do pretendente comprador), um deles, Carlos, opôs-se à venda. Diante disso, bastante chateado com a atitude de Carlos, seu filho que não concordou com a compra e venda do imóvel, decidiu realizar uma doação a favor de Bruno.
Em face do exposto, assinale a afirmativa correta.

A) A compra e venda de ascendente para descendente só pode ser impedida pelos demais descendentes e pelo cônjuge, se a oposição for unânime.

B) Não há, na ordem civil, qualquer impedimento à realização de contrato de compra e venda de pai para filho, motivo pelo qual a oposição feita por Carlos não poderia gerar a anulação do negócio.

C) Antônio não poderia, como reação à legítima oposição de Carlos, promover a doação do bem para um de seus filhos (Bruno), sendo tal contrato nulo de pleno direito.

D) É legítima a doação de ascendentes para descendente, independentemente da anuência dos demais, eis que o ato importa antecipação do que lhe cabe na herança.

➥ Veja arts. 496 e 544, CC.

Comentário: A alternativa A está incorreta porque o consentimento dos descendentes e do cônjuge deve ser unânime, e não a oposição. Isso é, não se realizará ainda que apenas um deles discorde, conforme o art. 496: "É anulável a venda de ascendente a descendente, salvo se os outros descendentes e o cônjuge do alienante expressamente houverem consentido". Já a assertiva B está incorreta pois a venda de ascendente para descendente somente se consuma caso os demais descendentes e o cônjuge concordem de forma unânime. A alternativa contida na letra C está errada também. Isso se dá porque não há impedimento à doação feita por Antônio, uma vez que referido negócio jurídico representa o adiantamento da herança a ser recebida por Bruno. Assim, a alternativa correta é a D, uma vez que Antônio pode doar o imóvel ao filho, sendo esse negócio jurídico considerado adiantamento da herança, que independe da anuência dos demais herdeiros, conforme o art. 544: "A doação de ascendentes a descendentes, ou de um cônjuge a outro, importa adiantamento do que lhes cabe por herança".

Doação ao nascituro

Em consagração ao art. 2º deste Código, o art. 542 traz um exemplo dos direitos que são garantidos ao nascituro, e que no caso é o direito a receber doação, porém a sua aceitação deverá ser proferida pelo representante legal. Pode acontecer de nascer morto; neste caso, embora aceita a liberalidade, esta caducará. Mas se nascer com vida e em seguida vier a falecer, o benefício será transmitido a seus sucessores. Portanto, a doação feita ao nascituro submete-se a uma condição suspensiva.

Doação à pessoa absolutamente incapaz

O doador precisa ser um agente capaz para que possa praticar o ato de liberalidade em favor de outrem, mas o mesmo requisito não se aplica ao donatário de doação pura e simples, pois como esta não requer qualquer encargo ou ônus, o donatário pode ser incapaz, porque o ato é apenas benéfico.

Doação de ascendentes para descendentes

Mais conhecida como antecipação de legítima, a doação realizada entre pais e filhos e entre marido e mulher é válida, porém o valor que foi doado deverá ser devidamente colacionado nos autos do inventário e ser apropriadamente descontado do que lhes seria devido por ocasião da partilha dos bens do espólio.

➥ Ver questão D31.

Doação em forma de subvenção periódica

A doação é ato de liberalidade e não se transmite a herdeiros; portanto, aquelas doações que se estendem pelo tempo em forma de subvenção periódica não poderão ultrapassar a vida do donatário, salvo disposição em contrário.

Doação feita em contemplação de casamento futuro com pessoa certa e determinada

O art. 546 trata de um contrato cuja eficácia se encontra por condição suspensiva, que é justamente a ocorrência do casamento já prometido. Sendo assim, se o doador morrer, a doação não se extinguirá e só perderá seu efeito caso não ocorra a realização da condição.

Cláusula de reversão

A doação poderá conter cláusula de reversão, que prevê que o patrimônio doado deverá retornar ao patrimônio do doador em caso de falecimento do donatário, porém é nula aquela cláusula que estabeleça que essa reversão favoreça terceiros.

➥ Ver questão D29.

Das doações completamente nulas

Consiste na doação de todo e qualquer patrimônio do doador de forma que este não teria condições de subsistência. O ordenamento jurídico preserva a vida e não poderia deixar de repudiar tal ato, atribuindo para tanto a nulidade deste.

O limite dos bens livres para doação é o mesmo que deverá ser observado como se o doador fosse confeccionar um testamento, ou seja, não poderá ultrapassar 50% do patrimônio total no momento em que a doação for realizada. É a chamada *doação inoficiosa*. Isso porque o testador deve preservar a legítima de seus herdeiros necessários, se houver; logo, só poderá dispor de metade da herança.

Doação anulável em face de cônjuge adúltero

A doação realizada entre o cônjuge adúltero a sua concubina é anulável, se o outro cônjuge ou herdeiro necessário vier a pleitear a anulação no prazo de dois anos, contados a partir do momento da cessação da sociedade conjugal.

Da doação comum a mais de uma pessoa

Presume-se no silêncio que a doação realizada a mais de um donatário será igualmente dividida entre tantos quantos houverem. Se os donatários forem cônjuges, no caso de morte de um dos beneficiários, a doação subsistirá, na sua totalidade, para o cônjuge sobrevivente, não transmitindo a parte do bem doado pertencente ao *de cujus* à herança, nem aos herdeiros necessários.

Responsabilidades do doador em caso de evicção ou vício redibitório

Por ser liberalidade do doador, a doação deve ser aceita com os bens no estado em que se encontram, inclusive se o donatário perder o bem em virtude de decisão judicial, não responde o doador pelo bem perdido ou viciado.

Doação com encargos

A doação com encargo poderá estabelecer que o donatário execute um ato ou tarefa destinado a beneficiar o doador, terceiro ou a coletividade como um todo, esta última podendo ser exigida pelo Ministério Público, mesmo que o doador tiver falecido.

Doação a entidade futura

Poderá o doador estipular doação a entidades futuras, como é o caso das fundações, porém se esta não for regularmente constituída em até dois anos, a doação caducará.

D32. (Juiz Federal Substituto/2ª R./Cespe-UnB/2013) Com base no Estatuto da Criança e do Adolescente (ECA) e no que disciplina o Código Civil acerca das pessoas naturais e jurídicas e dos contratos, assinale a opção correta.

A) A doação a entidade futura caducará se, em três anos, esta não estiver constituída regularmente.

B) Na adoção internacional de criança ou adolescente brasileiro, não se exige que ocorra o trânsito em julgado da decisão que conceder a adoção para a saída do adotando do território nacional.

C) A proteção legal do pseudônimo se restringe aos adotados para as atividades lícitas.

D) O direito de anular a constituição das pessoas jurídicas de direito privado por defeito do ato constitutivo decai em quatro anos, contando-se tal prazo da publicação da inscrição desse ato no registro.

E) A união de pessoas que se organizem para fins não econômicos constitui uma associação, havendo, entre os associados, direitos e obrigações recíprocos.

➥ Veja arts. 19, 45, 53 e 554, CC; art. 52, § 8º, ECA.

Comentário: A letra C muito bem retrata, em linhas gerais, o art. 19, do Código Civil, quando este afirma: "O pseudônimo adotado para atividades lícitas goza da proteção que se dá ao nome". Portanto, é o que se tem na alternativa C, que é a correta.

Da Revogação da Doação

Hipóteses em que poderá ser requerida a revogação da doação

São casos excepcionais de revogação da doação a ingratidão do donatário (art. 557 do CC) e o não cumprimento do encargo, já que a doação é um ato de liberalidade e que, portanto, o doador não poderá revogá-la unilateralmente se o donatário já a aceitou.

Impedimento à renúncia do direito de revogar doação

A renúncia do direito de revogar a doação por ingratidão é indisponível até o momento que ela ocorrer. Se ocorrer, é de liberalidade do doador querer revogar ou não a doação por ingratidão.

Casos em que haverá a revogação por ingratidão

São causas de revogação por ingratidão: o atentado contra a vida do doador ou crime de homicídio doloso cometido contra ele; ofensa física cometida contra ele; se o donatário injuriou gravemente ou o caluniou; ou se, podendo ministrá-los, recusou ao doador os alimentos de que este necessitava.

A qualidade de cônjuge, ascendente, descendente, ainda que adotivo, ou irmão do doador não obsta a aplicação do art. 557 no que concerne à revogação da doação por ingratidão.

D33. (OAB/Exame XXX 2019) Lucas, um grande industrial do ramo de couro, decidiu ajudar Pablo, seu amigo de infância, na abertura do seu primeiro negócio: uma pequena fábrica de sapatos. Lucas doou 50 prensas para a fábrica, mas Pablo achou pouco e passou a constantemente importunar o amigo com novas solicitações.

Após sucessivos e infrutíferos pedidos de empréstimos de toda ordem, a relação entre os dois se desgasta a tal ponto que Pablo, totalmente fora de controle, atenta contra a vida de Lucas. Este, porém, sobrevive ao atentado e decide revogar a doação feita a Pablo. Ocorre que Pablo havia constituído penhor sobre as prensas, doadas por Lucas, para obter um empréstimo junto ao Banco XPTO, mas, para não interromper a produção, manteve as prensas em sua fábrica.

Diante do exposto, assinale a afirmativa correta.

A) Para a constituição válida do penhor, é necessário que as coisas empenhadas estejam em poder do credor. Como isso não ocorreu, o penhor realizado por Pablo é nulo.

B) Tendo em vista que o Banco XPTO figura como terceiro de má-fé, a realização do penhor é causa impeditiva da revogação da doação feita por Lucas.

C) Como causa superveniente da resolução da propriedade de Pablo, a revogação da doação operada por Lucas não interfere no direito de garantia dado ao Banco XPTO.

D) Em razão da tentativa de homicídio, a revogação da doação é automática, razão pela qual os direitos adquiridos pelo Banco XPTO resolvem-se junto com a propriedade de Pablo.

➠ Veja arts. 557, 559, 563, 1.419 e 1.420 do CC.

Comentário: A resposta correta é a letra C. Isso porque, conforme os arts. 557 e 563 do Código Civil, as doações podem ser revogadas em razão de ingratidão daquele que as recebeu, não importando em prejuízo aos direitos de terceiro.

Prazo para ação de revogação da doação

O prazo prescricional para que o ofendido pleiteie judicialmente a revogação da doação é de um ano, a ser contado a partir da data do conhecimento do fato.

Direito de revogar a doação intransmissível

Os herdeiros do doador não são legitimados para ingressar com ação para revogar a doação, porém se a ação já tiver sido ajuizada, eles são partes legítimas para dar prosseguimento ao feito.

Herdeiros intentando ação contra o donatário

No caso de homicídio doloso do doador, os herdeiros serão legitimados para intentar ação contra o donatário assassino, desde que não haja perdão.

Doação com encargo

A doação com encargo na verdade é um contrato bilateral, que exige sacrifícios de ambas as partes. Caso o donatário não cumpra com o encargo estabelecido, poderá o doador exigir o cumprimento, ou então revogar a doação.

Revogação por ingratidão e seus efeitos contra terceiros

Caso seja a doação revogada por ingratidão, os terceiros de boa-fé não serão prejudicados e o donatário não terá obrigação de restituir os frutos percebidos antes da citação válida. Deverá, todavia, restituir os frutos percebidos após o ato citatório. Na impossibilidade de devolução da coisa em si, deverá indenizá-la pelo meio-termo de seu valor entre a data da tradição ao donatário e a da restituição.

Não se revogam por ingratidão

As doações que são puramente remuneratórias, com encargo cumprido, oriundas de obrigação natural ou feitas para determinado casamento, não podem ser revogadas por ingratidão pelo fato de não ser um ato unilateral gratuito. Transformaram-se em ato bilateral oneroso, onde a mera liberalidade do doador se extingue no momento em que este recebeu a contraprestação do donatário.

D34. (Juiz Federal Substituto/2ª R./Cespe-UnB/2013) Assinale a opção correta com base no Código Civil, no CDC e na jurisprudência do STJ.

A) O STJ já sedimentou entendimento no sentido da obrigatoriedade do aviso de recebimento (AR) na carta de comunicação ao consumidor sobre a negativação de seu nome em bancos de dados e cadastros.

B) Conferido o mandato com a cláusula *in rem suam*, a sua revogação não terá eficácia, nem se extinguirá pela morte de qualquer das partes, ficando o mandatário dispensado de prestar contas, e podendo transferir para si os bens móveis ou imóveis objeto do mandato, obedecidas as formalidades legais.

C) O comodatário poderá recobrar do comodante as despesas feitas com o uso e gozo da coisa emprestada.

D) O pedido do pagamento de indenização à seguradora interrompe o prazo de prescrição até que o segurado tenha ciência da decisão.

E) Não se revogam por ingratidão as doações puramente remuneratórias, mas as que se fizerem em cumprimento de obrigação natural são passíveis de revogação.

➠ Veja arts. 564, I a III, 584 e 685, CC; Súmulas ns. 299 e 404, STJ.

Comentário: A alternativa correta é a letra B. Esta descreve na literalidade o art. 685, do Código Civil. A letra A, de outro lado, está errada porque o Superior Tribunal de Justiça – STJ –, a partir da Súmula n. 404, declarou o oposto ao que diz a afirmativa encontrada em A, ou seja, ser dispensável a obrigatoriedade do AR. A letra C está errada, uma vez que o art. 584, do CC, diz exatamente o oposto: "O comodatário não poderá jamais recobrar do comodante as despesas feitas com o uso e gozo da coisa emprestada".

DA LOCAÇÃO DE COISAS

Locação no Código Civil

As regras do Código Civil aplicam-se à locação de objetos móveis e imóveis que não se enquadrem como prédios urbanos com fins residenciais e comerciais, aos quais se aplica a Lei de Locações de Imóveis Urbanos (Lei n. 8.245/91, alterada pela Lei n. 12.112/2009), conforme art. 2.036 do CC. A própria Lei n. 8.245/91, em seu art. 1º, afirma continuarem regulados pelo Código Civil e por leis especiais: as locações: 1) de imóveis de propriedade da União, dos Estados e dos Municípios, de suas autarquias e fundações públicas; 2) de vagas autônomas de garagem ou de espaços para estacionamento de veículos; 3) de espaços destinados à publicidade; 4) de apart-hotéis, hotéis-residência ou equiparados, assim considerados aqueles que prestam serviços regulares a seus usuários e como tais sejam autorizados a funcionar; 5) o arrendamento mercantil, em qualquer de suas modalidades. O contrato de locação é classificado como bilateral, oneroso, comutativo, consensual, de forma livre, de trato sucessivo e de cessão temporária.

Obrigações do locador

O locador, no momento em que aluga determinado bem, deve garantir ao locatário a entrega da coisa alugada em condições de servir ao propósito a que ela se destina. Além de manter o bem nesse estado enquanto durar o contrato, o uso da coisa deverá também ser pacífico, ou seja, que não disturbe o locatário durante o uso do bem, com vistorias inoportunas, por exemplo.

Deterioração da coisa alugada

Se durante a vigência do contrato a coisa alugada se deteriorar sem culpa do locatário, este poderá exigir uma redução proporcional do aluguel em relação a deterioração, ou então poderá resolver o contrato se o bem não servir ao seu propósito.

Deveres do locador

Caso existam sobre a coisa direitos ou pretensão a direitos de terceiros, deverá o locador resguardar o locatário de eventual turbação, ou de vícios e defeitos existentes antes da locação.

Obrigações e deveres do locatário

Para que a locação seja realizada sem maiores percalços, delineiam-se no art. 569 as obrigações básicas a serem seguidas pelo locatário, que compreendem a utilização da coisa alugada nos limites da natureza da coisa e a que ela se propõe, devendo tratar a coisa com o mesmo cuidado e diligência que teria como se a coisa fosse sua; obriga-se a pagar pontualmente o valor do aluguel no prazo assinalado, sob pena de ser constituído em mora e se submeter aos seus respectivos efeitos, sendo um deles o despejo; o locatário é obrigado também a informar ao locador, caso a sua posse seja turbada por quem possa possuir direito sobre o bem locado, e por final também é de obrigação dele devolver o bem ao término da relação *ex locato* no mesmo estado em que o recebeu, ressalvando-se as deteriorações decorrentes do uso normal da coisa.

Caso haja desvio da finalidade da coisa alugada, seja pelo ajustamento ou pela própria natureza da coisa, ou se o bem se danificar por uso abusivo do locatário, poderá o locador rescindir o contrato, além de exigir perdas e danos.

Prazos e duração do contrato

O término do contrato é momento-chave para que o locador tenha a coisa reavida, e o locatário a devolva; caso tais fatos ocorram antes desse prazo, deverá o locador pagar perdas e danos ao locatário, e se o locatário devolver o imóvel, deverá pagar a multa proporcional ao tempo de contrato restante, gozando do direito de retenção, caso não seja ressarcido.

Redução do valor de indenização pelo juiz

Se a indenização for referente ao valor do tempo restante do contrato e esta se caracterizar excessiva, poderá o juiz reduzi-la equitativamente para que não gere enriquecimento sem causa.

Locação por tempo determinado

O contrato de locação que possui termo cessa todos os seus efeitos de pleno direito no momento em que o prazo se esgota, independentemente de notificação ou aviso ao locatário.

Continuação da posse pelo locatário, extensão por tempo indeterminado

A locação se prorroga tacitamente se o locatário permanecer na posse da coisa alugada sem oposição do locador, e será estendida por tempo indeterminado nos mesmos moldes do contrato que deu origem à prorrogação.

Obrigação do locatário de restituir a coisa

Após a notificação, o locatário é obrigado a restituir a coisa alugada, porém se não o fizer, deverá pagar ao aluguel cujo valor será arbitrado pelo locador, além de se responsabilizar por quaisquer danos que a coisa venha a sofrer, inclusive se originada de caso fortuito. É importante ainda dizer que, se o aluguel arbitrado for excessivo, o juiz poderá diminuí-lo, não deixando de lado o caráter de penalidade.

Alienação de coisa que se encontra locada

A alienação do bem durante a locação não obriga o adquirente a respeitar o contrato, salvo se este contiver cláusula de vigência e estiver devidamente registrado no Cartório de Títulos e Documentos do domicílio do locador.

Transferência dos direitos aos herdeiros

A locação por tempo determinado não poderá ser objeto de denúncia vazia por parte do locador, devendo, portanto, ser cumprido até seu término, de maneira que a obrigatoriedade do cumprimento transferir-se-á a quem sucedê-lo por conta da herança.

Benfeitorias úteis ou necessárias por parte do locatário

No caso de benfeitorias necessárias ou úteis com expresso consentimento do locador, o locatário goza do direito de reter o imóvel em sua posse até o tempo equivalente para que tenha seu patrimônio restabelecido.

DO EMPRÉSTIMO

Do Comodato

É o empréstimo de uso. Deve-se devolver o mesmo bem; portanto, não pode ser fungível ou consumível. É unilateral (obrigação de devolver), gratuito (cessão sem contraprestação), real (só se completa com a entrega da coisa), *intuitu personae* (é um favorecimento pessoal) e não solene (recomenda-se que seja feito por escrito para não gerar dúvidas com o contrato de locação).

Portanto, o contrato de comodato é aquele em que o comodante entrega coisa, móvel ou imóvel, infungível ao comodatário, para que este possa usá-la temporariamente e depois restituí-la.

D35. (OAB/XXXIII Exame de Ordem Unificado/FGV/2021) Antônio decide ceder gratuitamente a posse de um de seus imóveis residenciais a Carlos, seu grande amigo que vem passando por dificuldades financeiras, sem fixar prazo para a devolução do bem. Passados 5 (cinco) anos, Antônio decide notificar Carlos para que se retire do imóvel, após descobrir que estava deteriorado por pura desídia do possuidor, que não estava realizando os atos de conservação necessários. Carlos realiza uma contranotificação, informando que não vai devolver o imóvel, na medida em que ainda necessita dele para sua moradia. Em razão disso, Carlos decide arbitrar o aluguel pelo uso do bem imóvel.
Neste contexto, assinale a afirmativa correta.

A) O contrato firmado é de depósito, motivo pelo qual tem Carlos o dever de guardá-lo e conservá-lo até que Antônio o reclame, sob pena de pagar aluguéis.

B) O contrato firmado é de mútuo, que transfere o domínio da coisa emprestada ao mutuário, correndo por conta deste os riscos desde a tradição, sendo indevidos os aluguéis.

C) O contrato celebrado é de comodato, sendo o comodatário obrigado a conservar a coisa emprestada e, uma vez constituído em mora, a pagar aluguéis.

D) O contrato pactuado é de locação, que se iniciou com a renúncia à cobrança de aluguéis pelo locador e, após a notificação, tornou a exigi-los, como é da natureza do contrato.

➡ Veja arts. 579 e 582, CC.

Comentário: Para início de discussão, a letra A está errada porque, conforme determina o art. 627 do Código Civil, o objeto em um contrato de depósito só pode ser um objeto móvel. No caso em questão, a posse do bem cedido é a de um objeto imóvel, desde logo maculando a alternativa.
Já a alternativa B está errada porque o mútuo diz respeito ao contrato de empréstimo de bem fungível, ou seja, de bem passível de substituição por outro de mesmo gênero, qualidade ou quantidade. Assim, como Carlos deveria devolver o exato mesmo bem a Antônio, não poderia se tratar de contrato de mútuo.
A letra C está correta. Isso porque de fato se trata de um contrato de comodato, segundo o qual se tem o empréstimo de um bem infungível, ou seja, não passível de substituição. Além disso, conforme dispõe o art. 582, o comodatário constituído em mora, além de por ela responder, pagará, até restituí-la, o aluguel da coisa que for arbitrado pelo comodante.
Por fim, a letra D está errada porque, quando Antônio cedeu o imóvel a Carlos, ele assim o fez de forma gratuita, não sendo possível se falar em locação.

Comodato para pessoas com tutor ou curador

É necessária autorização especial para que os tutores, curadores e em geral todos os administradores de bens alheios possam dar em comodato os bens confiados a sua guarda.

Estipulação de prazos para término do comodato

É costumeiro que se fixe prazo em convenção para o término do comodato, porém se não houver tal prazo, o comodato perdurará por presunção, o bastante para o uso concedido. É vedado ao comodante a suspensão do uso e gozo da coisa emprestada antes do término do prazo convencionado, salvo situação imprevista e urgente reconhecida pelo magistrado.

Responsabilidades e deveres do comodatário

A coisa emprestada em comodato deverá ser conservada como se fosse de propriedade do comodatário, ou seja, este deve zelar pela coisa como se sua fosse, e ainda deverá utilizá-la nos limites do contrato ou da natureza da coisa, sob pena de responder por perdas e danos. Se constituído em mora, o comodatário deverá restituir a coisa; se não o fizer, estará obrigado ao pagamento de aluguel, que deverá ser arbitrado pelo comodante.

Para que seja atribuído caso fortuito ou força maior na perda da coisa objeto de comodato, deverá o comodatário preferir a salvação dos objetos do comodante em detrimento dos seus, sob pena de responder pelas perdas e danos, caso desrespeite o comando do art. 583.

As despesas relativas ao uso e gozo da coisa não poderão recair sobre o comodante, devendo ser suportadas exclusivamente pelo comodatário.

Trata-se de solidariedade decorrente de lei, uma vez que esta preceitua que se uma coisa foi emprestada em comodato a duas ou mais pessoas, todos os comodatários serão solidariamente responsáveis pela coisa.

➥ Ver questões D13 e D34.

Do Mútuo

Contrato de mútuo

Empréstimo de consumo em que o mutuário deve devolver coisa do mesmo gênero, qualidade e quantidade. Portanto, trata-se de coisa fungível. A propriedade da coisa móvel é transferida para o mutuário. É unilateral, gratuito ou oneroso (mútuo feneratício – empréstimo com cobrança de juros fixados segundo a taxa em vigor, sob pena de usura), real e não solene (mútuo gratuito tem forma livre) ou solene (mútuo oneroso deve ser feito expressamente).

Responsabilidades do mutuário

A coisa emprestada fica sujeita à responsabilidade do mutuário, desde o momento em que ocorre a tradição.

Mútuo feito à pessoa menor de idade

No caso de existir mútuo não autorizado realizado a menor, perderá o mutuante o direito de reaver a coisa do mutuário ou de seus fiadores. Trata-se de medida protecionista do menor e de sua família.

O mutuante que emprestou coisa fungível a pessoa menor, sem prévia autorização de seu representante legal, poderá reaver o bem nos casos dispostos nos incisos do art. 589 do CC/2002; logo, a proteção oferecida pelo art. 588 do CC/2002 cessará.

D36. (OAB/XXIII Exame de Ordem Unificado/FGV/2017) Cássio, mutuante, celebrou contrato de mútuo gratuito com Felipe, mutuário, cujo objeto era a quantia de R$ 5.000,00, em 1º de outubro de 2016, pelo prazo de seis meses. Foi combinado que a entrega do dinheiro seria feita no parque da cidade. No entanto, Felipe, após receber o dinheiro, foi furtado no caminho de casa. Em 1º de abril de 2017, Cássio telefonou para Felipe para combinar o pagamento da quantia emprestada, mas este respondeu que não seria possível, em razão da perda do bem por fato alheio à sua vontade. Acerca dos fatos narrados, assinale a afirmativa correta.

A) Cássio tem direito à devolução do dinheiro, ainda que a perda da coisa não tenha sido por culpa do devedor, Felipe.

B) Cássio tem direito à devolução do dinheiro e ao pagamento de juros, ainda que a perda da coisa não tenha sido por culpa do devedor, Felipe.

C) Cássio tem direito somente à devolução de metade do dinheiro, pois a perda da coisa não foi por culpa do devedor, Felipe.
D) Cássio não tem direito à devolução do dinheiro, pois a perda da coisa não foi por culpa do devedor, Felipe.

➠ Veja arts. 587 e 591, CC.

Comentário: a alternativa certa é a letra A. O art. 587 do CC determina que o empréstimo transfere o domínio da coisa objeto do empréstimo à pessoa do mutuário, e que por ele passam a correr todos os riscos desde a tradição. Agora, por se tratar de um acordo de mútuo gratuito, não são aplicado juros, assim como também determinam os arts. 590 e 591 do CC.

Garantia de restituição

Mesmo que no contrato de mútuo inicial não haja a exigência de garantia de restituição, poderá o mutuante exigi-la, caso a situação econômico-financeira do mutuário se modifique posteriormente.

Mútuo destinado a fins econômicos

No mútuo que se realizar com cunho econômico (mútuo oneroso) por presunção serão devidos juros que não ultrapassem os que seriam devidos à Fazenda Nacional por ocorrência da mora, sob pena de redução, caso seja ultrapassado esse limite legal.

➠ Ver questão D35.

Prazo do mútuo

Caso não haja estipulação de prazo para restituição do bem objeto do mútuo, a lei prediz que será de trinta dias, se o empréstimo for em dinheiro; até a próxima colheita, se o produto for agrícola ou para semeadura; ou pelo prazo de tempo estipulado pelo mutuante, no caso de qualquer outra coisa fungível.

DA PRESTAÇÃO DE SERVIÇO

Contrato de prestação de serviço

Esta seção dedica-se a regular subsidiariamente as prestações de serviços que não forem reguladas pela Justiça do Trabalho (CLT). Inclusive, o contrato de prestação de serviço pode se sujeitar às regras de direito consumerista, conforme o art. 3º, § 2º do CDC (*vide* GUILHERME, Luiz Fernando do Vale de Almeida. *Responsabilidade civil dos advogados e das sociedades de advogados nas auditorias jurídicas*. São Paulo, Quartier Latin, 2005).

Qualquer tipo de trabalho ou serviço lícito será contratado mediante retribuição

O contrato de prestação de serviço é um contrato pelo qual uma das partes (prestador) se obriga com a outra (tomador) a prestar um serviço ou trabalho lícito, material ou imaterial, mediante remuneração.

Tratando-se de serviço prestado mediante concessão, torna-se impraticável a remuneração por taxa do gênero tributo, em razão da inocorrência de norma constitucional obstativa à contraprestação via preço público. De acordo com a melhor doutrina, a "assinatura mensal cobrada" afigura-se totalmente ilícita e não possui suporte jurídico válido a permitir sua exigibilidade. Portanto, não há que se falar em preço do contrato, já que assinatura mensal não configura taxa ou tarifa, ou seja, não é espécie nem do direito civil, nem do direito tributário.

Contrato de prestação de serviços para analfabetos

Se um dos contratantes não souber ler ou escrever, poderá o contrato ser lido e assinado por duas testemunhas.

Arbitramento a retribuição, segundo o costume do lugar, o tempo de serviço e sua qualidade

Na ausência de estipulação de valor, bem como na impossibilidade de composição das partes, deverá o valor da respectiva retribuição ser arbitrado de acordo com os costumes locais e o tempo de serviço, levando-se em conta também seus aspectos qualitativos.

Dos prazos e formas de pagamento pelo serviço

Em regra, a retribuição por serviço prestado acontece após a respectiva prestação de serviço, salvo se convencionado em contrário, o costume ser diverso ou então o pagamento ser realizado em prestações.

O prazo de quatro anos é o limite para o fim do contrato de prestação de serviços, seja de qual natureza for, ou ainda que a obra a que ele se refere ainda não esteja acabada.

Da resolução do contrato

Caso o contrato de prestação de serviços seja por tempo indeterminado e não se possa presumir o prazo pela natureza do negócio ou pelo costume do lugar onde o serviço foi prestado, poderá qualquer uma das partes resolver o contrato de forma a extingui-lo, desde que seja com antecedência de oito dias quando a remuneração for mensal, quatro dias se a remuneração for semanal ou quinzenal, ou no dia anterior se a contratação tiver ocorrido por menos de sete dias.

Responsabilidades e deveres do contratado

Não é computado o prazo que o prestador de serviço, por sua culpa, deixou de cumprir.

O contrato de prestação de serviço deve estipular a exata função do prestador de serviços, sob pena de ser considerado apto a realizar todo e qualquer serviço compatível com suas forças e condições.

Aquele prestador de serviços contratado por prazo certo ou por obra determinada deverá cumprir estritamente os termos do contrato, sendo vedado que este se ausente ou se demita sem justa causa, antes de terminar o prazo ou concluir a obra, sob pena do pagamento de perdas e danos sem prejuízo da retribuição vencida.

Consequências da dispensa do prestador de serviços sem justa causa

A hipótese aqui aventada diz respeito à resilição unilateral por parte do dono do serviço, ou seja, é o término prematuro do contrato de prestação de serviço por tempo determinado, caso em que qualquer uma das partes possui o direito potestativo de resilir o contrato a qualquer tempo (art. 473 do CC). Porém, neste caso específico, será tratado dos efeitos dessa resilição quando ela ocorrer por parte do dono do serviço. Caso o dono do serviço venha a resilir o contrato em plena vigência, deverá pagar para o prestador de serviço prejudicado o valor correspondente ao que já foi trabalhado até o momento da resilição, acrescido da metade do que seria esperado até o término do contrato. Note-se que, para existir esse direito, a dispensa do prestador de serviço deverá necessariamente ocorrer sem justa causa, ou seja, a quebra contratual não poderá ser originada por ato do prestador de serviço.

Direitos do prestador de serviço ao final do contrato

O prestador de serviço possui o direito de ver declarada expressamente a motivação pela qual o serviço deixou de ser prestado, desde que tenha sido despedido sem justa causa, ou se por motivo justo deixou o serviço. Da mesma maneira, o direito é válido para aquele que completou o serviço que lhe competia, e nesses casos a declaração expedida pelo empregador equipara-se à quitação.

Necessário consentimento da outra parte para poder dispor do contrato de prestação de serviços

O contrato de prestação de serviços é personalíssimo e não está sujeito à substituição de partes por meio de cessão obrigacional, o que significa dizer que nenhuma das partes poderá se substituir no desempenho de suas obrigações sem o consentimento da outra: nem o prestador poderá se substituir por outro, nem aquele que o contratou poderá ceder seu direito sobre os serviços prestados a outrem.

Da qualidade do serviço prestado

Para que se tenha retribuição normal pelos serviços prestados, o prestador de serviços necessariamente deverá ser habilitado para o exercício da função. Caso não o seja, o valor será reduzido, porém se o serviço reverteu benefício, o juiz arbitrará uma compensação razoável, tendo como pré-requisito a boa-fé (arts. 113 e 422 do CC).

Fim do contrato de prestação de serviços com a morte de qualquer das partes

O contrato de prestação de serviços pode se findar com a morte de qualquer das partes, pelo escoamento do prazo, pela conclusão da obra, pela rescisão do contrato mediante aviso prévio, por inadimplemento de qualquer das partes ou pela impossibilidade da continuação do contrato, motivada por força maior.

Aliciamento dos prestadores de serviço

Aquele que impedir a extinção por adimplemento do contrato de prestação de serviço, seduzindo o prestador com propostas mais vantajosas, deverá pagar ao dono do serviço prejudicado o equivalente ao que seria pago ao prestador do serviço por dois anos.

Particularidades do contrato de prestação de serviços em propriedade agrícola

Se o prestador de serviços exercer suas atividades em prédio rural e este for alienado, não importará necessariamente que o contrato seja rescindido automaticamente, uma vez que é reservada a opção do prestador em continuar a prestação de serviços com o alienante ou com o primitivo proprietário.

DA EMPREITADA

Definição e tipos de empreitada

Pelo contrato de empreitada (arts. 610 a 626 do CC), uma das partes – o empreiteiro – se compromete a executar determinada obra, pessoalmente ou por meio de terceiros, em troca de certa remuneração fixa a ser paga pelo outro contraente – dono da obra –, de acordo com instruções deste e sem relação de subordinação. Trata-se de uma espécie do gênero locação de obras e dele difere por alguns traços distintos. Na empreitada, o objeto da prestação não é o esforço ou a atividade do locador, mas a obra em si, de modo que a remuneração do empreiteiro continua a mesma, quer a execução da obra ocupe mais ou menos tempo, e só será devida se o empreendimento prometido for alcançado. O empreiteiro assume os riscos da produção e, na qualidade de empresário, não está subordinado ao dono da obra, nem a ninguém.

Do fornecimento dos materiais

Os materiais serão responsabilidade do empreiteiro até o término da obra, a contento de quem a encomendou, se não estiver em mora. Caso contrário, será deste a responsabilidade.

Do fornecimento de mão de obra

Caso o empreiteiro tenha fornecido apenas mão de obra, a este só subsistirá responsabilidade caso haja culpa; caso contrário, todos os riscos serão do dono da obra.

Empreitada exclusivamente de serviços

Caso a empreitada seja única e exclusivamente baseada no trabalho do empreiteiro, e seu trabalho não puder ser realizado por perecimento dos materiais, serão observadas duas hipóteses: (i) a primeira ocorrerá se o perecimento se der sem culpa do dono da obra, hipótese em que o contrato se resolverá, cada um arcando com seus prejuízos; (ii) a segunda hipótese ocorrerá quando o perecimento dos materiais se der por culpa do dono da obra, caso em que o empreiteiro fará jus ao valor devido a ele, caso a obra tivesse sido concluída.

Pagamento por medidas

O art. 614 trata da hipótese em que a empreitada é fracionada, seja por sua natureza ou por disposição contratual, de forma que o empreiteiro receberá sua remuneração pela entrega de cada parte. Se o empreiteiro receber o valor correspondente à fração realizada, será presumido que tal fração já fora verificada e aprovada pelo dono da obra. Caso a empreitada seja por medição, o dono da obra ou seu fiscal terá trinta dias (prazo decadencial) para reclamar eventuais vícios e defeitos, sob pena de se considerar irremediavelmente verificado.

Da conclusão e entrega da obra

O empreiteiro é obrigado a respeitar as instruções do dono da obra, sob pena de ter a obra enjeitada por este. Caso esteja tudo de acordo, não poderá o dono se negar a receber.

Caso quem encomendou a obra resolver não enjeitá-la por não estar de acordo com o ajustado, poderá, em vez disso, recebê-la com abatimento no preço.

Obrigação do empreiteiro em face da inutilização de materiais

Se o empreiteiro receber apropriadamente os materiais para a construção da obra e inutilizá-los por negligência ou imperícia, deverá o empreiteiro pagar por estes, pois deveria ter zelado durante suas atividades.

Prazo de responsabilidade do empreiteiro pela garantia da obra realizada

O prazo do art. 618 é decadencial pelo princípio da aplicabilidade do Código Civil em vigor. "O prazo referido no art. 618, parágrafo único, do CC, refere-se unicamente à garantia prevista no *caput*, sem prejuízo de poder o dono da obra, com base no mau cumprimento do contrato de empreitada, demandar perdas e danos ou consertar o prédio, a ser requerido pelo dono da obra" (conforme o Enunciado n. 181 da III Jornada do STJ, de autoria do Juiz Federal Guilherme Couto de Castro, da Seção Judiciária do Rio de Janeiro). O empreiteiro responde pela solidez e segurança do seu trabalho na empreitada referente a edifícios ou construções de grande porte, e o proprietário só poderá demandá-lo pelos prejuízos que lhe forem causados pela falta de solidez da obra pelo material empregado.

Do plano de obra e suas alterações

O art. 619 somente terá eficácia quanto aos contratos de empreitada realizados por preço certo, visando a não surpreender o dono da obra com eventuais exigências do empreiteiro. Porém, o dispositivo é disponível, podendo haver disposição contratual em contrário, estabelecendo um aumento progressivo do valor contratado, para se compensar a flutuabilidade do mercado.

Revisão do contrato de prestação de serviços

Para que não haja desequilíbrio contratual, o art. 620 vem, em prestígio ao princípio do *rebus sic stantibus*, permitir que o contrato seja revisto na hipótese de redução do valor referente aos materiais ou mão de obra utilizada na obra, na ordem de 10%, relativos ao valor total da empreitada, desde que reivindicados pelo dono da obra. Se a diminuição do valor do material for inferior a 10%, não ocorrerá revisão, sendo cumprido o contrato firmado entre as partes.

O proprietário da obra não possui liberdade de modificar o projeto cuja autoria não foi sua, a não ser que tais modificações sejam realizadas por motivos supervenientes e de ordem técnica, e seja comprovada a inconveniência ou onerosidade excessiva da execução do projeto. Saliente-se que pequenas alterações que não modifiquem a unidade estética da obra não são objeto do art. 621.

Terceirização da prestação de serviços

É permitida a chamada subempreitada, que nada mais é que a transferência da execução da obra para um terceiro por parte do empreiteiro, não podendo o subempreiteiro assumir a direção e fiscalização da obra. Caso o faça, será responsabilizado nos mesmo termos do empreiteiro. Caso cumpra o dispositivo, sua responsabilidade se limitará à solidez e segurança do trabalho realizado. Apenas não se pode confiar a terceiro quando estiver expresso em contrato, o que dá natureza personalíssima à empreitada. Não se confunde a subempreitada com a cessão de contrato.

Suspensão da construção da obra e suas consequências

É permitido ao dono da obra interromper a construção, entretanto deverá ser pago ao empreiteiro indenização compatível com o que se teria ganho com a conclusão da obra, sem prejuízo dos pagamentos das despesas e lucros referentes ao trabalho já executado. Não se confunde a paralisação temporária da obra com a suspensão ou desconstituição do negócio jurídico.

Se a empreitada for suspensa sem justificativa, por parte do empreiteiro, este deverá ser responsabilizado por perdas e danos e tem o dever de indenizar, pois recai em responsabilidade civil. Deve o empreiteiro pagar ao comitente a indenização pelas perdas, danos ou lucro cessante.

Será facultada ao empreiteiro a suspensão da obra, quando for ocasionada por culpa do dono ou por força maior, quando as dificuldades na execução do projeto forem imprevisíveis e causadas por características hidráulicas ou geológicas, de modo a tornar a execução da obra extremamente onerosa ou impossível, ou ainda se o poder público exigir modificações substanciais no projeto de forma que o desfigure e seja desproporcional. Assim, mesmo que o dono concorde em suportar as despesas oriundas dessas modificações, poderá o empreiteiro suspender a execução da obra.

Características do contrato de empreitada

Em regra, o contrato de empreitada é impessoal, ou seja, não depende de características personalíssimas do empreiteiro para que a obra seja executada. Sendo assim, mesmo que qualquer das partes venha a falecer, o contrato ainda subsistirá, salvo se o contrato de empreitada foi firmado com base em características únicas do empreiteiro, pois aí então se tornará um contrato personalíssimo que se finda com a morte das partes. Sendo o empreiteiro pessoa jurídica, não cabe o art. 626.

DO DEPÓSITO

Do Depósito Voluntário

Contrato de depósito

É o contrato pelo qual uma pessoa – depositário – recebe para guardar um objeto móvel alheio, com a obrigação de restituí-lo quando o depositante o reclamar. É um negócio jurídico bilateral. Aperfeiçoa-se pela entrega da coisa. É negócio feito no interesse do depositante e, com efeito, surge no campo do direito como um favor prestado a um amigo, para quem, com zelo, se guarda um objeto por ele entregue. A guarda da coisa alheia é, assim, a finalidade precípua do depósito. Daí, em tese, ser vedado o uso da coisa depositada pelo depositário, pois, caso tal uso fosse permitido, a função do contrato não seria apenas o benefício do depositante, mas vantagem do depositário. Assim, o contrato de depósito se transformaria em contrato de comodato.

Pagamento do contrato de depósito

Inicialmente, o contrato de depósito é gratuito e só se tornará oneroso com convenção em contrário ou se for resultado de atividade negocial ou profissional. A remuneração é devida, se não convencionada, com base no costume local ou por arbitramento.

Responsabilidades e deveres do depositário

O art. 629 refere-se aos deveres do depositário, que deverá zelar pela coisa guardada como se sua fosse e, o mais importante, deverá restituí-la com todos os frutos, acrescidos no momento em que o depositante a exigir.

Do depósito fechado, colado, selado ou lacrado

O estado da coisa deverá se manter até o momento da restituição, inclusive se ela foi depositada com lacre, selada, fechada. Caso seja violado o sigilo da coisa, este será considerado ilícito contratual, pois infringiu o dever de zelo do depositário.

Restituição da coisa depositada

O depositante deverá arcar com todas as despesas relativas à restituição, porém tem-se como regra que a restituição deverá ocorrer no local onde a coisa foi depositada.

Trata-se de depósito em garantia, que visa a dar um bem em garantia, em favor de terceiro. Caso esse fato seja informado ao depositário, este não poderá restituir o bem ao depositante sem o consentimento do terceiro.

Prazo para restituição

Mesmo que o contrato de depósito tenha prazo determinado, o depositário é obrigado a restituir o bem no momento em que lhe for solicitado, salvo se gozar do direito de retenção até que se lhe pague a retribuição devida, o líquido valor das despesas ou dos prejuízos, se desconfiar que a coisa seja proveniente de obtenção dolosa ou se o bem estiver embargado (arresto, penhora).

Caso seja relevante a suspeita de que a coisa foi dolosamente obtida, o depositário deverá, mediante exposição de motivos, requerer o recolhimento da coisa ao Depósito Público, local onde ficam as coisas entregues a uma autoridade judicial ou administrativa, devendo recusar-se a devolver ao depositante. Caso a suspeita seja infundada, o depositário deverá ressarcir o depositante por danos ou prejuízo causado.

Depósito judicial

Em caso de recusa do depositário em receber a coisa, ou então na impossibilidade de mantê-la guardada, poderá o depositante requerer que seja a coisa depositada judicialmente.

O depositário que por força maior (art. 624 do CC) perder o bem e receber outro bem em troca, deverá entregar o bem recebido para o depositário e ao mesmo tempo lhe cederá a titularidade das ações cabíveis contra quem deveria restituir o primeiro bem.

Obrigação do herdeiro do depositário

Caso venha a falecer o depositário, seu herdeiro tem o dever de restituir ao depositante a coisa depositada. Caso o herdeiro do depositário houver vendido de boa-fé (art. 422 do CC) a coisa depositada, deverá ser assistente do depositante no momento em que for pleitear a coisa judicialmente, e será o herdeiro obrigado a restituir o comprador da coisa.

Recusa à restituição da coisa

O depositário que se responsabiliza pela guarda de determinado bem não poderá deixar de restituir este bem ao depositante, sob o fundamento de este não pertencer ao depositante, ou então alegar que reteve o bem para compensar dívida de outra natureza que eventualmente possua com o depositante. Esta última parte consagra os requisitos da compensação, que é a fungibilidade recíproca das dívidas a serem compensadas, obedecendo-se também a obrigação de restituir que existe para o depositário.

Solidariedade dos depositantes

Se houver multiplicidade de depositantes de coisa divisível, competirá ao depositário a entrega da coisa no montante que couber a cada depositante, excluindo-se os casos de solidariedade entre eles.

Utilização ou empréstimo da coisa depositada

O objeto do depósito não poderá ser utilizado nem ser depositado a outrem sem autorização expressa do depositante. Caso este autorize o depósito a outrem, ficará o depositário responsável pela escolha do terceiro caso tenha agido com culpa. O uso não autorizado da coisa depositada constitui *furtum usus.*

Incapacidade superveniente do depositário

No caso de existir incapacidade superveniente do depositário, aquele que o substituir deverá providenciar com brevidade a restituição da coisa ao depositante, porém se este não possuir condições de guardar a coisa depositada, ou se se recusar a recebê-la, o sucessor do depositário incapaz a depositará em Depósito Público ou nomeará novo depositário.

Responsabilidade do depositário em caso de perda do depósito por força maior

O depositário está isento de responsabilidade se o dano for originado de força maior, todavia tal fato deverá ser provado para que a isenção seja operada de pleno direito. Se houver convenção nesse sentido, o depositário se responsabiliza por danos originados por força maior ou caso seja provado que o depositário fazia uso do bem sem autorização do depositante.

Obrigações do depositante com a manutenção da coisa

É de responsabilidade do depositante o pagamento dos dispêndios do depositário referentes à coisa, bem como o dos prejuízos que do depósito provierem.

Direito do depositário de reter a coisa

Caso o depósito seja oneroso, poderá o depositário reter a coisa até que lhe seja ressarcida a retribuição devida, valor líquido das despesas ou dos prejuízos, mediante comprovação. Caso a prova (*vide* arts. 212 a 232 do CC) dessas despesas seja insuficiente, ou então não possuírem liquidez, é facultado ao depositário exigir caução idônea e, na ausência desta, poderá remover a coisa ao Depósito Público. O depositário terá direito de reter o bem até que o depositante lhe pague a retribuição devida.

Depósito de coisas fungíveis

A letra da lei impede que o contrato de depósito tenha como objeto a guarda de bens fungíveis (art. 85 do CC), caracterizando, portanto, um contrato de depósito irregular. Porém, a própria lei define que o contrato de depósito irregular na verdade será regulado pelas disposições concernentes ao contrato de mútuo, regulamentado por este Código.

Depósito voluntário

A lei exige que o depósito realizado voluntariamente deverá conter a forma escrita como requisito, visto que o depositante escolhe espontaneamente o depositário.

Do Depósito Necessário

Trata-se de uma modalidade de depósito que não decorre da vontade das partes ou de medida judicial, mas exclusivamente da lei, no momento em que se observa uma obrigação legal, como é o caso do dever de guarda das bagagens pelos estabelecimentos hoteleiros ou companhias aéreas, ou então quando decorrente de calamidades públicas como incêndios, enchentes, desmoronamentos e outros tantos.

Depósito necessário legal

O depósito legal, a que se refere o art. 647, é aquele que a própria lei define como obrigatório (p. ex., estabelecimentos hoteleiros, transporte aéreo). Caso esta seja silente quanto às regras aplicáveis, serão aplicadas as disposições concernentes ao depósito voluntário, podendo aplicar o disposto no art. 628 aos casos dos depósitos necessários e aos de calamidade e catástrofe que poderão ser provados por qualquer meio admitido no direito.

Equiparação com o depósito das bagagens dos viajantes ou hóspedes

A responsabilidade do estabelecimento hoteleiro existe inclusive em relação a furtos ou roubos realizados por seus empregados ou admitidos. Trata-se de hipótese de responsabilidade objetiva do estabelecimento causador do dano em relação ao hóspede que lhe confiou sua bagagem.

A inevitabilidade é excludente de responsabilidade civil em relação à guarda das bagagens dos hóspedes, porém é necessária a prova de que o evento gerador do dano era imprevisto e inevitável. Pode-se excluir a responsabilidade do hospedeiro, caso seja convencionado pelas partes, desde que não seja abusiva para o hóspede, não servindo para esses fins simples avisos, declarações unilaterais ou regulamentos inseridos pelo hospedeiro nas dependências dos estabelecimentos.

A remuneração pelo depósito está incluída no preço da hospedagem

A remuneração nos casos do depósito legal é embutida no preço da hospedagem no caso de hotéis, ou da passagem aérea no caso de companhias aéreas. A remuneração se aplica também pelo zelo que o depositário terá com o objeto.

Restituição do depósito necessário

Anteriormente ao pacto de San José da Costa Rica, era previsto que o depositário infiel poderia ser preso em razão da infidelidade no exercício de sua obrigação, hipótese que ficou controvertida na jurisprudência nacional durante vários anos, sendo objeto da controvérsia a aplicabilidade de um tratado internacional que não possui previsão expressa da vedação de prisão por depósito infiel. Tendo em vista a diversidade de posições dos tribunais pátrios, o Pretório Excelso manifestou-se na Súmula vinculante n. 25, acabando com a controvérsia e decidindo de uma vez por todas extirpar a prisão do depositário infiel do sistema jurídico brasileiro.

DO MANDATO

Contrato de mandato

O art. 653 do Código Civil define o mandato, dizendo que ele se opera, sendo a procuração o seu instrumento, "quando alguém recebe de outrem poderes para em seu nome, praticar atos [*ad judicia*] ou administrar interesses [*ad negotia*]". A circunstância de o mandatário receber poderes para "agir em nome de outrem", ou seja, a ideia de *representação*, mais do qualquer outra, distingue o contrato de mandato dos outros contratos, principalmente o de locação de serviços. O endosso-mandato somente poderá ser realizado em preto, ou seja, com a determinação expressa da pessoa do endossatário-mandatário, tendo em vista que esse instituto se rege pelos princípios do direito comum, não se admitindo a procuração ao portador.

Classificação: nominado, gratuito, unilateral e *intuitu personae.*

Procuração mediante instrumento particular

A procuração de sócio lavrada por instrumento particular deverá ser apresentada com a assinatura reconhecida (art. 654, § 2º, do CC). A procuração que outorgar poderes para a assinatura do requerimento de arquivamento de ato na Junta Comercial deverá ter a assinatura do outorgante reconhecida (art. 654, § 2º, c/c art. 1.153 do CC).

A procuração que designar representante de sócio pessoa física residente e domiciliada no exterior, ou de pessoa jurídica estrangeira, deverá atribuir àquele poderes para receber citação inicial em ações judiciais relacionadas com a sociedade (*vide* Instrução Normativa n. 10/2013 do Drei). Os documentos oriundos do exterior (contratos, procurações etc.) devem ser apresentados com as assinaturas reconhecidas por notário, salvo se tal formalidade já tiver sido cumprida no Consulado Brasileiro. Os instrumentos lavrados por notário francês dispensam o visto pelo Consulado Brasileiro (Decreto n. 91.207, de 29.04.1985). Além da referida formalidade, deverão ser apresentadas traduções de tais documentos para o português, por tradutor matriculado em qualquer Junta Comercial, quando estiverem em idioma estrangeiro.

Mandato por instrumento público

A outorga de substabelecimento dos poderes conferidos pela procuração não possui a necessidade de obedecer a forma utilizada na outorga da procuração, podendo então ser conferida a procuração mediante instrumento público e o substabelecimento por instrumento particular.

Formas do mandato, expresso ou tácito, verbal ou escrito

O contrato de mandato independe de formalidade, podendo ser expresso ou tácito, verbal ou escrito.

Outorga do mandato

O instrumento de mandato deve seguir a formalidade prescrita na lei, muito embora seja previsto que este poderá ser elaborado tanto na forma verbal quanto na escrita, ou por instrumento público ou particular. A lei prescreve também que o instrumento deverá seguir a formalidade necessária em cada caso específico, e a título de exemplo o próprio texto da lei diz que o mandato verbal não é admitido quando a forma escrita for exigida.

Mandato gratuito ou oneroso

O mandato em regra é gratuito, de forma que se origina da confiança que o mandante possui no mandatário, salvo se o contrato de mandato estabelecer remuneração ou se for da natureza do ofício do mandatário.

A remuneração prevista no art. 658 será regida convencionalmente ou por meio de lei. Caso sejam omissos, serão utilizados os usos e costumes do lugar onde foi celebrado o contrato ou por arbitramento, necessariamente nessa ordem.

A aceitação do mandato pode ser tácita e resulta do começo da execução

O mandato, assim como qualquer outra espécie de contrato, necessita da aceitação e concordância das duas partes para que seja válido e apto a gerar obrigação. A aceitação poderá ser expressa ou tácita.

O art. 659 trata da aceitação tácita do contrato, ou seja, a aceitação é originada de uma omissão declarativa do aceitante, que ao calar-se automaticamente aceita a proposta; no caso do mandato, a aceitação tácita é resultado direto do início de sua execução, ou seja, mesmo que silente, o mandatário que iniciar a execução dos poderes outorgados pelo mandante estará automaticamente aceitando o contrato integralmente.

Particularidades do mandato

O mandato, por ser instrumento que autoriza terceiro a agir em nome do mandante, deverá incluir qual a limitação dos poderes conferidos ao mandatário, de forma que o exercício em nome do mandante fica especificado a um ato, a vários atos ou a todos os atos negociais do mandante.

Mandato e os poderes de administração

O mandato, em linhas gerais, só autoriza o mandatário a realizar atos de administração, porém, se for do desígnio do mandante que o mandatário aliene, hipoteque, transija ou pratique outros atos que extrapolem a administração ordinária, deverá conferir poderes de procuração especiais para a prática de tais atos.

Ineficácia dos atos praticados por quem não tenha mandato, salvo posterior ratificação

Os atos praticados por mandatário com insuficiência de poderes não vinculam o mandante, salvo se houver posterior ratificação, que deverá ser na forma expressa, ou então resultar de ato que não deixe dúvidas de sua aceitação, retroagindo desde a data da prática do ato exorbitante. O mandatário só pode atuar dentro dos poderes que lhe foram conferidos.

Direitos e responsabilidades do mandatário

Os negócios realizados por meio de mandato sempre ocorrerão por conta do mandante, e este será o único e exclusivo responsável por tais atos, salvo se o mandatário agir em nome próprio, hipótese esta que o obrigará pessoalmente.

Aquele que negociar em nome de outrem por meio de mandato terá o direito de reter a coisa objeto da negociação até a quantidade suficiente para que seja quitado o que lhe é devido em decorrência do exercício do mandato.

O mandatário que agir em dissonância com os poderes conferidos ou, ainda, agir além dos limites por ele impostos, será considerado um gestor de negócios, dependendo de ratificação do mandante. Os atos do representante só vincularão o representado se praticados em seu nome dentro dos limites do mandato.

Do mandato para menor de dezoito e maior de dezesseis anos

As ações referentes ao mau exercício do mandato cujo mandatário seja maior de 16 anos e menor de 18 são sempre subordinadas às regras gerais atinentes às obrigações contraídas por menores (*vide* arts. 4º, 5º, 180 e 181 do CC).

Das Obrigações do Mandatário

Deveres e obrigações do mandatário

O art. 667 trata da bilateralidade do contrato de mandato, impondo, para o exercício dos poderes ali outorgados, diligência habitual. Note-se que o procurador, ou aquele que fora substabelecido, deve agir exteriorizando confiança e zelo para o fiel cumprimento do instrumento. A responsabilidade não se extingue na ação própria, mas subsiste quando o mandatário não observa seu impedimento em substabelecer seus poderes. Dessa forma, aquele que transfere o mandato sem autorização responde pelos atos praticados por terceiro, os quais, aliás, só surtirão efeitos depois de ratificados por aquele que tinha poderes para tanto. Hipótese distinta, contudo, é o substabelecimento permitido, ou mesmo quando essa faculdade é omitida do instrumento, pois o mandatário original só se responsabilizará civilmente de forma subjetiva por culpa na escolha ou nas instruções para o cumprimento do mandato.

Caso o mandante venha a falecer, o mandatário deverá concluir quaisquer negócios já iniciados, quando existir perigo na demora.

Prestação de contas pelo mandatário

O mandatário é obrigado a prestar contas periódicas referentes ao exercício de seu mandato e deverá também repassar quaisquer ganhos provenientes desse exercício, independentemente de sua natureza. O mandatário é alguém que age no interesse alheio.

Os prejuízos ocasionados pelo mandatário não se compensam com eventuais ganhos a que ele tenha dado causa, justificado pelo art. 668, que diz que quaisquer ganhos serão do mandante, subsistindo então para o mandatário a obrigação de ressarcir o mandante das perdas por ele sofridas.

Administração abusiva do mandatário

Os valores recebidos em nome do mandante deverão ser restituídos a este, porém se o mandatário utilizá-lo para si, deverá pagar juros ao mandante desde o momento que extrapolou seus poderes.

Se for do objeto do mandato (art. 104, II, do CC) a compra de um bem determinado, e o mandatário possuidor de fundos ou créditos do mandante realiza a compra para si, poderá o mandante em ação própria reivindicar a entrega da coisa comprada.

Pluralidade de mandatários

Se houver pluralidade de mandatários no mesmo instrumento, todos poderão exercer os poderes conferidos pelo outorgante de forma independente, porém se houver declaração expressa de que todos necessitam agir em conjunto, os atos de apenas um não terão validade, salvo se houver ratificação posterior dos demais, que terá efeitos retroativos à data da primeira assinatura.

Direitos do terceiro contra o mandante/mandatário

No caso de haver a celebração de negócio que extrapola os limites do mandato e o negociante tivesse ou devesse ter conhecimento desse abuso, não poderá este intentar judicialmente contra o mandatário, a não ser que este, por sua vez, tenha lhe prometido a ratificação do mandante.

Das Obrigações do Mandante

Obrigação do mandante perante as obrigações contraídas pelo mandatário

O mandatário age por conta exclusiva do mandante, desde que dentro dos limites dos poderes outorgados, e dessa forma o mandante se obrigará por todos os vínculos contraídos, bem como deverá adiantar todas as despesas referentes à execução do mandato no momento em que o mandatário lhe requerer.

Os atos praticados em contrariedade às instruções do mandante e em conformidade com os poderes conferidos no instrumento, vincularão o mandante perante terceiros. O mandante poderá mover ação regressiva contra o mandatário pelas perdas e danos resultantes da inobservância do que estava estipulado no mandato.

Da remuneração devida ao mandatário

O mandato conferido pelo mandante deverá ser remunerado, bem como as despesas referentes à execução do mandato, não sendo vinculado ao sucesso do negócio por se tratar de uma obrigação de meio e não de resultado, salvo se por culpa do mandatário. O mandatário assume a obrigação de meio, não importando se o negócio teve o efeito desejado.

As despesas que o mandatário adiantar para a plena execução do mandato deverão ser remuneradas com juros, que correrão desde a data do desembolso até a data do reembolso efetuado pelo mandante. Não havendo estipulação a respeito dessa taxa, os juros serão os legais (art. 406 do CC).

Se eventuais perdas sofridas pelo mandatário forem constatadas, essas devem ser ressarcidas pelo mandante, salvo se tais perdas forem oriundas de culpa ou excesso de poderes.

Do mandato outorgado por duas ou mais pessoas

Caso o mandato seja conferido por mais de um mandante a um mandatário e entre os mandantes exista identidade do negócio, todos eles serão solidariamente responsáveis pelo mandatário pelos compromissos oriundos do contrato, sem prejuízo do direito regressivo a ser intentado contra os outros mandantes pela quantia que pagar.

Direito de retenção ao mandatário

O bem que esteja em posse do mandatário sujeita-se à retenção até o momento em que o mandante o reembolsar por eventuais despesas experimentadas em virtude do desempenho do encargo.

Da Extinção do Mandato

Do término do mandato

O instrumento de mandato expira com todos os seus efeitos no momento em que é revogado ou renunciado; pela morte ou interdição do mandante ou mandatário; pela mudança de estado que inabilite o mandante a conferir os poderes, ou o mandatário para exercê-los; pelo término do prazo; ou pelo exaurimento do negócio objeto do mandato.

Cláusula de irrevogabilidade

Se o contrato de mandato possuir cláusula de irrevogabilidade, que nada mais é que uma cláusula que dispõe sobre a impossibilidade de se revogar o mandato, e o mandante a contrariar, este deverá pagar ao mandatário perdas e danos em virtude do descumprimento contratual. Isso se dá porque cria no mandatário uma expectativa de permanência no mandato até a conclusão do negócio ou até o prazo avençado.

Se a cláusula de irrevogabilidade for condição essencial à realização de um negócio, ou então quando houver sido estipulada no exclusivo interesse do mandatário, terá sua revogação ineficaz, permitindo que o mandatário possa prosseguir na execução do ato para o qual foi nomeado.

Mandato com cláusula "em causa própria"

A procuração com cláusula "em causa própria" é utilizada principalmente nos contratos de compra e venda de bem imóvel, hipótese em que o vendedor outorga irrevogável e irretratavelmente poderes para que o comprador o represente e pratique todos os atos de transferência do imóvel. Tal artifício encontra justificativa no fato de que o vendedor somente outorgará a procuração após o pagamento, e também no fato de que auxilia a conclusão das formalidades do contrato de compra e venda, uma vez que após a outorga do mandato não será mais necessária a presença ou concordância do vendedor.

➠ Ver questão D34.

Da revogação do mandato

Mais uma vez a norma se vale do princípio da boa-fé para justificar determinado preceito. Aliás, outra não poderia ser a instrução legal, uma vez que na hipótese de não se dar publicidade de determinada revogação do mandato, não subsistiria razão para opor qualquer defesa a terceiros de boa-fé. Nesse sentido, exsurgirá direito do mandante contra seu procurador, o qual agiu sem poderes para tanto. Com efeito, acrescente-se que negócios encetados são aqueles que traduzem determinada ligação. Ou seja, é ineficaz a revogação do mandato para cumprimento ou confirmação de negócios já iniciados.

Revogação comunicando o mandatário de sua substituição

A comunicação da substituição feita ao mandatário no negócio equivale à revogação expressa do mandato. Será expressa, por meio de notificação judicial ou extrajudicial, ou tácita, caso o mandante assuma a direção do negócio ou nomeie outro representante.

Renúncia pelo mandatário

Caso o mandatário queira desistir do mandato outorgado, deverá fazê-lo mediante notícia ao mandante que, se pela inoportunidade ou pela escassez do tempo em substituir o procurador se sentir prejudicado, poderá exigir do mandatário indenização compatível, salvo se conseguir provar que a descontinuidade do contrato de mandato ocorreu pelo risco de um prejuízo considerável, desde que no contrato não fosse permitido o substabelecimento.

Efeitos do falecimento do mandante

Caso o mandante venha falecer ou revogar o mandato e tais fatos forem desconhecidos do mandatário, os atos praticados por este serão plenamente válidos perante terceiros, preservando-se os contratantes de boa-fé (art. 422 do CC).

O art. 690 trata da hipótese da ocorrência de óbito do mandatário e da característica personalíssima do contrato de mandato, o qual não se transmitirá aos herdeiros, competindo a estes, com brevidade, a partir do conhecimento do óbito, informar ao mandante do passamento do mandatário, bem como, no exame do caso concreto, providenciar as medidas necessárias ao bem do mandante nas relações concernentes ao mandato, desde que a outorga seja conhecida dos herdeiros.

D37. (OAB/Exame de Ordem Unificado/FGV/2013.1) De acordo com o Código Civil, opera-se o mandato quando alguém recebe de outrem poderes para, em nome deste, praticar atos ou administrar interesses. Daniel outorgou a Heron, por instrumento público, poderes especiais e expressos, por prazo indeterminado, para vender sua casa na Rua da Abolição, em Salvador, Bahia. Ocorre que, três dias depois de lavrada e assinada a procuração, em viagem para um congresso realizado no exterior, Daniel sofre um acidente automobilístico e vem a falecer, quando ainda fora do país. Heron, no mesmo dia da morte de Daniel, ignorando o óbito, vende a casa para Fábio, que a compra, estando ambos de boa-fé.
De acordo com a situação narrada, assinale a afirmativa correta.

A) A compra e venda é nula, em razão de ter cessado o mandato automaticamente, com a morte do mandante.

B) A compra e venda é válida, em relação aos contratantes.

C) A compra e venda é inválida, em razão de ter o mandato sido celebrado por prazo indeterminado, quando deveria, no caso, ter termo certo.

D) A compra e venda é anulável pelos herdeiros de Daniel, que podem escolher entre corroborar o negócio realizado em nome do mandante falecido, revogá-lo, ou cobrar indenização do mandatário.

➥ Veja art. 689, CC.

Comentário: A alternativa correta é a letra B. Ela retrata o art. 689 do Código Civil.

Obrigações e deveres dos herdeiros

Caso o mandatário venha a falecer durante o exercício do mandato outorgado e possua negócios pendentes, deverão seus herdeiros tomar medidas conservatórias ou dar continuidade aos negócios que não puderem ficar pendentes sem que haja prejuízo ao mandante, regrando-se pelos mesmos limites impostos ao *de cujus*.

Do Mandato Judicial

A principal fonte normativa do mandato judicial é a norma processual, que é estabelecida quase em sua totalidade pelo Código de Processo Civil, devendo ser aplicado o Código Civil quando da lacuna daquele.

DA COMISSÃO

Comissão. Ideia de representação indireta

É o contrato pelo qual o comissário adquire ou vende bens por sua responsabilidade e em seu nome, mas por ordem e conta do comitente, obrigando-se perante terceiros com quem contrata, em troca de certa remuneração. O comitente não poderá acionar terceiros, nem os terceiros poderão acionar o comitente. É um contrato bilateral, oneroso, *intuitu personae* e consensual.

É notável a similitude entre os institutos do mandato e da comissão, devendo para tanto aplicar para o segundo as disposições do primeiro, porém é importante ressaltar que no mandato, o mandatário age por conta e responsabilidade do mandante, ao passo que na comissão, o comissário age em nome próprio, responsabilizando-se pessoalmente pelos negócios realizados.

Obrigações e deveres do comissário

O comissário deverá agir por sua própria conta, excluindo o comitente de eventual responsabilidade, devendo, portanto, responder com seu próprio patrimônio, pois se o comissário agisse por conta do comitente, essa modalidade contratual estaria sendo deturpada, de forma que, pelos caracteres apresentados, se enquadraria no contrato de mandato e não de comissão.

Por agir por conta de alguém, o comissário é obrigado, por força do art. 695, a agir em conformidade com as ordens e instruções emitidas pelo comitente, mas se não existir a possibilidade de requisitar tais ordens em tempo hábil para realização do negócio, poderá o comissário agir de acordo com os costumes negociais, e serão, esses atos, justificáveis se tais atitudes se reverteram em benefício do comitente.

Responsabilidade do comissário com a insolvência dos terceiros

O comissário deverá zelar pelo negócio dentro de suas atribuições, sempre tendo como objetivo a finalidade não só de evitar causar prejuízos ao comitente, e sim proporcionar-lhe lucro razoável compatível com a natureza do negócio.

Se o comissário agir dentro das instruções dadas pelo comitente e com toda a diligência que é inerente à sua função, não responderá pela insolvência das pessoas com quem contratar, salvo se constar no contrato de comissão a cláusula *del credere*, que nada mais é que a responsabilização do comissário pela insolvência de terceiros com quem se contrata.

Comissão *del credere*

É o contrato pelo qual se opera a comissão, mas o comissário é quem assume a responsabilidade pela insolvência daquele com quem vier a contratar. Essa cláusula deve ser feita por escrito.

Autorização para conceder dilação dos prazos do negócio

Salvo instruções do comitente, o comissário é presumidamente autorizado a conceder dilação nos prazos dos negócios, desde que compatíveis com os usos e costumes mercantis vigentes no local onde realiza seus negócios.

Se porventura existir determinação do comitente no que concerne à autorização de concessão de dilação de prazo por parte do comissário, ou então se a concessão da dilação for contrária aos usos e costumes mercantis do local, poderá o comitente exigir do comissário o valor inteiro do negócio na data anteriormente estabelecida, ou então poderá ser exigido que o comissário arque com todas as despesas relativas à dilação do prazo.

Da remuneração devida ao comissário

Se a remuneração não for previamente estabelecida, será arbitrada de acordo com os usos do lugar onde foi celebrado o negócio. Caso o costume local não tenha critérios para tal e não estiver estipulado em contrato, o magistrado deverá aplicar o princípio da razoabilidade para arbitrar o valor pelo trabalho executado.

Se o comissário na pendência da realização de um negócio vier a falecer ou então o negócio não puder se realizar por motivo de força maior, terá a seu favor o recebimento, por conta do comitente, de remuneração compatível e proporcional aos trabalhos realizados.

Mesmo que o comissário tenha dado causa a sua dispensa, não deverá o comitente se eximir de pagar as quantias devidas àquele por ocasião do trabalho útil já empregado. Tal disposição não constitui óbice ao direito do comitente em reclamar eventuais prejuízos sofridos em virtude do comissário.

Alteração das instruções dadas ao comissário

Em regra, o comitente pode alterar a qualquer momento as instruções fornecidas ao comissário, e tais instruções estendem-se também àqueles negócios que ainda não foram concluídos. É importante salientar que tais instruções devem se coadunar com o princípio da boa-fé, ou seja, devem ser informadas ao comissário com certa antecedência para que este possa se ajustar e agir em consonância ao instruído.

Dispensa do comissário sem justa causa

Para que haja dispensa justa, é necessário que o comissário aja em desacordo com as instruções do comitente, porém se for dispensado sem justa causa, por mera liberalidade do comitente, fará jus ao recebimento do equivalente ao trabalho já realizado, acrescido da quantia relativa aos prejuízos experimentados por ocasião da dispensa.

Dos juros devidos

As partes do contrato de comissão devem pagar juros reciprocamente quando o comissário estiver em mora com os valores que são devidos ao comitente, e serão devidos pelo comitente no momento em que estiver em mora no pagamento dos valores dispendidos pelo comissário no exercício de suas funções.

Das despesas realizadas pelo comissário

Caso o comitente fique insolvente ou entre em estado de falência, o crédito devido ao comissário gozará de privilégio geral em detrimento dos outros de menor hierarquia.

O art. 708 permite que o comissário, que é possuidor dos bens do comitente, os retenha até que sejam satisfeitos os valores que lhe são devidos pelo comitente em razão do contrato de comissão.

DA AGÊNCIA E DISTRIBUIÇÃO

Por outra vez, equipara-se o contrato em que se age em nome e por conta de outrem às disposições relativas ao contrato de mandato e da comissão, respeitando-se as diferenças entre estes.

Agência

É o contrato pelo qual uma pessoa (agente ou representante comercial) se obriga a agenciar pedidos e propostas, realizando negócios em nome e por conta de outrem (agenciado ou representado), em determinada zona, com habitualidade, sem subordinação, recebendo em troca uma remuneração. É bilateral, oneroso, *intuitu personae* e consensual. O representante (pessoa física ou jurídica) deve ter o agenciamento de pedidos como profissão, razão pela qual deve ser registrado no Conselho Regional dos Representantes. A exclusividade de ação do representante é a regra.

Distribuição

É o contrato pelo qual o fabricante (concedente) de certo produto se obriga a vendê-lo a determinado distribuidor (concessionário), em determinada zona, para que este promova, por sua conta e risco, a colocação do produto no mercado consumidor, responsabilizando-se também a prestar assistência técnica, recebendo uma remuneração em troca, com base no lucro com a revenda (p. ex., revenda de automóveis). É bilateral, oneroso, *intuitu personae* e solene (por adesão do distribuidor, art. 20 da Lei n. 6.729/79).

Da territorialidade e exclusividade do agente

A territorialidade e exclusividade são características ímpares do contrato de agência e distribuição, de forma que, salvo disposição contratual diversa, é vedado ao proponente estabelecer mais de um agente com a mesma função dentro de um mesmo território, ao passo que se veda a possibilidade de o agente negociar por conta de mais de um proponente.

Direitos e deveres do agente

O ato de agir por conta de outrem e sob sua responsabilidade impele ao conceito de diligência que foi utilizado nos contratos de mandato, ou seja, o agente deve agir em nome do proponente com a mesma diligência e dedicação que utilizaria na condução de seus próprios negócios, respeitando as ordens exaradas pelo proponente.

As despesas logísticas serão suportadas, em regra, pelo agente, a não ser que haja convenção expressa em contrário, permitindo o reembolso.

Na falta de justa causa, nasce para o agente ou distribuidor o direito a receber a justa indenização no momento em que for dispensado, ou quando o proponente reduzir os pedidos a ponto de se tornar economicamente insignificante ou inviável. O proponente fica isento de reparar tal indenização, caso o dano advenha de força maior, caso fortuito, superveniência de circunstância que venha a alterar a economia do país ou culpa exclusiva do agente ou distribuidor.

Remuneração devida ao agente

A remuneração será devida a todo negócio que se concretizar dentro do território pertencente a determinado agente, mesmo que não tenha participação deste. Isso se dá pelo princípio do prestigio à zona de atuação concedida ao agente ou ao distribuidor. É oneroso o contrato de agência e distribuição.

Subsistirá a remuneração devida ao agente, mesmo que o negócio deixar de ser realizado, desde que o insucesso seja atribuído a fato imputável ao proponente.

Na mesma esteira do art. 703, mesmo que o agente tenha dado causa à sua dispensa, não deverá o proponente se eximir de pagar as quantias devidas àquele por ocasião do trabalho útil já empregado. Tal disposição não constitui óbice ao direito do proponente em reclamar eventuais prejuízos sofridos em virtude do agente.

Se o agente for dispensado sem culpa, o proponente terá de remunerá-lo até o momento da dispensa, inclusive sobre os negócios que ainda estiverem pendentes, sem prejuízos dos montantes indenizatórios previstos da legislação especial.

A não realização do trabalho do agente pela excludente de responsabilidade da força maior não obsta o recebimento dos valores dos trabalhos prestados até o momento da ocorrência, sendo tais valores transmissíveis a seus herdeiros.

Resolução do contrato por tempo indeterminado

O contrato de agência por prazo indeterminado poderá ser denunciado imotivadamente por qualquer das partes, desde que respeitado o prazo de noventa dias de aviso prévio, com a exigência de que se tenha passado o prazo de execução do contrato compatível com a natureza e o vulto do negócio para que seja recuperado o investimento do agente, porém se o valor e o prazo forem objeto de divergência, o juiz intervirá e decidirá a razoabilidade destes.

DA CORRETAGEM

Pelo contrato de corretagem, uma pessoa, independentemente de mandato, de prestação de serviços ou outra relação de dependência, obriga-se a obter para outra um ou mais negócios, conforme instruções recebidas. Modernamente, a mediação apresenta conteúdo maior do que a corretagem, tanto que pode ser considerado instituto mais amplo, pois pode ocorrer mediação em outros institutos jurídicos sem que exista corretagem. Daí porque não se pode afirmar que exista perfeita sinonímia nos termos de mediação (PL n. 4.827/98) e arbitragem (Lei n. 9.307/96).

No Capítulo XIII (Da Corretagem – arts. 722 a 729) do Código Civil, não estão exauridas todas as regras concernentes ao contrato de comissão, que, por força do art. 722, poderá ser regulado também por legislação especial.

Direitos e deveres do corretor

A corretagem deve ser exercida com diligência e dedicação, e as informações sobre o andamento do negócio devem ser prestadas ao cliente independentemente de requisição deste, sob pena de responder por perdas e danos por aquilo que não informar e em decorrência da desinformação houver prejuízo. As informações a serem prestadas devem conter quaisquer esclarecimentos ao alcance do corretor, principalmente naquilo que envolver a segurança, risco do negócio, alterações de valores e todas as outras que possam influenciar o negócio.

D38. (Juiz Substituto/TJSP/Vunesp/2017) Mediante contrato escrito, José efetua a venda de imóvel a Maria. Embora consumado o negócio, Maria desiste da compra depois de noventa dias. O corretor Antônio exige de José o pagamento de remuneração pelo trabalho de mediação. A respeito do caso hipotético, é correto afirmar que a remuneração

A) é exigível, uma vez que o contrato de venda e compra foi concluído e que o arrependimento de uma das partes não é oponível ao corretor.

B) não é exigível, uma vez que o rompimento do contrato de venda e compra equivale à não obtenção do resultado do trabalho do corretor.

C) não é exigível, ainda que a corretagem tenha sido contratada por escrito e com exclusividade.

D) é exigível, exceto se a compradora deixou de efetuar o pagamento total ou parcial do preço, independentemente de tal circunstância ter sido prevista em contrato pelo vendedor e pelo corretor.

➥ Veja arts. 722, 725 e 726, CC.

Comentário: A opção correta é a letra A. Trata-se da letra da lei, em seu art. 726 do CC, que diz em linhas gerais que a remuneração é devida ao corretor uma vez que tenha conseguindo o resultado previsto no contrato de mediação, ou ainda que o contrato não se aperfeiçoe em virtude do arrependimento das partes.

D39. (OAB/XXIII Exame de Ordem Unificado/FGV/2017) Brito contratou os serviços da corretora Geru para mediar a venda de um imóvel em Estância. O cliente ajustou com a corretora verbalmente que lhe daria exclusividade, fato presenciado por cinco testemunhas. A corretora, durante o tempo de vigência do contrato (seis meses), anunciou o imóvel em veículos de comunicação de Estância, mas não conseguiu concretizar a venda, realizada diretamente por Brito com o comprador, sem a mediação da corretora. Considerando as informações e as regras do Código Civil quanto ao pagamento de comissão, assinale a afirmativa correta.

A) A corretora não faz jus ao pagamento da comissão, porque o contrato de corretagem foi celebrado por prazo determinado.

B) A corretora faz jus ao pagamento da comissão, porque a corretagem foi ajustada com exclusividade, ainda que verbalmente.

C) A corretora não faz jus ao pagamento da comissão, porque o negócio foi iniciado e concluído diretamente entre as partes, sem a sua mediação.

D) A corretora faz jus ao pagamento da comissão, porque envidou todos os esforços para o êxito da mediação, que não se concluiu por causa alheia à sua vontade.

➠ Veja arts. 725 a 727, CC.

Comentário: A alternativa certa é a letra C. Da leitura do art. 727 do CC logo se depura que iniciado e concluído o negócio diretamente entre as partes, nenhuma remuneração será devida ao corretor; mas se, por escrito, for ajustada a corretagem com exclusividade, terá o corretor direito à remuneração integral, ainda que realizado o negócio sem a sua mediação, salvo se comprovada sua inércia ou ociosidade.

Remuneração devida ao corretor

O art. 724 dispõe que a remuneração do corretor, se não estiver fixada em lei, nem ajustada entre as partes, será arbitrada segundo natureza do negócio e os usos locais. Tratando-se de negócio que teve origem na prática mercantil, sempre a utilização dos usos e costumes será importante para o deslinde das questões. É importante recordar que a remuneração será devida sempre que o negócio for concluído em decorrência da aproximação realizada pelo corretor, ainda que esgotado o período de exclusividade concedido ou ainda que dispensado o corretor (profissão regulamentada pelo Creci).

No art. 725 verifica-se, em conjunto com as análises já feitas, que a remuneração será devida na hipótese de arrependimento das partes. A corretagem pode ser tanto profissional como ocasional. Conceitualmente, não existe diferença. Não é simplesmente porque o agente não faz da corretagem sua profissão habitual que perderá direito à remuneração, mas isso deve estar explícito entre as partes demonstrando a própria liberdade de contratar destas (art. 421 do CC).

Direito de remuneração sem participação no negócio

O corretor que não participa de nenhuma forma nem do início nem da conclusão do negócio não deverá receber nenhuma quantia referente a corretagem, salvo se existir contrato escrito prévio que estipule exclusividade, ocasião esta em que a remuneração será devida mesmo que o corretor não participe do negócio.

Caso haja dispensa do corretor e posteriormente o negócio se realize, e tal realização tenha ocorrido por conta dos esforços do corretor dispensado, o valor correspondente à corretagem ainda lhe será devido, aplicando-se o mesmo princípio naqueles negócios que se realizarem após o término do prazo contratual.

Remuneração a múltiplos credores

Se a corretagem for exercida com mais de um corretor, presume-se o valor devido dividido em tantas partes iguais quantos forem os corretores, salvo se existir disposição contratual contrária.

DO TRANSPORTE

Contrato de transporte

Contrato pelo qual o transportador (pessoa física ou empresa) se obriga, mediante retribuição, a transportar, de um local para outro (via terrestre, aquaviária, férrea ou aérea), pessoas (viajante ou passageiro) ou coisas animadas ou inanimadas, assumindo os riscos desse empreendimento. É bilateral, oneroso, comutativo, por adesão, consensual.

Espécies

(I) transporte de pessoas: contrato pelo qual o transportador se obriga a transportar uma pessoa e sua bagagem de um local para outro, mediante remuneração;

(II) transporte de coisas: contrato pelo qual o expedidor ou remetente entrega certo objeto para o transportador, para que seja levado a outro local e entregue ao destinatário (consignatário) indicado;

(III) transporte terrestre: quanto ao veículo, pode ser ferroviário e rodoviário; quanto à extensão coberta, pode ser urbano, intermunicipal, interestadual e internacional;

(IV) transporte aquaviário;

(V) transporte aéreo.

Da necessidade de autorização, concessão ou permissão para exercer atividade

No art. 731 está dito que o transporte exercido em virtude de autorização, de permissão ou de concessão se rege pelas normas regulamentares e pelo que for estabelecido naqueles atos, sem prejuízo do disposto neste Código. Faz-se a ressalva da aplicação de todas as disposições constantes dos atos administrativos de concessão, autorização e permissão, determinando que aquelas normas sejam obedecidas com relação ao contrato de transporte, respeitado o disposto no Código Civil. Há, portanto, uma prevalência do Código Civil em relação àquelas outras disposições de natureza administrativa.

Legislação especial, tratados e convenções internacionais

Há a possibilidade de confronto das normas do Código Civil com as da legislação esparsa, sejam aquelas que dispõem sobre o transporte ferroviário, as do Código de Defesa do Consumidor etc., e também um eventual confronto com convenções e tratados internacionais que regulam o transporte aéreo. Disso tudo, o que vale ou o que prevalece: o Código Civil ou o Código de Defesa do Consumidor? No entender de Ruy Rosado de Aguiar, em decisão no STJ, o Código Civil deve ser aplicado com prevalência sobre o Código de Defesa do Consumidor sempre que regular diretamente uma relação de consumo, isto é, quando o fato é necessariamente uma relação de consumo e o Código Civil dispôs a seu respeito, editando regra específica. Entretanto, sempre que a compra e venda caracterizar uma relação de consumo, aplicam-se com prevalência as disposições do Código de Defesa do Consumidor, que é a lei especial, ainda que anterior no tempo. Além disso, ainda há situações que permitirão o uso das duas legislações, uma em complemento da outra. Uma questão que será posta é a dos tratados internacionais, que deverão se adequar – penso eu, de acordo com a orientação predominante no país – ao que está disposto no Código Civil, lei ordinária mais recente.

Do contrato de transporte cumulativo

O art. 733 dispõe que nos contratos de transporte cumulativo, cada transportador se obriga a cumprir o contrato relativamente ao respectivo percurso, respondendo pelos danos nele causados a pessoas e coisas. O contrato de transporte pode ser um contrato combinado. O contrato de transporte combinado existe quando um transportador assume a obrigação de fazer o transporte do seu trecho e, diante do cliente, assume a obrigação de contratar um terceiro para a continuidade da viagem em outros trechos.

Aqui, o que a lei regula é o contrato cumulativo. No contrato cumulativo, existem vários transportadores, todos eles vinculados diretamente ao transportado; o contrato é único, e o percurso será cumprido em diversas etapas, cada transportador assumindo a sua etapa. A responsabilidade do transportador limita-se ao cumprimento do seu trajeto e pelos danos nele ocorridos. Não responde pelos danos ocorridos fora do trajeto, mas todos eles respondem pelo cumprimento do contrato como um todo. Não há entre eles solidariedade, todos respondem pelo todo, mas não cada um pelo todo. Somente haveria solidariedade se ela fosse pactuada.

Do Transporte de Pessoas

Responsabilidades do transportador

A responsabilidade por acidente não se exclui por culpa de terceiro (art. 735), situação que ordinariamente ocorre quando o descuido causador do dano é do outro motorista, caso em que a transportadora responde pela reparação do dano sofrido pelo seu passageiro. A responsabilidade pelo dano causado a um terceiro que não seja passageiro, como no atropelamento de pedestre, é extracontratual e se regula pelas regras do ilícito absoluto (art. 186). A culpa aqui mencionada é a culpa em sentido estrito, não ao dolo, situação que não foi especificamente regulada no Código Civil. Quando há uma situação de dolo, como acontece no assalto ou outros atos de violência, tem-se que remeter para a situação geral da força maior, do fato inevitável, e saber se essa ação do terceiro se inclui ou não na situação da força maior.

A culpa de terceiro não isenta o transportador da indenização devida aos seus passageiros

A culpa de terceiro não é excludente de responsabilidade do transportador, ou seja, não afasta quaisquer responsabilidades contratuais do transportador, o qual poderá ingressar com ação regressa contra o terceiro para reaver o valor, a título de ressarcimento ao passageiro.

Transporte feito gratuitamente, por amizade ou cortesia

O transporte de pessoas realizado em função de amizade ou carona não se submete aos ditames referentes ao contrato de transporte, o qual deverá ser sempre oneroso sob pena de atipicidade. Observa-se também que a gratuidade se revela pelo caráter puramente altruístico, incluindo-se também como remuneração quaisquer vantagens diretas ou indiretas que o transportador possa vir a arrecadar.

Responsabilidade em face dos horários e itinerários ajustados

O transportador possui como dever o planejamento logístico a ser utilizado no transporte, vinculando-se a este como forma de cláusula contratual, inclusive podendo ser penalizado por perdas e danos no descumprimento, sendo excluídas as hipóteses de força maior.

Das normas estabelecidas pelo transportador

Os passageiros, no momento em que firmam o contrato de transporte, concordam em agir dentro das balizas sociais comuns, além daquelas regras que estejam estipuladas no bilhete ou em local visível. Entende-se como balizas sociais aqueles impedimentos que causam incômodo a outras pessoas ou que atinjam sua intimidade e conforto. Caso o passageiro que sofreu o incômodo tenha concorrido para tanto, o juiz deverá diminuir equitativamente o montante da indenização devida.

Casos de recusa de passageiro

O transportador vincula-se ao regulamento para que possa recusar a transportar alguém e poderá se amparar nas condições de higiene ou de saúde. Ressalta-se, também, que é incabível ao transportador negar-se a transportar pessoa que possua enfermidade não contagiosa, sob pena de preconceito, de acordo com a legislação municipal, estadual e federal.

Direito do passageiro de rescindir o contrato de transporte

O passageiro poderá rescindir o contrato de transporte nas hipóteses de não embarcar e de desistir durante a viagem. Na primeira hipótese, o passageiro terá o direito de receber a quantia total do valor pago na passagem se informar a desistência em tempo hábil para que seu assento seja renegociado; no caso de não haver o embarque, o passageiro perderá o direito de ser reembolsado, salvo se provar que outra pessoa foi transportada em seu lugar. Na segunda hipótese, o passageiro poderá desistir da viagem no decorrer dela e deverá ser ressarcido ao valor equivalente e proporcional ao trecho não percorrido, desde que seja provado que outra pessoa foi transportada em seu lugar; caso não seja provado, nada lhe será devido. Em todas as hipóteses é resguardado o direito do transportador em cobrar até 5% do valor da restituição a título de multa compensatória.

Responsabilidade do transportador pela interrupção e conclusão do transporte

O transportador se obriga a concluir a viagem independentemente do motivo que a impediu, seja por força maior ou caso fortuito, devendo realizá-la com outro veículo da mesma categoria. Na impossibilidade deverá providenciar transporte de outra categoria que deverá contar com a anuência do passageiro, sempre à custa do transportador, incluindo-se todas as despesas referentes a estada e alimentação do passageiro enquanto este aguarda a chegada de novo transporte.

Direito de reter as bagagens dos passageiros

O transportador possui o dever de depositar a bagagem do usuário, bem como zelar por ela, de forma que é o possuidor, podendo este reter legitimamente a bagagem até que o passageiro pague o valor referente à passagem, se este não o tiver feito no início ou durante o percurso do transporte.

Do Transporte de Coisas

Individualização e descriminação da coisa transportada

É necessário, para que a coisa seja transportada e devidamente entregue, que seja individualizada minuciosamente por sua natureza, valor, peso e quantidade, pois será com base nessas informações que repousará a responsabilidade do transportador perante a coisa, sendo necessário também que o destinatário tenha nome e endereço declarado.

Trata-se de um título de crédito impróprio, denominado *conhecimento de transporte de carga* ou *frete*, cuja eficácia se exprime em provar o recebimento da coisa e a obrigação de efetuar o transporte. Dessa forma, observa preceitos de literalidade e autonomia, podendo ser exigido que do título conste relação específica dos objetos do contrato de transporte.

Direito do transportador de ser ressarcido pelos prejuízos causados por algo não declarado por seu passageiro

Em inteligência ao art. 743, a coisa a ser transportada deve ser declarada por sua natureza, valor, peso e quantidade. Caso ocorra inexatidão nessa declaração e o transportador venha a sofrer algum prejuízo em decorrência desse fato, poderá este intentar a ação de indenização competente em prazo decadencial de 120 dias, a contar da data do fato.

Direito de recusar o transporte de certas bagagens

O transportador poderá se recusar a transportar a coisa que possua inadequação de embalagem ou possa oferecer risco para si ou para outrem, bem como periclitar a saúde e bem-estar em geral, ou então constituir ameaça de dano a seu veículo ou outros bens.

Obrigação de recusar transporte de coisa que tenha seu transporte ou comercialização proibidos

Para que seja objeto de contrato de transporte civil, a coisa transportada deverá ser lícita, constituindo-se ilicitude aqueles bens que são proibidos, tais como drogas, e também aqueles cujo transporte é ilícito, como é o caso daquele que não pode ser realizado por civis, como é o exemplo de material bélico exclusivo das Forças Armadas. É dever do transportador exigir a documentação completa que regule o transporte de determinado bem, como é o caso de combustíveis ou materiais químicos voláteis e corrosivos, os quais, para que sejam transportados, devem possuir uma documentação especial emitida pelos órgãos competentes; caso tal documentação não exista ou esteja incompleta, o transportador deverá recusar transportá-la.

Desistência do transporte ou alteração de destinatário

Até que o transportador entregue a coisa no local combinado, o remetente pode, além de desistir da entrega, determinar que o bem seja entregue em local diverso daquele que foi combinado, ficando às suas expensas as despesas referentes a mudança de itinerário.

Responsabilidades do transportador

É dever do transportador conduzir e entregar a coisa em perfeito estado e entregá-la também no prazo ajustado ou previsto. O transportador, para evitar a mora, deve entregar a coisa no local e no prazo estipulado.

O transportador se responsabiliza pelo valor declarado, iniciando sua responsabilidade no momento em que ele ou seus prepostos recebem a coisa e se exaurindo no momento em que entregam ao destinatário, ou, se este não for encontrado, no momento em que depositar a coisa em juízo.

O transportador é responsável pelo perecimento da coisa, salvo força maior, de modo que deve solicitar instruções ao remetente para zelar pelo bem quando não houver maneira de entregá-lo ou, ainda, na hipótese de ocorrer longo período para a conclusão da obrigação. Ocorre que, diante do impedimento duradouro ou da omissão do remetente sobre como proceder, poderá o transportador depositar a coisa em juízo ou vendê-la, depositando o valor correspondente. Se, porém, o evento se der por responsabilidade do transportador, a venda só poderá ocorrer diante de bem perecível, mas sempre dando publicidade do ocorrido. A ideia do depósito em juízo é assegurar ao transportador que este não se responsabilizará pela guarda e conservação da coisa, o que, embora lhe traga direito à remuneração pela custódia, pode não ser interessante ao transportador pela própria natureza do depósito.

Depósito da coisa feito pelo transportador

As coisas que permaneçam na posse do transportador, porém guardadas ou depositadas em seus armazéns, serão regidas pelas disposições referentes ao depósito (arts. 627 a 652 do CC).

Da entrega da coisa

Cuida-se das cláusulas de aviso e de entrega domiciliar, cuja destinação é dar ciência ao destinatário do desembarque das mercadorias e efetuar a entrega do bem no domicílio eleito. É necessária a menção expressa sobre a entrega em domicílio. Fica a cargo do destinatário retirar a mercadoria no local estipulado, sendo sujeito a arcar com os gastos com depósito, caso não a retire no prazo estipulado.

O transportador é obrigado a entregar a mercadoria ao destinatário estipulado pelo remetente; na ausência deste, poderá receber aquele que possuir documento por aquele endossado. A entrega da coisa é momento oportuno para que sejam realizados quaisquer tipos de reclamação relativos aos danos causados pelo transporte, sob pena de decadência, salvo se o defeito não for passível de detecção no momento da entrega, hipótese em que se resguarda o prazo de dez dias contados da entrega para que se possa pleitear eventuais ressarcimentos.

Caso haja dúvida quanto ao destinatário, o transportador deverá realizar o depósito da coisa transportada em juízo, se não for possível obter novas instruções do remetente; porém, se a demora ocasionar a deterioração do bem, o transportador poderá vender o bem e depositar o valor em juízo.

Múltiplos transportadores

Caso haja mais de um transportador, todos serão solidariamente responsáveis por dano causado, ressalvada a apuração final da responsabilidade, de modo que o ressarcimento recairá sobre aquele ou aqueles que eram responsáveis pelo trecho em que o acidente ocorreu.

DO SEGURO

Contrato pelo qual o segurador se obriga perante o segurado, mediante o pagamento de um prêmio, a garantir-lhe o interesse legítimo na conservação de coisa ou pessoa e a pagar indenização de prejuízo previsto no contrato e decorrente de riscos futuros. É bilateral, oneroso, comutativo, solene, de execução sucessiva, por adesão e de boa-fé (requer que as partes tenham conduta sincera e leal). No caso de dano à coisa ou pessoa segurada, o pagamento da indenização deve ser em importância equivalente ao valor real do bem ou da sua reposição, e no caso de pessoa (faculdades humanas), ao valor que o segurado entender.

O art. 757 deixa cristalina a posição do Código Civil quanto à obrigatoriedade do pagamento do prêmio do seguro para que o segurado tenha seu risco coberto; podendo este ocorrer ou não, a prestação do segurado é devida. O artigo também consagra a comutatividade do contrato de seguro que se exterioriza pelo fato de seu objeto não ser propriamente o bem segurado, e sim o risco a que ele está sujeito (arts. 759 e 757 do CC); determinado bem segurado que esteja exposto a grande risco, terá o prêmio devido com um valor alto, ao passo que se este bem for exposto a um risco baixo, o prêmio devido é reduzido. Sua comutatividade reside no fato de que na apólice, os riscos abrangidos pelo seguro estão totalmente definidos, tendo executividade a partir da emissão da apólice ou bilhete; portanto, a prestação devida pelo segurado é certa e definida, assim como a prestação devida pela seguradora também é certa e definida, uma vez que o bem segurado já está exposto aos riscos, que são os objetos do contrato de seguro.

Por regras de hermenêutica, os contratos de seguro regidos por lei própria deverão obedecer ao que consta naquelas leis, e em caso de omissão, deve-se aplicar, naquilo que for compatível, os dispositivos previstos neste Código.

Espécies de seguro: seguros comerciais; seguros civis (de dano e de pessoa – arts. 778 a 802 do CC); seguros individuais e coletivos; seguros terrestres, marítimos e aéreos; seguros a prêmio; seguros mútuos; seguros dos ramos elementares; seguros de responsabilidade civil; seguros de pessoa ou de vida (*vide* SOUZA, Bárbara Bassani de. "Responsabilidade civil objetiva sob a ótica do seguro obrigatório de danos pessoais causados por veículos automotores de via terrestre – DPVAT". In: GUILHERME, Luiz Fernando do Vale de Almeida. *Responsabilidade civil.* São Paulo: Rideel, 2011; e normas da Susep – Superintendência de Seguros Privados, disponível em: www.susep.gov.br).

Prova do contrato de seguro

A prova do contrato de seguro só será possível com a apresentação da apólice ou bilhete; caso o segurado não os possua, o simples pagamento da parcela referente ao prêmio devido pelo segurado já é suficiente.

Da proposta de seguro

A proposta por ser ato anterior ao contrato definitivo deverá, neste caso, demonstrar os elementos essenciais para se realizar o seguro, que são os riscos que serão segurados, o bem, valor do prêmio, valor da indenização, entre outros. Deve ser um instrumento escrito e, antes de sua emissão, deve haver uma proposta escrita com a declaração dos elementos constantes no contrato, que é um contrato por adesão, e suas cláusulas se submeteram à aprovação da Susep.

Do conteúdo da apólice ou do bilhete de seguro

O art. 760 exprime as espécies de apólice e de bilhete de seguro, configurando os requisitos obrigatórios. São nominativos quando identificam a pessoa cujo direito é garantido; à ordem, quando podem ser transmitidos por endosso; e ao portador, quando não identificar o titular do direito. Estes últimos são, portanto, transmissíveis por simples tradição e não podem ter por objeto o seguro de pessoas. Quanto aos documentos obrigatórios, acrescente-se sua importância em razão da existência, validade e eficácia do título em tela.

➡ Ver questão D13.

Cosseguro

É o negócio jurídico em que mais de uma pessoa seguradora garante o interesse legítimo do segurado, dividindo-se o risco e as responsabilidades entre elas. Sendo assim, dispõe a lei que uma das sociedades envolvidas administre o contrato, representando as demais durante a vigência deste. Não há solidariedade do cossegurador perante o segurado, pois a apólice indicará o segurador que irá administrar o seguro.

Nula a cláusula para garantir risco proveniente de ato doloso do detentor do seguro

O art. 762 vem reforçar a vedação e repulsa da legislação no tocante aos atos ilícitos, que neste caso se configuram pela nulidade do contrato que visa a segurar quaisquer atos ilícitos praticados pelo segurado, beneficiário ou até mesmo quaisquer de seus representantes. Por exemplo, seguro de vida contratado para execução de um assalto, ou então, contrato de seguro visando a garantir tráfico de entorpecentes.

Direito à indenização em caso de mora no pagamento do seguro

A seguradora não se obriga ao pagamento do sinistro tirado contra quem estiver em mora com o pagamento do prêmio, ou então contra aquele que não tiver purgado a mora.

Boa-fé do segurado e segurador

O art. 765 traz a regra pautada no princípio estruturador do Código de Ética, em que as partes devem agir com probidade e boa-fé nas relações jurídicas entre elas (art. 422 do CC). Qualquer omissão no contrato de seguro pode gerar ato ilícito (art. 186 do CC).

Diferença entre plano de saúde e seguro de saúde

Mas qual é a diferença entre seguro de saúde e plano de saúde? Seguros-saúde permitem livre escolha de serviços e reembolso de valores pagos. O segurado tem toda a liberdade de utilizar os serviços oferecidos (credenciados ou não), apresentar notas e recibos das despesas e receber o reembolso, de acordo com as condições e limites contratados. A seguradora também pode oferecer uma rede de serviços (credenciada ou referenciada), em que o segurado poderá utilizar os serviços, normalmente sem qualquer desembolso. Já os planos de saúde são sistemas de prestação de serviços médico-hospitalares. Em regra geral, são serviços que oferecem rede própria, credenciada ou referenciada, de hospitais, clínicas, médicos, laboratórios etc. Alguns planos admitem também a livre escolha de serviços mediante reembolso nos termos definidos em contrato, e de acordo com uma tabela de preços.

Hipóteses de perda do direito à garantia

É da natureza do contrato de seguro a análise dos riscos que os bens estão sujeitos em função da extensão dos danos possíveis. O cálculo da relação risco *versus* bem *versus* dano se dá por meio de fórmula matemática que leva em conta, tomando como exemplo o seguro de veículo automotor, a idade do condutor, os dispositivos de alarme e rastreamento instalados no veículo, o ano de fabricação e modelo e outras tantas variáveis que implicam o valor segurado e o valor a ser pago como prêmio.

O art. 766 vem garantir que o segurado forneça informações verídicas e exatas quanto às características variáveis do objeto do seguro (risco *versus* bem), para que dessa forma a empresa seguradora possa calcular de forma exata o valor do prêmio a ser pago, ou até então avaliar se é de seu interesse segurar aquele bem. Caso o segurado descumpra essa determinação, perderá o direito à garantia que o seguro lhe proporcionava, além de perder todo o valor a título de prêmio pago até o momento.

Todo e qualquer contrato deve se pautar pelo princípio da probidade e da boa-fé consoante o disposto no art. 422, sempre observando a função social deste, como previsto no art. 421, que por consequência também regerá os contratos de seguro. O contrato de seguro possui como função principal segurar um bem que esteja sujeito a determinado risco definido e preestabelecido na apólice e que na ocasião de ocorrência de algum dano por conta da efetivação do risco predefinido se compromete a pagar indenização ao segurado. Observado o explanado, deverá o segurado agir de acordo com a normalidade para que o risco seja coberto pela apólice, de forma que, se o segurado exponenciar dolosamente a quantidade do risco, perderá a garantia contratada.

Seguro à conta de outrem

A seguradora poderá opor contra o estipulado (segurado), no caso de seguro à conta de outrem, descumprimento das normas contratuais ou falta de pagamento do prêmio realizado pelo estipulante. *Vide* estipulação em favor de terceiro: arts. 436 a 440 do CC.

Segurado e o dever de informar

Como exemplo de boa-fé (arts. 422 e 765 do CC), o segurado deverá informar a seguradora, logo que saiba, de todo e qualquer agravamento do risco contratado, sob pena de incorrer na pena do art. 768. O § 1º dita que é facultado ao segurador dar continuidade ao contrato de seguro, podendo resolvê-lo em até quinze dias após a informação do risco prestada pelo segurado, cuja eficácia somente se operará após trinta dias. É importante salientar que, por previsão legal, o segurador deverá se manifestar expressamente sobre a intenção de resolver ou modificar os termos do contrato; caso não o faça tempestivamente, o silêncio será presumido como aceitação tácita dos riscos agravados informados pelo segurado.

Redução do prêmio estipulado

Só poderá haver redução do prêmio convencionado entre segurado e segurador quando houver diminuição considerável do risco que o bem sofre, não sendo causa, portanto, de diminuição.

Dever do segurado pela comunicação do sinistro e providências imediatas

É uma das obrigações do segurado informar o segurador no momento da ocorrência do sinistro, bem como enveredar-se nos maiores esforços para que as consequências do sinistro sejam diminuídas, tudo sob pena de perder o direito a indenização. Cumpre esclarecer que as despesas realizadas pelo segurado em função da sua tarefa de diminuir as consequências do sinistro correrão por conta do segurador até o limite que foi fixado contratualmente.

Mora do segurador no pagamento do sinistro

Caso o segurador não realize em tempo o pagamento devido por ocorrência do sinistro, estará em mora automaticamente, independentemente de notificação, obrigando-se desde então a realizar o pagamento devidamente corrigido monetariamente acrescido dos juros moratórios.

Casos de má-fé do segurador

Como já dito, deve-se preservar a boa-fé contratual, caso este que no art. 773 se previne a má-fé do segurador, de forma que é estipulado que o segurado deverá pagar duplicadamente o valor estipulado como prêmio, se no momento da formação do vínculo contratual já sabia que o risco segurado já não existia mais, e mesmo assim expede a apólice de seguro, que nada mais é que o próprio contrato de seguro.

Limites da renovação do contrato de seguro

O cerne do art. 774 é o impedimento de se renovar pelas mesmas condições o contrato de seguro por mais de uma vez, ou seja, só se poderá renovar o contrato de seguro pelas mesmas condições e cláusulas por uma só vez e por expressa cláusula contratual nesse sentido. Tal dispositivo vem obrigar que os riscos e o valor do bem, bem como o valor do prêmio sejam revistos periodicamente, para que assim não haja abusos ou enriquecimento de uma parte em função da outra, preservando-se a função social do contrato bem como a boa-fé contratual.

Dos representantes do segurador

O art. 775 fala em "agentes autorizados pelo segurador", porém trata-se de falha do legislador, uma vez que esse "agente" nada tem a ver com o contrato de agência de distribuição já previsto no Código Civil. O agente de seguro é regulado pela disposição referente ao contrato de corretagem, uma vez que esses agentes são chamados de corretores de seguros, e saliente-se que estes são os únicos autorizados pela legislação em vigor a intermediarem contratos de seguros. Os corretores de seguros (profissão regulamentada pela Lei n. 4.594/64) representam a seguradora para todos os efeitos, relativamente aos contratos que agenciarem.

Da obrigatoriedade do pagamento em dinheiro

A indenização devida ao segurado por ocasião do sinistro deverá necessariamente ser realizada em dinheiro. Não se admite outra forma, salvo exceção da reposição da coisa segurada, caso este que deverá ser expresso no contrato.

Do Seguro de Dano

O momento da conclusão do contrato no contrato de seguro, por seu consensualismo, ocorre no instante em que as partes desejam contratar entre si, e neste momento o valor contratado a título de seguro não poderá ultrapassar o valor do bem que está sob risco. O art. 778 será o alicerce para a interpretação dos demais artigos a seguir.

Do que será compreendido pelo risco do seguro

O seguro contratado deverá conter todos os estragos a que visem evitar o sinistro, bem como os esforços para minimizar o dano ou salvar a coisa. Este é um dispositivo que amplia os riscos cobertos pelo seguro, visando a proteger o segurado no momento em que tentar proteger o bem ou minimizar o dano.

Vigência da garantia no seguro de coisas transportadas

O seguro realizado para garantir a indenização de coisas transportadas possui sua obrigatoriedade limitada ao momento em que o transportador recebe a carga e termina no instante em que a entrega ao destinatário.

Valor máximo da indenização

O valor da indenização em hipótese alguma poderá ser maior que o valor do bem no momento do sinistro; tampouco poderá exceder o valor segurado na apólice, salvo se na ocorrência desses casos a seguradora estiver em mora, hipótese que deverá pagar perdas e danos e juros de mora, que poderão superar o valor do bem segurado e o valor máximo garantido na apólice.

Do dever de comunicar a intenção de obter novo seguro para coisa já segurada

Por força do art. 778, o valor do seguro não poderá ultrapassar o valor do bem segurado, de forma que se o segurado desejar contratar mais de um seguro a respeito do mesmo bem e do mesmo risco durante a vigência de um contrato de seguro, deverá informar por escrito à seguradora a intenção de se contratar novo seguro, devendo informar também o valor a ser segurado, para que assim não ultrapasse o valor do bem.

Redução da indenização

O art. 778 do CC veda a contratação de seguro por valor superior ao valor do bem segurado; no entanto, nada obsta a contratação por um valor menor, hipótese esta que, na ocorrência de um sinistro parcial, ensejará para a seguradora o pagamento proporcional da indenização relativamente ao montante segurado. Nota-se que este dispositivo é aplicado em caso de ausência de disposição contrária no contrato, podendo as partes flexibilizar o disposto no art. 783.

Vício intrínseco da coisa segurada

Os vícios inerentes à coisa que não se encontram em outras do mesmo gênero são razão de isenção de garantia prestada pela seguradora, desde que esse vício não tenha sido informado no momento da contratação.

Da transferência do contrato para terceiro

Cabe transferência do objeto segurado em contrato de seguro a terceiro. O negócio, que pode ser a título gratuito ou oneroso, observa a ausência de disposição contratual em contrário. Nesse sentido, quando se tratar de instrumento nominativo, o interesse permanece segurado apenas quando comunicado ao segurador, de modo a trazer segurança ao negócio jurídico celebrado.

Direito de sub-rogação contra os terceiros envolvidos

No momento em que a indenização por ocasião do sinistro é paga, o segurador se sub-roga em qualquer direito de ação que o segurado poderia ter contra o real causador do dano, salvo se este for o cônjuge, ascendente, descendente, consanguíneos ou afins do segurado. Reputam-se ineficazes quaisquer atos que o segurado possa ter com o intuito de suprimir ou diminuir o direito do segurador em relação à sub-rogação de que trata o art. 786.

Seguro de responsabilidade civil

O seguro de responsabilidade civil é um seguro de reembolso, pelo qual, no caso da decorrência de um sinistro coberto, a seguradora indeniza seu segurado pelos prejuízos sofridos com o pagamento dos danos causados por ele a um terceiro. Não é um seguro em que a seguradora paga diretamente à vítima, porque legalmente a vítima não tem direito de acioná-la. A relação contratual é exclusivamente entre a seguradora e o segurado. Apenas nos seguros de responsabilidade civil legalmente obrigatória cabe a ação do terceiro diretamente contra a seguradora. Ao encurtar o prazo para a vítima reclamar indenização do segurado e deste reclamar o ressarcimento da seguradora, o Código dá mais rapidez e transparência às relações eventualmente complexas e que podem se tornar insanáveis na prática pela dilação temporal entre o evento causador do dano e a cobrança do prejuízo, cumprindo este Código função social relevante.

O art. 788 veda o pagamento da indenização por dano em patrimônio de terceiro ao próprio segurado, devendo a seguradora pagar diretamente ao terceiro lesado. Caso o lesado demande à seguradora para esta efetuar o pagamento, não poderá esta alegar a exceção do contrato não cumprido sem que cite devidamente o segurado para integrar o contraditório.

Do Seguro de Pessoa

Os seguros de vida são excepcionais, no que tange à permissividade da lei na contratação de mais de um seguro para a mesma finalidade, de maneira que é válida a estipulação de qualquer valor, bem como a multiplicidade de seguros a respeito do mesmo interesse, ainda que seja realizado por diversos seguradores.

Declaração de interesse pela vida do segurado

Aquele que desejar contratar seguro de vida de outrem deverá, necessariamente, provar que se interessa pela sobrevivência daquele, sendo presumido o interesse quando o terceiro for cônjuge, ascendente ou descendente, porém uma presunção relativa, pois admite prova em contrário.

Substituição do beneficiário

No contrato de seguro de vida, pode o segurado indicar aquele, pessoa física ou jurídica, que figurará como beneficiário no caso de sinistro. Com efeito, diga-se da licitude quanto à substituição do beneficiário, o qual poderá ocorrer por ato entre vivos ou por disposição de última vontade. Ademais, diga-se que qualquer alteração deva ser informada à seguradora, de modo que esta subsistirá responsável ao adimplemento da indenização ao beneficiário anterior, se não for cientificada oportunamente.

Pagamento do capital segurado

Em caso de não existir indicação de beneficiário, ou se por algum motivo a indicação venha a deixar de valer, deverá a indenização ser paga: metade ao cônjuge que não estiver separado judicialmente e o restante dividido entre os herdeiros, respeitando-se a devida vocação hereditária. Na ausência de pessoas que possuam essas características, serão beneficiários aqueles que provarem que a morte do segurado os privou dos meios necessários à sobrevivência.

Instituição de companheiro como beneficiário

Por exclusão, o art. 793 proíbe a instituição da concubina como beneficiária, uma vez que permite que seja constituído como beneficiário o companheiro, desde que o segurado no tempo da contratação estivesse separado judicialmente.

No caso da união estável homoafetiva, houve importante avanço. A união formada por pessoas do mesmo sexo foi reconhecida como entidade familiar, no julgamento da ADIn n. 4.277/DF e da ADPF n. 132/RJ, reiterada ainda pela Resolução n. 175/2013 do Conselho Nacional de Justiça. Dessa forma, o companheiro em sede de união homoafetiva também passa a ter direito a ser beneficiário.

Status do capital estipulado

O capital estipulado como indenização por ocasião do sinistro é independente, não é atingido por dívidas do segurado e tampouco será considerado herança. É impenhorável. Não se integra à herança, pois o valor do prêmio será destinado ao beneficiário.

D40. (TJPE/Juiz Substituto/FCC/2013) No seguro de vida ou de acidentes pessoais para o caso de morte,

A) a indenização sempre beneficiará o cônjuge sobrevivente casado sob o regime da comunhão universal ou parcial de bens.

B) o capital estipulado só fica sujeito às dívidas do segurado que gozem de privilégio geral ou especial.

C) é obrigatória a indicação de beneficiário, sob pena de ineficácia, revertendo o prêmio pago à herança do segurado falecido.

D) o capital estipulado não está sujeito às dívidas do segurado, nem se considera herança para todos os efeitos de direito.

E) o capital segurado só pode ser pago a herdeiros legítimos, não se admitindo a indicação de pessoa estranha à ordem de vocação hereditária para recebê-lo.

➠ Veja art. 794, CC.

Comentário: A assertiva correta é a letra D, uma vez que, conforme dispõe o art. 794, do Código Civil: "No seguro de vida ou de acidentes pessoais para o caso de morte, o capital estipulado não está sujeito às dividas do segurado, nem se considera herança para todos os efeitos de direito".

Vedada a redução do valor estipulado como indenização

É vedado, por força do art. 795, qualquer tipo de acordo que vise a reduzir o valor estipulado como indenização.

Do prêmio no seguro de vida

O seguro de vida pode ter seu prêmio pactuado por tempo determinado ou indeterminado – por toda a vida do segurado. Com efeito, haverá resolução do contrato pelo não pagamento do prêmio, com a restituição da reserva já formada ou a redução do capital garantido, o que limita a ação da sociedade seguradora em executar eventual crédito.

Prazo no seguro de vida para o caso de morte

É lícito ao segurador que, no momento da contratação de seguro de vida para o caso de morte, estipule ao segurado um prazo de carência pelo qual não responderá, caso ocorra um sinistro. Se o evento morte realmente vier a ocorrer dentro do período de carência, o segurador não pagará a indenização, porém deverá devolver o montante do prêmio já pago pelo segurado.

Suicídio e direito a receber o prêmio

Nos seguros de vida, o art. 798 impede que seja paga ao beneficiário a quantia estipulada como garantia pelo segurado, caso este venha a se suicidar no prazo de dois anos contados da conclusão do contrato de seguro. É medida assecuratória que visa a proteger o sistema de seguros contra fraude daquele que faz o seguro premeditando a própria morte. Ressalta-se, contudo, que é vedado o pagamento da garantia por suicídio no período de carência de dois anos, de modo que se ocorrer esse evento depois de ultrapassado esse tempo, a garantia será devida. Sendo assim, é nula a cláusula que exclui a garantia contra morte por suicídio.

Do dever ao pagamento do seguro

Mesmo que na apólice conste restrição ao pagamento da indenização do seguro nos casos de morte ou incapacidade do segurado por utilização de meio de transporte arriscado, da prestação de serviço militar, da prática de esportes ou atos de humanidade em auxílio a outrem, não poderá o segurador se eximir de pagar o valor do seguro. O art. 799 torna a cláusula que prevê essas restrições inválida.

Da impossibilidade de exercer o direito de sub-rogação contra terceiros

Diferentemente dos seguros de dano, o segurador não fica sub-rogado nos direitos que o segurado possui contra o causador do sinistro no caso dos seguros de pessoa, uma vez que o dano decorrente de lesão ou pela morte é de característica personalíssima, não sendo sujeito a sub-rogação.

Termos do contrato do seguro de pessoa

O contrato do seguro de pessoa é um exemplo de estipulação em favor de terceiro, previsto nos arts. 436 ao 438, porém o art. 801 dita que será possível figurar como estipulante pessoa física ou jurídica em benefício de outra pessoa ou grupo de pessoas que de alguma maneira se vinculam ao estipulante. O § 1º prega que o estipulante não representa de forma alguma a seguradora, perante a pessoa ou grupo de pessoas, a qual se estipulou o seguro, porém é o único responsável pelo cumprimento obrigacional perante a seguradora. O § 2º prevê que só é possível a modificação dos termos da apólice com a anuência de no mínimo três quartos do grupo segurado.

O seguro de que é tratado na Seção III (Do Seguro de Pessoa – arts. 789 a 802) se refere única e exclusivamente ao evento morte ou à ocorrência de lesão contra o segurado, excluindo-se as despesas com médicos e hospitais, ou então com funeral, de forma que para cobrir essas despesas existe seguro próprio, que é o seguro-saúde.

DA CONSTITUIÇÃO DE RENDA

Definição do contrato de constituição de renda

Por meio do contrato de constituição de renda, uma pessoa – *rendeiro* ou *censuário* – se obriga a fazer certa prestação periódica a outra – o *instituidor* – por um prazo determinado, em troca de um capital que lhe é entregue e que pode consistir em imóvel. Trata-se, em sua estrutura, de negócio unilateral ou bilateral e oneroso ou gratuito, em que o instituidor transfere um capital ao censuário, em troca de uma renda por este prometida. A convenção tem por finalidade proteger o instituidor que, embora dono do capital, não está seguro de com ele apurar o suficiente para sobreviver. Assim, concorda em transferir o domínio de seu capital ao rendeiro que, por sua vez, se compromete a fornecer-lhe uma renda fixa durante certo prazo, cujo termo, em geral, é a morte do instituidor. Desse modo, garante este último recursos para subsistir até morrer.

Contrato de constituição de renda a título oneroso

O contrato de constituição de renda a título oneroso se operará mediante a tradição do bem para o rendeiro, que se obriga a pagar determinada prestação ao instituidor. O bem transferido poderá ser móvel ou imóvel; no caso de bem imóvel, só se efetivará a tradição mediante registro público. A questão que se faz controversa e merecedora de especial aclaramento é a similitude virtual entre o contrato de constituição de renda com a compra e venda, a locação e o mútuo oneroso, o que será explanado a seguir. Em linhas gerais, a grande diferença entre o contrato de constituição de renda e as demais modalidades contratuais é a desvinculação do valor do bem transferido com a contraprestação fornecida pelo rendeiro, ou seja, não é necessária a compatibilidade do valor do bem em relação ao valor recebido a título de renda.

Exigência de garantia real em caso de constituição de renda onerosa

O instituidor (credor) poderá, nas constituições de rendas onerosas, exigir do rendeiro (devedor) garantia real (hipoteca, penhor etc.) ou então garantia pessoal ou fidejussória (fiança), para que garanta que a obrigação será cumprida, uma vez que o bem dado a título de instituição da renda é de propriedade do rendeiro, não sendo possível que retorne ao patrimônio do instituidor por ocasião do descumprimento do contrato.

Prazos do contrato de constituição de renda

É vedada prestação perpétua, de modo que é necessário que se delimite o prazo de vigência do pagamento de renda, que poderá ultrapassar a vida do rendeiro (devedor), mas nunca a vida do instituidor ou terceiro por ele estipulado (credor).

Qualquer dia pode ser estabelecido para o pagamento da prestação periódica. Nesse sentido, ajusta-se a remuneração em razão de certo período ou, ainda, de maneira adiantada.

Necessidade de escritura pública

É requisito de validade o contrato de constituição de renda que seja celebrado por escritura pública, de forma que na desobediência deste dispositivo o resultado será a nulidade do contrato.

Da constituição de renda nula

Por obviedade não poderá figurar no polo ativo da relação contratual aquele que já morreu, sob pena de inexistência da relação contratual, uma vez que o credor não existe, e ante essa ausência de requisito contratual, tal contrato não gerará efeitos, devendo ser decretado nulo, hipótese esta que se aplica ao instituidor ou terceiro beneficiário que vier a falecer nos trinta dias subsequentes à conclusão do contrato de constituição de renda.

Domínio dos bens dados em compensação da renda

Os bens que fazem parte do contrato de constituição de renda onerosa que são transferidos do instituidor em favor do rendeiro caem no domínio deste desde a tradição, ou seja, integram o patrimônio do rendeiro desde o momento da tradição do bem, podendo ele dispor livremente do bem, com todas as prerrogativas e direitos oriundos do direito de propriedade.

Execução do rendeiro ou censuário

São abordadas aqui as três possibilidades de exigibilidade do cumprimento contratual por parte do rendeiro: a) poderá o instituidor acionar o rendeiro para que este lhe faça os pagamentos atrasados e que garanta o efetivo pagamento daqueles que estão por vencer; b) poderá o instituidor acionar o fiador (garantia fidejussória) a realizar os pagamentos, ou então executar a garantia real fornecida pelo rendeiro; c) o rendeiro que não cumprir com o pagamento poderá ver seu contrato rescindido e a garantia fornecida devidamente executada.

Da constituição de renda para mais de uma pessoa

Se a constituição de renda for estipulada a mais de um beneficiário, salvo estipulação diversa, será considerada dividida igualmente entre tantos quantos forem os beneficiários, de forma que a renda neste caso compete a cada um individualmente, não ensejando, portanto, no caso de morte de algum deles, a redistribuição do quinhão que lhe competia entre os demais sobrevivos.

Constituição de renda por título gratuito

O art. 813 visa a prevenir eventuais fraudes quando dita que só serão isentas das execuções pendentes e futuras as constituições de renda realizadas a título gratuito, pois é de mera liberalidade do instituidor e presume-se transferência de patrimônio do instituidor ao rendeiro que é economicamente hipossuficiente, sendo esta muitas vezes única fonte de renda, não sendo cabível que seja objeto de execução, elevando essa modalidade de renda ao de pensão particular, atribuindo, portanto, caráter alimentício por força do parágrafo único. O parágrafo único equivale à constituição de renda gratuita aos montepios e pensões alimentícias, quando diz que a isenção das execuções se operam em favor destes também.

DO JOGO E DA APOSTA

Jogo

É o contrato pelo qual duas ou mais pessoas prometem pagar uma determinada quantia, que poderá ser em dinheiro ou outra coisa, àquela que for considerada como vencedora, pelo fato de ter conquistado um resultado favorável na prática de certa atividade.

Aposta

É o contrato em que duas ou mais pessoas de opiniões divergentes sobre um determinado assunto convencionam entre si a pagar certa quantia ou entregar uma coisa determinada àquela cuja opinião se comprovar verdadeira, ou que prevalecerá em razão da outra.

O art. 814 estabelece a inexigibilidade das dívidas de jogo ou aposta, ou seja, as dívidas não obrigam o pagamento, bem como não pode ser recobrada a quantia que voluntariamente foi paga, exceto se foi obtida por dolo do vencedor, ou se o perdedor é menor ou interdito. Os jogos podem ser: a) proibidos, que são aqueles jogos que configuram em contravenção penal, e por constituírem em causa ilícita, são nulos; b) tolerados, que são aqueles que não dependem apenas da sorte dos jogadores, mas também de suas habilidades, e é justamente esta modalidade de jogo que o art. 814 determina; e, por fim, c) autorizados ou lícitos, que são os jogos regularizados por lei, gerando todos os efeitos jurídicos presentes nos contratos, e as suas dívidas são, portanto, exigíveis por lei, podendo ser cobradas judicialmente.

Inexigibilidade de reembolso daquilo que se emprestou para jogo ou aposta

O jogo e a aposta não são protegidos pelo direito no que concerne à responsabilização dos jogadores e apostadores, retirando o direito daquele que emprestou quantia destinada a jogo ou aposta, de exigir reembolso, desde que o tenha feito no ato de jogar ou apostar.

Exclusão dos títulos com valores de cotação variados

O art. 816 exclui do campo dos jogos e apostas aqueles títulos de bolsa, mercadorias ou valores, que, muito embora sujeitos às áleas econômicas, terão as suas liquidações estipuladas exclusivamente pela diferença entre o preço ajustado e a cotação que eles tiverem no vencimento do ajuste.

Do sistema de sorteio

Não é considerado espécie de jogo ou aposta o sistema de sorteio, uma vez que é considerado pelo art. 817 como forma de sistema de partilha ou processo de transação.

DA FIANÇA

O contrato de fiança

É o contrato pelo qual uma ou mais pessoas, estranhas à relação contratual, se obrigam perante o credor a garantir ou satisfazer a obrigação do devedor, se este não a cumprir. É contrato unilateral, gratuito, acessório, subsidiário e *intuitu personae* (arts. 818 a 839 do CC).

Da fiança

A fiança é uma espécie do gênero *garantia*. A garantia pode ser *real*, e ela o é quando o devedor fornece um bem móvel ou imóvel para responder, preferencialmente, pelo resgate da dívida, como na hipótese do penhor ou da hipoteca, ou pode ser *pessoal*, como quando terceira pessoa se propõe a pagar a dívida do devedor, se este não o fizer (*vide* Lei n. 8.245/91 e art. 3º, VII, da Lei n. 8.009/90).

Necessidade da forma escrita

A fiança não admite interpretação que exceda os limites do contrato, de forma que o fiador responderá apenas o que constar expresso no contrato, e se por acaso existir alguma dúvida, esta se resolverá em favor do fiador. A fiança precisa ser feita de forma escrita, pois se for feita verbalmente será inválida.

Independe da vontade do devedor

A fiança é contrato acessório que visa a assegurar a obrigação firmada em um contrato principal, podendo para tanto ser estipulada independentemente da vontade do devedor, uma vez que é de interesse exclusivo do credor ver a obrigação devidamente assegurada.

D41. (Juiz Substituto/TJSP/Vunesp/2017) Assinale a alternativa correta.

A) A manifestação de vontade do devedor é requisito essencial à validade da fiança.

B) A fiança por dívida futura não admite exoneração do fiador, exceto se a obrigação ainda não exigível for cumprida antecipadamente.

C) A ausência de renúncia ao benefício de ordem impede a excussão de bens do fiador, caso o devedor recaia em in-solvência.

D) O fiador pode se exonerar do cumprimento da garantia estabelecida sem limitação de tempo, desde que promova a notificação do credor.

➥ Veja arts. 820, 821 e 835, CC.

Comentário: A alternativa a ser assinalada é a D, uma vez que o fiador pode se exonerar da fiança que não tiver limitação de tempo quando entender por bem, apenas ficando obrigado aos efeitos da fiança durante os próximos 60 dias após notificar o credor.

➥ Ver questão D13.

Fiança de dívidas futuras

O fiador de dívidas futuras só poderá ser demandado a partir do momento em que estas já estiverem líquidas e certas.

➥ Ver questão D41.

Do que será compreendido pela fiança

A fiança em que não existir valor limitado compreenderá todos os acessórios da dívida principal, incluindo despesas judiciais, juros moratórios, honorários advocatícios etc., a partir da citação do fiador. Se a fiança for limitada, o fiador responderá até certa quantia ou até determinada data.

Valores máximos e mínimos da fiança

Não se admite fiança com valor superior ou com condições mais onerosas que a obrigação principal, porque o acessório não pode exceder o principal. Caso tal ocorrer, não haverá anulação da fiança, mas sim a sua redução ao valor da obrigação afiançada. Logo, é permitida a fiança com valor inferior ao da obrigação principal e com condições menos onerosas.

Fiança e obrigações nulas

As obrigações nulas (art. 166 do CC) serão insuscetíveis de fiança. Desse modo, diante de uma nulidade, não haveria o que garantir pelo contrato acessório. Exceção, porém, é a obrigação nula pela incapacidade pessoal do devedor, sobre a qual subsistirá a fiança, salvo o caso de empréstimo de bens fungíveis a menor.

Aceitação do fiador

A simples oferta de fiador não obriga ao credor aceitá-lo, devendo para tanto certificar-se da idoneidade, se reside no município que prestará a fiança e se possui bens suficientes para o cumprimento da obrigação.

➥ Ver questão D40.

Substituição do fiador

O credor poderá exigir a substituição do fiador, caso este venha a se tornar insolvente ou incapaz.

Dos Efeitos da Fiança

Benefício de ordem ao fiador

É direito do fiador exigir, até o momento da contestação, o exaurimento dos bens do devedor para que somente após sejam perseguidos os seus. Porém, o fiador que alegar esse benefício deve indicar os bens do devedor que estejam sitos no mesmo município e sem nenhum ônus.

O benefício de ordem de que trata o art. 827 é ineficaz se o fiador contratualmente o renunciou, ou então solidariamente se obrigou com o devedor principal ou se obrigou como devedor principal ou, por fim, se o devedor principal for insolvente.

D42. (Procurador-SP/Nível I/FCC/2012) No contrato de fiança,

A) é nula cláusula de renúncia ao benefício de ordem.

B) o fiador tem legitimidade para dar andamento à execução iniciada e abandonada, sem justa causa, pelo credor.

C) havendo pluralidade de fiadores, cada qual responde pela parte que proporcionalmente lhe couber no pagamento, exceto se expressamente pactuada a solidariedade.

D) a responsabilidade dos herdeiros do fiador se limita ao tempo decorrido até a abertura de inventário ou arrolamento, e não pode ultrapassar as forças da herança.

E) o fiador pode se exonerar desde que notifique o credor, ficando responsável por todos os efeitos da fiança durante noventa dias a contar da comunicação.

➥ Veja arts. 827, 831 e 834 a 836, CC.

Comentário: A alternativa correta é a B, conforme dispõe o art. 834, "Quando o credor, sem justa causa, demorar a execução iniciada contra o devedor, poderá o fiador promover-lhe o andamento".

Solidariedade entre os fiadores

No caso de existir um único débito a ser afiançado e pluralidade de fiadores o assegurando, presume-se que entre estes o débito será solidário, salvo se existir cláusula que atribui a essa relação o benefício de divisão, que importa na divisão proporcional do débito na parte que couber a cada fiador.

Limitação da obrigação contraída

O fiador que se compromete a assegurar determinado débito poderá contratualmente estabelecer o montante pelo qual poderá ser responsabilizado, não podendo ser cobrado no excesso deste.

Fiador e o direito de sub-rogação

O fiador que paga integralmente a dívida sub-roga-se, automaticamente, nos direitos do credor em recebê-la, porém não poderá cobrá-la integralmente dos outros fiadores, devendo cobrar de cada um o correspondente à sua quota-parte.

➠ Ver questão D42.

Responsabilidade do devedor perante o fiador

O débito a ser solvido pelo devedor perante seu fiador abrangerá, além do valor principal devidamente corrigido e atualizado, todos os valores que o fiador teve que desembolsar em razão da fiança, bem como qualquer prejuízo que este venha sofrer.

Fiador e o direito aos juros

Incluem-se no valor principal da dívida os juros referentes à quantia desembolsada pelo fiador e também a taxa convencionada na obrigação principal. Na ausência desta, serão utilizados os juros legais da mora.

Andamento da execução pelo fiador

O credor que injustificadamente demorar a iniciar execução contra o devedor ensejará ao fiador a promoção do andamento da ação, visando a dar cabo à contenda, ou seja, a fim de evitar que sua responsabilidade se prolongue e tenha de arcar com as consequências da demora no resultado da demanda.

➠ Ver questão D42.

Direito de exonerar-se da fiança

Tendo em vista o art. 835, fortalece-se a tendência jurisprudencial, ou seja, a tese de aplicação da exoneração do fiador às hipóteses de fiança locatícia, por meio da simples notificação ao credor, sem a necessidade de se esperar a efetivação da desocupação do imóvel pelo inquilino. Ao proprietário, solapado de sua garantia, resta o direito de exigir nova garantia, seja pessoal ou real, do locatário, que, se não o prover, poderá sofrer denunciação do contrato e ser despejado. O art. 835 inova em apresentar o prazo de sessenta dias após a notificação autoexoneratória do fiador em que este continua "obrigado por todos os efeitos da fiança", solapando, assim, a vetusta redação que o deixava obrigado pelos efeitos da fiança "anteriores ao ato amigável, ou à sentença que o exonerar".

➠ Ver questão D42.

Transmissão da obrigação do fiador aos herdeiros

É importante diferenciar os dois efeitos que a fiança poderá produzir, caso o fiador venha a falecer durante a vigência do contrato de fiança. O primeiro efeito se refere aos efeitos do contrato propriamente dito, ou seja, faz-se referência à obrigatoriedade do contrato de fiança após a morte do fiador, que não se transmitirá aos herdeiros, pois a fiança é contrato personalíssimo, de forma que a partir da morte do fiador, o contrato de fiança estará automaticamente extinto. O segundo efeito é em relação à obrigação de solver a dívida contraída pelo devedor principal durante a vida do fiador, que, se vier a falecer, obrigará aos herdeiros nos limites da herança a cumprir a garantia fidejussória, uma vez que sua obrigação em pagar foi originada em vida, durante a vigência do contrato.

➥ Ver questão D42.

Da Extinção da Fiança

Direito do fiador de opor-se ao credor

O fiador só poderá defender-se da fiança perante o credor baseando-se naquelas matérias que tratam de direito pessoal, tais como as nulidades e anulabilidades a que estão sujeitos os vínculos contratuais em tela, desde que não sejam pautados pela simples incapacidade do credor, excetuando-se o empréstimo realizado a pessoa que ainda não tenha atingido sua plena capacidade civil (art. 5º do CC).

Hipóteses em que o fiador não terá obrigação pelo que se responsabilizou

O fiador poderá se desobrigar, mesmo que seja solidário ao devedor primitivo, quando o credor conceder prazo suplementar (moratória) ao devedor e com esse prazo o fiador não tenha anuído, ou então quando o ato do credor prejudique o direito do fiador em sub-rogar-se no crédito que era devido pelo devedor primitivo. Por fim, será desobrigado o fiador quando o credor aceitar objeto diverso daquele previamente convencionado e este venha a se perder por evicção.

Do benefício de excussão

Se o fiador alegar o benefício de excussão, que nada mais é que obrigar que sejam exauridos os bens do devedor antes de perseguir os do fiador, e por demora na execução o devedor cair em insolvência, poderá o fiador se exonerar da fiança, desde que prove que os bens que foram indicados por ele eram suficientes para o solvimento da dívida ao tempo da penhora.

DA TRANSAÇÃO

A transação é o negócio jurídico bilateral pelo qual as partes previnem ou extinguem relações jurídicas duvidosas ou litigiosas, por meio de concessões recíprocas, ou ainda em troca de determinadas vantagens pecuniárias.

Das espécies de transação. A transação é classificada de conformidade com o fim a que se destina: prevenir litígio ou terminar litígio. A primeira, como se poderá facilmente notar, firma residência em sede extrajudicial, pois nenhuma ação, ainda, foi proposta objetivando concretizar o direito. Nesse caso, procura-se prevenir a lide por meio da transação. Na segunda espécie, o tema já foi submetido ao poder jurisdicional do Estado, em que as partes terão todas as possibilidades de demonstrar a existência ou não do direito. O ônus de provar e o estado de angústia das partes poderão ser evitados com a transação que terminará o litígio. Na essência, não existem diferenças entre ambas, apenas na forma.

Direito de transação exclusivo a direitos patrimoniais

A transação só será permitida em relação a direitos patrimoniais de caráter privado. Portanto, não cabe transação em casos de direito indisponível. O mesmo ocorre com a arbitragem (art. 1º da Lei n. 9.307/96), sendo indisponível também transação a respeito de estado civil e direitos da criança e do adolescente, pois todos são matérias de ordem pública.

Forma da transação

A transação pode ser: *extrajudicial* e *judicial*. Extrajudicial será a transação pautada pela vontade das partes. Já a transação judicial se realiza no curso de um processo, recaindo sobre direitos contestados em juízo, e deve ser feita:

a) por termo nos autos, assinado pelos transigentes e homologado pelo juiz;

b) por escritura pública, nas obrigações em que a lei exige, ou particular, nas que ela a admite, que depois de assinada pelos transigentes será juntada aos autos, tendo em seguida a homologação judicial, sem a qual a instância não cessará.

D43. (TJPE/Juiz Substituto/FCC/2013) Dispondo o art. 2.043 do Código Civil que continuam em vigor as disposições de natureza processual cujos preceitos de natureza civil hajam sido incorporados ao Código Civil, até que por outra forma se disciplinem, autoriza afirmar que

A) não mais se considera título executivo qualquer documento particular subscrito por duas testemunhas, firmado após a vigência do Código Civil de 2002.

B) embora tendo a transação sido qualificada como contrato, pelo Código Civil, ainda não se admite a transação extrajudicial, porque sempre deve ser celebrada depois de o processo achar-se em curso e homologada pelo juiz.

C) o juiz pode, de ofício, reconhecer a decadência legal e a decadência convencional.

D) ainda não é possível o juiz conhecer de ofício da prescrição.

E) ainda prevalece legalmente a exigência do artigo 585, II, do Código de Processo Civil, segundo a qual para configurar título executivo extrajudicial o documento particular assinado pelo devedor tem de ser também assinado por duas testemunhas.

➠ Veja arts. 193, 210, 211, 842 e 2.043, CC; art. 784, II a IV, CPC/2015.

Comentário: A assertiva correta é a letra E. Ela muito bem confirma o texto do art. 585, II, do Código de Processo Civil de 1973 (art. 784, II a IV, do CPC/2015). A alternativa B, por exemplo, está equivocada, tendo em vista os dizeres do art. 842, do Código Civil. Já, segundo o art. 210, do CC, o juiz não pode, mas sim deve reconhecer de ofício a decadência, quando estabelecida por lei. Assim, como outro exemplo, também fica deixada de lado a opção pela letra C.

Interpretação da transação

A transação é negócio jurídico declaratório, uma vez que tão somente reconhece ou declara direitos, tornando certa uma situação jurídica controvertida. Nelson Nery Jr. e Rosa Maria Nery prelecionam: "Transação. É negócio jurídico de direito privado que pode ser celebrado dentro (p. ex., na audiência) ou fora do processo (arts. 840 a 850 do CC; arts. 1.025 a 1.036 do CC/1916). Pode ocorrer pela iniciativa das partes ou do juiz (conciliação). Levado ao conhecimento do juiz, este deve extinguir o processo com julgamento do mérito (art. 269, III, do CPC; art. 487, III, *b*, do novo CPC), se estiverem presentes os requisitos formais e substanciais da transação. Não é válida quando versar sobre direito indisponível. A regra é que as próprias partes que transigiram estabeleçam a quem cabe as despesas e os honorários de advogado. Somente quando o negócio jurídico de transação for omisso a esse respeito é que incidirá a norma, devendo o juiz dividir entre elas a despesa, de forma proporcional ao que restou convencionado na transação" (*Código de Processo Civil comentado e legislação extravagante*. 7. ed. São Paulo, RT, 2003, p. 392).

Dos envolvidos na transação

A transação vincula somente as partes envolvidas no negócio jurídico *sui generis*, ou seja, extingue a obrigação só dessas partes e, também, desobrigará o fiador, credor solidário e devedor solidário.

Direito ao evicto de reclamar perdas e danos

Se houver evicção da coisa renunciada por um dos transigentes, ou por ele transferida à outra parte, a obrigação extinta pela transação não renascerá. O evicto poderá tão somente pleitear o pagamento das perdas e danos. Evicção (arts. 447 a 457 do CC) é o desapossamento judicial, ou seja, a tomada da coisa ou do direito real, detida por outrem, embora por justo título. A Professora Maria Helena Diniz preleciona: "se, depois de concluída a transação, um dos transigentes vier a adquirir novo direito sobre a coisa renunciada ou transferida, não estará impedido de exercê-lo, pois a transação não implicará renúncia a direito futuro, mas apenas ao que o litígio objetivava" (op. cit., p. 542).

Transações e obrigações resultantes de delitos

Caso tenha obrigação penal pública resultante de delito, a vítima e o agente causador podem transigir somente no âmbito das relações privadas.

Admissibilidade de cláusula penal

Na transação será possível convencionar cláusula penal, observando os arts. 408 a 416 do CC.

➠ Ver questão D13.

Cláusulas nulas e seus efeitos

A indivisibilidade é essencial na transação. Assim, se nula for qualquer de suas cláusulas, nula será a transação.

Duas são as causas de nulidade absoluta da transação: (i) litígio já decidido por sentença passada em julgado, sem o conhecimento de algum dos transatores, pois o direito deixou de ser duvidoso; logo, nada haverá que transigir; (ii) descoberta de título anterior, que indique ausência de direito sobre o objeto da transação relativamente a qualquer dos transatores. Ocorrendo qualquer dessas circunstâncias, apenas os próprios transatores são partes legítimas para ajuizar a anulatória.

Anulação da transação

O art. 849 dispõe que o contrato de transação somente se anula pelos defeitos do negócio jurídico dispostos no art. 171, II, do CC. O parágrafo único esclarece que a transação não será passível de anulação se o erro for de direito ou proveniente de questões que foram objeto de controvérsia entre as partes.

DO COMPROMISSO

Compromisso (arts. 851 a 853 do CC e, ainda, Lei n. 9.307/96). O art. 851 nos elucida a respeito da possibilidade de compromisso, seja ele judicial ou extrajudicial, a fim de resolver litígios entre os contratantes (Lei n. 9.307/96, art. 9º, §§ 1º e 2º). O compromisso se confirma por meio da cláusula arbitral ou do compromisso arbitral. A cláusula arbitral é adicionada com o objetivo de comprometer as partes a se submeterem à arbitragem, caso futuramente surjam conflitos. O compromisso arbitral é a convenção bilateral pela qual as partes renunciam à jurisdição estatal e se obrigam a se submeter à decisão de árbitros por elas indicados, ou ainda o instrumento de que se valem os interessados para, de comum acordo, atribuírem a terceiro (denominado árbitro) a solução de pendências entre eles existentes.

Impossibilidade de se fazer um compromisso

Quando se opta pelo juízo arbitral, faz-se necessário observar os arts. 1º a 3º da Lei n. 9.307/96. Esta lei admite que pessoas capazes de contratar possam utilizar a arbitragem para dirimir seus litígios relativos a direitos patrimoniais, a qualquer momento e mediante convenção de arbitragem escrita, assim entendida a cláusula compromissória e o compromisso arbitral. Portanto, em questões atinentes ao interesse estatal, e de direito pessoal de família ou outras questões que não possuam o caráter estritamente patrimonial, o compromisso é vedado.

Cláusula compromissória

É admitido o uso de cláusula compromissória nos contratos, com objetivo de solucionar conflitos perante juízo arbitral. Deve-se obedecer às formas estabelecidas na lei especial (Lei n. 9.307/96). *Vide* GUILHERME, Luiz Fernando do Vale de Almeida. *Manual de arbitragem*. 3. ed. São Paulo, Saraiva, 2012.

DOS ATOS UNILATERAIS

DA PROMESSA DE RECOMPENSA

Atos unilaterais

São atos lícitos (art. 185 do CC), fonte obrigacional, praticados por alguém. Também chamados pelos doutrinadores de declaração unilateral de vontade, considerada uma das fontes das obrigações que derivam da manifestação unilateral de vontade de uma só pessoa.

Promessa de recompensa

É a declaração de vontade feita mediante anúncio público, pela qual uma pessoa se obriga a dar gratificação a quem preencher certa condição ou praticar certo ato. A partir do momento em que essa declaração se tornar pública, existe a obrigação.

Direito de receber a recompensa

Aquele que, mesmo sem a intenção de receber a recompensa, realizar a condição ou serviço, fará jus a ela, podendo exigi-la do promitente.

Se o objeto da recompensa for cumprido por dois ou mais indivíduos, fará jus à quantia de recompensa aquele que executou o ato primeiramente.

Caso a execução do ato da recompensa se dê concomitantemente por dois ou mais indivíduos, presumir-se-á dividida igualmente entre eles, porém se a coisa for indivisível, será decidido por sorteio, e o contemplado dará ao outro o valor correspondente ao seu quinhão.

Revogação da promessa

A promessa de recompensa é um contrato pelo qual determinado proponente, por meio de publicidade, oferta determinada retribuição a outrem, desde que este cumpra determinada condição ou execute uma tarefa. No momento da proposta, o proponente se vincula ao pagamento de recompensa àqueles que cumprirem a tarefa ou condição, porém esse proponente poderá revogar a promessa, desde que seja pela mesma publicidade que realizou a oferta.

No caso de a proposta conter prazo determinado para execução da tarefa, presumir-se-á renunciado o direito de revogá-la durante o prazo assinalado. Caso ocorra a revogação da proposta e o candidato ao recebimento da recompensa tiver realizado algum desembolso no intuito de cumprir a condição ou tarefa, deverá o proponente ressarci-lo na mesma medida do desembolso, desde que as despesas tenham sido efetuadas de boa-fé.

Da forma necessária para a promessa pública de recompensa

O art. 859 trata de algumas das características específicas da promessa de recompensa (concurso literário, artístico, científico, desportivo etc.), sendo a primeira a estipulação de prazo certo. Caso não haja, será anulável, sendo certo também que o julgamento efetuado por juiz escolhido pelo promitente vinculará tanto o ofertante quanto o ganhador da recompensa. Caso não haja indicação de juiz, será presumido que o promitente guardou essa função para si, ficando a critério deste a escolha do ganhador, hipótese que poderá também decidir pelo empate que, neste caso, deverá ser regido pelos arts. 857 e 858 do CC.

Recompensa em premiações por obras artísticas ou afins

Caso a recompensa seja estipulada em razão da produção de determinada obra artística ou intelectual, poderá o promitente ficar com estas para si, caso a promessa contenha tal estipulação.

DA GESTÃO DE NEGÓCIOS

É a intervenção de uma pessoa nos negócios de outra, sem autorização ou conhecimento do dono, feita por conta deste último, segundo sua vontade e interesse presumível. O gestor ficará responsável perante o dono e terceiros com quem tratar. O dono do negócio só poderá recusar a ratificar e aprovar os atos praticados pelo gestor se demonstrar que as atitudes deste foram contrárias aos seus interesses.

D44. (OAB/Exame de Ordem Unificado/FGV/2013.2) Diante de chuva forte e inesperada, Márcio constatou a inundação parcial da residência de sua vizinha Bianca, fato este que o levou a contratar serviços de chaveiro, bombeamento d'água e vigilância, de modo a evitar maiores prejuízos materiais até a chegada de Bianca.

Utilizando-se do quadro fático fornecido pelo enunciado, assinale a afirmativa correta.

A) A falta de autorização expressa de Bianca a Márcio para a prática dos atos de preservação dos bens autoriza aquela a exigir reparação civil deste.

B) Bianca não estará obrigada a adimplir os serviços contratados por Márcio, cabendo a este a quitação dos contratados.

C) Se Márcio se fizer substituir por terceiro até a chegada de Bianca, promoverá a cessação de sua responsabilidade transferindo-a ao terceiro substituto.

D) Os atos de solidariedade e espontaneidade de Márcio na proteção dos bens de Bianca são capazes de gerar a responsabilidade desta em reembolsar as despesas necessárias efetivadas, acrescidas de juros legais.

➥ Veja art. 861, CC.

Comentário: A assertiva correta neste caso é a letra D, uma vez que, conforme dispõe o art. 861, do Código Civil, "Aquele que, sem autorização do interessado, intervém na gestão de negócio alheio, dirigi-lo-á segundo o interesse e a vontade presumível de seu dono, ficando responsável a este e às pessoas com que tratar".

Interferência sem anuência do interessado

Caso a interferência de terceiro no negócio alheio, que configura gestão, ocorra contra a vontade manifesta ou presumível do dono do negócio, deverá o gestor indenizar o dono do negócio até pelos casos fortuitos, a não ser se provar que estes teriam acontecido mesmo sem sua gestão.

Direito de exigir que as coisas retornem ao seu estado anterior

Se a gestão de negócios se iniciar contra a vontade manifesta ou presumível do interessado e os prejuízos decorrentes desta excederem os benefícios, poderá o dono do negócio exigir do gestor a restituição das coisas ao *status quo ante*, ou exigir indenização compatível com a diferença entre o prejuízo e o proveito do negócio realizado pela gestão indesejada.

Da comunicação do gestor com o dono do negócio

O gestor deverá informar, assim que possível, o dono do negócio da gestão que acabou de assumir, devendo dessa forma aguardar que este se pronuncie a respeito, e caso a espera pela resposta se prolongue no tempo, o gestor poderá exercer sua função mesmo sem ela.

Duração da gestão

A gestão do negócio vigorará até a retomada pelo dono. Caso o dono venha a falecer durante a gestão, o gestor deverá aguardar as instruções dos herdeiros e, enquanto as aguarda, não poderá se desviar dos cuidados que o caso necessite.

Direitos e deveres do gestor

O gestor que não diligenciar e velar pelo negócio de forma adequada deverá ressarcir ao dono do negócio quaisquer prejuízos decorrentes da gestão descuidada.

O gestor no exercício de suas funções não está sujeito à excludente de responsabilidade na modalidade caso fortuito, no caso de realizar operações arriscadas, mesmo que fosse costumeira a realização destas pelo dono do negócio, ou então quando realizar o negócio visando a interesse próprio em detrimento dos interesses do dono do negócio. Porém, se o dono quiser se aproveitar da gestão arriscada, deverá indenizar o gestor pelas despesas e pelos eventuais prejuízos que este tenha sofrido em razão do exercício da gestão.

Se o gestor administrar o negócio dentro das balizas legais e sempre visando ao interesse do dono do negócio, vinculará ao dono do negócio as obrigações contraídas e deverá ser ressarcido de todos os desembolsos úteis ou necessários, acrescendo a estes as quantias referentes aos juros legais e eventuais prejuízos que tenha sofrido em virtude da gestão. A utilidade ou necessidade do desembolso deverá ser interpretada como se fosse uma obrigação de meio e não de resultado, ou seja, independentemente do resultado obtido, o desembolso será ressarcido desde que realizado com toda a diligência e correição inerente à boa gestão do negócio.

O art. 866 prevê que, se a gestão se deu com o intuito de se evitar danos e prejuízos iminentes, o gestor deverá ser ressarcido nos termos do art. 869 do CC, observando-se, porém, que o ressarcimento não poderá nunca exceder as vantagens percebidas pelo gestor.

Substituição do gestor

Se eventualmente o gestor investido na administração do negócio se fazer substituir por outro, ainda será responsável objetivamente pelos danos causados pela gestão do substituto, mesmo que seja pessoa idônea, sem prejuízo de quaisquer intentos judiciais que possam ser movidos pelo gestor ou pelo dono do negócio em face do substituto faltoso.

Dever de prestar alimentos

Os alimentos que forem prestados por quem não deveria fazê-lo e só o fez em virtude da ausência daquele que deveria prestar poderão ser cobrados em face do real alimentante, mesmo que este não tenha ratificado a prestação.

Responsabilidades perante o *de cujus*

As despesas relativas ao enterro, desde que nos limites dos usos locais, deverão ser suportadas por aqueles que tinham a obrigação de alimentar o *de cujus* antes de seu passamento, mesmo que este, por ocorrência de sua morte, não tenha deixado bens.

Caso a despesa tenha sido suportada por terceiro, este deverá cobrar de quem possuía a obrigação de alimentar o *de cujus* quando em vida.

Ratificação pelo dono do negócio e seu efeito retroativo

Todos os negócios realizados pelo gestor, independentemente de autorização, são sujeitos a ratificação posterior do dono do negócio. A ratificação dada pelo dono terá efeitos *ex tunc*, ou seja, seus efeitos no tempo retroagem até a data da realização do negócio efetuada pelo gestor, de forma que o dono do negócio assumirá quaisquer riscos e obrigações contraídas por aquele desde o início.

Em caso de desaprovação da gestão

O dono do negócio gerido por gestor poderá desaprovar a gestão, desde que totalmente fundamentada, sob pena de incorrer em abuso de direito; caso seja desaprovada, os dispositivos vigentes para regular essas questões estão previstos nos arts. 862 e 863 do CC, excetuando-se as hipóteses de a gestão ocorrer em função da iminente perda ou deterioração do bem, que estão previstas nos arts. 869 e 870 do mesmo diploma legal.

Conexão entre os negócios do gestor e do beneficiado

Se os negócios do gestor e do beneficiado forem conexos, de modo que não possam ser separados, será o gestor considerado sócio e o beneficiado apenas terá de se obrigar com aquele, caso tenha obtido lucros durante a gestão.

DO PAGAMENTO INDEVIDO

É uma das formas de enriquecimento ilícito. Decorre de uma prestação voluntária e espontânea feita por alguém com o objetivo de extinguir uma obrigação que na verdade não existe, ou que na verdade já terminou, ou, ainda, uma obrigação na qual o credor não é o verdadeiro credor ou o devedor não é o verdadeiro devedor, gerando àquele que recebeu indevidamente o dever de restituir.

Prova do pagamento indevido

O pagamento realizado indevidamente deve vir acompanhado de prova (art. 212 do CC) de ter ocorrido por erro (arts. 138 e segs. do CC), e não por liberalidade, demonstrando que estava convencido de que devia, quando na verdade não havia nada a pagar.

Do recebimento de boa-fé ou má-fé

O detentor do bem recebido em pagamento indevido é o credor, e este poderá ter recebido o bem de boa-fé ou de má-fé. Na primeira hipótese, é mister a análise do art. 1.214 do

CC, que dita que o possuidor de boa-fé tem o direito à percepção dos frutos advindos do bem em questão; já na segunda hipótese, o possuidor de má-fé, de acordo com o arts 1.214 e 1.216 do CC, é obrigado a restituir os frutos percebidos e o que por sua culpa deixou de perceber.

Alienação de imóvel recebido de boa-fé ou má-fé

No caso de um imóvel ser objeto de pagamento indevido e o recebedor o tiver alienado, este deverá restituir ao mau pagador a quantia recebida, se de boa-fé; se de má-fé, responde o credor, além da restituição do valor pago indevidamente acrescido de perdas e danos.

Aquele que receber (*accipiens*) indevidamente determinado valor e o receber como parte de uma dívida verdadeira ficará isento de restituí-lo se, por conta disso, inutilizar o título ou abrir mão da garantia que assegurava sua dívida. Caso isso ocorra, o pagador (*solvens*) indevido se sub-roga nos direitos do credor indevido contra o devedor originário.

Pagamento indevido relacionado com obrigação de fazer

A prestação paga indevidamente poderá ser realizada na forma de obrigação de dar ou obrigação de fazer. No caso da primeira, vigorará o disposto no art. 876; já se o pagamento indevido foi realizado na forma de obrigação de fazer, a restituição se dará em forma de indenização, a ser calculada baseando-se no montante do lucro obtido por aquele que recebeu indevidamente.

Pagamento indevido para dívida prescrita ou obrigação judicialmente inexigível

Aquele que paga indevidamente dívida prescrita ou obrigação judicialmente inexigível não poderá exigir a repetição, pois a obrigação paga pelo pagador indevido não existia mais, ou então é inexigível.

Pagamento indevido objetivando receber algo juridicamente proibido

Aquilo que foi dado a título de pagamento indevido para obtenção de finalidade ilícita, imoral ou proibida por lei, não estará sujeito a restituição ao pagador, porém a restituição ainda subsistirá, só que sempre revertida em benefício de instituição beneficente que será escolhida a critério do juiz.

DO ENRIQUECIMENTO SEM CAUSA

Ocorre quando alguém recebe o que não lhe era devido, ficando obrigado a fazer a devida restituição, para que se alcance um reequilíbrio patrimonial, cumprindo, pois, uma necessidade *jurídica*, *moral* e *social*. Os elementos para gerar o enriquecimento sem causa são: o nexo causal entre as partes, o aumento patrimonial de uma e a queda de outra.

➥ Ver questão D18.

Da restituição

Mesmo que a motivação do enriquecimento sem causa deixe de existir, a devida restituição ainda se faz necessária.

"[...] Como ensina Matiello, se norma que permitia cobrança, feita pelo banco, a correntista, de certos valores pelos encargos assumidos, fosse revogada. Os valores cobrados antes de sua revogação não deverão ser devolvidos, mas os exigidos após a supressão de sua vigência, por serem indevidos, requerem sua devolução [...]" (DINIZ, Maria Helena. *Código Civil anotado*. 16. ed. São Paulo, Saraiva, 2012).

Utilização da ação *in rem verso*

A ação que visa ao ressarcimento por enriquecimento sem causa é chamada de ação *in rem verso*, e esta possui caráter subsidiário em relação a qualquer outra. Sendo assim, só será útil e possível caso não exista para o lesado qualquer outro meio processual de se restituir do prejuízo.

DOS TÍTULOS DE CRÉDITO

Pode ser conceituado como um documento que vale por si só, isto é, autônomo, que não depende de qualquer outro documento ou contrato para o exercício de um direito de crédito nele contido e literalmente expresso. São títulos de crédito: a nota promissória, a letra de câmbio, o cheque, a duplicata, bem como todos os outros títulos que a legislação criar.

O Código Civil regerá os títulos de crédito, salvo disposição diversa em lei especial, a saber: Decreto n. 177-A/1893 (emissão de empréstimos em obrigações ao portador – debêntures – das companhias ou sociedades anônimas); Decreto n. 1.102/1903 (armazéns-gerais); Decreto n. 2.044/1908 (letra de câmbio e nota promissória); Decreto-lei n. 2.627/40 (sociedades por ações); Decreto-lei n. 2.980/41 (serviço de loteria); Decreto-lei n. 3.545/41 (compra e venda de títulos da dívida pública); Decreto-lei n. 6.259/44 (serviço de loterias); Decreto-lei n. 7.390/45 (emissão de obrigações ao portador); Lei n. 4.728/65 (mercado de capitais – alienação fiduciária); Lei n. 10.931/2004 (patrimônio de afetação de incorporações imobiliárias, letra de crédito imobiliário, cédula de crédito imobiliário, cédula de crédito bancário), entre outras.

Requisitos legais dos títulos de crédito

O cheque, como título de crédito, tem requisitos legais como: (i) a denominação "cheque" inscrita no contexto do título e expressa na língua em que este é redigido; (ii) a ordem incondicional de pagar quantia determinada; (iii) o nome do banco ou da instituição financeira que deve pagar (sacado); (iv) a indicação do lugar de pagamento; (v) a indicação da data e do lugar de emissão; (vi) a assinatura do emitente (sacador), ou de seu mandatário com poderes especiais. No caso de o cheque não vir assinado, por exemplo, o negócio jurídico principal ainda permanece válido e poderá ser utilizado como prova da obrigação civil que o originou.

Os títulos de crédito deverão conter no mínimo três requisitos básicos: a data da emissão, a indicação precisa dos direitos que confere e a assinatura do emitente, conforme prevê o *caput* do art. 889. Os §§ 1º e 2º fazem alusão a duas presunções, ou seja, o título de crédito é à vista, quando não contiver indicação de vencimento e considera-se lugar de emissão e de pagamento, quando não indicado no título, o domicílio do emitente. Já o § 3º dispõe: que o título de crédito pode ser criado via computador ou meio equivalente, mas deve-se observar os requisitos básicos previstos no *caput*.

Mesmo o título de crédito sendo um documento dotado de autonomia para o exercício de direitos, sempre é emitido tendo como origem um contrato ou negócio jurídico subjacente. Portanto, faltando algum requisito, poderá ser preenchido após, conforme os ajustes realizados no negócio principal.

D45. (TJPE/Juiz Substituto/FCC/2013) O título de crédito poderá ser emitido

A) a partir de caracteres criados em computador ou meio técnico equivalente e desde que conste da escrituração do emitente, observados requisitos mínimos estabelecidos em lei.

B) em papel ou eletronicamente, sem exigência de qualquer outro requisito, exceto o valor pelo qual deve ser pago.

C) apenas em papel, sendo vedada sua emissão eletrônica, porque inviabiliza sua circulação.

D) eletronicamente, desde que seja arquivado seu equivalente em papel pelo emitente.

E) a partir de caracteres em computador ou meio técnico equivalente, por pessoas físicas ou jurídicas, independentemente de constar da escrituração do emitente, quando forem meramente formais e não causais.

➥ Veja art. 889, § 3º, CC.

Comentário: A assertiva correta no exercício é a letra A, dado que, o art. 889, § 3º, do CC, dispõe que "O título poderá ser emitido a partir dos caracteres criados em computador ou meio técnico equivalente e que constem da escrituração do emitente, observados os requisitos mínimos previstos neste artigo".

Cláusulas não escritas e sua validade

O título de crédito não é um negócio jurídico, e sim representa uma obrigação objetiva de pagar quantia determinada em dinheiro. O preenchimento do título de crédito, como já visto em outro artigo, deve observar os ditames legais, considerando-se como não escritas as disposições que não estejam expressamente previstas em lei. Portanto, o art. 890 estabelece restrições que não produzirão efeitos jurídicos, ou seja, que possam limitar o exercício dos direitos e obrigações creditícias expressas na cártula, como: título a cláusula de juros, a proibitiva de endosso, a excludente de responsabilidade pelo pagamento ou por despesas.

Estrutura cambial

Todo aquele que assina o título de crédito fica obrigado, pessoal ou solidariamente, pelo pagamento da dívida nele incorporada.

Portanto, a pessoa que, sem poderes ou sem poderes específicos, assinar tal título passa a responder pela obrigação cambial contraída.

Transferência do título de crédito

A cessão ou transferência dos direitos incorporados em título de crédito realiza-se mediante endosso ou simples tradição, no caso do título ao portador. O endosso designa o ato pelo qual a pessoa, proprietária de um título de crédito, o passa para outrem, conferindo-lhe os direitos que lhe competiam. O endosso é sempre integral, ou seja, não há transferência de uma parte da dívida, conforme dispõe o art. 12 da Lei Uniforme.

Título representativo de mercadoria

São títulos representativos de mercadorias aqueles emitidos em razão de operações de transporte e de depósito de bens móveis. Portanto, o portador de título representativo de mercadoria tem o direito de transferi-lo, de conformidade com as normas que regulam a sua circulação, ou de receber aquela, independentemente de quaisquer formalidades, além da entrega do título devidamente quitado (p. ex., no contrato de transporte, deve ser emitido pela empresa transportadora o conhecimento de transporte, título que indica e relaciona as mercadorias que serão transportadas, sendo entregue a seu proprietário).

Do título de crédito como garantia

No art. 895 verifica-se que no caso de, por exemplo, penhora judicial, recai sobre o título e não sobre o crédito das mercadorias especificadas, já que no título se encontram os direitos a ele inerente, sobre o crédito ou sobre as mercadorias.

Reivindicação do título de crédito

Considera-se portador legítimo aquele que adquiriu, de boa-fé, um título de crédito por meio de endosso. Portanto, sendo o título de crédito adquirido por meio da boa-fé, não há permissão a nenhuma pessoa de reivindicar título ou de reclamar sobre sua aquisição.

Aval

É instituto exclusivo dos títulos de crédito. Trata-se de garantia pessoal do avalista em relação ao crédito expresso na cártula, ou seja, obriga-se o avalista pessoalmente ao pagamento do valor completo, sendo vedado o aval de somente parte do valor do título.

O aval poderá ser dado na parte traseira ou frontal do título de crédito; se for dado na frente, basta a simples assinatura do avalista; se for no verso, o avalista deverá expressamente declarar que aceita avalizar a quantia discriminada no rosto do título. Caso o aval seja cancelado, deverá ser considerado não escrito, ou seja, seria como se nunca tivesse sido avalizado.

Responsabilidades do avalista

O avalista é responsável solidariamente pelo crédito expresso na cártula, e o aval deve ser dado no próprio título, indicando-se o nome de quem será avalizado. Caso não exista tal indicação, será considerado avalizado o emitente ou devedor final. Caso o avalista, que é garantidor do devedor do título, pague o valor correspondente, este se sub-rogará nos direitos do credor e demais coobrigados. O aval, por ser instituto autônomo, não se sujeita às causas de nulidade opostas contra o avalizado ou do título, a menos que tais nulidades sejam fundadas na forma do título.

Aval posterior ao vencimento do título

O aval que for dado em momento posterior ao vencimento do título de crédito possuirá os mesmos efeitos que teria se fosse dado antes.

Desoneração do devedor portador de título de crédito

Os títulos de créditos são regidos pelo princípio da cartularidade, ou seja, só serão considerados como parte integrante do débito aqueles valores detalhados no próprio título, de forma que, à medida que este valor for quitado, ocorre a tradição do título do credor para o devedor, que consequentemente inutilizará o título. Porém, além da quitação via tradição, poderá o devedor exigir do credor a quitação regular do título.

O credor de título de crédito não é obrigado a receber antes de vencido o título, porém se o fizer será por liberalidade, de forma que neste caso aquele que pagou será o responsável pela validade do pagamento efetuado. O pagamento realizado no vencimento deverá ser recebido pelo credor obrigatoriamente, mesmo que parcialmente. Nesse caso, não haverá a tradição do título, mas a quitação deverá ser firmada obrigatoriamente por duas maneiras: a primeira é a elaboração de um instrumento de quitação em separado, e a segunda é a quitação parcial no próprio título.

DO TÍTULO AO PORTADOR

Transferência da titularidade do título ao portador

Será realizada por meio da tradição, ou seja, a simples transferência física do título entre um portador e outro é o bastante para que o título mude de proprietário.

Direitos do portador

O crédito indicado no título de crédito é autônomo, ou seja, é desvinculado da obrigação que o originou e, por força do art. 905, legitima o possuidor como beneficiário do crédito descrito no título. Outra característica dos títulos de crédito é a circulabilidade que, em união do princípio da autonomia, permite que o título circule livremente por simples tradição, mesmo que o emitente do título não tenha anuído.

Deveres e direitos do devedor

Os títulos de crédito possuem inoponibilidade contra terceiros, sendo excetuadas as defesas que se baseiem em direito pessoal ou na nulidade da obrigação contra o credor original do título.

Dos títulos nulos

O título ao portador é vinculado à previsão expressa em lei. Ele requer, portanto, autorização de lei especial para a sua emissão, circulação e efeitos, sob pena de nulidade. Isso ocorre porque sua emissão não autorizada por lei especial causaria um grande risco inflacionário.

Obtenção e substituição do título

O título que estiver dilacerado poderá ser substituído por outro, pelo emitente, perante exigência do possuidor, desde que o título esteja identificável.

Em prestígio à boa-fé contratual (art. 422 do CC), aquele que de boa-fé perder ou ver seu título de crédito extraviado poderá, por meio de ação judicial, requerer um novo título, e nessa mesma ação pedir que seja impedido que eventuais dividendos, capital ou rendimentos oriundos daquele título sejam pagos a outrem. Porém, o devedor deverá ter ciência da demanda para que assim deixe de pagar a outrem esses benefícios, de modo que já é exonerado dos pagamentos já realizados antes da ciência, salvo se o credor provar que o devedor tinha conhecimento do fato.

DO TÍTULO À ORDEM

Endosso

O título "à ordem" é aquele que se transfere por mera aposição de assinatura no próprio título. É o que se chama de endosso. O endosso é a maneira pela qual a transferência do título se opera, ou seja, o endosso é a simples assinatura do credor ou emitente no próprio título, o qual, a partir deste momento, se torna transmissível, consagrando a circulabilidade dos títulos de crédito. Para que a transferência do título se ultime, é imperioso que, além da assinatura no título, se opere também a tradição do título, uma vez que a cartularidade é princípio basilar dos títulos de crédito. Com efeito, reputa-se inexistente, ou não escrito, aquele endosso que tiver sido cancelado, não gerando, portanto, nenhum efeito no mundo jurídico.

Os efeitos do endosso subsistem, ainda que realizados após o vencimento do título. Contudo, há de se destacar que isso deverá ocorrer até o momento de eventual protesto, uma vez que, em momento posterior, terá efeitos de cessão civil de crédito.

Do legítimo possuidor

Aquele que for pagar o título (devedor cartular) tem a obrigação de verificar com precisão todo o encadeamento de endossos que levaram o credor (credor cartular) a pleitear o crédito, porém tal obrigação se limita ao aferimento lógico da cadeia de endossos, de modo que não se exige a verificação da autenticidade de cada assinatura.

A cadeia de endossos é válida desde que seja regular e ininterrupta, mesmo que o último endossante não tenha especificado o endossatário. O que se exige é verificar se a legitimidade de cada endossante em ceder o crédito está expressa na cártula.

Limitações do endosso

O endosso é instituto exclusivo do direito cambiário, de modo que não se sujeita aos ditames do negócio jurídico civil e comum. Na verdade, o que é explicado é que o endosso não é subordinado a nenhuma condição, termo, encargo ou qualquer outro instituto jurídico que restrinja ou impeça sua eficácia imediata.

O endosso parcial é proibido legalmente, uma vez que o título de crédito é indivisível.

Formas de endosso

O endosso é a simples assinatura que visa à transferência do título, e essa transferência poderá se operar de três formas:

- endosso em preto: juntamente com a assinatura (endosso), o endossante poderá especificar a quem o crédito irá beneficiar (endossatário), e tal especificação ocorre pelo nome e documento que individualize a pessoa;
- endosso em branco: o endossante poderá simplesmente assinar e o endossatário, seja ele quem for, completará com seu nome e documento, tornando o endosso em preto, no momento da cobrança do valor expresso no título em face do devedor cartular;
- simples tradição: a simples tradição do título será considerada forma de transferência, portanto, de endosso.

Responsabilidades do endossante

Em regra, o endosso transfere todas as responsabilidades inerentes ao título e ao devedor, porém poderá o endossante, mediante cláusula constante no próprio endosso, assumir a responsabilidade pelo pagamento do título, e que caso este não ocorra, o endossante será pessoal e solidariamente responsabilizado e, ao pagar o título vencido, poderá intentar ação de regresso com os demais coobrigados.

Exceções oponíveis contra terceiros

O art. 915 traz novamente as hipóteses de exceções oponíveis contra terceiros, que são as relativas à forma do título e ao seu conteúdo literal, à falsidade da própria assinatura, ao defeito de capacidade ou de representação no momento da subscrição, e à falta de requisito necessário ao exercício da ação, sem deixar de citar as exceções pessoais que o devedor possuir contra o portador.

O art. 916 admite a oposição de exceções pessoais dos portadores precedentes de certo título de crédito, desde que manifestamente tenha agido de má-fé o portador, ou seja, com a consciência de prejudicar o devedor.

Endosso-mandato

Cuida-se o presente em tratar do endosso-mandato, o qual confere poderes de representação a alguém, sem, contudo transferir-lhe a propriedade do título.

As regras que regem este procedimento se assemelham às do contrato de mandato em geral, de modo que novo endosso só será admitido na mesma qualidade e poderes recebidos; além disso, o endossatário somente poderá opor as exceções que tiver contra o endossante. Com efeito, acrescente-se a exceção legal de que subsiste a eficácia do endosso-mandato, ainda que sobrevenha a morte ou a incapacidade do mandante.

Endosso-penhor

A norma cuida do endosso-penhor, sobre o qual se diga tratar de garantia dada pelo endossante a terceiro. Desse modo, considerando ser meramente uma segurança, novo endosso só subsistirá como endosso-mandato, na qualidade de procurador, sendo certo, ainda, que as exceções pessoais serão oponíveis apenas ao endossante, com o qual subsiste a propriedade do título.

Título à ordem

O título à ordem só poderá ser transmitido conservando-se as características do título de crédito por meio do endosso. Caso contrário, se a transferência do crédito ocorrer por meio diverso do endosso, por instrumento apartado, o título perderá as características perante o cessionário, sendo operado como mera cessão civil de crédito.

DO TÍTULO NOMINATIVO

Títulos de crédito nominativos

São aqueles emitidos em favor de pessoa determinada, cujo nome e domicílio estão regularmente inscritos em dado livro de registro competente.

A produção de efeitos jurídicos nos títulos de crédito depende do respectivo registro. Dessa forma, assim também ocorre em razão de algum procedimento jurisdicional, o qual deve ser averbado em livro próprio para que produza eficácia perante terceiros.

Transferência do título nominativo

Exemplo destes títulos são as ações nominativas, as quais são transferidas pela autorização do legítimo proprietário do título, e o decorrente registro desta transação ocorre em livro próprio.

Transferência por endosso

O endosso que determine o nome do endossatário é denominado "endosso em preto". Nesse sentido, diga-se que a exigência subsiste, por sua natureza, quanto à necessidade de registro em livro próprio. Ademais, a segurança jurídica é observada pelo permissivo legal, quando admite ao endossatário o direito de ver registrada toda a cadeia de transferências, considerando para tanto a responsabilidade solidária dos envolvidos na emissão, circulação e garantias do título de crédito.

Finalmente, acrescente-se que o novo adquirente pode constar como emissor do título, às suas expensas, se o desejar fazê-lo mediante registro.

Transformação do título nominativo

Não havendo proibição expressa em lei especial, poderá o proprietário do título de crédito requerer a transformação do título nominativo em outra modalidade de crédito, vale dizer, à ordem ou ao portador, desde que arque com os custos correspondentes, os quais serão empregados na baixa do registro e à emissão de uma nova cártula.

A responsabilidade do emitente pela transformação anteriormente destacada não subsistirá se ele o fez de boa-fé. Nesse sentido, diga-se que o procedimento de transformação envolve uma série de etapas, das quais aqui se destacam a verificação da autenticidade de assinaturas, as anotações dos nomes das partes envolvidas e os registros disso decorrentes.

DA RESPONSABILIDADE CIVIL

Tema disposto entre os arts. 927 a 954 do Código Civil.

DA OBRIGAÇÃO DE INDENIZAR

Da Teoria da Responsabilidade Civil

A Teoria da Responsabilidade Civil integra o direito obrigacional, pois a principal consequência da prática de um ato ilícito é a obrigação que acarreta, para o autor, de reparar o dano, obrigação esta de natureza pessoal.

Dano. Dano vem de *demere*, que significa tirar, apoucar, diminuir. Portanto, a ideia de dano surge das modificações do estado de bem-estar da pessoa, que vem em seguida à diminuição, ou perda de qualquer de seus bens originários ou derivados extrapatrimoniais ou patrimoniais.

Responsabilidade civil. Uma intromissão não autorizada e danosa na esfera jurídica alheia pode lesar tanto um bem patrimonial quanto um bem extrapatrimonial, ou ainda, ambos, cumulativamente. Desta intromissão não autorizada à esfera jurídica alheia que resulta em dano, pode-se deduzir duas espécies de Responsabilização Civil, uma subjetiva (art. 927, *caput*) e uma objetiva (art. 927, parágrafo único, do CC) (que pode advir tanto de fato de terceiro como de fato de coisa, dentro das circunstâncias legais). Quanto à última, há responsabilidade civil fundamentada não propriamente mais na culpabilidade, mas sim na reparabilidade do dano causado, que, não envolvendo uma análise de culpabilidade, se contrapõe à responsabilidade civil subjetiva. Por fim, a regra do Código Civil é a responsabilidade subjetiva, enquanto a do Código de Defesa do Consumidor é objetiva.

Obrigação de indenizar ato ilícito. O autor de ato ilícito terá responsabilidade pelo prejuízo que causou, indenizando-o. Logo, seus bens ficarão sujeitos à reparação do dano patrimonial ou moral causado, e, se a ofensa tiver mais de um autor, todos responderão solidariamente pela reparação. Além disso, o direito de o lesado exigir a reparação, bem como o dever de prestá-la, são transmissíveis aos seus herdeiros, que por eles responderão até os limites das forças da herança.

Obrigação de indenizar dano oriundo de atividade lícita. Consagrada está a responsabilidade civil objetiva que impõe o ressarcimento de prejuízo, independentemente de culpa, nos casos previstos legalmente, ou quando a atividade do lesante importar risco para direitos de outrem. Substitui-se a culpa pela ideia do risco.

Vide GUILHERME, Luiz Fernando do Vale de Almeida. *Responsabilidade civil dos advogados e das sociedades de advogados nas auditorias jurídicas*. São Paulo: Quartier Latin, 2007; e GUILHERME, Luiz Fernando do Vale de Almeida (org.). *Responsabilidade civil*. São Paulo: Rideel, 2011.

O incapaz responde pelos prejuízos que causar, de maneira subsidiária ou excepcionalmente, como devedor principal, na hipótese do ressarcimento devido pelos adolescentes que praticarem atos infracionais, nos termos do art. 116 do Estatuto da Criança e do Adolescente (a Lei n. 8.069/90 regulamentou o art. 227 da CF), no âmbito das medidas socioeducativas ali previstas. A única hipótese em que poderá haver responsabilidade solidária do menor de 18 anos com seus pais é ter sido aquele emancipado nos termos do art. 5º, parágrafo único, I, do Código Civil.

D46. (OAB/Exame de Ordem Unificado/FGV/2012.2) João dirigia seu veículo respeitando todas as normas de trânsito, com velocidade inferior à permitida para o local, quando um bêbado atravessou a rua, sem observar as condições de tráfego. João não teve condições de frear o veículo ou desviar-se dele, atingindo-o e causando-lhe graves ferimentos. A partir do caso apresentado, assinale a afirmativa correta.

A) Houve responsabilidade civil, devendo João ser considerado culpado por sua conduta.

B) Faltou um dos elementos da responsabilidade civil, qual seja, a conduta humana, não ficando configurada a responsabilidade civil.

C) Inexistiu um dos requisitos essenciais para caracterizar a responsabilidade civil: o dano indenizável e, por isso, não deve ser responsabilizado.

D) Houve rompimento do nexo de causalidade, em razão da conduta da vítima, não restando configurada a responsabilidade civil.

➥ Veja art. 927, CC.

Comentário: Para que haja a responsabilidade civil, ou seja, o dever que alguém assume de reparar a outro por dano pelo primeiro praticado, há que se ter um conjunto de elementos para a caracterização do instituto. Devem, portanto, existir uma conduta ilícita ou antijurídica praticada por alguém, associada a um dano experimentado por outra pessoa, e o nexo causal, que vem a ser o elo, a ligação direta entre a conduta e o dano.
No caso em tela, porém, percebe-se que João dirigia o seu automóvel respeitando as regras de trânsito, sem extrapolar qualquer padrão exigido. João, então, foi surpreendido por pessoa que atravessou o seu caminho, sem condições normais, e a última então foi atropelada.
O que se nota é que não ocorreu a conduta ilícita ou antijurídica por parte de João, mas sim o dano experimentado pela vítima. Também não existiu, assim, o nexo causal entre a conduta e o dano. Logo, a alternativa correta é a letra D.

D47. (TJPE/Juiz Substituto/FCC/2013) O abuso de direito acarreta

A) apenas a ineficácia dos atos praticados e considerados abusivos pela parte prejudicada, independentemente de decisão judicial.

B) indenização a favor daquele que sofrer prejuízo em razão dele.

C) consequências jurídicas apenas se decorrente de coação, ou de negócio fraudulento ou simulado.

D) somente a ineficácia dos atos praticados e considerados abusivos pelo juiz.

E) indenização apenas em hipóteses previstas expressamente em lei.

➥ Veja arts. 187 e 927, CC.

Comentário: A assertiva correta é a letra B, uma vez que a combinação do art. 187, do CC, que dispõe sobre o cometimento de ato ilícito em decorrência de abuso de direito, com o disposto no art. 927 do mesmo Código, que trata da responsabilidade civil, indica o cabimento de indenização daquele que sofreu prejuízo em razão dele.

D48. (Juiz Federal Substituto/5ª R./Cespe-UnB/2013) No que se refere à responsabilidade civil, assinale a opção correta.

A) A jurisprudência do STJ tem afastado a caracterização de assalto ocorrido em estabelecimentos bancários como caso fortuito ou força maior, mantendo o dever de indenizar da instituição bancária, já que a segurança é essencial ao serviço prestado.

B) É devida indenização por lucros cessantes aos dependentes, considerando-se a vida provável do falecido do qual dependam. Segundo a jurisprudência do STJ, a longevidade provável da vítima, para efeito de fixação do tempo de pensionamento, pode ser apurada, no caso concreto, por critério fixado livremente pelo próprio julgador.

C) O início do prazo para a fluência dos juros de mora, nos casos de condenação a indenização por dano moral decorrente de responsabilidade extracontratual, ocorre na data do ajuizamento da ação.

D) Quanto à sua origem, a responsabilidade civil pode ser classificada em contratual ou negocial e extracontratual ou aquiliana. Esse modelo binário de responsabilidades, embora consagrado de modo unânime pela doutrina e pela jurisprudência pátria, não está expressamente previsto no Código Civil, ao contrário do que ocorre no CDC.

E) Com base no Código Civil brasileiro, o abuso de direito pode ser conceituado como ato jurídico de objeto lícito, mas cujo exercício, levado a efeito sem a devida regularidade, acarreta um resultado ilícito. Na codificação atual, portanto, não foi mantida a concepção tridimensional do direito de Miguel Reale, segundo o qual o direito é fato, valor e norma.

➡ Veja arts. 186, 187 e 927, CC; Súmula n. 54, STJ.

Comentário: A assertiva correta é a letra A, uma vez que: "Direito civil. Agravo regimental nos embargos de declaração no recurso especial. Responsabilidade civil. Assalto à mão armada ocorrido nas dependências de estacionamento mantido por agência bancária. Oferecimento de vaga para clientes e usuários. Corresponsabilidade da instituição bancária e da administradora do estacionamento. Indenização devida. 1 – A instituição bancária possui o dever de segurança em relação ao público em geral (Lei n. 7.102/1983), o qual não pode ser afastado por fato doloso de terceiro (roubo e assalto), não sendo admitida a alegação de força maior ou caso fortuito, mercê da previsibilidade de ocorrência de tais eventos na atividade bancária. 2 – A contratação de empresas especializadas para fazer a segurança não desobriga a instituição bancária do dever de segurança em relação aos clientes e usuários, tampouco implica transferência da responsabilidade às referidas empresas, que, inclusive, respondem solidariamente pelos danos. 3 – Ademais, o roubo à mão armada realizado em pátio de estacionamento, cujo escopo é justamente o oferecimento de espaço e segurança aos usuários, não comporta a alegação de caso fortuito ou força maior para desconstituir a responsabilidade civil do estabelecimento comercial que o mantém, afastando, outrossim, as excludentes de causalidade encartadas no art. 1.058, do CC/1916 (atual 393 do CC/2002). 4 – Agravo regimental desprovido" (STJ, Ag. REg. nos Emb. Decl. no REsp n. 844.186/RS, 4ª T., rel. Min. Antonio Carlos Ferreira, DJe 29.06.2012).

D49. (OAB/XII Exame de Ordem Unificado/FGV/2013) Pedro, dezessete anos de idade, mora com seus pais no edifício Clareira do Bosque e, certa manhã, se desentendeu com seu vizinho Manoel, dezoito anos. O desentendimento ocorreu logo após Manoel, por equívoco do porteiro, ter recebido e lido o jornal pertencente aos pais do adolescente. Manoel, percebido o equívoco, promoveu a imediata devolução do periódico, momento no qual foi surpreendido com atitude inesperada de Pedro que, revoltado com o desalinho das páginas, o agrediu com um soco no rosto, provocando a quebra de três dentes. Como Manoel é modelo profissional, pretende ser indenizado pelos custos com implantes dentários, bem como pelo cancelamento de sua participação em um comercial de televisão.

Tendo em conta o regramento da responsabilidade civil por fato de outrem, assinale a afirmativa correta.

A) Pedro responderá solidariamente com seus pais pelos anos causados a Manoel, inclusive com indenização pela perda de uma chance, decorrente do cancelamento da participação da vítima no comercial de televisão.

B) Somente os pais de Pedro terão responsabilidade objetiva pelos danos causados pelo filho, mas detêm o direito de reaver de Pedro, posteriormente, os danos indenizáveis a Manoel.

C) Se os pais de Pedro não dispuserem de recursos suficientes para pagar a indenização, e Pedro tiver recursos, este responderá subsidiária e equitativamente pelos danos causados a Manoel.

D) Os pais de Pedro terão responsabilidade subjetiva pelos danos causados pelo filho a Manoel, devendo, para tanto, ser comprovada a culpa in vigilando dos genitores.

➥ Veja arts. 928, 932, I, 933 e 934, CC

Comentário: A questão discute o instituto da responsabilidade civil, que vem a ser a responsabilização adstrita ao agente que, ao cometer ato ilícito, causa dano a alguém, devendo promover a reparação do dano causado. Naturalmente, a reparação se dará normalmente pelo próprio agente lesivo, quando este for capaz ou, na hipótese de se vislumbrar a inexistência de sua condição de capacidade absoluta, pelos seus representantes legais.
Ocorre que a lei prestigia também a situação em que o agente, em que pese a ausência de capacidade absoluta, reparar o dano por ele promovido se ele tiver condições de fazê-lo e se os seus representantes não puderem fazê-lo. É exatamente o que diz o art. 928, do CC, confirmando a hipótese contida na letra C da questão.

Indenização do dano e estado de necessidade

Se a pessoa lesada ou o dono da coisa, no estado de perigo, não forem culpados do perigo, assistir-lhes-á direito à indenização do prejuízo que sofreram. Se aquele que, em estado de necessidade, lesar outrem e tiver que ressarcir o dano terá ação regressiva para haver a importância que tiver ressarcido ao lesado (art. 929 do CC). A mesma ação competirá contra aquele em defesa de quem se causou o dano.

Danos provocados por produtos

Ressalvados outros casos previstos em lei, independentemente de culpa, os empresários individuais e as empresas respondem pelos danos causados pelos produtos, por vício de qualidade por insegurança ou por vício de quantidade ou de qualidade por inadequação (art. 931 do CC).

Ação regressiva

Se alguém, em estado de necessidade, vier a lesar outrem e a ressarcir o dano causado, terá ação regressiva contra terceiro, autor do perigo, para reaver o *quantum* desembolsado. E se o causador do dano agiu para proteger bens alheios, vindo a pagar devida indenização ao dono da coisa danificada, terá também direito de regresso contra terceiro que culposamente causou o perigo, que evitou.

D50. (OAB/XXXIII Exame de Ordem Unificado/FGV/2021) Daniel, habilitado e dentro do limite de velocidade, dirigia seu carro na BR 101 quando uma criança atravessou a pista, à sua frente. Daniel, para evitar o atropelamento da criança, saiu de sua faixa de rolamento e colidiu com o carro de Mário, taxista, que estava a serviço e não teve nenhuma culpa no acidente. Daniel se nega ao pagamento de qualquer valor a Mário por alegar que a responsabilidade, em verdade, seria de José, pai da criança.

A respeito da responsabilidade de Daniel pelos danos causados no acidente em análise, assinale a afirmativa correta.

A) Ele não praticou ato ilícito mas, ainda assim, terá que indenizar Mário.

B) Ele praticou ato ilícito ao causar danos a Mário, violando o princípio do *neminem laedere*.

C) Ele não praticou ato ilícito e não terá que indenizar Mário por atuar em estado de necessidade.

D) Ele praticou ato ilícito ao causar danos a Mário e responderá objetivamente pelos danos a que der causa.

➥ Veja art. 188, II, CC.

Comentário: A alternativa A está correta. A rigor, Daniel não praticou ato ilícito, uma vez que o ato que gerou dano a Mário só se deu porque ele, Daniel, saiu de sua faixa de rolamento a fim de evitar o atropelamento da criança, tal qual descrito no inciso II do art. 188 do Código Civil. Mesmo assim, Daniel deverá indenizar Mário pelo prejuízo sofrido, restando-lhe, porém, o direito de ingressar com ação de regresso contra os responsáveis pela criança.
A alternativa B está incorreta porque o inciso II do art. 188 do Código Civil determina que não são atos ilícitos a deterioração ou destruição da coisa alheia, ou a lesão a pessoa, a fim de remover perigo iminente.
A letra C está equivocada porque, em que pese não ter praticado ato ilícito, deverá indenizar.
A letra D é a mais equivocada porque não apenas afirma que Mário teria cometido ato ilícito como ainda assegura que a sua responsabilidade seria de natureza objetiva, que, pela norma civil, só assim o é quando a lei determina ou quando a responsabilidade objetiva resultar de uma atividade de risco promovida por um prestador.

Responsabilidade pelos produtos postos em circulação

O Brasil adota um sistema protecionista no que se refere às relações de consumo, resguardando o consumidor em sua hipossuficiência e equalizando a relação jurídica com o empresário, quando, no caso do art. 931, prega que a responsabilidade dos produtos de uma empresa perante terceiros é objetiva, ou seja, não é necessário provar que a empresa agiu com imperícia, negligência ou imprudência para que o consumidor seja ressarcido de seus prejuízos (*vide* Lei n. 8.078/90 – Código de Defesa do Consumidor).

D51. (OAB/Exame de Ordem Unificado/FGV/2012.3) No dia 23 de junho de 2012, Alfredo, produtor rural, contratou a sociedade Simões Aviação Agrícola Ltda., com a finalidade de pulverizar, por via aérea, sua plantação de soja. Ocorre que a pulverização se deu de forma incorreta, ocasionando a perda integral da safra de abóbora pertencente a Nilson, vizinho lindeiro de Alfredo.
Considerando a situação hipotética e as regras de responsabilidade civil, assinale a afirmativa correta.
A) Com base no direito brasileiro, Alfredo responderá subjetivamente pelos danos causados a Nilson e a sociedade Simões Aviação Agrícola Ltda. será responsabilizada de forma subsidiária.
B) Alfredo e a sociedade Simões Aviação Agrícola Ltda. responderão objetiva e solidariamente pelos danos causados a Nilson.
C) Não há lugar para a responsabilidade civil solidária entre Alfredo e a sociedade Simões Aviação Agrícola Ltda. pelos danos causados a Nilson, dada a inexistência da relação de preposição.
D) Trata-se de responsabilidade civil objetiva, em que a sociedade Simões Aviação Agrícola Ltda. é o responsável principal pela reparação dos danos, enquanto Alfredo é responsável subsidiário.

➥ Veja arts. 931, 932 e 942, parágrafo único, CC.

Comentário: A letra B está correta. Ocorre assim porque aquele que contrata serviços prestados por outra pessoa assume a condição de preponente, de tal sorte que deverá responder de forma solidária e objetiva pelos danos causados a terceiros pelo seu preposto, em conformidade com os dizeres dos arts. 932, III, e 942, parágrafo único, do Código Civil. Assim sendo, a sociedade Simões Aviação e Alfredo deverão responder solidária e objetivamente pelos danos causados a Nilson.

Responsáveis pela reparação civil

O art. 932 dispõe a respeito dos casos de responsabilidade civil por ato de terceiro, este responsabilizado objetivamente pela reparação do dano causado. São eles:

a) os pais, pelos filhos menores que estiverem sob sua autoridade e em sua companhia; caso o menor de 18 anos seja emancipado haverá responsabilidade solidária;

b) o tutor e o curador, pelos atos praticados pelos pupilos e curatelados;

c) o empregador ou comitente, por seus empregados, serviçais e prepostos, no exercício de trabalho que lhes competir ou em razão dele;

d) os donos de hotéis, hospedarias, casas ou estabelecimentos onde se albergue mediante pagamento em dinheiro, mesmo para fins de educação, pelos seus hóspedes, moradores e educandos; e,

e) os que gratuitamente houverem participado nos produtos de crime até a concorrente quantia. Todas as pessoas designadas no art. 932 responderão pelos atos praticados pelos terceiros, mesmo que não haja culpa, sendo a responsabilidade civil objetiva (art. 933 do CC) e solidariamente (art. 942, parágrafo único, do CC).

A responsabilidade dos loucos. Sendo este um inimputável ou relativamente, não é ele responsável civilmente. Se vier a causar dano a alguém, o ato equipara-se à força maior ou ao caso fortuito. Se a responsabilidade não puder ser atribuída ao encarregado de sua guarda – tutor ou curador –, a vítima ficará irressarcida, por mais que a responsabilidade civil seja objetiva por força do art. 932, II, c/c 933 do CC (*vide* análise trazida pela Lei n. 13.146/2015 em "Incapacidade").

Todas as pessoas elencadas no art. 932 possuirão responsabilidade objetiva em relação aos atos dos terceiros, os quais são citados no art. 932, ou seja, a obrigação de reparar o dano independerá de prova de culpa.

D52. (OAB/XXV Exame de Ordem Unificado/FGV/2018) João, empresário individual, é titular de um estabelecimento comercial que funciona em loja alugada em um shopping center movimentado. No estabelecimento, trabalham o próprio João, como gerente, sua esposa, como caixa, e Márcia, uma funcionária contratada para atuar como vendedora.

Certo dia, Miguel, um fornecedor de produtos da loja, quando da entrega de uma encomenda feita por João, foi recebido por Márcia e sentiu-se ofendido por comentários preconceituosos e discriminatórios realizados pela vendedora. Assim, Miguel ingressou com ação indenizatória por danos morais em face de João.

A respeito do caso narrado, assinale a afirmativa correta.

A) João não deve responder pelo dano moral, uma vez que não foi causado direta e imediatamente por conduta sua.

B) João pode responder apenas pelo dano moral, caso reste comprovada sua culpa in vigilando em relação à conduta de Márcia.

C) João pode responder apenas por parte da compensação por danos morais diante da verificação de culpa concorrente de terceiro.

D) João deve responder pelos danos causados, não lhe assistindo alegar culpa exclusiva de terceiro.

➥ Veja arts. 932, III, e 933, CC.

Comentário: João deverá responder pelos danos causados e não lhe será facultado alegar a culpa exclusiva de terceiro. Isso porque o § 3º do art. 932, c/c 933 do CC, é claro ao determinar que o empregador responde pelos atos praticados pelo empregado ou pelo preposto, ainda que, por exemplo, o empregador alegue que escolheu bem; que fiscalizou ou vigiou a contento o trabalho de seu empregado. A letra D é a correta.

➥ Ver questões D49 a D51.

Direito regressivo pela reparação

A pessoa que reparar o dano causado por outrem, desde que este não seja seu descendente, absoluta ou relativamente incapaz, possuirá o direito regressivo, ou seja, poderá reaver o que gastou com a reparação (art. 934 do CC).

➥ Ver questão D50.

Responsabilidade civil *versus* responsabilidade criminal

A responsabilidade civil é independente da criminal, não se podendo mais questionar sobre a existência do fato (do crime e suas consequências), ou autoria, quando essas questões se acharem decididas no juízo criminal.

D53. (OAB/XIII Exame de Ordem Unificado/FGV/2014) Felipe, atrasado para um compromisso profissional, guia seu veículo particular de passeio acima da velocidade permitida e, falando ao celular, desatento, não observa a sinalização de trânsito para redução da velocidade em razão da proximidade da creche Arca de Noé. Pedro, divorciado, pai de Júlia e Bruno, com cinco e sete anos de idade respectivamente, alunos da creche, atravessava a faixa de pedestres para buscar os filhos, quando é atropelado pelo carro de Felipe. Pedro fica gravemente ferido e vem a falecer, em decorrência das lesões, um mês depois. Maria, mãe de Júlia e Bruno, agora privados do sustento antes pago pelo genitor falecido, ajuíza demanda reparatória em face de Felipe, que está sendo processado no âmbito criminal por homicídio culposo no trânsito.

Com base no caso em questão, assinale a opção correta.

A) Felipe indenizará as despesas comprovadamente gastas com o mês de internação para tratamento de Pedro, alimentos indenizatórios a Júlia e Bruno tendo em conta a duração provável da vida do genitor, sem excluir outras reparações, a exemplo das despesas com sepultamento e luto da família.

B) Felipe deverá indenizar as despesas efetuadas com a tentativa de restabelecimento da saúde de Pedro, sendo incabível a pretensão de alimentos para seus filhos, diante de ausência de previsão legal.

C) Felipe fora absolvido por falta de provas do delito de trânsito na esfera criminal e, como a responsabilidade civil e a criminal não são independentes, essa sentença fará coisa julgada no cível, inviabilizando a pretensão reparatória proposta por Maria.

D) Felipe, como a legislação civil prevê em caso de homicídio, deve arcar com as despesas do tratamento da vítima, seu funeral, luto da família, bem como dos alimentos aos dependentes enquanto viverem, excluindo-se quaisquer outras reparações.

➥ Veja arts. 935 e 948, I e II, CC.

Comentário: Conforme já dito, a responsabilidade civil obriga o agente causador de dano a reparar aquele que assumiu o prejuízo causado por aquele que cometeu ato ilícito. É de se dizer, ainda, que o "crédito" em decorrência do dano experienciado não está adstrito apenas e tão somente à vítima, mas também aos que, por exemplo, daquele agente dependiam para sua subsistência.
Pois bem, no caso em tela, Pedro, pai de Júlia e Bruno, dois absolutamente incapazes, tomando as precauções necessárias para se atravessar uma via pública a pé, foi atingido pelo agente causador Felipe, que dirigia seu veículo sem observar as normas de trânsito. Deixando-se de lado as questões penais ligadas ao caso, apenas no âmbito civil, Felipe cometeu ato ilícito e a partir de sua ação, agindo com culpa, e de sua imprudência e negligência, causou dano a Pedro e, em última instância, sobretudo aos seus filhos, Júlia e Bruno.
Logo, Felipe deverá indenizar os filhos do falecido pelos prejuízos em virtude de gastos materiais com internação e tratamento, assim como deverá fazer a reparação em virtude dos gastos com o sepultamento e luto da família, além de eventual indenização dos danos morais às vítimas.
Assim, a assertiva correta é a letra A, conforme o art. 948, do Código Civil, em seus incisos I e II.

Responsabilidade pelo fato de animal

A responsabilidade do dono ou possuidor de animal, caso este cause dano, é sempre objetiva, competindo ao dono a produção de prova de que o dano foi causado por culpa da vítima por meio de instigação do animal ou descuido, ou então por ocorrência de força maior, casos estes que excluem a responsabilidade do proprietário ou possuidor do semovente.

Responsabilidade do dono de edifício ou construção

Se o dono agir com culpa no que tange aos cuidados necessários à preservação e conservação do edifício, e este vier a ruir, responderá civilmente pelos danos causados em decorrência da ruína. Logo, o lesado deverá provar o dano, o nexo de causalidade, decorrente de falta de reparos.

Responsabilidade por objetos que caírem ou forem arremessados do prédio

Os habitantes de um edifício, mesmo que parcialmente, são igualmente responsáveis por eventuais danos causados a terceiros, independentemente do aferimento de culpa de quem arremessou ou deixou cair, não obstando, portanto, a busca do verdadeiro causador do dano, que deverá ressarcir os demais moradores.

D54. (OAB/XXV Exame de Ordem Unificado/FGV/2018) Marcos caminhava na rua em frente ao Edifício Roma quando, da janela de um dos apartamentos da frente do edifício, caiu uma torradeira elétrica, que o atingiu quando passava. Marcos sofreu fratura do braço direito, que foi diretamente atingido pelo objeto, e permaneceu seis semanas com o membro imobilizado, impossibilitado de trabalhar, até se recuperar plenamente do acidente.

À luz do caso narrado, assinale a afirmativa correta.

A) O condomínio do Edifício Roma poderá vir a ser responsabilizado pelos danos causados a Marcos, com base na teoria da causalidade alternativa.

B) Marcos apenas poderá cobrar indenização por danos materiais e morais do morador do apartamento do qual caiu o objeto, tendo que comprovar tal fato.

C) Marcos não poderá cobrar nenhuma indenização a título de danos materiais pelo acidente sofrido, pois não permaneceu com nenhuma incapacidade permanente.

D) Caso Marcos consiga identificar de qual janela caiu o objeto, o respectivo morador poderá alegar ausência de culpa ou dolo para se eximir de pagar qualquer indenização a ele.

➠ Veja art. 938, CC.

Comentário: Em que pese o fato de o art. 938 do CC ser claro ao determinar que "aquele que habitar prédio, ou parte dele, responde pelo dano proveniente das coisas que dele caírem ou forem lançadas em lugar incerto", o STJ já decidiu que existe a responsabilidade do condomínio quando não for possível identificar com precisão o morador que causou o dano. Com isso, fica afastada a opção trazida pela letra B. Já a letra C está equivocada porque de fato houve prejuízos de ordem material, na medida em que do produto do dano resultou que Marcos ficou impossibilitado até de trabalhar e o fato de não ter sido um dano permanente não afasta o seu direito de reparação. A letra D carece de correção uma vez que a responsabilidade para o caso é objetiva, não sendo necessária a apuração de culpa ou mesmo de dolo. Então, a opção indicada é a letra A, tendo em vista, como dito, a responsabilidade objetiva, a teor do art. 938 do CC.

Responsabilidade do credor que demandar dívida não vencida

O credor que demandar o devedor antes de vencida a dívida, fora dos casos autorizados pela lei, ficará obrigado a esperar o tempo que faltava para o vencimento, a descontar os juros correspondentes, embora estipulados, e a pagar as custas em dobro. Não se aplica a pena se o autor desistir antes de contestada a lide, resguardado ao réu o direito de haver indenização por algum prejuízo que prove ter sofrido.

Responsabilidade por dívida já paga

O que demandar dívida já paga, sem ressalvar as quantias recebidas, pagará o dobro do que houver cobrado. Aquele que pedir mais do que o devido, pagará ao devedor o equivalente do que dele exigir, salvo se houver prescrição. Não se aplica a pena se o autor desistir antes de contestada a lide, resguardado ao réu o direito de haver indenização por algum prejuízo que prove ter sofrido (art. 941 do CC).

Desistência da ação de reparação

As penas previstas aos autores das ações de cobrança fundadas em dívidas já pagas ou aquelas que ainda não vencerem são inaplicáveis, caso o autor da demanda desista dela antes de contestada a lide, ressalvando-se o direito do réu em reaver algum prejuízo sofrido em razão do intento infundado.

Dos bens atingidos para suprirem a reparação do outro

A responsabilidade em ressarcir terceiro por dano causado é solidária, podendo ser exigida de qualquer um dos causadores do dano, e seus bens estão sujeitos ao gravame judicial para que se possa garantir o pagamento do débito.

➥ Ver questão D51.

Responsabilidade do causador do dano e a transmissão do dever de indenizar

Os bens do responsável ou dos responsáveis pela ofensa ou violação do direito de outrem ficam sujeitos à reparação do dano, sendo igualmente responsáveis os autores, os coautores e as pessoas do art. 932 do CC. O dever de indenizar transmite-se com a herança, porém, até as forças desta, salvo se se tratar de direito personalíssimo, ocasião em que não se transfere.

DA INDENIZAÇÃO

Danos morais

A condenação por danos morais deve ter o caráter de atender aos reclamos e anseios de justiça, não só do cidadão, mas da sociedade como um todo. Na questão de danos morais, a sentença deve atender ao binômio efetividade-segurança, de tal sorte que as decisões do judiciário possam proporcionar o maior grau possível de reparação do dano sofrido pela parte, independentemente do ramo jurídico em que se enquadre o direito postulado. "A jurisprudência é pacífica no entendimento de que não se pode falar em indenização, quando o autor não comprova a existência do dano" (*RT* 568/167).

D55. (Juiz Federal Substituto/2ª R./Cespe-UnB/2013) Assinale a opção correta à luz da Lei de Locações e do Código Civil.

A) A fixação do *quantum* da indenização dependerá da aferição do grau de culpa do agente.

B) Ao possuidor de má-fé serão ressarcidas somente as benfeitorias necessárias, sendo-lhe garantido, todavia, o direito de retenção pela importância destas.

C) Na dívida portável, o credor fica com a responsabilidade de procurar o devedor para obter o adimplemento, pois o pagamento será realizado no domicílio do devedor, não ficando constituída a mora deste último antes da cobrança efetiva pelo credor. Na dívida quesível, o pagamento será realizado no domicílio do credor, sendo a mora automática nos contratos com termo, visto que o devedor deverá procurar o credor na data aprazada para adimplir a obrigação assumida.

D) O princípio da boa-fé objetiva é aplicável a todas as fases do contrato, impondo ao credor o dever de evitar o agravamento do próprio prejuízo.

E) Não se admitirá a emenda da mora se o locatário já houver utilizado essa faculdade por duas vezes nos vinte e quatro meses imediatamente anteriores à propositura da ação.

➥ Veja arts. 944, 950 e 1.220, CC.

Comentário: A letra A está errada, uma vez que o art. 944, do CC, diz que a indenização será medida pela extensão do dano. A alternativa B, por seu turno, embora tenha o começo de sua redação correto, conforme art. 1.220, do CC, incorre em erro ao afirmar que fica garantido o direito de retenção ao possuidor de má-fé pelas benfeitorias necessárias. A letra D, a mais indicada, é aquela que consagra os ensinamentos do art. 422, do CC, e, além disso, os da teoria do *duty to mitigate the loss*, que apresentam o ideário de que o credor deve evitar agravar o próprio prejuízo.

Medida da indenização

A indenização, diz Maria Helena Diniz, deve ser proporcional ao dano causado pelo lesante, procurando cobri-lo em todos os aspectos, até onde suportarem as forças do patrimônio do devedor, apresentando-se para o lesado como uma compensação pelo prejuízo sofrido (DINIZ, Maria Helena. *Código Civil anotado.* São Paulo: Saraiva, 2004, p. 651).

Da indenização

Mede-se a indenização pela extensão do dano. Havendo concorrência de culpa da vítima, o magistrado deverá considerar a gravidade da culpa do lesado, comparando-a com a do lesante, para estabelecer o montante da indenização.

Apuração das perdas e danos

Nos casos em que a obrigação for indeterminada, e na lei ou no contrato não houver disposição que consiga fixar a justa indenização a ser paga pelo inadimplente, o valor devido deverá ser apurado e reduzido na forma de perdas e danos, de acordo com a lei processual.

Se o devedor não puder cumprir a prestação na forma ajustada, será substituída pelo seu valor, em moeda corrente, valor este que deverá ser determinado por lei, pelas partes, ou ainda pelo juiz, mediante perícia.

A indenização por homicídio culposo e doloso

Consiste no pagamento das despesas com o tratamento da vítima, funeral e luto da família, além da prestação de alimentos às pessoas (filhos, pais, viúvo, companheiro etc.) a quem o morto os devia, considerando-se a provável expectativa de vida da vítima, que no Brasil, seria de 65 anos.

➥ Ver questão D53.

Indenização por lesão ou ofensa à saúde

Caso ocorra lesão ou qualquer outra ofensa à saúde, deverá aquele que ofendeu indenizar o ofendido, comportando nesta as despesas do tratamento e lucros cessantes até o fim do tratamento da lesão ou doença, além de qualquer outro prejuízo que este venha a sofrer.

Consistirá na indenização do ofendido das despesas do tratamento e dos lucros cessantes até o fim da convalescença, além de outros prejuízos (art. 949 do CC). Havendo perda ou diminuição da capacidade laborativa, somar-se-á uma pensão correspondente à importância do trabalho do qual ficou inabilitado, ou depreciação que sofreu (art. 950 do CC).

➡ Ver questão D55.

Responsabilidade dos médicos e afins

Trata-se da responsabilidade subjetiva daquele que, na atividade profissional, por culpa (negligência, imprudência ou imperícia), causar a morte de paciente, agravar-lhe o mal, causar-lhe lesão ou inabilitá-lo para o trabalho (arts. 948 a 950 do CC).

D56. (OAB/XXXIII Exame de Ordem Unificado/FGV/2021) Matheus, médico clínico-geral, recebe para atendimento em seu consultório o paciente Victor, mergulhador profissional. Realizando a anamnese, Victor relata que é alérgico a ácido acetilsalicílico. Desatento, Matheus ministra justamente esta droga a Victor como parte de seu tratamento. Victor tem danos permanentes em razão do agravamento de sua asma pelo uso inadequado do medicamento, tendo que comprar novos medicamentos para seu tratamento e, ainda mais grave, fica impedido de trabalhar nos dois anos seguintes.

A respeito da responsabilidade civil de Matheus, assinale a afirmativa correta.

A) Ele responderá pelo regime objetivo de responsabilidade civil, tendo em vista que a atividade de Matheus é arriscada.

B) Ele deverá indenizar Victor independentemente de culpa, isto é, de imperícia de sua parte, considerando existir relação de consumo.

C) Ele, sendo profissional liberal, terá apurada sua responsabilidade mediante a verificação de culpa, responsabilizando-se unicamente pelos danos diretos verificados no caso.

D) Ele deverá indenizar Victor pelas despesas do tratamento e pelos lucros cessantes até o fim da convalescença, além da pensão correspondente à importância do trabalho para que se inabilitou.

Comentário: A alternativa traz à baila os debates a respeito da responsabilidade civil. Como bem se sabe, a responsabilidade civil se refere a consequência pelo cometimento de um ato ilícito. Essa responsabilidade civil tem os seus elementos formadores, que são a *conduta*, o *dano*, o *nexo causal* e, dependendo da modalidade da responsabilidade civil, a *culpa*.

Significa dizer que o comando geral da lei brasileira caminha no sentido de se perquirir exatamente os quatro elementos citados, porque, via de regra, a responsabilidade civil será subjetiva, isto é, aquela que leva em consideração a intelecção (o que o agente quis, avaliou ou pensou), tendo a ver com pensamento, avaliação da pessoa/do sujeito (por isso, subjetiva).

Já como exceção, há a responsabilidade civil objetiva, que leva em conta o objeto, sem se preocupar com o querer do agente. E a responsabilidade civil objetiva é aplicada no direito civil em basicamente duas hipóteses: (i) quando a lei assim determinar; (ii) quando da atividade desempenhada pelo agente resultar risco aos demais.

Dito isso, o Código de Defesa do Consumidor socorre o direito civil para determinar que a responsabilidade civil dos profissionais liberais seja de natureza subjetiva. Assim, a letra A deverá ser desconsiderada.

A letra B está equivocada justamente por novamente induzir o avaliado a entender que se trataria do regime da responsabilidade civil objetiva.

A letra C pode ser considerada infeliz em sua redação porque ela flerta com o acerto, mas não se mostra bem redigida e completa. Com efeito, acerta ao dizer que a responsabilidade do médico seria subjetiva, devendo ser apurada a culpa do agente no caso, mas não deixa claras as consequências ao dizer que o médico responderia apenas pelos danos diretos, sem determinar com exatidão quais seriam eles.

Com isso, a letra D está correta e mais completa ao dizer que o médico seria responsável pelas despesas, pelos lucros cessantes, além da pensão correspondente à importância do trabalho para que se inabilitou, a fim de ressarcir em sua inteireza o agente prejudicado.

Indenização por esbulho ou usurpação

Considera-se usurpado o bem quando dele é privado de seu uso de maneira ilegal, violenta ou fraudulenta, e esbulhado, quando se informa sua fruição. A indenização consistirá na devolução do bem, acrescido de perdas e danos. Caso o esbulhador ou usurpador comprovar a boa-fé, apenas restituirão a coisa juntamente com o valor das deteriorações e os lucros cessantes devidos. Quando houver deterioração total do bem, acrescentar-se-á, também, a respectiva indenização pecuniária, desde que não gere enriquecimento sem causa.

Injúria

É a ofensa, a humilhação à dignidade ou ao decoro de alguém (art. 140 do CP).

Calúnia

Caluniar alguém é imputar-lhe falsamente um fato definido como crime pela lei (art. 138 do CP).

Difamação

Difamar alguém é imputar-lhe um fato ofensivo à sua reputação (art. 139 do CP).

A indenização tratada no art. 953 refere-se à responsabilidade civil em decorrência da injúria, difamação e calúnia, independentemente da imputação e condenação penal. Portanto, o lesante deverá indenizar o ofendido pelos danos sofridos. Caso o ofendido não puder comprovar prejuízo material, caberá ao juiz fixar, equitativamente, o valor da indenização.

Indenização por ofensa à liberdade pessoal

Caso haja ofensa à liberdade pessoal do ofendido, pagará a título de indenização as perdas e danos. Caso não se consiga provar tais danos, será fixado pelo juiz o valor com base na equidade e de acordo com o caso concreto. Para os efeitos do art. 954 serão consideradas ofensas às liberdades pessoais: o cárcere privado, a prisão por queixa ou denúncia de má-fé e a prisão ilegal.

DAS PREFERÊNCIAS E PRIVILÉGIOS CREDITÓRIOS

Declaração de insolvência

A insolvência é o estado patrimonial de uma pessoa que se demonstra insuficiente de saldar o seu passivo, ou seja, ocorre no momento em que o patrimônio do devedor é insuficiente em relação às dívidas possuídas por ele, não havendo mais garantias em relação ao credor.

Discussão entre os credores

O art. 956 limita a discussão a ser travada entre os credores, podendo gravitar entre a preferência entre seus créditos, sobre a nulidade, simulação, fraude ou falsidade das dívidas e contratos.

Direitos dos credores

A preferência no concurso creditório é derivada de lei. Caso no concurso não haja caso de preferência, todos os credores concorrerão igualmente no recebimento de seus créditos.

Os privilégios creditórios subsistem sobre o direito, pois possuem garantia real ou qualquer privilégio ante a deterioração parcial ou total da coisa gravada. Nesse sentido, também, a expropriação não altera o direito dos credores sobre a coisa, na forma originalmente pactuada.

Os privilégios creditórios devem ser opostos mediante notificação judicial ou extrajudicial, considerando que, não o fazendo, poderá o terceiro, a seguradora ou o poder público realizar o pagamento da verba indenizatória diretamente ao proprietário.

Dos títulos de preferência

Os títulos legais de preferência são aqueles em que a lei concede uma vantagem ao credor, em virtude da natureza de seu crédito, seja para reaver o bem como para excluir os demais credores. Tais títulos legais são créditos privilegiados devidamente ordenados, como: os créditos trabalhistas oriundos de salários ou acidentes de trabalho; os créditos fundados em direito real (hipoteca, anticrese, penhor); os créditos com preferência geral; e, por último, os créditos quirografários.

D57. (Juiz Federal Substituto/2ª R./Cespe-UnB/2013) De acordo com o Código Civil, o Estatuto do Idoso e a jurisprudência do STJ, assinale a opção correta.

A) Entre as preferências e privilégios dos credores, o privilégio geral só compreende os bens sujeitos ao pagamento do crédito que ele favorece; e o especial, todos os bens não sujeitos ao crédito real nem a privilégio geral.

B) A interrupção da prescrição por um credor não aproveita aos outros; da mesma maneira, a interrupção da prescrição produzida contra o principal devedor não prejudica o fiador.

C) Segundo os ditames do Estatuto do Idoso e de acordo com o entendimento do STJ, é vedado às seguradoras de planos de saúde o aumento desarrazoado das mensalidades dos planos pelo simples fato de mudança de faixa etária.

D) As nulidades devem ser pronunciadas pelo juiz, quando conhecer do negócio jurídico ou dos seus efeitos e as encontrar provadas, sendo-lhe permitido supri-las de ofício ou a requerimento das partes.

E) Segundo o Código Civil, a invalidade do instrumento induz a do negócio jurídico mesmo que este possa ser provado por outro meio.

➥ Veja arts. 168, 183, 204, § 3º, e 963, CC; art. 15, § 3º, Lei n. 10.741/2003.

Comentário: O art. 15, § 3º, do Estatuto do Idoso, é mais do que claro ao afirmar: "É vedada a discriminação do idoso nos planos de saúde pela cobrança de valores diferenciados em razão da idade". Dessa feita, tem-se que a alternativa C é a correta.

Da ordem de preferência

A ordem de recebimento de créditos, necessariamente, deverá obedecer à ordem prevista no art. 961, qual seja, o crédito real (hipoteca) será sempre o primeiro da ordem, em seguida seguirá o crédito pessoal privilegiado em detrimento do crédito pessoal simples e por fim os créditos de privilégio especial são preferidos em relação aos de privilégio geral ou quirografários. Note-se que no art. 961 somente são abordados os créditos de natureza privada, não podendo esquecer-se daqueles de natureza de ordem pública, que são os créditos fiscais e trabalhistas.

Da concorrência com títulos iguais

Quando, no concurso de credores com privilégios especiais, concorrerem aos mesmos bens, deverá o valor deste ser rateado de forma proporcional ao crédito pleiteado.

Do privilégio especial

Os créditos especialmente privilegiados estão expressamente previstos no art. 964 do CC. Trata-se de rol taxativo, e não exemplificativo, inadmitindo-se interpretação extensiva deste, devendo ser pagos pelos bens a eles relacionados e, na mesma esteira, serão pagos os créditos baseados em direitos reais e, por fim, o resto dos bens arrecadados servirão ao pagamento dos créditos com privilégios gerais.

A lei traz a relação de privilégios especiais, de maneira taxativa, cujos créditos devam inicialmente ser pagos. Dessa feita, as despesas judiciais para a arrecadação de um bem específico, de ações para obstar a deterioração da coisa, de benfeitorias tidas como necessárias ou úteis, de capital para edificação, reconstrução e melhoramento, de insumos agrícolas, de ornamentação de imóveis para locação, de títulos em relação aos seus autores ou representantes e, finalmente, deduzidas pelos frutos da colheita, serão especiais e precederão outros créditos no caso de insolvência civil.

Obs.: Deve-se observar as alterações trazida pela Lei n. 13.176/2015, a qual acrescentou o inciso X no art. 964 do Código Civil de 2002.

Da ordem de preferência

Adimplidos os créditos com privilégio especial, passa-se a quitar os vencimentos que gozam da prerrogativa geral. Nesse sentido, a primeira distinção recai sobre sua relação exemplificativa, a teor do inciso VIII do art. 965. Com efeito, aquele que suportou as despesas do funeral do devedor terá privilégio geral, assim também em relação às custas judiciais de arrecadação e liquidação do patrimônio (geral), despesas do luto, da doença que porventura acometeu a pessoa falecida, da subsistência deste nos últimos três meses de sua vida, de tributos devidos à Fazenda Pública (art. 186 do CTN), dos salários de empregados domésticos decorrentes do último semestre de vida, entre outros.

D58. (Juiz do Trabalho/TRT-2ª R./SP/Vunesp/2014) É correto afirmar que goza de privilégio geral, na ordem seguinte, sobre os bens do devedor:

A) O crédito por despesa de seu funeral; o crédito por custas judiciais, ou por despesas com a arrecadação e liquidação da massa; o crédito por despesas com o luto do cônjuge sobrevivo e dos filhos do devedor falecido.

B) O crédito pelos salários dos empregados do serviço doméstico do devedor, nos seus derradeiros seis meses de vida; o crédito pelos impostos devidos à Fazenda Pública, no ano corrente e no anterior e o crédito pelos gastos necessários à mantença do devedor falecido e sua família, no trimestre anterior ao falecimento.

C) O crédito pelos gastos necessários à mantença do devedor falecido e sua família, no trimestre anterior ao falecimento; o crédito pelos impostos devidos à Fazenda Pública, no trimestre anterior ao falecimento e o crédito pelos salários dos empregados do serviço doméstico do devedor, no ano corrente e no anterior.

D) O crédito por despesa de seu funeral, feito segundo a condição do morto e o costume do lugar; o crédito pelos impostos devidos à Fazenda Pública, no trimestre anterior ao falecimento e o crédito por custas judiciais, ou por despesas com a arrecadação e liquidação da massa.

E) O crédito pelos gastos necessários à mantença do devedor falecido e sua família, no semestre anterior ao falecimento; o crédito pelos impostos devidos à Fazenda Pública, no ano corrente e no anterior e o crédito por despesa de seu funeral, feito segundo a condição do morto e o costume do lugar.

➡ Veja art. 965, CC.

Comentário: A assertiva correta é a letra A, conforme dispõe o art. 965, em seus incisos I a IV.

Classificação das obrigações	Embasamento legal	Características	Observação
Obrigações de dar Obrigações de dar coisa incerta	Arts. 233 a 246 do CC Arts. 243 a 246 do CC	São aquelas que se referem à obrigação de entregar ou restituir alguma coisa à alguém; a coisa a ser entregue poderá ser certa (determinada ou específica), quando for individualizada, por exemplo: esta mesa, este livro. Poderá também ser incerta (indeterminada ou genérica), quando indicada apenas pelo gênero, pelo peso ou pela quantidade, por exemplo: uma mesa, dois livros, cinco cavalos; a obrigação incerta ou genérica versa sobre coisas fungíveis, e a obrigação certa ou determinada, sobre coisas infungíveis, que não podem ser trocadas por outras, ainda que mais valiosas	X
Obrigações de fazer	Arts. 247 a 249 do CC	São aquelas que se referem à obrigação de prestar um serviço, como fazer uma pintura ou uma casa, fazer a escrituração contábil de uma pessoa jurídica; o cumprimento da obrigação assumida consiste em efetuar a prestação, isto é, em realizar o trabalho, o serviço ou a ação comprometida para com o credor	X
Obrigações de não fazer	Arts. 250 e 251 do CC	São aquelas que se referem a uma abstenção obrigatória, por exemplo: não revelar um segredo ou não abrir outro estabelecimento comercial no mesmo bairro com o mesmo ramo de atividade; consiste em uma omissão a que o devedor se obriga e cuja prestação é justamente a abstenção da prática do fato que ele se comprometeu de não praticar; obrigação negativa	X
Obrigações simples	X	São aquelas onde existe somente um credor, um devedor e um objeto	Não possui dispositivo específico no CC
Obrigações compostas	X	São aquelas em que há mais de um credor ou devedor, ou mais de um objeto	Não possui dispositivo específico no CC
Obrigações cumulativas ou conjuntivas	X	São aquelas em que há duas ou mais obrigações e o devedor somente irá se exonerar quando tiver cumprido todas; vocábulo "e"	Não possui dispositivo específico no CC
Obrigações alternativas	Arts. 252 a 256 do CC	São aquelas em que há duas ou mais obrigações, mas o devedor se exonera escolhendo e cumprindo apenas uma delas; vocábulo "ou"	X
Obrigações facultativas	X	São aquelas em que há somente uma obrigação estipulada, porém a lei ou o contrato permite que o devedor se exonere entregando uma outra prestação	Não possui dispositivo específico no CC
Obrigações divisíveis e indivisíveis	Arts. 257 a 263 do CC	Divisíveis: são aquelas em que o devedor poderá cumprir a obrigação por partes	X
		Indivisíveis: são aquelas em que o devedor não pode executar a obrigação por partes	X

(*continua*)

(*continuação*)

Classificação das obrigações	Embasamento legal	Características	Observação
Obrigações solidárias	Arts. 264 a 285 do CC	São aquelas em que há mais de um credor ou mais de um devedor, cada um com direito ou obrigação pela dívida toda; aquelas em que um dos vários credores tem o direito de receber o crédito por inteiro, ou qualquer dos vários devedores poderá ser obrigado a pagar integralmente o débito; solidariedade entre credores recebe o nome de solidariedade ativa e quando entre devedores, solidariedade passiva	X
Obrigações de resultado	X	É aquela em que o credor tem direito de exigir do devedor a produção de um resultado, sem o que se terá o inadimplemento da relação obrigacional; tem em vista o resultado em si mesma	Não possui dispositivo específico no CC
Obrigações de meio	X	É aquela em que o devedor obriga-se tão somente a usar de prudência e diligência normais na prestação de certo serviço para atingir um resultado, sem, contudo, vincular-se a obtê-lo	Não possui dispositivo específico no CC

Classificação dos contratos	Classificação dos contratos	Embasamento legal	Características	Observação
Contratos relativos à natureza da obrigação	Unilaterais	X	São aqueles que geram somente uma obrigação. Ex.: doação pura	X
	Bilaterais	Art. 476 do CC	São aqueles que geram duas ou mais obrigações. Ex.: contrato de compra e venda	X
	Gratuitos	Art. 538 do CC	São aqueles em que apenas uma das partes sofre um sacrifício patrimonial, enquanto a outra apenas obtém um benefício. Ex.: doação	X
	Onerosos	X	São aqueles em que uma das partes sofre um sacrifício patrimonial, ao qual corresponde uma vantagem que pleiteia. Ex.: contrato de locação – o inquilino paga o preço para obter o uso pacífico da coisa	X
	Comutativos	X	É um contrato bilateral e oneroso no qual a estimativa da prestação a ser recebida por qualquer das partes pode ser efetuada no ato mesmo em que o contrato se aperfeiçoa	Os vícios redibitórios, arts. 441 a 446 do CC, referem-se somente aos contratos comutativos
	Aleatórios	Arts. 458 a 461 do CC	É um contrato bilateral e oneroso no qual pelo menos uma das partes não pode antecipar o montante da prestação que receberá, em troca da que fornece	X

(*continua*)

(*continuação*)

Classificação dos contratos	Classificação dos contratos	Embasamento legal	Características	Observação
Contratos relativos à natureza da obrigação	Paritários	X	São contratos em que os interessados, colocados em pé de igualdade, ante o princípio da autonomia da vontade, discutem os termos do ato negocial, eliminando os pontos divergentes mediante transigência mútua	X
	Por adesão	Arts. 423 e 424 do CC	São contratos em que a manifestação de vontade de uma das partes se reduz à mera anuência a uma proposta da outra. Ex.: contrato de transporte, de fornecimento de gás, água, luz, instituições bancárias	X
Contratos quanto à sua forma	Consensuais	X	São os que se perfazem pela simples anuência das partes, sem necessidade de outro ato (liberdade quanto à forma). Ex.: locação, parceria rural	X
	Solenes ou formais	X	São contratos que só se aperfeiçoam quando o consentimento das partes está perfeitamente adequado pela forma prescrita na lei, objetivando conceder segurança a algumas relações jurídicas	X
	Reais	X	São os que só se formam com a entrega efetiva da coisa. Ex.: empréstimo (mútuo e comodato), no depósito ou no penhor	X
Contratos em relação à sua designação ou à falta de disciplina jurídica	Nominados, típicos, tipificações ou em espécies	Arts. 481 a 853 do CC	São aqueles em que a lei dá denominação própria e submete a regras que os pormenorizam, a saber: compra e venda, troca, doação, locação, empréstimo, depósito, mandato, gestão de negócios, edição, representação dramática, sociedades, parceria rural, constituição de renda, seguro, jogo e aposta e fiança	X
	Inominados ou atípicos	Art. 425 do CC	São os contratos que resultam da consensualidade, não havendo requisitos definidos na lei, bastando para sua validade que as partes sejam capazes, o objeto do contrato seja lícito, possível e suscetível de apreciação econômica	X
Contratos quanto ao tempo da execução	De execução instantânea	X	São os que se esgotam em um só instante, mediante uma única prestação. Ex.: troca, compra e venda à vista	X
	De execução diferida no futuro	Art. 478 do CC	São os que se encerram em um só ato, mas no futuro. Ex.: venda a prazo, com entrega imediata da mercadoria e prazo de pagamento em 30 dias	X
	De execução continuada	Art. 478 do CC	São contratos em que a execução dar-se-á de forma fracionada. Ex.: venda de determinado bem, com entrega imediata e pagamento em 10 prestações	X

(*continua*)

(*continuação*)

Classificação dos contratos	Classificação dos contratos	Embasamento legal	Características	Observação
Contratos reciprocamente considerados	Preliminares	Arts. 462 a 466 do CC	É um contrato perfeito e acabado que tem por objeto um contrato definitivo; é um compromisso para celebração de um contrato definitivo; não se encerra em si mesmo. Ex.: compromisso de compra e venda de imóvel	X
	Definitivos	X	Sucede o temporário (preliminar), ou existe sem ele, sendo um contrato perfeito e acabado e tendo por objeto um fim em si mesmo, ou seja, encerra-se em si mesmo	X
	Principais	X	São os que existem por si, exercendo sua função e finalidade independentemente de outro. Ex.: contrato de locação	X
	Acessórios	X	São os que existem em função do principal e surgem para garantir-lhe a execução. Ex.: contrato de fiança	X

Classificação da responsabilidade civil	Embasamento legal	Elementos constitutivos	Observação
Objetiva	Art. 927, parágrafo único, do CC	Conduta ilícita ou antijurídica + dano + nexo causal	X
Subjetiva	Art. 927, *caput*, do CC	Conduta ilícita ou antijurídica + dano + nexo causal + culpa (negligência, imprudência e imperícia)	X

DO DIREITO DE EMPRESA

O Código Civil de 2002 tentou unificar as obrigações privadas no Direito brasileiro, incluindo Capítulo específico sobre empresas, o qual já sofreu alterações e interpretações.

DO EMPRESÁRIO

DA CARACTERIZAÇÃO E DA INSCRIÇÃO

É empresário quem exerce, profissionalmente, atividade econômica, organizada e técnica, para a produção ou a circulação de bens ou serviços, com o intuito de auferir lucro. Tem que haver uma sucessão repetida de atos praticados de forma organizada e estável, sendo uma constante oferta de bens ou serviços, que é sua finalidade unitária e permanente. Toda atividade empresarial pressupõe o empresário como sujeito de direitos e obrigações e titular da empresa, detentor do poder de iniciativa e de decisão, pois cabe-lhe determinar o destino da empresa e o ritmo de sua atividade, assumindo todos os riscos.

Do exercício de profissão intelectual

Em regra, quem exercer profissão intelectual, de natureza científica, literária ou artística, mesmo com o concurso de auxiliares ou colaboradores, não é considerado empresário, exceto se para o exercício de sua profissão investir capital, formando uma empresa, ofertando serviços mediante atividade econômica, organizada, técnica e estável. *Vide* Lei n. 8.906/94 – Estatuto da Advocacia.

Da necessidade de registro

Obrigatoriedade da inscrição do empresário. Antes de iniciar a atividade empresarial (art. 966 do CC), o empresário deverá inscrever-se no Registro Público de Empresas Mercantis da sede de sua empresa, a cargo das Juntas Comerciais (art. 1.150 do CC). Com tal registro ter-se-á a publicidade de sua atividade, amparando seu crédito e prevenindo fraudes.

Do conteúdo necessário para registro

Conteúdo do requerimento para inscrição empresarial. O empresário, para que possa providenciar sua inscrição no Registro Público de Empresas Mercantis, deverá apresentar requerimento contendo: seu nome, nacionalidade, domicílio, estado civil e, se for casado, o regime de bens (arts. 977 a 980 do CC); a firma, com a respectiva assinatura autógrafa; o capital; o objeto, ou melhor, objetivo social pretendido e a sede da empresa. A inscrição do empresário deve conter todos os dados pessoais e a sua atividade.

Continuidade do ato registrário. A inscrição será tomada por termo em livro próprio do Registro Público de Empresas Mercantis. O número da inscrição do registro da empresa deverá obedecer à ordem contínua, a qual resultará em uma sequência sucessiva de todos os empresários inscritos.

Averbação. Quando houver alterações na sociedade empresarial, será imprescindível a sua averbação, respeitando todas as suas formalidades. O § 3º do art. 968 dispõe sobre o processo de transformação do empresário individual em sociedade empresária contratual, mediante solicitação ao Registro Público de Empresas Mercantis, caso venha a admitir sócio.

O § 4º do art. 968 estabelece um trâmite especial e simplificado para o processo de abertura, registro, alteração e baixa do microempreendedor individual, de que trata o art. 18-A da Lei Complementar n. 123, de 14.12.2006 (Lei Geral da Micro e Pequena Empresa). Com isso garantiu ao microempreendedor um procedimento abreviado disciplinado pelo Comitê para Gestão da Rede Nacional para a Simplificação do Registro e da Legalização de Empresas e Negócios (CGSIM).

O § 5º do art. 968 tem como escopo facilitar a vida do microempreendedor individual, dispensando o uso da assinatura autógrafa, a informação sobre o capital social, requerimentos, demais assinaturas, informações relativas à nacionalidade, estado civil e regime de bens, como também a remessa de documentos estabelecida pelo CGSIM.

Da inscrição e averbação de sucursal, filial ou agência

Empresário que vier a abrir estabelecimento ligado à matriz, da qual depende, com poder de representá-la, sob a direção de um preposto, que exerce atividade econômica, organizada e técnica, dentro das instruções dadas, deverá, se tal sucursal, filial ou agência foi instituída em local sujeito à jurisdição de outro Registro Público de Empresas Mercantis, nele inscrevê-la, apresentando prova de inscrição originária, e também averbá-la no Registro Público de Empresas Mercantis à margem da inscrição da matriz.

Do diferente tratamento ao empresário rural e ao pequeno empresário

O art. 970 do CC trata do pequeno empresário e do empresário rural não equiparado à atividade comum (art. 971 do CC). Nesse sentido, traz tratamento diferenciado a tais atividades, de modo a dar eficácia à Lei Geral da Micro e Pequena Empresa – Lei Complementar n. 123/2006.

Do registro do empresário rural

O empresário rural, observando as formalidades e requisitos do art. 968 do Código Civil, poderá se inscrever no Registro Público de Empresas Mercantis, equiparando-se, para todos os efeitos, ao empresário sujeito a registro obrigatório. Essa novidade apresentada pelo Código fez surgir algumas indagações, dentre elas, a aplicação da lei tributária e falimentar, bem como a necessidade de escrituração especial.

DA CAPACIDADE

Do requerido para exercício da atividade empresarial

Para que o empresário possa exercer atividade econômica organizada para a produção ou circulação de bens ou de serviços, precisará: *a*) ter capacidade para exercer direitos e obrigações, ou seja, ser maior de 18 anos ou emancipado (arts. 5º e 976 do CC); *b*) estar habilitado para tanto e devidamente inscrito no Registro Público de Empresas Mercantis; e *c*) não estar legalmente impedido para o exercício da atividade empresarial, em decorrência, por exemplo, de desempenho de função pública (art. 54, II, *a*, da CF), ou de ser estrangeiro com visto temporário.

Da responsabilidade da pessoa impedida de exercer a atividade empresarial

A pessoa legalmente impedida de exercer atividade empresarial, caso a exerça, responderá com seu patrimônio pessoal, arcando com as obrigações assumidas e os prejuízos causados, além de submeter-se às penalidades administrativas e criminais, por ter exercido ilegalmente a profissão.

Do exercício empresarial por pessoa incapaz

Para ser iniciada, a atividade empresarial requer a capacidade do empresário para o seu exercício (arts. 5º e 972 do CC). Todavia, a pessoa absoluta ou relativamente incapaz não poderá iniciar a exploração da empresa, porém poderá continuar o seu exercício, desde que haja autorização judicial para dar continuidade à empresa.

Obrigatoriamente, o empresário que se tornou incapaz deve ser representado, quando absolutamente, ou assistido, quando relativamente, pelos seus pais ou representantes legais, caso esteja sob tutela ou curatela, ou ainda pelo autor da herança.

O patrimônio pessoal do incapaz, ao tempo da interdição ou da sucessão, não se comunica com o da empresa, devendo constar, na mesma autorização judicial que concedeu a autorização, essa circunstância.

O Registro Público de Empresas Mercantis a cargo das Juntas Comerciais deverá registrar contratos ou alterações contratuais da sociedade que envolva o sócio incapaz, além de dar publicidade aos atos praticados pelo empresário, pois é essa publicidade que dá segurança a terceiros.

Do representante/assistente do incapaz

O art. 975 do CC trata do impedimento daquele que assiste ou representa o incapaz. Nessa hipótese, e também quando entender conveniente, o juízo nomeará gerente, subsistindo ao assistente ou ao representante a responsabilidade pelos atos praticados.

Da necessária comprovação de autorização do incapaz

O art. 976 do CC trata da necessidade de se averbar a emancipação do incapaz, ou sua revogação, para o exercício de atividade empresarial. Com efeito, acrescente-se que o instrumento visa a dar segurança à atividade econômica, afastando de vícios o exercício das relações empresariais.

Do impedimento da atividade para pessoas casadas

O art. 977 do CC proíbe a constituição de sociedade entre marido e mulher, caso sejam casados sob o regime da comunhão universal ou da separação obrigatória (art. 1.641 do CC), ou seja, os cônjuges somente poderão contratar sociedade com terceiros, se o seu cônjuge não integrar referida sociedade. Note-se que a vedação, quando o casamento se deu pela separação obrigatória, é justamente para evitar a comunicação dos bens em casos em que a lei a proíbe. Entretanto, mesmo casado pelo regime da comunhão universal, nada impede que o cônjuge venha a contratar sociedade com terceiros. Somente não poderá fazê-lo se o seu consorte pertencer à sociedade. O escopo da lei é evitar que, entrando em uma sociedade a cujo quadro já pertença seu cônjuge, possa haver proibição legal, pois o terceiro poderá deter uma cota insignificante e figurar como presta-nome.

Da possibilidade de disposição de bens

Contrapondo o disposto no Código de 1916, em que se exigia a vênia conjugal ou seu suprimento judicial para alienar ou gravar imóvel de uma dada sociedade, o sistema atual afasta eventual confusão entre o patrimônio do casal e o da pessoa jurídica.

O empresário casado, qualquer que seja o regime matrimonial de bens, poderá livremente alienar, ou gravar de ônus real, os imóveis que integram o patrimônio da empresa, sendo dispensado da outorga conjugal.

Dos objetos de arquivamento

Os seguintes documentos do empresário serão, também, arquivados: nomeação de gerente por representante ou assistente; emancipação; pacto antenupcial; declaração antenupcial; título de doação de bens clausulados de incomunicabilidade ou inalienabilidade; título de legado de bens clausulados de incomunicabilidade ou inalienabilidade; sentença de decretação ou homologação de separação judicial; sentença de homologação de ato de reconciliação; contrato de alienação ou arrendamento de estabelecimento.

Mais uma vez em homenagem à publicidade, cuida o art. 980 em demonstrar a necessidade de se arquivar e averbar ocorrências, como a separação judicial do empresário e o seu ato de reconciliação, para que tenha eficácia contra terceiros.

DA EMPRESA INDIVIDUAL DE RESPONSABILIDADE LIMITADA – EIRELI

Produto da Medida Provisória n. 881, a Lei n. 13.874, ambas de 2019, converteu em regramento definitivo diversos mandamentos propostos pelo chefe do Executivo pátrio na oportunidade da realização da MP, alterando, ao fim, o Código Civil nacional.

Uma das mudanças mais significativas realizadas pela lei foi a inclusão no diploma civilista dos § § 1º e 2º no art. 1.052. Com isso, do ponto de vista societário, a "sociedade limitada" – que, para sua existência, pressupunha a "união de esforços e de pessoas" –, passou a aceitar para a sua constituição e funcionamento regular a presença de apenas uma pessoa, não sendo mais necessário o mínimo de duas pessoas para tanto. O § 1º do art. 1.052 foi categórico ao afirmar que a sociedade limitada pode ser constituída por uma ou mais pessoas, sendo-lhe atribuída, então, a alcunha de Sociedade Limitada Unipessoal.

Sucede que, com a criação dessa sociedade limitada unipessoal, a então Empresa Individual de Responsabilidade Limitada – EIRELI simplesmente deixou de ter relevância, uma vez que a ela, EIRELI, proporcionavam-se as mesmas benesses de limitação de responsabilidade observadas na sociedade limitada, tendo como grande diferença justamente o fato de ser formada por uma única pessoa. No entanto, a Empresa Individual de Responsabilidade Limitada tinha os seus "pecados", como, por exemplo, a necessidade de apresentação de um capital mínimo de 100 vezes o salário mínimo para a sua formação (o que poderia ser considerado um alto valor de injeção de capital para o empresário), além do fato de que a pessoa do empresário que constituísse a EIRELI só poderia ter uma única empresa dessa natureza.

Assim, a criação da sociedade limitada unipessoal tornou a EIRELI sem propósito, já que a pessoa interessada em sua constituição não mais precisaria apresentar capital mínimo possivelmente elevado e não ficaria limitada a ser sócia de uma única empresa sob essa roupagem.

Não à toa, mais tarde, a Lei n. 14.195/2021 automaticamente transformou em sociedades limitadas unipessoais aquelas EIRELIs que ainda existiam sob essa exata forma quando da entrada em vigor da última lei referida.

Por fim, a Empresa Individual de Responsabilidade Limitada – que ainda mantém Título próprio dentro do Livro II (Do Direito de Empresa) no Código Civil – certamente em muito pouco terá suas disposições revogadas.

DA SOCIEDADE

Do contrato de sociedade

O contrato de sociedade é o negócio jurídico por via da qual duas ou mais pessoas se obrigam a conjugar seus serviços, esforços, bens ou recursos para a consecução de fim comum e partilha dos resultados entre si, obtidos com o exercício de atividade econômica, que pode restringir-se à realização de um ou mais negócios determinados.

Da condição para ser sociedade empresarial

As sociedades são classificadas pelo atual Código em não personalizadas e personalizadas, e estas são subdividas em empresárias e simples.

A sociedade empresária é aquela pessoa jurídica que tem o propósito de gerar lucros, isto é, busca um resultado econômico, por meio do exercício contínuo da atividade econômica organizada exercida pelo empresário, sujeito a registro (art. 967 do CC). São sociedades empresárias: sociedade em nome coletivo, sociedade em comandita simples, sociedade em comandita por ações, sociedade limitada e sociedade anônima ou por ações.

A sociedade simples é a que não exerce atividade empresarial econômica, que visa à circulação ou produção de bens ou serviços, tendo como objeto a prestação de serviços intelectuais, artísticos, científicos etc. A cooperativa é uma sociedade simples (arts. 982, parágrafo único, *in fine*, e 1.093 a 1.096 do CC), porém não tem o seu objeto restrito apenas a atividades intelectuais, podendo ser sócia de qualquer outro tipo societário.

Dos requisitos para a constituição da sociedade empresária

O art. 983 traz as regras de constituição das sociedades empresária e simples, observando certo rol taxativo de possibilidades, a saber: sociedade em nome coletivo (arts. 1.039 a 1.044 do CC); sociedade em comandita simples (arts. 1.045 a 1.051 do CC); sociedade limitada (arts. 1.052 a 1.087 do CC); sociedade anônima (arts. 1.088 e 1.089 do CC e por lei especial, Lei n. 6.404/76); sociedade em comandita por ações (arts. 1.090 a 1.092 do CC). A sociedade em conta de participação, por ser uma sociedade não personificada, será regida pelos arts. 991 a 996 do CC, e a cooperativa, em razão de ser uma sociedade simples, será regida pelos arts. 1.093 a 1.096 do CC e pela Lei n. 5.764/71.

Da sociedade rural empresária

Em sentido semelhante ao disposto no art. 971, o art. 984 prevê a equiparação da sociedade rural à empresária, de modo a haver a renúncia de qualquer favorecimento àquela que tenha por objeto o exercício de atividade rural. Trata-se, portanto, de faculdade que poderá ser exercida em renúncia de eventuais prerrogativas próprias da atividade ruralista.

Da aquisição de personalidade jurídica

A personalidade jurídica da sociedade exsurge com a inscrição, nos termos da lei, do contrato social ou do estatuto social. Tal registro gera a autonomia patrimonial da empresa, titularidade para direitos e deveres na ordem jurídica, capacidade para figurar em juízo, entre outras.

DA SOCIEDADE NÃO PERSONIFICADA

DA SOCIEDADE EM COMUM

Das normas disciplinadoras da sociedade não personificada

Enquanto o ato constitutivo da sociedade não for levado a registro (art. 985 do CC), não existirá uma pessoa jurídica, mas um simples contrato de sociedade que se regerá pelos arts. 986 a 990 do Código Civil e, no que for compatível, pelas normas das sociedades simples, ou seja, pelas disposições contidas nos arts. 997 a 1.038 do referido diploma legal, salvo se se tratar de sociedade por ações, que disciplinar-se-á por lei especial (art. 1.089 do CC). As sociedades não personificadas, por não serem pessoas jurídicas, não poderão acionar seus membros, nem terceiros, mas estes poderão responsabilizá-las por todos os seus atos, reconhecendo a existência de fato para esse efeito.

Vigora o princípio da responsabilidade incidente sobre a massa patrimonial com repercussão no patrimônio dos sócios, pois a falta de registro acarreta a comunhão patrimonial e jurídica da sociedade e de seus membros, confundindo-se seus direitos e obrigações com os dos sócios (arts. 988 a 990 do CC).

E1. (Defensoria Pública-SP/Defensor/FCC/2012) Jorge, José e Pedro constituem, com pacto expresso limitativo de poderes, pequena empresa para prestação de serviços de marcenaria, sem levar seus atos constitutivos ao competente registro. Pedro, em nome da sociedade, celebra contrato com Maria para fornecimento e montagem de uma cozinha planejada, recebendo adiantado os valores correspondentes aos serviços e produtos contratados. Maria desconhece a existência de tal pacto limitativo. Inadimplido o contrato, Maria poderá ter seu crédito satisfeito com a excussão dos bens

A) sociais, considerando a existência de pacto limitativo de poderes, sem possibilidade de invasão dos bens particulares dos sócios.

B) particulares dos sócios, já que estes respondem solidária e ilimitadamente pelas dívidas contraídas em nome da sociedade, sem possibilidade de excussão dos bens da sociedade, por se tratar de sociedade em comum, com pacto limitativo de poderes.

C) particulares de Pedro, por desconhecer a existência de pacto limitativo de poderes e considerando ter ele celebrado o contrato em nome da sociedade em comum, sem possibilidade de excussão dos bens sociais ou dos demais sócios.

D) sociais e particulares dos sócios, devendo exaurir os bens sociais para invasão do patrimônio dos sócios, exceto para Pedro, cujos bens particulares poderão ser executados concomitantemente com os bens sociais.

E) sociais e particulares de Pedro, sem possibilidade de acionar os demais sócios, já que estes não participaram da avença, prevalecendo o pacto limitativo de poderes.

➠ Veja arts. 986, 990 e 1.024, CC.

Comentário: No caso exposto, a alternativa correta será a letra D, dado que o art. 990 do Código Civil dispõe que: "Todos os sócios respondem solidária e ilimitadamente pelas obrigações sociais, excluído do benefício de ordem, previsto no art. 1.024, aquele que contratou pela sociedade".

De como provar a sociedade

Aquele que mantém relações jurídicas com dada sociedade pode provar a existência desta de qualquer modo lícito. A norma busca proteger o terceiro de boa-fé, facilitando o exercício de seus direitos em face de dada sociedade ou mesmo seus sócios.

Por sua vez, nas relações entre os sócios, ou mesmo destes com terceiros, somente por documento escrito é admitida a prova de existência da sociedade, não cabendo aos sócios alegar a própria torpeza.

Do patrimônio especial

A lei denomina "patrimônio especial" os bens e as dívidas da sociedade. Desse modo, determina a autonomia patrimonial da sociedade, dando margem à partilha do acervo social, segundo acordado nos atos constitutivos, na hipótese de extinção da sociedade.

Dos bens sociais

Considerando os bens e dívidas sociais integrantes de um patrimônio especial, diga-se que este responde pelos atos de gestão da empresa. Nesse sentido, excetuada a responsabilidade limitada dos sócios, dispõe a norma que o patrimônio social responde solidária e ilimitadamente pelas obrigações contraídas pela sociedade, salvo se o terceiro conhecia a qualidade irregular da empresa.

Da responsabilidade dos sócios

O ano de 2020 ficará marcado para a humanidade como aquele em que se vivenciaram as repercussões de uma crise sanitária global em razão de uma pandemia motivada por um forte vírus (novo coronavírus). Como reflexo, as pessoas ficaram obrigadas a viver em confinamento, afetando as estruturas social, econômica e jurídica em todo o mundo. Medidas de natureza legislativa foram tomadas como alternativa à crise que se instalou, e uma delas foi a Lei n. 14.030, de 28.07.2020. O instrumento teve impacto em algumas legislações e alcançou o escopo das relações privadas. Foi incluído no CC/2002 o art. 1.080-A, que passou a prever que o sócio poderá participar e votar a distância em reunião ou assembleia, nos termos do disposto no regulamento do órgão competente do Poder Executivo federal. A medida se deu no bojo da crise pandêmica a fim de evitar a necessidade de paralisação das atividades empresariais em virtude da impossibilidade de aproximação social. De acordo com o parágrafo único do novo artigo, "a reunião ou a assembleia poderá ser realizada de forma digital, respeitados os direitos legalmente previstos de participação e de manifestação dos sócios e os demais requisitos regulamentares".

A responsabilidade dos sócios, em razão das dívidas da sociedade, é subsidiária. Dessa forma, o patrimônio dos sócios poderá ser utilizado para o adimplemento de dívidas, após executados os bens sociais. Trata-se, portanto, de benefício de ordem, em que inicialmente o patrimônio especial responde pelas dívidas, para só depois os ônus recaírem nos bens pessoais dos sócios. Finalmente, acrescente-se que este benefício não pode ser oposto por aquele que contratou pela sociedade, cujo tratamento diferenciado se justifica em razão da contratação insubsistente.

➥ Ver questão E1.

DA SOCIEDADE EM CONTA DE PARTICIPAÇÃO

Trata-se de sociedade não personificada, em que existe um simples contrato entre o sócio ostensivo e o sócio oculto. Com efeito, diga-se que aquele é responsável por contratar com terceiros, assumindo a responsabilidade pelas atividades societárias, enquanto este, por sua vez, tem responsabilidade apenas perante o sócio ostensivo, nos termos ajustados entre ambos, participando, contudo, dos resultados da sociedade.

Este modelo social permite que mais de uma pessoa figure na qualidade de sócio ostensivo ou oculto, cabendo ao contrato estipular a participação e responsabilidade de tais sujeitos.

Da constituição da sociedade em conta de participação

A norma permite a constituição da sociedade em conta de participação de maneira verbal ou escrita, bem como autoriza a prova de existência da sociedade por qualquer meio lícito. Ademais, cabe frisar que a esta se aplica, no que couber, as regras próprias da sociedade simples.

Do contrato social

O registro do contrato constitutivo da sociedade não lhe dá personalidade jurídica, mas apenas tem efeito em relação aos sócios. Ademais, reafirme-se que neste tipo social é do sócio ostensivo a responsabilidade perante terceiros, no que tange aos resultados e obrigações sociais. O sócio participante ou oculto, portanto, só será responsável de forma solidária, se intervir nas negociações da sociedade.

Do patrimônio da sociedade

Os aportes dos sócios, sejam ostensivos ou ocultos, constituem patrimônio especial, de modo a constituir conta de participação em função dos negócios da sociedade. Com efeito, diga-se que este patrimônio não pertence à sociedade, mas aos sócios na forma de condomínio. Ainda que registrado o contrato formador da sociedade, esta não estará sujeita às hipóteses de falência, que será imputada ao sócio ostensivo. Nessa hipótese, haverá a dissolução da sociedade, a resolução do contrato de participação e a liquidação da sociedade. Ao sócio oculto caberá a declaração de insolvência civil, se falido, subsistindo as atividades da sociedade em comento.

Da limitação ao sócio ostensivo

Considerando se tratar a presente sociedade baseada na existência de vínculo pessoal entre os sócios, não admite a lei que seja acolhido pelo sócio ostensivo o ingresso de um novo sócio sem o consentimento expresso dos demais, salvo se ajustado anteriormente.

Disposições especiais

As normas da sociedade simples são aplicadas à sociedade em conta de participação, de forma subsidiária e no que lhe for compatível. Ademais, acrescenta a lei que sua liquidação será regida pelas regras da prestação de contas, uma vez que o sócio ostensivo é o gestor e administrador do negócio, de modo que assim também serão tratados os sócios ostensivos quando forem dois ou mais, uma vez que, ao se admitir a exclusiva gestão da sociedade, natural é a necessidade de prestar contas aos sócios ocultos na hipótese de liquidação.

DA SOCIEDADE PERSONIFICADA

DA SOCIEDADE SIMPLES

Do Contrato Social

Elementos do contrato social

O contrato social, feito por instrumento público ou particular, deve conter, além das cláusulas estipuladas pelas partes para lograr o resultado por elas almejado: *a)* nome, nacionalidade, estado civil, profissão e residência dos sócios, se forem pessoas naturais, e se forem pessoas jurídicas, deverá especificar sua firma ou razão social, nacionalidade e sede; *b)* denominação, finalidade social, sede e prazo de duração da sociedade que está sendo constituída; *c)* capital da sociedade, expresso em moeda corrente, podendo compreender quaisquer bens, desde que suscetíveis de serem avaliados pecuniariamente; *d)* quota de cada sócio no capital social e a maneira de realizá-la; *e)* prestações a que se obrigar o sócio, se sua contribuição, para o fundo social, consistir em serviços; *f)* indicação do administrador da sociedade, com delimitação de suas atribuições e de seus poderes; *g)* participação de cada sócio nos lucros e nas perdas; e *h)* responsabilidade subsidiária, ou não, dos sócios pelas obrigações sociais. Se sócios vierem, contrariando disposição do contrato social, a efetivar entre si algum pacto, este não terá qualquer eficácia perante terceiros, vinculando, tão somente, os contratantes em suas relações recíprocas.

Vide arts. 1.001, primeira parte, 1.006 e 1.007 do CC.

Efeito da inscrição do contrato social no Registro Civil de Pessoas Jurídicas

Dentro de trinta dias, contados de sua constituição, a sociedade deverá requerer a inscrição do seu contrato social (art. 997 do CC) no Registro Civil de Pessoas Jurídicas do local onde estiver situada sua sede (arts. 75, IV, e 1.150 do CC) para que possa ter personalidade jurídica (art. 45 do CC). No momento em que se operar o assento do seu contrato social, a pessoa jurídica começa a existir, passando a ter aptidão para ser sujeito de direitos e obrigações, tendo capacidade patrimonial e adquirindo vida própria e autônoma, por ser uma nova unidade orgânica. A pessoa jurídica terá nome, patrimônio, nacionalidade e domicílio diversos dos de seus sócios. Assim sendo, um sócio não poderá exigir a divisão de um bem da sociedade antes de sua dissolução, nem a sociedade poderá ter seus bens penhorados para pagar débitos contraídos individualmente por seus componentes.

Vide arts. 45, 46, 75, IV, 1.123 a 1.141 e 1.150 a 1.154 do CC; arts. 19, 114, II, 120 e 121 da Lei n. 6.015/73 (Lei de Registros Públicos).

Das condições para alterar o contrato social

Note-se que com essa disposição qualquer modificação, ou seja, qualquer alteração de qualquer das cláusulas essenciais elencadas no art. 997 só poderá ocorrer se aprovada pela unanimidade de todos os sócios. O Código Civil de 1916 estabelecia em seu art. 1.394, como regra geral, o *quorum* da maioria de votos para as deliberações nas sociedades civis.

Da criação de sucursal, filial ou agência

Trata-se da necessidade de registro de sucursal, filial ou agência instituída por sociedade simples em outra circunscrição de Registro Civil de Pessoas Jurídicas. Nesse sentido, dispõe a norma sobre sua inscrição no correspondente Registro Civil, considerando que estes possuem competência municipal ou local, que não se confunde com o âmbito das Juntas Comerciais, que possuem competência estadual.

Dos Direitos e Obrigações dos Sócios

Das obrigações dos sócios

A participação em uma sociedade denota direitos e deveres. Com efeito, diga-se que o termo inicial destas obrigações é a lavratura do contrato, caso outro momento não seja ajustado, e não o seu registro. Cada sócio tem a obrigação de cooperar para o objetivo social, desde o momento em que o contrato social é constituído até se liquidar a sociedade.

Da substituição de sócios

A substituição do sócio administrador depende da concordância unânime de seus pares e deve ser registrada no contrato social. Nesse sentido, acrescente-se que a administração da sociedade simples é ato personalíssimo, de modo que a disposição legal visa a resguardar a validade dos negócios realizados pelo administrador. Para alterar o contrato social, deve haver o consentimento dos outros sócios, para que se transfira no todo ou em parte a quota de um dos sócios.

Da disposição de quotas

O art. 1.003 diz que no caso de cessão total ou parcial de quota, todos os demais sócios devem consentir com o ato de transferência, formalizando assim a cessão mediante uma alteração contratual. Verifica-se neste caso que o art. 1.003 do Código Civil é contrário à ideia expressa na Constituição Federal que ninguém será compelido a associar-se ou a manter-se associado, ideia descrita no art. 5º, XX. O parágrafo único do art. 1.003 dispõe sobre a responsabilidade do sócio que se retirar da sociedade. Até dois anos depois de averbada, ou seja, registrada a alteração contratual, ou aditivo contratual, responde o sócio que se retirar da sociedade pelas obrigações oriundas da época em que era sócio.

Das contribuições ao contrato social

Os sócios devem respeitar os prazos previstos no contrato social no que diz respeito às contribuições. Não cumprindo tal dever no prazo de 30 dias da notificação da sociedade, o sócio inadimplente deverá, devidamente constituído em mora, arcar com os prejuízos à sociedade. Após verificada a mora do sócio remisso, os demais sócios poderão, em deliberação tomada por maioria absoluta do capital social, optar pela exclusão do sócio remisso ou pela redução de sua quota ao montante já realizado, em vez da indenização pelos prejuízos.

Da transferência de quota social

Para a formação ou alteração do capital social, é nula a cláusula que diminua ou exclua os efeitos da evicção, respondendo ainda pela solvência do devedor, de maneira subsidiária, aquele que transferiu o crédito. Com efeito, embora não claramente positivado, há de se entender aplicável tal disposição aos vícios redibitórios, acrescentando-se que o bem transmitido à sociedade deve ser passível de execução para não incorrer em eventual fraude contra credores.

Do sócio prestador de serviços

Salvo se ajustado de maneira diversa, não pode o sócio prestador de serviços empregar-se em atividade estranha à desenvolvida pela sociedade empresária, sob pena de não receber eventuais lucros em sua totalidade, bem como de ser excluído do contrato social, pois sua falta de comprometimento, em razão de seu inadimplemento da exclusividade do serviço, apontará quebra de confiança.

Da participação nos lucros

A distribuição de eventuais lucros ou perdas é dimensionada na proporção das cotas de cada sócio, salvo se diversamente estipulado. Por sua vez, o sócio prestador de serviço – aquele que integra a empresa com o patrimônio de seu conhecimento – cuja contribuição se realiza em serviços, aufere sua participação na proporção média do valor das cotas.

Da exclusão de sócios na participação dos lucros

Constitui-se uma sociedade para a obtenção de lucros, os quais devem ser partilhados, ainda assim em relação àquele que integra a sociedade mediante a execução de serviços. Aliás, a estipulação de cláusula que exclua qualquer dos sócios de participar dos frutos da sociedade é nula, eivada de vício insanável.

Da distribuição de lucros ilícitos ou fictícios

A disposição anterior se debruçava sobre a distribuição de lucros ilícitos. Melhor disposição, contudo, é verificada no ordenamento vigente, sobre o qual também os lucros fictícios geram a responsabilidade solidária dos administradores e dos sócios envolvidos na operação, desde que estes últimos saibam ou devam saber que a transação é ilegítima.

Da Administração

Da administração das sociedades

As decisões da sociedade são tomadas por maioria de votos, proporcionalmente ao valor das cotas de cada sócio, perfazendo a intitulada maioria absoluta. Com efeito, há de se destacar que subsistindo empate para a tomada de determinada decisão, a quantidade de votantes é critério para o desempate, respeitada, pois, a autonomia da vontade (art. 421 do CC) dos sócios envolvidos em determinada transação (arts. 840 a 850 do CC). Porém, essa vontade não pode infirmar os interesses da sociedade em prol particular, pois assim sendo feito de maneira decisiva, responderá o sócio pelas cominações atinentes às perdas e danos. A Lei n. 13.792/2019 que altera o § 1º do art. 1.063 simplesmente modifica que a destituição de sócio nomeado como administrador deve ter aprovação de mais da metade do contrato social em vez de 2/3 como era anteriormente, salvo sempre a autonomia da vontade pautada pelo princípio da liberdade de contratar (art. 421 do CC) disposto no contrato.

Das funções do administrador

Do dever do administrador da sociedade. O administrador da sociedade deverá ter, no exercício de suas funções, o cuidado e a diligência que todo indivíduo ativo e probo costuma empregar na administração de seus próprios negócios. Para que o administrador possa exercer sua função, é exigida uma conduta exemplar, ante o princípio da boa-fé objetiva, pois a falta de idoneidade moral do administrador o proíbe de exercer a administração.

Desimpedimento criminal. O administrador designado no instrumento ou em documento anexo deve declarar que não está incurso em nenhum crime que vede a exploração de atividade empresarial.

Dos requisitos para exercer a administração

A administração da sociedade pode ser exercida por qualquer dos sócios ou mesmo por pessoa estranha à sociedade, desde que pessoa física, cuja nomeação deve ser averbada junto ao registro de inscrição da sociedade. Não procedendo desta tradicional forma, estará o administrador pessoal e solidariamente responsável pelos atos que praticar. O novo administrador deve ter sua nomeação averbada junto ao contrato social e, assim, responde solidariamente por perdas e danos sofridos em decorrência de sua administração.

Dos sócios como administradores

Salvo ajustado de maneira diversa, a administração da sociedade compete a cada um dos sócios, considerando o caráter personalíssimo de seu exercício. Dessa feita, competindo separadamente a vários administradores, qualquer deles poderá impugnar a operação do outro, resolvendo-se a questão, se for o caso, por maioria absoluta de votos.

Ademais, frise-se que o administrador deve pautar sua conduta em preceitos de lealdade e boa-fé, de modo que agindo de maneira contrária à maioria, de forma manifesta ou presumida, incorrerá nas sanções relativas às perdas e danos.

Dos atos de competência conjunta

A competência conjunta, ou em número mínimo de sócios, para a realização de determinados atos, conforme previsto no contrato social, pode ser excetuada nas hipóteses de urgência, em que agir de maneira diversa culminaria em dano irreparável ou grave. Nesse sentido, acrescente-se que a decisão deverá ser posteriormente convalidada pelos demais sócios, os quais poderão impugnar os gravames fundamentados.

Da limitação dos poderes dos administradores

O contrato social pode estipular a competência gerencial de cada administrador. Não o fazendo, contudo, os administradores estarão habilitados a realizar qualquer ato que colabore com o desenvolvimento da atividade empresarial. Quanto à omissão, ainda, frise-se que a lei impõe a necessidade da maioria dos sócios para a venda ou hipoteca de bens imóveis, considerada esta proporção pela quantidade de votantes, e não pela cota representativa. Ademais, note-se que a lei traz rol taxativo de hipóteses em que o excesso de poder do sócio poderá ser oposto contra terceiros.

Da solidariedade entre os administradores

Na hipótese de haver mais de um administrador, são eles solidariamente responsáveis pelos atos de infração à lei ou ao contrato social. Por oportuno, acrescente-se que, se demandada em nome próprio, terá a sociedade direito à ação de regresso contra o administrador.

Do patrimônio da sociedade

O patrimônio da sociedade só pode ser utilizado em benefício desta e à finalidade econômica para que foi constituída. Nesse sentido, aplicando o administrador os créditos ou bens sob sua tutela em benefício próprio ou de terceiros, agirá com desvio de finalidade, devendo reaver a importância acrescida de lucros cessantes e perdas e danos, se for o caso.

Da instituição de mandatários

Trata a norma do caráter personalíssimo deduzido da qualidade de administrador. Com efeito, permite a lei que este constitua mandatário, observados os limites de seus poderes nos termos outorgados na procuração. Não lhe é permitido ser substituído no exercício de suas funções, porém poderá nomear mandatário, dentro dos limites que lhe foram outorgados.

Da estabilidade do sócio administrador

Quer a lei homenagear a estabilidade do administrador, de modo que aquele investido por cláusula expressa no contrato social, bem como aquele cuja qualidade tenha adquirido por termo apartado, só poderá ter seus poderes revogados, a pedido de qualquer dos sócios, por justa causa reconhecida em juízo, em razão da infração aos deveres legais a ele conferidos. Caso contrário, entende-se que sua administração é vigente enquanto durar a sociedade.

Prestação de contas pela administração

A ordem legal determina que os administradores prestem contas de seus afazeres, apresentando anualmente o inventário, com o resumo dos ativos e passivos da empresa, bens, duplicatas a receber, impostos, empréstimos, dividendos propostos, débitos pagos ou a vencer etc., bem como o balanço patrimonial e o resultado econômico. A medida visa a resguardar os interesses dos sócios, que, na hipótese de recusa na exibição dos documentos, poderão se valer de ordem judicial.

Da disponibilidade dos livros e documentos da sociedade

Independentemente da parcela de participação do sócio, qualquer deles pode examinar os respectivos livros e documentos da sociedade para verificar a regularidade dos atos de administração e a saúde da empresa. Com efeito, esse procedimento pode ser ajustado para ocorrer em determinado intervalo temporal, visando a prever o adequado momento da apresentação das contas. Não o fazendo o contrato social, todavia, a solicitação poderá ser realizada a qualquer tempo.

Das Relações com Terceiros

Dos contratos com terceiros

As obrigações assumidas pelos administradores recaem inicialmente sobre a sociedade. Nesse sentido, inexistindo motivo para impugnar os atos de administração, certo é que a sociedade responderá pelas dívidas e demais ônus assumidos. A sociedade é dotada de personalidade jurídica e, por meio de seus administradores, adquire direitos, contrai obrigações e é representada em juízo por seus administradores.

Da responsabilidade pelas perdas da sociedade

Na sociedade simples, os sócios respondem pelas obrigações sociais nos termos ajustados no contrato social (art. 997, VII, do CC). Dessa forma, as dívidas assumidas pelos administradores perante terceiros pertencem à sociedade e, se não foram seus bens suficientes para o adimplemento, recairão na pessoa do sócio, na forma reservada em seu ato constitutivo, quer ilimitadamente, quer na fração de sua cota, se integralizada.

Do benefício de ordem

O art. 1.024 cuida do benefício de ordem do sócio na hipótese de desconsideração da personalidade jurídica (art. 50 do CC). Dessa feita, assim como observado no art. 1.023, a dívida contraída pela sociedade só recairá sobre o patrimônio dos sócios se por ela não puder ser adimplido. Não se confunde o patrimônio da sociedade com o de seus sócios, somente no caso de os bens da sociedade não sanarem a dívida.

➠ Ver questão E1.

Do novo sócio perante as dívidas existentes

Admitido o ingresso de um novo sócio em seus atos constitutivos, não poderá este opor exceção às dívidas adquiridas anteriormente pela sociedade. Nesse sentido, havendo cláusula de exoneração em dado contrato de cessão de cotas, apenas entre os contratantes subsistirão seus efeitos.

Das dívidas pessoais dos sócios

Não existindo bens para quitar suas dívidas, pode o sócio ser compelido a partilhar seus lucros com seu credor. A medida busca a satisfação do crédito de terceiro, e será observado enquanto necessário para o adimplemento da dívida principal e de suas cominações legais ou contratuais. Na mesma linha, poderá haver a liquidação da cota do sócio devedor, operando-se a dissolução parcial da sociedade.

Dos direitos dos herdeiros do sócio falecido

Os herdeiros ou sucessores do cônjuge do sócio, ou daquele que dele se separou, têm direito aos lucros da sociedade, mas não podem pleitear a liquidação parcial das cotas, salvo se observada a impossibilidade de se realizarem lucros, hipótese em que o juízo competente poderá determinar o respectivo procedimento.

Da Resolução da Sociedade em Relação a um Sócio

Da resolução em caso de morte

Se ocorrer a morte de um dos sócios, sua quota será liquidada, salvo se houver disposição em contrário no contrato social; se os sócios restantes optarem pela dissolução da sociedade; ou se houver um acordo dos sócios com os herdeiros do sócio falecido, havendo assim a substituição.

E2. (OAB/XXIII Exame de Ordem Unificado/FGV/2017) Em 11 de setembro de 2016, ocorreu o falecimento de Pedro, sócio de uma sociedade simples. Nessa situação, o contrato prevê a resolução da sociedade em relação a um sócio. Na alteração contratual ficou estabelecida a redução do capital no valor das quotas titularizadas pelo ex-sócio, sendo o documento arquivado no Registro Civil de Pessoas Jurídicas, em 22 de outubro de 2016. Diante da narrativa, os herdeiros de Pedro são responsáveis pelas obrigações sociais anteriores à data do falecimento, até dois anos após

A) a data da resolução da sociedade e pelas posteriores e em igual prazo, a partir de 11 de setembro de 2016.

B) a data do arquivamento da resolução da sociedade (22 de outubro de 2016).

C) a data da resolução da sociedade em relação ao sócio Pedro (11 de setembro de 2016).

D) a data do arquivamento da resolução da sociedade e pelas posteriores e em igual prazo, a partir de 22 de outubro de 2016.

➠ Veja arts. 1.028, 1.032 e 1.151, CC.

Comentário: A opção a ser assinalada é a letra B. Vale dizer que nos termos do art. 1.032 do CC, os herdeiros ficam responsáveis pelas obrigações sociais por dois anos contados da data de averbação da resolução da sociedade.

Do "direito de recesso"

Em relação à retirada voluntária do sócio, intitulada "direito de recesso", observa o disposto constitucional sobre a não obrigatoriedade de se manter associado (art. 5º, XX, da CF). Dessa forma, deve o requerente notificar os sócios de seu intuito com antecedência de sessenta dias ou mais, se participar de sociedade com prazo indeterminado, hipótese em que nos trinta dias seguintes à notificação poderão os demais decidir pela dissolução da sociedade. Outra questão se verifica na apresentação de justa causa em juízo, pleiteando a autorização judicial, se o sócio compuser sociedade com prazo determinado.

Da exclusão de sócio faltoso ou incapaz

A exclusão de sócio faltante ou incapaz é dada pela própria sociedade, que possui legitimidade para tal ato, por meio de deliberação da maioria absoluta dos sócios, e não da maioria do capital. A exclusão do sócio resulta na dissolução parcial da sociedade e pode ocorrer nos seguintes casos: *a*) de mora na integralização da quota social pelo sócio remisso (art. 1.004, parágrafo único, do CC); *b*) falta grave no cumprimento de suas obrigações ou, ainda, por incapacidade superveniente comprovada; *c*) declaração de insolvência, como empresário individual, que, portanto, o excluirá de pleno direito da sociedade; *d*) liquidação da quota para pagamento de débitos ao sócio devedor.

Sócio remisso. Verificada a mora pela não realização, na forma e no prazo, da integralização da quota pelo sócio remisso, os demais sócios poderão preferir, à indenização, a exclusão do sócio remisso, ou reduzir-lhe a quota ao montante já realizado. Em ambos os casos, o capital social sofrerá a correspondente redução, salvo se os demais sócios suprirem o valor da quota (art. 1.004, parágrafo único c/c art. 1.031, § 1º, do CC). Poderão também os sócios, excluindo o titular, tomar a quota para si ou transferi-la a terceiros (art. 1.058 do CC). Serão arquivadas, em processos distintos e simultaneamente, a ata da reunião ou assembleia e a alteração contratual mencionadas. O sócio declarado falido será excluído de pleno direito da sociedade. O capital social será reduzido se os demais sócios não suprirem o valor da quota respectiva. O sócio interditado, se não excluído judicialmente, poderá continuar na sociedade representado ou assistido por seu curador.

V. Lei n. 13.792/2019 que delimita a exclusão de sócios, em uma sociedade que tenha dois, o ato somente poderá ser tomado em reunião ou assembleia especialmente convocada para tal ato – parágrafo único do art. 1.085 do CC.

Da liquidação de quotas por resolução de um sócio

O art. 1.031 trata dos efeitos do art. 1.030. No caso de liquidação de quotas, deverá ser paga em noventa dias, a partir da liquidação, salvo disposição em contrário criada pela própria autonomia da vontade (art. 421 do CC). Com a dissolução parcial da sociedade por meio da exclusão de um dos sócios e com o pagamento de sua quota, o capital social é reduzido, a não ser que os sócios supram as quotas saídas, com seus próprios recursos, reajustando a cifra constante no estatuto. Essa modificação deve ser averbada no registro competente.

Da responsabilidade dos herdeiros com a exclusão, retirada ou morte de um sócio

Buscando evitar fraudes, a lei determina que os sócios ou seus herdeiros permaneçam responsáveis pelas obrigações da sociedade pelo prazo de dois anos anteriores, salvo quanto à morte, à averbação da ocorrência nos respectivos atos constitutivos. Parte da doutrina tem discutido sobre a possibilidade de o termo inicial do prazo ser a efetiva retirada, exclusão ou morte do sócio, mas essa hipótese não tem verificado guarida na doutrina majoritária.

➠ Ver questão E2.

Da Dissolução

Dos motivos para a dissolução da sociedade

A dissolução prepara a sociedade para o encerramento de suas atividades, promovendo o período de liquidação amigável ou judicial. A sociedade simples pode ser dissolvida quando assim requerido em seu termo final, se ajustada por prazo determinado; pelo ajuste dos sócios, nisso deduzido pela forma do distrato; pela deliberação da maioria absoluta – maioria representativa do capital social – dos sócios em sociedade por prazo indeterminado; quando subsistir apenas uma pessoa na qualidade de sócio pelo prazo de cento e oitenta dias, salvo se requerida a transformação do seu respectivo registro para empresário individual ou para empresa individual de responsabilidade limitada; e pela extinção de sua autorização para funcionar, na forma da lei, nisso verificadas as hipóteses de aviação comercial, mineração, entre outras.

Da dissolução judicial

A dissolução requerida judicialmente deverá se pautar na declaração de nulidade de seus atos constitutivos, o que se realiza no prazo decadencial de três anos da respectiva inscrição, a teor do parágrafo único do art. 45 do Código Civil, ou, ainda, no exaurimento do fim a que se destinava a sociedade ou se a execução deste se tornar impossível.

Das outras hipóteses de dissolução

Outras hipóteses de dissolução poderão ser previstas nos atos constitutivos da sociedade, além do disposto nos arts. 1.033 e 1.034 do CC, competindo ao Judiciário verificar sua licitude quando contestadas. Como exemplo de outras possibilidades, diga-se da dissolução pela retirada de determinado sócio ou de certo número representativo do capital social.

Da possibilidade da sociedade unipessoal

Não recomposto o número mínimo de sócios no prazo de 180 dias, a sociedade dissolve-se de pleno direito, cumprindo aos administradores providenciar imediatamente a investidura do liquidante, e restringir a gestão própria aos negócios inadiáveis, vedadas novas operações, pelas quais responderão solidária e ilimitadamente.

Da função do *parquet* na dissolução da sociedade simples

No caso de a sociedade simples dissolver-se em razão da cassação da autorização para seu funcionamento (art. 1.033, V, do CC), na omissão dos sócios por período superior a trinta dias, compete ao *parquet* propor a liquidação da sociedade dissolvida pela extinção de sua autorização legal para funcionar. Não o fazendo, também, o Ministério Público será nomeado interventor para que o faça, nos termos do art. 1.037, que por sua vez realizará também a administração da sociedade até a nomeação do liquidante pelo juízo.

Da escolha e destituição do liquidante

Salvo se estipulado nos respectivos atos constitutivos, o liquidante será escolhido por deliberação dos sócios, não vedando a lei que sua eleição recaia em terceiro estranho à sociedade. Com feito, acrescente-se que, em qualquer momento, poderá o liquidante ser destituído por conveniência, se eleito pelos sócios, ou por decisão judicial, ocorrendo justa causa demonstrada por qualquer dos sócios, isolada ou conjuntamente.

Finalmente, diga-se aplicar à sociedade em comento o disposto sobre a liquidação da sociedade, nos termos dos arts. 1.102 e seguintes do diploma material civil.

DA SOCIEDADE EM NOME COLETIVO

Na sociedade em nome coletivo, todos os sócios, pessoas físicas, responderão solidária e ilimitadamente pelas obrigações sociais. Portanto, todos os sócios pertencentes a uma única categoria serão solidária e ilimitadamente responsáveis, de modo que seus bens particulares poderão ser executados por débitos da sociedade, se o quinhão social for insuficiente para cobrir as referidas dívidas. Mas nada impedirá, não havendo qualquer prejuízo de sua responsabilidade perante terceiros, que os sócios, no contrato social, ou por convenção posterior unânime, resolvam limitar entre si a responsabilidade de cada um.

Da disciplina jurídica da sociedade em nome coletivo

A sociedade em nome coletivo será regida pelos arts. 1.039 a 1.044 do CC e, no que forem omissos, aplicar-se-lhe-á, no que couber, o disposto nos arts. 997 a 1.038 do CC.

Dos requisitos do contrato social

A sociedade em nome coletivo constituir-se-á mediante contrato escrito, particular ou público, que, além das cláusulas firmadas pelos sócios e da indicação da firma social, deverá: *a*) qualificar os sócios; *b*) indicar o objeto social, a sede, o prazo de duração da sociedade, o capital social, a contribuição de cada sócio em bens ou serviços e sua participação nos lucros e perdas; *c*) designar gerente, apontando suas atribuições, se não se pretender que todos os sócios a administrem, usando a firma social.

Firma social. Se existe tal sociedade quando duas ou mais pessoas físicas se unem para realizar um objetivo social, debaixo de uma firma social, esta é, em regra, constituída do nome de todos os sócios ou de alguns deles, seguido da expressão "& Companhia", por extenso, ou da abreviada "& Cia.".

Da administração exclusiva aos sócios

Qualquer dos sócios, isolada ou conjuntamente, poderá gerir os negócios na qualidade de gerente, devendo o contrato social disciplinar os limites de sua atuação e do uso da firma social.

Da liquidação de quotas pelo credor de sócio

A liquidação da cota do sócio inadimplente não pode ser requerida por terceiro devedor nas sociedades formadas por tempo determinado. Contudo, poderá fazê-lo se estas subsistirem sem termo final ou, ainda, se ocorrida a prorrogação contratual por expressa disposição dos sócios, noventa dias após publicada essa decisão e mediante acolhimento judicial do pleito do credor.

Das regras para dissolução

A sociedade em nome coletivo observa as causas de dissolução das sociedades simples, a teor do art. 1.033 do Código Civil, assim também verificando para tanto os preceitos da falência, se constituída como sociedade empresária.

DA SOCIEDADE EM COMANDITA SIMPLES

Ter-se-á sociedade em comandita simples se o capital comanditado for representado por quota declarada no contrato social e se houver duas categorias de sócios nele discriminadas: os *comanditados*, pessoas físicas, responsáveis solidária e ilimitadamente pelas obrigações sociais, e os *comanditários*, obrigados pelos fundos com que entraram para a sociedade, ou melhor, pelo valor de sua quota. No pacto social deverão estar indicados os investidores (comanditários) e os empreendedores (comanditados). Os comanditados obrigam-se como sócios solidários e ilimitadamente responsáveis, e os comanditários, por serem prestadores de capitais, têm responsabilidade limitada às suas contribuições sociais.

Das normas aplicáveis à sociedade em comandita simples

As normas contidas nos arts. 1.045 a 1.051 do Código Civil são as que regem a sociedade em comandita simples, mas a ela se aplicará, no que for cabível, o disposto nos arts. 1.039 a 1.044 daquele mesmo diploma legal, pois aos sócios comanditados caberão os mesmos direitos e deveres dos da sociedade em nome coletivo.

Das limitações ao comanditário

A lei resguarda a qualidade de sócio comanditário, instituindo sua responsabilidade solidária e ilimitada apenas quando praticar algum ato de gestão, sem a correspondente outorga de mandato com poderes especiais. O comanditário não poderá praticar qualquer ato da gestão e ter nome na firma social, pois se o fizer fica sujeito às responsabilidades de sócio comanditado e sua responsabilidade torna-se ilimitada.

Da necessidade de publicação da diminuição de quotas

O ilustre Deputado Ricardo Fiuza preleciona: na hipótese de redução do capital social à conta das quotas do sócio comanditário, tal redução somente produzirá efeitos perante terceiros após a averbação da alteração do contrato social no registro competente. Em se tratando de sociedade em comandita empresária, a averbação deve ser realizada no Registro Público de Empresas Mercantis. Se for o caso de sociedade simples sob a forma em comandita (art. 983), a averbação será realizada no Registro Civil das Pessoas Jurídicas. Mesmo após averbada a redução do capital do sócio comanditário, os direitos dos credores existentes à data da diminuição dos fundos em comandita não poderão ser prejudicados até a extinção das obrigações contratadas.

Dos lucros e perdas ao sócio comanditário

Se por um lado o sócio comanditário não é obrigado a repor os lucros recebidos de boa-fé e de acordo com o balanço patrimonial, de outra parte a norma estipula que na hipótese de se verificarem perdas supervenientes que prejudiquem o capital social, este sócio não receberá sua parcela de lucro até que se restabeleça tal fortuna.

Dos sucessores no caso de morte de um dos sócios

Não se ajustando de maneira contrária em seus atos constitutivos, a morte do sócio comanditário não dissolve a sociedade, operando-se a continuidade desta por seus sucessores.

Da dissolução

Como disposto em relação às sociedades simples, a dissolução põe termo à sociedade, perfazendo o período de liquidação das cotas e demais valores que integrem seu patrimônio. No art. 1.051, note-se que as hipóteses de dissolução dessa modalidade de sociedade ocorrem por qualquer das hipóteses previstas para as sociedades simples, assim também pela declaração da falência, bem como por ocasião da ausência de pluralidade de sócios por período superior a 180 dias.

DA SOCIEDADE LIMITADA

"Na sociedade limitada, cada sócio responde pelo valor de sua quota, mas todos terão responsabilidade solidária pela integralização do capital social" (DINIZ, 2009, p. 723). "Os sócios devem integralizar o capital que não estiver integralizado, para se fixar a responsabilidade solidária de todos, que se limita ao capital social efetivamente realizado." Uma vez integralizado todo o capital, a responsabilidade dos sócios é limitada ao valor de sua quota.

Das normas aplicáveis à sociedade limitada

A sociedade limitada disciplinar-se-á pelos arts. 1.052 a 1.087 do Código Civil, e aplicar-se-lhe-á, nas omissões apresentadas nesses dispositivos legais, o disposto nos arts. 997 a 1.038, alusivos à sociedade simples. Seu contrato social poderá estipular que, supletivamente, lhe sejam aplicadas as normas da sociedade anônima (arts. 1.088 e 1.089 do CC; Lei n. 6.404/76).

Importa discorrer que a Lei n. 13.874/2019 também incorporou ao art. 1.052 do Código Civil os §§ 1º e 2º. As inclusões são deveras importantes, na medida em que se criou a figura da sociedade unipessoal, que, de partida, já significa ruptura com os preceitos fundamentais acerca da sociedade. Vale ressaltar que sociedade quer dizer, antes de mais nada, a união de pessoas que com esforços comuns se obrigam a contribuir com bens ou serviços para o exercício de atividade econômica compartilhada e a partilha, entre si, dos resultados. Logo se vê que a inclusão trazida pelo § 1º vem a implementar panorama díspar, que passa a introduzir a lógica de que sociedade limitada, por si só, pode ser constituída por mais de uma pessoa, mas também por apenas uma única pessoa.

Já o § 2º mantém as regras de constituição da sociedade observadas no contrato social da sociedade tradicional.

Do teor do contrato social

O contrato social, pelo qual se der a constituição da sociedade limitada, feito por instrumento, público ou particular, além das cláusulas estipuladas pelas partes, deverá conter todos os requisitos exigidos pelo art. 997 do Código Civil e, se for o caso, a firma social.

Da firma ou denominação social

A firma social poderá conter o nome civil de um, alguns ou de todos os sócios, utilizando-se a expressão "& Cia. Ltda.". Se a sociedade optar pela denominação social, nesta será indispensável o uso do termo "limitada", por extenso ou abreviadamente ("Ltda.").

Das Quotas

Da divisão das quotas

Quotas são parcelas em que o capital social será dividido, podendo elas serem iguais ou desiguais, cabendo uma ou várias parcelas a cada sócio. Todos os sócios respondem solidariamente, por até cinco anos do registro da empresa, pela estimação de bens conferidos ao capital social. Nesse tipo societário não é permitida a contribuição com prestação de serviços.

Do condomínio de quotas

A quota representa o menor valor resultante do capital social, não permitindo a lei sua subdivisão, salvo conforme o art. 1.057. Com efeito, acrescente-se que no condomínio de quotas, a transferência só terá eficácia se realizada pelo condômino representante ou pelo inventariante designado para a administração do espólio do sócio falecido, sendo certo ainda que, enquanto não integralizada a quota, os condôminos responderão solidariamente por sua satisfação.

Cessão de quotas

Quanto à cessão de quotas, resguarda a lei a opção de que se ajuste de maneira distinta ao Código, hipótese em que poderão os sócios vedar ou liberar tal cessão, ou nela impor certas condições, mediante inscrição no contrato social. Porém, não o fazendo, poderá o sócio ceder sua participação, total ou parcialmente, desde que não haja impugnação de tantos quanto perfizerem um quarto do capital social, sendo certo que a eficácia da cessão estará condicionada à respectiva averbação no correspondente registro.

Das ações contra sócio remisso

Sócio remisso é aquele que não integraliza, total ou parcialmente, o valor correspondente à sua quota. Nesse sentido, não cumprindo qualquer dos sócios com tal obrigação, poderão os demais notificá-lo para que o faça em trinta dias. Persistindo a recusa, deverão as quotas ser transferidas a um terceiro, cobrando do remisso os prejuízos deduzidos em lucros cessantes, juros e demais despesas, subtraindo-se, contudo, os créditos deste sócio. Ademais, diverge a doutrina sobre a possibilidade de as quotas serem transferidas à própria sociedade, mas o entendimento majoritário veda essa hipótese, a fim de garantir a estrutura social.

Da manutenção do capital social

A lei impõe a manutenção ou reintegração do capital social, de modo que, em qualquer hipótese, ainda que autorizado nos atos constitutivos, nenhum valor será retirado da sociedade se disso resultar prejuízo ao capital.

Da Administração

Administração da sociedade limitada

A administração da sociedade será exercida por uma ou mais pessoas físicas, sócias ou não, designadas no contrato ou em ato separado. Quando o administrador for nomeado em ato separado, este deverá conter seus poderes e atribuições. A administração atribuída no contrato a todos os sócios não se estende de pleno direito aos que posteriormente adquiram essa qualidade. Não há obrigatoriedade de previsão de prazo do mandato de administrador nomeado no contrato, e, não estando previsto, entender-se-á ser de prazo indeterminado. Não é exigível a apresentação do termo de posse de administrador nomeado, quando do arquivamento do ato de sua nomeação.

A designação de administrador não sócio em ato separado (ata de reunião ou assembleia de sócios ou documento de nomeação do administrador) dependerá da aprovação da unanimidade dos sócios, enquanto o capital não estiver integralizado, e de dois terços, no mínimo, após a integralização. O administrador não sócio designado em ato separado investir-se-á no cargo mediante termo de posse no livro de atas da administração.

Da aprovação de administradores não sócios

A administração da sociedade limitada pode ser atribuída a sócios e não sócios, mediante inscrição no contrato social ou em instrumento apartado. O administrador que não integre o quadro societário não se considera empregado, sendo certo que sua indicação dependerá da aprovação unânime dos sócios, se não integralizado o capital social, ou de dois terços destes, se satisfeita essa obrigação social.

Administrador designado em ato separado

O art. 1.052 dispõe sobre a eleição de administrador designado por ato apartado, dispondo inexistir qualquer formalidade para tanto, salvo o aceite à função, nos trinta dias seguintes à designação, e o correspondente registro no Registro Público de Empresas Mercantis ou no Registro Civil das Pessoas Jurídicas, mencionando sua qualificação.

Do término da administração

Três são as hipóteses em que cessa a gestão do administrador, a saber: a qualquer tempo; quando destituído ou apresentar renúncia; e no termo final fixado no instrumento constitutivo, se não houver a recondução. Ademais, lembre-se se tratar de decisão importante, com notáveis reflexos na atividade empresarial, de modo que qualquer ato dessa natureza deve ser registrado em até dez dias do ocorrido. Se o administrador pertencer ao quadro societário sua destituição dependerá da deliberação de mais da metade do capital social, conforme recente alteração da norma legal trazida pela Lei n. 13.792/2019, já que, anteriormente, para que a destituição se desse, era necessária a aprovação de, no mínimo, dois terços de votos na proporção do capital social, salvo ajuste específico nos atos constitutivos da sociedade.

Do uso da firma ou denominação

Nada dispondo o contrato social, todos os sócios perfazem a condição de administrador. Contudo, se versar o ato constitutivo de maneira diversa, apenas aquele com poderes especiais poderá fazer uso da firma ou denominação social sem incorrer em responsabilidade pessoal pelo ato.

Do inventário ao término do exercício social

A elaboração do inventário, do balanço patrimonial e do balanço de resultado econômico não só visa a determinar a situação patrimonial da empresa, mediante relação de créditos e débitos, além dos bens e demais questões pertinentes, mas também se presta à ciência dos sócios, os quais verificarão a condução do administrador e procederão às diretrizes para o exercício seguinte, que poderá ou não coincidir com o ano civil.

Do Conselho Fiscal

Da utilização do conselho fiscal

As sociedades limitadas podem gozar de um conselho fiscal, mediante prévio registro e composto de pelo menos um membro e um suplente que represente o capital minoritário, cuja competência será fiscalizar e controlar os atos dos administradores.

Com efeito, a fim de se evitar conflitos de interesse, não podem fazer parte do conselho as pessoas impedidas por lei, as que cumprem pena por crime falimentar ou contra o sistema financeiro nacional, entre outras hipóteses do art. 1.011, § 1º, do Código Civil.

O conselheiro assumirá o cargo até a assembleia anual seguinte, se por outro motivo não for destituído ou renunciar, verificando a eficácia do termo se registrado em até trinta dias da respectiva eleição.

Da remuneração aos membros do conselho fiscal

Os membros do conselho fiscal têm direito a uma remuneração, ainda que simbólica, pelos trabalhos de fiscalização e controle administrativo. Nesse sentido, convém que o parâmetro seja fixado no contrato social, considerando que a lei nada determina sobre os valores aplicáveis.

Deveres dos membros do conselho fiscal

A norma disciplina alguns deveres do conselho fiscal, abrindo margem para outras funções que observem previsão no contrato social. Desse modo, no mínimo a cada trimestre, deve o membro, conjunta ou separadamente, examinar a saúde financeira e organizacional da sociedade, lavrando os resultados de tais análises em livro próprio que será apresentado aos sócios na assembleia anual. Ademais, salienta-se expressa a previsão legal de denúncia das ilegalidades que sobrevierem com a análise dos documentos, em homenagem à função originária do conselho.

Da indisponibilidade dos deveres dos membros

Embora possam se valer do auxílio de um *expert* para a análise dos livros e documentos, as atribuições do conselho fiscal são indelegáveis, respondendo os conselheiros de maneira solidária pelas ações ou omissões que prejudicarem os sócios ou terceiros.

Das Deliberações dos Sócios

Das matérias de deliberação dos sócios

A enumeração trazida no art. 1.071 do Código Civil não é taxativa, *numerus clausus*, e sim exemplificativa, podendo o contrato fixar outras matérias que somente podem ser decididas em assembleias. A modificação do contrato social (inciso V), a incorporação e a fusão (inciso VI) são reguladas por este novo Código desde logo.

Matérias previstas no art. 1.071 do CC:

a) aprovação das contas da administração;

Maioria de capital dos presentes, se o contrato não exigir maioria mais elevada (art. 1.076, III, do CC).

b) designação dos administradores, quando feita em ato separado;

Administrador não sócio (art. 1.061 do CC):

– unanimidade dos sócios, se o capital social não estiver totalmente integralizado;

– dois terços do capital social, se o capital estiver totalmente integralizado.

Administrador sócio (art. 1.076, II, do CC):

– mais da metade do capital social.

c) destituição dos administradores;

Administrador, sócio ou não, designado em ato separado:

– mais da metade do capital social (art. 1.076, II, do CC).

Administrador sócio, nomeado no contrato social:

– mais da metade do capital social, no mínimo, salvo disposição contratual diversa (art. 1.063, § 1º, do CC).

d) o modo de remuneração dos administradores, quando não estabelecido no contrato;

Mais da metade do capital social (art. 1.076, II, CC).

e) modificação do contrato social;

Três quartos do capital social, salvo nas matérias sujeitas a *quorum* diferente (art. 1.076, I, do CC).

f) incorporação, fusão e dissolução da sociedade, ou a cessação do estado de liquidação;

Três quartos do capital social (art. 1.076, I, do CC).

g) nomeação e destituição dos liquidantes e o julgamento das suas contas;

Maioria de capital dos presentes, se o contrato não exigir maioria mais elevada (art. 1.076, III, do CC).

h) pedido de recuperação judicial.

Mais da metade do capital social (art. 1.076, II, do CC).

Os sócios, além dos assuntos previstos contratualmente, deverão deliberar sobre: a aprovação das contas da administração; a designação dos administradores, quando feita em ato separado; a destituição dos administradores; o modo de sua remuneração, quando não estabelecido no contrato; a modificação do contrato social; a incorporação, a fusão e a dissolução da sociedade, ou a cessação do estado de liquidação; a nomeação e destituição dos liquidantes e o julgamento das suas contas; o pedido de concordata (atualmente, não existe mais concordata, e sim a recuperação judicial ou extrajudicial, de acordo com a Lei n. 11.101/2005).

Da convocação de reuniões ou assembleias

As formalidades aqui comentadas não se prestam às microempresas e empresas de pequeno porte, por força de Lei Complementar n. 123/2006. Os votos nas deliberações aqui comentadas se verificam por maioria absoluta, ou seja, pela maior parcela representativa do capital social, em reunião ou assembleia (se o número de sócios for superior a dez), vinculando todos os que compõem a estrutura societária, ainda que ausentes ou dissidentes. As formalidades da convocação são dispensadas se os sócios comparecerem ou se declararem cientes do encontro, acrescentando-se que a deliberação poderá ser tomada pelo ajuste escrito de todos os sócios. Ademais, note-se a autorização específica para requerer a concordata preventiva, hipótese bem observada pelo legislador pátrio a fim de se evitar a falência da sociedade.

A lei dispõe sobre outras hipóteses para a convocação da reunião ou assembleia, o que inicialmente compete ao administrador. Nesse sentido, pode o conselho fiscal convocá-la por motivos graves e urgentes, ou ainda pela inércia do administrador em fazê-la anualmente. Outra ocasião, adite-se, é a convocação pelos sócios, ainda que minoritários, pela omissão do ato conforme previsão legal ou contratual.

Quorum necessário para instalação de assembleias

O *quorum* para instalação da assembleia de sócios será de no mínimo 3/4 (três quartos) dos titulares do capital social, em primeira convocação. Caso esse número não seja atingido, a assembleia se instaurará em segunda convocação com qualquer número de representantes. O sócio que se ausentar poderá ser representado por outro sócio ou por um advogado, mediante a outorga de mandato com especificação dos atos autorizados, devendo o instrumento ser levado a registro, juntamente com a ata. Nenhum sócio pode, por si, ou como mandatário, manifestar seu voto em assuntos que lhe digam respeito diretamente.

Da presidência e secretariado das assembleias

A direção dos trabalhos será realizada por um presidente e um secretário, que auxiliará o primeiro lavrando ato do ocorrido, escolhidos no momento da assembleia. A ata dos trabalhos é revestida de formalidades e dela devem constar as assinaturas dos sócios presentes, na quantidade que bastarem, conforme disposto no contrato social ou na lei, sendo necessário também autenticá-la, disponibilizando-a aos sócios que requererem cópias e registrando-a no cartório próprio.

Das deliberações dos sócios

O *quorum* aqui disciplinado não se aplica às microempresas e empresas de pequeno porte. Salvo quando a lei dispuser de maneira diversa, impõe-se para as deliberações determinada forma, a saber: *quorum* qualificado, perfeito com 3/4 (três quartos) do capital votante; *quorum* de maioria absoluta, verificado com mais da metade do capital votante; e *quorum* de maioria representativa do capital social presente na reunião ou assembleia.

Do direito de retirada

O sócio da sociedade limitada tem o direito de retirar-se desta, caso o contrato seja alterado, por deliberação da maioria, bem como nas hipóteses de fusão e de incorporação, dando origem à dissolução parcial da sociedade, se os demais sócios não adquirirem sua quota.

Da periodicidade das assembleias

O exercício social não coincide necessariamente com o ano civil. Nesse sentido, findo o exercício social, há de se convocar assembleia dos sócios, dita ordinária, para os ajustes e deliberações de praxe, tais como a tomada de contas dos administradores, designação para nova administração, bem como qualquer assunto que esteja na pauta.

Ademais, acrescente-se que a lei determina procedimento para a assembleia, discorrendo sobre a publicidade dos documentos, sua leitura e eventual aprovação. Finalmente, diz a norma que a aprovação do balanço patrimonial e do balanço de resultado econômico exoneram os administradores quanto a vícios em sua gestão, salvo se deliberado por erro, dolo ou simulação, hipótese em que se terá o prazo decadencial de dois anos para anular o ato de aprovação.

As sociedades compostas por mais de dez sócios deverão se reunir em assembleia, observado todo o procedimento convocatório e os preceitos legais aplicáveis à matéria. Compondo a quantidade de até dez sócios, as deliberações podem ser tomadas mediante ajuste nos atos constitutivos, por assembleia ou reunião.

Semelhante ao disposto sobre o gestor que age sem poderes especiais, as deliberações que infirmarem preceitos legais ou contratuais tornam a responsabilidade daquele que as aprovou ilimitada, desconsiderando a personalidade jurídica da sociedade, em que os gravames são suportados na medida do capital integralizado.

Do Aumento e da Redução do Capital

Do aumento do capital social

Integralizadas as quotas, pode o capital ser aumentado, com a correspondente alteração contratual. Até 30 dias após a deliberação da administração de elevar o capital, os sócios terão preferência para participar do aumento, na proporção das quotas de que sejam titulares. Decorrido o prazo de preferência, e assumida, pelos sócios ou por terceiros, a totalidade do aumento, haverá reunião ou assembleia de sócios, para que seja aprovada a modificação do contrato, ou será firmado por todos os sócios documento contendo a deliberação nesse sentido.

Da redução do capital social

Se o capital estiver integralizado e a sociedade sofrer perdas irreparáveis em virtude de operações realizadas, pode-se reduzir seu capital proporcionalmente ao valor nominal das quotas. No caso de redução de capital por ter sido considerado excessivo para o objeto da sociedade, restitui-se parte do valor das quotas aos sócios, ou dispensa-se as prestações ainda devidas, diminuindo-se proporcionalmente o valor nominal das quotas. Essa redução deve ser objeto de deliberação dos sócios em reunião, assembleia ou em documento que contiver a assinatura de todos os sócios. A ata ou o documento que a substituir deve ser publicado, sem prejuízo da correspondente modificação do contrato. O credor quirografário tem 90 dias após a publicação da ata ou do documento que a substituir para impugnar a redução. Se, nesse prazo, não houver impugnação ou se provado o pagamento da dívida ou depósito judicial, a redução torna-se eficaz. Só então a sociedade procede o arquivamento da ata ou do documento que a substituir na Junta Comercial do Estado em que estiver registrado o contrato.

A redução do capital social tem eficácia após o respectivo registro da ata que autorizou sua redução apenas na hipótese de, após a integralização do capital, a sociedade limitada vir a sofrer perdas irreparáveis. Nesse caso, realizará pela diminuição do valor nominal das quotas e pela diminuição do número de quotas.

Se o capital social se tornar excessivo em relação ao objeto da sociedade, haverá a restituição de parte do valor das quotas aos sócios, se integralizado, ou ocorrerá a dispensa das prestações vincendas que tiverem por objeto satisfazer a integralização. Em ambos os casos, acrescente-se, verificar-se-á a redução proporcional dos valores nominais das quotas. Com efeito, dispõe a norma que o credor sem qualquer privilégio ou preferência poderá se opor ao ocorrido, no prazo de 90 dias, pois do contrário tornará eficaz a redução do capital social, que também se realizará se assegurado o pagamento da dívida, tudo mediante averbação da respectiva ata no registro próprio.

Da Resolução da Sociedade em Relação a Sócios Minoritários

Da exclusão de sócio por vontade da maioria do capital social

A maioria dos sócios, representativa de mais da metade do capital social, entendendo que um ou mais sócios estão colocando em risco a empresa pela prática de atos graves, poderá excluí-los, mediante alteração do contrato social, feita em reunião ou assembleia, convocada para esse fim, dando ciência dela, em tempo hábil, aos acusados para que possam a ela comparecer.

Arquivadas, em processos distintos e simultaneamente, a ata da reunião ou assembleia e a alteração contratual mencionada, proceder-se-á à redução do capital, se os demais sócios não suprirem o valor da quota (arts. 1.086 e 1.031, § 1º).

Com a exclusão do sócio ocorrerá a dissolução parcial da sociedade, que deverá ser efetivada no Registro Público de Empresas Mercantis, e em seguida deverá ser realizada a liquidação do valor das quotas, com base na situação patrimonial da sociedade, à data da resolução, verificada em balanço especialmente levantado. A quota liquidada deverá ser paga no prazo de 90 dias, em dinheiro, salvo estipulação contratual contrária (art. 1.031 do CC). Já o sócio excluído, ou mesmo o seu sucessor, se falecido (art. 1.028 do CC), permanecerá pelo período de dois anos após averbada a dissolução parcial da sociedade responsável pelas suas obrigações (art. 1.032 do CC).

Da Dissolução

Da dissolução *pleno iure*. A sociedade limitada dissolver-se-á, de pleno direito (arts. 1.033 e 1.044 do CC)

1) se simples:

a) pelo vencimento do prazo de sua duração;

b) pelo consenso unânime dos sócios quotistas;

c) por deliberação dos sócios, por maioria absoluta, se por prazo indeterminado;

d) pela ausência de pluralidade de sócios;

e) pela cassação de autorização para seu funcionamento;

2) se empresária, além da ocorrência das hipóteses anteriormente mencionadas, também pela declaração da sua falência.

DA SOCIEDADE ANÔNIMA

Da Caracterização

Do capital social em ações

Na sociedade anônima, também chamada de companhia, o capital social divide-se em ações, e os acionistas somente responderão pelo preço da emissão das ações que subscreveram ou adquiriram. Portanto, a responsabilidade de cada acionista é pessoal, pois eles respondem apenas por suas ações.

Normas aplicáveis à sociedade anônima

A sociedade anônima é disciplinada por lei especial (Lei n. 6.404/76) e, nos casos omissos, pelas disposições do Código Civil.

DA SOCIEDADE EM COMANDITA POR AÇÕES

É a sociedade em que o capital será dividido em ações, respondendo os sócios pelo preço das ações subscritas ou adquiridas; além disso, há responsabilidade subsidiária, solidária e ilimitada dos diretores ou gerentes (art. 1.091 do CC). Reger-se-á pelas normas relativas à sociedade anônima (Lei n. 6.404/76), sem prejuízo do disposto nos arts. 1.090 a 1.092 do Código Civil, e operará sob firma ou denominação social (art. 1.161 do CC).

Administração

A gerência da sociedade em comandita por ações compete ao acionista nomeado para tanto no próprio ato constitutivo da sociedade, por prazo indeterminado, que, na qualidade de diretor, responderá subsidiária e ilimitadamente pelas obrigações sociais. E se vários dentre os sócios forem diretores indicados no contrato social, terão, ainda, responsabilidade solidária pelas obrigações da sociedade, depois de esgotados os bens sociais.

Destituição de diretor

O diretor, ou diretores, apenas poderão ser destituídos do exercício da administração por deliberação de acionistas, que representem, no mínimo, 2/3 do capital social. E, apesar da exoneração do cargo, continuarão, pelo prazo de dois anos, responsáveis pelas obrigações sociais assumidas durante sua gestão.

O art. 1.092 altera o disposto no art. 283 da Lei das Sociedades Anônimas, excluindo a anuência dos diretores para aprovar a participação da sociedade em comandita por ação em grupo de sociedade. Com efeito, a norma subordina ao consentimento expresso dos diretores a eficácia das decisões tomadas na assembleia geral que disponha sobre o objeto essencial da sociedade, prorrogação de seu prazo de duração da sociedade, sobre aumento ou redução do capital social, bem como acerca da criação de debêntures ou partes beneficiárias.

DA SOCIEDADE COOPERATIVA

É uma associação sob forma de sociedade, com número aberto de membros, que tem por escopo estimular a poupança, a aquisição de bens e a economia de seus sócios, mediante atividade econômica comum. É uma forma de organização de atividade econômica, tendo por finalidade a produção agrícola ou industrial, ou a circulação de bens ou de serviços, voltada ao atendimento de seus sócios. Reger-se-á pelos arts. 1.094 a 1.096 e por lei especial (Lei n. 5.764/71, com considerações da Lei n. 7.231/84).

Características da sociedade cooperativa

A sociedade cooperativa apresenta as seguintes características:

a) variabilidade ou possibilidade de dispensa do capital social;

b) concurso de sócios em número mínimo necessário para compor a administração da sociedade, sem limitação de número máximo;

c) limitação do valor da soma de quotas do capital social que cada sócio poderá tomar;

d) intransferibilidade das quotas do capital a terceiros, estranhos à sociedade, ainda que por herança;

e) *quorum* para deliberação em assembleia que se funda no número de sócios presentes à reunião e não no capital social representado;

f) atribuição de um voto para cada sócio, ou seja, há direito de cada sócio a um só voto nas deliberações, qualquer que seja o valor de sua participação social, pouco importando, ainda, que a sociedade tenha, ou não, capital;

g) distribuição dos resultados proporcionalmente ao valor das operações efetuadas pelo sócio com a sociedade, podendo ser atribuído juro fixo ao capital realizado;

h) indivisibilidade do fundo de reserva entre os sócios, mesmo que haja dissolução da sociedade.

Da responsabilidade dos sócios na sociedade cooperativa

Embora possa se optar pela responsabilidade dos sócios na sociedade cooperativa, certo é que na ausência de capital social, eventual gravame será suportado ilimitadamente. A sociedade limitada observa o valor de suas quotas e o prejuízo das operações com que tenha concorrido, enquanto a forma ilimitada propõe a responsabilidade solidária e ilimitada dos sócios, ainda que gozem do benefício de ordem.

Responsabilidade limitada dos sócios

Na sociedade cooperativa, será limitada a responsabilidade dos sócios quando eles se obrigarem apenas até o valor de suas quotas, ao assumirem o prejuízo advindo das operações sociais, proporcionalmente à sua participação nas referidas operações.

Responsabilidade ilimitada dos sócios

Na cooperativa, quando os sócios responderem solidária e ilimitadamente pelas obrigações sociais, sua responsabilidade será ilimitada.

Nos casos em que a lei especial for omissa, serão aplicadas as normas relativas à sociedade simples (arts. 997 a 1.038 do CC), acatando as características estabelecidas no art. 1.094 do CC.

DAS SOCIEDADES COLIGADAS

As sociedades coligadas são as que resultam da relação estabelecida entre duas ou mais sociedades, que, em suas relações de capital, podem ser: a) controladas, se, ante o fato de a maioria do seu capital, representado por ações, se encontrar em poder da controladora, não têm o poder de decidir nas deliberações sociais nem o de eleger a maioria dos administradores (art. 1.098 do CC); b) filiadas, se outra sociedade participa de seu capital (art. 1.099 do CC), sem contudo controlá-la; c) de simples participação, se outra sociedade possuir parte de seu capital tendo direito de voto (art. 1.100 do CC).

Das sociedades controladas

O art. 1.098 analisa os conceitos de sociedade controlada, o que se observa normalmente pela atuação de uma *holding*. Nesse sentido, acentua o controle direto em seu primeiro inciso, em que a controladora detém a maioria dos votos para as deliberações da sociedade, e o controle indireto, em seu inciso seguinte, aduzindo se tratar da sociedade controlada por outra mediante o controle acionário ou das quotas.

Das sociedades filiadas

O Capítulo VIII ("Das Sociedades Coligadas") utiliza a expressão "coligada" para tratar das sociedades controladas, filiadas e de simples participação. Dessa feita, no art. 1.099 quer tratar o legislador das sociedades filiadas, instituindo a filiação pela parcela igual ou superior a 10% em outra sociedade, sem, contudo, exercer o controle das atividades empresariais.

Da simples participação

Aqui também se conceitua as sociedades coligadas, diga-se ser de simples participação aquela que detenha parcela menor do que 10% do capital social com direito a voto.

Da participação recíproca

O art. 1.101 disciplina a participação recíproca entre uma sociedade e outra, coligada. A proibição aqui destacada visa a inibir a confusão do controle entre as sociedades, permitindo aquisições recíprocas apenas quando não extrapolarem os recursos relativos às reservas de capital, excluída a reserva legal.

DA LIQUIDAÇÃO DA SOCIEDADE

Com a dissolução da sociedade, seja ela *pleno iure*, seja ela extrajudicial (amigável) ou judicial, não se aniquilam, de imediato, os seus efeitos, nem sua responsabilidade social para com terceiros, pelas dívidas contraídas, visto que não perdeu, ainda, por completo, a personalidade jurídica, conservando-a para liquidar as relações obrigacionais pendentes. Com a dissolução da sociedade, proceder-se-á a sua liquidação para apuração do patrimônio social, realizando seu ativo, alienando seus bens e cobrando seus devedores, e satisfazendo seu passivo, pagando seus credores. A liquidação protrai-se até que o saldo líquido, se houver, seja dividido entre os sócios. Deveras, a liquidação, tornando líquido o patrimônio social, reduzindo a dinheiro os haveres sociais, possibilitará não só a conclusão dos negócios sociais pendentes, mas também o pagamento dos débitos, partilhando-se o remanescente entre os sócios.

Deveres do liquidante

As obrigações do liquidante são analisadas no art. 1.103, acrescentando-se que sua omissão aos deveres legais caracteriza justa causa, o que culminará com sua destituição. Com efeito, a firma ou denominação social passa a agregar a denominação "em liquidação", dando anúncio dessa fase aos credores e demais interessados.

A publicação do ato de dissolução da sociedade é importante para dar publicidade a terceiros, devendo ser realizada no registro próprio e em jornal de grande circulação, a teor do disposto no art. 1.152, § 1º, do CC. Ademais, incumbe ao liquidante verificar o patrimônio da empresa, arrecadando os bens para posterior liquidação, elaborar o inventário e o balanço geral do ativo e do passivo, terminar os negócios ainda pendentes, bem como exigir a integralização do capital social, se necessário ao adimplemento das dívidas. Ainda assim, deve o liquidante apresentar e prestar contas do estado dos trabalhos em assembleia e confessar a falência ou solicitar a recuperação judicial, se necessário. Finalmente, incumbe ao liquidante apresentar o relatório final de seu exercício, com as respectivas contas para a avaliação dos sócios, averbando o ato de encerramento da liquidação no órgão competente.

Obrigações e responsabilidade do liquidante

As obrigações do liquidante em relação aos credores observam o regulamento para a administração da sociedade, em razão do tipo social escolhido, salvo se agir com culpa, dolo ou de forma contrária à lei ou ao contrato social, hipótese em que responde pessoalmente pelos prejuízos deduzidos.

Competências do liquidante

Entre as obrigações do liquidante, observou-se a arrecadação dos bens sociais (art. 1.103, II, do CC). Ato contínuo, diga-se da competência deste para a alienação das coisas, bem como outros atos de negócio, a fim de promover o encerramento das atividades sociais. Nesse sentido, lembre-se que a nomeação do liquidante cessa os poderes dos administradores e, ainda assim, não se permite gravar os bens de ônus real, adquirir empréstimos ou prosseguir na atividade social. Para tanto, a lei impõe a prévia autorização dos sócios ou do contrato social e a imprescindibilidade dos atos.

Da preferência para pagamento dos credores

A norma legal não disciplina a preferência para o pagamento dos credores, valendo-se o operador das regras próprias do tratamento da falência. Outrossim, restando como adimplir também os credores não preferenciais, a lei justifica que o liquidante deverá pagar as dívidas proporcionalmente, sem distinção entre contas vencidas e vincendas, não declarando, contudo, a forma de desconto para o pagamento destas. Ademais, se os créditos forem superiores aos débitos, o liquidante poderá proceder ao pagamento integral das contas vencidas, de modo a se entender pela proporcionalidade apenas quando não houver o superávit.

Do rateio do crédito restante

Observando a existência de créditos após o pagamento de todas as dívidas, poderão os sócios resolver pelo rateio para antecipação da partilha, que se dará inicialmente pela devolução do capital social integralizado e, após, pela proporção da participação societária de cada sócio.

Da prestação final de contas

A prestação final de contas é uma obrigação do liquidante, a teor do art. 1.103, VIII, do diploma civil. A aprovação dos sócios é importante para a lavratura do termo de encerramento das atividades, que será levada a registro e publicada em jornal de grande circulação. Ademais, o *quorum* para deliberação observa a modalidade de sociedade, sendo o da maioria representativa do capital social na hipótese de sociedade limitada, salvo estipulação em contrário no contrato social.

Do encerramento da liquidação

Cumpridas as formalidades legais e aprovadas as contas pelos sócios, opera-se a extinção da sociedade com o encerramento das atividades sociais. O registro e a divulgação em jornal de grande circulação dão eficácia ao procedimento, em homenagem à publicidade, cabendo ao sócio dissidente promover eventual impugnação no prazo de trinta dias da publicação da ata.

Do débito subsistente

O débito que subsistir ao encerramento da liquidação poderá ser cobrado dos sócios, na proporção dos valores recebidos pela partilha, salvo se tiver o sócio agido com o intuito de fraudar ou simular determinada transação, hipótese em que será responsável com o patrimônio próprio pelos débitos decorrentes. Contra o liquidante, caberá a propositura de demanda indenizatória, caso este tenha agido com dolo ou culpa no trato dos haveres sociais.

Da liquidação judicial

A liquidação judicial pode ocorrer pela dissolução judicial ou pela convenção desta modalidade no contrato social. Dessa feita, observa-se o disposto na lei processual, notadamente os ainda vigentes arts. 835 a 860 do atual Código de Processo Civil.

Juiz promovendo a liquidação

Sempre que necessário, poderá o juiz conduzir o procedimento da liquidação judicial promovendo reunião ou assembleia para deliberar sobre os interesses da liquidação. As respectivas atas serão apensadas aos autos, tendo eficácia depois de homologadas pelo juízo.

DA TRANSFORMAÇÃO, DA INCORPORAÇÃO, DA FUSÃO E DA CISÃO DAS SOCIEDADES

Da transformação da sociedade

A transformação é a operação pela qual a sociedade de determinada espécie passa a pertencer a outra, sem que haja sua dissolução ou liquidação mediante alteração em seu estatuto social, regendo-se, então, pelas normas que disciplinam a constituição e a inscrição de tipo societário em que se converteu.

Requisito para a transformação societária

Para que se opere a transformação da sociedade em outra, será imprescindível sua previsão no ato constitutivo ou, se nele não houver cláusula nesse sentido, a anuência de todos os sócios.

Direito de retirada do sócio dissidente

Se um sócio não concordar com a deliberação da maioria, aprovando o ato de transformação societária, poderá retirar-se da sociedade e o valor de sua quota será liquidado conforme previsto no estatuto social ou, no silêncio deste, mediante aplicação do art. 1.031 do Código Civil, pelo qual a liquidação de sua quota terá por base a atual situação patrimonial da sociedade, verificada em balanço especial.

Efeitos da transformação

Ocorrida a transformação societária: a) os direitos dos credores ficarão inalterados; b) a decretação da falência da sociedade transformada atingirá apenas os sócios que, na sociedade anterior, estariam sujeitos a seus efeitos, desde que o requeiram os titulares dos créditos anteriores ao ato de transformação.

Incorporação

A incorporação é a operação pela qual uma sociedade vem a absorver uma ou mais sociedades, com a aprovação destas, sucedendo-as em todos os direitos e obrigações e agregando seus patrimônios aos direitos e deveres, sem que com isso venha a surgir uma nova sociedade. É uma forma de reorganização societária.

Aprovação da incorporação de sociedade

A incorporação da sociedade deverá ser aprovada por deliberação dos sócios da sociedade incorporada sobre: as bases da operação; o projeto de reforma do ato constitutivo; a nomeação de peritos para avaliação do seu patrimônio líquido; a prática de atos necessários à incorporação pelos seus administradores, inclusive a subscrição em bens pelo valor da diferença verificada entre o ativo e o passivo.

Declaração da extinção da sociedade incorporada

A incorporadora, após a aprovação dos atos da incorporação, declarará a extinção da incorporada e providenciará a sua averbação no registro próprio.

Fusão de sociedades

A fusão de sociedades é a operação pela qual se cria, juridicamente, uma nova sociedade para substituir aquelas que vieram a fundir-se e a desaparecer, sucedendo-as nos direitos e deveres, sob denominação diversa, com a mesma ou com diferente finalidade e organização.

Aprovação assemblear da fusão

A decisão pela fusão dar-se-á em reunião, ou assembleia, dos sócios de cada sociedade, aprovando-se não só o projeto de constituição da nova sociedade e o plano de distribuição do capital social, mas também a nomeação de peritos para avaliação do patrimônio da sociedade e apresentação do respectivo laudo. A deliberação definitiva sobre a constituição da nova sociedade ocorrerá somente quando os administradores convocarem os sócios para tomar conhecimento dos laudos de avaliação do patrimônio da sociedade, sendo-lhes, contudo, proibida a votação em laudo avaliativo da sociedade de que fazem parte.

Inscrição da fusão

Constituída, por meio da fusão, uma nova sociedade, seus administradores deverão providenciar a inscrição dos atos relativos à fusão no registro próprio de sua sede.

Cisão de sociedade

"É a separação de sociedades, ou seja, a operação pela qual uma sociedade transfere parcelas de seu patrimônio para uma ou mais sociedades constituídas para esse fim ou já existentes, extinguindo-se a sociedade cindida, se houver total transferência de seu patrimônio, ou dividindo-se o seu capital, se parcial a transferência" (DINIZ, 2009, p. 773). O credor que se sentir lesado pela incorporação, fusão ou cisão societária poderá, dentro de 90 dias, contados da publicação desses atos, pleitear em juízo sua anulação, que, contudo, ficará prejudicada se houver consignação em pagamento do *quantum* que lhe era devido. Se o credor promover a anulação da incorporação, fusão ou cisão, sendo ilíquido o débito, a sociedade poderá garantir-lhe a execução, suspendendo-se aquele processo judicial. Se, dentro de noventa dias da publicação dos atos alusivos à incorporação, fusão ou cisão, advier a falência da sociedade incorporadora, da sociedade nova ou da cindida, qualquer credor anterior àqueles atos terá o direito de pleitear a separação dos patrimônios, para que seus créditos sejam pagos pelos bens componentes das respectivas massas.

DA SOCIEDADE DEPENDENTE DE AUTORIZAÇÃO

Da prévia autorização governamental para funcionamento da sociedade

Certas sociedades, para adquirir personalidade jurídica, dependem de prévia autorização do governo federal por girarem com o dinheiro do público, cujo interesse compete ao poder governamental resguardar, averiguando sua idoneidade, seus estatutos e as garantias que ofertam àquele. Assim sendo, dependerão da autorização do governo federal as sociedades estrangeiras (art. 11, § 1º, da LINDB); as agências ou estabelecimentos de seguros; montepios, caixas econômicas, bolsas de valores; e cooperativas, salvo sindicatos profissionais e agrícolas (arts. 511 e segs. da CLT; art. 8º, I e II, da CF), desde que legalmente organizados. A competência para a autorização será sempre do Poder Executivo Federal.

Da validade da autorização para início das atividades

Salvo estipulação em contrário, perde seus efeitos a autorização não realizada no prazo de doze meses de sua publicação, ou seja, a autorização de que não decorreu a constituição da sociedade, verificando-se o seu funcionamento.

Do funcionamento em regime especial

O poder público tem competência para permitir o funcionamento de sociedades sob regime especial, assim também procedendo à sua fiscalização e cancelamento da respectiva autorização. Não se trata de ato público discricionário, mas vinculado à infração de disposição legal ou ao declarado no estatuto.

Da Sociedade Nacional

É nacional a sociedade que for organizada conforme a lei brasileira e tiver a sede de sua administração no Brasil. A pessoa jurídica também tem sua nacionalidade, ligando-se ao país em que se constituir, predominando o critério da sede social.

Da exigência de sócios brasileiros

Se a lei exigir que todos ou alguns sócios de sociedade anônima sejam brasileiros, as ações, no silêncio da lei, serão nominativas. Mas qualquer que seja o tipo societário, dever-se-á arquivar na sua sede uma cópia autêntica do documento comprobatório da nacionalidade de seus sócios.

Da alteração da nacionalidade da sociedade

A lei dificulta a alteração de nacionalidade de sociedade brasileira, privilegiando a atividade empresarial em território nacional. Dessa feita, apenas a unanimidade dos sócios ou acionistas permite a mudança da sede de determinada sociedade para outro país.

Requerimento para autorização de sociedade nacional

O requerimento pedindo autorização para funcionamento de sociedade nacional (art. 1.126 do CC) deverá estar acompanhado não só de cópia autenticada do contrato social assinado por todos os sócios e pelos fundadores, se se tratar de sociedade anônima, mas também de todos os documentos exigidos por lei especial. Mas se a constituição da sociedade se deu por escritura pública, bastará a juntada da respectiva certidão àquele requerimento.

Das alterações ou aditamentos nos contratos ou estatutos

Os atos constitutivos da sociedade dependente de autorização especial devem se adequar aos requisitos legais relativos não só ao tipo social, mas também aos detalhes de sua atividade específica. A exigência está amparada pelo poder de fiscalização do poder público, que o fará apresentar prova de regularidade no processo de autorização.

Da recusa à autorização

Não observando o disposto na lei em relação à atividade que se pretende desenvolver, a sociedade terá sua autorização para funcionar recusada.

Com efeito, acrescente-se que a "faculdade" que trata a norma se refere à possibilidade de determinar diligências e ajustes, mas não deve ser entendida como ato discricionário.

Da publicidade da autorização

A autorização se aperfeiçoa por decreto do Poder Executivo, fato de que decorre a obrigação de a sociedade publicar seus atos constitutivos em 30 dias, apresentando exemplar para registro no cartório próprio.

Necessidade de autorização para funcionamento

A sociedade anônima nacional só poderá lavrar seu ato constitutivo se for constituída por subscrição pública, após obter autorização do Poder Executivo para funcionar.

Ademais, dispõe a lei sobre o requerimento pertinente, aduzindo a necessidade de cópias autenticadas do projeto do estatuto e seu prospecto para sua instrução.

Com efeito, acrescente-se que a subscrição particular está disposta no art. 88 da Lei das S.A. e a pública no art. 82 do mesmo diploma extravagante.

A autorização do poder público não se resume à constituição da sociedade sob regime especial, mas também produz efeitos quanto às alterações de seus atos constitutivos, salvo se decorrerem de aumento de capital nos termos da lei.

Da Sociedade Estrangeira

Autorização para funcionamento no Brasil de sociedade estrangeira

A sociedade estrangeira, qualquer que seja seu objeto, poderá conservar sua sede no exterior e exercer atividade no Brasil, aqui mantendo, ou não, filial, sucursal, agência ou estabelecimento e até mesmo, em casos expressos em lei, ser acionista de sociedade anônima brasileira. Mas deverá para tanto obter autorização do Poder Executivo, mediante requerimento instruído com:

a) prova de se achar regularmente constituída conforme a lei de seu país;

b) contrato social em seu inteiro teor;

c) rol dos sócios e dos membros dos órgãos administrativos, com a devida qualificação, especificando, ainda, o valor da participação de cada um no capital social, salvo se as ações forem ao portador;

d) cópia da ata que autorizou o seu funcionamento no Brasil e fixou o capital destinado à realização das operações no território nacional;

e) comprovante da nomeação do representante no Brasil, com poderes expressos para aceitar as condições em que for dada a autorização pretendida; e

f) apresentação do último balanço da firma.

Todos esses documentos deverão estar autenticados conforme a lei nacional da sociedade requerente, legalizados pelo cônsul brasileiro da sua sede e devidamente traduzidos em vernáculo por tradutor juramentado.

Condições para funcionamento no Brasil

A sociedade estrangeira deve observar os interesses nacionais e verificar preceitos governamentais de reinvestimento e de remessa de lucros nos termos do art. 172 da Constituição Federal. Desse modo, poderá o poder público exigir condições especiais, procedendo à autorização após o cumprimento de tais medidas.

Registro da sociedade estrangeira

A inscrição de sociedade estrangeira será realizada em livro especial, de que conterá a qualificação pormenorizada da sociedade e de seu representante, publicando tais informações em homenagem à publicidade e aos interesses de quem com ela venha a contratar.

Da sujeição a leis e tribunais brasileiros

As transações realizadas em território nacional se submetem ao juízo pátrio, funcionando a sociedade com o acréscimo da denominação relativa ao Brasil em seu nome. Ainda que eleita a arbitragem por câmara de outra nação, as regras para a validade da cláusula compromissória ou do compromisso arbitral serão pontuadas com o ordenamento jurídico brasileiro.

Representantes no país

A representação de sociedade estrangeira será válida depois de arquivado e averbado o ato de sua designação. Ademais, saliente-se que a sociedade não poderá permanecer sem representante capaz de resolver quaisquer questões a ela relativas, ainda que este não tenha nacionalidade brasileira.

Alterações no contrato ou estatuto

Tanto nas partes como nas sociedades nacionais sujeitas à autorização, qualquer modificação nos atos constitutivos da sociedade estrangeira deverá ser aprovada pelo poder público para que tenha eficácia.

Publicação do balanço patrimonial e resultado econômico

A sociedade estrangeira autorizada a funcionar em território nacional não se exime das exigências legais de publicação do balanço patrimonial, do balanço de resultado econômico e dos atos de sua administração. A omissão desses procedimentos faz cessar a autorização para funcionar, como também ocorrerá se o deixar de fazer em relação às sucursais, filiais ou agências observadas no Brasil.

Nacionalização da sociedade estrangeira

A sociedade estrangeira poderá adquirir nacionalidade brasileira, constituindo-se sobre a lei nacional. Com efeito, ainda assim poderá o poder público exigir condições em defesa do interesse nacional que, após superadas, culminarão com o decreto de autorização e correspondentes publicação e registro.

DO ESTABELECIMENTO

Estabelecimento é o complexo de bens de natureza variada, materiais (mercadorias, máquinas, imóveis, veículos, equipamentos etc.) ou imateriais (marcas, patentes, tecnologia, ponto etc.), reunidos e organizados pelo empresário ou pela sociedade empresária, por serem necessários ou úteis ao desenvolvimento e exploração de sua atividade econômica, ou melhor, ao exercício de empresa. Como se pode inferir do enunciado no art. 1.142, trata-se de elemento essencial à empresa, pois impossível é qualquer atividade empresarial sem que antes se organize um estabelecimento.

Constitui o estabelecimento de uma pluralidade de bens organizados, pertencentes a um empresário ou uma sociedade empresária, que tenha por destinação o exercício da empresa. Com efeito, acrescente-se que o estabelecimento poderá ser objeto de oneração, penhora, entre outros, de modo a se entender integrado ao patrimônio da sociedade.

Eficácia *erga omnes* de alienação, usufruto ou arrendamento de estabelecimento

Se o estabelecimento empresarial for objeto de contrato que vise a aliená-lo, dá-lo em usufruto ou arrendá-lo, esse negócio jurídico apenas produzirá efeitos em relação a terceiros depois de sua averbação à margem da inscrição do empresário, ou da sociedade empresária, no Registro Público de Empresas Mercantis, e de sua publicação na imprensa oficial.

Dívidas assumidas pela sociedade

Não havendo como honrar as dívidas assumidas pela sociedade, ainda assim subsistirá a possibilidade de onerar ou alienar o estabelecimento. Com efeito, nessa hipótese, não tem eficácia sua venda se todos os credores não houverem sido satisfeitos ou, de outra forma, não tenham concordado com a operação.

Trespasse

Aquele que adquire o estabelecimento fica responsável pelos débitos anteriores à operação, permanecendo o devedor originário solidariamente responsável pelo período de um ano da transferência ou do vencimento das dívidas. Como já sintetizado, tal alienação, denominada trespasse, transfere a complexidade de bens organizados a outrem.

Impedimento para realizar a mesma atividade

Após o trespasse, só poderá o alienante fazer concorrência ao adquirente após cinco anos, após o período do arrendamento ou usufruto ou, ainda, com autorização expressa deste. Diga-se da concorrência pelo exercício da mesma atividade, coincidentes em relação à praça e à clientela.

Sub-rogação pessoal

Havendo transferência do estabelecimento empresarial, exceto estipulação em sentido contrário, o adquirente sub-rogar-se-á em todos os direitos e deveres do alienante nos contratos por ele efetivados para fazer frente à exploração do estabelecimento, desde que não tenham caráter pessoal.

Rescisão de contratos anteriores à transferência do estabelecimento empresarial

Havendo justa causa, terceiros poderão rescindir contratos estipulados pelo alienante do estabelecimento comercial para o desenvolvimento de sua atividade econômica, dentro do prazo de 90 dias, contado da publicação da transferência, ressalvando-se, porém, a responsabilidade do alienante.

Cessão de créditos relativos ao estabelecimento transferido

Se o alienante veio a ceder os créditos referentes ao estabelecimento empresarial transferido, esta cessão terá eficácia em relação aos devedores no instante em que a transferência for publicada; mas se algum devedor de boa-fé vier a solver seu débito, pagando-o ao cedente, e não ao cessionário, liberado estará de sua obrigação.

DOS INSTITUTOS COMPLEMENTARES

DO REGISTRO

O registro do empresário e da sociedade empresária no Registro Público de Empresas Mercantis de sua sede, a cargo das Juntas Comerciais (Lei n. 8.934/94), e o da sociedade simples no Registro Civil das Pessoas Jurídicas (Lei n. 6.015/73, arts. 114 a 126), dá início à existência legal da personalidade jurídica e é imprescindível para que se possa explorar atividade econômica, visto que: cadastra empresários, sociedades empresárias e sociedades simples em funcionamento, e dá publicidade e autenticidade aos atos por eles praticados, submetidos a registro.

Quem deve registrar

O registro dos atos sujeitos ao requisito formal (art. 104, III, do CC) exigido no art. 1.150 do CC será requerido pela pessoa obrigada em lei, e, no caso de omissão ou demora, pelo sócio ou qualquer interessado. Conforme uniformização do critério de julgamentos na Junta Comercial do Estado de São Paulo, o art. 1.150 tem como interessada toda e qualquer pessoa que tem direitos ou interesses que possam ser afetados pelo não arquivamento do ato. Os documentos necessários ao registro deverão ser apresentados no prazo de trinta dias da assinatura, caso contrário a personalidade da sociedade somente produzirá efeitos a partir de sua concessão. No caso de omissão ou demora (art. 186 do CC), as pessoas obrigadas a requerer o registro responderão por perdas e danos (art. 927, *caput*, do CC).

Regularidade das publicações

A regularidade das publicações nos termos legais será observada pelos órgãos incumbidos pelo respectivo registro. As empresas estrangeiras devem publicar seus atos tanto no diário nacional como no estadual, enquanto as sociedades nacionais o fazem de maneira alternativa. Ademais, note-se que tal publicação deve ser promovida mais de uma vez na hipótese de convocação da assembleia de sócios.

Da obrigação da autoridade competente

Cumpre à autoridade competente, antes de efetivar o registro, verificar a autenticidade e a legitimidade do signatário do requerimento, bem como fiscalizar a observância das prescrições legais concernentes ao ato ou aos documentos apresentados. Caso sejam encontradas irregularidades, deve ser notificado o requerente, que, se for o caso, poderá saná-las, obedecendo às formalidades da lei (art. 104, III, do CC).

Assinatura no requerimento do empresário

O empresário deverá apresentar cópia autenticada do documento de identidade do signatário para verificação da autenticidade e veracidade da assinatura.

Eficácia perante terceiros

A falta de publicidade faz do ato ineficaz perante terceiro, salvo prova de que este conhecia os termos da exceção. Dessa sorte, também não poderá se opor o terceiro se cumpridas as formalidades legais, considerando que o registro presume a ciência irrestrita dos atos ali publicados.

DO NOME EMPRESARIAL

É a firma ou denominação social com que o empresário, a sociedade empresária e também, por equiparação, a sociedade simples, a associação e a fundação se apresentam no exercício de suas atividades, visto ser seu elemento de identificação.

Firma

A firma só pode ter por base o nome civil do empresário ou os dos sócios da sociedade, que constitui também a sua assinatura.

Denominação

Na denominação poder-se-á usar nome civil ou um "elemento fantasia", mas a assinatura, neste último caso, será sempre com o nome civil, lançado sobre o nome empresarial impresso ou carimbado.

Formação de firma do empresário

O empresário só poderá adotar firma baseada em seu nome civil, completo ou abreviado, acrescentado, ou não, do gênero de atividade econômica por ele exercida.

Firma social de sociedade com sócios de responsabilidade ilimitada

Na sociedade em que houver sócios de responsabilidade ilimitada, apenas os nomes civis desses sócios deverão figurar na firma social, visto que ficarão solidária e ilimitadamente responsáveis pelas obrigações contraídas sob a mencionada firma. Para a formação dessa firma deve-se aditar ao nome civil de um daqueles sócios a locução "e companhia" ou sua abreviatura "& Cia.", para fazer referência aos sócios dessa categoria.

Firma social da sociedade limitada

Se a sociedade limitada usar firma, esta compor-se-á com o nome civil de um ou mais sócios, desde que pessoas físicas, acompanhado, no final, pela palavra "limitada" ou sua abreviatura "Ltda.", sob pena de, em caso de sua omissão, gerar responsabilidade solidária e ilimitada dos administradores que efetivarem operações usando firma.

Da necessidade do termo "cooperativa"

Pode a denominação ser formada por um nome fantasia ou qualquer outra expressão linguística. Nesse sentido, acrescente-se que aqui não quis o legislador impor o vocábulo "cooperativa" em sequência ao nome, deixando a escolha aos sócios.

Denominação da sociedade limitada

Se houver opção por uma determinada ação social, esta designará o objeto da sociedade, sendo permitido nela figurar o nome de um ou mais sócios, e deverá conter, no final, a palavra "Limitada" ou sua abreviatura "Ltda.", para que não haja responsabilidade solidária e ilimitada do administrador que a empregar nos negócios empresariais.

Denominação de sociedade anônima

A sociedade anônima apenas poderá exercer suas atividades sob denominação designativa do objeto social, integrada pela locução "sociedade anônima" ou pelo vocábulo "companhia", por extenso ou abreviado.

Denominação de sociedade em comandita por ações

Adotando-se a firma ou a denominação designativa do objeto social, a sociedade em comandita por ações comporá os nomes dos acionistas com qualidade para a administração, sendo aditado o vocábulo "comandita por ações".

Denominação de sociedade em conta de participação

A sociedade em conta de participação age exclusivamente em nome do sócio ostensivo, permanecendo os nomes dos demais omissos, assim também não subsistindo qualquer denominação de companhia.

Nome empresarial único

Não poderão coexistir dois nomes empresariais semelhantes, de modo a consagrar a novidade e exclusividade do nome de empresário. Com efeito, diante de tal problemática, adotar-se-á o acréscimo de certa designação que distinga tal denominação de qualquer outra já inscrita.

Nome indisponível

O nome é considerado direito de personalidade da pessoa jurídica no CC (art. 52); portanto, o nome empresarial não pode ser objeto de alienação, como o nome da pessoa natural também não pode (art. 16 do CC).

Alteração do nome em caso de morte/exclusão de sócio

É obrigatória a alteração da firma social quando dela constar o nome de sócio que vier a falecer, for excluído ou se retirar da sociedade (art. 1.165 do CC).

Exclusividade ao nome

O registro do nome de empresário impõe exclusividade em razão da qualidade de seu registro, seja estadual, seja nacional. Desse modo, não haverá confusão por nomes idênticos, considerando que o registro se opera cientificando terceiros de que aquele nome já está sendo utilizado e é oponível durante a atividade empresarial.

Ação para anular a inscrição do nome empresarial

Considerando que os registros estaduais e nacionais podem não estar integrados, a imprescritibilidade da ação para anular a inscrição do nome de empresário não guarda boa interpretação na doutrina. Contudo, há de se respeitar a exclusividade do nome, infirmando qualquer exceção para a validade de nomes idênticos. Portanto, por ser o nome empresarial um direito de personalidade do empresário e da sociedade empresarial, o prejudicado, diante da violação de seu direito de exclusividade do nome, poderá propor ação contra a Junta Comercial, a qualquer momento (arts. 44 a 51 da Lei n. 8.934/94).

Cancelamento do nome empresarial

O nome de empresário subsiste por vontade da sociedade ou durante a atividade social. Atingido seu termo final ou encerrada sua atividade com a regular dissolução, liquidação, aprovação das contas e registro, dispõe a lei sobre a necessidade de cancelamento da respectiva inscrição.

DOS PREPOSTOS

Necessidade de mandato

O substabelecimento deve ser expresso, de modo que, se o preposto designar substituto sem autorização específica, responderá pessoalmente pelos atos e obrigações por ele contraídas, ainda que de boa-fé.

Limitação ao preposto

A preposição é o instrumento pelo qual se designa alguém para representar a empresa, subsistindo vínculo entre ambos. Nesse sentido, os termos da preposição são importantes na medida em que limitam o exercício do instrumento e submetem a constatação dos excessos praticados, os quais serão respondidos em ação indenizatória, bem como retidos os lucros da operação.

Representando a sociedade

O preposto representa a sociedade, de modo que, se não recusadas imediatamente, são válidas as entregas de papéis, bens ou valores a ele. A regra se aproxima ao disposto quanto à responsabilidade por atos dos empregados no exercício de suas funções, a qual recai sobre o empregador por força legal.

Do Gerente

Gerente é o preposto permanente que administra e exerce atividade econômica da empresa, na sede desta, ou em sua sucursal, filial ou agência. É um cargo desempenhado em confiança. Pode ser gerente geral, gerente de sucursal, gerente de filial ou de agência.

Competência do gerente

Nos casos em que a lei não requerer poderes especiais para a prática de certos atos, ao gerente serão confiados os poderes de direção, de disciplina e de controle sobre empregados e bens materiais e imateriais que constituem o estabelecimento comercial. Enfim, está ele autorizado a praticar todos os atos que forem imprescindíveis para exercer os poderes que lhe foram outorgados. Ao gerente será confiada, por meio de procuração de instrumento particular ou público, a administração da empresa. Mas se na sociedade existir dois ou mais gerentes, na falta de estipulação diversa, os poderes conferidos a eles se tornarão solidários.

Limitação dos poderes

Os poderes do gerente são limitados àquilo que se contém da outorga, devendo o instrumento de maneira especial ser averbado no registro próprio quando de sua constituição, modificação ou extinção. Ademais, as exceções de quem contratou com o gerente não se aplicam se este previamente tinha conhecimento dos termos do instrumento.

Responsabilidade do gerente

Os atos praticados pelo gerente em nome próprio, mas por determinação daquele que lhe outorgou os poderes, serão de responsabilidade deste, pois realizados com subordinação e conforme os interesses sociais. Porém, se o gerente, em próprio nome, exercer atos dentro dos limites dos poderes outorgados no mandato, este responderá por eles.

Poderes de representação do gerente

Independentemente de expressa previsão no mandato, o gerente pode representar a sociedade em juízo por força legal, comparecendo como preposto, mas seus poderes, como transacionar e dar quitação, por exemplo, serão realizados nos termos do instrumento que o designou para a função.

Do Contabilista e Outros Auxiliares

Os prepostos designados para o lançamento de operações nos livros ou fichas têm em seus atos a mesma validade de que teriam os sócios, salvo má-fé. O contador ou o técnico em contabilidade é o preposto designado para a escrituração contábil. Os prepostos respondem pessoalmente pelos atos havidos com culpa perante os sócios e pelos havidos com dolo perante terceiros. Neste último caso, deve-se lembrar de que haverá a responsabilidade objetiva da empresa, que por sua vez se valerá de ação regressiva contra o seu empregado ou agente terceirizado.

Responsabilidade dos prepostos

A responsabilidade da sociedade por atos de seus prepostos é objetiva, valendo-se de ação regressiva se verificar que o outorgado agiu com dolo ou culpa. Com efeito, os atos relativos à atividade social havidos no estabelecimento da empresa são de responsabilidade desta, ainda que não exista autorização escrita. Por sua vez, as operações havidas fora do estabelecimento dependem de autorização escrita para obrigar a sociedade, valendo-se, para tanto, também de certidão ou cópia autêntica do teor da designação.

DA ESCRITURAÇÃO

Do sistema de contabilidade

A escrituração é o processo pelo qual em livros próprios, obrigatório ou auxiliar, se lançam cronologicamente as contas e todas as operações de um estabelecimento empresarial, fazendo um balanço geral do seu ativo e passivo, demonstrativo do histórico integral da empresa. Todos os empresários e sociedades empresárias, com exceção dos pequenos empresários, são obrigados: a) a escriturar, ou seja, a seguir um sistema de contabilidade, mecanizado ou não, com base na escrituração uniforme de seus livros, em correspondência com a documentação respectiva. O número e a espécie de livros ficarão, salvo o disposto no art. 1.180, a critério dos interessados; e b) a levantar anualmente o balanço patrimonial e o de resultado econômico.

Diário

O diário é o livro obrigatório de todos os empresários, em que é realizada a escrituração de todas as operações decorrentes da atividade econômica, individualizada e de maneira diária, bem como a inscrição do balanço patrimonial e do balanço de resultado econômico. Ademais, cite-se que o Código vigente acompanhou o desenvolvimento tecnológico, prevendo a adoção de sistema contábil mecanizado ou eletrônico.

Autenticação dos livros

Os livros mercantis se prestam à organização, controle e valor probante das transações empresariais. Nesse sentido, adquirem lastro de prova quando registrados no Registro Público de Empresas Mercantis, cuja autenticação dependerá da regularidade da inscrição do empresário ou da sociedade empresária. Com efeito, permite a norma que também os livros não obrigatórios possam ser autenticados, conferindo-lhes a validade do instrumento e sua adequação ao disposto na lei.

Escrituração sob responsabilidade do contabilista

É do contabilista regularmente inscrito em seu conselho a legitimidade para a escrituração, nisso deduzida a emissão de relatórios, análises, mapas contábeis etc. Não havendo contador na localidade, o empresário poderá proceder à formalidade, desde que atestada pelo Conselho Regional de Contabilidade a ausência de tal profissional.

Técnica de elaboração da escrituração

A técnica apropriada para elaborar escrituração requer o preenchimento de alguns requisitos intrínsecos: a) uso de idioma nacional (art. 192, parágrafo único, do CPC/2015); b) emprego da moeda corrente nacional; c) forma contábil; d) individuação, ou seja, consignação expressa dos principais caracteres dos documentos que dão sustentação ao lançamento; e) clareza e ordem cronológica de dia, mês e ano; f) ausência de intervalos em branco, entrelinhas, borrões, rasuras, emendas ou transporte para as margens.

Permissão do uso de código de números ou de abreviaturas

Apenas será permitida a utilização de código de números ou de abreviaturas constantes de livro próprio, regularmente autenticado.

Conteúdo do diário

O diário é o livro obrigatório comum de todos os empresários, em que são lançadas as operações resultantes da atividade mercantil, notadamente o balanço patrimonial e o balanço de resultado econômico. Os lançamentos devem atender uma sequência cronológica de fatos, com clareza e referência aos documentos probantes. Ademais, diga-se que o método de lançamento fica a critério da sociedade, o que dependerá da natureza da atividade econômica. A escrituração resumida é permitida por período não superior a trinta dias, desde que relativa a operações numerosas ou exercidas fora do estabelecimento.

Livro de balancetes diários e balanços

O lançamento por fichas soltas impõe à sociedade a adoção de livro particular para a inscrição do balanço e dos resultados sociais. As fichas são formulários contínuos, em folhas ou cartões, em que se exige a indicação do termo de encerramento, sua finalidade, o número de ordem e de folhas escrituradas, bem como o nome da sociedade empresária ou do empresário individual.

Modo de escrituração

O livro de balancetes diários e balanços, em que se constarão as fichas de acompanhamento da atividade econômica, deverá atender às disposições legais, contendo a evolução diária do patrimônio mediante as negociações realizadas, bem como o balanço patrimonial e o balanço de resultado econômico, no encerramento do exercício, o qual poderá não coincidir com o ano civil.

Inventário

Os critérios de avaliação para o inventário verificam minimamente o disposto no art. 1.187. Dessa forma, conterá inicialmente os bens destinados à exploração da sociedade em função de sua deterioração e necessidade de substituição. Observará também os estoques, matérias-primas e demais bens destinados à alienação em uma situação estática, bem como o valor dos papéis e demais investimentos por sua cotação ou valor de aquisição. O valor de realização dos créditos é selecionado, de modo que prever-se-á o risco de sua liquidação. Finalmente, permite-se a amortização das despesas de instalação da sociedade e os juros pagos aos investidores acionistas, tudo limitado em determinada taxa estabelecida na lei, assim também em relação à quantia paga a título de aviamento, quer seja para a captação de clientela, gestão de lucros e outras estratégias.

Balanço patrimonial

A demonstração contábil do balanço patrimonial visa a verificar quantitativa e qualitativamente a saúde da sociedade, sendo constituída de seu passivo, ativo e patrimônio líquido. Essa obrigação é semestral quanto às instituições financeiras e anual às demais sociedades empresárias, devendo refletir com fidelidade a situação econômica da empresa, assim também em relação àquelas sociedades vinculadas a um mesmo grupo econômico.

Balanço de resultado econômico

O balanço de resultado econômico observa mutações nos resultados acumulados da sociedade, discriminando o saldo no início do período, o ajuste de exercícios anteriores, reversões de reservas, compensações de prejuízos, destinação do lucro líquido, o saldo final do período, entre outros.

Sigilo dos livros empresariais

Os livros empresariais gozam de sigilo contra diligências arbitrárias, garantindo a efetividade das estratégias empresariais e o bom andamento dos negócios. Contudo, observe-se que esse sigilo não se aplica aos atos de fiscalização legais, como a visita de agentes fazendários para a análise do pagamento de tributos.

Autorização judicial para exibição

Os livros gozam de certo sigilo, de modo que a autorização judicial para sua exibição deve ser fundamentada nos casos de recuperação de empresas, sucessão, comunhão ou sociedade, administração ou gestão à conta de outrem. A exibição poderá ser precedida pelo exame do empresário, dos sócios ou seus prepostos, que destacarão o que for relevante para a questão suscitada, resguardando-se a apresentação diante da jurisdição que se localizar.

Negativa na entrega dos livros

Obstada a exibição dos documentos, determinará o juízo a apreensão destes, imputando os ônus da revelia à sociedade que deixar de atender a intimação para selecionar entre os livros o que melhor interessar à causa. Ademais, trata-se de presunção de veracidade relativa, podendo ser impugnada por prova documental em contrário.

Autoridades fazendárias

Embora gozem os livros de determinado sigilo, a norma esclarece que tal medida não pode ser oposta às autoridades fazendárias, as quais terão acesso à escrituração social para a análise do pagamento de tributos, entre outras.

Conservação de toda a escrituração

O empresário ou as sociedades empresárias podem ser suscitados a apresentar os livros a qualquer momento, desde que dentro do prazo prescricional para a prestação das contas. Dessa forma, determina a lei sua conservação para a própria defesa do empresário. Em caso de extravio ou deterioração, a sociedade ou o empresário deverão publicar aviso em jornal de grande circulação, prestando esclarecimentos à Junta Comercial em quarenta e oito horas para a obtenção de novos livros.

Sucursais, filiais ou agências

O estabelecimento de sucursal, filial ou agência por sociedade estrangeira em território nacional deverá observar as disposições deste Capítulo ("Da Escrituração"). Ademais, lembre-se sobre a necessidade de requerer autorização do poder público para tanto, devendo verificar a necessidade das publicações nos termos legais e, entre outras exigências, destacar pessoa brasileira ou estrangeira para permanecer responsável na solução das questões relativas à sociedade e para o recebimento de eventuais citações.

Tipos empresariais	Características	Amparo legal	Observação
Sociedade em nome coletivo	Constituída necessariamente por pessoas físicas. Igualdade entre os seus sócios; respondem solidária e ilimitadamente pelas obrigações sociais; a administração da sociedade cabe exclusivamente aos sócios; vedada nomeação de terceiros para tal função. Seu nome comercial obrigatório é firma ou razão social, composta pelo nome de qualquer sócio, acompanhado da expressão "& Cia"	Arts. 1.039 a 1.044 do CC	
Sociedade em comandita simples	Constituída por dois tipos de sócios, sendo: pessoas físicas, responsáveis solidária e ilimitadamente pelas obrigações sociais, denominados comanditados ou comanditários, que respondem somente pelo valor de suas respectivas quotas; administrada pelo sócio comanditado	Arts. 1.045 a 1.051 do CC	
Sociedade em comandita por ações	Tem o capital dividido em ações e é regulada pelas mesmas normas relativas às sociedades anônimas; possui duas categorias de acionistas semelhantes aos sócios comanditados e aos comanditários das comanditas simples; é uma sociedade comercial híbrida, pois mistura aspectos da comandita e da sociedade anônima; é regida pelas normas correspondentes às sociedades anônimas, nos pontos que forem adequados; pode comerciar sob firma ou razão social, e o uso de denominação não lhe é vedado	Arts. 1.090 a 1.092 do CC	
Sociedade limitada	É aquela dedicada à atividade empresarial, composta por dois ou mais sócios que contribuem com moeda ou bens para a formação do capital social. A responsabilidade dos sócios está limitada à sua proporção no capital da empresa. Cada sócio, porém, tem obrigação com a sua parte do capital social, podendo ser chamado a integralizar quotas dos sócios que deixaram de integralizá-las; a administração é exercida por uma ou mais pessoas estipuladas em contrato ou ato separado. O termo Ltda. ou sociedade limitada é usado para designar o tipo de empresa que exige uma escritura pública ou contrato social que define quem são os sócios da empresa, quantos são e como as quotas de capital estão distribuídas entre eles. O nome empresarial pode ser de dois tipos: denominação social ou firma social; limitação da responsabilidade dos sócios	Arts. 1.052 a 1.087 do CC	

(*continua*)

(*continuação*)

Tipos empresariais	Características	Amparo legal	Observação
Microempresa (EM)	São consideradas micro e pequena empresa a sociedade empresária, a sociedade simples e o empresário individual regularizados perante a junta comercial do estado e que corresponda a determinados requisitos específicos; pela Lei Geral da Micro e Pequena Empresa, uma empresa será considerada microempresa quando, no ano-calendário (ano em que houve operações) a receita bruta for igual ou inferior a R$ 240.000,00	Lei Complementar n. 123/2006, atentar para as alterações trazidas pela Lei Complementar n. 147/2014	
Empresa de pequeno porte (EPP)	Lei Geral da Micro e Pequena Empresa: para ser considerada microempresa ou empresa de pequeno porte, esta deve ter faturamento bruto anual superior a R$ 360.000,00 e igual ou inferior a R$ 4.800.000,00; necessário registro perante a junta comercial do estado e que corresponda a determinados requisitos específicos	Lei Complementar n. 123/2006, atentar para as alterações trazidas pela Lei Complementar n. 155/2016	
Empresa individual	Empresa individual ou empresário individual também pode ser considerado microempresa, com a diferença de que não há sociedade e, portanto, não há contrato social. Este tipo é ideal para algumas atividades, em particular no campo de prestação de serviços em que o profissional pode exercer individualmente a atividade sem precisar estabelecer uma sociedade limitada com outra pessoa; também se faz necessário o registro perante a junta comercial do estado e que corresponda a determinados requisitos específicos	Art. 966 do CC e Lei Complementar n. 123/2006	
Sociedade anônima	Sociedade anônima (S/A) ou empresa jurídica de direito privado abriga a maioria dos empreendimentos de grande porte no Brasil; capital dividido em partes iguais chamadas ações, que podem ser negociadas em bolsa de valores sem a necessidade de uma escritura pública; as ações podem ser adquiridas pelo público em geral, que desse modo se torna sócio da empresa, sem com que passe a fazer parte do contrato social, como no caso das Ltda. A S/A pode ser de capital aberto ou capital fechado. Sua constituição difere caso seja aberta ou fechada, sendo sucessiva ou pública para a primeira, e simultânea ou particular para a segunda. Estrutura organizacional: assembleia geral, conselho de administração (facultativo no caso de companhia fechada), diretoria e conselho fiscal, com atribuições fixadas na lei	Lei n. 6.404/76, atentar quanto às modificações feitas pelas Leis ns. 9.457/97 e 10.303/2001 e arts. 1.088 e 1.089 do CC	

(*continua*)

(*continuação*)

Tipos empresariais	Características	Amparo legal	Observação
Sociedade limitada unipessoal – SLU (antiga EIRELI)[1]	É constituída por uma única pessoa, titular da totalidade do capital social, devidamente integralizado, não inferior a cem vezes o maior salário mínimo vigente. A SLU será regulada, no que couber, pelas normas aplicáveis às sociedades limitadas. Formas de constituição: originária – quando decorre de ato de vontade da criação específica desta modalidade de pessoa jurídica; superveniente – na forma do § 3º do art. 980-A, quando "resultar da concentração das quotas de outra modalidade societária num único sócio, independentemente das razões que motivaram tal concentração"	Lei n. 12.441/2011 e art. 980-A do CC	A SLU de advogados é regulamentada pela Lei n. 13.247/2016, a qual altera a Lei n. 8.906/94

1 Nota ao leitor: em razão dos comentários constantes das páginas 51 e 259 deste *Manual*, fora realizada a exclusão dos dizeres sobre a Empresa Individual de Responsabilidade Limitada ("EIRELI") do presente quadro.

DO DIREITO DAS COISAS

DA POSSE

DA POSSE E SUA CLASSIFICAÇÃO

O Código determina que aquele que exercer sobre determinado objeto, de maneira plena ou não, qualquer dos poderes inerentes à propriedade (arts. 1.225, I, e 1.228), sendo eles os direitos de usar, gozar, dispor e de reaver o bem de quem quer que injustamente o detenha, será considerado possuidor deste. São elementos constitutivos da posse: *a*) o *corpus*, exterioridade da propriedade, que consiste no estado normal das coisas, sobre o qual desempenha a função econômica de servir e pelo qual o homem distingue quem possui e quem não possui; e *b*) o *animus*, que já está incluído no *corpus*, indicando o modo como o proprietário age em face do bem que é possuidor. Com isso, o *corpus* é o único elemento visível e suscetível de comprovação, estando vinculado ao *animus*, do qual é manifestação externa. A dispensa da intenção de dono na caracterização da posse permite considerar como possuidores, além do proprietário, o locatário, o comodatário, o depositário etc. O possuidor é aquele que tem o pleno exercício de fato dos poderes constitutivos inerentes ao domínio, como se fosse proprietário (locatário – *vide* Lei n. 8.245/91 e GUILHERME, Luiz Fernando do Vale de Almeida. *Comentários à Lei de Locações* – Lei n. 8.245/91. Barueri: Manole, 2017, se o objeto for imóvel urbano – com exceções do art. 1º da própria Lei, comodatário, depositário etc.). O legislador, no art. 1.196, levou em consideração a concepção do jurista Ihering.

F1. (Procurador-SP/Nível I/FCC/2012) Tício celebra contrato de locação de imóvel com Caio. Em razão de férias, Caio se ausenta do lar por 90 dias, e neste período Lúcio invade o imóvel, fato que chega ao imediato conhecimento de Tício. Neste caso, Tício

A) e Caio têm legitimidade para pleitear proteção possessória.

B) pode dar o contrato de locação por resolvido, e mover ação de despejo em face de Lúcio, mais célere que a possessória.

C) não poderá pleitear reintegração de posse, pois apenas Caio tem interesse jurídico em fazer cessar o esbulho.

D) poderá pleitear reintegração de posse, desde que notifique previamente Lúcio para que desocupe o imóvel no prazo de 30 dias.

E) pode pleitear reintegração de posse para fazer cessar o esbulho, desde que previamente autorizado por Caio.

➥ Veja arts. 1.196 e 1.197, CC.

Comentário: A alternativa correta é A, conforme expõe o art. 1.197, "A posse direta, de pessoa que tem a coisa em seu poder, temporariamente, em virtude de direito pessoal, ou real, não anula a indireta, de quem aquela foi havida, podendo o possuidor direto defender a sua posse contra o indireto".

Posse direta

É a do possuidor direto, que recebe o bem, por motivo de direito real, ou pessoal, ou de contrato. Assim, são os possuidores diretos: o usufrutuário, o depositário, o locatário e o credor pignoratício, pois todos conservam em seu poder a coisa que lhes foi transferida pelo dono, que, ao transferir a coisa, preservou para si a posse indireta.

➥ Ver questão F1.

Posse indireta

A posse indireta é o poder que a pessoa tem de ceder o uso do bem a outrem. Assim, no usufruto, o nu-proprietário tem a posse indireta, porque concedeu ao usufrutuário o direito de possuir, conservando apenas a nua propriedade, ou seja, a substância da coisa. É, portanto, a de quem temporariamente concedeu a outrem (possuidor direto) o exercício do direito de possuir a coisa, enquanto durar a relação jurídica que o levou a isso. Extinta esta, readquire o possuidor indireto a posse direta.

Coexistência das posses direta e indireta

As posses direta e indireta coexistem por haver uma relação jurídica entre o possuidor direto e o indireto. Assim, o locatário, por exemplo, tem a posse direta pelo período que durar a locação. Com a extinção do vínculo locatício, o possuidor indireto (locador) readquire a posse direta.

De quem detém o bem

O detentor do bem, também conhecido como fâmulo da posse, é aquele que está na ocupação do bem a mando do real proprietário, ou seja, o detentor simplesmente detém o bem sem a intenção de ser dono, ao passo que o seu mandante é o possuidor – aquele que possui o bem com a intenção de ser dono. É importante salientar que o detentor deverá agir conforme instruções do possuidor para que conserve a posse nos moldes que aquele estabeleceu. Aquele indivíduo que se comportar como o art. 1.198 prescreve, será considerado detentor para todos os efeitos, porém é uma presunção relativa, pois poderá ser desconstituída mediante prova em contrário.

Posse por duas ou mais pessoas

A composse se manifesta em virtude de contrato ou herança, quando duas ou mais pessoas se tornam simultaneamente possuidoras do mesmo bem, embora, por quota ideal, exercendo cada uma a posse sem embaraçar a da outra. O compossuidor poderá valer-se, isolada ou conjuntamente, da proteção possessória contra terceiro ou mesmo contra outro compossuidor que vier a perturbar sua posse. Pode ser:

- simples (ou *pro indiviso*): quando as pessoas possuem um bem e não está determinado qual a parcela que compete a cada um, situação em que cada um terá uma parte ideal;
- *pro diviso*: ocorre quando existe uma repartição de fato, embora não haja uma divisão de direito, e faz com que cada compossuidor já possua a sua parte certa;
- mão comum: admitida em outros ordenamentos jurídicos como o germânico, por exemplo, em situações decorrentes de convenção entre os compossuidores e as resultantes da lei.

F2. (OAB/Exame de Ordem Unificado/FGV/2012.1) Acerca do instituto da posse é correto afirmar que

A) o Código Civil estabeleceu um rol taxativo de posses paralelas.

B) é admissível o interdito proibitório para a proteção do direito autoral.

C) fâmulos da posse são aqueles que exercitam atos de posse em nome próprio.

D) a composse é uma situação que se verifica na comunhão *pro indiviso*, da qual cada possuidor conta com uma fração ideal sobre a posse.

➥ Veja art. 1.199, CC.

Comentário: Existe a composse, nos termos do art. 1.199, do CC, diante da seguinte situação: "Se duas ou mais pessoas possuírem coisa indivisa, poderá cada uma exercer sobre ela atos possessórios, contanto que não excluam os dos outros compossuidores". Portanto, a composse pressupõe que duas ou mais pessoas exerçam posses da mesma natureza, simultaneamente, sobre coisa indivisa. A alternativa correta é a letra D.

Proteção possessória

Poderá ser exercida, isolada ou conjuntamente, contra terceiro ou até mesmo contra o outro compossuidor. A composse pode ser: a) *pro diviso*, quando há uma divisão de fato, mesmo que não haja uma divisão de direito, fazendo com que cada compossuidor tenha uma parte certa; e, b) em mão comum, que, de acordo com a obra de Pontes de Miranda, é aquela em que todos se encontram ligados à coisa, mas nenhum dos sujeitos tem o poder fático, individualizado sobre a coisa (MIRANDA, Pontes de. *Comentários ao Código de Processo Civil.* v. 10, Rio de Janeiro: Forense, 1971, p. 112).

Posse pacífica

A posse mansa ou pacífica é aquela em que não há contestação, ou seja, oposição da posse. O possuidor deverá necessariamente obedecer aos ditames do artigo *sub examine*, não podendo a posse ser violenta, clandestina ou precária. Será considerada violenta a posse em que o possuidor, mediante violência física (*vis absoluta*) ou moral (*vis compulsiva*), toma para si a posse do bem que pertence a outrem. Será considerada clandestina a posse em que, mediante ocultamento, o legítimo possuidor desconhece a violação de sua posse. Será precária a posse que, nascida de uma posse legítima, se torna ilegítima.

Posse justa

É aquela que não for violenta, clandestina ou precária (art. 1.200 do CC).

F3. (Vunesp/2018/MPE-SP/Analista Jurídico do MP) Pedro cedeu a posse de um terreno de 250 m^2 a Joaquim. Aquele, contudo, adquiriu a posse mediante ameaças e agressões físicas contra o antigo possuidor do terreno. Joaquim pretende erigir no terreno adquirido uma casa para morar com sua família e desconhece a forma pela qual Pedro adquiriu a posse que lhe transmitiu.

É correto afirmar que a posse de Joaquim é de:

A) má-fé e injusta.
B) má-fé e violenta.
C) boa-fé e injusta.
D) boa-fé e justa.
E) má-fé e precária.

➡ Veja arts. 1.200, 1.201 e 1.203, CC.

Comentário: A posse é considerada justa quando não é marcada por vícios de violência, clandestinidade ou precariedade. Por outro lado, é tida como injusta quando presente quaisquer dos atos contrários aos mencionados. E ela é considerada de boa-fé se o possuidor não tem ciência de vício ou de obstáculo que impediria a aquisição da coisa. Logo, ela é injusta pois presentes estão os atos de violência e ao mesmo tempo de boa-fé, na medida em que o possuidor ignorava os atos descritos. Com isso, a alternativa correta é a letra C.

Posse injusta

Aquela que for violenta, clandestina ou precária.

Posse de boa-fé

A boa-fé a que o legislador se refere no art. 1.201 é a subjetiva, ou seja, deriva da consciência do sujeito não se confundindo com aquela disposta nos arts. 113 e 422 do CC. Nesse caso, para que o possuidor seja considerado de boa-fé, é necessário que desconheça os vícios da coisa. É uma consciência negativa, ou seja, é derivada do desconhecimento do fato que originou o vício, bem como o próprio vício. Será presumidamente considerado possuidor de boa-fé aquele que possui um justo título que justifique a sua posse. Porém, é uma presunção relativa que admite prova em contrário ou então quando a lei expressamente não permita essa justificativa de posse. É importante ressalvar que, para esse conceito de posse de boa-fé, não será possível aplicar a desapropriação judicial. A posse de má-fé é o caso em que o possuidor tem em suas mãos um título e tem a consciência da ilegitimidade do seu direito de posse.

F4. (OAB/XXIII Exame de Ordem Unificado/FGV/2017) À vista de todos e sem o emprego de qualquer tipo de violência, o pequeno agricultor Joventino adentra terreno vazio, constrói ali sua moradia e uma pequena horta para seu sustento, mesmo sabendo que o terreno é de propriedade de terceiros. Sem ser incomodado, exerce posse mansa e pacífica por 2 (dois) anos, quando é expulso por um grupo armado comandado por Clodoaldo, proprietário do terreno, que só tomou conhecimento da presença de Joventino no imóvel no dia anterior à retomada. Diante do exposto, assinale a afirmativa correta.

A) Como não houve emprego de violência, Joventino não pode ser considerado esbulhador.

B) Clodoaldo tem o direito de retomar a posse do bem mediante o uso da força com base no desforço imediato, eis que agiu imediatamente após a ciência do ocorrido.

C) Tendo em vista a ocorrência do esbulho, Joventino deve ajuizar uma ação possessória contra Clodoaldo, no intuito de recuperar a posse que exercia.

D) Na condição de possuidor de boa-fé, Joventino tem direito aos frutos e ao ressarcimento das benfeitorias realizadas durante o período de exercício da posse.

➠ Veja art. 1.201, CC.

Comentário: A alternativa correta é a letra C, nos termos do art. 1.210 do CC, "o possuidor tem direito a ser mantido na posse em caso de turbação, restituído no de esbulho, e segurado de violência iminente, se tiver justo receio de ser molestado".

Posse de má-fé

Aquela em que o possuidor, ainda que tenha título, tem ciência da ilegitimidade de sua posse. Este possuidor, desde o momento em que se constituiu a má-fé, responde pelos frutos colhidos e percebidos, assim como por aqueles que deixou de perceber por culpa sua, porém tem direito às despesas de produção e custeio (art. 1.216 do CC). O possuidor de má-fé responde pela perda e deterioração da coisa, mesmo que acidentais, salvo se provar que teriam ocorrido mesmo que em poder do reivindicante (art. 1.218 do CC).

Quanto às benfeitorias, será ressarcido apenas das necessárias, não terá direito a retê-las, muito menos de levantar as voluptuárias.

Obs.: o valor das benfeitorias se compensa com o dos danos, se existirem ao tempo da evicção (art. 1.221 do CC). O reivindicante indenizará o possuidor de boa-fé pelo valor atual. Já o reivindicante indenizará o de má-fé pelo valor atual ou custo (art. 1.222 do CC).

Posse provisória

Quando mais de uma pessoa se disser possuidora, a coisa será mantida em favor daquela que mantém a posse, desde que não tenha obtido de outra por modo vicioso, até que se resolva a questão (art. 1.211 do CC).

Perda da posse de boa-fé

O art. 1.202 deve ser analisado como complementação lógica do art. 1.201, pois prescreve que a presunção de boa-fé do possuidor cessa no exato momento em que este deixa de ser ignorante em relação aos vícios de sua posse, ou então pelo simples indício que faça presumir que deixou de ignorar a posse indevida. A má-fé surgirá a partir do momento em que o possuidor tiver o conhecimento dos vícios, e os ignorar.

Da qualidade da posse

O art. 1.203 procura manter a posse com os mesmos caracteres com que foi adquirida, inadmitindo-se que por simples mudança comportamental se possa alterar a característica da posse. Ilustrando, não se poderá converter a posse justa em injusta por mera alteração de comportamento; na mesma esteira, não se modificará a posse de má-fé em posse de boa-fé, bem como as demais classificações da posse.

DA AQUISIÇÃO DA POSSE

Equipara-se ao proprietário aquele possuidor que, agindo em nome próprio, possa exercer os mesmos direitos que os daquele, e só será considerado legítimo possuidor a partir desse momento.

A aquisição da posse poderá ocorrer pelo próprio interessado ou por seu representante, ou então por terceiro *sem* mandato, hipótese em que se fala do gestor de negócios que age em interesse de outrem, mesmo que não tenha sido incumbido nessa tarefa. Assim, com a ratificação do interessado, a posse obtida pelo gestor será considerada válida, a partir do momento em que se deu o ato aquisitivo (art. 873 do CC), e produzirá efeito *ex tunc.*

Transmissão aos herdeiros e legatários

Em respeito ao art. 1.203, que prescreve que a posse deverá se manter com os mesmos caracteres do momento em que foi adquirida, o art. 1.206 repisa esse comando legal, deixando claro que a posse será mantida, assim como foi adquirida, em favor dos herdeiros e legatários do *de cujus,* que era o primitivo possuidor. Na hipótese de haver múltiplos herdeiros ou legatários, a posse será exercida no regime da composse, competindo a cada um a utilização do bem na medida de seu quinhão, desde que o bem seja indivisível.

Da sucessão

No direito das sucessões, o sucessor singular é a pessoa que, por disposição testamentária expressa, recebe objeto ou bem concreto, individualizado, denominado legado. Já o sucessor universal é a pessoa que recebe a universalidade da herança. O art. 1.207 explica o que acontece com a posse quando o sucessor for universal, o qual continuará na posse de seu antecessor, e quando o sucessor for singular, em que a aquisição da posse consistirá em uma nova posse; contudo, esse herdeiro singular poderá unir sua posse com a de seu antecessor, objetivando, por exemplo, obter a propriedade pelo usucapião.

Atos de mera permissão ou tolerância e atos violentos ou clandestinos

A mera permissão ou tolerância ao uso do bem possuído não significa necessariamente que o permitido ou tolerado se tornou possuidor da coisa, de forma que a posse adquirida mediante violência ou grave ameaça, bem como aquelas advindas de clandestinidade também não serão admitidas como forma de aquisição da posse, a não ser que o legítimo possuidor que teve sua posse esbulhada não manifeste sua vontade em reaver a posse, anuindo, portanto, com a posse indevida. Noutro giro, será possuidor aquele que permanecer na posse da coisa depois de cessados os ilícitos da violência ou da clandestinidade. Será possuidor mediante posse injusta, pois a violência e a clandestinidade maculam a posse desde seu início, o que não ocorre com a precariedade, pois esta jamais cessará.

Da posse do imóvel e dos bens que o seguem

Os bens que pertencerem ao imóvel e estiverem dentro de seus limites estão englobados presumidamente na posse daquele que possuir o imóvel, por conta dos bens reciprocamente considerados (*vide* item "Bens acessórios *versus* bens principais").

DOS EFEITOS DA POSSE

Esbulho

É o ato em que o possuidor permanece desprovido da posse injustamente, mediante emprego de violência, ou por clandestinidade, ou ainda por precariedade. O possuidor poderá intentar ação de reintegração de posse contra o molestador.

Turbação

É o ato em que o possuidor sofre embaraço na sua posse, sem perdê-la totalmente, pois ele apenas perde alguns dos direitos relativos ao bem. O possuidor poderá propor ação de manutenção de posse, comprovando a existência da posse e da turbação (art. 561 do novo CPC).

Ações possessórias

As ações de manutenção (turbação) ou de reintegração (esbulho) de posse somente podem ser dirigidas contra o sujeito que, efetivamente, praticou o ato ou contra terceiros que se encontram em poder do bem, sabedores dos vícios que maculam a posse adquirida. Ou seja, verifica-se a carência da ação por falta de legitimidade passiva no direcionamento de demanda interdita contra terceiro com justo título e boa-fé.

Regras para quem detém a posse

O art. 1.211 busca fixar regra para determinação de quem ficará na posse do objeto em disputa possessória. Determina que, exceto nos casos em que estiver manifesto que aquele que detém o objeto o tenha obtido por meios viciosos, este deverá permanecer com a posse, até que seja resolvida a questão pelos meios cabíveis.

Receptação de coisa esbulhada

O art. 1.212 trata da questão da boa-fé no caso de receptação de coisa esbulhada. Na hipótese de o terceiro ter recebido coisa esbulhada conscientemente, sabendo dos vícios existentes, este poderá ser réu em ação de esbulho cumulada ou não com a de indenização.

Servidões não aparentes

O disposto nos arts. 1.210 a 1.212 não se aplica às servidões desconhecidas, a não ser que estejam devidamente registradas.

Dos frutos percebidos

O possuidor de boa-fé terá direito aos frutos (naturais, civis ou industriais) percebidos ou colhidos, isto é, aqueles que possuem autonomia em relação ao bem principal, enquanto durar a sua posse. Porém, cessada a boa-fé, o possuidor deverá restituir os frutos pendentes (ainda não colhidos), ou seja, aqueles que estão acompanhando o bem principal; no entanto, o possuidor deverá ser ressarcido pelas despesas tidas com o bem. No caso dos frutos retirados por antecipação, estes serão restituídos a quem de direito possui, apenas com o cuidado de assegurar ao possuidor o reembolso dos dispêndios que teve com o bem.

Frutos naturais e industriais

Os frutos naturais e industriais se tornam principais no momento em que houver a separação do bem principal. A seguir uma pequena classificação:

a) frutos naturais: são bens acessórios advindos da própria natureza;

b) frutos industriais: são aqueles que nascem por força da mecanização, produzidos por força humana;

c) frutos civis: são os rendimentos produzidos pela coisa frugífera, cujo uso foi cedido a outrem pelo proprietário e que se reputam percebidos no dia a dia.

Frutos percebidos e colhidos por possuidor de má-fé

A posse de má-fé gera ato ilícito (arts. 186 e/ou 187 do CC), assim como quaisquer frutos advindos da malfadada posse, também serão maculados por tal ilicitude, impossibilitando que o possuidor de má-fé perceba tais frutos. E não é só: o possuidor de má-fé, além de não manter os frutos, deverá responder pelos eventuais que tenha percebido e indenizar o legítimo possuidor por aqueles frutos que deixou de aferir. Tais responsabilidades se originam no momento em que a má-fé foi constituída.

Perda ou deterioração da coisa pelo possuidor de boa-fé

O possuidor que esteja na posse do bem de boa-fé não deverá ser responsabilizado pela destruição ou deterioração da coisa, desde que não tenha agido com culpa ou dolo para a ocorrência desses fatos. Se agiu com algum destes, deverá pagar indenização.

Perda ou deterioração da coisa pelo possuidor de má-fé

Em contraponto ao art. 1.217, o possuidor de má-fé será responsabilizado pela deterioração ou perda da coisa possuída, mesmo que não tenha agido com culpa. É caso de responsabilidade civil por ato ilícito na modalidade objetiva, porém, são ressalvados os casos em que o possuidor ilegal conseguir provar que o evento teria ocorrido mesmo que estivesse na posse do legítimo possuidor.

Indenização ao possuidor de boa-fé

Por vedação ao enriquecimento sem causa, o art. 1.219 permite que o possuidor de boa-fé exija a indenização pelas benfeitorias úteis (art. 96, § 2º, do CC) e/ou necessárias (art. 96, § 1º, do CC), sendo o ressarcimento pelas voluptuárias uma faculdade do legítimo possuidor, de modo que, se optar por não indenizá-las, poderá o possuidor de boa-fé levantá-las, desde que não incorra em deterioração ou destruição do bem principal. Caso o legítimo possuidor não indenize as benfeitorias, poderá o possuidor de boa-fé reter o bem até que seja devidamente ressarcido dos investimentos realizados.

F5. (Juiz Federal Substituto/5ª R./Cespe-UnB/2013) Acerca dos direitos possessórios, assinale a opção correta.

A) Segundo a jurisprudência do STJ, não é possível a posse de bem público, constituindo a sua ocupação sem aquiescência formal do titular do domínio mera detenção de natureza precária. Apesar disso, resguarda-se o direito de retenção por benfeitorias em caso de boa-fé do ocupante.

B) Considere que dois irmãos tenham a posse de uma fazenda e que ambos a exerçam sobre todo o imóvel, nele produzindo hortaliças. Nesse caso, há a denominada composse pro diviso.

C) Na aferição da posse de boa-fé ou de má-fé, utiliza-se como critério a boa-fé subjetiva, assim como ocorre em relação à posse justa ou injusta.

D) O reivindicante, obrigado a indenizar as benfeitorias ao possuidor de má-fé, tem o direito de optar entre o seu valor atual e o seu custo.

E) Considera-se possuidor, para todos os efeitos legais, somente as pessoas físicas e naturais, excluindo-se, portanto, os entes despersonalizados, como, por exemplo, a massa falida.

➠ Veja arts. 1.219 e 1.222, CC.

Comentário: A assertiva correta é a letra D, uma vez que o reivindicante é obrigado a indenizar as benfeitorias do possuidor de má-fé; no entanto, pode escolher entre seu valor atual ou seu custo, o que não ocorre no caso de possuidor de boa-fé, quando a indenização será pelo valor atual (art. 1.222 do Código Civil).

Ressarcimento ao possuidor de má-fé

Ao possuidor de má-fé que realizar benfeitorias úteis não assistirá direito de indenização, possuindo este direito somente perante as benfeitorias necessárias, e em relação às voluptuárias, além de não receber a indenização, o possuidor não poderá levantá-las. Em contraponto aos sistemas aplicados ao possuidor de boa-fé, aquele que possuir de má-fé determinado bem não poderá reter o bem até que receba a indenização sobre as benfeitorias necessárias, hipótese em que a obrigação do legítimo possuidor em indenizar é meramente pessoal, não podendo ser o bem utilizado como forma de pressioná-lo a realizar o pagamento.

Do cálculo para o ressarcimento

Para que se indenize de forma justa, é necessário que se faça o cálculo da diferença entre os danos que o bem tenha sofrido e as benfeitorias que o possuidor tenha realizado; o resultado dessa subtração será o *quantum* a ser indenizado pelo legítimo possuidor. É necessário que as benfeitorias existam no momento em que o possuidor perder a posse do bem para o legítimo possuidor, de maneira que se a benfeitoria se esvaiu no tempo e não exista mais, nada deverá ser indenizado.

Do valor para indenizar

Na posse oriunda de má-fé, aquele que é obrigado a indenizar poderá optar por pagar o preço de custo da benfeitoria ou o seu valor de mercado atual, ao passo que na posse de boa-fé a indenização terá sempre por base o valor atual.

➠ Ver questão F5.

DA PERDA DA POSSE

Independentemente da vontade do possuidor, a posse é considerada cessada no momento em que se perdem quaisquer dos direitos que são próprios da propriedade, em consonância com o art. 1.196 do CC.

Em caso de ausência do possuidor no momento do esbulho, será considerada perdida a posse quando este teve notícia da violação de seu direito e deixa de reivindicar a posse da coisa, ou então, quando ao retomá-la, tenha sido violentamente repelido. Cumpre esclarecer que a violência necessariamente deve ser ofensiva e injusta, seja de natureza física ou moral.

DOS DIREITOS REAIS

O art. 1.225 enumera os direitos reais que serão objeto de estudo em artigos específicos na sequência. Assim, tem-se: a *propriedade* (CC, arts. 1.228 a 1.360); os *direitos reais de gozo ou fruição*: enfiteuse (CC, art. 2.038, e CC/1916, arts. 678 e 694), superfície (CC, arts. 1.369 a 1.377), servidão predial (CC, arts. 1.378 a 1.389), usufruto (CC, arts. 1.390 a 1.411); uso (CC, arts. 1.412 e 1.413), habitação (CC, arts. 1.414 a 1.416); os *direitos reais de garantia*: penhor (CC, arts. 1.419 a 1.437); hipoteca (CC, arts. 1.473 a 1.505); anticrese (CC, arts. 1.506 a 1.510); propriedade fiduciária (CC, arts. 1.361 a 1.368-B); *direito real de aquisição*: compromisso de compra e venda (CC, arts. 1.417 e 1.418); a concessão de uso especial para fins de moradia (Lei n. 11.481/2007); a concessão de direito real de uso (Lei n. 11.481/2007, com redação dada pela MP n. 759, de 22.11.2016, e por fim Lei n.13.465/2017) e a laje (incluído pela MP n. 759/2016, com redação dada pela Lei n. 13.465/2017).

F6. (Juiz Federal Substituto/2ª R./Cespe-UnB/2013) Com relação a direitos reais, obrigações e contratos, assinale a opção correta de acordo com o Código Civil.

A) O atual Código Civil consagra a positivação do princípio de que os direitos reais são *numerus clausus*, somente podendo ser criados por lei.
B) O Código Civil vigente prevê tanto a mora simultânea quanto a mora alternativa.
C) No seguro de pessoas, a apólice ou o bilhete podem ser ao portador.
D) Pode-se estipular a fiança ainda que sem consentimento do devedor, mas não contra a sua vontade.
E) A nulidade de qualquer das cláusulas da transação não implica, por si só, a nulidade da transação.

➥ Veja arts. 394, 760, 820, 848 e 1.225, CC.

Comentário: Correta está a alternativa A, com sustentáculo no art. 1.225, do CC, ao criar os chamados direitos reais e positivá-los no ordenamento jurídico. O art. 394 do referido código, ao tratar da mora, informa que estará "em mora o devedor que não efetuar o pagamento e o credor que não quiser recebê-lo no tempo, lugar e forma que a lei ou a convenção estabelecer". A letra D está errada porque o art. 820, do CC, diz ser possível "estipular a fiança, ainda que sem consentimento do devedor ou contra a sua vontade". Já a última opção, a letra E, erra ao dizer que a nulidade de qualquer das cláusulas da transação não implica a nulidade da transação, a teor do art. 848 do mesmo Diploma.

Tradição

Maria Helena Diniz (*Curso de direito civil*, v.IV, p.20) explica que a tradição é o meio aquisitivo de direitos reais sobre coisas móveis, constituídos ou transmitidos por atos *inter vivos*.

Portanto, a *tradição* vem a ser a entrega da coisa móvel ao adquirente, com a intenção de lhe transferir, por exemplo, o domínio, em razão do título translativo da propriedade. O contrato, por si só, não é apto para gerar direito real, contém apenas um direito pessoal; só com a tradição é que essa declaração translatícia de vontade se transforma em direito real. Pode acarretar também a extinção de tais direitos, pois por intermédio dela o tradente (*tradens*) ou transmitente os perde, ao ter a intenção de transferi-los, e o adquirente (*accipiens*) adquire-os.

Registro no Cartório de Registro de Imóveis

Para aquisição dos direitos reais sobre imóveis, quando constituídos ou transmitidos por atos *inter vivos*, é necessário o registro de tais direitos no Cartório de Registro de Imóveis dos referidos títulos, com exceção feita aos casos em que o próprio Código dispensa o registro.

DA PROPRIEDADE

DA PROPRIEDADE EM GERAL

A propriedade, ou melhor, o direito de propriedade é aquele assegurado pela lei, em que proprietário (pessoa física ou jurídica) pode usar, gozar e dispor de um bem, corpóreo ou incorpóreo, além de reaver de quem injustamente o detenha. Contudo, o direito de propriedade é limitado, porque este possui a finalidade de afastar o individualismo, coibir o uso abusivo da propriedade e garantir que esse direito seja utilizado para o bem comum, preservando a função econômico-social da propriedade (art. 5º, XXII, da CF), atrelada não só à produtividade do bem, mas também à justiça social e ao interesse coletivo. Direito de propriedade é aquele dado àquela pessoa que detém o bem; já o direito à propriedade é aquele pretenso onde o Estado traz como um direito objetivo de todo e qualquer cidadão.

F7. (Procurador-SP/Nível I/FCC/2012) Em matéria de compromisso de compra e venda,

A) é inadmissível o compromisso de compra e venda como justo título para efeito de usucapião ordinária, por não corresponder a negócio jurídico capaz de, em tese, transferir propriedade imóvel.

B) não tendo por objeto imóvel inserido em loteamento ou incorporação imobiliária, permite-se o exercício, pelo compromitente vendedor, do direito ao arrependimento, desde que pactuadas arras confirmatórias e não iniciada a execução do contrato.

C) hipoteca constituída em favor de instituição financeira por financiamento concedido à incorporadora produz efeitos sobre unidades habitacionais objeto de compromissos de compra e venda celebrados após o registro da garantia.

D) admite-se o uso da ação reivindicatória por iniciativa de adquirente titular de compromisso de compra e venda quitado e registrado.

E) segundo orientação jurisprudencial dominante, o direito à adjudicação compulsória é exclusivo do compromissário comprador titular de direito real.

➥ Veja art. 1.228, CC; Súmulas ns. 239 e 308, STJ.

Comentário: A assertiva correta é a letra D, uma vez que a Súmula n. 239, do STJ, dispõe que "O direito à adjudicação compulsória não se condiciona ao registro do compromisso de compra e venda no cartório de imóveis".

F8. (Juiz Federal Substituto/5ª R./Cespe-UnB/2013) Em relação ao direito de propriedade, assinale a opção correta.

A) Segundo a jurisprudência do STJ, é possível a usucapião de bem móvel em contrato de alienação fiduciária em garantia quando a aquisição da posse por terceiro ocorre sem o consentimento do credor, desde que preenchidos os pressupostos legais.

B) O Código Civil de 2002 introduziu instituto jurídico inédito ao prever que o proprietário poderá ser privado de coisa imóvel, desde que constitua área extensa e esteja na posse ininterrupta e de boa-fé, por mais de cinco anos, de considerável número de pessoas que tenham nela realizado obras e serviços considerados pelo juiz de relevante interesse social e econômico.

C) A propriedade pode ser resolvida pelo implemento da condição ou pelo advento de termo. Assim, no caso de doação com cláusula de reversão, como regra geral, a resolução da propriedade tem efeitos *ex nunc*.

D) Em qualquer das hipóteses de usucapião previstas no Código Civil, exige-se a posse de boa-fé e justo título.

E) A escritura pública é suficiente para a aquisição da propriedade imobiliária, sendo uma formalidade situada no plano de validade dos contratos de constituição ou transmissão de bens.

➥ Veja art. 1.228, § 4º, CC.

Comentário: A assertiva correta é a letra B, uma vez que o instituto em comento trata da usucapião coletiva, trazido no art. 1.228, §§ 4º e 5º.

Elementos constitutivos

Reduzindo a propriedade aos seus elementos essenciais, positivos, ter-se-á: direito de usar, gozar, dispor e reivindicar.

Jus utendi. Envolve o direito de usar da coisa; é o de tirar dela todos os serviços que pode prestar, dentro das restrições legais, sem que haja modificação em sua substância.

Jus fruendi. Implica o direito de gozar da coisa, exterioriza-se na percepção dos seus frutos e na utilização de seus produtos. É, portanto, o direito de explorá-la economicamente.

Jus disponendi. Compreende no direito de dispor da coisa; é o poder de aliená-la a título oneroso ou gratuito, abrangendo o poder de consumi-la e o de gravá-la de ônus reais ou de submetê-la ao serviço de outrem.

Rei vindicatio. Quer dizer direito de reivindicar a coisa, é o poder que tem o proprietário de mover ação para obter o bem de quem injusta ou ilegitimamente o possua ou detenha, em razão do seu direito de sequela.

Da abrangência da propriedade

A propriedade abrange tanto o subsolo como o espaço aéreo, porém o art. 1.229 diz claramente que tal noção se limita até o espaço utilizável para o fim a que se destina o imóvel, não podendo o proprietário impedir que qualquer pessoa utilize o espaço aéreo e o subsolo em tais profundidades ou altitudes a ponto de o proprietário não possuir legítimo interesse de impedir a utilização.

Do que é abrangido pela propriedade

Por disposição de lei federal (art. 84 do Código de Minas e art. 176 da CF/88), a propriedade das jazidas, minas e demais recursos minerais, os potenciais de energia hidráulica e os monumentos arqueológicos são exclusivos da União, devendo o particular ser indenizado pela extração e utilização de sua propriedade, ou então se quiser os recursos minerais de emprego imediato na construção civil, sem ter que se sujeitar a uma transformação industrial.

Da propriedade plena e exclusiva

A propriedade será plena e exclusiva quando o seu titular puder usar, gozar e dispor absolutamente, além de ter o direito de reivindicá-la de quem injustamente a detenha ou possua. Contudo, a propriedade possui presunção relativa de exclusividade e plenitude, até que terceiro venha reivindicá-la provando que é proprietário, coproprietário ou simplesmente que o atual proprietário do bem não o é em realidade; portanto, o titular terá a propriedade exclusiva, plena e ilimitada até que provem o contrário.

Frutos e demais produtos da coisa

Os bens acessórios, em regra, devem seguir o destino do principal e no art. 1.232 não será diferente, salvo os casos em que a lei determinar ou o contrato prever outro destino ao bem acessório.

Da Descoberta

Descoberta de coisa alheia

É devida obediência ao princípio da boa-fé nas relações sociais e jurídicas, em que seria descabido que determinado bem, ao ser encontrado por outrem e a sua propriedade for conhecida daquele que encontrou, não voltasse ao domínio de seu verdadeiro proprietário. E ainda em consagração à vedação do enriquecimento sem causa, aquele que encontrar o bem e desconhecer o seu verdadeiro dono deverá entregar a coisa achada a autoridade competente.

Da recompensa pela devolução

Aquele que achar determinada coisa e, além de achá-la, restituí-la, fará jus a uma recompensa superior a 5% do valor do bem achado, além das despesas que eventualmente houver experimentado com a conservação e transporte da coisa, salvo se o dono preferir abandonar o bem. Será usado como critério de fixação da recompensa a relação entre o esforço do descobridor, o grau de dificuldade de se ter encontrado o legítimo dono e a possibilidade econômica de ambos.

Descobridor agindo com dolo

Caso haja dolo (arts. 145 e segs. do CC), o descobridor deverá indenizar (art. 186 e/ou 187 c/c o art. 927, *caput*, do CC) o proprietário (arts. 1.225, I, e 1.228 do CC) da coisa achada, caso tenha sofrido prejuízos, pagando-lhe as perdas e danos, incluindo dano emergente e lucro cessante.

Publicação da descoberta

Uma vez entregue a coisa achada para a autoridade competente, deverá tal autoridade dar publicidade por meio da imprensa e outros meios de informação de grande visibilidade, expedindo editais somente se o valor comportar.

Da venda em hasta pública

Em congruência com o art. 1.236, caso após o prazo decadencial de sessenta dias contados a partir da data da publicação na imprensa que informou o achado de bem, ninguém se manifestar reivindicando o bem com justo título, será promovida a venda do bem em hasta pública (leilão), sendo descontados do preço o valor da recompensa do descobridor mais o valor das despesas, na forma do art. 1.234, e o valor remanescente será de propriedade do município no qual foi encontrado o bem.

DA AQUISIÇÃO DA PROPRIEDADE IMÓVEL

Da Usucapião

A **usucapião** é o modo de aquisição originária da propriedade e de outros direitos reais (usufruto, uso, habitação, enfiteuse) pela posse prolongada da coisa com a observância dos requisitos legais. É uma aquisição do domínio pela posse prolongada. Para que se tenha a usucapião extraordinária, será preciso:

a) posse pacífica, ininterrupta exercida com *animus domini*;

b) decurso do prazo de quinze anos, mas tal lapso temporal poderá reduzir-se a dez anos se o possuidor estabeleceu no imóvel sua morada habitual ou nele realizou obras ou serviços produtivos. Considera-se aqui o efetivo uso do bem de raiz possuído como moradia e fonte de produção (posse-trabalho) para fins de redução de prazo para usucapião;

c) presunção *juris et de jure* de boa-fé e justo título, que não só dispensa a exibição desse documento como também proíbe que se demonstre sua inexistência. Tal usucapião não tolera a prova de carência do título. O usucapiente terá apenas de provar sua posse;

d) sentença judicial declaratória da aquisição do domínio por usucapião, que constituirá o título que deverá ser levado ao Registro Imobiliário, para assento.

Usucapião de bem imóvel	Usucapião de bem móvel
A usucapião é o modo de aquisição originária da propriedade e de outros direitos reais (usufruto, uso, habitação, enfiteuse) pela posse prolongada da coisa com a observância dos requisitos legais. É uma aquisição do domínio pela posse prolongada. Para que se tenha a usucapião extraordinária, será preciso: a) posse pacífica, ininterrupta exercida com *animus domini*; b) decurso do prazo de 15 anos, mas tal lapso temporal poderá reduzir-se a dez anos se o possuidor estabeleceu no imóvel sua moradia habitual ou nele realizou obras ou serviços produtivos. Considera-se aqui o efetivo uso do bem de raiz possuído como moradia e fonte de produção (posse-trabalho) para fins de redução de prazo para usucapião; c) presunção *juris et de jure* de boa-fé e justo título, que não só dispensa a exibição desse documento como também proíbe que se demonstre sua inexistência. Tal usucapião não tolera a prova de carência do título. O usucapiente terá apenas de provar sua posse; d) sentença judicial declaratória da aquisição do domínio por usucapião, que constituirá o título que deverá ser levado ao Registro Imobiliário, para assento. Não poderá ser beneficiado pela usucapião aquele que possuir outro imóvel, rural ou urbano.	Os requisitos para que o possuidor adquira o objeto neste caso são: a) *animus domini,* ou seja, a postura do que possui a coisa para agir como se dela fosse dono; o *animus* de agir como seu possuidor; b) posse pacífica e contínua, por três anos; c) possuir justo título. Neste caso, o pressuposto principal é a boa-fé do possuidor, seu desconhecimento de fato que lhe impeça de ser o possuidor da coisa que tem em seu poder (art. 1.260 do CC/2002). Prevê o Código que, caso o possuidor detenha objeto móvel, por cinco anos, independentemente de possuir ou não título, e de agir com boa ou má-fé, adquirirá a posse do objeto por meio da usucapião. Os demais requisitos do artigo anterior se mantêm (art. 1.261 do CC/2002).

(*continua*)

(continuação)

Usucapião de bem imóvel	Usucapião de bem móvel
Art. 1.240: Previsão da usucapião especial urbana: para imóveis com área inferior a 250 m² será necessário que aquele que a requisita esteja na posse da área, de maneira pacífica, há cinco anos ou mais, de maneira ininterrupta, e que a área esteja sendo utilizada para moradia própria ou de sua família. Art. 1.240-A: Dispõe que o cônjuge separado de fato que exercer por dois anos, ininterruptamente e sem oposição, posse direta sobre imóvel urbano de até 250 m², poderá usucapi-lo. Caracterizada a usucapião, poderá o possuidor requerer, por meio de ação própria, a declaração de propriedade, recebendo o possuidor o bem desagravado de quaisquer ônus, de maneira que a sentença que o declarar proprietário servirá como título habilitado para o respectivo registro no Cartório de Registro de Imóveis. Art. 1.242: No caso previsto neste artigo, fala-se na posse ininterrupta, por dez anos, em sua área urbana ou rural, sem limite máximo de 250 m², desde que possuidor de justo título que comprovar a sua propriedade, mas que não o faz devido a algum vício que possua o negócio jurídico ou o próprio documento.	Aplicam-se à usucapião de bem móvel as disposições dos arts. 1.243 (possibilidade de somar ao tempo da posse do indivíduo o tempo de posse de seu antecessor) e 1.244 (aplicação das causas que obstam, suspendem ou interrompem a prescrição do tempo contado para que se adquira o bem por usucapião).
Será computado, a título de contagem de prazo, o lapso temporal experimentado pelo antecessor daquele que está pleiteando a propriedade. As causas suspensivas da usucapião são as que paralisam temporariamente o seu curso. Desaparecido o motivo da suspensão da usucapião, o prazo continuará a correr, computando-se o tempo decorrido antes dele. As causas que interrompem a usucapião são as mencionadas no CC (arts. 198, II e III, e 199, III).	

Modalidade de usucapião	Fundamento	Requisitos	Remissões
Extraordinária – 1	Decurso de tempo que causa a prescrição aquisitiva.	a) Posse *ad usucapionem*; b) Decurso de 15 anos, ininterruptos.	Art. 1.238, *caput*, CC/2002
Extraordinária – 2	Prescrição aquisitiva minorada, por ter o possuidor dado destinação que atende à função social da propriedade.	a) Posse *ad usucapionem*; b) Transcurso de dez anos sem interrupção; c) Ter o possuidor constituído sua morada habitual no imóvel, ou nele realizado obras ou serviços de caráter produtivo.	Art. 1.238, parágrafo único, CC/2002

(continua)

(*continuação*)

Modalidade de usucapião	Fundamento	Requisitos	Remissões
Ordinária – 1	Prescrição aquisitiva.	a) Posse *ad usucapionem*; b) Decurso de dez anos contínuos; c) Justo título; d) Boa-fé.	Art. 1.242, *caput*, CC/2002
Ordinária – 2	Prescrição aquisitiva.	a) Posse *ad usucapionem;* b) Decurso de cinco anos contínuos; c) Aquisição onerosa do imóvel usucapiendo, com base em registro regular, posteriormente cancelado; d) Ter o possuidor estabelecido moradia no imóvel ou nele realizado investimentos de interesse social e econômico.	Art. 1.242, parágrafo único, CC/2002
Especial Rural (ou Constitucional Rural, ou *Pro Labore*)	Prescrição extintiva pelo fato de o proprietário não haver dado cumprimento à função social da propriedade; e prescrição aquisitiva, pelo benefício ao possuidor que a atendeu.	a) Posse *ad usucapionem;* b) Transcurso de cinco anos sem interrupção; c) Área possuída de no máximo 50 hectares localizada em zona rural (Art. 1.239 do CC/2002); d) Propriedade rural que se tornou produtiva pelo trabalho do possuidor ou de sua família; e) Haver o possuidor tornado o imóvel sua moradia; f) Não ser o possuidor proprietário de imóvel rural ou urbano.	Art. 191 da CF; Lei n. 6.969/81 (LUE); Art. 1.239 do CC/2002
Especial Urbana Residencial Individual (ou Constitucional Urbana Individual)	Sanção ao proprietário por não dar cumprimento à função social da propriedade e benefício ao possuidor que a atendeu.	a) Posse *ad usucapionem;* b) Decurso de cinco anos sem interrupção; c) Área urbana de até 250 m²; d) Utilização para morada própria ou de sua família; e) Não ser o possuidor proprietário de imóvel rural ou urbano; f) Não ter o possuidor se valido desse benefício anteriormente.	Art. 183 da CF; arts. 9º, 11 e segs. do Estatuto da Cidade; Art. 1.240 do CC/2002
Especial Urbana Residencial Coletiva (ou Constitucional Urbana Coletiva)	Sanção ao proprietário por não dar cumprimento à função social da propriedade e benefício aos possuidores que a atenderam.	a) Posse *ad usucapionem*; b) Decurso de cinco anos ininterruptos; c) Área urbana maior de 250 m²; d) Destine-se a ocupação à morada da população posseira; e) Sejam os possuidores de baixa renda; f) Não sejam os possuidores proprietários de imóvel rural ou urbano; g) Seja impossível identificar o terreno de cada possuidor, destacadamente.	Arts. 10 e segs. do Estatuto da Cidade

(*continua*)

(*continuação*)

Modalidade de usucapião	Fundamento	Requisitos	Remissões
Especial Urbana Residencial Familiar	Sanção ao proprietário por não dar cumprimento à função social da propriedade e beneficiar pessoas que dividem posse com ex-cônjuge ou ex-companheiro que abandonou o lar.	a) Posse *ad usucapionem;* b) Transcurso de dois anos sem interrupção; c) Área urbana maior de 250 m²; d) Destine-se a ocupação à moradia familiar; e) Seja o possuidor de baixa renda; f) Não sejam os possuidores proprietários de imóvel rural ou urbano; g) Não ter o possuidor se valido desse benefício anteriormente.	Art. 1.240-A do CC/2002

Usucapião ordinária

A posse prolongada com *animus domini*, pacífica, pelo período de 10 anos, com justo título e boa-fé, constitui modo de aquisição da propriedade. O prazo será reduzido para 5 anos, se o imóvel tiver sido adquirido, onerosamente, com base em registro constante do cartório, cancelado posteriormente, desde que os possuidores fixem morada ou realizem investimentos de interesse social e econômico (art. 1.242 do CC).

Usucapião extraordinária

Para que esta reste configurada, deve haver a posse prolongada por 15 anos, presunção absoluta de justo título e boa-fé. Deve-se apenas provar a posse. Se o possuidor estabelecer sua moradia no imóvel habitual ou torná-lo produtivo (posse trabalho ou posse *pro labore*), o prazo da usucapião será de 10 anos (art. 1.238 do CC).

Usucapião rural

Não poderá ser beneficiado pela usucapião aquele que possuir outro imóvel, rural ou urbano. É relevante e essencial para configuração da usucapião a avaliação do *animus* do possuidor, ou seja, o possuidor que visa a ser beneficiado pela usucapião deve possuir o imóvel de até 50 hectares como se dono dele fosse, por cinco anos ininterruptos e sem oposição, desde que torne a terra produtiva com seu próprio labor ou da sua família, utilizando-o também como sua moradia.

Os imóveis públicos não estão sujeitos a usucapião pelo particular.

Usucapião especial urbana

O art. 1.240 traz a previsão da Usucapião Especial Urbana, prevista tanto na Constituição Federal (art. 183) como no Estatuto da Cidade. Para que seja concedida a usucapião de área urbana, inferior a 250 m^2, é necessário que aquele que a requisita esteja na posse da área, de maneira pacífica, há cinco anos ou mais, de maneira ininterrupta, e que a área esteja sendo utilizada para moradia própria ou de sua família. Terá o domínio desta área se não tiver nenhum tipo de propriedade rural ou urbana. Além disso, o título é concedido a homem ou mulher, independentemente de seu estado civil, com observância da isonomia trazida pela Constituição de 1988. A concessão da usucapião é prevista apenas uma vez. Ao ser beneficiário de tal instituto, está precluso o direito de reivindicá-lo novamente.

F9. (OAB/XXV Exame de Ordem UnificadoFGV/2018) Jonas trabalha como caseiro da casa de praia da família Magalhães, exercendo ainda a função de cuidador da matriarca Lena, já com 95 anos. Dez dias após o falecimento de Lena, Jonas tem seu contrato de trabalho extinto pelos herdeiros. Contudo, ele permanece morando na casa, apesar de não manter qualquer outra relação jurídica com os herdeiros, que também já não frequentam mais o imóvel e permanecem incomunicáveis.
Jonas decidiu, por sua própria conta, fazer diversas modificações na casa: alterou a pintura, cobriu a garagem (que passou a alugar para vizinhos) e ampliou a churrasqueira. Ele passou a dormir na suíte principal, assumiu as despesas de água, luz, gás e telefone, e apresentou-se, perante a comunidade, como "o novo proprietário do imóvel".
Doze anos após o falecimento de Lena, seu filho Adauto decide retomar o imóvel, mas Jonas se recusa a devolvê-lo.
A partir da hipótese narrada, assinale a afirmativa correta.
A) Jonas não pode usucapir o bem, eis que é possuidor de má-fé.
B) Adauto não tem direito à ação possessória, eis que o imóvel estava abandonado.
C) Jonas não pode ser considerado possuidor, eis que é o caseiro do imóvel.
D) Na hipótese indicada, a má-fé de Jonas não é um empecilho à usucapião.

➡ Veja art. 1.238, CC.

Comentário: A alternativa a ser assinalada é a D. No caso, isso se dá por conta do art. 1.238, *caput* e de seu parágrafo único (ambos do CC). Isso quer dizer que, ainda que a posse não seja de boa-fé, tendo transcorrido o prazo mínimo de 10 anos com o possuidor (Jonas) e este realizado obras, ele pode usucapir o bem.

Usucapião pelo cônjuge

A Lei n. 12.424/2011, em seu art. 9º, acrescentou o art. 1.240-A ao Código Civil, dispondo que o cônjuge separado de fato que exercer por dois anos ininterruptamente e sem oposição, posse direta sobre imóvel urbano de até 250 m^2 poderá usucapi-lo quando: (i) utilizar para sua moradia ou de sua família; (ii) e não tiver outro imóvel, seja rural, seja urbano. Esse direito pessoal sobre o bem não poderá ser reconhecido mais de uma vez, conforme descreve o § 1º do art. 1.240-A, que não se chamou único, por conta do veto presidencial ao § 2º.

F10. (Assembleia Legislativa-PB/Procurador/FCC/2013) No tocante à aquisição de propriedade, é correto afirmar:
A) A aquisição da propriedade móvel por usucapião dar-se-á se a posse da coisa prolongar-se por três anos, independentemente de título ou boa-fé.
B) Por meio de sentença constitutiva, poderá o possuidor requerer ao juiz a aquisição da propriedade imóvel por meio de usucapião.
C) A aquisição da propriedade imóvel por usucapião nem sempre depende de justo título, mas é juridicamente impossível sem que o possuidor se encontre de boa-fé.
D) A aquisição da propriedade imobiliária pode dar-se por avulsão, caracterizada por acréscimos formados, sucessiva e imperceptivelmente, por depósitos e aterros naturais ao longo das margens das correntes, ou pelo desvio das águas destas.
E) Aquele que exercer, por 2 (dois) anos ininterruptamente e sem oposição, posse direta, com exclusividade, sobre imóvel urbano de até 250 m^2 (duzentos e cinquenta metros quadrados) cuja propriedade divida com ex-cônjuge ou ex-companheiro que abandonou o lar, utilizando-o para sua moradia ou de sua família, adquirir-lhe-á o domínio integral, desde que não seja proprietário de outro imóvel urbano ou rural.

➥ Veja arts. 1.240-A, 1.241, 1.250, 1.251 e 1.260, CC.

Comentário: A assertiva correta é a E, dado que o texto do art. 1.240-A, do Código Civil, traz o mesmo texto empregado na alternativa.

Usucapião e novo CPC

O novo CPC inovou apresentando possibilidade de usucapião extrajudicial. O pedido deve ser feito em cartório de registro de imóvel, mediante comprovação de justo título, tipo e natureza da posse. Em caso de rejeição, é possível o requerimento via judicial.

Declaração de aquisição

Caso seja caracterizada a usucapião, poderá o possuidor requerer, por meio de ação própria, a declaração de propriedade. É caso de aquisição originária do bem, recebendo o possuidor, declarado proprietário, o bem desagravado de quaisquer ônus, de maneira que a sentença que o declarar proprietário servirá como título habilitado para o respectivo registro no Cartório de Registro de Imóveis.

➥ Ver questão F9.

Aquisição por justo título e boa-fé durante dez anos

No caso previsto no art. 1.242, fala-se na posse ininterrupta, por dez anos, em área urbana ou rural, sem limite máximo de 250 m^2, desde que possuidor de justo título que comprovaria sua propriedade, mas que não o faz em razão de algum vício que possua o negócio jurídico ou o próprio documento. É necessário também que reste provada a boa-fé do posseiro. O parágrafo único do art. 1.242 prevê que se tal imóvel tiver sido adquirido a título oneroso, com base no registro do respectivo cartório, mas que por algum motivo houver sido cancelado posteriormente e o adquirente tiver estabelecido moradia ou realizado investimentos de interesse econômico-social, o prazo para aquisição da usucapião será de cinco anos. Fala-se, no caso exposto pelo art. 1.242, em usucapião ordinária.

Cômputo do tempo pela posse dos antecessores

Será computado, a título de contagem de prazo, o lapso temporal experimentado pelo antecessor daquele que está pleiteando a propriedade, ou seja, se o herdeiro estiver pleiteando a aquisição será contado o prazo que o autor da herança permaneceu no imóvel pacificamente e sem oposição.

Causas que impedem a usucapião

As causas que impedem a usucapião são as que obstam que seu curso inicie e estão arroladas no Código Civil, arts. 197, I a III, 198, I, e 199, I e II. As causas suspensivas da usucapião são as que paralisam temporariamente o seu curso. Desaparecido o motivo da suspensão da usucapião, o prazo continuará a correr, computando-se o tempo decorrido antes dele. As causas que suspendem a usucapião são as mencionadas no Código Civil, arts. 198, II e III, e 199, III. As causas que interrompem a usucapião são as que inutilizam o tempo já corrido, de modo que seu prazo recomeçará a correr da data do ato que a interromper. Tais causas são as do Código Civil, art. 202, I a VI. As disposições atinentes ao devedor estendem-se ao possuidor em seus direitos e obrigações e estão previstas nos arts. 197 a 204 do Código Civil.

Da Aquisição pelo Registro do Título

Transferência do domínio

Transfere-se entre vivos a propriedade mediante o registro do título translativo no Registro de Imóveis. Enquanto não se registrar o título translativo, o alienante continua a ser havido como dono do imóvel, ou enquanto não se promover, por meio de ação própria, a decretação de invalidade do registro e o respectivo cancelamento, o adquirente continua a ser havido como dono do imóvel.

Da eficácia do registro

A validade do registro começa a ser eficaz no momento em que se apresentar o título ao oficial do registro, e este prenotar no protocolo.

Retificação ou anulação do registro

O registro público possui presunção de veracidade, porém admitirá que seja provada tal veracidade; caso comprovada sua falta, o registro será cancelado e, independentemente de boa-fé ou do título do terceiro adquirente, poderá o proprietário reivindicar o imóvel.

Da Aquisição por Acessão

O art. 1.248 enumera as cinco possibilidades de aquisição de propriedade por acessão, ou seja, pelo aumento de uma propriedade por causas naturais (incisos I a IV) ou humanas (inciso V). Os arts. 1.249 a 1.259 irão explicitar cada uma das hipóteses.

Das Ilhas

O art. 1.249 disciplina a forma de divisão de novas terras, na forma de ilhas, formadas em rios. O inciso I fala sobre a divisão das ilhas formadas e que sejam cortadas por uma linha imaginária que passe pelo meio do rio. Nesse caso, as terras que fiquem de um lado dessa linha pertencem ao proprietário das terras que fazem fronteira com o rio daquele lado. O inciso II fala sobre a possibilidade de a ilha formada se encontrar totalmente de um dos lados dessa linha. Nesse caso, pertencerá somente àquele proprietário das terras daquele lado da margem do rio. O inciso III dispõe sobre a possibilidade de, pelo desdobramento de um braço do rio, uma ilha se formar. Nessa situação, a ilha formada pertencerá ao proprietário do terreno originário de onde esta se desprendeu.

F11. (OAB/XIII Exame de Ordem Unificado/FGV/2014) Jeremias e Antônio moram cada um em uma margem do rio Tatuapé. Com o passar do tempo, as chuvas, as estiagens e a erosão do rio alteraram a área da propriedade de cada um. Dessa forma, Jeremias começou a se questionar sobre o tamanho atual de sua propriedade (se houve aquisição/diminuição), o que deixou Antônio enfurecido, pois nada havia feito para prejudicar Jeremias. Ao mesmo tempo, Antônio também começou a notar diferenças em seu terreno na margem do rio. Ambos questionam se não deveriam receber alguma indenização do outro. Sobre a situação apresentada, assinale a afirmativa correta.

A) Trata-se de aquisição por aluvião, uma vez que corresponde a acréscimos trazidos pelo rio de forma sucessiva e imperceptível, não gerando indenização a ninguém.

B) Se for formada uma ilha no meio do rio Tatuapé, pertencerá ao proprietário do terreno de onde aquela porção de terra se deslocou.

C) Trata-se de aquisição por avulsão e cada proprietário adquirirá a terra trazida pelo rio mediante indenização do outro ou, se ninguém tiver reclamado, após o período de um ano.

D) Se o rio Tatuapé secar, adquirirá a propriedade da terra aquele que primeiro a tornar produtiva de alguma maneira, seja como moradia ou como área de trabalho.

➥ Veja arts. 1.249, I, e 1.250 a 1.252, CC.

Comentário: A figura da aluvião é todo acréscimo sucessível e não notado de terras que o rio anexa de forma natural às suas margens. Como se trata de elemento deveras natural, sem a ação do homem, não há que se falar em indenização às partes.

Não poderia ser outra, então, a afirmativa correta senão a letra A, conforme o art. 1.250, do Código Civil, que orienta: "Os acréscimos formados, sucessiva e imperceptivelmente, por depósitos e aterros naturais ao longo das margens das correntes, ou pelo desvio das águas destas, pertencem aos donos dos terrenos marginais, sem indenização".

Da Aluvião

Aluvião é o depósito de partículas em quantidade suficiente para se perceber a formação de novas terras, ao longo do curso de uma corrente de água; dessa forma, o acréscimo de terra pertencerá ao proprietário do imóvel no qual o acúmulo se formou. Caso tenha se formado na divisa entre dois terrenos, o aluvião será dividido até a fronteira de um imóvel com o outro.

➥ Ver questões F9 e F10.

Da Avulsão

A avulsão se deriva de um evento natural que, por sua violência, chega a destacar porção de terra de outro imóvel a ponto de movê-lo até outro. Nesse caso, o dono do imóvel ao qual se juntou a nova porção de terra obterá a propriedade da terra acrescida, desde que indenize o dono. Caso não indenize, somente adquirirá a propriedade depois de transcorrido um ano da data da avulsão. Caso resolva não indenizar, o real proprietário poderá, em um ano, exigir que se remova a parte deslocada.

➥ Ver questões F10 e F11.

Do Álveo Abandonado

Entende a doutrina que ocorre o fenômeno do álveo abandonado quando há mudança de curso das águas ou quando o rio seca, revelando novas terras que integrarão a propriedade dos proprietários ribeirinhos. O critério para se dividir a propriedade no caso de álveo abandonado é o mesmo utilizado para a formação de ilhas. As terras ficarão distribuídas entre os proprietários das margens, conforme estejam as novas terras divididas pela linha imaginária que divide o rio em dois e de acordo com a proporção dos terrenos detidos por esses proprietários. De maneira complementar, o art. 27 do Código de Águas dispõe ainda que, no caso de mudança da corrente feita propositalmente, por utilidade pública, deverá haver indenização, e a parte nova do terreno será entregue ao poder público expropriante.

➥ Ver questão F11.

Das Construções e Plantações

As construções ou plantações em qualquer terreno deverão ser relativamente presumidas como de propriedade do dono do terreno, bem como os valores que foram dispendidos na construção ou plantação, sempre observando o princípio de que o acessório segue o principal.

Exercício com material alheio em terreno próprio

Caso o proprietário de determinado terreno resolver plantar, semear ou edificar com material ou sementes alheias, será considerado proprietário dessas; porém, é necessário que seja pago o valor, se agiu de má-fé. Além do valor dos materiais ou sementes, será devida também indenização por perdas e danos, mas caso o dono da terra esteja de boa-fé, este adquirirá a propriedade da construção e da plantação, devendo apenas ressarcir o proprietário de matéria-prima, pagando-lhe o valor do material e das sementes utilizados.

Exercício em terreno alheio

Caso alguém plante, semeie ou faça algum tipo de construção em terreno alheio, perderá seu trabalho para o proprietário desse terreno. Caso, no entanto, tenha agido com boa-fé, terá direito à indenização pelo prejuízo que experimentou. O parágrafo único do art. 1.255 traz a possibilidade de o que foi acrescido ao terreno – plantação ou construção – ser mais valioso do que o terreno. Caso isso ocorra, estando este de boa-fé, adquirirá a propriedade do solo, pagando indenização acordada ou fixada em juízo.

Má-fé de ambas as partes

No caso de haver má-fé tanto por parte do proprietário como por parte daquele que plantou, semeou ou construiu, o proprietário do terreno adquire a propriedade do que foi acrescido a seu terreno, indenizando o que plantou ou construiu. A má-fé por parte do proprietário estará caracterizada se observou a outra parte proceder com o plantio, semeadura ou construção e não se opôs.

Proprietário das sementes

Caso aquele que plantou, semeou ou construiu o tenha feito utilizando material de terceiro, e não próprio, o art. 1.257 explicita que receberá o mesmo tratamento do art. 1.256, ou seja, o proprietário dos materiais os perderá e receberá indenização pelo prejuízo, paga pelo que empregou os materiais em solo alheio.

Se não for possível o pagamento pelo que empregou os materiais, o proprietário destes poderá cobrar do proprietário do solo, que ficou com a propriedade desses materiais.

Construção invadindo solo alheio

Caso, ao agir com boa-fé, o construtor invada área de terreno vizinho, e a parte ocupada não seja superior a 5% do terreno alheio e o valor desta construção seja superior à fração do terreno, o construtor adquire a faixa invadida, mediante pagamento de indenização pela parte adquirida e por eventual desvalorização do terreno, com a perda dessa faixa. O parágrafo único do art. 1.258 prevê que o construtor, agindo com má-fé, terá que pagar dez vezes as perdas e danos previstas no artigo citado e adquirirá a propriedade da faixa invadida se o valor da construção for significativamente superior à faixa do terreno e se não for possível a demolição sem grave prejuízo à construção.

Invasão do solo alheio de boa-fé

Caso a invasão do terreno alheio ultrapasse o limite de 5%, a aquisição da propriedade da faixa invadida se dará da mesma forma. Porém, deverá o construtor de boa-fé arcar com o pagamento também do valor que a invasão acrescer à sua construção. Se tiver agido com má-fé, deverá demolir sua construção, independentemente do valor que tenha, e pagar em dobro, perdas e danos ao dono do terreno.

DA AQUISIÇÃO DA PROPRIEDADE MÓVEL

Da Usucapião

Usucapião móvel

O art. 1.260 do Código Civil trata da *usucapião de coisa móvel*. Os requisitos para que o possuidor adquira o objeto neste caso são:

(i) *animus domini*, ou seja, a postura do que possui a coisa para agir como se dela fosse dono; o *animus* de agir como seu possuidor;

(ii) posse pacífica e contínua, por três anos;

(iii) possuir justo título; nesse caso, o pressuposto principal é o da boa-fé do possuidor, seu desconhecimento de fato que lhe impeça de ser o possuidor da coisa que tem em seu poder.

➠ Ver questão F9.

Posse da coisa móvel por cinco anos

Prevê o Código que, caso o possuidor detenha objeto móvel, por cinco anos, independentemente de possuir ou não título, e de agir com boa ou má-fé, adquirirá a posse do objeto por meio da usucapião. Os demais requisitos do art. 1.260 se mantêm.

Aplicação dos arts. 1.243 e 1.244

Aplicam-se à usucapião de bem móvel as disposições dos arts. 1.243 (possibilidade de somar ao tempo da posse do indivíduo o tempo de posse de seu antecessor) e 1.244 (aplicação das causas que obstam, suspendem ou interrompem o tempo contado para que se adquira o bem por usucapião).

Da Ocupação

A ocupação é forma originária de aquisição de propriedade e não é proibida pelo ordenamento jurídico pátrio. Trata-se de assenhoramento de coisa sem dono – ou por ter sido abandonada ou por nunca ter sido reclamada por ninguém – para que este que a ocupou se torne seu legítimo dono.

Do Achado do Tesouro

É chamado de tesouro, para o art. 1.264, o depósito antigo, oculto, cujo dono não se possa identificar, de coisas preciosas. Quando for encontrado tal depósito em prédio e não for possível precisar a origem desse depósito, seu valor será dividido entre o proprietário do prédio em que se encontrar o tesouro e o indivíduo que o encontrar.

Do tesouro ao proprietário do prédio

A propriedade do tesouro encontrado pertencerá exclusivamente ao dono, caso ele mesmo o encontre, se foi encontrado em pesquisa por ele ordenada ou então caso tenha sido achado por terceiro não autorizado.

Divisão entre o descobridor e o enfiteuta

No caso do terreno em que se encontrar o tesouro possuir um enfiteuta (titular do domínio útil) e não um proprietário, dar-se-á a divisão da mesma forma prevista pelo art. 1.264, como se o enfiteuta fosse proprietário do terreno.

Todavia, a enfiteuse não é mais considerada entre os direitos reais passíveis de constituição por particulares, tendo importância apenas para áreas de interesse público, como os terrenos da marinha. Em suma, melhor seria o legislador se limitar ao direito de superfície, mais restrito que a enfiteuse.

Da Tradição

Transferência das coisas

A tradição é o momento pelo qual o negócio jurídico se completa, ou seja, a propriedade é transferida. Sem essa situação, não existe transferência de propriedade, lembrando que o negócio jurídico antes da transferência do domínio, em razão do título translativo, apenas produz direito real.

Da transferência feita por quem não detém a propriedade

O art. 1.268 trata das situações em que ocorre a tradição, mas aquele que a detinha e a transmitiu ao adquirente de boa-fé não era seu legítimo proprietário. Nesses casos, a menos que se trate de oferta da coisa feita ao público, em leilão ou estabelecimento comercial, o que induziu o adquirente a erro, não existe alienação da propriedade transferida. Diz o § 1º que, se após a tradição o alienante de fato adquirir a propriedade do bem que transferiu, retroagem os efeitos da alienação à data em que ocorreu a tradição. O § 2º garante que, tratando-se de negócio jurídico nulo, não ocorre a transferência da propriedade.

Da Especificação

Trabalho com parte de matéria-prima alheia

Caso alguém, ao trabalhar em matéria-prima em parte alheia, obtenha espécie nova, será proprietário desta, se não houver possibilidade de restituir a criação à forma anterior. Mas existindo a possibilidade de ser restituída à forma anterior, o dono da matéria-prima continuará proprietário.

Trabalho com matéria-prima total alheia

Em hipótese semelhante à do art. 1.269, porém quando a matéria-prima é exclusivamente de outrem, se comprovada a boa-fé daquele que trabalhou a matéria-prima, passará ao especificador essa espécie nova. Diz o § 1º que, caso seja possível retornar à forma anterior ou caso não tenha agido o especificador com má-fé, a espécie nova pertencerá ao dono da matéria-prima. Nos casos em que o resultado final exceder em muito o valor da matéria-prima, independentemente de boa ou má-fé, será do especificador o produto final de seu trabalho. Como ensina Maria Helena Diniz: "Se da especificação resultar obra de arte, como a pintura em relação à tela, a escultura relativamente à matéria-prima, e a escritura e outro trabalho gráfico em relação à matéria-prima que os recebe, a propriedade da coisa nova será exclusiva do especificador, se seu valor exceder consideravelmente o da matéria-prima alheia. O órgão judicante deverá, então, averiguar se o valor da mão de obra é superior ao da matéria-prima" (DINIZ, Maria Helena. *Código Civil anotado*. 16. ed. São Paulo: Saraiva, 2012, p. 919).

Aos prejudicados pelos artigos antecedentes

Nas hipóteses dos arts. 1.269 e 1.270, será ressarcida ao antigo proprietário a matéria-prima na forma de indenização. A exceção se faz ao art. 1.270, § 1º, falando dos casos em que há má-fé por parte do especificador, em que não ficará com o objeto criado, não havendo porque se falar em indenização.

Da Confusão, da Comissão e da Adjunção

Definição de confusão, comistão e adjunção

Conceitua a doutrina:

a) **confusão** como sendo a mescla de duas substâncias líquidas;

b) **comistão** – e não comissão, como consta erroneamente na redação do Código – como sendo a mistura de duas substâncias sólidas; e

c) **adjunção** como a sobreposição de um material sobre o outro.

Só ocorrerão essas hipóteses quando não for possível separar as substâncias confundidas, comistadas ou adjuntas. Caso a separação seja possível, haverá mera mistura. Ocorrendo, porém, uma das três hipóteses, diz o § 1º que será mantido o todo, indivisível, e cada um dos antigos proprietários será agora proprietário de um quinhão, correspondente à parte que tinha e que foi agregada ao todo.

A segunda hipótese, aventada pelo § 2º, versa sobre a possibilidade de uma das coisas envolvidas na confusão, comistão ou adjunção ser considerada a principal, em relação às demais. Nesse caso, o proprietário desta irá adquirir as demais coisas, indenizando os que ficaram sem seus bens.

Má-fé de um dos proprietários

Caso tenha havido má-fé por parte de um dos proprietários, aquele prejudicado deverá escolher entre ficar com o todo, indenizando o que agiu com má-fé, ou abdicar de sua parte, deixando este com o todo, recebendo então indenização por sua parte.

Formação de nova matéria

Caso, com a junção dos objetos distintos, se formar uma matéria nova, será aplicada a regra da confusão, comistão ou adjunção, conforme arts. 1.272 e 1.273.

DA PERDA DA PROPRIEDADE

O art. 1.275 traz previsões em que é possível a perda da propriedade:

I – por alienação: a alienação é forma de se transmitir propriedade, seja pela compra e venda, pela troca ou permuta, pela doação, assim como poderá ser também por ato contrário à vontade do proprietário como a adjudicação, arrematação etc.;

II – pela renúncia: a renúncia se trata do direito que o proprietário tem de retirar determinada propriedade de seu patrimônio. Caso seja bem imóvel, por força do parágrafo único, deverá constar em sua matrícula o ato renunciativo emitido pelo proprietário renunciante;

III – por abandono: diferentemente da renúncia, o abandono é ato informal, dispensando, portanto, quaisquer atos registrais para que se opere eficácia;

(A configuração de abandono se dá pela presença de dois caracteres indispensáveis: a conduta objetiva de se abandonar algo que é de sua propriedade; e o caráter subjetivo, o *animus abandonandi*, a legítima vontade do proprietário em abandonar sua propriedade.)

IV – por perecimento da coisa: o perecimento da coisa refere-se principalmente aos casos em que a coisa perde sua utilidade ou característica principal, a ponto de ficar inutilizável ou irreconhecível;

V – por desapropriação: a perda da propriedade pela desapropriação ocorre pelo atendimento de um bem-estar público, ou então sob a forma de sanção. Na primeira, o poder público transfere compulsoriamente o bem de um particular para si, retribuindo-o com indenização justa e compatível em dinheiro. Na segunda, o poder público, em obediência à função social da propriedade, retira do particular a propriedade que não traz nenhum benefício social, seja direto ou indireto, indenizando-o mediante pagamento realizado em títulos da dívida pública.

Imóvel urbano abandonado pelo seu proprietário

O imóvel urbano abandonado com a intenção evidente de se desfazer deste será arrecadado ao município ou Distrito Federal, e será incorporado definitivamente ao patrimônio público após transcorridos três anos. Caso o imóvel seja rural, será utilizada a mesma regra, porém o bem será arrecadado e posteriormente incorporado ao patrimônio da União e não mais dos municípios. A presunção de abandono será absoluta se o proprietário abandonar a posse do imóvel definitivamente e deixar de cumprir com suas obrigações fiscais.

DOS DIREITOS DE VIZINHANÇA

Do Uso Anormal da Propriedade

Direito de cessar interferências

O proprietário possui o direito de fazer cessar as interferências que se façam à sua posse e propriedade, no tocante à segurança, ao sossego e à saúde, provocadas pela utilização de propriedade vizinha. Ficam proibidas as interferências de acordo com a natureza da utilização do prédio, sua localização e observadas as normas de distribuição das edificações nas zonas urbanas.

Perturbação por motivo de interesse público

No caso de perturbação realizada por questão de interesse público, a interferência será mantida e caso tenha decorrido dela algum prejuízo, o proprietário prejudicado receberá as indenizações devidas.

Dever de tolerar as interferências

Mesmo que o próprio Judiciário determine que as interferências devam ser toleradas, poderá o vizinho incomodado requerer que as diminuam quando for possível. Por exemplo, se a emissão de gases poluentes de uma indústria química for autorizada judicialmente, o vizinho lesado terá o direito de pleitear sua redução, do mesmo modo se a poluição for sonora ou de qualquer outro tipo que cause prejuízo ao vizinho lesado.

Ação de dano infecto (art. 1.280 do CC)

Ação em que o proprietário exige do dono do prédio vizinho a sua demolição ou reparação, quando este ameace ruína, bem como lhe preste caução pelo dano iminente, visando a assegurar o ressarcimento de prejuízos que advierem antes da demolição ou da reparação de prédio vizinho em ruína.

Garantias reais para realização de obras

O proprietário ou possuidor pode exigir garantia do vizinho que realizará obras quando da iminência de dano.

Das Árvores Limítrofes (art. 1.282 do CC)

Estando na linha limítrofe, a árvore pertence em comum aos donos dos prédios confli-tantes. Quando a árvore de um prédio invadir o vizinho, este está autorizado a podar os ramos e raízes até o plano vertical divisório. Os frutos que caírem em terreno particular alheio a este pertencem.

Da poda das árvores invasoras

Caso as raízes e ramos de árvore ultrapassem a divisa do terreno, poderá o confrontante invadido cortá-las até o limite da divisa entre um terreno e outro.

Dos frutos que caem

Caso uma árvore frutífera venha a dar frutos e estes caiam em terreno alheio, a este pertencerá. O dispositivo só se aplica para o caso de propriedade particular.

Da Passagem Forçada (art. 1.285 do CC)

Quando o dono do prédio não tiver acesso à via pública, nascente ou porto, poderá constranger o vizinho a lhe oferecer passagem, mediante indenização.

F12. (OAB/XXVI Exame de Ordem Unificado/FGV/2018) Ronaldo é proprietário de um terreno que se encontra cercado de imóveis edificados e decide vender metade dele para Abílio. Dois anos após o negócio feito com Abílio, Ronaldo, por dificuldades financeiras, descumpre o que havia sido acordado e constrói uma casa na parte da frente do terreno – sem deixar passagem aberta para Abílio – e a vende para José, que imediatamente passa a habitar o imóvel.

Diante do exposto, assinale a afirmativa correta.

A) Abílio tem direito real de servidão de passagem pelo imóvel de José, mesmo contra a vontade deste, com base na usucapião.

B) A venda realizada por Ronaldo é nula, tendo em vista que José não foi comunicado do direito real de servidão de passagem existente em favor de Abílio.

C) Abílio tem direito a passagem forçada pelo imóvel de José, independentemente de registro, eis que seu imóvel ficou em situação de encravamento após a construção e venda feita por Ronaldo.

D) Como não participou da avença entre Ronaldo e Abílio, José não está obrigado a conceder passagem ao segundo, em função do caráter personalíssimo da obrigação assumida.

➠ Veja art. 1.285, CC.

> **Comentário:** A letra correta é a C, conforme o art. 1.285 do CC. Isso porque a passagem forçada consiste em restrição ao direito de propriedade que decorre das relações de vizinhança. Trata-se de uma imposição da solidariedade entre vizinhos, sendo produto da máxima de que não pode um prédio perder o seu valor econômico ou finalidade se ficar confinado entre propriedades que o circundam.

Da Passagem de Cabos e Tubulações (art. 1.286 do CC)

Trata-se de nova limitação à propriedade. Haverá uma tolerância de um vizinho para a passagem em suas terras, por via subterrânea, de cabos e tubulações de vizinho, de algum serviço de utilidade pública, mediante indenização. O que tolera a passagem poderá exigir que:

- a instalação seja a menos gravosa possível;
- seja removida para outro lugar de seu prédio, à sua custa;
- antes se façam obras de segurança no caso de a instalação se mostrar perigosa. Caso as instalações ofereçam grave risco, o proprietário do prédio poderá exigir que sejam realizadas obras de segurança.

Das Águas (arts. 1.288 e segs. do CC)

Há a obrigação do prédio inferior de receber as águas do superior. O proprietário de nascente ou de solo que receba águas pluviais, satisfeitas as suas necessidades, não pode impedir ou desviar a água para os prédios inferiores. O dono do prédio superior não poderá poluir a água que escoa para os demais. O proprietário tem o direito de construir obras para represamento de água, porém estará obrigado a indenizar o vizinho se as águas represadas o invadirem, deduzindo o valor do benefício obtido. Também é permitida, mediante indenização, a construção de canais em propriedade alheia (aquedutos). Nesse caso, havendo infiltração ou irrupção, assistir-lhe-á a devida indenização (art. 1.293 do CC).

Das águas que correm para o prédio inferior

Quando houver necessidade de se levar águas do prédio inferior ao prédio superior e estas resvalarem em sua propriedade, o dono do prédio inferior poderá reclamar que se desviem as águas ou o indenize em razão do prejuízo experimentado. Se houver indenização e o dono do prédio inferior tiver percebido algum tipo de benefício pelo escoamento de águas, esse benefício será abatido da indenização.

Da utilização da água pelos prédios inferiores

O proprietário de terras onde há nascente ou onde caem águas pluviais tem o direito de utilizar essas águas plenamente. Porém, havendo sobras, não poderá este impedir que as águas remanescentes atendam às necessidades dos prédios inferiores.

Vedado ao possuidor do imóvel superior poluir as águas necessárias aos possuidores dos imóveis inferiores

De forma semelhante à prevista no art. 1.290, o dono de prédio superior não poderá poluir as águas que saem de sua propriedade e atingem os imóveis inferiores. Se houver poluição, deverá realizar a recuperação dessas águas; caso não seja possível tal recuperação ou o mero desvio do curso das águas, deverá ressarcir os danos causados.

Direito a construir barragens, açudes ou outras obras

Caso seja necessário, pela questão da exploração de determinadas atividades econômicas em sua propriedade, o proprietário que tenha águas passando por seu terreno – nesse caso, tanto sendo de prédio inferior como superior – poderá represar as águas, com construção de barragens, açudes ou outras obras. Deverá indenizar os proprietários de terrenos que sejam invadidos por essas águas represadas, com abatimento de eventuais valorizações tidas pelas obras.

Da construção de canais

O art. 1.293 autoriza a construção de canais através de prédios alheios, desde que não cause prejuízo grave aos vizinhos e mediante indenização ao vizinhos prejudicados, para o recebimento das águas indispensáveis às primeiras necessidades da vida.

Aquedutos

Em razão de suas semelhanças, quanto aos aquedutos, aplicam-se as disposições dos arts. 1.286 e 1.287, em relação às servidões de passagem e realização de obras de segurança.

Ao passar por prédios vizinhos, os aquedutos poderão ser cercados da maneira que o proprietário do prédio achar mais conveniente, por questões de segurança e conservação. Além disso, os proprietários dos prédios vizinhos poderão se utilizar das águas que passam por seus terrenos, para as primeiras necessidades da vida.

Com a existência de águas excedentes no aqueduto, é possível que outros as canalizem, com o devido pagamento de indenização aos proprietários prejudicados e ao próprio dono do aqueduto original. Têm preferência na realização dessas obras os proprietários de imóveis pelos quais o aqueduto passe.

Dos Limites entre Prédios e do Direito de Tapagem (art. 1.297 do CC)

Ao proprietário assiste o direito de cercar, murar, valar ou tapar de qualquer maneira o seu prédio. Presume-se o condomínio forçado das obras divisórias de propriedades confinantes, devendo os proprietários ou possuidores concorrerem com as despesas de construção e conservação. As plantas divisórias não poderão ser podadas ou cortadas sem o consentimento de ambos. A construção e a manutenção de tapume especial para impedir a passagem de animais deverão ser suportadas pelo proprietário dos animais. Quando houver confusão de limites, estes determinar-se-ão pela posse justa. Não se provando esta, o terreno contestado se dividirá em partes iguais. Não sendo possível a divisão, adjudicar-se-á a um deles, mediante a indenização do outro.

Ação demarcatória. O proprietário pode constranger o seu confinante a proceder à demarcação entre os dois prédios, a aviventar rumos apagados e a renovar marcos destruídos ou arruinados, repartindo-se as despesas.

Em casos de impossibilidade de se determinar claramente os limites entre duas propriedades, mesmo com exame dos títulos e se atentando às demarcações, o juiz utilizará o critério da posse justa para estabelecer os limites. Não havendo também prova da posse justa, haverá divisão por igual dos terrenos contestados; e em caso de não ser possível, por questões de indivisibilidade, por exemplo, um dos proprietários adjudicará a outra propriedade, indenizando o outro.

Do Direito de Construir

O proprietário poderá construir o que quiser, respeitados os direitos dos vizinhos e os regulamentos administrativos. É, portanto, um direito limitado. Não poderá construir obra que deite águas diretamente no prédio vizinho. É proibido abrir janelas, terraço ou varanda a menos de 1,5 m do terreno vizinho. As janelas cuja visão não incida sobre a linha divisória, bem como as perpendiculares não poderão ser abertas a menos de 75 cm. Portanto, permite-se a abertura de frestas para luz, desde que não sejam maiores de 10 cm de largura sobre 20 cm de comprimento e a mais de 2 m de altura. Em zona rural, a permissão para se construir é de no mínimo 3 m do terreno vizinho.

De como construir

A lei estipula que a construção seja feita de maneira a se evitar que a água que escorre do beiral do telhado, oriunda das chuvas, caia sobre o terreno do vizinho.

Determina o Código a distância mínima de um 1,5 m entre janelas, eirados, terraços ou varandas e o prédio vizinho. Os parágrafos do art. 1.301 determinam a vedação à construção de janelas a menos de 75 cm, excepcionando as aberturas de ar, com medidas de 10 cm por 20 cm.

Ação demolitória

O lesado pela construção de janelas, varandas, sacadas ou goteiras poderá, dentro do prazo de ano e dia após a conclusão da obra, exigir que se a desfaça, bem como que se desfaçam aqueles que apresentem irregularidades insanáveis que firam o regulamento municipal de construção ou que vão contrariamente ao Plano Diretor elaborado pelo município.

Ação de nunciação de obra nova

O proprietário que não se opôs à construção poderá ingressar, durante a construção, pedindo que no prédio vizinho seja obstado o levantamento de janela a menos de 1,5 m da linha divisória. A violação das normas dos arts. 1.299 a 1.313 do CC sujeitará o infrator à demolição das construções feitas, além de perdas e danos. A entrada em prédio vizinho é permitida para proceder a reparos (art. 1.313 do CC).

Construção em zona rural

Este artigo estabelece a distância mínima entre edificações de dois terrenos de proprietários distintos, na zona rural. Não é permitido que se construa edifício a menos de 3 m do terreno do vizinho, independentemente de haver ou não outro edifício ali.

Construção adstrita a alinhamento

Em cidades, vilas e povoados em que a construção for feita sobre certo alinhamento, o dono de um terreno poderá edificar, escorando sua construção no vizinho, porém, deverá verificar se a parede suporta a nova construção. Deverá pagar ao vizinho metade do valor referente ao piso e à parede. Portanto, constituir-se-á o condomínio legal.

O que primeiro construir em linha contígua poderá construir apenas metade da espessura da parede, sem que perca o direito ao pagamento de metade do valor da parede, conforme o artigo anterior. Caso a parede divisória seja de um dos vizinhos e não suporte a construção de outra parede, apoiando-se sobre ela, o outro vizinho, para que construa, deverá prestar caução ao primeiro, em razão do risco de desmoronamento.

Edifícios que dividem parede

Quando os edifícios dividirem parede, o condômino pode utilizar sua metade da parede, desde que não coloque em risco a segurança ou separação entre os dois prédios, e desde que avise o vizinho com antecedência. O mesmo aplica-se à colocação de armários e realização de obras semelhantes; é necessária autorização do vizinho.

Alteração da parede divisória

É lícito que os vizinhos aumentem as paredes divisórias, inclusive reconstruindo-as, para suportar a construção do vizinho. No caso da realização de obras, arcará com todas as despesas, inclusive de conservação, ou apenas com a metade, se o vizinho adquirir meação da parte aumentada.

Impedimentos perante a parede divisória

Por uma questão de segurança e conservação, nas paredes divisórias entre vizinhos fica proibido encostar chaminés, fogões, fornos ou outros equipamentos que causem algum tipo de infiltração ou dano à parede que afete o vizinho. Fogões de cozinha e chaminés ordinárias são exceções a essa regra.

Obras proibidas

É defeso que vizinhos realizem construções que possam poluir ou inutilizar águas de poços ou nascentes que existam antes do início dessas obras.

Fica proibida a escavação em terrenos, que causem a retirada de água de poços ou nascentes de vizinhos.

É vedado a um vizinho realizar obras que coloquem em risco, de alguma maneira, a construção do terreno vizinho, sem que sejam previamente realizadas obras que visem a prevenir tais riscos. O parágrafo único do art. 1.311 determina que, mesmo tais obras de prevenção tendo sido realizadas, se houver prejuízo ao vizinho, este tem direito a ser ressarcido.

Violação de proibições

As violações às proibições estabelecidas na seção sobre direito de construir são punidas com a obrigação de demolir as obras irregulares realizadas. A demolição da obra não impede que o vizinho prejudicado receba as devidas reparações por perdas e danos.

Obrigação de indenizar por fatos permitidos por lei e não abrangidos pelo chamado risco social

Proprietário que penetra no imóvel vizinho para fazer limpeza, reformas e outros serviços considerados necessários – art. 1.313, § 3º, do CC – pode gerar responsabilidade extracontratual por atos lícitos. A obrigação de indenizar pode nascer de fatos permitidos por lei e não abrangidos pelo chamado risco social (art. 186 c/c o art. 927, *caput*, do CC).

DO CONDOMÍNIO GERAL

Do Condomínio Voluntário

Dos Direitos e Deveres dos Condôminos

Do condomínio geral (arts. 1.314 e segs. do CC)

É o direito de propriedade que pode pertencer a vários sujeitos ao mesmo tempo, cada um possuindo uma parte ideal do todo. O condômino poderá defender a sua posse, reivindicando a coisa comum de terceiro. Cada condômino tem o direito de gravar a parte, se for divisível a coisa. Está, ainda, proibida a alteração da coisa comum. Cada comunheiro está obrigado a concorrer com as despesas de conservação ou divisão da coisa, na sua proporção. A divisão do condomínio, por meio da ação divisória (art. 1.320 do CC), poderá ser proposta a qualquer tempo, revelando-se imprescritível. O estado de indivisão só poderá permanecer pelo prazo de cinco anos, prorrogável por igual período. A venda da coisa comum está regulada pelo art. 1.322 do CC.

Administração do condomínio (art. 1.323 do CC)

Espécies de condomínios. Os condomínios poderão ser convencionais (pela vontade das partes); incidentais ou eventuais (criados por fato alheio à vontade das partes, exemplo: doação em comum a mais de duas pessoas); ou legais ou forçados (aqueles que decorrem de imposição legal).

Concorrência para as despesas

O condômino, sendo dono da coisa em conjunto com outros, é obrigado a arcar com despesas de conservação da coisa ou sua divisão, na proporção da parte que detém no condomínio, da mesma forma que deve suportar qualquer ônus a que esta esteja sujeita. Caso não haja determinação ou especificação da fração pertencente a cada um dos condôminos, consideram-se iguais as partes.

Renúncia à parte ideal

Negando-se o condômino ao pagamento das despesas e dívidas, estará renunciando à parte ideal que possui no condomínio. Se os demais condôminos assumirem as dívidas do que se negou a pagar, a parte à qual renunciou será dividida entre estes condôminos que arcaram com as despesas, na proporção dos pagamentos. Se não houver por parte dos condôminos pagamento das dívidas que o primeiro se negou a pagar, a coisa comum será dividida e, na impossibilidade, vendida e as partes de cada um pagas na proporção em que detinham da coisa.

Da proporção pelas dívidas contraídas

Caso não haja discriminação da parte de cada condômino em dívida contraída por todos, tampouco a estipulação de solidariedade, presume-se que cada um tenha se obrigado proporcionalmente à parte que detém na coisa.

Caso um dos condôminos contraia obrigação individualmente, mas esta aproveite a todos, o contratante estará obrigado a adimplir tal obrigação, mas terá direito de ação de regresso contra os demais condôminos, caso não arquem com o pagamento também.

Frutos percebidos por um dos condôminos

Cada condômino responde perante os demais tanto pelas vantagens que recebe com frutos da coisa como por danos causados a ela.

Divisão da coisa comum

A qualquer momento pode um dos condôminos exigir que a coisa comum seja dividida e sua parte transferida a ele. As despesas percebidas com a divisão serão de responsabilidade de cada condômino, de acordo com sua quota na propriedade da coisa. É possível que haja acordo entre os condôminos para que a coisa se torne indivisível por 5 anos, passíveis de prorrogação.

Esse mesmo prazo de 5 anos é estabelecido como teto máximo para que o doador ou o testador fixem a indivisibilidade à coisa.

Existe aplicação subsidiária das regras que envolvem partilha de herança, no tangente à divisão do condomínio.

Coisa indivisível, indenização

Na hipótese de manifestação de vontade pela divisão da coisa e não houver desejo de um de adjudicá-la, pagando os demais, haverá venda da coisa e o valor será repartido. Têm direito de preferência a estranhos os próprios condôminos e entre eles ainda, o que possuir benfeitorias mais valiosas no bem. Se nenhum dos condôminos tiver realizado benfeitorias e todos detiverem as mesmas partes na coisa, será realizada licitação entre estranhos que desejem a coisa e antes de entregue ao que ofereceu maior lance, haverá licitação entre os condôminos, para verificar se este oferece lance maior do que o estranho vencedor da primeira licitação, mantendo a preferência aos condôminos.

Da Administração do Condomínio

Da escolha do administrador

Com deliberação da maioria sobre a administração do bem comum, os condôminos escolherão o administrador, que não necessariamente será membro do condomínio.

Locação da coisa comum

Decidido pela maioria dos condôminos pela locação da coisa comum, deverão os comunheiros acordar sobre o valor do aluguel, tendo preferência para o contrato de locação qualquer dos condôminos.

Condômino representante

Caso um dos condôminos comece a administrar o bem comum e os outros não se oponham, presume-se que concordaram e que este é o representante comum entre eles.

Cálculo da maioria pelo valor dos quinhões

Para as deliberações, calcula-se a maioria não pelo número de indivíduos, mas pelos valores dos quinhões. Para as deliberações, que são obrigatórias, calcula-se por maioria absoluta. Se tal maioria não for alcançada, caberá ao magistrado decidir sobre a questão, a requerimento de qualquer dos condôminos, ouvidos os demais. Se não estiverem claros os valores dos quinhões, serão avaliados judicialmente.

Frutos das coisas comuns

Caso não haja determinação previamente estabelecida entre os condôminos, os frutos da coisa serão partilhados na proporção dos quinhões detidos por cada condômino.

Do Condomínio Necessário

O art. 1.327 faz mera referência aos artigos que disciplinam situações em que existe o condomínio por meação de paredes, cercas, muros e valas, pelo próprio Código, nos arts. 1.297, 1.298 e 1.304 a 1.307.

O proprietário que tem direito a construir paredes, cercas, muros e valas também tem o direito de adquirir a meação em parede, muro, cerca ou vala do vizinho, embolsando-lhe metade do valor da obra e do terreno que ocupa, conforme explícito no art. 1.297 do CC.

Não entrando em acordo os vizinhos sobre o valor da obra, haverá arbitragem de peritos, pagos pelos dois.

Caso um dos condôminos deseje fazer a divisão, nos casos de parede, cerca, muro ou vala comuns, não poderá fazer uso desses se não tiver realizado o pagamento da meação mencionada no art. 1.328.

DO CONDOMÍNIO EDILÍCIO

O condomínio edilício pressupõe uma situação jurídica de natureza complexa, em que o titular do direito conjuga em si o exercício da copropriedade sobre as partes comuns e do domínio exclusivo sobre as partes privativas, domínio este exercido nos limites da existência de diversas propriedades confinantes.

Conforme ensina Maria Helena Diniz:

Propriedade exclusiva: "A propriedade exclusiva tem por objeto a unidade autônoma (apartamento, terraço de cobertura, se isso estiver estipulado na escritura de constituição de condomínio, escritório, sala, loja ou sobreloja), sendo lícito ao seu titular não só ceder o seu uso, mas também alienar e gravar de ônus real cada unidade, sem o consenso dos demais condôminos".

Propriedade comum: "Abrange o solo em que se constrói o prédio, suas fundações, pilastras, telhado, vestíbulos, pórtico, escada, elevadores, rede geral de distribuição de água, esgoto, gás e eletricidade, muros, instalações de TV a cabo, telefone, portaria, calefação e refrigeração centrais, acesso ao logradouro público (rua, avenida etc.), do qual nenhuma unidade imobiliária pode ser privada, terraço de cobertura (salvo disposição contrária da escritura de constituição de condomínio), morada de zelador, em resumo, tudo o que se destina ao uso comum" (DINIZ, Maria Helena. *Código civil anotado.* 16. ed. São Paulo: Saraiva, 2012).

Instituição do condomínio edilício

A instituição do condomínio edilício está prevista no art. 1.332 do CC, podendo ocorrer por ato *inter vivos* ou *causa mortis*, devendo ser levado a registro no Cartório de Registro de Imóveis.

O art. 1.333 estabelece o quórum mínimo de dois terços das frações ideais para aprovação da convenção que estabelece o condomínio edilício. Com seu estabelecimento, ela se torna obrigatória a todos os que a aprovaram, os demais que não a aprovaram e os futuros proprietários, que se submetem a suas determinações. Para que seja oponível perante terceiros, faz-se necessário o registro no Cartório de Registro de Imóveis. Caso contrário, sua eficácia se dará unicamente perante os condôminos.

F13. (Assembleia Legislativa-PB/Procurador/FCC/2013) Quanto ao condomínio em edificações, é correto afirmar:

A) A convenção que constitui o condomínio edilício deve ser subscrita pelos titulares de, no mínimo, 3/4 das frações ideais, tornando-se obrigatória contra terceiros a partir do Registro no Cartório Imobiliário.

B) Institui-se o condomínio edilício exclusivamente por ato entre vivos, registrado no Cartório de Registro de Imóveis.

C) A convenção condominial deve necessariamente ser feita por escritura pública.

D) O condômino, ou possuidor, que não cumpre reiteradamente com os seus deveres perante o condomínio poderá, por deliberação de 3/4 dos condôminos restantes, ser constrangido a pagar multa correspondente até ao quíntuplo do valor atribuído à contribuição para as despesas condominiais, conforme a gravidade das faltas e a reiteração, independentemente das perdas e danos que se apurem.

E) Não é permitido ao condômino alienar parte acessória de sua unidade imobiliária, seja a outros condôminos, seja a terceiros, pois o acessório vincula-se ao principal.

➡ Veja arts. 1.332 a 1.334, 1.337 e 1.339, § 2º, CC.

Comentário: No exercício exposto, a resposta que deveria ter sido assinalada pelo candidato seria a letra D. Importa dizer que o Código Civil, em seu art. 1.337, afirma que: "O condômino, ou possuidor, que não cumpre reiteradamente com os seus deveres perante o condomínio poderá, por deliberação de três quartos dos condôminos restantes, ser constrangido a pagar multa correspondente até ao quíntuplo do valor atribuído à contribuição para as despesas condominiais, conforme a gravidade das faltas e a reiteração, independentemente das perdas e danos que se apurem".

Constituição do condomínio

Está disciplinada pelos arts. 1.333 e 1.334, dando-se por meio de convenção de condomínio, que deverá ser subscrita por pelo menos dois terços das frações ideais, tornando-se obrigatória para os titulares de direitos sobre a unidade, ou para quantos sobre elas tenham posse ou detenção. A convenção será por escritura pública ou particular, devendo conter: a) a quota proporcional e o modo de pagamento das contribuições dos condôminos para atender as despesas ordinárias e extraordinárias; b) a forma de administração; c) a competência das assembleias, a forma de convocação e o quórum exigido para as deliberações; d) as sanções a que os condôminos e possuidores estão sujeitos; e, por fim, e) o regimento interno do condomínio.

➡ Ver questão F13.

Direitos dos condôminos

Os direitos dos condôminos (art. 1.335 do CC) e os deveres dos condôminos (art. 1.336 do CC) estão disciplinados na lei. O Código Civil de 2002 minorou a multa aplicável em caso de inadimplemento, passando de 20 para 2% sobre o valor do débito (art. 1.336, § 1º, do CC). A reincidência no inadimplemento das obrigações condominiais sujeitará o infrator, com deliberação de três quartos dos condôminos, ao pagamento de multa correspondente até o quíntuplo do valor pago para as despesas condominiais, conforme a gravidade da falta, além de perdas e danos (art. 1.337 do CC). Verificada a impossibilidade de convivência, o condômino será multado em dez vezes o valor das despesas condominiais.

Deveres dos condôminos

O art. 1.336, de maneira clara e autoexplicativa, traz o elenco de deveres que o condômino deverá respeitar. É importante observar as previsões de multa no caso de inadimplemento dos condôminos em relação às despesas comuns, que será de 2% sobre o valor do débito, e não mais de 20%.

O art. 1.337 traz determinação acerca de multas aos condôminos que não cumprem deveres condominiais ou apresentem comportamento antissocial, de forma reiterada em ambos os casos. Na ocorrência do primeiro, por deliberação de três quartos dos condôminos restantes, poderá ser compelido a pagar multa no valor de cinco vezes o montante pago como despesas condominiais. No caso de conduta antissocial, a multa pode chegar a dez vezes o valor pago como despesas condominiais. Tal multa poderá ser aplicada pelo síndico, desde que estipulado na convenção, devendo ser ratificada pela assembleia, pelo voto de três quartos dos condôminos.

➥ Ver questão F13.

Locação de vagas de garagem

É permitida a locação de garagem, preferindo-se em condições iguais, qualquer dos condôminos a estranhos, e, entre todos, os possuidores. Porém nada impede que o condomínio vede o aluguel de vagas para veículos a estranhos ao condomínio, desde que estabelecido em convenção. É importante lembrar que há o direito de preferência para os condôminos (proprietários e possuidores direitos).

Direitos e deveres com as áreas comuns

As áreas comuns e as áreas particulares do condomínio são inseparáveis. Não pode, portanto, um condômino vender sua fração ideal sem que o comprador tenha acesso às áreas comuns. Existe a permissão, conforme o art. 2º da Lei n. 4.591/64, que se aliene separadamente a parte acessória e a unidade imobiliária a outro condômino. No caso de terceiro estranho à relação, só é possível caso exista tal possibilidade descrita no ato constitutivo do condomínio e se a assembleia geral não for contrária. Um exemplo comum dessa espécie de alienação é a venda ou aluguel de vagas de garagem.

Caso existam no condomínio áreas comuns, mas que sejam de uso exclusivo de um ou alguns condôminos, as despesas relativas a tais áreas serão exclusivas daqueles que a usam.

➥ Ver questão F13.

Da realização de obras no condomínio

Para a realização de obras voluptuárias no condomínio, é necessária a aprovação de dois terços dos condôminos. Se obras úteis, o quórum é menor: apenas a maioria dos condôminos precisa aprová-las. As obras ou reparos necessários não precisam de aprovação prévia e podem ser realizadas pelo síndico ou em sua ausência ou impedimento, por qualquer condômino.

Nota: Nesse particular, deve-se observar ainda as disposições constantes na NBR n. 16.280/2004, as quais dão novas orientações quanto às reformas e edificações.

De todo modo, se o valor dessas obras ou reparos necessários for de valor muito alto e a necessidade for urgente, o síndico ou condômino que teve a iniciativa de realizá-las deverá dar ciência à assembleia imediatamente. Se essas obras ou reparos necessários forem de valor muito alto e não forem urgentes, deverão ser previamente aprovadas pela assembleia, convocada pelo síndico ou um dos condôminos. Cabe reembolso ao condômino que realizar, por sua própria conta, obras ou reparos necessários. Se forem de outra natureza, não há de se falar em reembolso.

Para a realização de obras em áreas comuns, é necessária a aprovação de dois terços dos votos dos condôminos. Fica vedada a construção em partes comuns que prejudiquem de alguma forma a utilização dessas partes comuns ou de partes próprias de condôminos.

Para a construção de novo pavimento ou de outro edifício no terreno onde se encontra o condomínio já estabelecido, é necessária a aprovação da unanimidade dos condôminos, em razão do alto custo, além do fato de que, depois da aprovação, os condôminos sofrerão uma redução proporcional da fração ideal do terreno correspondente a cada unidade, em virtude do aumento do número de condôminos.

Deveres do possuidor do terraço de cobertura

O proprietário do terraço de cobertura deve conservá-lo para que não cause danos às unidades imobiliárias que ficam nos pisos inferiores.

Responsabilidade do adquirente de imóvel com débitos pendentes

O adquirente de unidade condominial responde pelos débitos do alienante junto ao condomínio, inclusive multas e juros moratórios, em razão de se tratar de obrigação *propter rem* (débito que acompanha o imóvel) (art. 1.345 do CC).

F14. (OAB/XIII Exame de Ordem Unificado/FGV/2014) Ary celebrou contrato de compra e venda de imóvel com Laurindo e, mesmo sem a devida declaração negativa de débitos condominiais, conseguiu registrar o bem em seu nome. Ocorre que, no mês seguinte à sua mudança, Ary foi surpreendido com a cobrança de três meses de cotas condominiais em atraso. Inconformado com a situação, Ary tentou, sem sucesso, entrar em contato com o vendedor, para que este arcasse com os mencionados valores. De acordo com as regras concernentes ao direito obrigacional, assinale a opção correta.

A) Perante o condomínio, Laurindo deverá arcar com o pagamento das cotas em atraso, pois cabe ao vendedor solver todos os débitos que gravem o imóvel até o momento da tradição, entregando-o livre e desembargado.

B) Perante o condomínio, Ary deverá arcar com o pagamento das cotas em atraso, pois se trata de obrigação subsidiária, já que o vendedor não foi encontrado, cabendo ação *in rem verso*, quando este for localizado.

C) Perante o condomínio, Laurindo deverá arcar com o pagamento das cotas em atraso, pois se trata de obrigação com eficácia real, uma vez que Ary ainda não possui direito real sobre a coisa.

D) Perante o condomínio, Ary deverá arcar com o pagamento das cotas em atraso, pois se trata de obrigação *propter rem*, entendida como aquela que está a cargo daquele que possui o direito real sobre a coisa e, comprovadamente, imitido na posse do imóvel adquirido.

➥ Veja art. 1.345, CC.

Comentário: A assertiva correta é a D, uma vez que o art. 1.345 do Código Civil dispõe: "O adquirente de unidade responde pelos débitos do alienante, em relação ao condomínio, inclusive multas e juros moratórios".
Assim como o próprio texto que compõe a questão, de fato se trata da modalidade de obrigação intitulada *propter rem*, que consiste na obrigação que "gruda" na coisa, de tal sorte que não importa se a obrigação foi assumida pelo proprietário anterior ou se foi assumida pelo atual adquirente. A verdade é que o seu cumprimento incumbe àquele que é titular do direito real sobre a coisa, devendo assim satisfazer a obrigação.

Seguros obrigatórios

O art. 1.346 é claro ao determinar a obrigatoriedade da aquisição de seguro contra incêndio ou destruição total ou parcial da edificação.

Da Administração do Condomínio

Escolha, deveres e destituição do síndico

O síndico, responsável pela administração do condomínio e sua representação, é escolhido pela assembleia e seu mandato poderá ter duração máxima de dois anos, passível sua renovação. Não é mandatório que o síndico seja condômino do edifício, sendo possível a contratação de alguém alheio ao condomínio para meramente administrá-lo.

O art. 1.348 traz a descrição do rol de atribuições de um síndico. Cabe a ele convocar assembleia, representar o condomínio ativa e passivamente, até mesmo em juízo, informar a assembleia sobre procedimento judicial ou administrativo contra o condomínio, cumprir e compelir ao cumprimento das normas constantes na convenção, zelar pela conservação das áreas comuns e pela prestação dos serviços, elaborar orçamento de receita e despesas anualmente, cobrar as contribuições condominiais, impondo as multas cabíveis, realizar a prestação de contas anualmente, ou quando solicitado pela assembleia e realizar o seguro obrigatório da edificação. A assembleia pode instituir outro como representante do condomínio, restando ao síndico as demais atribuições. Pode o síndico, por iniciativa própria, transferir a outrem seus poderes de representação ou as funções administrativas, mediante deliberação da assembleia, exceto se houver disposição em contrário na convenção. Pode a assembleia, mediante prática de irregularidades, ausência de prestação de contas ou administração não conveniente ao condomínio, destituir o síndico, com voto da maioria absoluta dos membros.

Assembleia para prestação de contas e aprovação das futuras contas do condomínio

Estando dentro de suas atribuições, cabe ao síndico convocar a assembleia dos condôminos, anualmente, na forma prevista na convenção, para que haja aprovação do orçamento de despesas, contribuições dos condôminos e a prestação de contas, e eventualmente, substituição do síndico e alteração do regimento interno. Se o síndico não realizar a convocação, poderão os condôminos, reunidos em número que atinja um quarto dos condôminos, convocá-la. Se não houver assembleia, a requerimento de qualquer dos condôminos, o juiz poderá receber as questões e decidi-las. Em relação ao direito de voto do locatário, este terá o direito de voto caso o locador não compareça na assembleia, e desde que tenha previsão em convenção. Caso não haja, a assembleia é que deverá decidir se aceita ou não o voto do locatário.

Quórum necessário para alterações

Para mudança na convenção, são necessários votos favoráveis de dois terços dos condôminos. No caso de votação para mudança da destinação do edifício ou de unidade imobiliária, requer-se unanimidade de votos.

Exceto nas deliberações especiais, em que se exige quórum especial, as deliberações da assembleia dar-se-ão por maioria dos votos, presentes os condôminos que representem ao menos metade das frações ideais.

Quando não alcançado o quórum para instauração na primeira convocação, a assembleia se instaurará com o quórum existente e as deliberações dar-se-ão por maioria de votos dos presentes, exceto para quóruns de votações especiais.

Todos os condôminos devem ser convocados para a assembleia, para que possam participar das discussões pertinentes ao condomínio e exercerem o direito de voto; caso contrário, não terá poder deliberatório a reunião. Portanto, a falta de convocação geral resultará na invalidade da assembleia realizada.

Assembleias extraordinárias, ou seja, aquelas convocadas para discutir assuntos excepcionais e não esperados, poderão ser convocadas pelo síndico ou, em caso de sua ausência, por 1/4 dos condôminos.

É facultado aos condôminos estabelecer um conselho fiscal, composto por três membros e eleitos pela assembleia, por prazo de dois anos, para fornecer pareceres sobre as contas apresentadas pelo síndico.

Da Extinção do Condomínio

Extinção do condomínio edilício

Ocorre pela destruição total do prédio ou pela ameaça de ruína, hipóteses em que em assembleia se deliberará sua reconstrução ou venda. Também poderá extinguir-se pela desapropriação. Caso seja feita a venda do condomínio, haverá o direito de preferência do condomínio em relação a estranho.

Havendo desapropriação, a indenização será repartida conforme a proporção das unidades imobiliárias de cada condômino.

Do Condomínio em Multipropriedade

A multipropriedade

Significando verdadeira novidade legislativa, o legislador recémincutiu regramento autônomo que, em última análise, altera o diploma civilista pátrio, assim como a Lei de Registros Públicos (Lei n. 6.015/73). Trata-se da Lei n. 13.777/2018.

Com o novo diploma, são introduzidos novos termos ao Código Civil, iniciando com os arts. 1.358-B e 1.358-C, que, desde logo, favorecem à sociedade ao explicar textualmente o regime da multipropriedade. Não é sempre que o legislador tem o cuidado de invocar esforços para conceituar o expediente legal. Assim, em última instância, a multipropriedade é o regime de condomínio em que cada um dos proprietários de um mesmo imóvel é titular de uma fração de tempo, à qual corresponde a faculdade de uso e gozo, com exclusividade, da totalidade do imóvel, a ser exercida pelos proprietários de forma alternada.

Na prática, isso quer dizer que um mesmo imóvel tem vários proprietários – assim como em um *condomínio comum* – só que com a diferença de que a posse é exercida por seu titular em determinado período do ano. Dessa feita, tem-se a consumação do que se intitula *time sharing*, em que o adquirente tem a propriedade levando-se em conta unidades de tempo ao longo do ano.

Agora, a referida multipropriedade não se extingue automaticamente se todas as frações de tempo forem do mesmo multiproprietário.

Já a fração do tempo é indivisível, o período que corresponde ao espaço temporal mínimo será de sete dias, que poderá ser fixo, flutuante ou misto.

Já o imóvel também é indivisível e não se sujeita à ação de extinção ou de divisão de condomínio, além do fato de necessariamente já incluir as instalações, os equipamentos e o mobiliário para o uso e o gozo do item.

A constituição da multipropriedade

O legislador posicionou a constituição da multipropriedade de forma ampla, para que possa ser constituída tanto por ato *inter vivos* como por meio da *expressão de última vontade*, devendo, porém, ser necessário o registro no cartório de imóveis competente, sendo necessário que conste o período que corresponde a cada fração de tempo.

Também deve conter os poderes e deveres de cada multiproprietário; o numerário de ocupantes; as regras de acesso do administrador, especialmente para que sejam observados os deveres de manutenção e limpeza; a criação de um fundo de reserva para a manutenção dos equipamentos; o regime aplicável em caso de perda ou de deterioração do imóvel; além das multas aplicáveis a cada dos multiproprietários em caso de descumprimento de seus respectivos deveres.

Direitos e deveres dos multiproprietários

Vale dizer que cada dos multiproprietários tem direitos e deveres, conforme o recém criado art. 1.358-J do Código Civil. Pensando primeiro em algumas das obrigações, eles têm o dever de pagar a contribuição condominial do condomínio em multipropriedade; responder por danos causados; comunicar tão logo tenham ciência dos defeitos ao administrador; não modificar, alterar ou substituir o mobiliário; manter o imóvel em estado de conservação e limpeza; fazer o uso do imóvel e de suas demais instalações conforme a destinação do bem; desocupar o imóvel no momento demarcado; permitir a realização de reparos que se fizerem necessários.

Já em relação aos direitos, pode usar e gozar do bem durante o período determinado; inclusive com a cessão de locação ou comodato da fração de seu tempo; alienar a fração de tempo, votar em assembleia. A multiproprieade também pode ser transferida, com a observação da lei civil, e sem a necessidade de aval dos demais multiproprietários.

A administração do imóvel em multipropriedade

Como determina o art. 1.358-M, a administração do imóvel e de suas instalações, equipamentos e mobiliário será de responsabilidade da pessoa indicada no instrumento de instituição ou na convenção de condomínio em multipropriedade, ou, na falta de indicação, de pessoa escolhida em assembleia geral dos condôminos. Ainda assim, o administrador terá também alguns outros deveres, tais como: coordenar a utilização do imóvel pelos multiproprietários durante o período correspondente a suas respectivas frações de tempo; incumbir-se da manutenção e da preservação do imóvel; elaborar orçamento anual, com receitas e despesas; realizar a cobrança das quotas de custeio de reserva entre outras funções descritas no referido artigo.

DA PROPRIEDADE RESOLÚVEL (ART. 1.359 DO CC)

Pelo implemento de condição ou advento de termo, extingue-se a propriedade e os direitos reais concedidos na sua pendência (efeito *ex tunc*). Havendo a resolução da propriedade por outra causa superveniente, alheia ao título e posterior à transmissão do domínio, os efeitos serão *ex nunc* (art. 1.360 do CC).

Havendo resolução da propriedade por causa superveniente, o possuidor, que adquiriu a propriedade com título anterior à resolução, será o proprietário perfeito. Contra ele, a pessoa em cujo benefício houve a resolução moverá ação para haver a coisa ou seu valor equivalente.

DA PROPRIEDADE FIDUCIÁRIA

Decorre da alienação fiduciária em garantia. Trata-se da propriedade resolúvel de coisa móvel infungível que o devedor (fiduciante), com escopo de garantia, transfere ao credor (fiduciário). Resolve-se o direito do adquirente com o pagamento da dívida garantida. Dá-se por instrumento público ou particular, devendo ter assento no Registro de Títulos e Documentos do domicílio do devedor. Em caso de veículos, na repartição competente para o licenciamento, anotando-se no certificado de registro. O devedor, na qualidade de depositário, ficará com a posse direta da coisa. Vencida a dívida, sem pagamento, o credor (fiduciário) venderá a coisa a terceiro, aplicando-se o preço no pagamento de seu crédito. Se não bastar o produto da venda, o devedor ficará obrigado pelo restante (art. 1.366 do CC). Não pode o credor ficar com a coisa em pagamento da dívida – pacto comissório (art. 1.365 do CC). Difere do penhor, pois neste o devedor conserva a propriedade e na propriedade fiduciária o devedor transmite a propriedade, que passa a ser resolúvel.

Conteúdo do contrato

O contrato, que será o título da propriedade fiduciária, deverá ter, como elementos essenciais, o valor total da dívida ou ao menos sua estimativa, o prazo ou época do pagamento, taxa de juros, quando houver, e descrição do objeto transferido, com elementos que sirvam para sua identificação.

Devedor como depositário

O devedor é equiparado no art. 1.363 ao depositário. Assim, determina o Código que poderá usar a coisa, antes de vencida a dívida, sendo obrigado a empregar na guarda da coisa a devida diligência e entregá-la imediatamente ao credor, caso a dívida não seja paga no vencimento.

Vencida a dívida

O art. 1.364 traz a descrição do procedimento adotado pelo credor, caso não haja pagamento da dívida, após o vencimento. Deverá vender judicial ou extrajudicialmente o bem e utilizar o valor obtido para o pagamento da dívida. Caso haja saldo remanescente, deverá ser entregue ao devedor.

Cláusulas nulas

O *caput* do art. 1.365 estabelece a nulidade de cláusula que autorize o proprietário fiduciário a manter a coisa alienada em garantia, no caso de não adimplemento da obrigação. O parágrafo único, por sua vez, expressa que, com anuência do credor, o devedor poderá transferir o direito que tem à coisa em pagamento, após o vencimento da dívida.

Valor da dívida maior do que o do produto

Caso seja vendida a coisa e não reste saldo a ser entregue ao devedor e, sim, falte saldo a ser entregue ao credor, o devedor continuará obrigado ao pagamento da dívida restante.

Aplicação dos dispostos nos arts. 1.421, 1.425 a 1.427 e 1.436

Da alteração dada pela Lei n. 13.043/2014, a propriedade fiduciária em garantia a bens móveis ou imóveis não se equipara à propriedade plena de que trata os arts. 1.225, I, 1.228 e 1.231 do CC.

Dívida paga por terceiro

Caso haja pagamento da dívida por terceiro, este sub-rogar-se-á no crédito e na propriedade fiduciária.

Demais espécies de propriedades fiduciárias

Especifica o art. 1.368-A que o Código Civil irá regular apenas as disposições gerais das propriedades fiduciárias e nos casos em que não houver incompatibilidade com as leis especiais que disciplinam os institutos das demais espécies de propriedade fiduciária ou de titularidade fiduciária.

O direito real de aquisição no art. 1.368-B funciona como direito de prelação ao fiduciante, seu cessionário ou sucessor, ou seja, eles têm direito de preferência na aquisição do imóvel para se tornar proprietário (arts. 1.225, I, e 1.228 do CC).

DO FUNDO DE INVESTIMENTO

O Capítulo X recebeu a adição do Fundo de Investimento. A Lei n. 13.874/2019 incluiu o art. 1.368-C, que trata do referido Fundo. Este consiste em uma comunhão de recursos, constituído sob a forma de condomínio de natureza especial, destinado à aplicação em ativos financeiros, bens e direitos de qualquer natureza. No entanto, conforme o § 1º do mesmo artigo, não são aplicáveis ao Fundo as disposições dos arts. 1.314 a 1.358-A. Já o § 2º destina à Comissão de Valores Imobiliários a competência para disciplinar os regramentos atinentes ao

Fundo de Investimento. Além disso, conforme o § 3º, o registro dos regulamentos do fundo de investimentos na Comissão de Valores Mobiliários é elemento condicionante para a garantia da publicidade e que se tenha efeito *erga omnes*.

Importa destacar que o regulamento do Fundo poderá: (i) limitar a responsabilidade de cada investidor ao valor de suas quotas (art. 1.038-D, I); (ii) limitar a responsabilidade, bem como parâmetros de sua aferição, dos prestadores de serviços do fundo de investimento, perante o condomínio e entre si, ao cumprimento dos deveres particulares de cada um, sem solidariedade; e (iii) estabelecer classes de cotas com direitos e obrigações distintos, com possibilidade de constituir patrimônio segregado para cada classe.

Também, pelo art. 1.038-E, fica definido que os fundos de investimento respondem diretamente pelas obrigações legais e contratuais por eles assumidas, e os prestadores de serviço não respondem por essas obrigações, mas respondem pelos prejuízos que causarem quando procederem com dolo ou má-fé. Agora, se o fundo de investimento com limitação de responsabilidade não tiver patrimônio capaz de responder por suas dívidas, ficam aplicadas as regras de insolvência que são verificadas entre os arts. 955 a 965 do Código Civil.

Já a insolvência pode ser requerida pelos credores por meio do aparato judicial por deliberação dos cotistas do fundo de investimento.

DA SUPERFÍCIE

É o direito real de fruição de coisa alheia, por meio do qual o proprietário concede a outrem (superficiário) o direito de construir ou plantar em seu terreno, por tempo determinado, a título gratuito ou oneroso, mediante escritura pública registrada no Cartório de Imóveis. Esse direito é transmissível por ato *inter vivos* ou *causa mortis*. Será extinta se, antes do termo final, o superficiário der destinação diversa ao terreno. Com a extinção, por qualquer de suas formas, o proprietário passará a ter a propriedade plena do imóvel. Em caso de desapropriação, a indenização será do proprietário e do superficiário, na proporção do direito real de cada um (art. 1.376 do CC).

F15. (OAB/XII Exame de Ordem Unificado/FGV/2013) Alexandre, pai de Bruno, celebrou contrato com Carlos, o qual lhe concedeu o direito de superfície para realizar construção de um albergue em seu terreno e explorá-lo por 10 anos, mediante o pagamento da quantia de R$ 100.000,00. Passados quatro anos, Alexandre veio a falecer. Diante do negócio jurídico celebrado, assinale a afirmativa INCORRETA.

A) O superficiário pode realizar obra no subsolo, de modo a ampliar sua atividade.

B) O superficiário responde pelos encargos e tributos que incidirem sobre o imóvel.

C) O direito de superfície será transferido a Bruno, em razão da morte de Alexandre.

D) O superficiário terá direito de preferência, caso Carlos decida vender o imóvel.

➥ Veja arts. 1.369, parágrafo único, e 1.371 a 1.373, CC.

Comentário: A assertiva incorreta, a ser assinalada, é a letra A. Desde logo é importante destacar que o direito de superfície vem a ser o direito real de ter plantação ou construção em solo alheio. Existe um seccionamento da propriedade da plantação ou construção temporária da propriedade do solo. Em resumo, o direito de superfície consiste na quebra temporária da homogeneidade dominial entre solo e plantação ou construção. Voltando ao discutido na questão, a alternativa que melhor responde ao enunciado é a letra A. Isso porque o art. 1.369, do CC, em seu parágrafo único, dispõe: "O direito de superfície não autoriza obra no subsolo, salvo se for inerente ao objeto da concessão". Já a afirmativa contida em B está correta porque ela retrata exatamente o art. 1.371 do Diploma Civilista.

Da concessão, responsabilidade, deveres, direitos e resolução da superfície

É facultado às partes decidir se a concessão de direito real de propriedade será feita a título oneroso ou gratuito. Caso o seja a título oneroso, podem acordar livremente se o pagamento se dará em parcela única ou em várias.

Aquele que recebeu o direito de uso da superfície ficará responsável também pelos encargos e tributos que venham a incidir sobre o imóvel (taxa de luz, água, IPTU, ITR etc.).

O superficiário poderá transferir o direito de uso de superfície a terceiro, e no caso de morte, haverá transmissão a seus herdeiros. O parágrafo único do art. 1.372 veda que o concedente exija qualquer tipo de pagamento em razão da transferência, buscando evitar a ocorrência de especulações.

O Código estabelece que, em caso de alienação do imóvel ou da área reservada ao direito de superfície, tem direito de preferência o superficiário no primeiro caso e o proprietário no segundo caso. Por exemplo, em casos em que o proprietário venha a alienar o imóvel, o superficiário terá preferência para realizar a compra, assim como em casos em que o superficiário querendo vender seu direito de superfície, o proprietário terá preferência, nas mesmas condições oferecidas a terceiros que desejassem adquirir os bens.

Uma das formas de extinção do direito real de superfície, antes do termo final estabelecido pelas partes, é caso o superficiário dê ao terreno destinação diversa da acordada quando da concessão.

Caso nada tenha sido acertado entre as partes previamente, finda a concessão de superfície, o proprietário terá direito sobre o terreno antes cedido, as construções ou plantações ali realizadas, independentemente de indenização, desde que não haja estipulação diversa. Logo, essa extinção deverá ser averbada no Registro Imobiliário (art. 167, II, 20, da Lei n. 6.015/73).

Caso o imóvel como um todo seja desapropriado, causando a extinção do direito de superfície, tanto o superficiário como o proprietário serão indenizados proporcionalmente à fração do direito real de cada um.

Pessoas jurídicas de direito público interno (art. 41 do CC) podem também estabelecer direito real de superfície, e as regras presentes no Código Civil serão aplicadas quando não houver disposição em lei especial.

F16. (OAB/XVII Exame de Ordem Unificado/FGV/2015) Mateus é proprietário de um terreno situado em área rural do estado de Minas Gerais. Por meio de escritura pública levada ao cartório do registro de imóveis, Mateus concede, pelo prazo de vinte anos, em favor de Francisco, direito real de superfície sobre o aludido terreno. A escritura prevê que Francisco deverá ali construir um edifício que servirá de escola para a população local. A escritura ainda prevê que, em contrapartida à concessão da superfície, Francisco deverá pagar a Mateus a quantia de R$ 30.000,00 (trinta mil reais). A escritura também prevê que, em caso de alienação do direito de superfície por Francisco, Mateus terá direito a receber quantia equivalente a 3% do valor da transação.

Nesse caso, é correto afirmar que

A) é nula a concessão de direito de superfície por prazo determinado, haja vista só se admitir, no direito brasileiro, a concessão perpétua.

B) é nula a cláusula que prevê o pagamento de remuneração em contrapartida à concessão do direito de superfície, haja vista ser a concessão ato essencialmente gratuito.

C) é nula a cláusula que estipula em favor de Mateus o pagamento de determinada quantia em caso de alienação do direito de superfície.

D) é nula a cláusula que obriga Francisco a construir um edifício no terreno.

➡ Veja art. 1.372, parágrafo único, CC.

> **Comentário:** está correta a alternativa C. Diz o art. 1.372 do CC: "o direito de superfície pode transferir-se a terceiros e, por morte do superficiário, aos herdeiros". As demais alternativas estão equivocadas porque, por exemplo, o direito de superfície requer a determinação de prazo para que exista a fruição; assim como a concessão da fruição pode ser gratuita ou onerosa.

DAS SERVIDÕES

DA CONSTITUIÇÃO DAS SERVIDÕES

Das servidões prediais

Trata-se de direito real que recai sobre o prédio (serviente) em proveito de outro (dominante). É instituída por meio de declaração expressa dos proprietários ou por testamento, com registro no Cartório de Imóveis. Quanto às servidões, vigora o princípio da indivisibilidade, pois grava o prédio como um todo, não podendo ser dividida.

As servidões poderão ser classificadas em:

(i) aparentes: visíveis por sinais exteriores;
(ii) não aparentes: não se revelam por sinais exteriores;
(iii) contínuas: o direito é exercido independentemente de ato humano; e
(iv) descontínuas: necessitam da intervenção humana.

F17. (Juiz Federal Substituto/5ª R./Cespe-UnB/2013) No que se refere aos direitos reais, assinale a opção correta.

A) A legislação civil consagra requisitos específicos para o negócio jurídico constitutivo de penhor, anticrese ou hipoteca, visando a sua especialização, e, à luz da jurisprudência do STJ, a falta desses requisitos gera a nulidade do direito real.

B) O compromisso de compra e venda de imóvel, devidamente registrado na matrícula constante do registro de imóveis competente, transforma o contrato preliminar em direito real de aquisição em favor do comprador, inserindo-se no rol dos direitos reais de gozo ou fruição.

C) A propriedade superficiária não pode ser, de forma autônoma, objeto de direitos reais de gozo e de garantia, como é o caso, por exemplo, da hipoteca.

D) A servidão e a passagem forçada, institutos previstos na codificação civil, não se confundem. A servidão, em razão de sua natureza, é compulsória e exige o pagamento de indenização, enquanto a passagem forçada, instituto afeto ao direito de vizinhança, é facultativa.

E) O usufruto é inalienável, mas é possível ceder o exercício do bem usufrutuário em comodato ou locação.

➥ Veja arts. 1.378, 1.393 e 1.473, IX, CC.

> **Comentário:** A assertiva correta é a letra E, conforme dispõe o art. 1.393: "Não se pode transferir o usufruto por alienação; mas o seu exercício pode ceder-se por título gratuito ou oneroso".

Registro da servidão em seu nome

Caso exista servidão aparente – aquela visível a olho nu – e esta esteja estabelecida, com justo título, contínua e pacificamente por dez anos, nos termos estabelecidos pelo art. 1.242, o interessado pode registrá-la no Cartório de Registro de Imóveis, em seu nome, após o citado prazo de dez anos. Em caso de ação de usucapião, a sentença que julga consumada a usucapião servirá como título. Caso não possua título, o prazo para aquisição da usucapião dobra, sendo de vinte anos (usucapião extraordinária). Contudo, o Enunciado n. 251 da III Jornada de Direito Civil assim entendeu em relação ao prazo: "O prazo máximo para o usucapião extraordinário de servidões deve ser de 15 anos, em conformidade com o sistema geral de usucapião previsto no Código Civil".

DO EXERCÍCIO DAS SERVIDÕES

Obras necessárias e quem deve realizá-las

O dono do prédio serviente está obrigado a suportar as obras feitas pelo proprietário do prédio dominante, para garantir o uso e a conservação da servidão. Caso a servidão seja de mais de um prédio, os respectivos donos irão arcar com o rateio das despesas.

Caso não haja nenhuma determinação no título que institui a servidão, a responsabilidade pela execução das obras mencionadas no art. 1.380 (conservação e uso) é do dono do prédio dominante.

Caso haja determinação no título que institui a servidão, obrigando o dono do prédio serviente a realizar as obras descritas no art. 1.380, este poderá exonerar-se dessa obrigação, abandonando, total ou parcialmente, a propriedade ao dono do prédio dominante. Se não aceitar o dono do prédio dominante a propriedade do prédio serviente, deverá então custear as obras.

Servidão livre e desembaraçada

A servidão não pode receber nenhum tipo de oposição do dono do prédio serviente. Como ensina Maria Helena Diniz (*Curso de direito civil*, v. IV, p. 290), "O dono do prédio serviente terá o dever de respeitar o uso normal e legítimo da servidão, seja ela positiva ou negativa, de forma que, se vier a impedir o proprietário do prédio dominante de usufruir das vantagens decorrentes da servidão, diminuindo ou prejudicando seu uso, ou de realizar obras necessárias para sua conservação ou utilização, este poderá lançar mão da ação de manutenção de posse, de reintegração de posse e de interdito proibitório, para defender seus direitos. E o dono do prédio serviente, pelos incômodos e gravames que causar, poderá ter a obrigação de repor as coisas ao estado anterior, além de indenizar as perdas e danos que advierem".

Remoção de um local para outro

Por uma questão de conveniência, sem que haja qualquer prejuízo ao dono do prédio dominante, às suas próprias custas, poderá o dono do prédio serviente mover a servidão para outro local. Se houver possibilidade de incremento da utilidade e não houver prejuízo ao prédio serviente, o dono do prédio dominante poderá, arcando com as despesas, mover a servidão.

Restrição ao exercício da servidão

As servidões deverão estar restritas às necessidades do prédio dominante.

Não é possível que se amplie a servidão, se instituída para um fim, abarcando outro. Nas chamadas servidões de passagem, as de maior trânsito incluem as de menor também, e caso sejam instituídas a de menor trânsito, não há que se falar em se sofrer também de maior trânsito. Caso seja necessário ampliar a servidão, o prédio serviente deverá suportá-la, mas cabe pedido de indenização pelo excesso.

Indivisibilidade da servidão

Não é possível a divisão de uma servidão, permanecendo esta caso os imóveis sejam divididos, tanto os dominantes como os servientes. Só deixará de gravar um dos imóveis que surgiram após a divisão se, por razão da natureza ou finalidade da servidão, não mais atingirem esse novo prédio.

DA EXTINÇÃO DAS SERVIDÕES

As servidões registradas somente extinguir-se-ão quando do cancelamento do registro do seu título constitutivo. Também poderão ser extintas pela desapropriação. São formas peculiares de extinção da servidão, independentemente do consentimento do prédio dominante: renúncia, perda da utilidade ou comodidade e resgate (art. 1.388 do CC). Extingue-se a servidão, ainda, pelas seguintes ocorrências: confusão entre os dois prédios, supressão de obras e não uso durante dez anos contínuos (art. 1.389 do CC). O cancelamento da servidão com existência de hipoteca se dará quando o prédio dominante estiver hipotecado, e para o cancelamento serão exigidos alguns requisitos como: o consenso expresso do credor hipotecário, a menção da servidão no título hipotecário, mesmo que tenha sido extinta pelas causas apresentadas nos arts. 1.388 e 1.389 do CC.

F18. (OAB/XXIV Exame de Ordem Unificado/FGV/2017) Laurentino constituiu servidão de vista no registro competente, em favor de Januário, assumindo o compromisso de não realizar qualquer ato ou construção que embarace a paisagem de que Januário desfruta em sua janela. Após o falecimento de Laurentino, seu filho Lucrécio decide construir mais dois pavimentos na casa para ali passar a habitar com sua esposa. Diante do exposto, assinale a afirmativa correta.

A) Januário não pode ajuizar uma ação possessória, eis que a servidão é não aparente.
B) Diante do falecimento de Laurentino, a servidão que havia sido instituída automaticamente se extinguiu.
C) A servidão de vista pode ser considerada aparente quando houver algum tipo de aviso sobre sua existência.
D) Januário pode ajuizar uma ação possessória, provando a existência da servidão com base no título.

➥ Veja art. 1.387, CC.

Comentário: A alternativa certa é a D. É preciso se notar que a servidão é um direito real sobre coisa alheia e ela tem incidência nos bens imóveis. Ademais, e sua constituição demanda o registro em cartório competente (no caso, o cartório de imóveis), criando, assim, oponibilidade *erga omnes*. Bem, dito isso, deve-se ter em mente que o imóvel de Laurentino é aquele intitulado serviente e também há o dominante (de Januário). Continuando, a servidão pode ser aparente ou não aparente. Aquela em que não se constrói acima de determinada altura é a de vista e é classificada como não aparente. Bem, se porventura o direito for constituído sem prazo, a interpretação dada é que ele é perpétuo, não se extinguindo com a morte. Assim, no cenário em apreço, ante a postura do herdeiro em desacordo com o direito de servidão instituído, é plenamente cabível a ação possessória.

Cancelamento do registro

O dono do prédio serviente pode, judicialmente, requisitar o cancelamento do registro de servidão, quando o dono do prédio dominante houver renunciado à servidão, quando não houver mais na servidão utilidade ou comodidade ou quando o dono do prédio serviente resgatar a servidão. É possível que o dono do prédio dominante questione quaisquer dessas alegações.

Outros modos de extinguir a servidão

O art. 1.389 traz outras hipóteses de extinção da servidão. É possível que, se houvesse servidão para comunicação de dois prédios dominantes, tenham estes se unido e não tenha mais utilidade a servidão. Pode haver extinção também em razão da supressão das obras da servidão, por efeito contratual ou outro título que expressamente declare essa supressão. Pode ser, por fim, que não haja uso da servidão por dez anos contínuos, situação em que se extinguirá.

DO USUFRUTO

É o direito real que confere ao usufrutuário os direitos de uso e gozo sobre coisa alheia (nu-proprietário). Pode recair em um ou mais bens, móveis (infungíveis e inconsumíveis) ou imóveis, em um patrimônio inteiro, ou em parte deste, abrangendo, no todo ou em parte, os frutos e utilidades. O usufruto de imóveis, que não resultar de usucapião, deverá ter registro no Cartório de Imóveis. O direito real de usufruto não pode ser alienado, mas o seu exercício poderá ser cedido a título gratuito ou oneroso (art. 1.393 do CC). O usufrutuário tem direito à posse, ao uso, à administração e à percepção de frutos. Porém, terá o dever de inventariar os bens móveis antes de assumir o usufruto.

Características

Direito real sobre coisa alheia, temporário, intransmissível e inalienável, personalíssimo e impenhorável.

Constituição do usufruto e Registro em Cartório de Imóveis

Para a constituição do usufruto que não seja fruto de usucapião, é necessário seu registro no Cartório de Registro de Imóveis da situação do imóvel gravado. Com isso, o usufruto torna-se oponível contra terceiros, já que é direito real. *Vide* arts. 867 a 869 do CPC/2015.

Extensão do usufruto

Uma vez que não há exceção ao preceito de que o acessório segue o principal, sendo estabelecido usufruto, este se estenderá aos acessórios e acrescidos, exceto se houver no título alguma determinação em contrário. Tratando-se os acessórios de coisas consumíveis, ao final do usufruto deverá o usufrutuário restituir em mesmo gênero, qualidade e quantidade as que não mais existirem e entregar as que existirem. Havendo florestas ou recursos minerais, deverá haver determinação entre o dono e o usufrutuário da maneira em que serão utilizados esses recursos. Há determinação que garante ao usufrutuário parte do tesouro achado no prédio e da meação em preço pago por parede, cerca, muro, vala ou valado.

Usufruto e alienação

O usufruto não poderá ser objeto de alienação, reforçando mais ainda seu caráter personalíssimo, porém o simples exercício poderá ser objeto de cessão, tanto gratuitamente como onerosamente.

DOS DIREITOS DO USUFRUTUÁRIO

O art. 1.394 elenca os direitos garantidos ao usufrutuário, sendo eles a posse, o uso, a administração e a percepção dos frutos.

Usufruto em títulos de crédito

Se houver o usufruto sobre títulos de crédito, poderá também o usufrutuário perceber os frutos provenientes desses títulos, além de cobrar as dívidas a que se referem. O parágrafo único do art. 1.395 determina a destinação dada ao dinheiro, caso o usufrutuário cobre as dívidas. Deverá aplicar a quantia em títulos da mesma natureza ou em títulos da dívida pública federal, com cláusula de atualização monetária.

Dos frutos e crias percebidos

Salvo direito adquirido por outrem, os frutos pendentes ao começo do usufruto são do usufrutuário, sem que este tenha que arcar com as despesas de sua produção. Frutos pendentes, ao momento do fim do usufruto, pertencerão ao dono do bem, sem que o usufrutuário receba qualquer tipo de compensação, ressalvados os direitos de terceiro de receber frutos ou parte da safra, que os tenha adquirido do nu-proprietário antes de o usufruto constituir-se ou ter-se dado findo.

De forma análoga aos frutos, as crias de animais sobre os quais recaírem o usufruto – ou que se encontrem em propriedade em que haja o usufruto – serão do usufrutuário. Porém, ao final do usufruto, o usufrutuário deverá entregar ao proprietário o mesmo número de animais que havia no início do instituto. Dessa forma, deverá entregar alguns dos animais que tomou para si, se houverem morrido alguns dos previamente pertencentes ao proprietário.

Na data em que tem início o usufruto, os frutos civis vencidos pertencerão ao proprietário. Aqueles, por sua vez, que estiverem vencidos no dia em que se encerre o usufruto, pertencerão ainda ao usufrutuário.

Frutos civis. Juros, rendimentos, aluguéis etc.

Do direito ao arrendamento

Como fazem parte dos direitos do usufrutuário o uso, o gozo e a administração da coisa usufruída, ele poderá explorá-la pessoalmente ou mediante arrendamento. No entanto, para modificar a destinação econômica da propriedade, deverá obter autorização expressa do proprietário.

DOS DEVERES DO USUFRUTUÁRIO

Inventário dos bens que receber

A fim de garantir que, ao final do usufruto, a coisa seja entregue no estado em que estava, o usufrutuário deverá inventariar o que recebeu, às suas próprias custas, e prestar caução, se assim lhe exigir o proprietário, para que vele pela conservação e entrega do bem ao final. No caso de doador que faz cláusula de usufruto, não é obrigatório que haja caução.

Da caução

Caso não seja possível que o usufrutuário preste caução – seja por impossibilidade ou caso não deseje –, não poderá administrar o bem, cabendo tal ônus ao proprietário, que se compromete a entregar os rendimentos do bem ao usufrutuário, mediante prestação de caução, deduzindo destes suas próprias despesas com a administração do bem, além de sua remuneração como administrador, fixada pelo magistrado.

Despesas pelo uso do usufruto

O usufrutuário estará obrigado a pagar por danos que tenha ocasionado ao bem, porém, não deverá quando houver deterioração natural por uso ordinário.

O usufrutuário deverá arcar com as despesas de conservação do bem, no estado em que recebeu, e prestações (por exemplo, foros, pensões, seguros, despesas condominiais) e tributos (por exemplo, imposto sobre a renda, IPTU, ITR, taxas etc.) que advenham da posse ou rendimentos ocasionados pelo bem.

F19. (OAB/XIV Exame de Ordem Unificado/FGV/2014) Sara e Bernardo doaram o imóvel que lhes pertencia a Miguel, ficando o imóvel gravado com usufruto em favor dos doadores.
Dessa forma, quanto aos deveres dos usufrutuários, assinale a afirmativa INCORRETA:
A) Não devem pagar as deteriorações resultantes do exercício regular do usufruto.
B) Devem arcar com as despesas ordinárias de conservação do bem no estado em que o receberam.
C) Devem arcar com os tributos inerentes à posse da coisa usufruída.
D) Não devem comunicar ao dono a ocorrência de lesão produzida contra a posse da coisa.

➠ Veja arts. 1.402, 1.403, I e II, e 1.406, CC.

Comentário: Uma vez que a questão requisita a indicação da alternativa que apresente a hipótese equivocada, a alternativa indicada é a letra D, já que tal assertiva caminha em sentido exatamente contrário ao que preconiza o art. 1.406, do CC, pois que "O usufrutuário é sim obrigado a dar ciência ao dono de qualquer lesão produzida contra a posse da coisa, ou os direitos deste".

Despesas extraordinárias

O proprietário deverá arcar com reparações extraordinárias ou de custo muito alto. O usufrutuário, por sua vez, pagará ao proprietário os juros do capital gasto com as reparações ordinárias, necessárias à conservação do bem, ou aquelas feitas para aumentar o rendimento do bem. As despesas módicas são aquelas que são inferiores a dois terços do rendimento líquido proporcionado pelo bem em um ano. Caso o dono não realize os reparos necessários à conservação da coisa, o usufrutuário tem a faculdade de realizá-las, cobrando a importância respectiva do proprietário.

Patrimônio como usufruto

Caso o usufruto recaia sobre alguma espécie de patrimônio, em sua totalidade ou parcialmente, o usufrutuário estará obrigado aos juros da dívida que onerar esse patrimônio ou parte dele (por exemplo, dívidas quirografárias ou hipotecárias).

Dever de informar lesão a coisa objeto do usufruto

Em decorrência dos direitos que o proprietário detém sobre a propriedade, mesmo após instaurado o usufruto, o usufrutuário é obrigado a avisar o proprietário sobre qualquer lesão produzida contra a posse da coisa, por exemplo, o esbulho ou a turbação, ou os direitos do proprietário sobre o patrimônio.

Havendo seguro que incida sobre o patrimônio, o usufrutuário deverá pagá-lo. Se o usufrutuário fizer o seguro, o proprietário terá direito contra o segurador, ou seja, em caso de sinistro, receberá o valor da seguradora o proprietário e não o usufrutuário. Em qualquer dos casos, o direito do usufrutuário fica sub-rogado no valor da indenização do seguro.

➠ Ver questão F19.

Da destruição de um edifício sujeito a usufruto

Caso se perca edifício sobre o qual existe usufruto, e não houver culpa do usufrutuário, ele não estará obrigado a reconstruí-lo e se o proprietário o fizer, estará extinto o usufruto. Porém, se houver a reconstrução em razão de indenização recebida pelo seguro, reconstruído o prédio, estará restaurado o usufruto.

Desapropriação de objeto de usufruto

Também há sub-rogação do direito do usufrutuário em casos de desapropriação, em que seja paga indenização pelo valor do imóvel desapropriado. Sendo assim, o usufrutuário, na vigência desse instituto, terá direito a usufruir dos rendimentos oriundos daquela indenização.

DA EXTINÇÃO DO USUFRUTO

Dá-se a extinção, com cancelamento do registro no Cartório de Imóveis, nas seguintes hipóteses: renúncia ou morte do usufrutuário; termo de sua duração; pela extinção da pessoa jurídica, em favor de quem se conceder o usufruto ou pelo decurso de trinta anos da data em que começou a exercê-lo; cessação do motivo que o origina; destruição da coisa; consolidação, haja vista que ninguém poderá ter usufruto sobre bem próprio; culpa do usufrutuário; e não uso da coisa em que recai o usufruto.

Consolidação. Ocorre quando concentrar-se em uma só pessoa a qualidade de usufrutuário e a de nu-proprietário.

F20. (OAB/XVII Exame de Ordem Unificado/FGV/2015) Angélica concede a Otávia, pelo prazo de vinte anos, direito real de usufruto sobre imóvel de que é proprietária. O direito real é constituído por meio de escritura pública, que é registrada no competente Cartório do Registro de Imóveis. Cinco anos depois da constituição do usufruto, Otávia falece, deixando como única herdeira sua filha Patrícia. Sobre esse caso, assinale a afirmativa correta.

A) Patrícia herda o direito real de usufruto sobre o imóvel.

B) Patrícia adquire somente o direito de uso sobre o imóvel.

C) O direito real de usufruto extingue-se com o falecimento de Otávia.

D) Patrícia deve ingressar em juízo para obter sentença constitutiva do seu direito real de usufruto sobre o imóvel.

➥ Veja art. 1.410, CC.

Comentário: A letra C é a acertada. Isso porque, de fato, o usufruto se extingue com o falecimento do usufrutuário, conforme o inciso I do art. 1.410 do CC.

Usufruto simultâneo

No usufruto simultâneo (art. 1.411 do CC), instituído em benefício de duas ou mais pessoas, extinguir-se-á, gradativamente, em relação a cada uma das que falecerem, salvo estipulação em contrário.

DO USO

É o direito real de fruição que confere ao usuário a autorização de retirar, temporariamente, todas as utilidades, visando a atender as suas necessidades e de sua família. É um direito personalíssimo, não admite a transferência aos herdeiros. É um direito limitado em comparação ao usufruto, admitindo a aplicação das regras relativas ao usufruto que não sejam com ele incompatíveis. O § 2º do art. 1.412 deveria ser revisto porque não traz a amplitude da família excetuada no art. 226 da Constituição Federal/88.

Exceto quando contrário ao instituto do uso, aplicam-se as disposições relativas ao usufruto a este também, conforme o art. 1.410 do CC/2002.

DA HABITAÇÃO

É um direito real de fruição que consiste em habitar gratuitamente com sua família casa alheia. O seu titular não poderá alugar, nem emprestar o imóvel. Quando conferido a mais de uma pessoa, nenhuma poderá obstar o exercício das outras. Também, aplicam-se as regras do usufruto, no que não for contrário à sua natureza.

Direito real de habitação e suas delimitações

Oriundo do direito romano, no qual era considerado direito pessoal, o direito real de habitação está previsto a partir do art. 1.414 do Código Civil. É um direito real que limita o titular (habitador) a usar o bem (casa alheia) com a exclusiva finalidade de sua moradia e de sua família. Na definição de Orlando Gomes (*Direitos reais*, p. 131), "o direito real de habitação é o uso gratuito de casa de morada". É um direito personalíssimo (inalienável) que não admite transferência de titularidade e que tem finalidade certa, pois o titular não pode utilizar a coisa para fim diverso da moradia.

Direito real conferido a mais de uma pessoa

Se duas ou mais pessoas forem contempladas com o direito real de habitação, não poderá exigir uma da outra o pagamento de aluguel, e também não poderá impedir ou dificultar, uma à outra, de exercerem o direito a moradia.

Das disposições relativas ao usufruto

O direito real de habitação se assemelha com o usufruto, porém sua abrangência é limitada pelo objeto, de modo que o objeto deste "usufruto" é somente o direito a moradia do beneficiário e sua família e a percepção de frutos necessários à sobrevivência.

DO DIREITO DO PROMITENTE COMPRADOR

A promessa de compra e venda que não contenha cláusula de arrependimento, celebrada por instrumento público ou particular, registrada no Cartório de Imóveis, enseja o direito real à aquisição do imóvel pelo promitente comprador. O compromisso irretratável de compra e venda é o contrato pelo qual o compromitente vendedor se obriga a vender determinado imóvel, pelo preço e condições ajustadas ao compromissário comprador. Uma vez pago o preço, tem o compromissário comprador o direito real sobre o bem, podendo exigir a outorga da escritura definitiva. Na sua negativa, poderá ingressar com a ação de adjudicação compulsória, a fim de incorporar judicialmente o imóvel.

Adjudicação compulsória

O compromissário comprador que paga integralmente o preço estipulado no compromisso de compra e venda (lembrando ser um contrato preliminar – arts. 462 e segs. do CC) tem o direito de exigir que o compromissário vendedor lhe outorgue a escritura definitiva do imóvel. Caso o compromissário vendedor não o faça, o promitente comprador pode ajuizar ação de adjudicação compulsória (art. 1.418 do CC).

DO PENHOR, DA HIPOTECA E DA ANTICRESE

O penhor, a anticrese e a hipoteca são direitos reais de garantia, ou seja, vinculam a obrigação diretamente ao bem em caso de inadimplemento, independentemente de direitos pessoais.

De quem poderá dar penhor, anticrese ou hipoteca

Os direitos reais em garantia são equiparados à alienação no sentido de se conferir os mesmo efeitos de um a outrem, ou seja, caso a garantia seja executada, importará na sua alienação forçada, por isso foi equiparada à alienação. O bem condominial só poderá ser dado, em sua totalidade, com o consentimento de todos, porém cada um poderá, individualmente, dar em garantia real a parte que tiver, levando em consideração que seja um bem divisível.

Exoneração da garantia

Exceto com disposição expressa em sentido contrário, no título que institui o direito real de garantia ou na quitação, só haverá extinção do direito real com o pagamento integral da dívida, em razão da indivisibilidade da garantia real. Não importa se os pagamentos já realizados cobrem o valor do bem dado em garantia, ou no caso de vários bens, se os pagamentos vão gradativamente cobrindo os valores dos bens dados em garantia.

Direito de excutir a coisa

Credores hipotecários e pignoratícios têm direito a realizar a venda em hasta pública do bem dado em garantia, em caso de inadimplência, e possuem preferência no pagamento e prioridade também no registro do imóvel, em caso de hipoteca. A exceção que se faz é quanto a outros créditos que, por força de lei, tenham prioridade no pagamento.

Direito de reter o bem

A anticrese nada mais é que o usufruto vinculado a uma dívida, ou seja, é uma garantia prestada pela percepção de frutos de determinado bem. Ao exercer esse direito, o credor anticrético tem o direito de reter o bem até o solvimento completo da dívida, tendo a validade de quinze anos a partir da data da sua constituição.

Do que deverá ser declarado

O art. 1.424 traz requisitos formais para que os contratos de penhor, anticrese e hipoteca tenham a devida eficácia, sendo eles a expressão do valor garantido; sua estimação ou o valor máximo dentro de uma dívida maior; o prazo para pagamento; data a partir de quando se pode exigir as garantias; taxa de juros incidente no atraso, se houver; e detalhamento do bem dado em garantia.

Do vencimento da dívida

O art. 1.425 traz hipóteses de vencimento antecipado da dívida, podendo ocorrer quando:

(i) da deterioração ou depreciação do bem que foi dado em garantia e isso desfalcar o instituto da garantia em si, e o devedor, ao ser informado sobre o ocorrido, não substituir o bem ou reforçar a garantia;

(ii) houver insolvência ou falência do devedor;

(iii) as prestações não forem pagas pontualmente, quando houver tal estipulação no contrato que estabeleceu a obrigação. Há ressalva aqui: caso o credor receba as parcelas, mesmo atrasadas, estará renunciando à possibilidade de executar a totalidade da dívida, como se houvesse vencido;

(iv) houver perecimento do bem dado em garantia, sem que seja substituído;

(v) o bem dado em garantia for alvo de desapropriação. Nesse caso, parte necessária ao pagamento da dívida que este garantia será utilizada para pagamento integral ao credor. Caso haja o perecimento da coisa dada em garantia, observar-se-á a sub-rogação na indenização ou no ressarcimento do dano, em benefício do credor. Nas hipóteses previstas nos incisos IV e V do art. 1.425, só se considerará vencida a hipoteca se a dívida garantida com o bem que pereceu não tiver nenhum outro bem para garanti-la. Se houver, mantém-se a garantia, reduzida, com os demais bens.

Mesmo a dívida vencendo antecipadamente, não se poderá cobrar os juros referentes ao tempo que ainda não passou.

Terceiro prestando garantia real

Caso a garantia real seja prestada por terceiro e houver, por motivo alheio à sua vontade e no qual não concorra com culpa ou dolo, perda, desvalorização ou deterioração da coisa, este não terá obrigação de substituir esta garantia.

Das cláusulas nulas (nulidade absoluta)

A cláusula que estipule que o credor pignoratício, anticrético ou hipotecário ficará com o objeto da garantia caso a dívida não seja paga, é considerada nula de pleno direito. Porém, vencida a dívida, o devedor poderá dar em pagamento ao credor a coisa que servia como garantia.

Da dívida aos sucessores

Não é possível que o sucessor do devedor venha a realizar pagamento parcial da hipoteca ou penhor, limitando-se ao valor total de seu quinhão. Podem apenas realizar o pagamento da integralidade, em razão da indivisibilidade do direito real de garantia. Havendo a remissão, o herdeiro ou sucessor fica sub-rogado nos direitos do credor.

Quando o produto não bastar para o pagamento da dívida

A garantia pignoratícia ou hipotecária deve bastar para o solvimento da dívida garantida, porém se essas garantias forem insuficientes para saldar a dívida e suas despesas judiciais, continuará o devedor obrigado a quitar o restante mediante obrigação pessoal.

DO PENHOR

Da Constituição do Penhor

Penhor é o direito real de garantia, consistente na tradição de coisa móvel, suscetível de alienação, a fim de garantir o pagamento do débito.

O penhor somente se prova por documento assinado por quem o recebe. Tal documento deve indicar o valor da dívida, causa, prazo para pagamento e valor. Quando o credor recebe a coisa, é considerado depositário do bem. É preciso também que haja entrega efetiva da coisa (exceção nos casos previstos na lei – cláusula *constituti*) e é possível a execução mediante venda judicial do bem empenhado. Existem algumas espécies de penhor que merecem ser mencionadas: penhor convencional (contratual), penhor legal, penhor rural, penhor industrial e mercantil, penhor de direitos e títulos de crédito, penhor de veículos.

O contrato que estabelece o penhor deverá ser levado a registro, por qualquer das partes. O contrato de penhor comum, para que possa ser oposto perante terceiros, deverá ser levado a registro no Cartório de Títulos e documentos.

Nesse instrumento deverão ser levados em conta os seguintes requisitos: a) identificação das partes contratantes; b) valor do débito ou sua estimação; c) bem onerado, com suas especificações, para que se possa individualizá-lo de modo exato; d) taxa de juros, se houver.

Dos Direitos do Credor Pignoratício

O art. 1.433 traz expressos os direitos do credor pignoratício. O inciso I determina que o credor terá direito à posse da coisa dada em penhor. O inciso II autoriza que o credor mantenha a posse, até que seja indenizado pelas despesas, devidamente justificadas, em que tenha incorrido, se não tiverem sido ocasionadas por culpa sua. Há direito também a ressarcimento por prejuízo havido em razão de vício da coisa empenhada. Pode também promover a execução judicial ou venda amigável se houver permissão contratual ou autorização do devedor. Pode também apropriar-se dos frutos da coisa empenhada que se encontra com ele, além de promover a venda antecipada, com autorização judicial, quando houver receio fundado de perda ou deterioração da coisa, mediante depósito do preço. O dono da coisa empenhada poderá substituí-la ou oferecer outra garantia real idônea, a fim de evitar sua venda.

O credor não pode ser forçado a devolver a coisa empenhada ou parte dela sem que tenha sido integralmente paga a dívida. O juiz poderá determinar, a requerimento do proprietário, que seja vendida apenas uma das coisas ou parte da coisa empenhada, de forma que seja suficiente o valor para realizar o pagamento do credor.

F21. (OAB/XIII Exame de Ordem Unificado/FGV/2014) Antônio, muito necessitado de dinheiro, decide empenhar uma vaca leiteira para iniciar um negócio, acreditando que, com o sucesso do empreendimento, terá o animal de volta o quanto antes.

Sobre a hipótese de penhor apresentada, assinale a afirmativa correta.

A) Se a vaca leiteira morrer, ainda que por descuido do credor, Antônio poderá ter a dívida executada judicialmente pelo credor pignoratício.

B) As despesas advindas da alimentação e outras necessidades da vaca leiteira, devidamente justificadas, consistem em ônus do credor pignoratício, sendo vedada a retenção do animal para obrigar Antônio a indenizá-lo.

C) Se Antônio não quitar sua dívida com o credor pignoratício, o penhor estará automaticamente extinto e, declarada sua extinção, poder-se-á proceder à adjudicação judicial da vaca leiteira.

D) Caso o credor pignoratício perceba que, devido a uma doença que subitamente atingiu a vaca leiteira, sua morte está próxima, o CC/2002 permite a sua venda antecipada, mediante prévia autorização judicial, situação que pode ser impedida por Antônio por meio da sua substituição.

➥ Veja arts. 1.433, II e VI, 1.435, I, e 1.436, CC.

Comentário: A assertiva correta é a letra D. Acerca daquilo que tem direito o credor pignoratício, diz o art. 1.433 do Código Civil, em seu inciso VI, que tem ele direito a: "promover a venda antecipada, mediante prévia autorização judicial, sempre que haja receio fundado de que a coisa empenhada se perca ou deteriore, devendo o preço ser depositado. O dono da coisa empenhada pode impedir a venda antecipada, substituindo-a, ou oferecendo outra garantia real idônea".

Das Obrigações do Credor Pignoratício

O art. 1.435, por sua vez, estabelece as obrigações do credor pignoratício. Deverá o credor pignoratício manter a custódia da coisa, na qualidade de depositário, e ressarcir ao dono no caso de perda ou deterioramento, caso seja culpado, podendo haver compensação na dívida, até a concorrente quantia, a importância da responsabilidade. Deverá também defender a posse da coisa empenhada e informar ao dono, caso seja necessário, o exercício de ação possessória. Deverá, por fim, imputar o valor dos frutos dos quais se apropriar, na forma do art. 1.433, V, nas despesas de guarda e conservação, nos juros e no capital da obrigação que está sendo garantida, sucessivamente. Deve restituir a coisa com seus frutos, quando paga a dívida. Por fim, deve entregar o que restar do preço, após paga a dívida, caso haja venda amigável ou execução judicial, na forma do art. 1.433, IV.

➠ Ver questão F21.

Da Extinção do Penhor

O art. 1.436 traz as formas de extinção do penhor. Ocorrerá extinção do penhor com o fim da obrigação que ensejou tal garantia, com o perecimento da coisa empenhada, com a renúncia do credor, com a confusão das pessoas do credor o do proprietário, ou com o bem sendo dado em adjudicação, remissão ou venda, pelo credor ou mediante sua autorização. A renúncia é presumida quando o credor consente na venda particular do penhor sem reserva de preço, ao restituir a posse ao devedor ou quando anuir à substituição dessa garantia por outra. Além disso, no caso de confusão quanto a parte da dívida, mantém-se o penhor quanto ao restante.

A eficácia da extinção do penhor será da mesma espécie da constituição deste. Só haverá produção de efeitos da extinção após averbado o cancelamento no registro. Os efeitos entre as partes da extinção se darão no momento da extinção; perante terceiros, após o registro.

Do Penhor Rural

O *penhor rural* se constitui mediante instrumento público ou particular, com registro no Cartório de Registro de Imóveis na circunscrição das coisas dadas em penhor. Se o devedor houver prometido pagar sua dívida em dinheiro, sendo a coisa penhorada apenas a garantia, é possível que este emita cédula rural pignoratícia em favor do credor, conforme lei especial.

As duas espécies de penhor existentes no penhor rural são: o *penhor agrícola* e o *penhor pecuário*. O penhor agrícola compreende bens relacionados a plantações e semelhantes. O penhor pecuário está relacionado aos animais rurais que possam ser dados como garantia do pagamento de dívida. Conforme o art. 1.439, com redação dada pela Lei n. 12.873/2013, o penhor agrícola não poderia ser fixado a prazo superior ao da obrigação garantida. E essa disposição se aplica ao penhor pecuário. Terminado o prazo, permanece a garantia enquanto subsistirem os bens.

O penhor rural poderá incidir sobre prédio já hipotecado, sem que haja necessidade de anuência do credor hipotecário ou informação a este, pois em nada a instituição do penhor prejudica o direito de preferência do credor hipotecário, caso exista a execução do bem.

É direito do credor, ao se instaurar o penhor, verificar o estado em que se encontram as coisas empenhadas, mediante sua própria inspeção ou de pessoa por ele designada.

Do Penhor Agrícola

O art. 1.442 discrimina os objetos sobre os quais poderá recair o penhor agrícola. São eles:

(i) máquinas e instrumentos de agricultura;
(ii) colheitas pendentes, ou em via de se formar;
(iii) frutos colhidos, acondicionados ou armazenados;
(iv) lenha cortada e carvão vegetal; e
(v) animais de serviço ordinário de estabelecimento agrícola.

Caso seja estabelecido penhor agrícola sobre colheita pendente e essa colheita, por algum motivo, se perca ou seus frutos se provem insuficientes para servir como garantia, a colheita imediatamente após esta a substituirá. Se por acaso o credor não financiar essa nova safra, o devedor poderá constituir penhor com outrem, com a quantia máxima sendo equivalente à do primeiro estabelecido e o segundo penhor terá preferência sobre o primeiro, e abrangerá somente o excesso apurado na colheita seguinte.

Do Penhor Pecuário

O art. 1.444 estabelece quais os animais podem integrar o penhor pecuário. São eles aqueles que integram a atividade pastoril, agrícola ou de laticínios. Quaisquer animais que, ainda que estejam na propriedade rural, não se encaixem nessa classificação, não poderão ser objeto de penhor pecuário.

O devedor só poderá alienar os animais, alvos do penhor pecuário, com a expressa anuência, por escrito, do credor. Caso o devedor pretenda alienar os animais empenhados ou, ao agir com negligência, coloque em risco o direito do credor, este poderá exigir que os animais fiquem na guarda de terceiro ou ainda, que seja paga a dívida imediatamente.

Caso morram animais que estão empenhados, é possível que o devedor compre novos animais para substituí-los, sendo presumida a existência de tal substituição para efeito entre as partes. Para que tal substituição tenha efeito perante terceiros, é necessário que haja um aditivo ao instrumento que estabeleceu o penhor, o que garante a eficácia contra terceiros em caso de substituição.

Do Penhor Industrial e Mercantil

Dos objetos que podem ser penhorados

O penhor industrial recai sobre as máquinas, aparelhos, materiais, instrumentos, instalados e em funcionamento, com ou sem acessórios, animais utilizados na indústria e usados na industrialização de carnes, couro e derivados. O penhor mercantil apenas se distingue do penhor industrial pela obrigação adquirida pelo comerciante ou empresário. O penhor de mercadorias depositadas em armazéns gerais está regulado em legislação especial (Decreto n. 1.102, de 21.11.1903).

Do registro em cartório

A forma de constituição do penhor industrial ou mercantil é análoga à constituição do penhor agrícola ou pecuário. O instrumento que o institui deverá ser público ou particular e deverá ser registrado no Cartório de Registro de Imóveis da circunscrição em que se encontram as coisas empenhadas. Da mesma forma como no outro tipo de penhor, se o devedor houver prometido pagar em dinheiro, poderá emitir em favor do credor cédula de crédito, na forma determinada por lei especial.

Consentimento escrito do credor para qualquer alteração na penhora

Não é permitido ao devedor, sem anuência por escrito do credor, alterar as coisas dadas em penhor, mudar-lhes sua situação de alguma forma, ou delas dispor. Caso o credor concorde com a alienação das coisas empenhadas, o devedor deverá providenciar outros bens da mesma natureza, que sub-rogar-se-ão no penhor.

Direito ao credor de verificar as coisas empenhadas

É possível também ao credor, assim como o é em caso de penhor agrícola ou pecuário, realizar inspeção das coisas dadas em penhor, por si mesmo ou mediante alguém que tenha sua autorização.

Do Penhor de Direitos e Títulos de Crédito

Dos direitos que podem ser objetos de penhor

O Código deixa expressa a possibilidade de haver penhor sobre bens incorpóreos e não só sobre bens móveis e imóveis. Os direitos passíveis de penhor são, por exemplo, os direitos de propriedade industrial, direitos autorais, direitos sobre créditos e ações de companhias.

Do registro em cartório de títulos e documentos

O penhor sobre direito se constitui com instrumento particular ou público, e seu registro se dará no Cartório de Títulos e Documentos. É obrigação do devedor entregar ao credor pignoratício todos os documentos que comprovem o direito empenhado, exceto caso exista algum tipo de interesse legítimo em sua conservação.

Necessidade de notificar o devedor acerca do penhor do crédito

Para que tenha eficácia entre as partes, é necessário que o devedor seja notificado acerca do penhor. A notificação pode ser entendida como a ciência dada pelo devedor em instrumento público ou particular, no qual declara estar ciente da existência do penhor.

Atos necessários à conservação e defesa do direito empenhado

Cabe ao credor a prática de todos os atos necessários à conservação e defesa do direito dado em penhor. É sua obrigação também a cobrança de juros e prestações acessórias que estejam compreendidas na garantia.

Cobrança do crédito empenhado pelo credor pignoratício

O credor deve cobrar o crédito empenhado no momento em que se torne exigível. Se for o caso de uma prestação pecuniária, deverá depositar a importância recebida pela orientação dada pelo devedor ou conforme determinação do magistrado. Tratando-se de entrega da coisa empenhada, haverá sub-rogação do penhor. Com o vencimento do crédito pignoratício, o credor tem direito a reter a quantia recebida dentro dos limites da dívida. Deverá, então, restituir o restante ao devedor. Poderá também realizar a venda judicial da coisa entregue a ele.

Crédito objeto de vários penhores

Se houver sobre o mesmo crédito mais de um penhor, o devedor deverá realizar o pagamento diretamente ao credor pignoratício que tenha direito de preferência sobre os demais. Responderá por perdas e danos aos demais credores aquele credor que, sendo notificado, não realizar a cobrança oportunamente.

Pagamento do crédito com anuência do credor pignoratício

O titular do crédito poderá receber o pagamento com a anuência, por escrito, do credor pignoratício. Nesse caso, haverá a extinção do penhor.

Constituição do penhor que recaia sobre título de crédito

Para a constituição do penhor sobre título de crédito, é necessário instrumento público ou particular. Admite-se ainda o endosso pignoratício, com a entrega do título ao credor. Tal penhor é regido pelas disposições gerais do Título X ("Do Penhor, da Hipoteca e da Anticrese") do Livro "Das Coisas" do Código Civil, no que couber, pela Seção VII ("Do Penhor de Direitos e Títulos de Crédito"), aplicando-se ainda as regras sobre títulos de crédito, presentes nas leis específicas.

Direitos do credor

O art. 1.459 descreve os direitos do credor, no caso de penhor que recaia sobre título de crédito. Dessa forma, o credor deve manter a posse do título e recuperá-la de quem quer que o detenha, utilizar os meios necessários, judiciais inclusive, para assegurar seus direitos e os do credor do título empenhado, fazer com que se intime o devedor de título que não se pague ao credor, na vigência do penhor, e receber o valor descrito no título, com juros, se houver, restituindo a quantia ao devedor, quando a obrigação estiver resolvida.

Intimação ao devedor

No momento em que o devedor do título é intimado, conforme art. 1.459, III, ou quando se der por ciente do penhor, fica defesa a realização do pagamento perante o credor. Caso realize o pagamento, responderá solidariamente por perdas e danos, perante o credor pignoratício. Caso o credor dê quitação ao devedor do título, deve imediatamente saldar a dívida que o penhor garantia.

Do Penhor de Veículos

De quais veículos podem ser empenhados

Qualquer veículo poderá ser objeto de penhor, independentemente de natureza ou finalidade, por exemplo: os automóveis, ônibus, caminhões, tratores, embarcações que não podem ser hipotecadas, como lanchas, *jet-skis*, barcos, entre outros. É importante lembrar que os equipamentos para a execução de terraplanagem e pavimentação não estão incluídos no penhor de veículos, uma vez que continuam a ser objeto de penhor industrial, conforme dispõe legislação especial.

Registro em cartório de títulos e documentos

Para a constituição de penhor sobre veículos, é necessário instrumento público ou particular, com registro no Cartório de Títulos e Documentos do domicílio do devedor, com a respectiva anotação no certificado de propriedade do veículo. Caso o devedor tenha prometido o pagamento em pecúnia, poderá emitir cédula de crédito, na forma especificada por lei especial.

Da obrigatoriedade de seguro para o veículo

A contratação de seguro é requisito de validade ao penhor de veículos, pois se previne o furto, avaria e perecimento e danos causados a terceiros.

Direito de inspecionar o veículo empenhado

O credor tem o direito a verificar o estado do veículo, realizando ele mesmo inspeções, ou poderá enviar alguém por ele autorizado para realizá-las.

Alienação ou substituição do veículo empenhado

Caso o devedor aliene o veículo ou, por algum motivo, substitua o veículo empenhado sem que o credor tenha ciência, haverá o vencimento antecipado do crédito. Com isso, evita-se que alienante e adquirente, de má-fé, venham a prejudicar o credor pignoratício.

Prazo máximo de dois anos

O prazo máximo de duração de penhor que recaia sobre veículos é de dois anos, podendo haver prorrogação até o limite máximo de mais dois anos. Tal prorrogação deverá ser averbada no registro de propriedade do veículo e no cartório onde houve o registro do instrumento público ou particular.

Do Penhor Legal

Credores pignoratícios

São aqueles credores que foram constituídos mediante penhor.

Por serem depositários necessários, os estabelecimentos hoteleiros podem reter as bagagens, móveis, joias ou dinheiro que seus consumidores tiverem consigo, caso estes não paguem as despesas que ali tiveram. Os bens móveis que o rendeiro ou inquilino tiverem também são objeto de retenção realizado pelo dono do prédio, caso aqueles não paguem suas obrigações.

Valores previamente disponibilizados

Para que seja caracterizado e tenha eficácia o penhor legal nos casos de hospedagens, é necessário que o estabelecimento mantenha afixada tabela com os preços detalhados dos preços da hospedagem ou afins. Caso reste provado pelo hóspede que não havia tal tabela, o penhor será considerado nulo.

Direito de tomar como garantia objetos até o valor da dívida

O art. 1.469 deixa a critério do credor, nos dois casos de constituição de penhor legal, a escolha de um objeto que atinja o valor da dívida total ou mais de um objeto, requerendo de logo ao juiz a homologação do penhor legal.

Do prévio penhor, antes de recorrer à autoridade judiciária

O art. 1.470 determina que os credores do penhor legal poderão fazer efetivo o penhor quando identificarem perigo na demora, antes de recorrerem ao Judiciário. Deverão oferecer aos devedores os devidos comprovantes relativos aos bens que retiverem como forma de garantia pelo adimplemento da dívida.

Requerimento para homologação judicial

Constituindo o penhor, os credores do penhor legal deverão requerer a homologação judicial do instituto. Caso não o façam, o penhor será considerado nulo.

Caução idônea para evitar a constituição do penhor

A fim de evitar que alguns determinados bens sejam tomados pelo credor do penhor legal, o locatário poderá impedir que se constitua o penhor mediante caução considerada idônea.

DA HIPOTECA

Direito real de garantia constituído por escritura pública registrada que grava bem imóvel do devedor de terceiro, sem tradição ao credor, conferindo a este direito de executar a garantia, pagando-se, preferencialmente, se inadimplente o devedor.

➡ Ver questão F17.

Do que é abrangido pela hipoteca

No caso de constituição de hipoteca, estão abrangidas todas as acessões, os melhoramentos e construções do imóvel hipotecado. Os ônus reais constituídos e registrados para o imóvel hipotecado, anteriormente à hipoteca, se mantêm. Como ensina Maria Helena Diniz (*Curso de direito civil*, v. IV, p. 321), "Se antes do assento da hipoteca já tiver sido registrado algum outro direito real sobre o mesmo imóvel (usufruto, anticrese, servidão etc.), os titulares desses direitos reais terão direito de preferência sobre o credor hipotecário na eventual execução".

Proibição de cláusula que impeça a venda do imóvel hipotecado

A hipoteca não causa nenhum estigma no imóvel que impeça sua alienação. Caso o imóvel venha a ser alienado, seu novo proprietário estará ciente do ônus com o qual o imóvel foi gravado e assumirá a obrigação no lugar do antigo proprietário. Assim, qualquer cláusula que vede tal alienação será considerada nula.

É possível, porém, que as partes convencionem que, mediante alienação, haverá o vencimento do crédito hipotecário.

Da multiplicidade de hipotecas

É possível constituir hipoteca sobre imóvel hipotecado, com novo título, para o mesmo credor ou um terceiro, com a devida averbação no Cartório de Registro de Imóveis. O limite para constituição de hipotecas é a relação entre o valor do imóvel e o valor das dívidas garantidas. Assim, poderá o proprietário hipotecar seu imóvel, dando-o em garantia para dívidas que, somadas, atinjam o valor total da propriedade.

F22. (OAB/XVI Exame de Ordem Unificado/FGV/2015) A Companhia GAMA e o Banco RENDA celebraram entre si contrato de mútuo, por meio do qual a companhia recebeu do banco a quantia de R$ 500.000,00 (quinhentos mil reais), obrigando-se a restituí-la, acrescida dos juros convencionados, no prazo de três anos, contados da entrega do numerário. Em garantia do pagamento do débito, a Companhia GAMA constituiu, em favor do Banco RENDA, por meio de escritura pública levada ao cartório do registro de imóveis, direito real de hipoteca sobre determinado imóvel de sua propriedade. A Companhia GAMA, dois meses depois, celebrou outro contrato de mútuo com o Banco BETA, no valor de R$ 200.000,00 (duzentos mil reais), obrigando-se a restituir a quantia, acrescida dos juros convencionados, no prazo de dois anos, contados da entrega do numerário.

Em garantia do pagamento do débito, a Companhia GAMA constituiu, em favor do Banco BETA, por meio de escritura pública levada ao cartório do registro de imóveis, uma segunda hipoteca sobre o mesmo imóvel gravado pela hipoteca do Banco RENDA. Chegado o dia do vencimento do mútuo celebrado com o Banco BETA, a Companhia GAMA não reembolsou a quantia devida ao banco, muito embora tivesse bens suficientes para honrar todas as suas dívidas.

Nesse caso, é correto afirmar que

A) o Banco BETA tem direito a promover imediatamente a execução judicial da hipoteca que lhe foi conferida.

B) a hipoteca constituída pela companhia GAMA em favor do Banco BETA é nula, uma vez que o bem objeto da garantia já se encontrava gravado por outra hipoteca.

C) a hipoteca constituída pela GAMA em favor do Banco é nula, uma vez que tal hipoteca garante dívida cujo vencimento é inferior ao da dívida garantida pela primeira hipoteca, constituída em favor do Banco RENDA.

D) o Banco BETA não poderá promover a execução judicial da hipoteca que lhe foi conferida antes de vencida a dívida contraída pela Companhia GAMA junto ao Banco RENDA.

➠ Veja art. 1.476, CC.

Comentário: A opção certa é a letra D. Conforme diz o art. 1.477, o credor da segunda hipoteca, embora vencida, não pode executar o imóvel antes de vencida a primeira, salvo em caso de insolvência do devedor.

Da ordem para execução da hipoteca

Caso seja constituída mais de uma hipoteca sobre o mesmo imóvel, o credor da segunda ou subsequentes não poderá exigir o pagamento sem que esteja vencida a primeira hipoteca. A exceção é caso ocorra insolvência do devedor, com a ressalva do parágrafo único, segundo o qual não pode ser considerado insolvente o devedor que não tenha realizado o pagamento das obrigações garantidas por hipotecas que sejam posteriores à primeira.

Não havendo o pagamento da primeira hipoteca por parte do devedor, no vencimento desta, o segundo credor poderá pleitear que seja extinta a primeira, mediante consignação em juízo da quantia destinada à primeira hipoteca e citação do credor para recebimento e do credor para realizar tal pagamento. Haverá sub-rogação do segundo credor nos direitos de receber o ressarcimento pela quantia disponibilizada ao primeiro credor, assim como o pagamento de sua parte, pelo devedor. Caso o primeiro credor esteja promovendo a execução dessa hipoteca, o credor da segunda realizará o depósito da quantia do débito e das despesas judiciais.

Exoneração da hipoteca

Ao adquirir um imóvel, o adquirente poderá exonerar-se do pagamento das dívidas aos credores, caso abandone o imóvel a estes ou a terceiros. Tal abandono não tem o significado de transferência de propriedade, apenas quer dizer que deixa o imóvel à ação dos credores para fins de excussão judicial, uma vez que não se operou a extinção da obrigação garantida.

O adquirente irá notificar o vendedor e os credores, e lhes deferirá a posse do imóvel – ou realizará a posse deste em juízo. O adquirente poderá abandonar o imóvel, conforme art. 1.479, até 24 horas após a citação, que dá início ao procedimento executivo.

Direito de remir o imóvel hipotecado

O art. 1.481 traz a possibilidade de o adquirente extinguir a hipoteca, mediante o pagamento da dívida remanescente. O prazo para tal extinção é de trinta dias a contar do registro do título aquisitivo. Deverá citar os credores hipotecários e propor importância não inferior ao preço de aquisição. Se o credor impugnar o preço ou a importância oferecida, é realizada licitação, com a venda judicial do bem a quem oferecer o maior lance, com preferência ao adquirente do imóvel. Se não houver oposição quanto ao valor, será este fixado como sendo o valor para a remissão do imóvel. A hipoteca será encerrada mediante o pagamento ou depósito do preço fixado. Deve o adquirente arcar com eventuais despesas e desvalorização do imóvel causado por sua culpa, caso não haja remissão do imóvel e este esteja sujeito à execução. Caso o adquirente fique privado de seu imóvel em consequência de licitação ou penhora, cabe ação regressiva contra o vendedor.

Indicação dos valores ajustados nas escrituras

É possível que os interessados dispensem a avaliação do imóvel, fazendo constar nas escrituras o valor ajustado dos imóveis hipotecados, que, devidamente atualizado, será usado como base de arrematações, adjudicações e remições.

Prorrogação da hipoteca

É possível prorrogação da hipoteca por trinta anos, contados a partir da data inicial do contrato. Estando perfeito tal prazo, só será possível que se substitua o contrato de hipoteca se for constituído novo título e novo registro. Nesse caso, será mantida a procedência que não lhe competir. Durante o decurso do prazo de trinta anos, as partes poderão prorrogar a hipoteca antes do vencimento do prazo. Com o término desse prazo, terá a preempção legal da hipoteca, e com isso o credor não mais poderá executar os bens.

Emissão da cédula hipotecária

No momento da constituição da hipoteca, é possível que credor e devedor autorizem emissão de cédula hipotecária correspondente àquela dívida, de acordo com o previsto em lei especial.

Hipoteca como garantia de dívida futura ou condicionada

É possível que a hipoteca seja estabelecida com base em dívida a se constituir ainda, ou em dívida condicionada, desde que seja estabelecido o limite máximo de créditos assegurado pela garantia real. Nesses casos, a execução da hipoteca depende de anuência prévia e expressa do devedor quanto ao cumprimento da condição ou ao montante da dívida. Havendo divergência entre devedor e credor, o credor deverá fazer prova de seu crédito. Com o reconhecimento do crédito, o devedor responderá pela dívida e por eventuais perdas e danos em razão de superveniência de desvalorização do imóvel.

Da divisão do ônus em caso de loteamento ou constituição de condomínio

Diz Silvio Venosa: "desse modo, torna-se um direito dos proprietários de cada unidade desmembrada do imóvel originário requerer que a hipoteca grave, proporcionalmente, cada lote ou unidade condominial, tanto que possuam eles legitimidade concorrente com o credor ou devedor para requerer essa divisão proporcional. A dúvida que o dispositivo não esclarece é saber se cada dono, isoladamente, pode requerer essa divisão no tocante a seu próprio quinhão. A melhor opinião é, sem dúvida, nesse sentido, pois exigir que todos o façam coletivamente, ou que a entidade condominial o faça, poderá retirar o alcance social da norma. Isso porque pode ocorrer que não exista condomínio regular instituído, como nos casos de loteamento, e principalmente porque todas as despesas judiciais ou extrajudiciais necessárias ao desmembramento correm por conta do requerente. Ainda que se convencionem em contrário, como menciona a lei, as custas e emolumentos de cunho oficial serão sempre pagas pelo interessado que requerer a medida, o qual poderá não ter meios ou não ter sucesso com a ação de regresso. Se fosse exigido que a integralidade da divisão proporcional fosse feita em ato único, o elevado custo inviabilizaria, sem dúvida, a medida, nessa situação narrada" (*Direito civil*, v. 5. São Paulo, Atlas, p. 129).

Da Hipoteca Legal

É aquela conferida por lei a certos credores que, em virtude de terem seus bens administrados por terceiros, merecem uma proteção especial. Conceder-se-á a hipoteca: às pessoas de direito público interno sobre o imóvel do serventuário que tenha o encargo de zelar pelo patrimônio público; ao filho sobre os imóveis do pai ou da mãe que passar a novas núpcias, antes de fazer o inventário e partilha; ao ofendido sobre o imóvel do delinquente, para garantir o pagamento dos danos e das despesas processuais; ao coerdeiro, para garantia de seu quinhão hereditário, sobre o imóvel adjudicado ao herdeiro reponente; ao credor sobre o imóvel arrematado, para garantia do pagamento do restante do preço da arrematação. Houve uma redução das hipóteses pelo atual Código Civil. A hipoteca legal poderá ser substituída por caução de títulos da dívida pública ou por outra garantia, a critério do juiz, a requerimento do devedor. Para ter validade contra terceiros, deve ser registrada e especializada. Não tem prazo determinado, pois dura enquanto perdurar a obrigação, devendo somente ser renovada a especialização (individuação do bem) após o prazo de vinte anos.

Aumento da garantia com outros bens

É lícito ao credor da hipoteca legal exigir que o devedor reforce a garantia com outros bens, desde que seja provada a insuficiência dos imóveis especializados.

Substituição da hipoteca legal

É possível a substituição da hipoteca legal por caução de títulos da dívida pública, federal ou estadual, ou por outra garantia, arbitrada pelo juiz a requerimento do devedor.

Do Registro da Hipoteca

Do lugar para se registrar a hipoteca

As hipotecas deverão ser registradas no cartório da situação do imóvel, e caso o título que institui a hipoteca se refira a mais de um imóvel, em cada um deles. Cabe a cada interessado, exibido o título, requerer que seja efetivado o registro da hipoteca.

Da ordem de registro

Os registros e averbações seguirão a ordem em que forem requeridos, verificando-se ela pela sua numeração sucessiva no protocolo. O número de ordem determina a prioridade, e esta a preferência entre as hipotecas, conforme já se verificava no art. 833 do CC/1916.

Limite de registro por dia

Não haverá registro de duas hipotecas ou uma hipoteca e outro direito real, sobre o mesmo imóvel, em favor de pessoas distintas, salvo se houver nas escrituras a indicação da hora em que foram lavradas. Isso para que se saiba qual direito real foi instituído primeiro.

Da hipoteca já existente ainda não registrada

Caso seja levado a registro o título de hipoteca que mencione uma anterior e esta não ter sido registrada, o oficial do registro sobrestará na inscrição da nova, após prenotá-la por até trinta dias, aguardando registro da primeira. Após esse prazo, não havendo registro da instituída primeiro, a posterior será registrada e passará a ter preferência.

Dúvidas sobre a legalidade do registro

Caso exista dúvida sobre legalidade de registro de hipoteca requerido, o oficial fará prenotação. Se, após noventa dias, a dúvida se provar improcedente, o registro será feito normalmente, como se houvesse sido feito na data em que foi requerido. Caso a dúvida se confirme, a prenotação será cancelada e será registrada sob o número que receber à data em que for requerida novamente.

Registro e especialização

É requerido que as hipotecas legais sejam registradas e especializadas. Aquele que está obrigado a prestar garantia deverá registrar e especializar as hipotecas legais. Porém, interessados podem promover sua inscrição ou solicitar que o Ministério Público o faça. Tais pessoas, caso se omitam em realizar o registro e a especialização, responderão por perdas e danos que causem.

O art. 1.498 altera o prazo da inscrição da hipoteca, sendo de trinta anos o do CC/1916 e de vinte anos o do Código em vigor.

Da Extinção da Hipoteca

São formas de extinção da hipoteca:

(i) extinção da obrigação principal;
(ii) perecimento da coisa;
(iii) resolução da propriedade;
(iv) renúncia do credor;
(v) remição;
(vi) arrematação ou adjudicação;
(vii) cancelamento do registro da hipoteca à vista de prova de uma das causas extintivas.

Não paga a dívida, o imóvel será executado por meio do processo de execução, tendo início com a penhora do bem gravado, com vistas a vendê-lo judicialmente. O produto da venda será utilizado no pagamento do crédito hipotecário. Havendo a penhora desse bem por outro credor, não poderá haver a arrematação ou adjudicação sem a devida citação do outro credor hipotecário (art. 1.501 do CC).

O único modo de se extinguir a hipoteca é utilizando o mesmo modo que serviu para instituí-la, ou seja, como a hipoteca só será válida se devidamente registrada no Cartório de Registro de Imóveis à margem da respectiva matrícula, sua extinção também se dará por registro público no Cartório de Registro de Imóveis à margem da respectiva matrícula, desde que acompanhado de prova da extinção da garantia hipotecária.

Casos em que a hipoteca não será extinta

Para que seja extinta a hipoteca registrada, mediante arrematação ou adjudicação, é necessário que os credores hipotecários sejam notificados judicialmente, se não forem parte na execução.

Da Hipoteca de Vias Férreas

É aquela incidente sobre as estradas de ferro, devendo ser registrada no município da estação inicial da respectiva linha. O credor hipotecário não poderá perturbar o regular funcionamento da ferrovia.

Limites aos credores hipotecários

É proibido aos credores hipotecários, de alguma maneira, atrapalhar a exploração da linha férrea, ou contrariar modificações decididas pela administração da linha, tendo em vista assegurar a continuidade do funcionamento das ferrovias.

Do objeto da hipoteca

A hipoteca poderá abranger a linha ou estrada de ferro ou, ainda, a uma parte específica do percurso. É possível que os credores hipotecários se oponham à venda da estrada, das linhas e de seus ramais, ou de parte do material de exploração. Podem se opor também à fusão com outras empresas, se, com isso, houver diminuição da garantia do débito.

Execução da hipoteca

Caso haja execução de hipoteca de linha férrea, o representante da União ou do Estado de que faça parte será intimado para, em quinze dias, remir a estrada hipotecada, pagando o preço de arrematação ou adjudicação.

DA ANTICRESE

É o direito real de garantia que consiste na transferência da posse de imóvel do devedor ao credor, com a finalidade de perceber-lhe os frutos, até o pagamento da dívida, juros e capital. O credor anticrético deverá prestar contas anualmente por meio de balanço de sua administração. Também, salvo estipulação em contrário, poderá arrendar o bem a terceiro. A anticrese deverá ser devidamente registrada, possuindo eficácia *erga omnes*, inclusive em face do adquirente do bem posterior ao seu registro (art. 1.509 do CC). A adquirente poderá efetuar o resgate antes do vencimento da dívida, pagando-a e imitindo-se na posse do imóvel.

Administração dos bens dados em anticrese

O credor anticrético pode administrar os bens dados em anticrese e fruir seus frutos e utilidades, inclusive locar o bem, mas deverá apresentar anualmente balanço, exato e fiel, de sua administração sob pena de perdas e danos. Caso o devedor anticrético não concorde com o que se contém no balanço, por ser inexato ou ruinosa a administração, poderá impugná-lo e, se o quiser, requerer a transformação em arrendamento, fixando o juiz o valor mensal do aluguel, o qual poderá ser corrigido anualmente. Ademais, o credor anticrético pode, salvo autonomia da vontade em contrário (art. 421 do CC), arrendar os bens dados em anticrese a terceiro, mantendo, até ser pago, direito de retenção do imóvel, embora o aluguel desse arrendamento não seja vinculativo para o devedor.

Responsabilidade do credor anticrético

O credor anticrético possui a responsabilidade pela conservação do bem, assim como a obrigação de extrair o máximo deste bem, que lhe foi dado em anticrese, de forma a perceber seus frutos em integridade, respondendo, em caso contrário, pelos frutos que por negligência deixou de perceber.

Direitos do credor anticrético

O credor anticrético pode reivindicar os seus direitos contra o adquirente dos bens, os credores quirografários e os hipotecários posteriores ao registro da anticrese no caso de executar os bens por falta de pagamento da dívida, ou permitir que outro credor o execute, sem opor o seu direito de retenção ao exequente, que não terá preferência sobre o preço. Ademais, o credor anticrético não terá preferência sobre a indenização do seguro, quando o prédio for destruído, nem, se forem desapropriados os bens, com relação à desapropriação, tendo em vista a própria natureza desse instituto (*vide* comentário ao art. 1.506 do CC).

Caso seja adquirido bem eivado do instituto da anticrese, será possível que, antes de vencida a dívida, o adquirente pague a totalidade desta na data do pedido de remição, sendo imitida sua posse, se for o caso.

	Tempo	Embasamento legal	Requisitos
Usucapião extraordinária	15 anos	Art. 1.238, *caput*, do CC	Não é necessário haver boa-fé nem justo título. O principal requisito a se provar é a posse mansa, pacífica e ininterrupta pelo lapso temporal referido, qual seja, quinze anos
Usucapião extraordinária reduzida	10 anos	Art. 1.238, parágrafo único, do CC	Por ser subespécie da extraordinária, também não há necessidade de haver justo título nem boa-fé. Entretanto, para o autor conseguir a redução de cinco anos, é necessário que tenha feito no imóvel obras ou serviços de caráter produtivo, aumentando a utilidade daquele
Usucapião especial rural ou *pro labore*	5 anos	Art. 1.239 do CC	Imóvel até 50 hectares. O possuidor deve comprovar que fez da propriedade um bem produtivo, estabelecendo ali sua morada. O usucapiente não pode ser proprietário ou possuidor direto de outro imóvel, seja urbano ou rural
Usucapião especial urbana ou *pro habitatione*	5 anos	Art. 1.240 do CC	Não é necessário justo título nem boa-fé. O imóvel deve ser de até 250 m^2. Aqui também o possuidor não pode ser proprietário ou possuidor direto de outro imóvel, seja urbano ou rural
Usucapião familiar ou conjugal	2 anos, a contar do abandono do imóvel pelo cônjuge	Art. 1.240-A do CC	O imóvel que pertencia ao casal ou de um deles deve ser de até 250 m^2. É importante mencionar que o consorte possuidor do imóvel não pode, para efeitos dessa usucapião, ser possuidor de outro imóvel, seja na zona urbana ou rural
Usucapião ordinária	10 anos	Art. 1.242, *caput*	Difere da extraordinária reduzida, porque, nesse caso, o possuidor deve estar de boa-fé, ou seja, ignora qualquer obstáculo impeditivo. O possuidor deve ter, ainda, justo título
Usucapião ordinária reduzida	5 anos	Art. 1.242, parágrafo único, do CC	Bem adquirido onerosamente e teve registro cancelado, mas havia boa-fé do possuidor. Para valer-se dessa espécie, deve comprovar que mantém no imóvel sua morada ou realizou investimentos de interesse social ou econômico
Usucapião coletiva	5 anos	Art. 1.228, § 4°, do CC e art. 10 da Lei n. 10.257/2001 (Estatuto da Cidade)	Caberá esta espécie quando se tratar de áreas urbanas com mais de 250 m^2, ocupadas por população de baixa renda, não se sabendo precisar a delimitação de cada um. Referido prazo deve ser sem interrupção nem oposição. Nesse caso, é rito e sumário, sendo obrigatória a intervenção do MP
Usucapião extrajudicial	–	–	Com o CPC/2015 e a nova redação da Lei n. 6.015/73, a usucapião extrajudicial pode ser requerida diretamente no tabelionato

DIREITO DE LAJE

Ao analisar a exposição de motivos da referida Lei n. 13.465/2017, percebe-se que o principal objetivo foi o de adequar a legislação à realidade das construções no Brasil, considerando-se ainda a função social da propriedade – consolidada no Código Civil – e o direito de habitação, consagrado na Constituição Federal.

Em relação ao Código Civil, a Lei n. 13.465/2017 inseriu no art. 1.225 o inciso XIII, consolidando o direito de laje como um direito real,[1] e acrescentou o Título XI, "Da Laje", abrangendo os arts. 1.510-A até 1.510-E, regulando definitivamente o tema.

Recentemente, dentre os enunciados aprovados na VIII Jornada de Direito Civil, destaca-se o Enunciado n. 627: "o direito real de laje é passível de usucapião".

Tem-se, desse modo, que todos os direitos relacionados à propriedade[2] e à posse foram também estendidos ao direito de laje.

Culturalmente, no Brasil, a "laje" transmite a ideia de algo construído verticalmente acima da construção originária, ou seja, o proprietário originário concede ao terceiro o direito de construir sobre a construção inicial.

A legislação, no entanto, abrange as construções acima e abaixo (subsolo), sempre consideradas no sentido vertical, sendo essa a principal limitação do instituto, que engloba tanto construções privadas como públicas.

A doutrina ainda se divide em relação ao fato de o direito de laje[3] ser considerado um direito real, eis que a natureza jurídica do instituto visou abranger somente a área construída sobre uma construção "principal".

Sobre o caráter social do instituto, não restam dúvidas sobre a importância da regulamentação, eis que, em especial no âmbito do direito de família, solucionará diversos problemas relacionados à separação e a questões de herança, por exemplo.

Na prática, os conhecidos "puxadinhos" foram surgindo não somente pelo crescimento urbano totalmente desordenado, mas também diante da realidade socioeconômica brasileira, na qual a família possui um terreno, constrói uma casa no local, os filhos casam e constroem

1 "Direito real: direito absoluto, ramo do *direito patrimonial*, oponível a todos, que se transmite entre vivos, pela *tradição* quando relativo a móveis, e pela *transcrição*, quando diz respeito a imóveis, do título de propriedade no registro público. Pode ser: *direito real sobre a coisa própria*. Quando a propriedade se subordina ao domínio absoluto de seu titular, sendo exercível *erga omnes*; *direito real sobre a coisa alheia*: quando formado de uma ou mais partes desmembradas da propriedade, ou a grava de encargos, como na enfiteuse, no usufruto, na servidão etc.; e *direito real de garantia*, quando sua finalidade é assegurar que se cumpra uma obrigação, como a hipoteca, o penhor, a anticrese; o mesmo que ônus *real*" (GUIMARÃES, Deocleciano Torrieri. *Dicionário técnico jurídico*, 2001, p. 262).

2 "No direito moderno, o primado do interesse coletivo ou público vem influindo sobremaneira no conceito de propriedade. As medidas restritivas ao direito de propriedade, impostas pelo Estado em prol da supremacia do interesse público, vêm diminuindo o exercício desse direito. [...] Em virtude dessa política intervencionista do Estado, o proprietário de nossos dias desconhece o caráter absoluto, soberano e intangível de que se impregnava o domínio na era dos romanos. [...] Assim, percebe-se que o direito de propriedade não tem um caráter absoluto porque sofre limitações impostas pela vida em comum. A propriedade individualista substitui-se pela propriedade de finalidade socialista" (DINIZ, Maria Helena. *Curso de direito civil brasileiro*, v. 4: direito das coisas, 2004, p. 251).

3 "Francisco Eduardo Loureiro afirma que se trata de instituto de natureza *sui generis*, possuindo características, requisitos e efeitos próprios, não se confundindo com o direito real de superfície, pois este é temporário e aquele é perene, bem como não se caracteriza com a amplitude da propriedade plena, já que não atribui fração ideal de terreno ao proprietário da laje, acrescentando que: 'O titular adquirente torna-se proprietário de nova unidade autônoma consistente de construção erigida sobre acessão alheia, *sem implicar situação de condomínio tradicional ou edilício*' [grifo nosso]" (LOUREIRO, Francisco Eduardo. In: PELUSO, Cezar (coord.). *Código Civil comentado*, p. 1.515. Apud MEDEIROS, Claudia Rosa; ECHEVERRIA DA SILVA, Laura Regina. O direito real de laje – Lei 13.465/2017, *Regularização fundiária: Lei 13.465/2017*. PEDROSO, Alberto Gentil de Almeida (coord.). São Paulo, Thomson Reuters Brasil, 2018, p. 101).

um andar a mais sobre o mesmo imóvel, muitas vezes com escadas externas para acesso ao andar, e assim por diante.

Em caso de separação, existe outro fator econômico, no sentido de que os ex-cônjuges não possuem condições financeiras para habitar em outro local, fazendo com que todos permaneçam sobre a mesma construção-base, ou seja, o direito de laje existe diante da impossibilidade da individualização de lotes, a sobreposição ou a solidariedade de edificações ou terrenos, não contemplando as demais áreas edificadas ou não pertencentes ao proprietário original.

A regularização é um fator essencial, permitindo àquele que detém a posse obter uma matrícula individualizada no Registro de Imóveis, fazendo com que o titular do direito real de laje possa "usar", "gozar" e "dispor" da unidade imobiliária,[4] passando a responder "pelos encargos e tributos que incidirem sobre a sua unidade".[5]

O registro poderá ser realizado de forma gratuita, considerando-se não somente o poder econômico do titular do direito de laje, mas também seu caráter social, que foi um dos principais objetivos da legislação, e ao *deficit* habitacional presente em todo o território brasileiro.

O direito real de laje concedido sobre imóveis públicos poderá ainda ser promovido por ato do Poder Executivo, visando também o caráter social da moradia e da respectiva regularização.

Observa-se ainda que o direito real de laje não possui – e entende-se que esta não foi a intenção do legislador – a natureza de condomínio,[6] no entanto, o art. 1.510-C do Código Civil instituiu que, "para fins do direito real de laje, as despesas necessárias à conservação e fruição das partes que sirvam a todo o edifício e ao pagamento de serviços de interesse comum serão partilhadas entre o proprietário da construção-base e o titular da laje, na proporção que venha a ser estipulada em contrato".

Sobre o artigo em referência, infere-se que as disposições podem ser registradas na matrícula individualizada da unidade autônoma, ou mesmo no momento da aquisição da laje, devendo constar expressamente no contrato a forma como as despesas serão, efetivamente, rateadas.

O § 1º do art. 1.510-C determina ainda quais são as partes que servem a todo o edifício (construção-base) relacionadas à estrutura, quais sejam, os alicerces, colunas, pilares, paredes-mestras e todas as partes restantes que constituam a estrutura do prédio, o telhado ou os ter-

---

4 *Vide* art. 1.510-A, § 3º.

5 *Vide* art. 1.510-A, § 2º.

6 "Determinado direito pode pertencer a vários indivíduos ao mesmo tempo, caso em que se configura a comunhão. Se recair tal comunhão sobre um direito de propriedade tem-se, na concepção de Bonfante, o condomínio ou compropriedade, a que Clóvis considerou como um estado anormal da propriedade; uma vez que, tradicionalmente, a propriedade pressupõe assenhoramento de um bem com exclusão de qualquer outro sujeito, a existência de uma cotitularidade importa uma anormalização de sua estrutura. [...] A posição de nosso Código Civil é a mesma da teoria da propriedade integral, pois preconiza que cada consorte é proprietário da coisa toda, delimitada pelos iguais direitos dos demais condôminos; já que se distribui entre todos a utilidade econômica do bem e o direito de cada um dos consortes, em relação a terceiro, abrange a totalidade dos poderes do domínio, podendo reivindicar de terceiros a coisa toda e não apenas sua parte ideal. Entretanto, em suas relações internas, o condômino vê seus direitos delimitados pelos dos demais consortes, na medida de suas quotas, para que seja possível sua coexistência. [...] Concede-se a cada consorte uma quota ideal qualitativamente igual da coisa e não uma parcela material desta; por conseguinte, todos os condôminos têm direitos qualitativamente iguais sobre a totalidade do bem, sofrendo limitação na proporção quantitativa em que concorrem com os outros comunheiros na titularidade sobre o conjunto. Deveras, as quotas-partes são qualitativamente iguais e não quantitativamente iguais, pois, sob esse prisma, a titularidade dos consortes é suscetível de variação. Só dessa forma é que se poderia justificar a coexistência de vários direitos sobre um bem imóvel. [...] E, na administração do bem comum, a prática dos atos está sujeita ao consentimento unânime, não vigorando, portanto, o princípio da maioria, que é o próprio condomínio" (DINIZ, Maria Helena. Op. cit., p. 205-6).

raços de cobertura, as instalações gerais de água, esgoto, eletricidade, aquecimento e semelhantes que sirvam a todo o edifício etc.

O legislador visou que o proprietário da construção-base não seja "penalizado" pela regulamentação do direito de laje, eis que anteriormente caberia somente a ele a responsabilidade pela manutenção e conservação de partes comuns que servem também aos detentores das unidades imobiliárias autônomas (lajes), ressaltando que as construções não podem ser realizadas sem observância ao Estatuto da Cidade e demais normas aplicáveis às construções civis.

Ao contrário do que ocorre em condomínio, as áreas comuns não são propriedades comuns, com frações ideais, pois o direito real de laje não contempla outras áreas construídas, somente a unidade imobiliária autônoma.

O art. 1.510-D previu ainda o direito de preferência dos demais em caso de alienação de "qualquer das unidades sobrepostas" e, no § 2º, regulamenta a ordem do exercício de preferência, no sentido de que, "se houver mais de uma laje, terá preferência, sucessivamente, o titular das lajes ascendentes e o titular das lajes descendentes, assegurada a prioridade para a laje mais próxima à unidade sobreposta a ser alienada".

A regra aplicável nesse caso foi a mesma do art. 504 do Código Civil, sendo que os prazos para o exercício de preferência devem ser considerados mediante a ciência dos interessados por escrito, por meio de notificação extrajudicial ou pelo correio, comprovando-se o recebimento.

Considerando-se ainda a publicidade em relação ao registro, o prazo previsto no § 1º do art. 1.510-D conta-se a partir da data de registro perante o Cartório de Registro de Imóveis, e não do conhecimento da venda, ou seja, o interessado poderá exercer, no prazo de 180 dias, contados a partir do registro da venda, seu direito de preferência, caso tenha sido preterido.

É possível concluir ainda que a regularização não possui somente um caráter social, mas também econômico, eis que formaliza o patrimônio imobiliário, agregando valor a ele, e passa a instituir tributos[7] sobre as áreas autônomas construídas, aumentando a arrecadação estatal.

Por fim, as formas de extinção do direito real de laje estão elencadas no art. 1.510-E do Código Civil, que prevê a possibilidade de ruína da construção-base e também abrange a responsabilização daquele que causou a ruína da edificação.

A legislação ainda é deveras recente, todavia, a regulamentação sedimentou um direito que já era reconhecido judicialmente.

Ainda podem existir divergências não contempladas pela lei que poderão, de forma efetiva, ser dirimidas em juízo. No entanto, a desburocratização no reconhecimento do direito real de laje foi um avanço inegável ao direito de moradia.

Para concluir o livro referente ao Direito das Coisas, segue breve resumo com tabela explicativa, abaixo.

Novamente, destaca-se que direito real é a ligação formal entre o homem e a coisa. Entende-se por **ligação formal** o que é criado e tipificado pela lei, sendo essa a diferença do direito real para a posse, pois que essa é uma situação fática que independe da lei.

Conforme dito anteriormente, os 15 direitos reais são aqueles 13 descritos no art. 1.225 do Código Civil, além da alienação fiduciária e da anticrese.

---

7 "*Quem tem bônus, assume o ônus*. Isso porque na medida em que o titular da laje passa a ter direito real sobre ela, responderá, consequentemente, sobre as obrigações fiscais dela decorrentes. Trata-se de uma obrigação *propter rem*, em que cada titular deve responder pelos encargos e tributos que incidirem sobre sua unidade, como acontece na propriedade em geral, na superfície, no condomínio edilício, usufruto etc." (BERTONI, Rosângela A. Vilaça, in: COSTA MACHADO, Antônio Cláudio da (org.); CHINELLATO, Silmara Juny (coord.). *Código Civil interpretado*: artigo por artigo, parágrafo por parágrafo, 2018).

Direito real	Dispositivo legal	Conceito
Propriedade	CC, arts. 1.228 a 1.360	Poder que o proprietário (pessoa física ou jurídica) tem de poder usar, gozar e dispor de um bem, corpóreo ou incorpóreo, além de reaver de quem injustamente o detenha.
Enfiteuse	Arts. 678 a 694 (CC/1916) e 2.038 (CC/2002)	Também chamada de aforamento, é usada para ocupar e povoar terra nova.
Superfície	CC, arts. 1.369 a 1.377	Direito real de fruição de coisa alheia por meio do qual o proprietário concede a outrem (superficiário) o direito de construir ou plantar em seu terreno, por tempo determinado, a título gratuito ou oneroso, mediante escritura pública registrada no cartório de imóveis.
Servidão	CC, arts. 1.378 a 1.389	Direito real que recai sobre o prédio (serviente) em proveito de outro (dominante).
Usufruto	CC, arts. 1.390 a 1.411	Direito real que confere ao usufrutuário os direitos de uso e gozo sobre coisa alheia.
Uso	CC, arts. 1.412 a 1.413	Direito real de fruição que confere ao usuário a autorização de retirar, temporariamente, todas as utilidades, visando a atender às suas necessidades e às de sua família.
Habitação	CC, arts. 1.414 a 1.416	Direito real de fruição que consiste em habitar gratuitamente, com sua família, casa alheia.
Penhor	CC, arts. 1.419 a 1.437	Direito real de garantia, consistente na tradição de coisa móvel, suscetível de alienação, a fim de garantir o pagamento do débito.
Hipoteca	CC, arts. 1.473 a 1.505	Direito real de garantia constituído por escritura pública registrada, que grava bem imóvel do devedor de terceiro, sem tradição ao credor, conferindo a este direito de executar a garantia, pagando-se, preferencialmente, se inadimplente o devedor.
Anticrese	CC, arts. 1.506 a 1.510	Direito real de garantia que consiste na transferência da posse de imóvel do devedor ao credor, com a finalidade de perceber-lhe os frutos, até o pagamento da dívida, juros e capital.
Propriedade fiduciária	CC, arts. 1.361 a 1.368-B	Decorre da alienação fiduciária em garantia. Trata-se da propriedade resolúvel de coisa móvel infungível que o devedor (fiduciante), com escopo de garantia, transfere ao credor (fiduciário). Resolve-se o direito do adquirente com o pagamento da dívida garantida.
Direito real de aquisição: compromisso de compra e venda	CC, arts. 1.417 e 1.418	A promessa de compra e venda que não contenha cláusula de arrependimento, celebrada por instrumento público ou particular, registrada no Cartório de Imóveis, enseja o direito real à aquisição do imóvel pelo promitente comprador. O compromisso irretratável de compra e venda é o contrato pelo qual o compromitente vendedor se obriga a vender determinado imóvel pelo preço e pelas condições ajustadas ao compromissário comprador. Uma vez pago o preço, tem o compromissário comprador o direito real sobre o bem, podendo exigir a outorga da escritura definitiva.

(continua)

(continuação)

Direito real	Dispositivo legal	Conceito
Concessão de uso especial para fins de moradia	CC, art. 1.225, XI (inciso acrescentado pela Lei n. 11.481/2007)	Favor legal ofertado a quem possui como seu, por cinco anos sem interrupção e sem oposição, até 250 metros quadrados em imóvel público localizado em espaço urbano para a sua moradia ou a de sua família.
Concessão de direito real de uso	CC, art. 1.473, IX (inciso acrescentado pela Lei n. 11.481/2017)	Comparado a um usufruto com poderes mais restritos, permitindo o uso total do bem, mas com apenas a fruição parcial do bem.
Laje	CC, arts. 1.510-A a 1.510-E (artigos acrescentados pela Lei n. 13.465/2017)	Imóvel (construção base) que cede a sua laje, superior ou inferior, gerando uma matrícula autônoma desta.

DO DIREITO DE FAMÍLIA

DO DIREITO PESSOAL

DO CASAMENTO

A lei estabelece igualdade jurídica entre marido e mulher quanto aos direitos e às obrigações, que consistem na fidelidade mútua, na coabitação, na assistência material e imaterial entre ambos em relação aos filhos (criar, amparar, educar e prepará-los para o futuro) e no respeito e consideração mútua. O casamento já tem sido considerado possível entre pessoas do mesmo sexo para uma parte da doutrina, com base na Resolução CNJ n. 175/2013, que dispôs sobre a habilitação, celebração de casamento civil, ou de conversão de união estável em casamento, entre pessoas de mesmo sexo.

O bem jurídico da família no século XXI está a frente da lei e, sim, a ontologia se posiciona no afeto daqueles que formam aquela união. O desejo de permanecer com alguém ou a pura admiração naquela pessoa fazem disso um sentido para a vida em que a cumplicidade, a amizade, a união são maiores que os deveres impostos pela lei. A jurisprudência tem acompanhado esse sentimento social, em que a união familiar passou de um contrato patrimonialista para afeto e o querer de constituição de uma união nem sempre visada e aclamada pela norma jurídica. Por isso, concursos trazem muitos embates sobre direito de família para haver debate sobre o tema. Tratar-se-á do tema sempre da forma normativista, porém paradigmaticamente o tema é tratado de forma zetética e sempre visando a relação e a pacificação social.

Natureza jurídica do casamento

(i) **Teoria contratualista.** O matrimônio é um contrato civil, regido pelas normas comuns a todos os contratos, aperfeiçoando-se apenas pela autonomia de vontade das partes, ou seja, dos nubentes.

(ii) **Teoria institucionalista.** O casamento é uma instituição social, refletindo uma situação jurídica que surge da vontade dos contraentes, mas cujas normas, efeitos e forma encontram-se preestabelecidos em lei.

(iii) **Doutrina eclética ou mista.** O casamento é um ato complexo, ou seja, é concomitantemente negócio jurídico (na formação) e instituição (no conteúdo). Desse modo, diante da natureza jurídica do casamento, pode-se defini-lo como sendo um contrato especial de direito de família no qual os cônjuges (marido e mulher) formam uma comunidade de existência e afeto, mediante direitos e deveres, recíprocos e em face dos filhos, permitindo, assim, a realização dos seus projetos de vida.

Ato nupcial gratuito

A celebração do ato nupcial preconizada por autoridade competente é realizada gratuitamente. O registro, a primeira certidão e a habilitação matrimonial são documentos custosos, ou seja, os selos, emolumentos e custas serão cobradas, salvo para aqueles cuja pobreza for comprovada.

Princípio da liberdade

O art. 1.513 proíbe qualquer pessoa, de direito público ou privado, de intervir na comunhão de vida constituída pela família, ou seja, o planejamento familiar é de livre decisão do casal, competindo ao Estado propiciar recursos educacionais e financeiros para o exercício desse direito.

Habilitação dos nubentes

A celebração do casamento é antecedida da habilitação dos nubentes e revestida de solenidade prescrita pela lei, sem o que o casamento não se celebra validamente. A liberdade dos cônjuges é condição fundamental para a validade do casamento, devendo ser livre e espontânea.

Requisitos formais

O casamento religioso, para ter efeitos civis, deverá ter os mesmos requisitos formais do art. 104, III, do Código Civil, ou seja, os mesmos requisitos formais do casamento civil. Em 1889, com a Proclamação da República, ocorreu a separação da Igreja do Estado e, com isso, estabeleceu-se o casamento civil no Brasil. Não demorou muito para que o país regulamentasse o casamento religioso, fazendo com que este gerasse efeitos civis, uma vez que atendesse a todas as exigências da lei para a validade do casamento civil. A própria Constituição Federal dispõe sobre a inviolabilidade da liberdade de crença, assegurando o livre exercício dos cultos religiosos (art. 5º, VI, da CF). Além disso, diz em seu texto que o casamento religioso tem efeito civil, nos termos da lei (art. 226, § 2º, da CF). Além do casamento homoafetivo ter acento em resolução do CNJ.

Dos requisitos formais

O casamento religioso deverá ser lavrado no livro de registro público, para que este produza efeitos civis, além da habilitação matrimonial perante autoridade competente.

Deve-se processar a habilitação matrimonial perante o oficial do registro civil, pedindo-lhe que forneça a respectiva certidão, para que assim se casem perante ministro religioso. A habilitação goza de prazo legal de validade de noventa dias. Mister relembrar que o prazo tratado é decadencial, pois é faculdade dos nubentes celebrar o ato nupcial. Esgotado o prazo, sem celebração do ato nupcial, decai o direito e surge a necessidade de uma nova habilitação.

Se o casamento religioso já tiver sido celebrado, seu registro poderá ser solicitado a qualquer momento, uma vez que os nubentes portem os documentos exigidos pelo art. 1.525 do CC, uma prova do ato religioso e o requerimento do registro.

Caso um dos nubentes já tenha realizado ato nupcial com outrem, o ato posterior será nulo mediante registro civil, por razão de bigamia, que constitui impedimento matrimonial.

DA CAPACIDADE PARA O CASAMENTO

Requisitos para o casamento

As condições necessárias para que o casamento tenha validade são: as condições naturais de aptidão física, como a puberdade, a aptidão e a sanidade mentais; e aptidão intelectual, e é por esse motivo que a lei proíbe que menores de 16 anos possam se casar, pois o legislador entendeu que os menores de 16 anos ainda não se tornaram púberes. Todavia, para que os maiores de 16 anos e menores de 18 anos possam celebrar o casamento é preciso que haja autorização dos pais ou de seus representantes legais. Se houver divergência entre os pais a respeito da anuência para que o filho menor realize o seu casamento, qualquer um deles poderá recorrer ao juiz para solucionar o desacordo (art. 1.631, paragrafo único, do CC). O Código Civil apresenta três espécies de capacidade: (i) capacidade civil; (ii) capacidade para ser empresário; e (iii) capacidade para o casamento. O art. 1.517 do Código Civil trata da capacidade do casamento, pautada na idade mínima de 16 anos, devendo ser representados pelos pais ou por seus representantes legais. O Código fala expressamente em anuência de ambos os pais, exigência esta que se reflete pelo disposto no parágrafo único, em que há previsão de suprimento judicial da anuência de um dos pais dissidentes. Também é assim nos casos de autorização dos pais para que o menor viaje desacompanhado para o exterior, o que foi possibilitado pela publicação da Resolução CNJ n. 131/2011.

Cancelamento da autorização para incapaz

Para que aconteça o casamento de pessoa incapaz é imprescindível o consentimento de seu representante legal. Aqueles que possuem a competência para autorizar que menores de 16 anos ou aqueles que estão sujeitos à tutela ou curatela também possuem competência para revogar tal autorização, até a data da celebração do casamento. A revogação deverá ser feita por escrito e entregue ao oficial do registro, mas caso essa revogação aconteça no momento da celebração nupcial, poderá ser feita verbalmente, devendo constar no termo do casamento e o termo ser assinado pelo juiz de nubentes, pelo representante, pelas testemunhas e pelo oficial de registro.

Do suprimento judicial

O art. 1.519 comunica-se de certa forma com o art. 1.517, ao estabelecer que a negativa dos pais ou representantes legais em dar autorização para o casamento pode ser suprida pela autorização judicial. Há também a figura da denegação injusta de consentimento, demonstrando a necessidade de motivação da negativa em se conceder autorização para o casamento daqueles que são incapazes por si só para celebrar tal negócio jurídico. Assim sendo, caso exista motivo justo para que os pais ou responsáveis neguem autorização ao incapaz, recorrendo os nubentes ao judiciário, não obterão tal autorização por parte do juiz.

Casos excepcionais

Conforme disposto no art. 1.517, o indivíduo atinge idade núbil aos 16 anos, podendo casar-se, dos 16 aos 18 anos, com autorização de seus responsáveis. Portanto, antes dos 16 anos, o indivíduo não pode contrair casamento. Importante destacar que fora revogado o casamento daquele que não atingiu a idade núbil, conforme anteriormente estabelecia o antigo art. 1.520. Isso porque, antes da Lei n. 13.811/2019, havia a exceção que autorizava o casamento com idade inferior a 16 anos, nas hipóteses taxativas: escusa da imposição ou do cumprimento de pena criminal; ou em caso de gravidez. Agora, porém, com a alteração do art. 1.520, não é mais permitido o casamento antes dos 16 anos de idade. Quanto à imposição de pena ou seu cumprimento, a determinação restou inútil, após a edição da Lei n. 11.106, que revogou o art. 107, VII, constante no Código Penal e que evitava a imputação penal nos casos de crimes contra os costumes. Todavia, a doutrina ainda entende que, caso um dos nubentes seja menor de 18 anos – e portanto, não sujeito de qualquer maneira às penas do Código Penal – e cometa infração sujeita a penalidades prevista no Estatuto da Criança e do Adolescente (Lei n. 8.069/90), seu casamento poderá impedir que haja aplicação de medida socioeducativa. Em relação à gravidez, busca-se garantir a possibilidade dos dois jovens, futuros pais, constituírem família na qual criarão e educarão a criança. Porém, essencial ressaltar que, em ambos os casos, o casamento só poderá ocorrer pela livre expressão da vontade por parte dos nubentes. Não se pode imaginar que o casamento é usado aqui como forma de punir qualquer dos indivíduos envolvidos. Ademais, o dispositivo em momento algum descarta a necessidade de autorização dos pais ou responsáveis. Na hipótese de efetivo casamento, o regime adotado por este casal será o regime legal da separação de bens (art. 1.641, III, do CC), comunicando-se os bens adquiridos na constância do casamento (Súmula n. 377 do STF).

DOS IMPEDIMENTOS

Impedimentos matrimoniais

São aqueles que impedem a realização de casamento válido.

Impedimentos dirimentes públicos ou absolutos

São aqueles baseados no interesse público, envolvem causas atinentes à instituição da família e à estabilidade social, podendo ser limitadas por qualquer interessado e pelo Ministério Público (arts. 1.521, I a VII, 1.548, I, e 1.549 do CC). Os impedimentos dividem-se em três categorias:

1) impedimentos resultantes de parentesco, que podem ser: pela consanguinidade, a fim de preservar a prole de tara fisiológica ou defeitos psíquicos; pela afinidade, a fim de preservar o afeto; e pela adoção, como decorrência natural do respeito e da confiança que deve haver na família;

2) impedimento de vínculo o qual deriva da proibição da bigamia; e,

3) impedimento de crime: não pode casar o cônjuge sobrevivente com o condenado, a fim de preservar o patrimônio e a própria moralidade social.

(Maria Helena Diniz, arts. 1.105 e 1.106 do CC, Saraiva)

G1. (TJPE/Juiz Substituto/FCC/2013) São impedidos de casar

A) o divorciado, enquanto não houver sido homologada ou decidida a partilha dos bens do casal.

B) o tutor com a pessoa tutelada, enquanto não cessar a tutela e não estiverem saldadas as respectivas contas.

C) os parentes colaterais até o quarto grau.

D) os afins em linha reta e em linha colateral.

E) o adotante com quem foi cônjuge do adotado e o adotado com quem o foi do adotante.

➡ Veja arts. 1.521, II a IV, e 1.523, III e IV, CC.

Comentário: A assertiva correta é a letra E, uma vez que o art. 1.521, do CC, traz em seu texto taxativamente aqueles que não podem se casar, sendo o elencado em seu inciso III: "o adotante com quem foi cônjuge do adotado e o adotado com quem o foi do adotante"

Oposição de impedimento

É ato praticado por pessoa legitimada a fim de resguardar o casamento. Pode ocorrer até o momento da celebração do casamento, por qualquer pessoa capaz (*vide* arts. 3º a 5º do CC). Se mesmo assim o casamento se consagrar, poderá o Ministério Público ou qualquer interessado demandar a declaração de nulidade do casamento (art. 1.549 do CC).

DAS CAUSAS SUSPENSIVAS

Impedimentos impedientes ou causas suspensivas (art. 1.523, I a IV, do CC)

Estes impedimentos não invalidam o casamento, apenas o proíbem em determinadas situações. Aos infratores serão aplicadas sanções econômicas, tais como a imposição obrigatória do regime de separação de bens, a não ser que se prove ausência de prejuízo. As causas suspensivas têm por escopo evitar a confusão de patrimônios, a confusão de sangue e impedir núpcias de pessoas que se achem em poder de tutores e curadores. Os impedimentos podem ser arguidos pelos parentes em linha reta de um dos nubentes (consanguíneos ou afins), e pelos colaterais em 2º grau, sejam também consanguíneos ou afins (art. 1.524 do CC).

➥ Ver questão G1.

Causas suspensivas

Esses impedimentos, ou melhor, essas causas suspensivas, visam a impedir o ato nupcial por não ser conveniente, sem, contudo, o invalidar, apesar de se sujeitarem os infratores ao art. 1.523 a determinadas sanções de ordem econômica, principalmente a imposição do regime obrigatório de separação de bens (art. 1.641, I, do CC). Essas causas suspensivas interessam apenas aos familiares dos nubentes (consanguíneos ou afins) ou aos colaterais em segundo grau (consanguíneos ou afins).

DO PROCESSO DE HABILITAÇÃO PARA O CASAMENTO

O processo de habilitação para o casamento é feito perante o oficial do cartório de registro civil, onde os nubentes deverão dar entrada com os documentos necessários (art. 1.525 do CC), além de apresentarem requerimento por eles assinado ou a procuração. Estando em ordem os documentos, o oficial do registro lavrará os proclamas, mediante edital. Havendo urgência, o oficial poderá dispensar a publicação (art. 1.527 do CC).

Habilitação feita em cartório

Atualmente, com a alteração do art. 1.526 pela Lei n. 12.133/2009, o juiz só é chamado para verificar a habilitação caso haja impugnação por parte do Ministério Público. Anteriormente, era necessária a homologação do juiz em todos os processos de habilitação.

Publicidade ao casamento

O objetivo da afixação do edital no domicílio dos nubentes é dar publicidade, garantindo a terceiros que possam opor impedimentos. O caso clássico de urgência apresentado pela doutrina é o de iminência de morte, situação em que é dispensada a afixação do edital pelo prazo estabelecido pela legislação.

Deveres do oficial do registro

O Código buscou, com o art. 1.528, garantir que os nubentes, pessoas comuns, tivessem todas as informações necessárias concernentes aos fatos relativos à validade e à existência do casamento, e aos regimes de bens disponíveis e suas particularidades. O objetivo é garantir a plena validade e eficácia do ato, protegido pelo Direito e de grande importância, por ser um dos institutos formadores da família.

Impedimentos matrimoniais

Os impedimentos podem ser: relativos – cuja violação provoca a nulidade relativa do casamento (tratados pelo CC como incapacidade matrimonial) e impedimentos absolutamente dirimentes, previstos no art. 1.521, que têm por objetivo: (a) impedir o casamento incestuoso; (b) preservar a monogamia; e (c) evitar o casamento motivado pelo homicídio. O artigo dispõe sobre a necessidade de comprovação da oposição dos impedimentos e das causas suspensivas do casamento. Portanto a pessoa que apresentar oposição de impedimento (art. 1.521 do CC) ou causa suspensiva (art. 1.523 do CC) deverá fazê-la em declaração escrita e assinada, fundamentada com as provas do fato alegado, ou com a indicação do lugar onde possam ser obtidas.

Nota de oposição

Não pode haver anonimato para aqueles que opuserem causas impeditivas e suspensivas, sendo garantido o direito dos nubentes de promoverem ações cíveis e penais em face dos que, agindo de má-fé, sabendo serem falsos os fatos alegados, causarem prejuízo às partes.

O certificado de habilitação é a comprovação expedida pelo oficial do registro, sem o qual não será possível a celebração do casamento.

Eficácia da habilitação

Logo após expedido o certificado de habilitação pelo Oficial do Registro, terão os nubentes o prazo de 90 dias para realizar o casamento. Se não respeitarem o prazo estabelecido, deverão dar início a novo processo de habilitação.

DA CELEBRAÇÃO DO CASAMENTO

O casamento dos contraentes, previamente habilitados, será celebrado em dia, hora e lugar previamente designados pela autoridade que presidirá o ato (art. 1.533 do CC).

Da solenidade

A lei atribui ao casamento certas formalidades, em razão de sua grande importância dentro da sociedade. O art. 1.534 abrange a questão da publicidade, devendo o casamento ser celebrado a portas abertas durante todo ato, independente se for em edifício particular ou público. O casamento poderá ser feito tanto em sede do cartório como em casa particular, sendo o primeiro dotado de toda publicidade, necessitando de duas testemunhas, parentes ou não dos noivos. Em casa particular é necessária a presença de quatro testemunhas. Se um dos nubentes não souber escrever, o ato nupcial deverá ser realizado na presença de quatro testemunhas para maior segurança do ato. O ato nupcial é de ordem pública, ou seja, deverá ser pública a celebração do casamento, uma vez que a lei exige que durante a cerimônia as portas se mantenham abertas, sob pena de impugnações. Assim, permite o livre ingresso de qualquer interessado em opor algum impedimento matrimonial.

Declaração de casados

Após a declaração de vontade livre e espontânea dos nubentes ou procurador especial de que pretendem se casar, o casamento só estará celebrado quando a autoridade celebrante os declarar casados, em nome da lei (regra contida no art. 1.535 do CC). Quando qualquer dos nubentes se mostrar arrependido, declarar que não é de sua vontade ou recusar à solene afirmação de sua vontade, não lhe será permitido retratar-se no mesmo dia. O casamento poderá ser celebrado, ainda, por procuração, por instrumento público, com poderes especiais, possuindo eficácia por 90 dias. A revogação só pode ser dar por instrumento público e não necessita chegar ao conhecimento do mandatário; mas se houver a celebração do casamento sem que o mandatário ou o outro contraente tivesse ciência, responderá o mandante por perdas e danos.

Identificação dos nubentes no livro de registro

O intuito do art. 1.536 é garantir a correta identificação dos nubentes no livro de registro. São inseridos todos os dados exigidos pela legislação, em seguida, os agora cônjuges, juntamente com as testemunhas e o presidente do ato, assinarão o assento, dando fé do ato ali registrado. É importante ressaltar que a falta do assento não invalidará o ato, mesmo que se comprove o dolo ou a culpa por parte do oficial, pois existem outros meios para que se prove o casamento.

Validando o casamento envolvendo incapaz

Quando se tratar de menor e este necessitar de autorização para o casamento, esta autorização será integralmente transcrita na escritura antenupcial.

Suspensão da celebração

Um dos pressupostos mais importantes do casamento é a manifestação da vontade por parte dos nubentes. No momento da celebração, caso um dos noivos não demonstre o *animus* de contrair núpcias ou, ainda, demonstre que sua vontade está viciada por coação, o presidente do ato irá suspendê-la de pronto. O parágrafo único do art. 1.538 traz a determinação de que, caso ocorra alguma das hipóteses dos incisos, a retratação por parte do cônjuge que titubeou na manifestação da vontade só poderá ser feita após 24 horas da celebração que foi interrompida.

Celebração em caso de moléstia grave de um dos nubentes

Em caso de moléstia grave que acometa um dos nubentes ou ambos e que impeça o doente de locomover-se ao local da celebração do casamento e que seja de tal natureza que impossibilite o adiamento da cerimônia, o Código Civil prevê a possibilidade de o oficial do registro deslocar-se até o local em que se encontre o nubente ou os nubentes impedidos de se deslocarem até a sede do cartório. A presunção é que, nesse caso, todas as formalidades acerca da habilitação para o casamento já estejam superadas, havendo alteração no procedimento concernente unicamente à celebração. Pode acontecer que o oficial de registro esteja impossibilitado de se locomover até o local onde será realizado o ato nupcial, logo, deverá ser substituído por uma pessoa nomeada *ad hoc* pelo presidente do ato. O termo avulso que o oficial *ad hoc* lavrar será levado a registro e arquivado no período de cinco dias, diante de duas testemunhas.

Casamento *in articulo mortis*

O casamento *in articulo mortis* ocorre quando um dos nubentes se encontrar em perigo de morte. É o chamado nuncupativo. Ocorre em situação em que o indivíduo esteja em risco de morte e não se preveja tempo hábil para o comparecimento do juiz de paz ou seu suplente, sendo então o casamento celebrado pelos próprios contraentes, na presença das seis testemunhas, na forma prevista pelo Código Civil. Nesse caso – também chamado de casamento *in extremis*, por analogia ao testamento *in extremis* – fica dispensada a formalidade da habilitação e publicação de editais, sendo esta a característica mais marcante desse tipo de celebração de casamento. Tanto é que, caso esteja presente um juiz de paz ou aquele que possui possibilidade de celebrar o casamento, ainda será tido como nuncupativo.

Realizado o casamento *in articulo mortis*

Após a celebração do casamento nuncupativo, terá início procedimento para sua regularização. As testemunhas que acompanharam a celebração deverão atestar que observaram a cerimônia, que os nubentes expressaram a vontade livremente, que o doente parecia de fato em risco de morte, mas capaz de exprimir sua vontade e se determinar. O juiz irá verificar se o enfermo de fato não poderia comparecer e se não era realmente possível seguir o procedimento ordinário de habilitação para o casamento. Verificará se não existe causa impeditiva para o casamento e, estando a situação regular, ordenará que seja lavrado registro no Livro de Registro Civil, sendo os efeitos do casamento contados da data da celebração. Todo esse procedimento é dispensado caso o enfermo tenha se recuperado e compareça perante autoridade e ratifique o casamento.

Casamento mediante procuração

O casamento realizado por procuração é previsto pelo Código Civil de maneira desmotivada, ou seja, não existe juízo de valor que valide o casamento por procuração, avaliando o motivo que levou o nubente a outorgar o instrumento. Entende-se que tal possibilidade seja usada nos casos em que os nubentes estejam distantes e um deles não pode, por razão alheia à sua vontade, comparecer à cerimônia – exceção feita ao caso de este encontrar-se em iminente risco de morte, situação em que deve ser realizado casamento nuncupativo. A procuração deve ter poderes especiais para a aceitação do nubente em nome do outorgante. Além disso, deve obrigatoriamente ser feita por instrumento público e possui validade de 90 dias. A revogação do mandato deverá ser feita por instrumento público, sem a necessidade de chegar ao conhecimento do mandatário, mas caso o casamento seja celebrado sem o conhecimento do mandatário ou sem que o outro contraente tenha tido notícia da revogação, responderá o mandante por perdas e danos, além de o casamento correr o risco de ser anulado (art. 1.550, V e parágrafo único, do CC).

DAS PROVAS DO CASAMENTO

Certidão de registro como prova

Prova-se o casamento realizado no Brasil por meio da certidão do registro. Na falta justificada (perda, extravio etc.), admitir-se-á qualquer outra espécie de prova. O casamento celebrado no exterior se prova pela lei do país onde se celebrou (*locus regit actum*).

Do casamento realizado fora do país

Tem validade o casamento de brasileiros celebrado fora do país, perante a autoridade local ou o cônsul brasileiro – observados os pressupostos de validade e as questões impeditivas. Para que surta efeitos no Brasil, deve-se realizar dentro de 180 dias do retorno de um ou ambos os cônjuges o registro do documento que faz prova deste casamento, perante o cartório do domicílio que adotarão. Se celebrado por autoridade local no estrangeiro, na forma da lei do país, se por autoridade consular, por meio da certidão do assento no registro do consulado. Caso não haja cartório no domicílio escolhido pelos cônjuges, tal procedimento deve ser feito no 1º Ofício da Capital do Estado em que residirão.

O Código Civil não menciona sanção pela perda do prazo de 180 dias, porém, por analogia ao art. 1.516, entende-se que, não havendo registro no prazo, deverão proceder com nova habilitação e celebração, não surtindo efeitos, então, o casamento celebrado fora do país.

Posse do estado de casado

Constitui prova indireta de casamento. É a situação de um homem e uma mulher que ostentam pública e notoriamente uma relação de casados. Os requisitos para se comprovar a posse do estado de casados são três: a) a mulher deverá usar o nome do marido; b) ambos os cônjuges deverão referir-se como casados em público; e c) o reconhecimento dado pela sociedade em relação aos cônjuges. Não se pode contestar o casamento de pessoas (falecidas ou ou que não possam manifestar a sua vontade) que ostentam este estado, em benefício da prole comum, a não ser que se comprove, mediante certidão do registro, que uma delas era casada quando contraiu o casamento impugnado, pois será concubinato.

Prova da celebração por meio judicial

Nas situações em que for necessário que seja declarada a existência ou não de casamento por meio judicial, a sentença que reconhecer o matrimônio deverá ser lavrada no livro de

Registro Civil, onde teria sido lavrado o registro do casamento. Será explicitada na sentença a data do casamento, e a partir desta data, passam a vigorar todos os efeitos do casamento para os cônjuges e para terceiros.

Dúvida da existência do casamento

Nesta situação, é importante atentar para que, na dúvida entre existência ou não de casamento, se pugne pelo princípio do *in dubio pro matrimonio*, no caso de casais que tiverem vivido na posse do estado de casado. Importante ressaltar que a existência de união estável e de posse do estado de casado são duas situações distintas e que não se confundem. No caso da união estável, a convivência é pública, porém, socialmente, entende-se que o casal é de conviventes, de companheiros. A posse do estado de casal se traduz como a aparência de matrimônio autêntico.

DA INVALIDADE DO CASAMENTO

Nulidade do casamento

A nulidade incidirá sobre o ato nupcial quando for contraído com ignorância de defeito físico irremediável e por infringência do impedimento. Diante da nulidade do casamento, mesmo sem este ser putativo, conduzirá:

(I) comprovação da filiação;

(II) consideração da matrimonialidade dos filhos;

(III) manutenção do impedimento de afinidade;

(IV) proibição de casamento de mulher nos trezentos dias subsequentes à dissolução do matrimônio;

(V) atribuição de alimentos provisionais à mulher ou ao cônjuge necessitado enquanto aguarda a decisão judicial (art. 1.561 do CC).

Capacidade para requerer a anulação

Em razão da importância da instituição casamento para a sociedade, é facultado ao Ministério Público, fiscal da lei, ajuizar ação declaratória de invalidade de casamento. Quanto a terceiros, não é qualquer pessoa que possui a legitimidade, limitando-se aos interessados e prejudicados pela existência de casamento nulo.

Anulabilidade do casamento

Será anulável o casamento contraído nas hipóteses trazidas pelo art. 1.550 do Código Civil. Será anulável o casamento contraído:

a) por quem não completou a idade mínima para casar;

b) pelo menor em idade núbil que não obtiver a autorização do representante legal;

c) com vício de vontade (erro essencial sobre a pessoa do outro cônjuge e coação);

d) pelo incapaz de consentir e manifestar, de modo inequívoco, o consentimento;

e) pelo mandatário, sem que ele ou outro contraente soubesse da revogação do mandato, não sobrevindo coabitação entre os cônjuges;

f) por incompetência da autoridade celebrante.

Casamento em razão de gravidez

A determinação do art. 1.551 pretende proteger a família formada com a gravidez de casamento anulável por motivo de idade mínima. É um caso expresso de convalidação.

Anulação de casamento do menor de 16 anos

A anulação do casamento de menor pode ser requerida pelo próprio cônjuge menor (180 dias após atingir a maioridade), pelo representante legal ou seus ascendentes (180 dias após a data da celebração do casamento) (arts. 1.552 e 1.555 do CC).

Confirmação do casamento do menor de 16 anos

O menor de 16 anos que contraiu núpcias instaurou um casamento anulável pela lei – se não houver as excludentes do art. 1.520. Porém, objetivando proteger a instituição familiar recém-iniciada, o Código Civil permite que, ao completar 16 anos, os nubentes antes menores possam ratificar o matrimônio perante o oficial do registro. Em razão da idade, para essa ratificação é necessária autorização dos pais ou responsáveis e, em sua ausência injustificada, suprimento judicial. Caso a ratificação seja feita após completar 18 anos, não há de se falar em autorização.

Casamento celebrado por agente incompetente

Sendo a competência do celebrante um dos pressupostos de validade do casamento, se a cerimônia tiver sido celebrada por agente incompetente, é nulo o ato. No entanto, buscando a preservação da família, afirma a lei que, caso o celebrante tenha se apresentado publicamente como juiz de casamentos, tenha procedido com o registro junto ao oficial de registro, havendo boa-fé das partes, será convalidado o ato.

Anulação do casamento de menor em idade núbil

No caso de casamento em que um cônjuge, ou ambos, era menor de 16 anos – e não exista determinação legal que exclua a ilicitude do ato, é possível ajuizamento de ação de anulação. O prazo para fazê-lo é decadencial de 180 dias, que serão contados aos legitimados para ajuizamento de maneira distinta. Para o nubente, após cessada a incapacidade; para seus responsáveis legais, a partir da data do casamento; para seus herdeiros legais, após a morte do incapaz, antes de cessada a incapacidade ou se cessada, decadencialmente, em até 180 dias após o óbito.

Anulação por vício de vontade

A anulabilidade surtirá efeitos sobre o ato nupcial se for constatado erro essencial quanto à pessoa do outro cônjuge. É de suma importância frisar que o erro deve ser essencial para mitigar o ato. Para que seja caracterizada a anulabilidade matrimonial por erro devem existir os seguintes pressupostos:

(i) anterioridade do defeito ao ato nupcial;
(ii) desconhecimento do defeito pelo cônjuge enganado;
(iii) insuportabilidade de vida em comum.

Erro essencial sobre a pessoa do outro cônjuge

O erro essencial sobre a pessoa do outro cônjuge constitui causa para a anulação do casamento. Considera-se erro essencial quanto à pessoa do outro cônjuge (art. 1.557 do CC):

a) aquele que diz respeito à sua identidade, honra e boa fama, sendo que este dado conhecido posteriormente torne insuportável a vida em comum do consorte enganado;

b) a ignorância de crime anterior ao casamento que também torne insuportável a vida em comum (o CC/2002 *não* exige condenação criminal, com trânsito em julgado);

c) a ignorância, anterior ao casamento, de defeito físico irremediável, ou de moléstia grave e transmissível, por contágio ou herança, capaz de pôr em risco a saúde do outro cônjuge ou de sua descendência;

d) no Código Civil revogado, inciso IV do art. 219, considerava-se erro essencial sobre a pessoa do outro cônjuge, passível de se requerer a anulação do casamento, o defloramento da mulher, ignorado pelo marido. Não mais existe esta causa. Note-se que o erro essencial capaz de provocar a anulação do casamento deve estar revestido da anterioridade e da insuportabilidade da vida em comum ao cônjuge enganado.

Anulação em caso de coação

A coação para ensejar a anulação deve ser aquela em que o consentimento de um ou de ambos fora captado mediante temor de mal considerável e iminente para a vida, a saúde ou a honra, sua ou de seus familiares (art. 1.558 do CC).

De quem poderá pleitear esta anulação

Por ser de interesse do cônjuge sujeito da coação ou que tenha incidido em erro, ele é o legitimado para propor a ação de anulação do casamento. Entretanto, afirma o Código Civil que a coabitação convalida o ato inválido, se o cônjuge possuir ciência do vício, salvo nos casos de defeito físico irremediável, moléstia grave, doença transmissível ou doença mental grave que impeça a convivência do casal.

Prazos para anulação

Será anulado o casamento por meio de ação anulatória, no prazo estabelecido na lei (art. 1.560 do CC). Trata-se de prazo decadencial, sendo que, não proposta a ação, o casamento se tornará válido. Declarado nulo, os efeitos serão *ex nunc*.

O prazo decadencial para propor a ação anulatória de casamento de pessoa incapaz de consentir ou manifestar, de modo inequívoco, o consentimento, será de 180 dias contados da data da celebração nupcial.

Quando o casamento for celebrado por autoridade incompetente, o prazo para a propositura da ação de anulação será de dois anos contados do dia em que se celebrou o casamento.

Para pleitear anulabilidade do casamento por erro essencial, o prazo de decadência será de três anos contados do dia da celebração do casamento.

O prazo para pedir anulação de casamento de pessoa coacta será de quatro anos contados da data em que se celebrou o ato nupcial.

O casamento dos menores de 16 anos terá prazo de 180 dias para pedir a anulação contados da data em que atingir 16 anos, quando o próprio menor intentar a ação, ou contados da data do casamento, quando os pais ou representante legal proporem a ação.

Agora, se o casamento for realizado pelo mandatário, sem que o mandante ou outro contraente tivessem conhecimento da revogação do mandato, o prazo para anulação é de 180 dias, a partir da data em que o mandante tiver ciência da celebração.

Como se tratam de prazos decadenciais, a não propositura da ação dentro do limite temporal acarretará validade do casamento, mas se o casamento for declarado nulo produzirá efeitos *ex nunc*.

Casamento putativo

Declarado nulo ou anulável o casamento, produzirá efeitos civis válidos em relação ao(s) consorte(s) e à prole, se houve boa-fé (art. 1.561 do CC), até o dia da sentença anulatória. Se ambos o contraíram de má-fé, somente aos filhos aproveitarão os efeitos. Na hipótese de putatividade do casamento (art. 1.564 do CC), o cônjuge culpado perderá todas as vantagens havidas do cônjuge inocente, bem como estará obrigado a cumprir as promessas feitas no contrato ou pacto antenupcial.

Separação de corpos

O objetivo da medida de separação de corpos é garantir a integridade física, moral e psicológica dos cônjuges que irão figurar em polos opostos em ações litigiosas, estando antes casados. É possível que tal medida seja solicitada ao magistrado tanto antes do ajuizamento da ação como no curso do processo.

Retroatividade da sentença anulatória *ex tunc*

A sentença que decreta nulidade tem efeito *ex tunc*, retroagindo à data da celebração do casamento nulo, apagando seus efeitos do mundo jurídico, como se nunca tivesse existido, mas sem prejudicar a aquisição de direitos, a título oneroso, por terceiros de boa-fé, nem a sentença resultante de decisão judicial transitada em julgado.

Anulação por um dos cônjuges

A natureza do art. 1.564 é sancionatória. Prevê punição ao cônjuge que ensejou a anulação do casamento, dando causa a tal situação, de maneira consciente e agindo com má-fé. Pela previsão do inciso I do artigo citado, toda e qualquer vantagem recebida do cônjuge inocente deverá ser restituída. Segundo o inciso II, deverá adimplir todas as obrigações assumidas perante o cônjuge, não se restringindo às feitas no contrato antenupcial, já que a disposição do art. 1.564 não é restritiva.

DA EFICÁCIA DO CASAMENTO

Deveres e obrigações do casal

É imprescindível o entendimento a respeito do matrimônio, pois esse gera diversos efeitos na esfera tanto pessoal como social dos respectivos cônjuges. O principal efeito é a constituição do estado de casado, fator esse de identificação social, criando, assim, a responsabilidade dos consortes pelos encargos dessa. Ao analisar os cônjuges na questão de representação da unidade familiar, tanto na órbita civil como penal, chegamos à conclusão que ambos são representantes, mas não se representam reciprocamente. Outro efeito produzido pelo matrimônio é a emancipação do cônjuge menor de idade, tornando-o plenamente capaz (art. 5º, parágrafo único, II, do CC), além de estabelecer o vínculo de afinidade entre cada consorte e os parentes do outro (art. 1.595, §§ 1º e 2º, do CC).

Os cônjuges são plenamente responsáveis pela manutenção do núcleo familiar, pois é dever de ambos sustentar e contribuir com as despesas relativas ao casal e à prole. No caso de separação de fato ou judicial, ou divórcio, o dever de sustentar se figurará na forma de pensão alimentícia.

A adoção de sobrenome do cônjuge é livre para qualquer um deles, como também é livre a conservação de seu nome de solteiro. Porem, não é permitido que os nubentes abandonem seu próprio nome.

O planejamento familiar é de livre decisão do casal, competindo ao Estado apenas fornecer recursos educacionais e financeiros para o exercício desse direito, sendo vedado qualquer tipo de coerção por parte de instituições públicas ou privadas.

G2. (MPSP/Promotor/FCC/2012) Pelo casamento, homem e mulher assumem mutuamente a condição de consortes, companheiros e responsáveis pelos encargos da família. Em relação à eficácia do casamento, é correto afirmar:

A) Qualquer dos nubentes, com a autorização expressa do outro, poderá acrescer ao seu o sobrenome do outro.

B) A direção da sociedade conjugal será exercida pelo marido, com a colaboração da mulher, sempre no interesse do casal e dos filhos.

C) São deveres do cônjuge virago: o planejamento familiar, a escolha do domicílio do casal, a educação dos filhos e a administração dos bens do casal.

D) Se qualquer dos cônjuges estiver encarcerado por mais de 180 (cento e oitenta) dias, o outro requererá ao juiz alvará para exercer, com exclusividade, a direção da família e a administração dos bens do casal.

E) Os cônjuges são obrigados a concorrer, na proporção de seus bens e dos rendimentos do trabalho, para o sustento da família e a educação dos filhos, qualquer que seja o regime patrimonial.

➥ Veja arts. 1.565, § 1º, 1.566, 1.567 e 1.570, CC.

Comentário: Os cônjuges, quando da formação da família, têm, mutuamente, a função de trabalhar de forma recíproca em prol da união e da família, sendo certo que cada um deve emprestar os frutos de seus rendimentos de trabalho e de bens para o sustento do núcleo familiar e a educação dos filhos. Alternativa E, portanto.

Direção da sociedade conjugal

Será exercida, em colaboração, pelo marido e pela mulher, sempre no interesse do casal e dos filhos. Havendo divergência, qualquer dos cônjuges poderá recorrer ao juiz, que decidirá tendo em consideração aqueles interesses (art. 1.567 do CC). O Código Civil de 2002, a exemplo da Constituição Federal de 1988, elimina a ideia de o marido ser o chefe da sociedade conjugal.

➥ Ver questão G2.

Sustento familiar

Constitui obrigação de ambos os cônjuges, nas devidas proporções de seus bens e rendimentos do trabalho, o sustento da família e a educação dos filhos, qualquer que seja o regime de bens.

Domicílio do casal

No Código Civil de 2002, também, não mais vigora a escolha de domicílio exclusivamente pelo marido. Agora, o domicílio do casal será escolhido por ambos (art. 1.569 do CC).

O abandono voluntário, sem justo motivo, do domicílio conjugal, caracterizará injúria grave, permitindo a separação judicial (art. 1.573, III, do CC). *Vide* arts. 70 a 78 do Código Civil.

A direção da família poderá ser exercida por apenas um dos cônjuges, se o outro estiver em lugar remoto ou não sabido, encarcerado por mais de 180 dias, interditado judicialmente ou privado, episodicamente, de consciência ou em virtude de enfermidade ou de acidente. Logo, o legislador só permitiu o exercício exclusivo da sociedade conjugal de um dos cônjuges na falta ou impedimento do outro.

➥ Ver questão G2.

Da dissolução da sociedade conjugal

São causas de dissolução da sociedade conjugal (art. 1.571 do CC):

a) morte real ou presumida (art. 6º, 2ª parte, do CC) de um dos cônjuges;

b) nulidade ou anulação do casamento;
c) separação judicial;
d) divórcio.

DA DISSOLUÇÃO DA SOCIEDADE E DO VÍNCULO CONJUGAL

Término da sociedade conjugal

A celebração do casamento imediatamente produz dois efeitos: a criação do vínculo matrimonial e a sociedade conjugal.

O vínculo matrimonial é a relação entre os cônjuges e só poderá ser dissolvido pela morte de um dos cônjuges ou pelo divórcio. Já a sociedade conjugal é aquela formada por mulher, marido, filhos e patrimônio e o seu fim se consolidará com a separação judicial, deixando de existir os deveres de coabitação, fidelidade recíproca e o regime de bens, todavia, não extingue o vínculo matrimonial, já que este será dissolvido com o divórcio. O art. 1.571 define casos de dissolução da sociedade conjugal e do vínculo matrimonial:

I – pela morte de um dos cônjuges;
II – pela nulidade ou anulação do casamento;
III – pela separação judicial;
IV – pelo divórcio.

A questão da utilização do nome de casado é tratada pelo Código Civil, em regra, pela manutenção do nome de casado, salvo se o contrário estiver disposto em sentença de separação judicial.

A Emenda Constitucional n. 66/2010 suprimiu o requisito de separação prévia por período inferior a um ano e se tratar de separação judicial ou superior a dois anos e se tratar de separação de fato. De acordo com a nova redação, o casamento pode ser dissolvido diretamente pelo divórcio, consensual ou litigioso.

G3. (OAB/XII Exame de Ordem Unificado/FGV/2013) José, brasileiro, casado no regime da separação absoluta de bens, professor universitário e plenamente capaz para os atos da vida civil, desapareceu de seu domicílio, estando em local incerto e não sabido, não havendo indícios ou notícias das razões de seu desaparecimento, não existindo, também, outorga de poderes a nenhum mandatário, nem feitura de testamento. Vera (esposa) e Cássia (filha de José e Vera, maior e capaz) pretendem a declaração de sua morte presumida, ajuizando ação pertinente, diante do juízo competente.
De acordo com as regras concernentes ao instituto jurídico da morte presumida com declaração de ausência, assinale a opção correta.

A) Na fase de curadoria dos bens do ausente, diante da ausência de representante ou mandatário, o juiz nomeará como sua curadora legítima Cássia, pois apenas na falta de descendentes, tal curadoria caberá ao cônjuge supérstite, casado no regime da separação absoluta de bens.

B) Na fase de sucessão provisória, mesmo que comprovada a qualidade de herdeiras de Vera e Cássia, estas, para se imitirem na posse dos bens do ausente, terão que dar garantias da restituição deles, mediante penhores ou hipotecas equivalentes aos quinhões respectivos.

C) Na fase de sucessão definitiva, regressando José dentro dos dez anos seguintes à abertura da sucessão definitiva, terá ele direito aos bens ainda existentes, no estado em que se encontrarem, mas não aos bens que foram comprados com a venda dos bens que lhe pertenciam.

D) Quanto ao casamento de José e Vera, o Código Civil atual reconhece efeitos pessoais e não apenas patrimoniais ao instituto da ausência, possibilitando que a sociedade conjugal seja dissolvida como decorrência da morte presumida do ausente.

➠ Veja arts. 25, 30, § 2º, 39 e 1.571, § 1º, CC.

Comentário: Na questão em comento, a assertiva correta é a letra D, uma vez que o art. 1.571, § 1º, do CC, traz que o casamento válido apenas se dissolve pela morte de um dos cônjuges, pelo divórcio ou pela ausência de um dos cônjuges, respeitando-se as presunções e os prazos estabelecidos no diploma legal elencado anteriormente.

Ação de reparação judicial

A separação judicial poderá ser requerida por qualquer dos cônjuges, qualquer que seja o tempo de casamento. Pode ocorrer em três modalidades que serão vistas a seguir.

Separação sanção

Ocorre quando um cônjuge imputar ao outro ato que importe em grave violação dos deveres do casamento e torne insuportável a vida em comum (exemplos: adultério, conduta desonrosa, injúrias graves, sevícias etc.). Agora não há mais rol taxativo de causas que possam dar ensejo à separação. O Código Civil de 2002 permite que o juiz considere outros fatos que tornem insuportável a vida em comum (art. 1.573, parágrafo único, do CC).

Separação falência

Ocorre quando o cônjuge provar a ruptura da vida em comum há mais de um ano e a impossibilidade de sua reconstituição.

Separação remédio

A separação também pode ser pedida por um dos cônjuges quando o outro estiver acometido de doença mental grave manifestada após o casamento, que torne insuportável a continuação da vida em comum, desde que, após duração de dois anos, a enfermidade tenha sido reconhecida de cura improvável.

Causas da impossibilidade de comunhão

O art. 1.573 traz hipóteses que justificam a separação judicial litigiosa. Quanto ao inciso I, embora tenha havido a descriminalização da conduta pela Lei n. 11.106/2005, a prática do adultério, ou seja, o desrespeito ao dever conjugal de fidelidade por meio da manutenção de relações sexuais com outro, estranho ao casamento, ainda enseja separação judicial litigiosa. O inciso II trata da tentativa de morte praticada por um cônjuge em relação ao outro, o que indubitavelmente torna insuportável o convívio dos cônjuges. Apontadas no inciso III, as sevícias e a injúria grave referem-se à proteção à integridade física (no caso da primeira) e moral (a segunda) do cônjuge. Basta que o desrespeito, a agressão, se perfaça para que esteja configurada a infração ao dever conjugal de respeito. O abandono do lar conjugal, expresso no inciso IV, ocorre quando o cônjuge deixa o lar sem motivo justo. Embora esteja expresso o prazo de um ano, o juiz pode considerar abandono por período menor. Os dois incisos seguintes referem-se também à questão do respeito à honra do cônjuge. Atos praticados por um cônjuge que possam trazer prejuízo à imagem do outro dão causa à separação litigiosa. O parágrafo único autoriza que o juiz examine o caso concreto e avalie outras situações não previstas pelo artigo. Os incisos são meramente exemplificativos, não taxativos.

Separação judicial por mútuo consentimento

Separação judicial por mútuo consentimento (art. 1.574 do CC) é a separação consensual, quando os cônjuges estão de acordo quanto aos termos da separação. O Código Civil de

2002 somente a admite para aqueles que forem casados há mais de um ano, manifestados perante o juiz e por este devidamente homologado. O Código Civil revogado previa o prazo mínimo de dois anos de casamento.

Sentença judicial, separação de corpos e partilha de bens

Isso ocorre porque a separação judicial, diferente do divórcio, extingue apenas alguns dos deveres conjugais e a sociedade conjugal, mas não o vínculo matrimonial.

O regime de bens fica abolido, além do dever de coabitação e de fidelidade. O dever de mútua assistência é mantido, podendo-se mover ação de alimentos em face de um dos ex-cônjuges. A partilha de bens não precisa ser feita no momento da separação. Pode ser feita a qualquer instante.

Efeitos pessoais

Em relação às pessoas dos cônjuges, tem-se os seguintes efeitos: a separação põe termo aos deveres de coabitação e fidelidade recíproca e ao regime de bens (art. 1.576 do CC).

Efeitos da separação

A separação judicial, em qualquer uma de suas modalidades, produz os efeitos seguintes: (i) extinção do regime de bens e (ii) extinção dos deveres de coabitação e fidelidade recíproca. Quanto ao nome, alimentos e guarda, os efeitos variam de acordo com a decisão e o tipo de separação judicial.

Regime de bens entre cônjuges

É o estatuto que rege os interesses patrimoniais dos cônjuges durante o casamento.

Reconciliação

É o restabelecimento da sociedade conjugal. É possível, mediante requerimento de ambos os cônjuges, nos autos da separação judicial, qualquer que seja a causa da separação.

Possibilidade de reconciliação

Decretada a separação do casal, permite o art. 1.577 do CC a reconciliação do casal, com o restabelecimento da sociedade conjugal, desde que requerida pelos cônjuges ao juízo da separação, nos próprios autos, com a necessária averbação no Registro Civil.

Cônjuge declarado culpado

O cônjuge culpado perde o direito de usar o sobrenome do outro, desde que expressamente requerido pelo inocente, e desde que não acarrete prejuízo de identificação; manifesta distinção entre o seu nome e o dos filhos havidos do casamento; dano grave reconhecido na decisão judicial. O vencedor pode renunciar a qualquer tempo o nome do outro. Na separação consensual, o cônjuge pode ou não continuar a usar o nome; como o vínculo conjugal permanece, haverá o impedimento para um novo casamento.

Divórcio

O divórcio é a dissolução do vínculo matrimonial e diz respeito aos ex-cônjuges unicamente. O fato de não partilharem mais do matrimônio em nada altera sua condição como pais da prole. Além disso, o que foi estabelecido em relação à guarda e aos alimentos será mantido após o divórcio, caso este tenha sido precedido por separação judicial.

Da conversão em divórcio

Segundo o art. 1.580 do CC, o divórcio poderá ser requerido após um ano da sentença que houver decretado a separação judicial, ou da decisão concessiva da medida cautelar de separação de corpos. A seguir, as modalidades de divórcio.

Divórcio direto

Pode ser consensual ou litigioso, não precisando mais de separação de fato por dois anos. Não existe a necessidade de se ingressar com a separação judicial, entra-se direto com o divórcio. Pode ser:

(i) **consensual:** pedido feito por ambos os cônjuges que se encontram separados de fato há mais de dois anos;

(ii) **litigioso:** pedido feito por apenas um dos consortes, quando separado de fato há mais de dois anos.

Divórcio indireto

É a conversão da separação judicial em divórcio. Nesse caso, existe uma separação judicial prévia ou medida concessiva de separação de corpos. Pode ser:

(i) **consensual:** pedido feito por ambos os cônjuges para se converter a separação judicial, desde que decorrido mais de um ano daquela;

(ii) **litigioso:** por meio de jurisdição contenciosa, um dos cônjuges, não havendo consenso do outro, pede ao juiz que converta a separação judicial em divórcio, obedecendo-se ao mínimo de um ano da sentença de separação.

Partilha de bens no divórcio

A partilha dos bens do casal pode ser realizada a qualquer momento, na separação, no divórcio ou mesmo após este. Tal determinação está em consonância com a Súmula n. 197 do STJ, de 08.10.1997: "Divórcio direto. Partilha dos bens. O divórcio direto pode ser concedido sem que haja prévia partilha dos bens".

Exclusividade do pedido de divórcio

Diferentemente da questão da anulação do casamento, em que existem outros legitimados para propor a ação, no que tange ao divórcio, a competência é exclusiva dos cônjuges ou curador, ascendente ou irmão, no caso de incapacidade. Isso porque não se trata do saneamento de vício ou questão de ordem pública, mas mera declaração de vontade do casal, que não mais deseja manter o vínculo conjugal.

DA PROTEÇÃO DA PESSOA DOS FILHOS

A guarda dos filhos obedecerá ao que os cônjuges acordarem, nos casos de dissolução do casamento, ressalvando-se o julgamento do magistrado, que pode decidir de maneira contrária ao estipulado pelas partes, tendo em vista o melhor para a criança. Guarda é um dever de assistência educacional, moral e material garantido em proveito do filho menor e do incapaz, para lhe garantir a sobrevivência e o perfeito desenvolvimento. No caso de separação ou divórcio consensual, os cônjuges irão dispor sobre a guarda dos menores, a ser homologada pelo juiz. Os pais poderão optar pela *guarda compartilhada*, em que o exercício do poder familiar se confere a ambos. A criança reside em uma única casa, mas o poder decisório em relação à educação e à religião, entre outros, é tomado conjuntamente pelos pais. Há previsão também da guarda unilateral, em que existe por parte do ex-cônjuge que não permaneceu com a guarda, o direito-dever de visitação e sustento, porém, com maior distanciamento se comparado à situação da guarda compartilhada.

Guarda unilateral ou compartilhada

Há no art. 1.584 matéria procedimental sendo tratada, em artigo que complementa o estabelecido no art. 1.583. Ressalta-se a possibilidade da guarda ser determinada pelos pais e homologada pelo juiz, assim como, em caso de necessidade, arbitrada pelo magistrado. No tipo guarda compartilhada, o filho deve ser dividido de forma equilibrada entre os pais. Traz a lei determinação de que, caso o juiz entenda que a guarda com o pai ou a mãe não é a melhor opção para a criança, poderá arbitrar a guarda a parente, considerando as relações de afetividade e afinidade.

Guarda dos filhos em caso de separação de corpos

Os arts. 1.583 e 1.584 tratam da determinação de guarda nos casos de separação. O mesmo se aplicará quando o juiz acatar o pedido de separação de corpos, movido por um dos cônjuges.

Guarda definida pelo juiz

Reafirmando o já disposto anteriormente, o juiz possui a faculdade de arbitrar o melhor para o menor, referente à guarda dos filhos, independentemente do disposto no acordo homologado pelos pais ou pelo disposto nos arts. 1.583 a 1.585.

Filhos em relação a casamento inválido

O art. 1.587 estende a proteção aos filhos ditos em casamento válidos àqueles frutos de uniões anuladas ou consideradas nulas, garantindo-lhes o direito de convier com seus genitores.

Guarda dos filhos após novo casamento

O novo casamento do genitor guardião não implica a perda da guarda dos filhos, só podendo dele ser retirados mediante mandado judicial, comprovando-se que não são tratados adequadamente (art. 1.588 do CC).

G4. (Juiz Substituto/TJRJ/Vunesp/2014) Mãe que possui a guarda unilateral de dois filhos, menores de 12 (doze) anos, oriundos de casamento anterior, contrai nova união. Tal fato

A) permite que seja alterada a guarda para sua forma compartilhada, a fim de que seja atendido o princípio do melhor interesse.

B) não repercute no direito de a mãe ter os filhos do leito anterior em sua companhia, salvo quando houver comprometimento da sadia formação e do integral desenvolvimento da personalidade destes.

C) permite ao pai das crianças pleitear a guarda unilateral dos filhos, já que não é aconselhável a permanência com a mãe.

D) poderá ser considerado para fins de modificação da guarda para os avós ou para pessoas com as quais a criança ou o adolescente mantenha vínculo afetivo, atendendo ao seu melhor interesse.

➥ Veja art. 1.588, CC.

Comentário: De acordo com o art. 1.588, do Código Civil, "o pai ou a mãe que contrair novas núpcias não perde o direito de ter consigo os filhos, que só lhe poderão ser retirados por mandado judicial, provado que não são tratados convenientemente". Por óbvio, sempre se deve observar os interesses do menor. Assim, o novo casamento, sob nenhum aspecto, de partida, importará na impossibilidade de pai ou mãe ter consigo o filho. O direito reconhecido só será alterado por meio de decisão judicial, se comprovado que os filhos não estão sendo tratados de forma conveniente.

Direito de visita

Aquele que não possuir a guarda, nos termos do art. 1.589, terá o direito de visita e o direito de fiscalizar a manutenção e educação do menor ou incapaz. O juiz poderá, havendo fundado motivo, suprimir este direito. Trata-se de um direito e não de uma obrigação, ademais o direito é do filho em ver o pai ou a mãe e do pai e da mãe em ver o filho. Inovação feita pela Lei n. 12.398/2011, estende-se o direito de visita aos avós, tendo em vista a importância dada pelo legislador moderno aos laços familiares socioafetivos.

Alimentos para menores e incapazes

Em matéria jurídica, não há distinção entre os filhos menores e os maiores incapazes, pois ambos não podem se determinar e, por isso, o disposto a um quanto a alimentos estende-se ao outro.

DAS RELAÇÕES DE PARENTESCO

Parentesco

Será natural ou civil, conforme resulte da consanguinidade ou outra origem.

Parentesco em linha reta

Pessoas que estão umas para com as outras na relação de ascendentes (pai, avós, bisavós, trisavós) e descendentes (filhos, netos, bisnetos, trinetos) (art. 1.591 do CC). Conta-se o parentesco pelo número de gerações (art. 1.594 do CC).

Parentesco em linha colateral ou transversal

Pessoas provenientes de um só tronco, sem descenderem uma da outra, até o quarto grau (art. 1.592 do CC). Conta-se o parentesco pelo número de gerações, subindo de um dos parentes até o ascendente comum, e descendo até encontrar o outro parente (art. 1.594 do CC). Ressalte-se que o Código Civil de 1916 estipulava o parentesco em linha colateral até o 6º grau.

Parentesco por afinidade

Cada cônjuge ou companheiro é aliado aos parentes do outro pela afinidade, limitando-se este parentesco aos ascendentes, descendentes e aos irmãos do cônjuge ou companheiro (art. 1.595 do CC). Importante salientar que, na linha reta, a afinidade não se extingue com a dissolução do casamento ou da união estável ("sogra, sempre sogra").

Graus de parentesco

Os parentes em linha colateral ou transversal são aqueles que derivam de um mesmo tronco, sem descenderem uns dos outros, até quarto grau. Este foi o limite imposto pelo Código Civil de 2002, pois este entendeu que após o quarto grau não existe mais afinidade e que, por isso, não oferecerão qualquer auxílio às relações jurídicas. Isso significa que os filhos dos tios, os primos, também serão parentes em linha colateral, porém seus filhos, que popularmente são chamados de "primos de segundo grau", não são mais parentes pelas regras do direito civil.

Parentesco natural ou civil

O parentesco natural é o já mencionado anteriormente, que decorre de laços sanguíneos. O parentesco civil, por sua vez, abrange o adquirido pela adoção, o resultante da união estável, o decorrente de inseminação artificial e pela chamada "posse do estado de filho", o chamado parentesco socioafetivo.

Contagem do grau de parentesco

Para contagem de parentesco em linha reta, basta olhar a ascendência e descendência para determinar o grau. Assim, pai e filho são parentes em primeiro grau, avô e neto, em segundo grau. Este parentesco é infinito. Já a contagem do parentesco colateral pressupõe que se suba na árvore genealógica até encontrar o ascendente comum, para, em seguida, descer pelo outro ramo e contar o grau faltante. Assim, o sobrinho e o tio são parentes em terceiro grau, já que do neto ao avô (pai do tio), há dois graus de distância e descendo do avô a seu filho, o irmão do pai do neto avaliado, tem-se mais um grau.

Parentesco por afinidade

O parentesco por afinidade é aquele que decorre do casamento ou união estável. São os sogros, sogras, cunhados, cunhadas, enteados e enteadas. A afinidade é um vínculo pessoal; logo, os afins de um companheiro ou cônjuge não são afins entre si, portanto não haverá afinidade entre concunhados, nem mesmo entre os parentes de um consorte ou convivente e os parentes do outro. Com o fim do casamento ou união estável, desaparecem todos os vínculos, exceto os com ascendentes e descendentes, que permanecem a fim de manter impedimento para que se contraiam novas núpcias, ou seja, não se pode casar genro com sogra, madrasta com enteado etc.

DA FILIAÇÃO

Direitos dos filhos

O Código Civil de 2002 (art. 1.596 do CC) repete o disposto no art. 227, § 6º, da Constituição Federal de 1988, que preceitua o princípio da igualdade jurídica de todos os filhos. Com base nesse princípio, não se faz mais distinção entre filho matrimonial, não matrimonial ou adotivo, quanto ao poder familiar, direito a alimentos, nome e sucessão.

Presunção de paternidade

Novidade se refere às novas hipóteses de presunção da paternidade (art. 1.597 do CC). Quanto a estas, importante é lembrar dos conceitos científicos: inseminação artificial homóloga é aquela em que o marido fornece o sêmen. Já a heteróloga é aquela em que um terceiro doador fornece o material genético. Também, presumir-se-á a paternidade advinda dos embriões excedentários.

Presunção do nascimento dos filhos

Os prazos do art. 1.597 do CC buscam evitar a *turbatio sanguinis* e assegurar tanto à mulher quanto ao homem sobre a procedência da prole. É uma presunção *juris tantum*, admitindo prova em contrário, conforme expresso pelo art. 1.598. É um artigo, de certa forma, em desuso crescente, em razão da facilidade e confiabilidade do exame de DNA para determinar a paternidade de uma criança.

Impotência como prova

Não há presunção de paternidade na prova pericial que vise a assegurar que o homem sofre de impotência *concipiente* (ou *generandi*) à época da concepção da criança. O art. 1.599 pode ser facilmente suprido pelo simples exame de DNA.

Adultério da mulher

No mesmo espírito do art. 1.599, o art. 1.560 trata da presunção de paternidade, dizendo que esta não está afastada mesmo que a mulher tenha confessado adultério. Mais uma vez, toda a questão se resolve com a utilização do exame de DNA.

Direito de contestar

Ao marido cabe o direito de contestar a paternidade dos filhos nascidos de sua mulher, sendo tal ação imprescritível (art. 1.601 do CC).

No Código Civil de 1916 esta ação prescrevia em dois meses contados do nascimento, se presente o pai, e em três meses, se ausente, contados de sua volta à casa, ou os mesmos três meses, se lhe ocultaram o nascimento, contados da data do seu conhecimento do fato.

Confissão da mãe para excluir a paternidade

A mera declaração por parte da mãe de que um indivíduo não é o pai não basta para excluir a paternidade. Tal confissão, tácita ou expressa, não será aceita, juridicamente, como prova absoluta para exclusão da paternidade. O exame pericial irá elidir qualquer dúvida.

Prova da filiação

A certidão de nascimento, que comprova o assento junto ao Cartório de Registro Civil, serve como prova de paternidade. Porém, é possível que haja algum tipo de fraude ou falsidade que tornem tal certidão inválida para os fins de comprovação de filiação, cabendo outros meios de prova para se determinar a filiação.

Erro ou falsidade do registro

A despeito do estabelecido pelos artigos anteriores, em relação às provas de paternidade, diz o art. 1.604 que, salvo mediante prova de erro ou falsidade, o conteúdo do registro civil não poderá ser contestado.

Falta ou defeito do termo de nascimento

O art. 1.605 trata da possibilidade de se provar a filiação na ausência do registro. No primeiro caso, há possibilidade de se provar por meio de algum registro escrito deixado pelos pais. No segundo inciso, há a questão da posse do estado de filho, semelhante à posse do estado de casado. Ainda assim, como já dito em outras ocasiões, o exame de DNA é considerado apto, por doutrina e jurisprudência, a dirimir questões referentes à filiação.

Ação de prova de filiação

O filho é parte legítima para propor ação de reconhecimento de paternidade ou maternidade – sendo o segundo caso mais raro, porém, possível. Sendo menor, será representado pelo genitor conhecido ou pelo guardião legal. Se tiver falecido menor ou incapaz, seus herdeiros (no caso, o genitor conhecido) terão legitimidade para propor a ação ou dar-lhe prosseguimento, caso este tenha falecido após iniciado o processo. A ação de prova de filiação será imprescritível (*RT* 750/777:220) se proposta pelo filho maior e capaz, mas, se este falecer menor ou sob interdição, seus herdeiros, que têm interesse moral e material, também poderão propô-la.

DO RECONHECIMENTO DOS FILHOS

Ação de investigação de paternidade/maternidade

É a que cabe aos filhos contra os pais ou seus herdeiros para demandar-lhes o reconhecimento do estado de filho (art. 227, § 6º, da CF; arts. 1.607 e ss. do CC; Lei n. 8.560/92).

G5. (OAB/Exame de Ordem Unificado/FGV/2012.1) A respeito da perfilhação é correto dizer que

A) constitui ato formal, de livre vontade, irretratável, incondicional e personalíssimo.
B) se torna perfeita exclusivamente por escritura pública ou instrumento particular.
C) não admite o reconhecimento de filhos já falecidos, quando estes hajam deixado descendentes.
D) em se tratando de filhos maiores, dispensa-se o consentimento destes.

➡ Veja arts. 1.607, 1.609, *caput* e I a III, e parágrafo único, 1.613 e 1.614, CC.

Comentários: Perfilhação é o ato pelo qual o pai, a mãe ou ambos reconhecem legalmente um filho havido fora do casamento por meio de declaração. Exatamente como assinala a assertiva A, consiste em ato formal, de livre vontade, irretratável, incondicional e personalíssimo. Isto é, não pode ser realizado senão pelo modo que a lei estabelece, é por iniciativa própria, não pode ser desfeito, não admite condição e só pode ser realizado pelos próprios pais.
É de se destacar que o reconhecimento pode ser feito, além de por intermédio de escritura pública e por instrumento particular, também por testamento.

Contestação da maternidade

A maternidade, ao contrário da paternidade, é mais raramente contestada, por questão de notoriedade do período gestacional. No entanto, a presunção de maternidade também não é absoluta. A suposta mãe pode alegar a falsidade (material ou ideológica) do registro de nascimento, e com a apresentação das provas cabíveis, fazer a alteração, sendo excluída do registro como genitora.

Reconhecimento dos filhos havidos fora do casamento

O reconhecimento de filho pode ser voluntário (art. 1.609 do CC), efetuado no registro de nascimento, por escritura pública ou escrito particular, a ser arquivado em cartório, testamento ou manifestação perante o juiz etc. O reconhecimento também poderá ser judicial, por meio das ações de investigação de paternidade ou de maternidade, qualquer delas podendo ser cumulada com petição de herança.

➡ Ver questão G5.

Irrevogabilidade do reconhecimento

Após externada a declaração de vontade, passará a ser irretratável ou irrevogável, mesmo por meio de testamento, apesar de este poder ser a qualquer momento revogado (art. 1.858 do CC).

Reconhecimento do filho fora do casamento por um dos cônjuges

Tal disposição visa a, concomitantemente, proteger o instituto do matrimônio, a harmonia conjugal, enquanto assegura os direitos patrimoniais do filho tido fora do casamento. Não poderia a lei determinar que aquele filho, talvez fruto de adultério ou de caso anterior ao casamento, convivesse com o(a) atual cônjuge, sem consentimento do que não é genitor.

Reconhecimento do filho enquanto menor de idade

Busca-se com esta disposição atender ao melhor interesse do menor, fazendo com que fique sob a guarda do genitor que o reconheceu e, se ambos os reconheceram, não havendo acordo, ficará a cargo do magistrado decidir o que será melhor ao menor.

Ineficácia de condição e termo impostos a reconhecimento de filhos

O ato do reconhecimento é puro e simples. O reconhecimento da filiação é ato que vincula diretamente o genitor e a prole. Assim como irretratável e irrevogável, não aceita nenhum tipo de condição ou termo, muito embora se trate de negócio jurídico unilateral.

➥ Ver questão G5.

Reconhecimento de filho maior de idade

O filho maior não pode ser reconhecido sem o seu consentimento, e o menor pode impugnar o reconhecimento, nos quatro anos que se seguirem à maioridade ou à emancipação (art. 1.614 do CC).

➥ Ver questão G5.

Contestação da ação de investigação de paternidade/maternidade

O art. 1.615 deixa claro que, em ação de investigação de paternidade, terceiros interessados possuem legitimidade para contestar a ação.

Sentença da ação de investigação

O art. 1.616 aponta para a produção de efeitos por parte da sentença de ação de investigação de paternidade, que serão os mesmos do reconhecimento voluntário. O artigo citado garante ao menor reconhecido o direito de não morar com o que foi condenado na ação a reconhecê-lo, para proteger o menor de eventuais maus-tratos.

Tal faculdade não exime, de forma alguma, que o genitor pague os devidos alimentos ao filho menor.

Filiação gerada em casamento nulo

O art. 1.617 procura assegurar aos filhos os direitos que lhe são peculiares, independentemente de qualquer eventualidade que possa ter ocorrido com os pais, por exemplo, terem mantido entre si matrimônio nulo. A invalidação, a declaração e a nulidade, até mesmo de inexistência do casamento, não irão impedir que a prole tenha sua filiação determinada. A filiação será sempre mediante a lei, sendo por ela tutelada.

DA ADOÇÃO

A adoção é o ato jurídico solene que estabelece um vínculo fictício de filiação, uma vez que adiciona novo indivíduo à família, na condição de filho. Para a realização desse ato há de se respeitar os requisitos legais, e faz-se importante ressaltar a independência de qualquer relação de parentesco consanguíneo.

Quanto à maneira pela qual esse instituto jurídico se efetiva, temos a Resolução CNJ n. 289/2019, que dispõe sobre a implantação e o funcionamento do Sistema Nacional de Adoção e Acolhimento (SNA), cuja finalidade é consolidar dados fornecidos pelos Tribunais de Justiça referentes ao acolhimento institucional e familiar, à adoção, incluindo as *intuitu personae*, e a outras modalidades de colocação em família substituta, bem como sobre pretendentes nacionais e estrangeiros habilitados à adoção, buscando formar um banco de dados único e nacional com a finalidade de facilitar esse processo.

Idades para adoção

O Código Civil deixou de fixar a idade mínima de diferença entre adotante e adotado e delegou à Lei n. 8.069/90 o detalhamento do processo de adoção.

DO PODER FAMILIAR

Anteriormente chamado de pátrio poder, antes da igualdade entre homem e mulher e a equiparação entre os sexos, estende-se aos filhos menores e, por equiparação, aos incapazes e consiste no conjunto de direitos e deveres que os pais possuem em relação aos filhos, devendo estes prestar-lhe respeito e obediência, recebendo cuidado, alimentação, proteção, educação, entre outros. Os filhos, quando emancipados, saem da esfera do poder familiar.

Do exercício do poder familiar

Na realidade, o poder familiar subsiste, mesmo finda a união estável ou o casamento. Mesmo tendo um dos pais a guarda e o outro exercendo direito de visita, ambos manterão o poder familiar na mesma medida de antes, e com os mesmos poderes, cada qual dos genitores. Em caso de discordância, independentemente da separação ou união dos genitores, sobre o exercício do poder familiar, o genitor que se sentir lesado poderá buscar o Judiciário para dirimir sua questão.

Relações entre pais e filhos

O art. 1.632 vem explicitar a interpretação feita do art. 1.631. Mesmo após findo o matrimônio ou a união estável, os pais permanecem com os mesmos poderes sobre os filhos que detinham antes, como se não houvesse separação entre eles.

Separação judicial

É instituto em desuso, no qual se extingue a sociedade conjugal e não o vínculo matrimonial.

Divórcio

Com a Emenda Constitucional n. 66/2010, o divórcio agora pode ser solicitado diretamente, sem a necessidade de separação prévia. Na ausência de filhos e de forma não litigiosa, é possível que seja obtido no cartório.

Dissolução da união estável

Mediante requerimento judicial ou com a separação de fato.

Do filho não reconhecido

Sendo desconhecido o pai, o poder familiar será exercido unicamente pela mãe. Na ausência desta, um tutor será nomeado, exercendo o poder familiar em seu lugar.

Do Exercício do Poder Familiar

Competência de ambos os pais, qualquer que seja

O conteúdo do poder familiar envolve:

a) a criação e educação dos filhos;

b) o direito de guarda;

c) o consentimento para o casamento;

d) o consentimento para viagens ao exterior;

e) a nomeação de tutor;

f) a representação judicial e extrajudicialmente (representação para os filhos até dezesseis anos e assistência para os entre 16 e 18 anos);

g) busca e apreensão;
h) exigência de obediência, respeito e serviços compatíveis com a idade.

Havendo divergência, qualquer dos pais poderá recorrer ao Judiciário. Quando há a dissolução do casamento ou da união estável, não se perde o poder familiar, apenas o exercício daquele que não for ficar com a guarda. No Código Civil de 1916 era denominado de pátrio poder. Enquanto exercerem o poder familiar, os pais serão usufrutuários dos bens dos filhos e terão a sua administração (art. 1.689 do CC).

G6. (OAB/XII Exame de Ordem Unificado/FGV/2013) Tiago, com 17 anos de idade e relativamente incapaz, sob autoridade de seus pais, Mário e Fabiana, recebeu, por doação de seu tio, um imóvel localizado na rua Sete de Setembro, com dois pavimentos, contendo três lojas comerciais no primeiro piso e dois apartamentos no segundo piso. Tiago trabalha como cantor nos finais de semana, tendo uma renda mensal de R$ 3.000,00 (três mil reais).
Em face dos fatos narrados e considerando as regras de Direito Civil, assinale a opção correta.
A) Mário e Fabiana exercem sobre os bens imóveis de Tiago o direito de usufruto convencional, inerente à relação de parentesco que perdurará até a maioridade civil ou emancipação de Tiago.
B) Mário e Fabiana poderão alienar ou onerar o bem imóvel de Tiago, desde que haja prévia autorização do Ministério Público e seja demonstrado o evidente interesse da prole.
C) Mário e Fabiana não poderão administrar os valores auferidos por Tiago no exercício de atividade de cantor, bem como os bens com tais recursos adquiridos.
D) Mário e Fabiana, entrando em colisão de interesses com Tiago sobre a administração dos bens, facultam ao juiz, de ofício, nomear curador especial.

➥ Veja arts. 5º, parágrafo único, V, e 1.634, VII, CC.

Comentário: No exercício em questão, a alternativa correta é a letra C, uma vez que cessará a incapacidade do menor, conforme dispõe o art. 5º, parágrafo único, V, "pelo estabelecimento civil ou comercial, ou pela existência de relação de emprego, desde que, em função deles, o menor com dezesseis anos completos tenha economia própria". É exatamente o caso, na medida em que Tiago, o menor, com os frutos do seu trabalho e a partir das suas economias, pode financeiramente manter a si mesmo, cessando assim sua menoridade.

Da Suspensão e Extinção do Poder Familiar

Extinção do poder familiar

A extinção do poder familiar (art. 1.635 do CC) se dará com a morte dos pais ou do filho, pela emancipação (art. 5º, parágrafo único), maioridade, adoção ou decisão judicial, nos termos do art. 1.638 do CC, por castigar imoderadamente o filho, deixá-lo em abandono, prática de atos contrários à moral e aos bons costumes e incidir, reiteradamente, nas faltas do art. 1.637 do CC.

Poder familiar perante novas núpcias

O poder familiar não é extinto nem suspenso no caso de separação dos pais e novas núpcias por quaisquer dos pais. Não cessam os deveres e direitos dos pais em relação aos filhos de relacionamento anterior, independentemente de qualquer situação matrimonial assumida por eles. O poder familiar é estabelecido entre cada genitor e cada filho, e não sofre nenhum tipo de intervenção por parte de terceiros.

Descuido por parte dos pais

Há no art. 1.637 a clara determinação de que o poder familiar não é absoluto e está intimamente ligado ao proceder correto e probo dos genitores, na gestão dos bens e na prestação das atividades essenciais ao crescimento e desenvolvimento dos menores.

Nesses casos, cabe a outros parentes ou ao Ministério Público intervir em favor deste menor. A mesma situação ocorre quando um dos genitores estiver impossibilitado de conviver com o filho, em razão de condenação por sentença irrecorrível, por mais de dois anos.

Perda do poder familiar

O art. 1.638 traz as hipóteses de previsão legal da perda efetiva do poder familiar, que pode ocorrer para qualquer dos genitores. É uma sanção imposta, por sentença judicial, ao pai ou à mãe que praticar quaisquer uns dos atos que a justifiquem. As hipóteses são: "I – castigar imoderadamente o filho; II – deixar o filho em abandono; III – praticar atos contrários à moral e aos bons costumes; IV – incidir, reiteradamente, nas faltas previstas no artigo antecedente; V – entregar de forma irregular o filho a terceiros para fins de adoção". Perderá também por ato judicial o poder familiar aquele que: "I – praticar contra outrem igualmente titular do mesmo poder familiar: *a)* homicídio, feminicídio ou lesão corporal de natureza grave ou seguida de morte, quando se tratar de crime doloso envolvendo violência doméstica e familiar ou menosprezo ou discriminação à condição de mulher; *b)* estupro ou outro crime contra a dignidade sexual sujeito à pena de reclusão; II – praticar contra filho, filha ou outro descendente: *a)* homicídio, feminicídio ou lesão corporal de natureza grave ou seguida de morte, quando se tratar de crime doloso envolvendo violência doméstica e familiar ou menosprezo ou discriminação à condição de mulher; *b)* estupro, estupro de vulnerável ou outro crime contra a dignidade sexual sujeito à pena de reclusão" (parágrafo único do art. 1.638 do CC).

Poder familiar	Guarda
Conjunto de regras – direitos e deveres (art. 1.634 do CC) – dado aos pais com relação aos bens e à pessoa dos filhos menores. Tais direitos e deveres com relação ao menor não emancipado são: I – dirigir-lhes a criação e a educação; II – exercer a guarda unilateral ou compartilhada nos termos do art. 1.584; III – conceder-lhes ou negar-lhes consentimento para casarem; IV – conceder-lhes ou negar-lhes consentimento para viajarem ao exterior; V – conceder-lhes ou negar-lhes consentimento para mudarem sua residência permanente para outro Município; VI – nomear-lhes tutor por testamento ou documento autêntico, se o outro dos pais não lhe sobreviver, ou o sobrevivo não puder exercer o poder familiar; VII – representá-los judicial e extrajudicialmente até os 16 (dezesseis) anos, nos atos da vida civil, e assisti-los, após essa idade, nos atos em que forem partes, suprindo-lhes o consentimento; VIII – reclamá-los de quem ilegalmente os detenha; IX – exigir que lhes prestem obediência, respeito e os serviços próprios de sua idade e condição.	Guarda é, via de regra, um atributo do poder familiar (art. 1.634, II, do CC), podendo ser unilateral ou compartilhada (art. 1.584 do CC). Trata-se de dever-direito atribuído a ambos os pais (se não estiverem divorciados ou separados) que, além de criar, devem guardar o menor e tê-los em sua companhia.

(*continua*)

(*continuação*)

Poder familiar	Guarda
É atribuído a ambos os pais, em igualdade de condições, conforme previsto no art. 1.631 do CC.	A guarda nem sempre é atribuída a ambos os pais, podendo ser garantido a um deles somente o direito de visita. Logo, com o divórcio, a separação judicial ou a dissolução da união estável, o exercício da guarda por ambos fica prejudicado, devendo o juiz atribuir a guarda àquele que possuir melhor condição para exercê-la. Coloca-se, portanto, o interesse do menor em primeiro lugar.
O poder familiar é dado aos pais.	A guarda pode ser dada aos pais; a apenas um deles (nos casos de separação ou divórcio, levando em conta sempre o melhor interesse do menor); ou a terceiros (conforme dispõe o art. 1.584, § 5º, do CC).
O poder familiar não pode sofrer divisões (respeitadas as hipóteses de extinção e suspensão deste, previstas no CC).	A guarda poderá ser: **Unilateral:** conforme o art. 1.583, § 1º, 1ª parte, do CC. É aquela dada a um dos cônjuges ou a terceiro, tendo o outro cônjuge direito de visitas. **Compartilhada:** Prevista no art. 1.583, § 1º, 2ª parte, do CC. A atribuição da guarda, nesses casos, é dada a ambos os genitores separados. Nesse caso, a guarda e companhia do menor é distribuída entre ambos. Tanto a guarda unilateral como a compartilhada podem ser **requeridas** (pelo pai e pela mãe, ou por qualquer deles, em ação autônoma de separação, de divórcio, de dissolução de união estável ou em medida cautelar, conforme o art. 1.584, I, do CC); ou **decretada** pelo juiz, levando-se em conta as necessidades do menor (art. 1.584, II, do CC).
O poder familiar poderá ser extinto ou suspenso, para um ou ambos os genitores. A extinção do poder familiar poderá se dar por intermédio de fato natural, ou de pleno direito ou, ainda, em virtude de decisão judicial. As hipóteses estão previstas no art. 1.635 do CC, sendo: "I – pela morte dos pais ou do filho; II – pela emancipação, nos termos do art. 5º, parágrafo único; III – pela maioridade; IV – pela adoção; V – por decisão judicial, na forma do art. 1.638".	Como visto, a guarda busca satisfazer o interesse do menor. Isto é, é atribuída a quem possa criar, educar, desenvolver e manter saudáveis as condições físicas, morais e psicológicas do menor. O menor, enquanto incapaz, deverá estar com alguém (um dos genitores, ambos ou terceiros, como vimos), de modo que a guarda propriamente dita não poderá ser extinta ou suspensa, haja vista que o menor deve sempre estar sob supervisão. Contudo, é sabido que a guarda pode ser transferida quando aquele que a detém não estiver satisfazendo o objetivo da guarda, que é o de manter o menor no recesso do lar, criando-o e educando-o.
Com relação à decisão judicial, poderá ser decretada quando: "Art. 1.638. Perderá por ato judicial o poder familiar o pai ou a mãe que: I – castigar imoderadamente o filho; II – deixar o filho em abandono; III – praticar atos contrários à moral e aos bons costumes; IV – incidir, reiteradamente, nas faltas previstas no artigo antecedente; V – entregar de forma irregular o filho a terceiros para fins de adoção. Parágrafo único. Perderá também por ato judicial o poder familiar aquele que:	

(*continua*)

(*continuação*)

Poder familiar	Guarda
I – praticar contra outrem igualmente titular do mesmo poder familiar: *a)* homicídio, feminicídio ou lesão corporal de natureza grave ou seguida de morte, quando se tratar de crime doloso envolvendo violência doméstica e familiar ou menosprezo ou discriminação à condição de mulher; *b)* estupro ou outro crime contra a dignidade sexual sujeito à pena de reclusão; II – praticar contra filho, filha ou outro descendente: *a)* homicídio, feminicídio ou lesão corporal de natureza grave ou seguida de morte, quando se tratar de crime doloso envolvendo violência doméstica e familiar ou menosprezo ou discriminação à condição de mulher; *b)* estupro, estupro de vulnerável ou outro crime contra a dignidade sexual sujeito à pena de reclusão".	
Já a suspensão possui um caráter temporário e somente se dá enquanto necessário. São hipóteses de suspensão aquelas previstas no art. 1.637, *caput* e parágrafo único, do CC, sendo: I – descumprimento dos deveres inerentes aos pais; II – um dos genitores, ou ambos, arruinar os bens dos filhos; III – um dos genitores, ou ambos, colocar em risco a segurança dos filhos; IV – um dos genitores, ou ambos, for condenado criminalmente, após transitada em julgado a sentença, em virtude de crime cuja pena exceda a dois anos de prisão.	

DO DIREITO PATRIMONIAL

DO REGIME DE BENS ENTRE OS CÔNJUGES

Os nubentes têm liberdade para escolher, antes do casamento, o que lhes aprouver quanto ao regime de bens (art. 1.639 do CC). Não desejando o regime de comunhão parcial, os nubentes deverão estipular o regime por meio do chamado pacto antenupcial, feito por escritura pública, com eficácia condicionada à realização do casamento (art. 1.653 do CC). O pacto, para produzir efeitos contra terceiros (efeito *erga omnes*), deverá ser registrado, em livro especial, no Registro de Imóveis do domicílio dos cônjuges. A novidade imposta pelo Código Civil de 2002 quanto ao regime de bens é a possibilidade de ser alterado o regime escolhido, desde que os cônjuges apresentem um motivo justo e requeiram uma autorização judicial para tanto. Frise-se que esta alteração somente será possível se não prejudicar terceiros (§ 2º do art. 1.639 do CC).

Comunhão parcial como padrão

Na ausência de convenção de regime ou sendo o mesmo nulo, vigorará o regime legal da comunhão parcial de bens. Optando por esta espécie, será reduzida a termo no assento do matrimônio. Sendo escolhido qualquer outro regime, deverá ser feito o pacto antenupcial, por meio de escritura pública.

Regime legal

É o imposto pela lei. São os regimes legais:

(i) comunhão parcial de bens: esse regime vigora quando não houver pacto antenupcial ou então quando este for nulo ou ineficaz;

(ii) separação legal ou obrigatória: nas hipóteses do art. 1.641.

Regime legal de separação de bens

A lei impõe como obrigatório o regime da separação de bens para algumas hipóteses, para preservar ou punir, conforme o caso. São elas: casamento contraído com inobservância das causas suspensivas da celebração do casamento (impedimentos impedientes – arts. 1.523 e 1.524 do CC); pessoa maior de 70 anos; todos aqueles que dependerem de suprimento judicial para se casarem. Ressalte-se que o Código Civil suprimiu o regime total de bens.

Estipulada pelos cônjuges a separação de bens, estes permanecerão sob a administração exclusiva de cada um dos cônjuges, que os poderá alienar ou gravar de ônus. Este regime pode ser legal e convencional. O primeiro é imposto por lei, nos casos do art. 1.641; o segundo por pacto antenupcial.

Liberalidade dos cônjuges

O art. 1.643 não faz nenhuma menção, o que leva à interpretação que todos os regimes previstos pelo Código Civil são abarcados por essa determinação. O intuito é esclarecer que alguns bens, em razão de sua natureza, precisam de autorização do outro cônjuge para sua alienação, por exemplo, bens imóveis (art. 1.647, I). No caso de bens necessários à economia doméstica, dispensa-se a autorização. A mesma regra aplica-se aos bens corriqueiros dos cônjuges, como roupas, acessórios e alimentos. Não há nenhuma necessidade de autorização para esses casos.

Responsabilidade mútua pelas dívidas contraídas para manutenção da família

As dívidas contraídas em nome dos cônjuges, a fim de adquirir bens necessários à economia doméstica, darão ensejo à solidariedade passiva entre eles, ou seja, ambos se responsabilizarão diante da dívida. Tendo em vista que os atos foram realizados em favor do interesse familiar, o patrimônio dos cônjuges estará vinculado à dívida.

Ação para invalidar os atos citados nos artigos antecedentes

O art. 1.645 trata da possibilidade de um dos cônjuges, que não deu autorização para a prática de atos para os quais o Código Civil exigia seu consentimento, ingressar com ação que invalide tais atos. Seus herdeiros também possuem essa legitimidade.

Terceiro prejudicado

O art. 1.646 refere-se às situações em que um dos cônjuges gravou, alienou imóveis ou prestou fiança, aval ou fez doação sem a autorização do outro cônjuge. Nessas situações, pode o cônjuge não consultado pedir judicialmente a anulação dessas medidas. O terceiro prejudicado pela sentença favorável ao cônjuge que pediu anulação poderá ingressar com ação de regresso contra o cônjuge que não solicitou a autorização.

Restrições à liberdade patrimonial

Nenhum dos cônjuges pode, sem autorização do outro, exceto no regime da separação absoluta: (i) alienar ou gravar de ônus real os bens imóveis; (ii) pleitear, como réu ou autor, acerca desses bens ou direitos; (iii) prestar fiança ou aval; (iv) fazer doação, não sendo remuneratória, de bens comuns, ou dos que possam integrar futura meação. Note-se que o art. 1.647 repete a exceção que constava do art. 236 do Código Civil de 1916, realizando a sua devida adequação, atribuindo validade às doações de bens móveis feitas aos filhos, em contemplação de casamento futuro, bem como aquelas feitas para que possam os filhos estabelecer-se com economia separada.

G7. (OAB/Exame XXX 2019) Arnaldo, publicitário, é casado com Silvana, advogada, sob o regime de comunhão parcial de bens. Silvana sempre considerou diversificar sua atividade profissional e pensa em se tornar sócia de uma sociedade empresária do ramo de tecnologia. Para realizar esse investimento, pretende vender um apartamento adquirido antes de seu casamento com Arnaldo; este, mais conservador na área negocial, não concorda com a venda do bem para empreender.
Sobre a situação descrita, assinale a afirmativa correta.

A) Silvana não precisa de autorização de Arnaldo para alienar o apartamento, pois destina-se ao incremento da renda familiar.

B) A autorização de Arnaldo para alienação por Silvana é necessária, por conta do regime da comunhão parcial de bens.

C) Silvana não precisa de autorização de Arnaldo para alienar o apartamento, pois se trata de bem particular.

D) A autorização de Arnaldo para alienação por Silvana é necessária e decorre do casamento, independentemente do regime de bens.

➠ Veja art. 1.647 do CC.

Comentário: A resposta certa é a Letra B. Determina o inciso I do art. 1.647 do CC que, exceto em caso de casamento sob o regime da separação total de bens, nenhum dos cônjuges pode alienar bens imóveis sem a anuência do outro. A alternativa A está incorreta porque Silvana necessita, sim, da anuência de Arnaldo, uma vez que ambos são casados sob o regime de comunhão parcial de bens. A letra C está errada pelo mesmo motivo explicitado em A. A alternativa D está errada porque a anuência de um cônjuge ao outro, quando da venda de bens imóveis durante o matrimônio, depende, sim, do regime de bens do casamento.

Autorização judicial em face da recusa de um dos cônjuges

Aqui o legislador busca delimitar que, caso o cônjuge se negue a dar sua autorização para os casos em que esta é necessária, esta recusa deverá ser justificada. Caso não haja justificativa ou o cônjuge em questão esteja impossibilitado de expressar sua vontade, poderá haver suprimento judicial desta autorização.

Ação para anular ato realizado sem o consentimento de um dos cônjuges

O art. 1.649 trata do prazo prescricional para que o cônjuge que não deu a autorização necessária (art. 1.647) e teve o ato realizado mesmo sem seu consentimento ingresse com ação de anulação. Existe também a previsão da convalidação do ato, caso o cônjuge não consultado dê sua aprovação por meio de instrumento público ou particular, autenticado.

➠ Ver questão G7.

De quem pode solicitar a invalidação dos negócios efetivados

Apenas o cônjuge, a quem cabia conceder a prática para os atos enumerados no art. 1.647 do CC, ou, se já falecido, seus herdeiros poderão pleitear a decretação judicial de invalidade dos negócios efetivados pelo outro ou sem suprimento judicial.

Administração dos bens do outro cônjuge

Cada cônjuge é, em regra, responsável pela administração dos próprios bens. Caso alguma situação, alheia a sua vontade (p. ex., interdição, prisão, ausência), o impeça de exercer tal administração, o outro cônjuge ficará responsável por isso.

Da responsabilidade pela posse do bem do outro

Diante da impossibilidade da administração de bens pessoais por parte de um dos cônjuges, existindo ainda o vínculo da sociedade conjugal, o outro cônjuge que se encontrar na posse dos bens deverá se responsabilizar tanto perante o cônjuge quanto perante os herdeiros, visando à preservação dos interesses do impossibilitado.

DO PACTO ANTENUPCIAL

É o contrato realizado antes do casamento pelo qual os nubentes escolhem o regime de bens que vigorará durante o matrimônio. Trata-se de ato solene, porque depende de escritura pública, sob pena de nulidade absoluta. É ainda um ato sob condição suspensiva, porque ineficaz se não se realizar o casamento.

G8. (OAB/XXIII Exame de Ordem Unificado/FGV/2017) Arlindo e Berta firmam pacto antenupcial, preenchendo todos os requisitos legais, no qual estabelecem o regime de separação absoluta de bens. No entanto, por motivo de saúde de um dos nubentes, a celebração civil do casamento não ocorreu na data estabelecida. Diante disso, Arlindo e Berta decidem não se casar e passam a conviver maritalmente. Após cinco anos de união estável, Arlindo pretende dissolver a relação familiar e aplicar o pacto antenupcial, com o objetivo de não dividir os bens adquiridos na constância dessa união. Nessas circunstâncias, o pacto antenupcial é

A) válido e ineficaz.
B) válido e eficaz.
C) inválido e ineficaz.
D) inválido e eficaz.

➠ Veja art. 1.653, CC.

Comentário: A alternativa correta é a letra A. Isso porque o art. 1.653 do CC determina que "é nulo o pacto antenupcial se não for feito por escritura pública, e ineficaz se não lhe seguir o casamento". Dessa feita, o pacto é válido uma vez que foi realizado por escritura publica, mas ao mesmo tempo ineficaz, já que não se consumou o matrimônio.

Eficácia do pacto antenupcial realizado por menor

Assim como é necessária a autorização para que o menor entre 16 e 18 anos se case, a eficácia do pacto antenupcial fica sujeita à aprovação de seus responsáveis. O representante legal deverá assistir o menor no ato da lavratura do pacto antenupcial.

Cláusulas nulas

Esta regra é uma repetição de um princípio que rege os negócios jurídicos de forma geral. Toda convenção de vontades é livre, desde que não contrarie disposição legal. E mais: o casamento tem disposições especiais, que lhe são particulares e que se aplicam de maneira diferente a de outros negócios jurídicos. Caso haja determinada conduta destinada ao matrimônio, na elaboração de um pacto antenupcial, esta irá se sobrepor às regras gerais do negócio jurídico.

Regime de participação final nos aquestos

O art. 1.656 determina que é livre a determinação dos cônjuges, quanto a seus bens imóveis particulares, no regime da participação final nos aquestos, hipótese em que estará dispensada a outorga conjugal.

Efeitos do pacto antenupcial perante terceiros

O efeito do pacto antenupcial faz lei entre as partes, firmado por instrumento particular. Porém, para a oposição perante terceiros, para a incidência do efeito *erga omnes*, é exigência legal que seja registrado no Registro de Imóveis do domicílio dos nubentes.

DO REGIME DE COMUNHÃO PARCIAL

Não havendo opção por outro regime, este é o que vigorará, por ser o regime legal (escolhido pela lei). Por ele, comunicam-se os bens adquiridos após casamento, excluindo-se os que cada cônjuge possuía ao casar, bem como os advindos por doação ou sucessão. O art. 1.659 do CC enumera os bens que são excluídos da comunhão parcial e o art. 1.660 prevê os bens que entram na comunhão.

Regime de comunhão parcial

Comunicam-se os bens adquiridos durante o casamento. *Vide* os bens excluídos da comunhão – art. 1.688 do CC.

Excluem-se da comunhão

O art. 1.659 traz o rol de bens que ficam excluídos do regime da comunhão parcial, sendo eles:

(i) os bens que pertenciam ao cônjuge antes do casamento ou aqueles que foram sub-rogados em seu lugar – ou seja, foram comprados, após o casamento, utilizando-se de montante oriundo de bem que era exclusivamente do cônjuge, antes de contraído matrimônio;

(ii) os bens adquiridos pelo cônjuge;

(iii) as obrigações adquiridas pelos cônjuges, antes de contraírem núpcias;

(iv) obrigações provenientes de atos ilícitos não se comunicam, para não prejudicar o cônjuge inocente, a não ser que o fruto do ato ilícito tenha se revertido em favor do casal como um todo;

(v) bens pessoais, que são usados exclusivamente por cada cônjuge, por exemplo, instrumentos de trabalho, objetos pessoais, etc.;

(vi) remunerações de cada cônjuge, enquanto salário; e

(vii) pensões, aposentadorias e remunerações semelhantes, que têm caráter pessoal, e, assim como os salários, não integram a economia doméstica. A partir deste momento, passam a integrar a comunhão.

Entram na comunhão

No mesmo sentido do art. 1.659, o art. 1.660, de fácil compreensão, relata os bens que estão incluídos na comunhão parcial de bens. Todos os adquiridos a título oneroso, na constância do casamento e bens assemelhados, por sua natureza, fazem parte do rol de bens partilhados pelo casal que opta pelo regime da comunhão parcial.

G9. (Defensoria Pública-SP/Defensor/FCC/2012) Fernando, casado com Laura pelo regime da comunhão parcial de bens, falece sem ter tido filhos, deixando um único imóvel adquirido na constância do casamento. Sabendo-se que os pais de Fernando ainda são vivos, e que Fernando não deixou dívidas, após a partilha do único bem, a fração total do imóvel que caberá à Laura será de

A) 2/3.
B) 5/6.
C) 3/4.
D) 3/5.
E) 1/2.

➡ Veja arts. 1.660 e 1.837, CC.

Comentário: De início, cumpre notar que Fernando e Laura se casaram pelo regime da comunhão parcial de bens, de modo que a casa em questão pertence, em partes iguais, a ambos, assim como disciplina o art. 1.660, I, do Código Civil. Logo, a herança deixada por Fernando corresponde a 50% da casa, tendo em vista o fato de a outra metade já ser de Laura em virtude da meação.
Pois bem, seguindo, a regra do direito sucessório hodierno, no que concerne à vocação hereditária, diz que o cônjuge que ocupa a terceira classe sucessória concorre com os ascendentes, estes ocupando a segunda classe sucessória.
Dessa feita, na ausência de descendentes, Laura, a esposa de Fernando e os ascendentes do último são herdeiros da casa em questão. A divisão da herança (50% da casa) se dá em três partes iguais: 1/3 para Laura, 1/3 para o pai do falecido e 1/3 para a mãe do falecido (art. 1.837, do Código Civil).
Dessa maneira, com o falecimento de Fernando, a esposa – que já tinha a metade da casa em virtude da meação –, recebe 1/3 da outra metade da casa (art. 1.837, do Código Civil). Fazendo a análise matemática, é de se lembrar que a meação corresponde a 1/2 do total; a herança será igual a 1/3 (para cada), o que significa 1/6 do total. Logo, a fração total do imóvel que caberá à esposa será a de 1/2 + 1/6. Tal soma, em termos matemáticos, é igual a 3/6 + 1/6, isto é, 4/6. Como arremate, não há alternativa com 4/6 porque se faz obrigatória a redução da fração por 2 (uma vez que numerador e denominador são divisíveis por 2), chegando-se finalmente a 2/3.

Bens incomunicáveis

Mesmo que a efetivação da aquisição do bem se dê na constância do casamento, caso o fato que levou a tal aquisição tenha se dado anteriormente ao matrimônio, não haverá comunicação entre o cônjuge adquirente e o outro.

Bens móveis adquiridos na constância do casamento

A presunção não é absoluta, uma vez que admite prova em contrário. No entanto, a regra é que os bens móveis são tidos como adquiridos na constância do casamento.

Da administração do patrimônio comum

Refletindo situação jurídica de igualdade entre os sexos, reafirma o legislador que a administração dos bens comuns do casal compete a ambos os cônjuges. Reforça ainda a ideia de que a responsabilidade do cônjuge administrador se estende aos bens comuns do casal, assim como os bens particulares do próprio cônjuge que a contraiu. No caso, os bens particulares do cônjuge não administrador serão atingidos na proporção em que tiver obtido vantagem, na aquisição de dívida do outro. Além disso, é preciso anuência de ambos os cônjuges quando houver ato que implique em cessão de bem comum. Embora seja conjunta a administração dos bens, caso haja malversação, o cônjuge que se sentir lesado poderá buscar o Judiciário para conseguir determinação do magistrado, para que o outro seja afastado da administração.

Bens do casal se comprometem perante as dívidas contraídas para manutenção familiar

As despesas comuns, referentes à administração rotineira e doméstica, comprometem os bens comuns do casal, aqueles que integram a comunhão parcial.

Cônjuge proprietário

Da mesma forma que os bens particulares do cônjuge não integram a comunhão parcial, sua administração compete unicamente ao proprietário, salvo determinação diversa estabelecida no pacto antenupcial.

G10. (OAB/XXXI Exame de Ordem Unificado/FGV/2020) Aldo e Mariane são casados sob o regime da comunhão parcial de bens, desde setembro de 2013. Em momento anterior ao casamento, Rubens, pai de Mariane, realizou a doação de um imóvel à filha. Desde então, a nova proprietária acumula os valores que lhe foram pagos pelos locatários do imóvel.

No ano corrente, alguns desentendimentos fizeram com que Mariane pretendesse se divorciar de Aldo. Para tal finalidade, procurou um advogado, informando que a soma dos aluguéis que lhe foram pagos desde a doação do imóvel totalizava R$ 150.000,00 (cento e cinquenta mil reais), sendo que R$ 50.000,00 (cinquenta mil reais) foram auferidos antes do casamento e o restante, após. Mariane relatou, ainda, que atualmente o imóvel se encontra vazio, sem locatários.

Sobre essa situação e diante de eventual divórcio, assinale a afirmativa correta.

A) Quanto aos aluguéis, Aldo tem direito à meação sob o total dos valores.

B) Tendo em vista que o imóvel locado por Mariane é seu bem particular, os aluguéis por ela auferidos não se comunicam com Aldo.

C) Aldo tem direito à meação dos valores recebidos por Mariane, durante o casamento, a título de aluguel.

D) Aldo faz jus à meação tanto sobre a propriedade do imóvel doado a Mariane por Rubens, quanto sobre os valores recebidos a título de aluguel desse imóvel na constância do casamento.

➥ Veja arts. 1.690 e 1.695 do CC.

Comentário: A resposta certa é a letra C. A letra A está errada na medida em que Aldo não tem direito à meação sobre o total dos valores de aluguel, mas sim apenas sobre a parte a partir da qual se deu o casamento dele com Mariane. A letra B também se equivoca, uma vez que, em que pese Aldo não ter direito à propriedade sobre o bem, os valores relativos aos aluguéis, na constância do matrimônio, comunicam-se. A letra C está certa porque de fato o imóvel recebido pela esposa em doação antes ou depois do casamento é considerado incomunicável, conforme o art. 1.659, I, do CC. Entretanto, os frutos desse imóvel, como o aluguel, são considerados bens comuns (art. 1.660, V, do CC), podendo o marido, Aldo, ter direito à meação dos valores provenientes desse aluguel desde que se constituiu o casamento. A letra D está errada porque Aldo não faz jus à meação sobre a propriedade do imóvel doado.

Dívidas particulares

O patrimônio comum dos nubentes não ficará obrigado diante de débitos contraídos por interesse particular.

DO REGIME DE COMUNHÃO UNIVERSAL

Este regime importa na comunicação de todos os bens adquiridos antes ou depois do casamento, bem como as dívidas passivas, possuindo cada cônjuge o direito à metade de todo o patrimônio. Excluem-se da comunhão os bens enumerados no art. 1.668 do Código Civil.

São excluídos do regime da comunhão universal

Embora o regime seja o da comunhão universal, há alguns bens que, em certas situações, não se comunicam, não fazem parte do patrimônio comum. Prevê o Código esta possibilidade para os bens que tenham sido doados a um dos cônjuges com cláusula de incomunicabilidade, assim como bens doados por um cônjuge ao outro, com esta mesma espécie de cláusula. O mesmo aplica-se a dívidas contraídas por um dos cônjuges, antes do casamento, salvo se tiverem sido feitas em razão de seus preparos ou tiver se convertido em proveito comum. Não se comunicam também bens transferidos por fideicomisso, em razão de sua natureza breve na posse do fiduciário. Por fim, o Código remete ao art. 1.659, V a VII, excluindo-os também.

A exclusão do artigo anterior não atinge os frutos durante o casamento

Existe possibilidade para que não ocorra comunicação dos frutos, até em caso de bens incomunicáveis. Se houver cláusula de incomunicabilidade em relação aos frutos também, estes não farão parte da comunhão universal. Entretanto, caso não se estipule nada em contrário, os frutos civis, percebidos ou vencidos durante a constância do casamento, serão divididos e cada cônjuge terá direito à metade ideal deles.

Administração dos bens no regime de comunhão universal

O Código Civil relaciona os artigos, no que tange à questão da equiparação de capacidades dos dois cônjuges para a administração dos bens, comuns e particulares.

Término da responsabilidade dos cônjuges para com os credores do outro

No momento em que a sociedade conjugal é desfeita, ou seja, em que o regime de bens passa a inexistir entre os cônjuges, feita a partilha entre eles, estará extinta qualquer obrigação que um dos cônjuges possa ter adquirido em relação a credores do outro.

DO REGIME DE PARTICIPAÇÃO FINAL NOS AQUESTOS

Regime de participação final nos aquestos

Novidade trazida pelo Código Civil de 2002. Por este regime, cada cônjuge possui patrimônio próprio (bens que possuía ao se casar e adquiridos a título gratuito e oneroso após o casamento), cabendo a cada um, na época da separação, direito à metade dos bens adquiridos pelo casal, a título oneroso, na constância do casamento. Vigora, assim, um regime de separação de bens na constância do casamento e um regime de comunhão parcial na época da sua dissolução. Há dois patrimônios distintos, cada cônjuge administrando o seu próprio patrimônio, podendo alienar livremente os bens móveis. Se um dos cônjuges pagar dívidas em nome do outro (art. 1.679 do CC), quando da separação, tal dívida será atualizada e deduzida da meação do cônjuge devedor.

Por este regime, cada cônjuge mantém seu patrimônio próprio durante o casamento, com a livre administração dos seus bens, mas com a dissolução da sociedade conjugal partilha-se pela metade os bens que eles adquiriram a título oneroso durante o casamento. Trata-se, portanto, de um regime híbrido, porque durante o casamento vigora a separação de bens, mas com a dissolução da sociedade conjugal transforma-se num regime similar à comunhão parcial.

Do patrimônio próprio

O cônjuge mantém patrimônio particular, composto por aquele trazido antes do matrimônio e todo aquele adquirido por ele, enquanto durar o casamento. Cada qual será responsável também pela administração destes bens, podendo até mesmo alienar livremente os bens móveis. Entretanto, os imóveis, embora particulares, dependerão da autorização do outro cônjuge para serem vendidos.

Da dissolução do regime de participação final nos aquestos

Em caso de dissolução da sociedade conjugal, é determinado o montante comum, os aquestos, que serão partilhados igualmente pelos ex-cônjuges. O art. 1.674 traz as exceções, os bens que não participam deste montante, sendo eles: (i) aqueles pertencentes a um dos cônjuges, antes do casamento; (ii) os recebidos pelos cônjuges, por sucessão ou liberalidade; e (iii) dívidas relacionadas a estes bens. Considera ainda, o Código, a presunção que bens móveis foram adquiridos na constância do casamento, até que se prove o contrário (p. ex.: fatura, contrato, nota fiscal, recibos etc. em nome de um dos cônjuges).

Determinado o montante dos aquestos

Após estabelecido o montante partilhável será verificado se houve bens doados por um dos cônjuges, sem autorização do outro. Havendo, o cônjuge prejudicado – ou seus herdeiros – poderá reivindicar o bem ou constará no montante o valor do bem, com correções monetárias, a ser restituído pelo cônjuge que realizou a doação.

Do que é incorporado ao montante

O art. 1.676 do Código Civil autoriza ao testador impor tal limitação (RIZZARDO, Arnaldo. *Direito das sucessões*, v. 1, p. 353), como a de *inalienabilidade temporária* ou *vitalícia*, gravando desta forma os bens do acervo e impedindo a sua alienação, sob pena de nulidade, ressalvadas as poucas hipóteses de exceção, como a desapropriação e a execução de dívidas oriundas do não pagamento de impostos incidentes sobre os mesmos imóveis. Conforme esclarece Maria Helena Diniz, "a cláusula de inalienabilidade é um meio de vincular os próprios bens em relação a terceiro beneficiário, que não poderá dispor deles, gratuita ou onerosamente, recebendo-os para usá-los e gozá-los; trata-se de um domínio limitado, motivo pelo qual a duração da proibição de alienar estes bens deixados a herdeiro ou a legatário não pode exceder a espaço de tempo superior à vida do instituído" (*Curso de direito civil brasileiro*, 14. ed. São Paulo: Saraiva, 2000, v. 6, p. 174). A restrição citada também aparece prevista no art. 1.723 do Código Civil, em que se inclui a incomunicabilidade.

Dívidas posteriores ao casamento

Os bens adquiridos por cada cônjuge, na constância do casamento, são particulares de cada um e eles responderão pela obrigação, exceto se houver tido o outro proveito da obrigação.

Divisão igualitária do patrimônio

O regime de participação final nos aquestos visa a garantir a divisão igualitária do patrimônio ao final da sociedade conjugal, seja por morte ou separação/divórcio. Desta maneira, caso haja desequilíbrio, por parte de um dos cônjuges, adimplindo obrigação de outro, haverá desconto no montante deste outro, no momento da partilha.

Bens adquiridos pelo trabalho conjunto dos cônjuges

O art. 1.679 reafirma que, no caso de bens adquiridos por ambos os cônjuges, no momento da partilha dos bens, haverá divisão igualitária.

Dos bens móveis como garantia de dívidas

Em relação a dívidas assumidas perante terceiros, os bens móveis do casal, salvo se de uso pessoal do outro cônjuge, serão considerados propriedade do cônjuge devedor.

Dos bens imóveis

O Código Civil utiliza como padrão para determinar a titularidade dos bens imóveis o registro constante na matrícula do imóvel, deixando de lado o exame sobre a contribuição de cada um para a aquisição do bem. Caso tenha sido adquirido por um dos cônjuges e conste o outro como titular, o que se sente lesado poderá impugnar a titularidade, provando a aquisição regular dos bens.

Direito à meação

O legislador buscou deixar a salvo o direito ao patrimônio, adquirido pelo cônjuge, após a convivência, a fim de garantir que o outro, em caso de má-fé, fizesse com que houvesse desistência da parte que lhe é cabida em seu favor.

Da dissolução por divórcio ou separação judicial

No caso da dissolução da sociedade conjugal ou do vínculo matrimonial, por divórcio ou separação, a data em que cessou a convivência é o marco para a divisão dos bens, sendo o montante dos aquestos daquela data utilizado na meação.

Da reposição por dinheiro dos bens indivisíveis

No caso de bens que os cônjuges não desejem ou não possam, por sua natureza, dividir, haverá avaliação do valor destes e o cônjuge proprietário procederá com a reposição pecuniária para o outro cônjuge. Caso o cônjuge proprietário não possua quantia necessária à esta reposição, mediante autorização judicial, os bens serão avaliados e alienados.

Da dissolução conjugal por morte

Em caso de morte de um dos cônjuges, a meação será na forma estabelecida para o regime de participação final nos aquestos, e o restante do patrimônio, partilhado da maneira tradicionalmente prevista no Código.

Dívidas superiores à meação

As dívidas dos cônjuges, salvo se tiverem revertido em proveito do outro, são de responsabilidade única do cônjuge devedor, não obrigando nem seu parceiro e, tampouco, seus herdeiros.

DO REGIME DE SEPARAÇÃO DE BENS

Regime convencional de separação de bens

Estipulado pelos nubentes. Por este regime não se comunicam os bens particulares anteriores ou posteriores ao casamento, havendo dois patrimônios distintos, cada um administrando o seu. Neste regime, cada um deve concorrer para as despesas da família, nas devidas proporções de seu patrimônio e fruto do trabalho.

Obrigações dos cônjuges

O art. 1.688 expressamente declara que, mesmo no regime da separação de bens, cabe a ambos os cônjuges contribuir, na proporção de seus rendimentos, para a manutenção do lar conjugal.

DO USUFRUTO E DA ADMINISTRAÇÃO DOS BENS DE FILHOS MENORES

Deveres do pai e da mãe enquanto no exercício do poder familiar

Em razão da situação de incapacidade dos filhos – por questão de idade ou outros fatores –, durante o exercício do poder familiar, cabe aos pais a administração dos bens dos filhos, assim como são estes usufrutuários destes bens.

Representação dos filhos menores de 16 anos

Até que os filhos menores completem 16 anos, são representados pelos pais. Entre os 16 e 18 anos, são assistidos. Cabe aos pais exercerem estas funções em relação aos filhos e, como já estabelecido em outras situações pelo Código Civil, em caso de divergência entre os pais, estes podem recorrer ao Judiciário para chegar a um consenso.

Vedação aos pais

A fim de proteger o patrimônio dos filhos, o Código Civil veda aos pais o direito de alienar ou gravar de ônus real os imóveis de seus descendentes, salvo em atenção aos interesses da prole, com autorização judicial. Tanto a alienação quanto o gravame, se realizados, poderão ter sua nulidade requisitada judicialmente pelos próprios filhos, seus herdeiros e seus representantes legais.

Conflito de interesses entre pais e filhos

Nos casos de conflito de interesses entre os pais e os filhos, por solicitação do filho ou do Ministério Público, poderá ser nomeado curador especial.

Bens e valores excluídos do usufruto e da administração dos pais

O art. 1.693 lista os bens excluídos tanto do usufruto quanto da administração dos pais, enquanto vigente o poder familiar. São eles aqueles de propriedade dos filhos tidos fora do casamento, antes de havido o reconhecimento; salários e remunerações percebidos pelo filho maior de 16 anos; bens doados aos filhos com cláusula que vede a administração e o usufruto; e bens que são parte da herança dos filhos, em sucessão da qual os pais tenham sido excluídos.

DOS ALIMENTOS

O dever legal de prestar alimentos fundamenta-se na solidariedade familiar, sendo uma obrigação personalíssima devida pelo alimentante em razão de parentesco que o liga ao alimentando, e em razão do dever legal de assistência em relação a cônjuge ou companheiro necessitado. O instituto jurídico dos alimentos visa a garantir a um parente, cônjuge ou convivente aquilo que lhe é necessário à sua manutenção, assegurando-lhe os meios de subsistência, compatíveis com sua condição social. Abrange também recursos para atender às necessidades de sua educação, principalmente se o credor de alimentos for menor (art. 1.701, *in fine,* do CC). Na relação jurídico-familiar, o parente que em princípio é devedor de alimentos poderá reclamá-los do outro se deles vier a precisar. A obrigação de prestar alimentos é recíproca entre ascendentes, descendentes, colaterais de segundo grau e ex-cônjuge, ou ex-companheiro, em caso de *união estável,* desde que tenha havido vida em comum ou prole, provando sua necessidade, enquanto não vier a constituir nova união (Leis ns. 8.971/94, art. 1º, *caput* e parágrafo único, e 9.278/96, art. 7º). Imprescindível será que haja proporcionalidade na fixação dos alimentos entre as necessidades do alimentando e os recursos econômico-financeiros do alimentante, sendo que a equação desses dois fatores deverá ser feita, em cada caso concreto, levando-se em conta que a pensão alimentícia será concedida sempre *ad necessitatem*.

As necessidades do alimentando e possibilidades do alimentante formam o binômio reconhecido também no art. 1.694 do Código Civil. Assim, deve ser avaliada a capacidade financeira do alimentante, que deverá cumprir sua obrigação alimentar sem que ocorra desfalque do necessário a seu próprio sustento.

O direito a alimentos é recíproco entre pais e filhos, estendendo-se a todos os ascendentes, sempre prevalecendo o grau mais próximo (art. 1.696 do CC). Na falta de descendentes, a obrigação alimentar passará aos irmãos. Não pode ultrapassar os colaterais de 2º grau. São pressupostos ao direito de alimentos: parentesco consanguíneo em linha reta ou colateral até 2º grau (não se deve alimentos por parentesco por afinidade); dissolução do vínculo conjugal (dever de sustento); e término da união estável.

G11. (OAB/XXIV Exame de Ordem Unificado/FGV/2017) João e Carla foram casados por cinco anos, mas, com o passar dos anos, o casamento se desgastou e eles se divorciaram. As três filhas do casal, menores impúberes, ficaram sob a guarda exclusiva da mãe, que trabalha em uma escola como professora, mas que está com os salários atrasados há quatro meses, sem previsão de recebimento. João vinha contribuindo para o sustento das crianças, mas, estranhamente, deixou de fazê-lo no último mês. Carla, ao procurá-lo, foi informada pelos pais de João que ele sofreu um atropelamento e está em estado grave na UTI do Hospital Boa Sorte. Como João é autônomo, não pode contribuir, justificadamente, com o sustento das filhas. Sobre a possibilidade de os avós participarem do sustento das crianças, assinale a afirmativa correta.

A) Em razão do divórcio, os sogros de Carla são ex-sogros, não são mais parentes, não podendo ser compelidos judicialmente a contribuir com o pagamento de alimentos para o sustento das netas.

B) As filhas podem requerer alimentos avoengos, se comprovada a impossibilidade de Carla e de João garantirem o sustento das filhas.

C) Os alimentos avoengos não podem ser requeridos, porque os avós só podem ser réus em ação de alimentos no caso de falecimento dos responsáveis pelo sustento das filhas.

D) Carla não pode representar as filhas em ação de alimentos avoengos, porque apenas os genitores são responsáveis pelo sustento dos filhos.

➥ Veja arts. 1.696 e 1.698, CC; Súmula n. 596, STJ.

Comentário: A letra correta é a B. Insta dizer que a obrigação alimentar de natureza avoenga é subsidiária, complementar. Ela é aplicada se os responsáveis originais ao pagamento dos alimentos (devedores principais) não reúnem condições de fazê-lo ou se a contribuição se mostrar insuficiente às necessidades da pessoa.

De quem deve alimentar

O art. 1.697 trata que os parentes podem exigir uns dos outros os alimentos de que necessitarem para subsistir, recaindo a obrigação nos mais próximos em grau, uns em falta dos outros. Entende-se por parente a pessoa que está ligada a outra por laços de consanguinidade ou de afinidade. É o que pertence à mesma família ou está ligado a ela. Segundo o grau de parentesco, que se anota entre os parentes, se mostram próximos, afastados ou remotos. Mede-se a proximidade ou afastamento pela distância de grau que separa os parentes. Assim, quanto menor o grau, mais próximo é o parente. Conforme pacificado pela doutrina e jurisprudência, não se aplica a regra de que os mais próximos excluem os mais remotos, pois os mais distantes podem ser compelidos a suprir os alimentos se aqueles não tiverem condições econômicas de fornecê-los ou, ainda, não tiverem condições de arcar com a totalidade do encargo, inclusive, e com base no artigo anterior (1.696 do CC), quando os parentes das classes anteriores não tiverem condições de suportar integralmente a obrigação, poderão ser chamados os das classes seguintes para arcar com a pensão, por exemplo, neto em face do avô ou o inverso.

Entende-se aqui que, na ação de alimentos em que ficar constatado que o parente que deve alimentos em primeiro lugar não tem condições financeiras de arcar sozinho com as despesas, os parentes de grau imediato poderão ser chamados à lide para contribuir, na razão de suas possibilidades, com os alimentos.

G12. (OAB/XXXI Exame de Ordem Unificado/FGV/2020) Salomão, solteiro, sem filhos, 65 anos, é filho de Lígia e Célio, que faleceram recentemente e eram divorciados. Ele é irmão de Bernardo, 35 anos, médico bem-sucedido, filho único do segundo casamento de Lígia. Salomão, por circunstâncias sociais, não mantinha contato com Bernardo.

Em razão de uma deficiência física, Salomão nunca exerceu atividade laborativa e sempre morou com o pai, Célio, até o falecimento deste. Com frequência, seu primo Marcos, comerciante e grande amigo, o visita.

Com base no caso apresentado, assinale a opção que indica quem tem obrigação de pagar alimento a Salomão.

A) Marcos é obrigado a pagar alimentos a Salomão, no caso de necessidade deste.
B) Por ser irmão unilateral, Bernardo não deve, em hipótese alguma, alimentos a Salomão.
C) Bernardo, no caso de necessidade de Salomão, deve arcar com alimentos.
D) Bernardo e Marcos deverão dividir alimentos, entre ambos, de forma igualitária.

➡ Veja arts. 1.695 a 1.697, CC.

Comentário: A resposta correta é a letra C. A letra C reflete os dizeres da conjugação entre os arts. 1.695 e 1.696 do Código Civil, já que o primeiro determina serem devidos os alimentos quando quem os pretende não tem bens suficientes, nem pode prover, pelo seu trabalho, à própria mantença, e aquele, de quem se reclamam, pode fornecê-los, sem desfalque do necessário ao seu sustento; e, o segundo artigo tratado, por seu turno, estabelece que o direito à prestação de alimentos é recíproco entre pais e filhos, e extensivo a todos os ascendentes, recaindo a obrigação nos mais próximos em grau, uns em falta de outros. A letra A está errada na medida em que, conforme os artigos recém-mencionados e, ainda, o art. 1.697, na falta dos ascendentes cabe a obrigação aos descendentes, guardada a ordem de sucessão e, faltando estes, aos irmãos, assim germanos como unilaterais. A letra B se equivoca ao dizer que o irmão Bernardo não deveria prestar alimentos por ser ele irmão unilateral: a norma não distingue irmãos uni ou bilaterais. Por último, a letra D está errada porque Marcos, por ser primo, não tem obrigação alimentar.

Mudança na situação financeira do alimentado ou do alimentante

O princípio que rege os alimentos é o da *necessidade* de quem os pleiteia e a *possibilidade* de quem os presta (binômio: necessidade *versus* possibilidade). O valor será fixado de comum acordo ou judicialmente. Havendo alteração nas condições de quem supre ou de quem recebe, poderá se reclamar ao juiz, pedindo exoneração, redução ou majoração do valor (art. 1.699 do CC).

G13. (OAB/XXXIII Exame de Ordem Unificado/FGV/2021) Antônio, advogado, passou a residir com sua namorada Lorena, em 2012, com objetivo declarado, pelo próprio casal, de constituir uma união estável, ainda que não guarnecida por escritura pública. A partir de então, Antônio começou a participar do cotidiano de Lucas, filho de Lorena, cuja identidade do pai biológico a própria mãe desconhecia. No início de 2018, Antônio procedeu ao reconhecimento voluntário de paternidade socioafetiva de Lucas, com base no Provimento n. 63/2017 CNJ.

Em meados de agosto de 2020, a convivência de Antônio e Lorena chegou ao fim. Diante deste cenário, Antônio comprometeu-se a pagar alimentos para Lucas, que estava com 13 anos de idade, até os 21 anos de idade do filho, no valor de R$ 2.500,00 (dois mil e quinhentos reais), mediante acordo homologado judicialmente. Porém, no final de 2020, Antônio recebeu a notícia de que o escritório de que ele é sócio perdeu um de seus principais clientes, fato cujo impacto financeiro gerou a redução de 30% dos seus rendimentos mensais.

Quando soube de tal notícia, Antônio procurou Lorena, como representante legal de Lucas, para fixar um valor mais baixo de pensão a ser pago, ao menos durante um período, mas ela recusou-se a estabelecer um novo acordo.

Conforme este contexto, assinale a afirmativa correta.

A) A redução do encargo alimentar apenas poderá acontecer caso Lucas, por meio de sua representante legal, Lorena, concorde com ela.

B) Os filhos socioafetivos não têm o direito de pleitear alimentos frente aos seus pais.

C) Diante da mudança de sua situação financeira, Antônio poderá requerer ao juiz a redução do encargo alimentar.

D) Caso eventual pedido de redução do valor pago a título de obrigação alimentar seja procedente, Lucas nunca mais poderá pleitear a majoração do encargo, nem mesmo se a situação financeira de Antônio melhorar.

➠ Veja art. 1.593, CC.

Comentário: Com efeito, os filhos socioafetivos assim reconhecidos têm os mesmos direitos que os filhos naturalmente constituídos ou adotados. Agora, uma vez determinado o encargo alimentar ao pai, pode este ser reduzido ou eventualmente majorado caso a situação financeira do alimentante sofra importante impacto, não sendo passível de aceitação de Lorena o cenário em si. Assim, a alternativa A se mostra errada.

Já a alternativa B está errada ao incutir uma suposta diferenciação de direitos entre filhos naturais e aqueles cujo reconhecimento se deu em razão da socioafetividade.

A alternativa C está correta justamente porque, conforme determina o art. 1.699, se, fixados os alimentos, sobrevier mudança na situação financeira de quem os supre, ou na de quem os recebe, poderá o interessado reclamar ao juiz, conforme as circunstâncias, exoneração, redução ou majoração do encargo.

A alternativa D está errada exatamente porque ela não leva em consideração o art. 1.699, já que este, assim como recém-descrito, possibilita, sim, não apenas a redução, como também a majoração dos alimentos.

Herdeiros obrigados a continuar prestando alimentos

Havendo morte do alimentante, a obrigação transfere-se aos herdeiros, que estarão obrigados somente até as forças da herança. Se o credor também for herdeiro do falecido, entende-se que as prestações futuras, além da restrição das forças da herança, dependerão da apuração da nova situação do credor, que poderá ter sido alterada em razão da participação na herança, conforme ensina Euclides de Oliveira (IBDFam).

Alternativas aos alimentos

Pode ser prestado por meio da pensão ou dando-lhe hospedagem e sustento, em sua própria casa (art. 1.701 do CC).

Alimentos entre os cônjuges

Em relação aos alimentos entre os cônjuges, os efeitos também variam conforme o tipo de separação. Vejamos: (i) separação consensual: a petição inicial deve especificar se os alimentos serão ou não devidos. Se for omissa a esse respeito presume-se que o cônjuge não os necessita. Acrescente-se, ainda, que a omissão não é óbice para a homologação da separação judicial, a não ser em casos de extrema necessidade (*vide* Súmula n. 379 do STF e arts. 1.694 do CC/2002 e 1.707 do CC/1916); e (ii) na separação-sanção: o cônjuge inocente receberá pensão do outro cônjuge caso precise.

Responsabilidade dos cônjuges separados

A criação e a educação dos filhos, com a separação, será garantida por meio da prestação alimentícia. Cada cônjuge concorrerá com quantia proporcional aos seus recursos (art. 1.703 do CC). O *quantum* será fixado de comum acordo, na separação consensual ou, na separação litigiosa, será arbitrado pelo juiz.

Alimentos ao cônjuge separado

O art. 1.704 trata da questão da condenação de culpa a um dos cônjuges no caso da separação judicial. O cônjuge inocente, caso necessite de alimentos, poderá receber pensão, fixada pelo juiz, do cônjuge culpado. O cônjuge consagrado culpado, por sua vez, se necessitar de alimentos e não tiver nenhum outro parente que possa assumir a obrigação, receberá pensão do cônjuge inocente, fixada pelo juiz.

Alimentos ao filho gerado fora do casamento

O filho havido fora do matrimônio poderá solicitar pagamento de pensão alimentícia ao genitor e é possível que o juiz determine segredo de justiça para o processo.

Os alimentos provisionais (ou provisórios)

São aqueles dados em caráter cautelar. São os fixados pelo juiz antes que tenha havido decisão efetiva da ação de alimentos, de separação, divórcio, nulidade ou anulação de casamento. O grande objetivo do estabelecimento de alimentos provisionais é a garantia do sustento do alimentando antes de decidida a matéria em discussão no judiciário.

Fim do dever de prestar alimentos

O casamento, a união estável ou o concubinato do ex-cônjuge, credor de alimentos, cessam o dever de prestar alimentos pelo ex-cônjuge, devedor. O procedimento indigno também cessa o dever (art. 1.708 do CC).

Complementando o art. 1.708, o art. 1.709 estabelece que, casando-se o devedor de alimentos, o credor continuará a receber os alimentos.

Atualização dos alimentos segundo índice oficial

A fim de garantir o poder de compra e a finalidade da verba alimentícia, ou seja, o sustento do alimentando, o legislador expressa a possibilidade de aplicação de correção sobre o valor estabelecido pelo juiz.

DO BEM DE FAMÍLIA

É uma parte do patrimônio dos cônjuges, protegido por lei, para que este não seja passivo de execução por dívidas futuras, pois na falta deste a base da entidade familiar ver-se-á abalada. O instituto tem como objetivo proteger o lar familiar, assegurando-o de penhoras ou possível alienação, salvo débitos que tenham origem de impostos relativos ao prédio. É de suma importância evitar a confusão feita entre o bem de família e a impenhorabilidade do único imóvel de família (Lei n. 8.009/90, arts. 1º, 2º e 4º, § 2º), bem como com a dos imóveis que o guarnecem. Vale lembrar que, de acordo com o art. 82 da Lei n. 8.245/91, o único bem do fiador é suscetível de penhora, o legislador afastou a impenhorabilidade do bem imóvel residencial no nome do fiador que concedeu fiança ante um contrato de locação (Lei n. 8.245/91). Entende-se como bem de família legal aquele pautado pela Lei n. 8.009/90, já o voluntário pautado pelo CC (Guilherme, Luiz Fernando do Vale de Almeida. *Comentários à Lei de Locações*, Barueri, Manole, 2017).

V. art. 3º da Lei n. 8.009/90, o qual foi alterado pela Lei n. 13.144/2015 e LC n. 150/2015: "Art. 3º A impenhorabilidade é oponível em qualquer processo de execução civil, fiscal, previdenciária, trabalhista ou de outra natureza, salvo se movido: I – (*Revogado pela LC n. 150/2015*) II – pelo titular do crédito decorrente do financiamento destinado à construção ou à aquisição do imóvel, no limite dos créditos e acréscimos constituídos em função do respectivo contrato; III – pelo credor da pensão alimentícia, resguardados os direitos, sobre o bem, do seu coproprietário que, com o devedor, integre união estável ou conjugal, observadas as hipóteses em que ambos responderão pela dívida; [Redação dada pela Lei n. 13.144/2015] IV – para cobrança de impostos, predial ou territorial, taxas e contribuições devidas em função do imóvel familiar; V – para execução de hipoteca sobre o imóvel oferecido como garantia real pelo casal ou pela entidade familiar; VI – por ter sido adquirido com produto de crime ou para execução de sentença penal condenatória a ressarcimento, indenização ou perdimento de bens; VII – por obrigação decorrente de fiança concedida em contrato de locação [Incluído pela Lei n. 8.245/91]".

Constituição do bem de família

Pode o bem de família ser constituído:

a) pelos cônjuges, ou conviventes, mediante escritura pública ou testamento, destinando parte de seu patrimônio à moradia ou sustento da família (art. 1.712 do CC), desde que não ultrapasse um terço dos bens líquidos existentes ao tempo da instituição. Consequentemente, quem possuir apenas um imóvel não poderá fazer uso dessa instituição, pois seu objeto não pode passar de um terço do patrimônio líquido;

b) por terceiro, por testamento ou doação, desde que ambos os cônjuges ou a entidade familiar, que foram beneficiados, aceitem expressamente a liberalidade.

Valor máximo para instituição do bem de família

O legislador limita o valor que pode ser utilizado para conversão de valores mobiliários em bem de família, não podendo ultrapassar o preço do próprio imóvel do bem de família. Aponta que tais valores devem estar minuciosamente discriminados no instrumento que institui o bem de família. Relata também a necessidade de registro em livro próprio, caso se trate de títulos nominativos e, por fim, determina que o instituidor do bem de família poderá determinar que a administração dos valores mobiliários seja feita por instituição financeira, além de determinar a maneira do pagamento da renda dos valores mobiliários aos beneficiários, tomando-se a responsabilidade dos administradores mesmo que em um contrato de depósito.

Registro oficial

Para que seja oponível perante terceiros, o bem de família deverá conter averbação na matrícula no Registro de Imóveis.

Executando o bem de família

A isenção de execução por dívidas durará enquanto viver um dos cônjuges ou, na falta destes, até que os filhos completem a maioridade (art. 1.716 do CC). A extinção da sociedade conjugal não extingue o bem de família. Porém, havendo término desta sociedade por falecimento, o cônjuge sobrevivente poderá pedir a extinção do bem de família e levá-lo a inventário. Importante dizer que o bem de família do Código Civil não se confunde com o bem de família da Lei n. 8.009/90, que trata da impenhorabilidade do único imóvel em que a família resida.

Duração da proteção

O bem de família tem o intuito de garantir a moradia da unidade familiar. Nesse sentido, falecendo um dos cônjuges ou completando os filhos menores a maioridade, não haverá mais a isenção do art. 1.715. Entende-se que, em caso de filhos incapazes por motivo diferente da idade, permanece a isenção por quanto tempo a incapacidade se sustentar.

Disponibilidade do bem de família

A finalidade do bem de família é a moradia familiar e só é possível alienação desse bem com consentimento do Ministério Público, ouvidos o menor envolvido ou seus representantes legais.

A disposição visa a proteger os valores mobiliários sob responsabilidade de entidades administradoras, no caso de falência e liquidação desta. Tais valores não podem ser penhorados, e o juiz ordenará a transferência para instituição assemelhada.

Extinção do bem de família

Em caso de impossibilidade de manutenção do bem de família como foi constituído, poderá haver extinção ou sub-rogação dos bens, ouvidos o Ministério Público e aquele que instituiu o bem de família.

Administração do bem de família

Compete a ambos os cônjuges a administração do bem de família, a menos que tenha havido determinação diferente no instrumento de instituição do bem de família. Na ausência de ambos os cônjuges, em caso de falecimento, a administração passa ao filho, se maior, ou a seu tutor, se menor.

Dissolução da sociedade conjugal não extingue o bem de família

Tendo em vista todas as outras obrigações que sobrevivem ao fim da sociedade conjugal, o bem de família permanece nesses casos cumprindo suas funções. Em caso de falecimento de um dos cônjuges, é facultado ao sobrevivente solicitar a extinção do bem, caso seja o único bem da família.

Extinção do bem de família

Com o falecimento de ambos os cônjuges e sendo os filhos capazes, está extinto o bem de família.

DA UNIÃO ESTÁVEL

A união estável (*more uxorio)* será reconhecida como entidade familiar se não ocorrerem os impedimentos do art. 1.521 e se as causas suspensivas do art. 1.523 não impedirem a união. Tendo em vista a não aplicação dos artigos caracterizados, faz-se indispensável os seguintes elementos para a caracterização da união estável: (I) diversidade de sexo; (II) ausência de matrimônio válido e de impedimento matrimonial entre os companheiros, não se aplicando, contudo, o art. 1.521, VI, do Código Civil, no caso de a pessoa se achar separada de fato ou judicialmente; (III) convivência *more uxorio* pública, contínua e duradoura; (IV) constituição de uma família.

União homoafetiva

No dia 04 de maio de 2011, os ministros do Supremo Tribunal Federal (STF) reconheceram juridicamente a validade da união estável entre pessoas do mesmo sexo, no julgamento da Ação Direta de Inconstitucionalidade (ADI) n. 4.277 e a Arguição de Descumprimento de Preceito Fundamental (ADPF) n. 132. Entenderam os ministros que a Constituição veda discriminações de qualquer natureza e que o impedimento para que casais homossexuais tenham seu direito reconhecido é uma ofensa a tal princípio.

Deveres dos companheiros

A relação entre os companheiros deverá ser regida pelo respeito, pela lealdade, pela assistência e pela responsabilidade de ambos pela guarda, pelo sustento e pela educação dos filhos (art. 1.724 do CC).

Regime de bens

Quanto ao aspecto patrimonial, podem os companheiros elaborar contrato escrito (similar ao pacto antenupcial). Na sua ausência, aplica-se, no que couber, o regime da comunhão parcial de bens (art. 1.725 do CC).

Da conversão em casamento

A conversão da união estável em casamento será feita diante do pedido de ambos os companheiros, em comum acordo, ao juiz perante oficial do registro civil da circunscrição do seu domicílio. Não se deve afirmar que a união estável se equipara ao casamento, pois a conversão não poderia ser feita se os dois institutos fossem idênticos.

Concubinato

O concubinato impuro ou simplesmente concubinato dar-se-á quando se apresentarem relações não eventuais entre homem e mulher, em que um deles ou ambos estão impedidos legalmente de se casar. Apresenta-se como: a) adulterino, se se fundar no estado de cônjuge de um ou de ambos os concubinos, por exemplo, se homem casado, não separado de fato, mantiver ao lado da família matrimonial uma outra; ou b) incestuoso, se houver parentesco próximo entre os amantes.

DA TUTELA, DA CURATELA E DA TOMADA DE DECISÃO APOIADA

DA TUTELA

Dos Tutores

Tutela (art. 1.728 do CC)

Munus público que coloca um menor que não se acha sob o poder familiar (falecimento dos pais ou destituição) sob a guarda de um tutor, que o representará ou o assistirá nos atos da vida civil, bem como administrará os seus bens, lhe prestará alimentos etc. (art. 1.740 do CC).

Nomeação por quem detenha o poder familiar

A nomeação de tutor compete aos pais, sendo feita por meio de testamento ou documento autêntico (art. 1.729 do CC), chamada de tutela testamentária.

A determinação do art. 1.729, dando poderes aos pais para nomearem tutores aos filhos, existe em razão do poder familiar. Obviamente, se os pais não estavam no exercício do poder familiar, a nomeação do tutor é nula.

Ausência de tutor nomeado pelos pais

Na ausência de nomeação, a tutela será deferida aos parentes consanguíneos, respeitando sempre a maior proximidade entre eles (art. 1.731 do CC – tutela legítima). O juiz escolherá o tutor seguindo a ordem prevista em lei, mas poderá alterá-la para atender os interesses do menor. A ordem legal é a seguinte: a) os ascendentes, sempre preferindo o grau mais próximo ao mais remoto; b) os colaterais até terceiro grau, preferindo o mais próximo ao mais remoto e o mais velho ao mais novo. Em qualquer uma das situações, o juiz deverá observar a aptidão para exercer a tutela.

Nomeação feita pelo juiz

Caberá ao juiz nomear tutor, idôneo e com domicílio no mesmo local do menor, nos caso de falta de um tutor testamentário ou legítimo, quando estes mesmos forem excluídos ou escusados da tutela ou quando forem removidos por inidoneidade (art. 1.732 do CC – tutela dativa).

Irmãos órfãos

Busca-se garantir, no melhor interesse dos menores, a tutela única, a fim de não acarretar nenhuma confusão quanto à administração dos bens e do exercício da tutela e da autoridade que substitui o poder familiar. Diz ainda o Código Civil que, caso haja em testamento a designação de mais de um tutor, será considerado efetivo o primeiro e sucessivamente os demais. Por fim, dispõe que, sendo instruído um menor como herdeiro ou legatário, aquele que o instituiu poderá nomear curador para os bens, mesmo que este menor esteja sob poder familiar ou possua tutor.

Pais desconhecidos

O intuito do legislador é garantir proteção ao menor que se encontra abandonado, em razão da ausência dos pais, seja por falecimento ou desaparecimento, seja porque estes apresentaram conduta de tal maneira reprovável que foram suspensos ou destituídos de seu poder familiar. Nesses casos, o juiz nomeará tutor ou procederá com a inclusão do menor no programa de colocação familiar, na forma prevista pelo Estatuto da Criança e do Adolescente (ECA).

Dos Incapazes de Exercer a Tutela

O art. 1.735 traz as hipóteses em que as pessoas encontram-se impedidas de exercer a tutela e caso o façam, serão substituídos. Estão impedidos os que não possuem a administração dos próprios bens, os que possuam alguma obrigação para com o menor, inimigos do menor, condenados por crime de furto, roubo, estelionato ou falsidade, pessoas de caráter duvidoso ou os que exerçam função pública incompatível com o exercício da tutela.

G14. (OAB/Exame de Ordem Unificado/FGV/2012.2) Eduardo e Mônica, casados, tinham um filho menor chamado Renato. Por orientação de um advogado, Eduardo e Mônica, em 2005, fizeram os respectivos testamentos e nomearam Lúcio, irmão mais velho de Eduardo, como tutor do menor para o caso de alguma eventualidade. Pouco antes da nomeação por testamento, Lúcio fora definitivamente condenado pelo crime de dano (art. 163 do Código Penal), mas o casal manteve a nomeação, acreditando no arrependimento de Lúcio, que, desde então, mostrou conduta socialmente adequada. Em 2010, Eduardo e Mônica morreram em um acidente aéreo.

Dois anos depois do acidente, pretendendo salvaguardar os interesses do menor colocado sob sua tutela, Lúcio, prevendo manifesta vantagem negocial em virtude do aumento dos preços dos imóveis, decide alienar a terceiros um dos bens imóveis do patrimônio de Renato, depositando, imediatamente, todo o dinheiro obtido na negociação em uma conta de poupança, aberta em nome do menor. Diante do caso narrado, assinale a afirmativa correta.

A) A nomeação de Lúcio como tutor é inválida em razão de ter sido condenado criminalmente, independentemente do cumprimento da pena, mas a alienação do imóvel é lícita, pois atende ao princípio do melhor interesse do menor.

B) A nomeação de Lúcio como tutor é válida, apesar da condenação criminal, e a alienação do imóvel é lícita, pois atende ao princípio do melhor interesse do menor.

C) A nomeação de Lúcio como tutor é válida, apesar da condenação criminal, mas a alienação do imóvel, sem prévia avaliação e autorização judicial, é ilícita.

D) A nomeação de Lúcio é inválida em razão de ter sido condenado criminalmente, mas a alienação do imóvel é lícita, pois somente bens móveis de alto valor necessitam de prévia avaliação e autorização judicial.

➡ Veja arts. 1.735, IV, e 1.753, CC.

Comentário: Com efeito, o art. 1.735 bem explicita aquelas pessoas que não poderão exercer a tutela. No caso de pessoas condenadas pelo cometimento de crime, o inciso IV elenca os casos, não destacando, porém, pessoas que cometeram o crime de dano, mas, sim, apenas os condenados por crime de furto, roubo, estelionato, falsidade, contra a família ou os costumes, tendo ou não cumprido a pena. Assim sendo, a nomeação de Lúcio é de fato válida. A alternativa correta é a C.
Já o art. 1.753 informa que o tutor não poderá "conservar em seu poder dinheiro dos tutelados, além do necessário para as despesas ordinárias com o seu sustento, a sua educação e a administração de seus bens".

Da Escusa dos Tutores

Escusam-se da tutela

Por se tratar de um *munus* público, existe a obrigatoriedade do ofício tutelar, mas algumas pessoas poderão se escusar, sendo estas elencadas no art. 1.736 do Código Civil.

Recusa a tutela

O art. 1.737 se refere à possibilidade de recusa da responsabilidade de tutela por parte de alguém que não é parente do menor, nas situações em que haja parente considerado idôneo que possa exercê-la.

No caso de recusa ao exercício da tutela, a justificativa deverá ser apresentada até dez dias após sua designação, sendo tal prazo decadencial. Se por alguma razão surgir motivo que o escuse do exercício da tutela após esta ter sido aceita, o prazo de dez dias começa quando do descobrimento da causa. Se não for alegada justificativa para se findar a tutela após estes dez dias, considera-se convalidado o ato.

Inadmitida a escusa

Cabe ao magistrado julgar cabível ou não a justificativa que visa a escusar o nomeado à tutela. Se não for aceita tal justificativa, o nomeado deverá exercer a tutela normalmente, havendo responsabilização por perdas e danos causados ao menor.

Do Exercício da Tutela

Deveres do tutor

O art. 1.740 enumera os deveres do tutor no exercício da tutela. Cabe-lhe, em alguns aspectos, o exercício do poder familiar, porém, de maneira mais restrita. Deve, em regra, zelar pelo bem-estar do menor, chegando a ouvir sua opinião, completado este os 12 anos de idade.

Administração dos bens

Até que cesse a incapacidade do menor tutelado, cabe a seu tutor, sempre sob o olhar atento do magistrado, administrar os bens aos quais tem direito.

Protutor

O juízo poderá nomear um protutor a fim de fiscalizar o andamento do exercício da tutela, os atos de má administração, bem como possíveis descuidos do tutor. O protutor, pessoa idônea e competente, deverá exercer sua função com boa-fé, sob pena de ser responsabilizado solidariamente pelos atos praticados em detrimento do tutelado.

Delegação de responsabilidades pelo tutor

O Código Civil abre a possibilidade de o tutor, com autorização do juiz, e em casos especiais, delegar a outras pessoas, físicas ou jurídicas, o exercício parcial da tutela, no que lhes couber, em razão da especificidade técnica ou da localização do bem.

Responsabilidade do juiz

Havendo nexo causal entre a ação ou omissão do juiz, no caso de prejuízo ao menor, poderá o magistrado ser responsabilizado. Se não tiver havido nomeação de tutor ou se tiver sido feita intempestivamente, tendo havido prejuízo, o magistrado sofrerá responsabilização direta e pessoal. Caso não tenha exigido garantia ou tenha deixado que o tutor permaneça na tutela, mesmo após superveniência de suspeição, haverá responsabilização subsidiária.

Entrega dos bens do menor

Tendo em vista garantir que não haja nenhum tipo de desvio do patrimônio e na tentativa de ter controle efetivo sobre as atividades desenvolvidas pelo tutor na gestão dos negócios do menor, deverá haver descrição dos bens entregues ao tutor para o exercício da tutela. Além disso, sendo de valor considerável o patrimônio, o juiz poderá pedir caução como garantia.

Frutos dos bens do menor

Tendo o menor os bens que lhe foram deixados pelos pais, serão estes usados para assegurar seu sustento e sua educação, arbitrando o juiz a quantidade necessária para atender essas condições.

Competências do tutor

O art. 1.747 lista outras competências do tutor, sendo elas a representação do tutelado até os 16 anos e sua assistência, dos 16 aos 18 anos, entre demais atividades que visem à administração dos bens detidos pelo menor e gerir sua rotina, financeiramente.

O legislador aponta outros atos que podem ser praticados pelo tutor, com a diferença que estes têm sua validade atrelada à autorização do juiz. O parágrafo único é o responsável por garantir que, em razão de urgência, se busque autorização judicial posterior ao ato, para convalidá-lo.

É vedado ao tutor

Os atos descritos no art. 1.749 têm sua prática vedada ao tutor, independentemente de este ter conseguido algum tipo de autorização judicial. Tais condutas, se estabelecidas, serão consideradas nulas.

O magistrado dará a devida autorização para a venda de imóveis pertencentes aos menores sob tutela, nas situações em que entenda haver manifesta vantagem econômica.

Créditos do tutor perante o tutelado

Para evitar conflitos e confusões patrimoniais, o tutor, antes de assumir a tutela, deverá discriminar todos os débitos que o menor possuir com ele. Caso deixe de discriminar algum, existe a punição de não poder cobrar os débitos.

Responsabilidades do tutor

Tendo agido com culpa ou dolo no exercício da tutela, e tendo causado prejuízo ao tutelado, o tutor responderá por perdas e danos. É colocado a salvo o direito de receber restituição pelo que foi gasto no exercício da tutela, além de receber remuneração pelo exercício de sua função. Há também previsão de gratificação ao protutor e de responsabilização solidária em caso de mais de um indivíduo ter concorrido para o prejuízo.

Dos Bens do Tutelado

O art. 1.753 é mais um artigo que traz disposições que visam a garantir a proteção ao patrimônio do tutelado. Como não deve o tutor manter em seu poder dinheiro do tutelado em quantia superior ao necessário para sobrevivência e educação, deve zelar pela aplicação destes valores, proporcionando rendimento a este capital.

Havendo aplicação do dinheiro do tutelado em instituição bancária, não será possível a retirada, senão mediante autorização judicial, avaliada a necessidade para tal.

➡ Ver questão G14.

Da Prestação de Contas

O tutor tem o dever de prestar contas ao tutelado de sua administração (art. 1.755).

G15. (OAB/XIV Exame de Ordem Unificado/FGV/2014) Marcos e Paula, casados, pais de Isabel e Marcelo, menores impúberes, faleceram em um grave acidente automobilístico. Em decorrência deste fato, Pedro, avô materno nomeado tutor dos menores, restou incumbido, nos termos do testamento, do dever de administrar o patrimônio dos netos, avaliado em dois milhões de reais. De acordo com o testamento, o tutor foi dispensado de prestar contas de sua administração.
Diante dos fatos narrados e considerando as regras de Direito Civil sobre prestação de contas no exercício da tutela, assinale a opção correta.
A) Pedro está dispensado de prestar contas do exercício da tutela, tendo em vista o disposto no testamento deixado pelos pais de Isabel e Marcelo, por ser um direito disponível.

B) Caso Pedro falecesse no exercício da tutela, haveria dispensa de seus herdeiros prestarem contas da administração dos bens de Isabel e Marcelo.

C) A responsabilidade de Pedro de prestar contas da administração da tutela cessará quando Isabel e Marcelo atingirem a maioridade e derem a devida quitação.

D) Pedro tem a obrigação de prestar contas da administração da tutela de dois em dois anos e também quando deixar o exercício da tutela, ou sempre que for determinado judicialmente.

➡ Veja arts. 1.755 e 1.757 a 1.759, CC.

Comentário: A assertiva correta é a letra D. Diz o art. 1.757, do Código Civil, que "os tutores prestarão contas de dois em dois anos, e também quando, por qualquer motivo, deixarem o exercício da tutela ou toda vez que o juiz achar conveniente". Tal indicação é exatamente a que converge com a hipótese contida em D.

Além disso, é de se lembrar que o art. 1.755 do mesmo diploma afirma que "os tutores, embora o contrário tivessem disposto os pais dos tutelados, são obrigados a prestar contas da sua administração".

Periodicidade dos balanços

A periodicidade do envio dos balanços feitos pelos tutores é anual e tais balanços serão anexados ao inventário.

Prestação de contas bianuais

Ainda com o intuito de garantir o melhor interesse do tutelado, a lei prevê a prestação de contas bianuais, que podem ser também realizadas quando o tutor deixar o exercício da tutela ou a critério da solicitação do magistrado. Tais contas, prestadas em juízo, serão avaliadas pelo magistrado e, em caso de saldo, a quantia deverá ser depositada em conta bancária ou ser utilizada para compra de bens imóveis ou títulos, obrigações ou letras, na forma do § 1º do art. 1.733 do mesmo diploma legal.

➡ Ver questão G15.

Aprovação de contas pelo juiz

Não basta a quitação expressa pelo então tutelado para exonerar o tutor de toda e qualquer responsabilidade. É preciso que o juiz avalie as contas apresentadas pelo tutor e as aprove.

➡ Ver questão G15.

Quando impossibilitado o tutor

Caso não seja mais possível ao tutor, por uma das hipóteses elencadas, promover a prestação de contas, seus herdeiros ou representantes ficarão responsáveis por fazê-lo, arcando, inclusive, com eventuais débitos que atingirem o patrimônio do tutor.

➡ Ver questão G15.

Créditos devidos ao tutor

Há previsão expressa aqui de reversão em proveito do tutor das despesas em que tenha incorrido, consideradas pelo magistrado como tendo sido realizadas em proveito do menor e desde que sejam justificadas. A fim de garantir a transparência e a integridade do patrimônio do tutelado, há acompanhamento acirrado sobre as despesas feitas pelo tutor.

Despesas com a prestação de contas

Muito embora seja de responsabilidade do tutor a apresentação de contas e balanços, os encargos para a elaboração tanto de um quanto de outro ficam por conta do tutelado.

Dos valores devidos ao tutor

"O tutor que, julgadas definitivamente as contas, não entrar com o alcance (saldo a favor do tutelado, que é o excedente da receita sobre a despesa) verificado pagará juros legais, contados da data do referido julgamento; igualmente, o pupilo que, após o julgamento definitivo das contas, não entrar com o saldo devedor acusado, em razão da despesa feita pelo tutor, incluindo a sua gratificação, deverá também pagar os juros devidos desde o julgamento. Isto é assim porque tanto o alcance do tutor como o saldo contra o tutelado são dívidas de valor e vencem juros, desde o trânsito em julgado da sentença que decidir a prestação de contas" (DINIZ, Maria Helena. *Código civil anotado.* 16. ed. São Paulo: Saraiva, 2012).

Da Cessação da Tutela

Em relação ao tutelado ou pupilo com a maioridade (18 anos) ou a emancipação do menor e também ao retornar ao poder familiar, nos casos de adoção e reconhecimento. Cessa a função de tutor quando (art. 1.764) expirar o termo, sobrevir escusa legítima ou for removido. O exercício mínimo da tutela é pelo prazo de dois anos (art. 1.765 do CC). No Código Civil de 2002 não há mais a obrigatoriedade da hipoteca de um bem imóvel do tutor ao tutelado, como garantia da boa administração.

O art. 1.763 traz as hipóteses em que a tutela cessará em relação ao tutor, são elas: a) se expirar o termo em que era obrigado a servir; b) se sobrevir escusa legítima; e c) se for removida a tutela. Logo, as suas funções passarão ao seu substituto nomeado.

Período da tutela

Como a tutela não pode ter previsão de se estender por tempo indeterminado, o art. 1.765 estabelece período de dois anos para o seu exercício. É possível que permaneça por igual período, após vencidos estes dois anos, se assim desejar e se o magistrado julgar conveniente. Como não há vedação legal, pode estender por mais dois anos, quando for mais proveitoso ao tutelado.

Destituição do tutor

As hipóteses de afastamento do tutor elencadas no artigo são referentes à negligência em relação ao tutelado e seus bens, o cometimento do crime de prevaricação (art. 319 do CP) assim como a instalação de incapacidade por parte do tutor.

DA CURATELA

Dos Interditos

Curatela

Inaugurando o capítulo da Curatela, o Código Civil foi sensivelmente alterado em virtude da adoção na legislação nacional da Lei n. 13.146/2015, que trata mais a fundo do Estatuto da Pessoa com Deficiência.

O art. 1.767 teve a sua redação alterada, fazendo constar que estão sujeitos à curatela aqueles que, por causa transitória ou permanente, não puderem exprimir sua vontade; assim como os ébrios habituais, os viciados em tóxico e, por último, os pródigos.

Curatela do nascituro

Como a lei põe a salvo, desde a concepção, os direitos do nascituro (art. 2º do CC e arts. 7º a 10 da Lei n. 8.069/90), falecendo o pai, estando grávida a mãe, não tendo o poder familiar, será nomeado um curador ao nascituro (art. 1.779 do CC). Se nascer com vida, será nomeado ao menor um tutor.

Curatela do enfermo ou portador de deficiência física

A pedido do enfermo ou portador de deficiência física, ou de parentes próximos, poderá ser conferida essa curatela especial para cuidar de todos ou alguns de seus negócios ou bens. Esse não passará por processo de interdição.

De quem deve promover a interdição

Já o art. 1.768 do CC, orientando acerca daqueles que deveriam propor a interdição, foi revogado pelo novo Código de Processo Civil. A legislação processual mais recente afirma, em seu art. 747, que a interdição poderá ser promovida pelo cônjuge ou pelo companheiro; pelos parentes ou pelos tutores; pelo representante da entidade em que se encontrar o interditando ou pelo Ministério Público, devendo a legitimidade ser comprovada por documentação que acompanhe a petição inicial. A rigor, a própria pessoa não mais poderá propor a sua interdição – como se verificava do art. 1.768 do CC – e, por outro lado, pode sim o representante da entidade em que estiver o interditando realizar a propositura.

Ministério Público promovendo a interdição

O Ministério Público mantém a sua possibilidade de promover a interdição, não mais pautado no art 1.768 do CC, mas sim no art. 747 do CPC/2015. No entanto, se antes a lei fazia menção clara ao fato de que o MP teria legitimidade para promover a interdição nos casos em que houvesse a manifestação de doença mental grave, agora, a partir do Estatuto da Pessoa com Deficiência, pode o Ministério Público promover o processo que define os termos da curatela em caso de deficiência mental ou intelectual.

Exame pessoal pelo juiz do arguido de incapacidade

A rigor, o art. 480 do novo Código de Processo Civil abre ao menos a singela possibilidade para que questão de natureza semelhante na medida em que o citado texto legal, em plano mais genérico, disciplina que o juiz, de ofício ou a requerimento da parte, pode, em qualquer fase do processo, inspecionar pessoas ou coisas, a fim de se esclarecer sobre fato que interesse à decisão da causa.

Não vem a ser a mesma hipótese vislumbrada no art. 1.771 do CC, que fora revogado. Naquele caso, a fim de evitar fraudes promovidas por parentes ou interessados, que tentassem garantir a posse ou a administração dos bens do suposto incapaz, o juiz deveria, além de contar com o auxílio de perito, entrevistar o interditando e verificar suas capacidades e entendimentos sobre a realidade e a capacidade de se determinar.

Pelo art. 481 do novo Código de Processo Civil (Lei n. 13.105/2015), como visto, o magistrado pode inspecionar coisas ou pessoas a fim de esclarecer fato relevante à causa.

Características da curatela

Baseando-se em sua avaliação sobre o estado de discernimento do interditando, o juiz determinará os limites da curatela, sendo as regras relativas à tutela aptas a produzir efeitos na curatela, conforme dispõe o art. 1.781 do CC. O pródigo, entretanto, só pode ser privado de, sem curador, praticar os atos previsto no art. 1.782 do mesmo diploma, quais sejam: emprestar, transigir, dar quitação, alienar, hipotecar, demandar ou ser demandado e praticar, em geral, os atos que não sejam de mera administração.

Efeito imediato da sentença

Mesmo sendo passível de interposição de recursos, determina o Código Civil que a sentença que declara a interdição de um indivíduo produza efeitos imediatamente.

Disposições da tutela

Determina o Código Civil que sejam aplicadas as disposições da tutela também à curatela, havendo diferenciação no que tange seus arts. 1.775 a 1.778.

Cônjuge ou companheiro como curador do outro

Em caso de cônjuges ainda casados, um será automaticamente curador do outro, salvo disposição em contrário. Se não houver a figura do cônjuge, o legitimado será o pai ou a mãe do interdito. Não havendo ascendente, será nomeado o descendente mais apto. O juiz poderá escolher uma pessoa alheia a essas relações de parentesco, tanto quando não houverem ascendentes ou descendentes ou ainda, por exemplo, caso os ascendentes sejam muito idosos e os descendentes, incapazes.

Curatela compartilhada

Porém, o art. 1.775-A (também pela Lei n. 13.146/2015) assegura que, quando da nomeação de curador à pessoa com deficiência, o magistrado poderá estabelecer a curatela compartilhada a mais de uma pessoa.

Recuperação do interdito

Revogada pela Lei n. 13.146/2015.

Estabelecimentos adequados

O art. 1.777 (redação dada pela Lei n. 13.146/2015) trata das providências a serem tomadas quando aqueles que, por causa transitória ou permanente, não puderem exprimir sua vontade (art. 1.767, I), deixando expresso que essas pessoas receberão todo o apoio necessário para ter preservado o direito à convivência familiar e comunitária, sendo evitado o seu recolhimento em estabelecimento que os afaste desse convívio.

Extensão da autoridade do curador

Com a interdição, o interdito fica impossibilitado de versar sobre os próprios bens, e o mesmo ocorrerá em relação a seus filhos. Assim, para se evitar a nomeação de um tutor para o pai e um curador para o menor, fica o tutor responsável pela administração dos bens do filho até que cesse a incapacidade, conforme dispõe o art. 5º do Código Civil.

Da Curatela do Nascituro e do Enfermo ou Portador de Deficiência Física

Em situação em que falecer o pai e, por alguma razão, a mãe estiver impedida de exercer o poder familiar, será nomeado curador ao nascituro (art. 2º do CC). Caso a mãe já tenha ela mesma um curador, este terá poderes sobre o nascituro (art. 2º do CC) também.

Mais adiante, o art. 1.780 do Código Civil também foi revogado pelo mesmo diploma legal. O dispositivo afirmava, acerca da curatela do enfermo ou do portador de deficiência física, que a pedido dos citados ou de parentes próximos poderia ser conferida a formatação de curatela que cuidasse de todos ou de alguns negócios ou bens.

Do Exercício da Curatela

O que for aplicável ao exercício da tutela aplicar-se-á ao exercício da curatela. As exceções são os casos de curadoria do pródigo (art. 4º do CC) e em relação à prestação de contas em caso de curatela sendo exercida pelo cônjuge em regime de comunhão universal de bens.

O art. 1.782 determina que o pródigo (art. 4º, IV, do CC) ficará privado do exercício de alguns atos descritos no próprio artigo, mas sendo possível a ele executar atos de mera administração de seu patrimônio. Além disso, as atividades relativas à sua vida particular são de sua livre execução. Assim, o pródigo poderá trabalhar e constituir família, normalmente.

Em razão da própria natureza do regime, e da qualidade de bens comuns possuídos pelos cônjuges unidos sob o regime da comunhão universal, caso o cônjuge seja o curador, não estará obrigado a prestar contas, exceto por determinação judicial.

DA TOMADA DE DECISÃO APOIADA

O deficiente elege duas pessoas idôneas de sua confiança para auxílio nas decisões sobre atos da vida civil. O pedido é iniciativa do portador de deficiência mental, que estipula os limites de atuação dos apoiadores. A decisão de deferimento da tomada de decisão apoiada é do magistrado, auxiliado por equipe multidisciplinar, após oitiva do Ministério Público e das pessoas que prestarão apoio. A decisão dentro dos limites estipulados terá validade e efeitos sobre terceiros. Havendo divergência de opiniões em negócio jurídico com risco relevante, a decisão cabe ao juiz, ouvido o Ministério Público, inclusive, devendo ser analisado o grau de incapacidade. O apoiador pode ser afastado pelo juiz em caso de negligência (art. 186 do CC) ou de agir em contrariedade aos interesses do apoiado, bem como solicitar voluntariamente sua exclusão e, ainda, responsabilizá-lo civilmente, já que o mesmo responderá objetivamente por força dos arts. 932, II c/c 933 do CC. O apoiado pode solicitar a qualquer tempo o término do acordo de decisão apoiada. É cabível a prestação de contas, nos mesmos moldes da curatela, ou seja, deve ser feita da forma mercantil.

Espécies de família	Características	Amparo legal	Observações
Matrimonial	Era a única existente até 1988, sendo conceituada como aquela proveniente do casamento, o qual os indivíduos ingressavam por vontade própria, sendo nulo o matrimônio realizado mediante coação	Art. 1.514 do CC	O art. 1.566, do CC, traz os deveres do de ambos os cônjuges
Informal	É a família decorrente da união estável. Aceita somente após a CF/88, garantindo direitos a alimentos, direitos sucessórios e regime de bens entre companheiros	Art. 1.723, do CC	X
Homoafetiva	Esta espécie de família é constituída por pessoas do mesmo sexo, unidas por laços afetivos. Não possui uma legislação específica, no entanto, ela existe e deve ser aceita e respeitada. Várias são as dificuldades encontradas para seu reconhecimento, em decorrência de ainda existir um entrelaçamento entre os valores da sociedade e os valores pregados pela religião	Resolução CNJ n. 175/2013	X

(continua)

(continuação)

Espécies de família	Características	Amparo legal	Observações
Paralela ou simultânea	Paralela é aquela que afronta a monogamia, realizada por aquele que possui vínculo matrimonial ou de união estável. O CC denomina de concubinato as relações não eventuais existentes entre homem e mulher impedidos de casar; portanto, na família paralela, um dos integrantes participa como cônjuge de mais de uma família	X	X
Poliafetiva	É a família a partir da qual três ou mais pessoas se relacionam querida e simultaneamente, com o conhecimento dos membros	X	Modalidade criada pela doutrina e que já possui posicionamento do judiciário que tende pela sua aceitação
Monoparental	É aquela constituída por um dos pais e seus descendentes, ou seja, ou só o pai ou só a mãe convivendo com seu filho	Art. 226, § 4º, da CF	X
Anaparental	Conceitua-se como sendo aquela família unida por algum parentesco, mas sem a presença de pais. É constituída pela convivência entre parentes dentro de um mesmo lar, com objetivos comuns, sejam eles de afinidade ou até mesmo econômico. Ex.: dois irmãos ou primos que convivem juntos	X	Existe dispositivo no Projeto do Estatuto da Família, no caput do art. 69
Pluriparental	É a entidade familiar que surge com o desfazimento de vínculos familiares anteriores e criação de novos vínculos. A especificidade decorre da peculiar organização do núcleo, reconstruído por casais em que um ou ambos são egressos de casamentos ou uniões anteriores. Eles trazem para a nova família seus filhos e, muitas vezes, têm filhos em comum	X	X
Extensa ou ampliada	Família extensa ou ampliada aquela que se estende para além da unidade pais e filhos ou da unidade do casal, formada por parentes próximos com os quais a criança ou adolescente convive e mantém vínculos de afinidade e afetividade	Art. 25, parágrafo único, do ECA	X
Substituta	A família substituta é aquela oriunda da adoção, seja esta temporária ou permanente. Os membros não são aliados por laços sanguíneos, mas por afinidade, carinho, compaixão e amor, ou seja, os pais não são os pais biológicos dos filhos, mas agem como tal	X	Atentar quanto as adequações da Lei 12.010/2009
Endemonista	A família eudemonista é um conceito moderno que se refere à família que busca a realização plena de seus membros, caracterizando-se pela comunhão de afeto recíproco, a consideração e o respeito mútuos entre os membros que a compõe, independente do vínculo biológico	X	X

DO DIREITO DAS SUCESSÕES

DA SUCESSÃO EM GERAL

Transmissão da herança

A palavra *sucessão*, em sentido amplo, significa o ato pelo qual uma pessoa assume o lugar de outra, substituindo-a na titularidade de determinados bens. Numa compra e venda, por exemplo, o comprador *sucede* o vendedor, adquirindo todos os direitos que a este pertenciam. Na hipótese, ocorre a sucessão *inter vivos*. No direito das sucessões, entretanto, o vocábulo é empregado em sentido estrito para designar tão somente a decorrente da morte de alguém, ou seja, a sucessão *causa mortis*. O referido ramo do direito disciplina a transmissão do patrimônio (o ativo e o passivo) do *de cujus* (o autor da herança) a seus sucessores. A Constituição Federal assegura, em seu art. 5º, XXX, o direito de herança, e o Código Civil disciplina o direito das sucessões em quatro títulos: "Da Sucessão em Geral", "Da Sucessão Legítima", "Da Sucessão Testamentária" e "Do Inventário e Partilha". No instante da morte do *de cujus*, abre-se a sucessão, transmitindo-se, sem solução de continuidade, a propriedade e a posse dos bens do falecido aos seus herdeiros sucessíveis, legítimos ou testamentários, que estejam vivos naquele momento, independentemente de qualquer ato.

A sucessão pode ocorrer *inter vivos* e *causa mortis*, mas quando se fala em direito das sucessões, este só pode ser entendido como a transmissão de um patrimônio, tanto ativo como passivo, em decorrência da morte. Adota-se, desde já, o princípio da *saisine* que consiste na transmissão da posse e da propriedade de que o *de cujus* era titular, aos seus herdeiros que a ele sobreviveram.

Portanto, o direito das sucessões vem a ser o conjunto de normas que regulamentam a transferência do patrimônio, ativo e passivo, do *de cujus* para os herdeiros, a título universal ou singular, passando o herdeiro a exercer a condição jurídica do falecido. Assim, a sucessão *causa mortis* se processa de duas maneiras: quando transmitida a título universal, isto é, a totalidade de um patrimônio, pouco importando a quantidade de herdeiros; e a sucessão a título singular, a qual ocorre mediante um testamento, em que o testador, em seu último ato de vontade, atribui um determinado bem de seu patrimônio, o legado, a uma pessoa, criando-se a figura do legatário, ou seja, o titular de direito.

Do local apropriado para início da sucessão

O lugar da abertura da sucessão é o último domicílio do autor da herança, porque se presume que aí esteja a sede principal dos negócios do falecido, embora o passamento se tenha dado em local diverso ou seus bens estejam situados em outro local. A abertura da sucessão no último domicílio do *auctor successionis* determina a competência do foro para os processos atinentes à herança (inventário, petição de herança) e para as ações dos coerdeiros legatários e credores relacionados com os bens da herança.

Da comoriência

Tal hipótese só se aplica se morrerem juntos parentes sucessores recíprocos (art. 8º do CC), *v. g.*, pai e filho, e quando, concomitantemente, for impossível a fixação do momento exato da morte de cada um.

Sucessão testamentária

A sucessão testamentária é a oriunda de testamento válido ou de disposição de última vontade. Havendo herdeiros necessários (ascendentes ou descendentes), o testador só poderá dispor de metade da herança, pois a outra constitui a legítima.

Sucessão legítima

A sucessão legítima ou *ab intestato* é resultante de lei nos casos de ausência, nulidade, anulabilidade ou caducidade de testamento.

Em relação aos herdeiros, estabelece o Código que *legítimo* é o indicado pela lei, em ordem preferencial.

Quando a sucessão ocorrer de ato de última vontade, expresso em testamento, esta se chamará sucessão testamentária, e quando a sucessão resultar de lei, porque o *de cujus* deixou de fazer o testamento, ou quando o testamento caducou, ou foi julgado nulo, por exemplo, casos em que não há a manifestação de última vontade, a lei determinará o destino do patrimônio do falecido, denominando-se sucessão legítima.

A legitimação para suceder é a aptidão da pessoa para receber os bens deixados pelo *de cujus*. Não se confunde, portanto, com a capacidade para ter direito à sucessão. Trata-se da capacidade de agir relativamente aos direitos sucessórios, ou seja, da aptidão para suceder, aceitar ou exercer direitos do sucessor. Logo não teria tal *legitimidade para suceder*, por exemplo, o deserdado ou o indigno. A legitimidade ou capacidade para suceder diz respeito à qualidade para herdar do sucessível, não disciplinando as condições de que dependem a situação de herdeiro relativamente à herança do *de cujus*, tampouco à extensão dos direitos sucessórios. A lei vigente ao tempo da abertura da sucessão é que fixa a legitimação ou capacidade sucessória do herdeiro. Assim sendo, nenhuma alteração legal, anterior ou posterior ao óbito, poderá modificar o poder aquisitivo dos herdeiros, visto que a lei do dia do óbito rege o direito sucessório do herdeiro legítimo ou testamentário.

Falecimento *ab intestato*

Se o *de cujus* não fizer testamento, a sucessão será legítima, passando o patrimônio do falecido às pessoas indicadas pela lei, obedecendo-se à ordem de vocação hereditária (art. 1.829 do CC). A sucessão *ab intestato* apresentar-se-á como um testamento tácito ou presumido do *de cujus* que não dispôs, expressamente, de seus bens, conformando-se com o fato de que seus bens passam a pertencer àquelas pessoas enumeradas pela lei. Há possibilidade de existência simultânea da sucessão testamentária e legítima se o testamento não abranger a totalidade dos bens do falecido. A parte de seu patrimônio não mencionada no ato de última vontade é deferida aos herdeiros legítimos, na ordem de vocação hereditária. A sucessão legítima é a regra, e a testamentária, a exceção, visto que subsistirá a legítima se o testamento caducar, se for declarado nulo ou for revogado, considerando-se, então, que o *de cujus* faleceu *ab intestato* e seus herdeiros receberão toda a herança, tendo direito às suas legítimas e à parte disponível constante do testamento nulo, caduco ou revogado, expressa ou tacitamente.

Multiplicidade de herdeiros necessários

Os herdeiros necessários do falecido serão apenas seus descendentes (filhos, netos, bisnetos), ascendentes (pais, avós, bisavós) e cônjuge. Havendo herdeiros necessários, o testador só poderá dispor da metade de seus bens, resguardando-se assim a legítima de seus herdeiros necessários. "É herdeiro excepcional, já que só sucederá se nascer com vida, havendo um estado de pendência da transmissão hereditária, recolhendo seu representante legal a herança sob condição resolutiva. O já concebido no momento da abertura da sucessão adquire, desde logo, o domínio e a posse da herança, como se já fosse nascido; porém, como lhe falta personalidade, nomeia-se-lhe um curador ao ventre" (DINIZ, Maria Helena. *Curso de direito civil brasileiro:* direito das sucessões. 16. ed. São Paulo, Saraiva, 2002, v. 6, p. 43).

H1. (OAB/Exame de Ordem Unificado/FGV/2013.1) Rogério, solteiro, maior e capaz, estando acometido por grave enfermidade, descobre que é pai biológico de Mateus, de dez anos de idade, embora não conste a filiação paterna no registro de nascimento. Diante disso, Rogério decide lavrar testamento público, em que reconhece ser pai de Mateus e deixa para este a totalidade de seus bens. Sobrevindo a morte de Rogério, Renato, maior e capaz, até então o único filho reconhecido por Rogério, é surpreendido com as disposições testamentárias e resolve consultar um advogado a respeito da questão.

A partir do fato narrado, assinale a afirmativa correta.

A) Todas as disposições testamentárias são inválidas, tendo em vista que, em seu testamento, Rogério deixou de observar a parte legítima legalmente reconhecida a Renato, o que inquina todo o testamento público, por ser este um ato único.

B) A disposição testamentária que reconhece a paternidade de Mateus é válida, devendo ser incluída a filiação paterna no registro de nascimento; a disposição testamentária relativa aos bens deverá ser reduzida ao limite da parte disponível, razão pela qual Mateus receberá o quinhão equivalente a 75% da herança e Renato o quinhão equivalente a 25% da herança.

C) Todas as disposições testamentárias são inválidas, uma vez que Rogério não poderia reconhecer a paternidade de Mateus em testamento e, ainda, foi desconsiderada a parte legítima de seu filho Renato.

D) A disposição testamentária que reconhece a paternidade de Mateus é válida, devendo ser incluída a filiação paterna no registro de nascimento; é, contudo, inválida a disposição testamentária relativa aos bens, razão pela qual caberá a cada filho herdar metade da herança de Rogério.

➥ Veja arts. 1.789, 1.897 e 1.907, CC.

Comentário: Quando ocorre o falecimento de uma pessoa, necessariamente em seguida, o conjunto de bens deixados por essa pessoa é transmitido aos seus herdeiros. Cônjuge, descendentes e ascendentes concorrem para a herança. Se, no entanto, não houver outro cônjuge vivo, pela linha sucessória sucedem apenas os descendentes à totalidade dos bens, excluindo-se, portanto, os ascendentes. Assim, a herança é repartida igualmente por cada descendente.

Ocorre, porém, que o falecido pode fazer, por meio de testamento, a disposição de sua última vontade, impondo diferente divisão de seus bens. Entretanto, poderá dispor no testamento de até 50% de seus bens, sendo certo que os outros 50% ficam designados aos herdeiros necessários (cônjuge, descendentes e ascendentes). Em resumo, então, se uma pessoa que tinha filhos e esposa falece, ela pode determinar em seu testamento que 5% de seu patrimônio será destinado a uma instituição, outros 8% a nova instituição de caridade, mais 37% a uma sobrinha; mas, necessariamente, 50% (dos herdeiros necessários) não são nunca objeto de disposição, e pela lei tal montante já está resguardado aos herdeiros necessários.

Pois bem, sendo assim, no caso retratado, Rogério manifestou o interesse de deixar todos os seus bens a Mateus. No entanto, conforme dito, isso não é possível porque, se ele tem 2 filhos, metade de seu patrimônio fica dividido entre todos os herdeiros (Mateus e Renato). Assim, analisando-se apenas a metade legítima, que é dos 2 herdeiros, Mateus tem direito a 25% desta e Renato aos outros 25%, compondo os 50% da legítima.

Já, de outro lado, os outros 50% ficam disponíveis ao testador para definir como melhor lhe convier o seu destino. E, na medida em que Rogério buscou determinar que o seu patrimônio todo ficaria com Mateus, a totalidade daquilo que é disponível (os outros 50%) são repassados integralmente a Mateus, de modo que, ao fim e ao cabo, ele recebe 3/4 (75%) de toda a herança e Renato apenas uma quarta parte (25%).

A alternativa correta, portanto, é a letra B.

Direitos do companheiro sobrevivente

O companheiro sobrevivente terá direito de participar da sucessão *causa mortis* do outro, somente quanto aos bens adquiridos onerosamente da constância da união estável, nas seguintes condições: se concorrer com filho comum, fará jus a uma quota equivalente à atribuída por lei àquele; se concorrer com descendentes só do *de cujus*, terá direito de receber metade do que couber a cada um deles; e, se concorrer com outros parentes sucessíveis (ascendentes ou colaterais até o 4º grau), receberá um terço da herança. Não havendo parente sucessível, terá direito à totalidade do acervo hereditário, alusivo ao patrimônio obtido, de modo oneroso, durante a convivência. Incidente de arguição de inconstitucionalidade, em julgamento pelo STJ (REsp n. 1.135.354/PB), questiona a discriminação que há entre cônjuges e companheiros, que faz companheiros sobreviventes terem que concorrer com parentes distantes do *de cujus*, como sobrinhos-netos e tios-avôs.

DA HERANÇA E DE SUA ADMINISTRAÇÃO

Da unicidade da herança

A herança é uma universalidade *juris* indivisível até a partilha, de modo que, se houver mais de um herdeiro, o direito de cada um, relativo à posse e ao domínio do acervo hereditário, permanecerá indivisível até que seja ultimada a partilha. Cada coerdeiro, antes da partilha, passa a ter o direito de posse e propriedade, que será regido pelas normas relativas ao condomínio. Logo, qualquer coerdeiro poderá, por exemplo, reclamar, mediante ação reivindicatória, a totalidade dos bens da herança, e não uma parte deles, de terceiro (art. 1.314 do CC) que indevidamente a detenha em seu poder, não podendo este opor-lhe, em exceção, o caráter parcial de seu direito nos bens da sucessão hereditária, em razão do princípio da indivisibilidade do direito dos herdeiros sobre a herança.

Portanto, a herança é uma universalidade de direito, e a lei, observando atentamente à possibilidade de o *de cujus* ter mais de um herdeiro, aponta que o direito destes, quanto ao domínio e à posse será indivisível até a partilha, pois somente a partir dela a parte devida a cada herdeiro se individualiza, cessando a indivisão. Todavia, essa indivisibilidade de que trata o parágrafo único do art. 1.791 traz uma consequência, a de que cada herdeiro possua o direito de reclamar a herança por inteiro, visto que a lei dá ao herdeiro legitimidade para tanto (art. 1.825 do CC).

Limitação da responsabilidade do herdeiro

A responsabilidade do herdeiro não ultrapassa as forças da herança, isto é, ele não será responsável pelos débitos do falecido que superarem o valor de seu quinhão sucessório, nem será acionado pelas dívidas do espólio, porém a lei estabelece que o herdeiro prove o excesso, ou seja, este deverá, por qualquer via permitida, demonstrar que os bens herdados não suprem os débitos, a não ser que tenha inventário em andamento, justamente para fazer um levantamento do patrimônio, tanto ativo como passivo, do *de cujus*.

Cessão da herança por escritura pública

O direito à sucessão, assim como qualquer outro direito patrimonial, pode ser transmitido, gratuita e onerosamente. Desse modo, a sucessão da herança consistirá na transferência que o herdeiro fará do quinhão hereditário ou parte dele a terceiro após a abertura da sucessão, consistindo em um negócio jurídico *inter vivos*. Com a aceitação da herança, o herdeiro não assumirá os encargos do *de cujus* além das forças do acervo hereditário, mas deverá provar, por qualquer dos meios admitidos, que os bens herdados têm valor inferior ao dos débitos, exceto se houver inventário em andamento contendo a avaliação dos bens recebidos. A cessão da herança, gratuita ou onerosa, consiste na transferência que o herdeiro, legítimo ou testamentário, faz a outrem de todo quinhão hereditário ou de parte dele, que lhe competirá após a abertura da sucessão. A cessão só será válida após a abertura da sucessão, por ser nulo qualquer ato negocial que envolva herança de pessoa viva. Só pode incidir no todo ou em parte sobre quinhão ideal do coerdeiro, visto que a herança é uma universalidade de direito, não um conjunto de bens individualmente determinados. O coerdeiro não pode, sem prévia autorização judicial, antes da partilha, por estar pendente a indivisibilidade da herança, ceder, a outrem, qualquer bem do acervo hereditário considerado singularmente, sob pena de ser ineficaz sua disposição. Somente poderá transferir sua quota-parte na massa hereditária sem especificar bens. Como a sucessão aberta é tida como coisa imóvel, a cessão da herança só poderá ser feita por meio de escritura pública. O cessionário assume, relativamente aos direitos hereditários, a mesma condição jurídica do cedente. Pertencerá ao cessionário tudo o que em virtude da herança seria do cedente; não, porém, o que foi conferido ao herdeiro em razão de substituição ou de direito de acrescer, que presumir-se-á não abrangido pela cessão anteriormente feita.

Direito de prelação entre coerdeiros

Cessão onerosa de quota de herança não pode ser feita a estranho sem que o cedente a tenha oferecido aos coerdeiros para que exerçam o direito de preferência, tanto por tanto. O cessionário de quota de herança indivisa não poderá ser admitido no inventário sem que a cessão seja intimada aos coerdeiros, para usarem o seu direito de preferência, porque a herança, enquanto não se procede a partilha, é coisa indivisível, não podendo, por esse motivo, um dos coerdeiros ceder sua parte a estranho se algum dos outros coerdeiros a quiser, tanto por tanto.

Em caso de cessão onerosa feita a pessoa alheia à sucessão, sem que o cedente tenha ofertado aos demais coerdeiros o seu quinhão ideal para que exerçam seu direito de preferência, tanto por tanto, qualquer deles que, dentro de 180 dias após a transmissão, depositar a quantia, haverá para si a quota cedida a estranho. E, se vários coerdeiros o quiserem, entre eles se distribuirá o quinhão vendido, na proporção das respectivas quotas hereditárias.

Definição do inventário

O inventário é o processo judicial tendente à relação, descrição, avaliação e liquidação de todos os bens pertencentes ao *de cujus* ao tempo de sua morte, para partilhá-los e distribuí-los entre seus sucessores, ou seja, o inventário é destinado a relacionar, levantar, avaliar e liquidar todos os bens deixados pelo *de cujus*, ativo e passivo, ao tempo de sua morte, a fim de partilhá-los e distribuí-los entre os seus herdeiros. O inventário pode ser um procedimento judicial ou extrajudicial, e só será obrigatório quando houver testamento, divergência entre os herdeiros ou algum deles for incapaz. Mas, se todos os herdeiros forem maiores, capazes e concordes, e não havendo testamento, a partilha e o inventário poderão ser feitos por escritura pública, a qual constituirá título hábil para o registro imobiliário, contanto que as partes interessadas estejam assistidas por um advogado comum, por advogados de cada uma delas ou por defensor público, cuja qualificação e assinatura constarão em ato notarial (art. 610, § 2º, do CPC/2015).

O inventário deverá ser requerido no foro do último domicílio do autor da herança, ou no juízo competente (art. 48 do CPC/2015), por quem tenha legítimo interesse, dentro de um mês, a contar da morte do *de cujus*, concluindo-se dentro dos seis meses subsequentes ao seu requerimento. Se o excesso de prazo se der por ato culposo do inventariante, o juiz poderá providenciar sua remoção, se algum herdeiro o requerer, e, se for necessário, privá-lo-á, ainda, o magistrado de vintena (arts. 1.796, 1.987 e 1.989 do CC).

Administração do inventário

Até que o inventariante preste o compromisso (art. 617, parágrafo único, do atual CPC), posse do espólio e a legitimidade para representá-lo, ativa e passivamente serão do administrador provisório (arts. 613 e 614 do atual CPC).

O administrador provisório é quem terá, até ser prestado o compromisso do inventariante, a posse do espólio e a legitimidade para representar ativa e passivamente a herança (arts. 613 e 614 do atual CPC). Com isso evitar-se-á que o espólio fique acéfalo e os bens sem cuidado por falta de administração produtiva, enquanto não se tiver a nomeação e a posse efetiva do inventariante. Essa administração competirá sucessivamente: *a)* ao cônjuge, ou companheiro, sobrevivente, se convivia com o *de cujus* ao tempo da abertura da sucessão; *b)* ao herdeiro que estiver na posse e administração dos bens, e se houver mais de um nessas condições, ao mais velho; *c)* ao testamenteiro; e *d)* à pessoa de confiança do juiz, na falta ou escusa dos indicados anteriormente, ou quando tiverem de ser afastados por motivo grave levado ao conhecimento do magistrado.

DA VOCAÇÃO HEREDITÁRIA

Legítimos sucessores

O art. 1.798 aponta a regra geral sobre a legitimação para suceder, aplicada tanto à sucessão legítima como à sucessão testamentária. Portanto, estão legitimadas e aptas a suceder as pessoas nascidas ou já concebidas no momento de abertura da sucessão, que ao tempo do falecimento do autor da herança estejam vivas, ou pelo menos concebidas. Logo, as pessoas que ainda não foram concebidas ao tempo de abertura da sucessão não terão legitimação para suceder nem poderão herdar, exceto hipótese do art. 1.799, I, do CC.

A legitimação para suceder é a qualidade para que alguém possa invocar a sua vocação hereditária ou o seu direito de herdar por testamento. É, portanto, a aptidão da pessoa para receber os bens deixados pelo *de cujus*, que ao tempo do falecimento do autor da herança deve estar vivo, ou pelo menos concebido, para ocupar o lugar que lhe compete. A capacidade sucessória do nascituro é excepcional, já que só sucederá se nascer com vida, havendo um estado de pendência da transmissão hereditária, recolhendo seu representante legal a herança sob condição resolutiva. O já concebido, no momento da abertura da sucessão, adquire desde logo o domínio e a posse da herança como se já fosse nascido, porém, como lhe falta personalidade, nomeia-se-lhe um curador ao ventre. Se nascer morto, será tido como se nunca tivesse existido. Se nascer com vida, terá capacidade ou legitimação para suceder.

De quem mais poderá suceder

O Código dedica-se a algumas regras especiais à sucessão testamentária. O inciso I aponta uma importante exceção ao princípio de que somente as pessoas nascidas ou concebidas no tempo do falecimento do autor da herança tenham legitimação para suceder, dizendo que é possível contemplar a prole futura ou eventual de determinada pessoa designada pelo testador e existente ao tempo de abertura da sucessão.

Terá capacidade para adquirir por testamento toda pessoa física ou jurídica existente ao tempo da abertura da sucessão, não havida como incapaz. Serão absolutamente incapazes para adquirir por testamento as pessoas não concebidas até a abertura da sucessão, exceto se a disposição testamentária se referir à prole eventual de pessoa designada pelo testador e existente ao tempo de sua morte. Para receber herança ou legado será preciso que o beneficiado seja nascido ou esteja ao menos concebido por ocasião do óbito do disponente. Mas a lei permite que se contemple prole futura de um herdeiro instituído e, em substituição fideicomissária, pessoa ainda não concebida. Assim sendo, se o herdeiro nomeado existir por ocasião da abertura da sucessão, o legado estará assegurado ao filho que futuramente vier a ter. Como têm personalidade jurídica, as pessoas jurídicas de direito público interno ou de direito privado podem ser beneficiadas por testamento. O testador, no ato de última vontade, poderá reservar bens livres à pessoa jurídica *in fieri*, cuja organização visa a criar fundação para a consecução de fins úteis, culturais e humanitários. A pessoa jurídica de direito externo está impedida de possuir ou adquirir no Brasil bens imóveis e os suscetíveis de desapropriação, não só por testamento, mas também por qualquer título, como compra e venda, doação, permuta, porque permiti-lo representaria um perigo para a soberania nacional, criando dificuldades ao seu pleno exercício, dado que nesses bens os governos estrangeiros poderiam instalar seus súditos.

Do sucessor incapaz

O art. 1.800 soluciona duas questões existentes no antigo Código Civil de 1916. A primeira abrange a titularidade do direito, enquanto não há o nascimento da prole eventual de pessoa designada pelo testador, e a outra questão é o prazo de eficácia da disposição testamentária.

O juiz nomeará um curador (art. 1.775, §§ 1º a 3º, do CC) para, provisoriamente, guardar e administrar os bens da herança da pessoa ainda não concebida, pois durante o período entre a morte do testador e o nascimento do beneficiário, os bens não podem permanecer sem dono. A legitimação para suceder do herdeiro esperado só será concedida se este nascer com vida, e assim receberá a herança ou legado, com todos os rendimentos e frutos produzidos a partir da abertura da sucessão.

Se a disposição testamentária se referir à prole eventual de pessoa designada pelo testador, existente ao abrir a sucessão, como os bens não podem ficar sem dono durante o intervalo entre a morte do testador e o nascimento do beneficiário, os bens da herança serão confiados, após a liquidação, ou partilha, a curador nomeado pelo juiz, que, em regra, não havendo disposição testamentária em contrário, será a pessoa cujo filho o testador esperava ter por herdeiro, e, sucessivamente, se esta não o puder, uma das pessoas indicadas no art. 1.775, §§ 1º a 3º, do Código Civil, ou seja, seu cônjuge, ou companheiro, seu herdeiro, e, na falta deles, aquele que for escolhido pelo magistrado. A guarda provisória dos bens do herdeiro não concebido, na falta dessas pessoas, poderá ser, excepcionalmente, deferida ao testamenteiro. O curador nomeado para, provisoriamente, guardar bens da herança de pessoa ainda não concebida terá os mesmos poderes, obrigações e responsabilidades do curador dos incapazes. A deixa que beneficia prole eventual valerá, mas sua eficácia dependerá de que o herdeiro esperado seja concebido e nasça com vida (art. 1.798 do CC), pois sua legitimação para suceder é condicional, consolidando-se somente se nascer com vida, caso em que receberá a herança ou o legado, com todos os seus frutos e rendimentos produzidos a partir da morte do testador. Se, decorridos dois anos após a abertura da sucessão, o herdeiro esperado não for concebido, os bens que lhe foram destinados passarão aos herdeiros legítimos do autor da herança, salvo se o contrário estiver estipulado no testamento. Se o herdeiro não for concebido dentro do biênio previsto em lei, a verba testamentária caducará e a parte que lhe era cabível será devolvida aos herdeiros legítimos ou ao substituto testamentário, retroagindo, obviamente, aquela devolução à data da abertura da sucessão.

Dos impedidos a serem nomeados herdeiros ou legatários

O art. 1.801 enumera as pessoas que não têm legitimação na sucessão testamentária, ou seja, não podem ser nomeadas herdeiras ou legatárias.

Certas pessoas, por razões especiais, não podem receber por via de testamento, tendo incapacidade relativa. Entre elas: a) a pessoa que, a rogo, redigiu o testamento, ou seu cônjuge, ascendente, descendente e irmão, porque poderia abusar da confiança que lhe foi depositada, procurando beneficiar-se, ou a parente próximo; b) as testemunhas testamentárias (art. 228 do CC), evitando que possam influenciar a vontade do testador para dispor em seu favor; c) o concubino do testador casado, salvo se este, sem culpa sua, estiver separado de fato do cônjuge há mais de cinco anos; logo, o separado judicialmente, solteiro(a), viúvo(a), ou divorciado(a) poderá aquinhoar seu(ua) amante ou companheiro(a) livremente; d) o tabelião, civil ou militar, o comandante ou escrivão perante quem se fizer, assim como o que fizer ou aprovar testamento, porque não se acham de todo isentos de suspeição.

Disposições testamentárias nulas

Se o testador beneficiar pessoa que não tenha capacidade ou legitimação testamentária passiva, nula será a disposição de última vontade, mesmo quando simular a forma de um contrato oneroso ou beneficiar interposta pessoa (pai, mãe, descendente, irmão e consorte ou companheiro do não legitimado para o testamento), hipótese em que se terá simulação relativa.

Herança ao filho resultado de concubinato

A disposição testamentária será válida em favor de filho adulterino, do testador ou testadora com sua concubina ou concubino. Portanto, o testador casado, por exemplo, poderá beneficiar filho de sua amante no testamento, quando este for seu filho também. Inclusive, com base na igualdade dos filhos trazido pela Constituição Federal, não se entende mais tratar de filho adulterino como fora tratado anteriormente.

DA ACEITAÇÃO E RENÚNCIA DA HERANÇA

Definição e transmissão da herança ao herdeiro

A aceitação da herança vem a ser o ato jurídico unilateral pelo qual o herdeiro, legítimo ou testamentário, manifesta livremente sua vontade de receber a herança que lhe é transmitida. A aceitação apenas confirma o direito que o falecimento do *de cujus* atribuiu ao herdeiro, consolidando-o. Renúncia é o ato jurídico unilateral pelo qual o herdeiro declara expressamente que não aceita a herança a que tem direito, despojando-se de sua titularidade. Logo, a transmissão da herança ter-se-á por não verificada, diante da renúncia do herdeiro.

Aceitação tácita e expressa da herança

Será expressa a aceitação se resultar de declaração escrita, pública ou particular, do herdeiro manifestando seu desejo de receber a herança. A aceitação será tácita se inferida de prática de atos, positivos ou negativos, somente compatíveis à condição hereditária do herdeiro, que demonstrem a intenção de aceitar a herança, tais como: cobrança de dívidas de espólio, sua representação por advogado no inventário, transporte de bens da herança para o seu domicílio etc. Há atos que, embora sejam praticados pelo herdeiro, não revelam o propósito de aceitar a herança, tais como: atos oficiosos, como o funeral do finado, ou atos meramente conservatórios, a fim de impedir a ruína dos bens da herança, ou os de administração e guarda interina para atender a uma necessidade urgente, por serem meros obséquios, praticados por sentimento humanitário, sem qualquer interesse. A cessão gratuita, pura e simples, feita indistintamente a todos os coerdeiros, equivale à renúncia. Mas se o cedente ceder seu quinhão hereditário em favor de certa pessoa, devidamente individualizada, estará aceitando a herança, pois nesse caso se teria uma renúncia translativa, que, na verdade, é aceitação, por conter dupla declaração de vontade: a de aceitar a herança e a de alienar, mediante doação, à pessoa indicada sua quota hereditária.

Renúncia da herança

Ato jurídico pelo qual o herdeiro dispensa o direito à herança a que teria direito. Essa deve constar expressamente de instrumento público ou termo judicial. A renúncia na sucessão legítima implica o direito de acrescer dos outros herdeiros da mesma classe. Sendo de classe diversa, devolve-se aos da subsequente (art. 1.810 do CC). Não há como os filhos do renunciante herdarem por representação ou estirpe, podendo, eventualmente, ser chamados por direito próprio e por cabeça. Quando o herdeiro renunciar à herança para prejudicar credores, estes, com autorização judicial, poderão aceitá-la, no prazo de trinta dias da renúncia, até o montante do débito. O remanescente não volta para o herdeiro renunciante, mas sim a quem a renúncia aproveita. A aceitação e a renúncia são atos irrevogáveis, não poderão ser em parte, sob condição ou termo. Mas o herdeiro que suceder a título diverso poderá repudiar ou aceitar a ambos, ou aceitar um e repudiar o outro. Poderá haver a aceitação da herança pelos sucessores do herdeiro, quando este falecer antes de declarar se aceita a herança, salvo se pender condição suspensiva, ainda não verificada.

Prazos para aceitação ou renúncia da herança

O Código estabelece que, se algum interessado desejar a manifestação de um herdeiro sobre a aceitação ou não da herança, deverá requerer ao juiz que seja estabelecido prazo inferior a trinta dias para tal manifestação. Permanecendo o herdeiro em silêncio, é considerada aceita a herança.

Da impossibilidade de se aceitar ou renunciar à herança em parte, sob condição ou a termo

A herança é considerada, para o Direito, como um todo, não podendo então ser fracionada. Além disso, a renúncia é ato unilateral que não aceita termo ou condição para sua cessão e, no mesmo sentido, não pode haver renúncia condicionada ou com termo. Se, juntamente com a herança, o herdeiro receber legados, não está obrigado a receber a herança e o legado. Poderá renunciar a um deles. Por fim, apresenta o § 2º do art. 1.808 que, caso na mesma sucessão, o herdeiro receba quinhões de títulos diversos, poderá livremente aceitar a um e renunciar a outro.

Direito de escolha perante falecimento do herdeiro

Caso o herdeiro venha a falecer antes de declarar a aceitação da herança, este direito é imediatamente transferido a seus herdeiros – desde que não exista alguma cláusula suspensiva que ainda não tenha se operado.

Só poderá esse herdeiro pronunciar-se sobre a aceitação daquele que lhe transferiu a herança se aceitar a herança à qual tem direito, uma vez que, renunciando à herança direta que receberia, não teria mais legitimidade para agir em nome do falecido.

Em caso de renúncia de parte da herança

Quando um dos herdeiros renuncia à sua parte na herança, a situação reverte-se ao *status* de não existência daquele herdeiro. Se havia herdeiros na mesma linha, sua parte acrescenta-se à deles. Sendo o único naquela linha sucessória, sua parte reverte-se para a linha subsequente.

De quem poderá representar herdeiro renunciante

Caso um herdeiro renuncie, será como se nunca tivesse existido e, dessa forma, seus descendentes não poderão representá-lo na sucessão. Porém, se o renunciante for o único no mesmo grau na linha sucessória ou se todos os herdeiros daquele grau renunciarem, seus herdeiros poderão participar desta sucessão por direito próprio e por cabeça.

São irrevogáveis os atos de aceitação ou de renúncia da herança

A decisão do herdeiro frente à herança é irretratável. Tendo expresso sua aceitação ou sua renúncia, não poderá revogar esse ato.

Direito dos credores de aceitar a herança renunciada pelo devedor

Caso seja fato conhecido dos credores do herdeiro que este tenha recusado herança para praticar fraude contra credores – imaginando que não teria inicialmente patrimônio para saldar a dívida antes do recebimento da herança –, poderão, mediante autorização judicial, receber a parte da herança que cobre seus créditos. O prazo para que se habilitem para o recebimento é de trinta dias após saberem da renúncia e o valor restante da herança, caso haja, retornará ao principal para ser repartido entre os demais herdeiros.

DOS EXCLUÍDOS DA SUCESSÃO

Herdeiros e legatários excluídos da sucessão

A indignidade vem a ser uma pena civil que priva do direito à herança não só o herdeiro, mas o legatário que cometeu atos criminosos ou reprováveis, taxativamente enumerados em lei, contra a vida, a honra e a liberdade do *de cujus*. Consideram-se indignos, sendo excluídos da sucessão, os herdeiros ou legatários que: a) houverem sido autores ou cúmplices em homicídio voluntário, ou em sua tentativa, contra a pessoa de cuja sucessão se tratar, seu cônjuge ou companheiro, ascendente ou descendente; b) acusarem o *de cujus* caluniosamente em juízo ou incorrerem em crime contra sua honra ou contra a de seu cônjuge ou companheiro; c) inibirem, por violência ou fraude, o *de cujus* de dispor livremente de seus bens em testamento ou codicilo, ou lhe impedirem a execução dos atos de última vontade.

H2. (OAB/Exame XXX 2019) Juliana, Lorena e Júlia são filhas de Hermes, casado com Dóris. Recentemente, em razão de uma doença degenerativa, Hermes tornou-se paraplégico e começou a exigir cuidados maiores para a manutenção de sua saúde.

Nesse cenário, Dóris e as filhas Juliana e Júlia se revezavam a fim de suprir as necessidades de Hermes, causadas pela enfermidade. Quanto a Lorena, esta deixou de visitar o pai após este perder o movimento das pernas, recusando-se a colaborar com a família, inclusive financeiramente.

Diante desse contexto, Hermes procura você, como advogado(a), para saber quais medidas ele poderá tomar para que, após sua morte, seu patrimônio não seja transmitido a Lorena.

Sobre o caso apresentado, assinale a afirmativa correta.

A) A pretensão de Hermes não poderá ser concretizada segundo o Direito brasileiro, visto que o descendente, herdeiro necessário, não poderá ser privado de sua legítima pelo ascendente, em nenhuma hipótese.

B) Não é necessário que Hermes realize qualquer disposição ainda em vida, pois o abandono pelos descendentes é causa legal de exclusão da sucessão do ascendente, por indignidade.

C) Existe a possibilidade de deserdar o herdeiro necessário por meio de testamento, mas apenas em razão de ofensa física, injúria grave e relações ilícitas com madrasta ou padrasto atribuídas ao descendente.

D) É possível que Hermes disponha sobre deserdação de Lorena em testamento, indicando, expressamente, o seu desamparo em momento de grave enfermidade como causa que justifica esse ato.

➥ Veja arts. 1.814, 1.962 e 1.964, CC.

Comentário: A resposta correta é a letra D. O art. 1.962 determina que, além das hipóteses previstas pelo art. 1.814 para a deserdação do ascendente contra o descendente, também são motivos justificáveis para tanto, entre outros, o desamparo do ascendente em alienação mental ou grave enfermidade. Assim, Hermes pode requerer que a herdeira necessária Lorena seja privada de sua sucessão. A resposta A está errada porque, sim, mesmo o herdeiro pode ser privado da sucessão. A resposta B está errada porque referido abandono fundamenta a exclusão por deserdação, estando esta expressa em testamento. A resposta C está equivocada porque a alternativa não leva em consideração as demais hipóteses de exclusão do descendente que não as previstas no art. 1.814.

H3. (OAB/XXXI Exame de Ordem Unificado/FGV/2020) Arnaldo faleceu e deixou os filhos Roberto e Álvaro. No inventário judicial de Arnaldo, Roberto, devedor contumaz na praça, renunciou à herança, em 05/11/2019, conforme declaração nos autos. Considerando que o falecido não deixou testamento e nem dívidas a serem pagas, o valor líquido do monte a ser partilhado era de R$ 100.000,00 (cem mil reais).

Bruno é primo de Roberto e também seu credor no valor de R$ 30.000,00 (trinta mil reais). No dia 09/11/2019, Bruno tomou conhecimento da manifestação de renúncia supracitada e, no dia 29/11/2019, procurou um advogado para tomar as medidas cabíveis.

Sobre esta situação, assinale a afirmativa correta.

A) Em nenhuma hipótese Bruno poderá contestar a renúncia da herança feita por Roberto.

B) Bruno poderá aceitar a herança em nome de Roberto, desde que o faça no prazo de 40 dias seguintes ao conhecimento do fato.

C) Bruno poderá, mediante autorização judicial, aceitar a herança em nome de Roberto, recebendo integralmente o quinhão do renunciante.

D) Bruno poderá, mediante autorização judicial, aceitar a herança em nome de Roberto, no limite de seu crédito.

➥ Veja art. 1.813, CC.

Comentário: A alternativa A está incorreta. É importante dizer que o credor pode, sim, aceitar a herança no lugar do devedor, com autorização judicial, em caso de renúncia feita por este último, conforme o art. 1.813. Já a alternativa B está errada, uma vez que o espaço temporal para o credor aceitar a herança no lugar do devedor é de 30 dias, a partir do conhecimento da renúncia, assim como dispõe o § 1º do art. 1.813. A assertiva C também está errada, porquanto Bruno poderá aceitar a herança no lugar de Roberto, porém receberá apenas o equivalente ao seu crédito, sendo que a renúncia permanecerá quanto ao restante da herança, tal qual especificado no § 2º do art. 1.813.

Com isso, para finalizar, a alternativa D está certa, já que Bruno poderá aceitar a herança no lugar de Roberto, uma vez que é credor dele e que o fez no prazo de 30 dias do conhecimento da renúncia, conforme estabelece o art. 1.813, §§ 1º e 2º: "Quando o herdeiro prejudicar os seus credores, renunciando à herança, poderão eles, com autorização do juiz, aceitá-la em nome do renunciante. § 1º A habilitação dos credores se fará no prazo de 30 dias seguintes ao conhecimento do fato. § 2º Pagas as dívidas do renunciante, prevalece a renúncia quanto ao remanescente, que será devolvido aos demais herdeiros".

Exclusão por casos de indignidade

O art. 1.814 descreve os casos de exclusão de herdeiro por indignidade. Nessas situações, a exclusão dar-se-á mediante sentença judicial. É exposto também o prazo decadencial para demandar em juízo a exclusão de herdeiro ou legatário, sendo este de quatro anos a contar a abertura da sucessão.

Os efeitos da exclusão serão pessoais

Havendo exclusão de um dos herdeiros por uma das causas previstas no art. 1.814, seus descendentes irão sucedê-lo como se tivesse falecido antes da abertura da sucessão. Ou seja, os herdeiros do excluído irão concorrer diretamente com aqueles que constavam no mesmo grau do excluído (irmãos, por exemplo). O parágrafo único do art. 1.816 inclui a determinação que o herdeiro excluído não poderá ter direito ao usufruto ou administração dos bens que seus sucessores venham a ter direito, caso sejam menores ou venham a falecer após terem recebido a herança no lugar no excluído.

H4. (OAB/Exame de Ordem Unificado/FGV/2012.1) Edgar, solteiro, maior e capaz, faleceu deixando bens, mas sem deixar testamento e contando com dois filhos maiores, capazes e também solteiros, Lúcio e Arthur. Lúcio foi regularmente excluído da sucessão de Edgar, por tê-lo acusado caluniosamente em juízo, conforme apurado na esfera criminal. Sabendo-se que Lúcio possui um filho menor, chamado Miguel, assinale a alternativa correta.

A) O quinhão de Lúcio será acrescido à parte da herança a ser recebida por seu irmão, Arthur, tendo em vista que Lúcio é considerado como se morto fosse antes da abertura da sucessão.

B) O quinhão de Lúcio será herdado por Miguel, seu filho, por representação, tendo em vista que Lúcio é considerado como se morto fosse antes da abertura da sucessão.

C) O quinhão de Lúcio será acrescido à parte da herança a ser recebida por seu irmão, Arthur, tendo em vista que a exclusão do herdeiro produz os mesmos efeitos da renúncia à herança.

D) O quinhão de Lúcio se equipara, para todos os efeitos legais, à herança jacente, ficando sob a guarda e administração de um curador, até a sua entrega ao sucessor devidamente habilitado ou à declaração de sua vacância.

➥ Veja art. 1.816, CC.

Comentário: Imediatamente após a morte de uma pessoa, inicia-se a sucessão. Quando a pessoa falecida deixa testamento, sucessoras serão aquelas no instrumento indicadas. Quando não houver tal disposição de vontade, há a sucessão legítima, que se configura na regra de sucessão.

No caso em tela, a rigor não há testamento, de modo que naturalmente os sucessores de Edgar deveriam ser, apenas, os seus dois filhos, Lúcio e Arthur. Entretanto, dentro do estudo das sucessões há que se considerar o instituto da representação, que vem a ser a situação segundo a qual a lei chamará à sucessão filho daquele que, em tese, seria o natural receptor da herança, pelo fato de que tal titular já faleceu. Ou seja, por exemplo, a lei chama a receber a herança do avô, que acabou de falecer, o neto, em vez do pai, considerando que o pai já tinha falecido anteriormente ao avô. Mas, além dessa hipótese, há a situação em que uma pessoa é excluída da sucessão e em seu lugar assume o seu herdeiro direto. Isso se dá quando alguma das hipóteses da exclusão da sucessão é preenchida (art. 1.814 do CC). Assim, ainda que o sucessor esteja vivo, por cometer um crime de calúnia, por exemplo, contra aquele que ele iria suceder, ele é excluído da sucessão como se morto estivesse, fazendo com que o seu sucessor o suceda. A alternativa correta é a B.

➠ Ver questão H2.

Da validade dos atos anteriores à exclusão

Os atos praticados pelo herdeiro, antes da sentença que o declara indigno são totalmente válidos perante os participantes do negócio jurídico que tenham agido com boa-fé. O mesmo pode-se dizer quanto aos atos de administração praticados por este. Porém, reserva-se aos demais herdeiros o direito de, caso prejudicados, ajuizarem ações de reparação por perdas e danos. Com a sentença que declara o herdeiro excluído da sucessão, este fica obrigado a restituir todos os frutos provenientes de bens da herança que tenham ficado em seu poder, tendo, todavia, direito a ser restituído caso tenha incorrido em despesas.

Casos de reabilitação do excluído

O presente artigo expressa o caráter revogável da exclusão de herdeiro. Caso o ofendido que tenha dado causa à exclusão de um de seus herdeiros expressamente o reabilite por meio de testamento ou por outro meio idêntico, ele será admitido a suceder. A forma tácita de tal ato encontra-se na permanência do indigno em testamento do ofendido quando, ao elaborar o testamento, o ofendido já tivesse conhecimento da causa e mesmo assim tenha incluído o herdeiro. Nesse caso, haverá sucessão nos limites estabelecidos no testamento.

DA HERANÇA JACENTE

Da herança sem herdeiro legítimo nem testamento

A herança jacente ocorre quando se abre a sucessão sem que o *de cujus* tenha deixado testamento ou haja conhecimento da existência de algum herdeiro. Corresponde a um acervo de bens, administrados por um curador – apesar de não possuir personalidade jurídica, a herança jacente possui legitimação ativa e passiva para comparecer em juízo, sendo representada por curador (art. 75, VI, do CPC/2015) –, nomeado livremente pelo juiz (art. 1.819 do CC; art. 739 do CPC/2015): "A herança jacente ficará sob a guarda, conservação e administração de um curador até a respectiva entrega ao sucessor legalmente habilitado, ou até a declaração de vacância (art. 739 do CPC em vigor) até a habilitação dos herdeiros.

A jacência é, portanto, uma fase no processo com o propósito de declarar a vacância da herança, porque enquanto não se apresentarem herdeiros do falecido para reclamá-la, o Estado solicita a arrecadação dos bens, considerada até então jacente, passando a declará-la como vacante, e assim incorporando-se ao patrimônio do poder público.

H5. (Assembleia Legislativa-PB/Procurador/FCC/2013) Em relação à sucessão legítima e à herança vacante, analise as seguintes afirmações:

I. Falecendo alguém sem deixar testamento nem herdeiro legítimo notoriamente conhecido, os bens da herança, depois de arrecadados, ficarão sob a guarda e administração de um curador, até a sua entrega ao sucessor devidamente habilitado ou à declaração de sua vacância.

II. Ao cônjuge sobrevivente, qualquer que seja o regime de bens, será assegurado, sem prejuízo da participação que lhe caiba na herança, o direito real de habitação relativamente ao imóvel destinado à residência da família, desde que seja o único daquela natureza a inventariar.

III. Na classe dos colaterais, os mais próximos excluem os mais remotos, salvo o direito de representação concedido aos filhos de irmãos.

Está correto o que se afirma em

A) I e II, apenas.
B) I, II e III.
C) I e III, apenas.
D) II e III, apenas.
E) III, apenas.

➠ Veja arts. 1.819, 1.831 e 1.840, CC.

Comentário: A assertiva correta é a letra B, conforme dispõe os arts. 1.819, 1.831 e 1.840 do Código Civil vigente (I, herança jacente; II, sucessão legítima; III, sucessão ilegítima).

Declaração da herança vacante

Será declarada a vacância da herança, se após um ano da primeira publicação do edital convocatório de interessados, não houver herdeiros habilitados (art. 1.820 do CC). Após cinco anos da abertura da sucessão, o acervo hereditário será definitivamente incorporado ao patrimônio público (ao município ou Distrito Federal, se localizados nas respectivas circunscrições e à União, se situado em território federal). Os colaterais que não se habilitarem até a declaração de vacância, estarão excluídos da sucessão (art. 1.822, parágrafo único, do CC). A herança será imediatamente declarada vacante, quando todos os herdeiros chamados a suceder renunciarem à herança.

Direito dos credores de executarem a herança

Frise-se que no período de jacância da herança, basta a simples habilitação para que o herdeiro receba seu quinhão sucessório, bem como é assegurado aos credores o direito de pedir o pagamento das dívidas reconhecidas, nos limites das forças da herança, habilitando-se no inventário ou mediante ação ordinária de cobrança.

Da transferência dos bens ao poder público

Se decorridos cinco anos da abertura da sucessão não houver nenhum herdeiro habilitado ou habilitação pendente, os bens da herança vacante passarão ao domínio do município ou do Distrito Federal, se localizados nas respectivas circunscrições, ou ao domínio da União quando situados em território federal. Note-se que o prazo de cinco anos conta-se da abertura da sucessão, e não da sentença de declaração de vacância. Os colaterais ficarão excluídos da sucessão legítima até a declaração de vacância, se não promoverem a sua habilitação, passando a ser considerados renunciantes, mas pelo art. 743, § 2º, do CPC/2015 só poderão reclamar o seu direito por ação direta de petição de herança (art. 1.824 do CC).

Em caso de renúncia de todos os chamados à herança

No caso de todos os herdeiros renunciarem à herança, desde logo será declarada a sua vacância e, consequentemente, não haverá o processo de jacência.

DA PETIÇÃO DE HERANÇA

Definição e prazo para ingressar com petição de herança

O herdeiro tem direito à herança desde a abertura da sucessão, e caso ocorra a sucessão e a sua devida distribuição, e mesmo assim ainda existam herdeiros que necessitem do reconhecimento do seu direito sucessório, estes poderão ingressar com uma ação de petição de herança – conhecida desde o direito romano, como *petitio hereditatis* – dentro do prazo prescricional de dez anos (art. 205 do CC) contado da abertura da sucessão, para que possam pleitear não apenas o reconhecimento de seu direito sucessório, mas também obter a restituição da herança, no todo ou em parte, contra quem a possua, na qualidade de herdeiro, ou mesmo sem título.

Caso ocorra a sucessão e a devida distribuição da herança e ainda haja herdeiros que necessitam do reconhecimento do seu direito sucessório, este poderá ingressar com ação de petição de herança, exigindo que sua parte, já distribuída entre outros herdeiros, lhe seja restituída.

Qualquer herdeiro poderá requerer a totalidade da herança, pois conforme dispõe o art. 1.791 do mesmo diploma, a herança defere-se como um todo unitário, ainda que vários sejam seus herdeiros, portanto até a partilha a herança é indivisível. Caso um dos herdeiros, ainda não reconhecido, ingresse com ação de petição de herança, mesmo que seja o único a fazê-lo, poderá requerer que seja compreendida a totalidade da herança.

Restituição dos bens do acervo

Nos casos de inclusão de novo herdeiro, após a sucessão realizada, tendo sido os bens alienados a terceiros, estes estarão obrigados a restituir os bens e sua responsabilidade será avaliada, quanto aos frutos e às benfeitorias, conforme avaliação de sua boa-fé ou má-fé.

É possível ao herdeiro que ingressa tardiamente na sucessão demandar os bens da herança, ainda que estes estejam em poder de terceiro, ficando ainda o possuidor originário responsável pelos valores de tais bens. O terceiro de boa-fé tem sua propriedade garantida.

Direito de cobrança ao herdeiro retardatário

O herdeiro que acreditava ser legítimo, ao pagar legado, não está obrigado a reembolsar ao verdadeiro sucessor. Cabe ao herdeiro retardatário a cobrança perante aquele que recebeu quantia.

DA SUCESSÃO LEGÍTIMA

DA ORDEM DA VOCAÇÃO HEREDITÁRIA

Da ordem da sucessão legítima

A ordem de vocação hereditária é, segundo Silvio Rodrigues (*Direito civil*, v. VI. São Paulo, Saraiva, p. 160), uma relação preferencial, estabelecida pela lei, das pessoas que são chamadas a suceder o finado. Na sucessão legítima convocam-se os herdeiros segundo tal ordem legal, de forma que uma classe só será chamada quando faltarem herdeiros da classe precedente. Assim sendo, por exemplo, se o autor da herança for viúvo e deixar descendentes e ascendentes, só os primeiros herdarão, pois a existência de descendentes retira da sucessão os ascendentes. Só se convocam os ascendentes se não houver descendentes. Se casado for, o consorte sobrevivente concorrerá não só com os descendentes, exceto se for casado sob o regime da comunhão universal, ou no da separação obrigatória de bens, ou se no de comunhão parcial, não havendo bens particulares do falecido, mas também com os ascendentes do autor da herança. O cônjuge supérstite só herdará a totalidade da herança na ausência de descendente e de ascendente, e os colaterais até o quarto grau, se inexistirem descendentes, ascendentes e cônjuge supérstite.

H6. (Juiz Substituto/TJSP/Vunesp/2017) Arlindo casa-se com Joana pelo regime da comunhão universal de bens e com ela tem dois filhos, Bruno e Lucas, ambos solteiros e sem conviventes em união estável. Arlindo e Lucas morrem em um mesmo acidente de trânsito, tendo Lucas deixado um filho menor. Dos atestados de óbito, consta que o falecimento de Arlindo ocorreu cinco minutos antes do de Lucas. Assinale a alternativa correta.

A) Em razão dos falecimentos no mesmo acidente e da comoriência, a presunção é a de que Arlindo e Lucas morreram simultaneamente, o que exclui a transmissão de bens entre eles.

B) Os bens deixados por Arlindo serão transmitidos a Bruno e a Lucas, observada a meação de Joana.

C) Os bens deixados por Arlindo serão transmitidos a Joana, Bruno e ao filho de Lucas.

D) Em razão dos falecimentos no mesmo acidente, a presunção é a de que a morte do mais velho precede a do mais jovem, o que faz com que a herança do filho de Lucas fique restrita à parte em que seu pai sucederia, se vivo fosse.

➥ Veja arts. 8º e 1.829, CC.

Comentário: a alternativa correta é a B. Há que se dizer que os filhos Lucas e Bruno herdam por cabeça e que à Joana fica reservada a meação. Também é salutar relatar que o fato de Lucas ter falecido poucos instantes em seguida não é importante, uma vez que ele é considerado herdeiro.

Direito sucessório ao cônjuge

Ao cônjuge só será reconhecido direito sucessório se ao tempo da morte do outro não estavam separados judicialmente, nem separados de fato há mais de dois anos, salvo prova de que a convivência se tornara impossível sem culpa do sobrevivente. Quando o cônjuge concorrer com descendentes, terá direito a um quinhão igual ao dos que sucederem por cabeça. Quando o cônjuge concorrer com ascendentes, sua quota não poderá ser inferior à quarta parte da herança. Na falta de descendentes e ascendentes, o cônjuge herdará por inteiro.

O art. 1.831 versa sobre o direito real de habitação do cônjuge no imóvel da família, desde que esse imóvel seja o único do gênero. O direito existe até mesmo quando participar da divisão de bens. O mesmo ocorrerá na união estável com o companheiro ou companheira.

Fazendo distinção, na sucessão, entre filhos comuns do casal e filhos apenas do *de cujus*, estabelece o artigo que, caso um cônjuge venha a falecer, deixando filhos apenas seus, de relacionamento diverso do tido com cônjuge atual, este cônjuge concorrerá com seus filhos de maneira igualitária, por cabeça. No entanto, havendo filhos comuns do casal, haverá reserva da quarta parte da herança para o cônjuge, se houver concorrência com três ou mais herdeiros, sendo o restante da herança dividido por quantos filhos houverem.

➥ Ver questão H5.

Da ordem de sucessão aos descendentes

Pela regra geral da sucessão, havendo herdeiro vivo, o seu sucessor na linha não será chamado a participar, com exceção da ocorrência do direito de representação, caso em que concomitantemente estarão os herdeiros sobreviventes e os de grau seguinte, representando os herdeiros falecidos.

Note-se que o art. 1.834 deve ser interpretado em conjunto com a Constituição em vigor, que "é extremamente preocupada com a igualdade. Basta apontar o art. 5º, *caput*, por exemplo que se inicia exatamente com a afirmação do princípio de isonomia, e, não contente com isso, o constituinte ainda incluiu, entre os direitos invioláveis, o próprio direito à igualdade" (FERREIRA FILHO, Manoel Gonçalves. *Comentários à Constituição Brasileira de 1988*. 3. ed. São Paulo, Saraiva, 2000, p. 26).

Logo, se o *de cujus* tiver dois filhos, a herança será dividida em partes idênticas; se seus filhos vierem a falecer, deixando quatro netos, a herança, portanto, será dividida em partes iguais para cada um dos netos.

No caso dos filhos do falecido, sejam eles legítimos, naturais ou adotados (todos igualados após a CF/88), são herdeiros por direito próprio, pois sucedem por cabeça. No caso de netos cujos pais com direito a herdar já faleceram, são herdeiros por direito de representação, e sucedem por estirpe.

➡ Ver questão H2.

Na falta de descendentes, serão chamados os ascendentes

Quando não existirem descendentes, primeiro lugar serão chamados a suceder os ascendentes, em concorrência com o cônjuge. Os ascendentes da mesma classe têm os mesmos direitos à sucessão de seus ascendentes. Os ascendentes de grau mais próximo excluem os mais remotos, salvo direito de representação. Os filhos sucedem por cabeça, e os outros descendentes, por cabeça ou por estirpe, conforme se achem ou não no mesmo grau (art. 1.835 do CC).

H7. (OAB/XXV Exame de Ordem Unificado/FGV/2018) Ana, sem filhos, solteira e cujos pais são premortos, tinha os dois avós paternos e a avó materna vivos, bem como dois irmãos: Bernardo (germano) e Carmem (unilateral). Ana falece sem testamento, deixando herança líquida no valor de R$ 60.000,00 (sessenta mil reais).

De acordo com os fatos narrados, assinale a afirmativa correta.

A) Seus três avós receberão, cada um, R$ 20.000,00 (vinte mil reais), por direito de representação dos pais de Ana, premortos.

B) Seus avós paternos receberão, cada um, R$ 15.000,00 (quinze mil reais) e sua avó materna receberá R$ 30.000,00 (trinta mil reais), por direito próprio.

C) Bernardo receberá R$ 40.000,00 (quarenta mil reais), por ser irmão germano, e Carmem receberá R$ 20.000,00 (vinte mil reais), por ser irmã unilateral.

D) Bernardo e Carmem receberão, cada um, R$ 30.000,00 (trinta mil reais), por direito próprio.

➡ Veja art. 1.836, § 2º, CC.

Comentário: A alternativa indicada é a letra B. O § 2º do art. 1.836 é claro ao dizer que se houver igualdade em grau e diversidade em linha, os ascendentes da linha paterna herdam a metade, cabendo a outra aos da linha materna.

Do direito do cônjuge perante herdeiro ascendente

Os ascendentes serão chamados na ausência dos descendentes e concorrerão com o cônjuge. O grau mais próximo exclui o mais remoto, sem distinção de linhas (materna e paterna), não havendo entre os ascendentes o direito de representação. Havendo igualdade em grau e diversidade em linha, os ascendentes da linha paterna herdam a metade, a outra metade será deferida à linha materna (exemplo: sucessão de avós). Quando o consorte concorrer com ascendentes em 1º grau, àquele tocará um terço da herança. Será metade, se houver um só ascendente, ou se maior for o grau (art. 1.837 do CC).

Definição da sucessão por inteiro ao cônjuge caso não exista ascendente tampouco descendente

Não havendo outros herdeiros, o cônjuge sobrevivente será o único destinatário da herança.

Direito de sucessão dos colaterais até quarto grau

Não havendo descendentes, ascendentes, nem cônjuge sobrevivente serão chamados a suceder os colaterais até o 4º grau (art. 1.839 do CC). Nessa sucessão, os mais próximos excluem os mais remotos, salvo o direito de representação conferido aos filhos de irmãos, que herdarão por estirpe. Os irmãos bilaterais recebem o dobro dos irmãos unilaterais (art. 1.841 do CC). Na ausência de irmãos, serão chamados os sobrinhos e, na ausência desses, os tios. Os sobrinhos herdam por cabeça, sendo que todos, bilaterais ou unilaterais, herdarão por igual (art. 1.843 do CC).

A sucessão de colaterais levará em consideração o princípio de que os mais próximos excluem os mais remotos. Todavia, haverá o direito de representação facultado estritamente aos filhos de irmãos. Assim, se o falecido deixar dois irmãos e sobrinhos, filhos de um irmão também falecido, a herança se dividirá em três partes, cabendo as duas primeiras partes aos irmãos e a terceira aos sobrinhos, que a dividirão entre si.

Determinação nos mesmos termos do art. 1.833, embora aquele falasse sobre parentesco em linha direta. Havendo irmãos do falecido que têm direito à herança, estes receberão. Seus filhos – sobrinhos do falecido – só poderão participar caso o herdeiro de fato, o irmão, tenha falecido também. Os chamados "sobrinhos netos" não participarão da sucessão.

H8. (OAB/XXIV Exame de Ordem Unificado/FGV/2017) Lúcia, sem ascendentes e sem descendentes, faleceu solteira e não deixou testamento. O pai de Lúcia tinha dois irmãos, que tiveram, cada qual, dois filhos, sendo, portanto, primos dela. Quando do falecimento de Lúcia, seus tios já haviam morrido. Ela deixou ainda um sobrinho, filho de seu único irmão, que também falecera antes dela. Sobre a sucessão de Lúcia, de acordo com os fatos narrados, assinale a afirmativa correta.

A) O sobrinho concorre com o tio na sucessão de Lúcia, partilhando-se por cabeça.
B) O sobrinho representará seu pai, pré-morto, na sucessão de Lúcia.
C) O filho do tio pré-morto será chamado à sucessão por direito de representação.
D) O sobrinho é o único herdeiro chamado à sucessão e herda por direito próprio.

➥ Veja arts. 1.840 e 1.843, CC.

Comentário: A letra correta é a D, pois que o art. 1.843 estabelece a preferência dos sobrinhos aos tios.

➥ Ver questão H5.

Do direito de sucessão aos unilaterais

Se, na sucessão, os irmãos do falecido forem os herdeiros, havendo bilaterais (filhos de mesmo pai e mãe) e unilaterais (apenas um dos progenitores é comum), os bilaterais terão direito ao dobro da parte reservada aos unilaterais.

H9. (OAB/XXVI Exame de Ordem Unificado/FGV/2018) Lúcio, viúvo, tendo como únicos parentes um sobrinho, Paulo, e um tio, Fernando, fez testamento de acordo com todas as formalidades legais e deixou toda a sua herança ao seu amigo Carlos, que tinha uma filha, Juliana. O herdeiro instituído no ato de última vontade morreu antes do testador. Morto Lúcio, foi aberta a sucessão.
Assinale a opção que indica como será feita a partilha.

A) Juliana receberá todos os bens de Lúcio.
B) Juliana receberá a parte disponível e Paulo, a legítima .
C) Paulo e Fernando receberão, cada um, metade dos bens de Lúcio.
D) Paulo receberá todos os bens de Lúcio.

➠ Veja arts. 1.843 e 1.939, V, CC.

Comentário: A opção correta seria a letra D. Tendo em vista o falecimento do herdeiro anteriormente ao testador, fica caducado o testamento, de tal sorte que Juliana nada dele aproveita, assim como, em virtude do 1.851 do CC, pois que direito de representação não é aplicado à sucessão testamentária e, sim, à legítima. Já o art. 1.843 determina que os sobrinhos preferem aos tios na ordem sucessória, motivo pelo qual Paulo recebe todos os bens de Lúcio.

H10. (Juiz Substituto/TJSP/Vunesp/2017) Pedro casa-se com Maria, pelo regime da comunhão parcial de bens, e com ela tem três filhos: Paulo, Luciana e João. Após ficar viúvo, Pedro se casa com Luísa, pelo regime da comunhão universal, e com ela tem um filho: Antônio. Pedro e Luísa morrem. Em momentos posteriores, morrem Paulo e Luciana e, depois, Antônio, cada qual deixando dois filhos. Último dos irmãos a morrer, João era solteiro, não vivia em união estável e não deixou filhos. Como fica a partilha dos bens deixados por João?

A) Os filhos de Paulo, Luciana e Antônio herdarão por representação, mas aos de Antônio caberá a metade dos demais, uma vez que na classe dos colaterais os mais próximos excluem os mais remotos.
B) Os filhos de Paulo, Luciana e Antônio herdarão por cabeça e em partes iguais.
C) Os filhos de Paulo, Luciana e Antônio herdarão por representação e em partes iguais, uma vez que não há distinção entre colaterais de mesmo grau.
D) Os filhos de Paulo, Luciana e Antônio herdarão por cabeça, mas aos de Antônio, por ser irmão unilateral, caberá a metade dos demais.

➠ Veja arts. 1.841 e 1.843, CC.

Comentário: A opção correta é a letra D. Isso se dá a partir da aplicação em conjunto dos §§ 1º e 2º do art. 1.843 do CC, uma vez que os sobrinhos descendentes de Antônio são unilaterais, pois que Luísa não é a mãe tanto de Luciana como de Paulo.

Do direito de sucessão aos tios

Embora os sobrinhos e os tios do *de cujus* sejam ambos parentes de 3º grau, na falta de irmãos, primeiro herdarão os sobrinhos e apenas na ausência desses os tios do falecido.

A regra que se aplica aos irmãos bilaterais aplica-se da mesma maneira aos sobrinhos, filhos de irmãos bilaterais ou unilaterais. Os filhos de irmãos unilaterais receberão metade da parte reservada aos filhos de irmãos bilaterais, se houver os dois na sucessão. Havendo somente filhos de irmãos, unilaterais ou bilaterais, não haverá distinção.

Da herança ao município ou ao Distrito Federal

Não havendo descendentes, ascendentes, cônjuge, colaterais até 4º grau do falecido, que não deixou testamento, o poder público será chamado à sucessão, após a sentença de vacância. Os bens nas respectivas circunscrições passarão aos municípios ou ao Distrito Federal. Se situados em território federal, à União.

DOS HERDEIROS NECESSÁRIOS

Herdeiros necessários: descendentes, cônjuges e ascendentes

As três primeiras classes (descendentes, ascendentes e cônjuge) constituem, pelo Código Civil, os herdeiros necessários (art. 1.845 do CC), pertencendo-lhes, por direito, a metade dos bens da herança (legítima). Esses somente podem ser afastados da sucessão por indignidade ou deserdação.

H11. (OAB/XVII Exame de Ordem Unificado/FGV/2015) Ester, viúva, tinha duas filhas muito ricas, Marina e Carina. Como as filhas não necessitam de seus bens, Ester deseja beneficiar sua irmã, Ruth, por ocasião de sua morte, destinando-lhe toda a sua herança, bens que vieram de seus pais, também pais de Ruth. Ester o(a) procura como advogado(a), indagando se é possível deixar todos os seus bens para sua irmã. Deseja fazê-lo por meio de testamento público, devidamente lavrado em Cartório de Notas, porque suas filhas estão de acordo com esse seu desejo.

Assinale a opção que indica a orientação correta a ser transmitida a Ester.

A) Em virtude de ter descendentes, Ester não pode dispor de seus bens por testamento.

B) Ester só pode dispor de 1/3 de seu patrimônio em favor de Ruth, cabendo o restante de sua herança às suas filhas Marina e Carina, dividindo-se igualmente o patrimônio.

C) Ester pode dispor de todo o seu patrimônio em favor de Ruth, já que as filhas estão de acordo.

D) Ester pode dispor de 50% de seu patrimônio em favor de Ruth, cabendo os outros 50% necessariamente às suas filhas, Marina e Carina, na proporção de 25% para cada uma.

➥ Veja art. 1.845, CC.

Comentário: a alternativa a ser assinalada é a letra D. Assim como determina o art. 1.845 do CC, são herdeiros necessários os descendentes, os ascendentes e o cônjuge. Isso quer dizer que a essa categoria de herdeiro fica resguardado, necessariamente, metade daquilo que se chama de legítima. Ou seja, metade do patrimônio do *de cujus*, necessariamente, deverá ser reservado a esses herdeiros, não sendo passível disposição testamentária desse quinhão. Portanto, independentemente da condição econômica das filhas e, também, da vontade da falecida, ao menos metade de seu patrimônio deve ser reservada às herdeiras e a outra metade poderá ser objeto de disposição de Ester.

A metade dos bens da herança, pertencentes de pleno direito aos herdeiros necessários, constituirá a legítima

O art. 1.846 estabelece que metade do patrimônio do *de cujus* é destinado a integrar a chamada legítima. Isso significa que, caso deseje elaborar testamento, não é possível que o testador disponha de mais de metade de seu patrimônio para ser distribuído de acordo com sua vontade, caso esse possua herdeiros necessários.

Isso implica dizer que, na ausência de herdeiros necessários ou, caso existam, tenham sido declarados indignos, a disponibilidade do patrimônio do *de cujus* é absoluta.

H12. (OAB/XXV Exame de Ordem Unificado/FGV/2018) Mário, cego, viúvo, faleceu em 1º de junho de 2017, deixando 2 filhos: Clara, casada com Paulo, e Júlio, solteiro. Em seu testamento público, feito de acordo com as formalidades legais, em 02 de janeiro de 2017, Mário gravou a legítima de Clara com cláusula de incomunicabilidade; além disso, deixou toda a sua parte disponível para Júlio.
Sobre a situação narrada, assinale a afirmativa correta.

A) O testamento é inválido, pois, como Mário é cego, deveria estar regularmente assistido para celebrar o testamento validamente.

B) A cláusula de incomunicabilidade é inválida, pois Mário não declarou a justa causa no testamento, como exigido pela legislação civil.

C) A cláusula que confere a Júlio toda a parte disponível é inválida, pois Mário não pode tratar seus filhos de forma diferente.

D) O testamento é inválido, pois, como Mário é cego, a legislação apenas lhe permite celebrar testamento cerrado.

➡ Veja arts. 1848 e 1.867, CC.

Comentário: a letra correta é a B. O artigo que trata da temática é o 1.848 do CC, que determina que a não ser que exista justa causa no testamento, o testador não pode estabelecer cláusula de incomunicabilidade, impenhorabilidade e inalienabilidade sobre os bens da legítima.

Composição da legítima

Legítima constitui a porção de bens reservada aos herdeiros, não podendo dela dispor. Já a parte disponível corresponde à outra metade, em que o autor tem livre disposição.

A legítima será calculada da seguinte maneira: primeiro pagam-se as despesas com o funeral e as dívidas do *de cujus*, depois divide-se o patrimônio em duas partes iguais, sendo uma delas a quota disponível; em seguida adicionará a outra parte o valor das doações feitas, isto é, o valor dos bens sujeitos a colação; assim ter-se-á a legítima dos herdeiros necessários.

Cláusulas de inalienabilidade, de impenhorabilidade e de incomunicabilidade sobre os bens da legítima

Não pode o testador, salvo justa causa, estabelecer cláusula de inalienabilidade, impenhorabilidade e incomunicabilidade sobre os bens da legítima. O testador não pode estabelecer a conversão dos bens da legítima em bens de espécie diversa. Com autorização judicial, os bens gravados podem ser alienados, convertendo-se o produto em outros bens, que ficarão sub-rogados nos ônus dos primeiros. Apesar de vedar, no § 1º do art. 1.848 – a interpretação das cláusulas limitativas é restritiva, exigindo que sejam expressas e inequívocas, de vez que criam obstáculos ao exercício de direitos aos herdeiros e legatários –, o estabelecimento de cláusula de conversão dos bens da legítima em outros de espécie diversa, a disposição apresenta praticidade reduzida ao inserir expressão de tão elevada subjetividade, como "justa causa", que certamente dificultará o andamento dos inventários.

Do herdeiro necessário e seu direito à legítima

Não há interferência alguma no direito à legítima, por parte do herdeiro necessário, caso tenha sido também beneficiado por patrimônio, por ordem testamentária.

Afastamento dos herdeiros colaterais

Os herdeiros colaterais até o 4º grau poderão ser afastados da sucessão, desde que o testador disponha, em favor de terceiros, a totalidade de seu patrimônio em testamento, uma vez que os colaterais são herdeiros legítimos e não necessários.

Para afastar herdeiros colaterais basta dispor da totalidade de seu patrimônio em testamento em favor de terceiro (art. 1.850 do CC).

H13. (OAB/XXXIII Exame de Ordem Unificado/FGV/2021) Marta, 75 anos, solteira, sem filhos, com todos os ascendentes falecidos, é irmã de Alberto e prima de Donizete. Proprietária de alguns imóveis, Marta procurou um cartório para lavrar testamento público em 2019. Ainda que seu contato com o irmão Alberto fosse ocasional, sendo muito mais próxima de Donizete, optou por dividir sua herança entre ambos. Contudo, ao longo de 2020, durante a pandemia de Covid-19, Marta passou a residir junto de Donizete e sua família. Enquanto a convivência somente aumentou o afeto e a consideração entre os primos, o contato entre Marta e Alberto tornou-se ainda mais raro. Não por outro motivo, em agosto de 2020, Marta procurou o mesmo cartório e lavrou um novo testamento público, o qual nomeava Donizete como seu único herdeiro. Em janeiro de 2021, Marta faleceu. Ao tomar conhecimento da disposição de última vontade da irmã, Alberto consulta você, como advogado(a), a respeito da situação. Com efeito, é correto afirmar que

A) o testamento feito por Marta em agosto de 2020 revoga o testamento feito pela mesma em 2019. Portanto, toda herança de Marta deverá ser transmitida a Donizete.

B) no testamento, Marta deveria deixar ao menos metade de sua herança para Alberto, seu irmão e, assim, herdeiro necessário.

C) Marta apenas poderia afastar o direito à herança de Alberto por meio de deserdação fundada no abandono afetivo.

D) Marta encontrava-se proibida de testar novamente desde o momento em que testou pela primeira vez no ano de 2019, pois o testamento é sempre irrevogável.

➥ Veja arts. 1.829, IV, 1.839, 1.845, 1846 e 1.858, CC.

Comentário: A alternativa correta é a letra A.

Antes de mais nada, há que se entender que, com o falecimento, aberta está a sucessão. Esta, por sua vez, divide-se em sucessão legítima (que decorre da lei) e sucessão testamentária, que se dá quando o falecido deixa seu "ato de última vontade" por meio de um testamento.

Primeiro, sobre a sucessão legítima, há que se destacar que existem dois grupos de herdeiros legítimos: os herdeiros necessários e os herdeiros facultativos. Assim, herdeiros necessários são aqueles dispostos no art. 1.845, isto é, os ascendentes, os descendentes e o cônjuge do falecido. Por outro lado, os herdeiros ditos facultativos são os colaterais até o 4º grau.

A relevância dessas informações está no fato de que, se uma pessoa falece sem deixar testamento, mas tendo um ou mais herdeiros necessários, estes ficarão com absolutamente todo o patrimônio do morto, havendo concorrência entre os herdeiros conforme a classe.

Porém, se a pessoa deixa testamento, significa dizer que ela pode dispor do seu patrimônio como melhor lhe convier, devendo, no entanto, respeitar a regra de que ao menos 50% do seu patrimônio deverá ser deixado ao(s) seu(s) herdeiro(s).

Dito tudo isso, a primeira coisa que deve ser pensada no caso em apreço é se Marta, ao falecer, deixou ou não testamento (porque, se ela não tivesse deixado, a sucessão se daria na mera forma da regra da sucessão legítima). Como Marta deixou testamento, significa dizer que a sua vontade – se obedecer aos limites legais –, deve se sobrepor à sucessão legítima.

Depois, há que se considerar se Marta tinha ou não os chamados herdeiros necessários. E, no caso, Marta não os tinha, porque ela não tinha ascendentes vivos no momento de sua morte (pais, avós, bisavós), nem descendentes (filhos, netos, bisnetos), tampouco cônjuge (lembrando que, se Marta tivesse ao menos algum deles vivo no momento da sua morte, no mínimo metade de seu patrimônio deveria ser deixado para ele(s), podendo ela dispor do restante como quisesse. Marta tinha um irmão e um primo, sendo que, para os efeitos legais, ambos são considerados herdeiros facultativos. Sendo assim, já que não tinha herdeiros necessários, Marta não ficou obrigada a deixar reservada nenhuma parte de sua herança, podendo dispor livremente, por meio de testamento, de todo o seu patrimônio para quem quisesse.

Como o testamento pode ser revogado quantas vezes forem necessárias pela pessoa, o testamento feito por Marta em 2020 apagou as disposições do testamento anterior, de 2019, devendo a herança ser transmitida ao primo.

A letra B está errada justamente porque Alberto, irmão de Marta, não é seu herdeiro necessário, mas sim um "simples" herdeiro facultativo, tanto quanto o primo, Donizete.

A letra C não traz qualquer verdade ou relação com o caso. Para começo de discussão, a deserdação se dá somente em relação ao herdeiro necessário, por um ato praticado pelo descendente contra o ascendente, devendo constar no testamento o interesse da pessoa pela deserdação, tudo amparado por um processo judicial.

A letra D está equivocada porque o testamento é ato que admite revogação.

DO DIREITO DE REPRESENTAÇÃO

H14. (OAB/XIV Exame de Ordem Unificado/FGV/2014) Segundo o Código Civil de 2002, acerca do direito de representação, instituto do Direito das Sucessões, assinale a opção correta.

A) É possível que o filho renuncie à herança do pai e, depois, represente-o na sucessão do avô.

B) Na linha transversal, é permitido o direito de representação em favor dos sobrinhos, quando concorrerem com sobrinhos-netos.

C) Em não havendo filhos para exercer o direito de representação, este será exercido pelos pais do representado.

D) O direito de representação consiste no chamamento de determinados parentes do *de cujus* a suceder em todos os direitos a ele transmitidos, sendo permitido tanto na sucessão legítima quanto na testamentária.

➥ Veja arts. 1.851 a 1.853 e 1.856, CC.

Comentário: Pelo instituto da representação se tem o direito concedido à pessoa de representar alguém e de aceitar os direitos decorrentes da sucessão, que seriam naturalmente oferecidos ao *de cujus*, e que, agora, tendo em vista a morte do último, são repassados ao representante.

Deste modo, a letra A é a adequada para a questão, conforme o art. 1.856 do Código Civil.

Representação do incapaz de receber

Ocorre quando alguém é chamado à sucessão em lugar de parente mais próximo do *de cujus*, porém premorto, ausente ou incapaz de suceder. Os representantes herdam por estirpe, somente existindo na linha reta descendente (art. 1.851 do CC). Exceção se dá na linha transversal, a representação em favor dos filhos de irmãos do falecido, quando com irmãos deste concorrerem. O renunciante à herança de uma pessoa poderá representá-la na sucessão de outra.

Direito de representação somente na linha reta descendente

É a possibilidade de os descendentes de um herdeiro do *de cujus* assumirem seu papel na sucessão, como se ele o fossem. Isso significa que, morto o filho do *de cujus*, seus netos poderão representar esse filho. No entanto, o que o artigo deixa claro é que não poderá haver representação na linha ascendente, ou seja, morto o filho do *de cujus*, sem deixar herdeiros, não poderá seu avô representá-lo.

Direito de representação em favor dos filhos de irmãos falecidos

A limitação que se encontra na representação de parentes colaterais envolve os sobrinhos. Segundo o art. 1.853, possuem direito de representação os sobrinhos do *de cujus* quando seus outros tios estiverem participando da sucessão.

Do que os representantes poderão herdar

Quando ocorre o fenômeno da representação, os representantes assumem na sucessão o papel que ocuparia o falecido, se ele próprio estivesse participando da sucessão.

Caso venha a falecer um irmão do *de cujus* e este possua mais de um filho para representá-lo, seu quinhão será dividido de maneira igual por esses filhos.

Representação de uma herança caso já tenha renunciado à outra

Cada herança é independente e, portanto, alguém que renuncia a herança do qual é herdeiro poderá tranquilamente agir como representante de outro, em outra.

DA SUCESSÃO TESTAMENTÁRIA

DO TESTAMENTO EM GERAL

Regras para o testamento

O testamento não pode afetar a legítima dos herdeiros necessários (art. 1.857 do CC), logo o testamento apenas poderá referir-se à parte disponível do patrimônio do *de cujus*, mas, se não houver herdeiros necessários ou legítimos, o testador poderá dispor da totalidade de seu patrimônio no testamento.

O testador poderá, caso queira, acrescentar em seu testamento disposições de caráter pessoal como: reconhecimento de filho, determinação sobre o funeral, reabilitação de indigno ou deserdação de herdeiros, entre outras.

Mudança ou exclusão do testamento

É ato revogável, o testamento posterior revoga o anterior. O testamento é ato pessoal, pois para ser realizado precisa da pessoa do testador, sem que haja qualquer interferência. Trata-se de um negócio jurídico unilateral, pois depende apenas da vontade do testador; é solene, já que para ser feito necessita de forma especial em lei; é gratuito, pois o testador não visa a qualquer vantagem; e por fim, o testamento é negócio revogável, pois mesmo tendo validade após a morte do testador, a vontade é livre, podendo ser modificado, no todo ou em parte, a qualquer momento, de maneira que o testamento posterior revoga o anterior.

Impugnação ao testamento

Impugnar o testamento significa pedir a declaração de nulidade (art. 166 do CC) ou requerer a anulação do testamento (art. 171 do CC). O prazo de decadência para impugnar a validade do testamento é de cinco anos contados da data de seu registro, feito mediante ordem judicial somente após a morte do autor da herança.

DA CAPACIDADE DE TESTAR

Tem capacidade para testar qualquer pessoa maior de 16 anos, que tiver discernimento. Por outro lado, serão incapazes para testar os menores de 16 anos, os incapazes e os que não tiverem pleno discernimento, ou não estiverem em seu juízo perfeito.

O testamento, sendo um negócio jurídico, submete-se à regra do art. 104 do CC, isto é, para que o negócio seja válido, requer agente capaz, objeto lícito e forma prescrita ou não defesa em lei. Logo, para ser válido o testamento, é necessário que o testador tenha capacidade testamentária.

A capacidade testamentária ativa é a regra e a incapacidade, exceção. Isso significa que só não podem testar as pessoas classificadas no art. 1.860 do Código Civil: além dos incapazes, os menores de 16 anos e os desprovidos de discernimento.

A vontade exprimida no testamento é aquela do momento em que é elaborado. Assim, sendo incapaz o que elabora testamento, este é inválido, independentemente do que possa se passar com a capacidade do testador. Da mesma forma, elaborado testamento por pessoa capaz, esse terá validade, independentemente do que ocorra com o testador.

DAS FORMAS ORDINÁRIAS DO TESTAMENTO

Formas ordinárias

Aquelas que podem ser adotadas por qualquer pessoa e em qualquer situação. São elas:

- testamento público (arts. 1.864 e segs. do CC);
- testamento cerrado (arts. 1.868 e segs. do CC);
- testamento particular (arts. 1.876 e segs. do CC).

Testamentos especiais

O Código enumera categoricamente três espécies:

- testamento marítimo (arts. 1.888 e segs. do CC);
- testamento aeronáutico (arts. 1.888 e segs. do CC);
- testamento militar (arts. 1.893 e segs. do CC).

Por ser ato personalíssimo, não se admite o testamento *conjuntivo*, aquele feito por duas pessoas, ainda que sejam marido e mulher (art. 1.863 do CC); *simultâneo* ou de mão comum, quando dois testadores beneficiam terceira pessoa; *recíproco*, quando os testadores se beneficiam mutuamente; ou *correspectivo*, quando os testadores efetuam, num mesmo instrumento, disposições testamentárias em retribuição de outras correspondentes.

Do Testamento Público

Requisitos essenciais do testamento público

As formalidades trazidas pelo artigo são reflexos da forma estabelecida em lei para que o testamento público se perfaça.

Atendidas todas essas solenidades, entendeu o legislador que a vontade plena do testador estaria sendo atendida.

H15. (TJPE/Juiz Substituto/FCC/2013) Só se permite o testamento público

A) aos analfabetos, devendo a escritura de testamento, neste caso, ser subscrita por cinco testemunhas indicadas pelo testador.

B) às pessoas que contarem mais de setenta anos de idade.

C) ao cego, a quem lhe será lido, em voz alta, duas vezes, uma pelo tabelião ou por seu substituto legal e a outra por uma das testemunhas, designada pelo testador, fazendo-se de tudo circunstanciada menção no testamento.

D) à pessoa estrangeira, que não conheça o idioma nacional, devendo as testemunhas conhecerem a língua em que se expressa o testador, e mediante tradução feita por tradutor juramentado.

E) ao indivíduo inteiramente surdo, que souber ler e escrever ou, não o sabendo, que designe quem o leia em seu lugar, presentes cinco testemunhas.

➥ Veja arts. 1.369, 1.864, II, 1.866, 1.867 e 1.880, CC.

Comentário: A assertiva correta é a letra C, uma vez que o art. 1.867, do CC, trata dos requisitos e exigências legais para o testamento de cego: leitura "em voz alta, duas vezes, uma pelo tabelião ou por seu substituto legal, e a outra por uma das testemunhas, designada pelo testador, fazendo-se de tudo circunstanciada menção no testamento".

Testador impossibilitado de assinar o testamento

Caso o testador não saiba assinar ou esteja impedido por alguma razão, é possível que o tabelião ou seu substituto legal dê o documento por assinado, fazendo constar tal situação.

Testador inteiramente surdo

Existe possibilidade de o indivíduo, sendo totalmente surdo, testar por meio público. Se souber ler, irá ler o próprio testamento ao final; caso contrário, designará quem o leia em seu lugar.

➥ Ver questão H15.

Testador deficiente visual

A fim de se evitar fraudes, só é permitido que o deficiente visual seja testador por meio de testamento público, que lhe será lido em voz alta duas vezes pelo tabelião ou por seu substituto legal, ou por uma testemunha designada pelo testador, sob pena de nulidade do ato, para que ele tenha a possibilidade de averiguar o conteúdo do testamento.

➥ Ver questão H15.

Do Testamento Cerrado

Da validade do testamento cerrado

O testamento cerrado é aquele escrito pelo testador, ou por outra pessoa a seu rogo, e por aquele assinado, e que será válido se o tabelião aprová-lo, observando os seguintes requisitos formais: a) o testamento poderá ser escrito mecanicamente, pelo testador ou por outra pessoa a seu rogo; b) deverá constar a assinatura do testador ou de alguém a seu rogo; c) o testador deverá entregar o testamento para o tabelião com a presença de duas testemunhas; d) será lavrado o auto de aprovação, dado pelo tabelião, na presença de duas testemunhas, e que em seguida o leia para o testador e testemunhas; e e) o auto de aprovação será assinado pelo tabelião, pelas testemunhas e pelo testador.

Do auto de aprovação

O auto de aprovação é o instrumento do tabelião que serve para autenticar o testamento cerrado. Este sinal deve ser afixado logo após a última palavra do testador, para certificar que nada foi acrescentado após a entrega ao tabelião.

Da possibilidade do tabelião escrever bem como aprovar o testamento

Não há nenhum obstáculo para que o aprove, tendo o tabelião escrito o testamento a rogo do testador. Ao redigi-lo, age como qualquer pessoa e, ao aprovar, como agente do Estado.

Do testamento em língua estrangeira

No caso de testamento cerrado, não há impedimento para o idioma em que o testamento será elaborado, mesmo porque, até o momento da abertura do testamento, ninguém terá conhecimento de seu conteúdo.

Será impedido de fazer testamento cerrado aquele que não saiba ler nem escrever

Com o intuito de proteger o testador, é preciso que este saiba ler ou, ao menos, possa fazê-lo. Isso porque o testamento não é lido na presença de testemunhas e do testador e, portanto, pode ter conteúdo que este desconheça.

Testamento cerrado pelo surdo-mudo

Pode o surdo-mudo testar por testamento cerrado, desde que o escreva de próprio punho e o assine, e que, entregando-o ao oficial, perante as testemunhas, declare que aquele é seu testamento por escrito, no próprio testamento ou em seu envoltório.

Da posse do testamento cerrado

O testamento cerrado fica em posse do testador. Após aprová-lo e cerrá-lo, o tabelião registra em livro próprio o lugar, dia, mês e ano em que o testamento foi aprovado. O testamento em mãos do testador deverá ser mantido fechado, pois caso o testador venha a abrir, o testamento cerrado será invalidado.

Medidas tomadas perante a morte do testador

Após a morte do testador, o testamento deverá ser apresentado ao juiz, que o fará registrar e ordenará o seu cumprimento, se não houver qualquer vício que o torne nulo ou suspeito de falsidade.

Do Testamento Particular

Formas para o testamento particular

Não existe limitação para a elaboração do testamento particular, podendo ser manual ou por meio mecânico. Em ambos os casos, deverá haver a presença de pelo menos três testemunhas e deverá seu conteúdo ser lido. No caso da elaboração mecânica, exige-se que não haja qualquer tipo de rasura ou espaço entre os caracteres que ensejem algum tipo de fraude.

Publicação do testamento

O testamento particular também é colocado em execução no momento da morte do testador. Em juízo, ele será publicado e os herdeiros serão citados a comparecer.

Confirmação do testamento

Após a abertura do testamento particular, as testemunhas que dele participaram são convocadas em juízo para atestarem sobre a disposição ou mesmo a leitura do testamento em sua presença. Ao reconhecerem suas próprias assinaturas, o testamento estará confirmado.

O parágrafo único do art. 1.878 abre uma exceção ao disposto no *caput*, em que se menciona a convocação de todas as testemunhas. Caso faltem testemunhas e uma delas reconhecer a assinatura, o testamento será confirmado se o juiz considerar que há provas suficientes para sua veracidade.

Testamento sem testemunhas

Em casos excepcionais, a serem analisados pelo juiz, admite-se testamento particular de próprio punho, sem presença de testemunhas. Tais circunstâncias deverão estar descritas no próprio testamento.

Testamento particular em língua estrangeira

É possível que o testamento particular seja feito em língua estrangeira. Porém, é necessário que as testemunhas compreendam o seu conteúdo.

➠ Ver questão H15.

DOS CODICILOS

Desejos finais mediante escrito particular

O codicilo é o ato de última vontade feito por pessoa capaz de testar, mediante escrito particular, datado e assinado, onde faz disposições especiais sobre o seu enterro, legado de móveis, roupas ou joias, de pouco valor, de seu uso pessoal, ainda, sobre esmolas de pouca monta a certas e determinadas pessoas, ou, indeterminadamente, aos pobres de certo lugar (art. 1.881 do CC).

Possibilidade de codicilos sem testamento

Ao dispor sobre seus desejos relativos à forma de seu enterro e ao destino de seus bens de valor irrisório ou de uso pessoal, havendo ou não testamento, tal ato será considerado codicilo. O codicilo valerá independentemente da existência de testamento e só será revogado por outro codicilo ou testamento posterior que não o confirmar ou modificar.

Nomeação ou substituição de testamenteiro

O dispositivo garante que não seja preciso elaborar um novo instrumento caso haja necessidade de nomear novo ou substituir testamenteiros.

Revogação do codicilo

O codicilo valerá independentemente na existência de testamento e só será revogado por outro codicilo ou por testamento posterior que não o confirmar ou modificar (art. 1.884 do CC).

Da abertura do codicilo

Havendo disposição de vontade feita dessa forma, e sendo fechado, como o testamento cerrado, este seguirá o mesmo procedimento para sua abertura, ou seja, o juiz abrirá, da mesma maneira que o testamento cerrado, e, não havendo vício que impeça a sua validade, ordenará o seu cumprimento, fazendo-o registrar e arquivar pelo cartório ao qual foi distribuído.

DOS TESTAMENTOS ESPECIAIS

Estas espécies especiais de testamentos são pouco usadas no direito brasileiro e têm validade devido à situação adversa em que são elaborados. Não estão sujeitos a todas as formalidades dos demais testamentos. O rol do artigo anterior é taxativo, e o Código não aceita exceções. Apenas os testamentos especiais mencionados no art. 1.886 são admitidos no Brasil.

Do Testamento Marítimo e do Testamento Aeronáutico

Da forma a ser realizada

Em condições excepcionais, estando o indivíduo a bordo de navio nacional, poderá testar perante duas testemunhas e o comandante, em forma correspondente ao testamento público ou cerrado. Tal testamento será registrado no diário de bordo da embarcação.

Do testamento em aeronave militar ou comercial

O determinado no art. 1.888, quanto ao testamento marítimo, aplica-se ao testamento aeronáutico, com a diferença de que o comandante poderá designar pessoa perante a qual o testador irá testar. Portanto, o testamento aeronáutico é facultado à pessoa que está em viagem, a bordo de aeronave militar ou comercial, que receie morrer, devido à piora de alguma doença ou acometido por algum mal súbito, manifestando a sua última vontade perante o comandante ou por pessoa por ele designada, na presença de duas testemunhas, aplicando-se a forma similar à do testamento público ou cerrado, devendo o testamento ser registrado no diário de bordo.

Da guarda do testamento marítimo ou aeronáutico

O comandante da embarcação ou aeronave deverá guardar o testamento produzido em tais circunstâncias especiais até que se retorne ao solo brasileiro, quando deverá ser entregue aos cuidados da autoridade administrativa local, por meio de recibo averbado no diário de bordo.

Validade do testamento marítimo ou aeronáutico

Em razão do caráter especial dessas espécies de testamento, há previsão expressa de sua ineficácia nos casos em que o testador não tenha falecido durante a viagem ou em noventa dias após o desembarque em solo brasileiro. Isso porque o caráter deste tipo de testamento é emergencial. Se a situação que levou à sua reprodução não se caracterizar, um testamento que siga os requisitos formais deverá ser elaborado pelo testador.

Só se aplica o benefício do testamento marítimo caso o testador esteja em situação emergencial, em que precise elaborar testamento, sob ameaça de morte, e em curso de viagem. Estando o navio em porto, no qual o testador poderia desembarcar e elaborar testamento seguindo os procedimentos ordinários, não terá validade o testamento marítimo.

Do Testamento Militar

Da forma a ser feito o testamento militar

O testamento militar é reservado àqueles que estejam em situação de campanha e por alguma razão não possam estar diante do tabelião ou produzir testamento da maneira tradicional. É necessária a presença de duas testemunhas, ou ainda três, caso o testador não saiba ou não possa escrever, situação em que essa terceira testemunha assinará em seu lugar. Caso o testador pertença a alguma espécie de destacamento, testará perante o oficial que esteja comandando o grupo. Caso esteja em hospital, poderá testar mediante o oficial médico ou ainda o diretor do estabelecimento. Caso o testador seja o oficial mais graduado, aquele de patente exatamente inferior poderá ouvir o ato de testamento.

O art. 1.894 trata do ato daquele que faz as vezes de tabelião, o oficial militar, que irá receber o testamento e que transcreverá nota em alguma parte do documento que seja assinada por ele e pelas testemunhas, dando ciência do recebimento.

Validade do testamento militar

Seguindo o mesmo princípio dos testamentos marítimo e aeronáutico, o testamento militar caducará, perderá sua eficácia, caso, decorridos noventa dias do ato, de maneira contínua, o testador tenha estado em local onde fosse possível testar da maneira ordinária. O art. 1.895 apresenta a exceção que faz referência ao art. 1.894. Se o oficial tiver dado ciência do recebimento e assinado o testamento, juntamente com as testemunhas, o testamento terá validade mesmo após este período.

Do testamento falado

Caso os militares que podem testar nas circunstâncias especiais desta Seção estejam feridos ou durante o combate, o testamento poderá assumir a forma oral. Como esperado, perde a eficácia tal testamento se o testador não falecer ou caso se recupere do ferimento.

DAS DISPOSIÇÕES TESTAMENTÁRIAS

Nomeação de herdeiro ou legatário

São aceitáveis quatro espécies de nomeação de herdeiro ou legatário: pura, segundo a qual há mera nomeação; sob condição, pela qual só será perfeita a nomeação dado o acontecimento de fato superveniente previsto; para certo fim ou modo, no qual há uma destinação específica dada à situação causada pela herança ou legado; e, por fim, por certo motivo, pelo qual o testador declara nomear o herdeiro ou legatário em razão de algo que este tenha feito em seu favor.

➥ Ver questão H1.

Da exceção para termo final ou inicial

Exceto nos casos de fideicomisso, não se admite termo final ou inicial para os direitos do herdeiro.

Cláusula testamentária com interpretações diferentes

Se houver cláusula dúbia, cuja interpretação seja questionada, prevalecerá o entendimento que melhor assegure o que parece ter sido a vontade do testador, no momento de sua declaração. Assim, deverá sempre buscar a vontade ou intenção do testador.

Disposições nulas

O art. 1.900 traz as nulidades das disposições testamentárias em relação aos herdeiros ou legatários. Diz-se nula a disposição que exija que o herdeiro ou legatário também teste, deixando bens em favor do testador ou de terceiro indicado por ele. É nula também a disposição que faz referência à pessoa incerta, que não possa ser identificada, ou cuja identificação dependa de indicação de terceiro. Não tem validade também a cláusula que dá ao herdeiro ou legatário ou terceiro a responsabilidade pela fixação do valor deixado pelo *de cujus*. Por fim, não poderão ser favorecidas pessoas que, a rogo, escreveram o testamento, seu cônjuge ou companheiro, seus ascendentes e irmãos, as testemunhas do testamento; o concubino do testador casado, salvo se este, sem culpa sua, estiver separado de fato do cônjuge há mais de cinco anos; o tabelião, civil ou militar, ou o comandante ou escrivão, perante quem se fizer, assim como o que fizer ou aprovar o testamento; e pessoas não legitimadas a suceder, na forma dos arts. 1.801 e 1.802 deste Código.

Disposições válidas

Os casos apresentados pelo art. 1.901 são variações das vedações do artigo anterior, mas que possuem amparo legal para terem validade. No caso de pessoa incerta, é possível quando esta deva ser determinada por terceiro, mas que possa ser identificada por ter sido mencionada pelo testador, sendo pertencente a uma família ou corpo coletivo ou estabelecimento que tenha sido designado. Além disso, é possível disposição que sirva como remuneração a quem cuidou do *de cujus*, em ocasião de doença que levou ao seu falecimento, situação esta em que se admite que o herdeiro arbitre a quantia devida a quem cuidou do *de cujus*.

Das disposições em favor dos pobres ou estabelecimentos de caridade ou assistência pública

Se o testador restar silente quanto à instituição de caridade que deseja beneficiar ou a um grupo de pessoas carentes, quanto a sua localidade, se houver disposição genérica, entender-se-á que são aqueles do local do domicílio do *de cujus*. Há também preferência às instituições de auxilio de caráter particular sobre as públicas.

Erro de pessoa na disposição

O testamento deve ser claro, sem deixar margens a situações dúbias. Assim, se houver erro quanto à designação do herdeiro ou legatário ou quanto ao que é transmitido, a disposição de vontade será considerada nula. A possibilidade de convalidação encontra-se na identificação da disposição correta pelo contexto do testamento, de outros documentos ou de fatos inequívocos, que possam identificar a pessoa ou a coisa a que o testador se refere.

Partilha de testamento com dois ou mais herdeiros indiscriminada a parte de cada um

Caso os herdeiros sejam nomeados sem a determinação da parte devida a cada um, o montante total será partilhado de maneira igual entre eles.

Divisão da herança em quotas para indivíduos e grupos

Havendo no testamento designação de herdeiros individuais e grupos, as quotas da herança serão divididas como se os grupos fossem indivíduos e cada grupo receberá a mesma parte dada aos indivíduos designados, a menos que seja determinada quota certa para cada um.

Do remanescente às quotas determinadas

Caso a disposição testamentária distribua bens em quantia inferior ao total da herança do *de cujus*, o que remanescer voltará aos herdeiros legítimos, respeitando-se a ordem da vocação hereditária.

Determinação de quotas para alguns e distribuição do restante aos outros

Quando o testador determinar quantia certa a alguns de seus herdeiros e não a outros, receberão suas partes os que tiveram a quantia estabelecida e entre os demais, o restante da herança será repartida de maneira igualitária. Caso não sobrem bens, os herdeiros que foram nomeados sem a designação de seu quinhão, nada poderão reclamar.

➠ Ver questão H1.

Da exclusão de objetos específicos

Caso o testador exclua certo objeto específico, determinando que este não cabe ao herdeiro instituído, o objeto em questão será transmitido aos herdeiros legítimos, sendo considerado remanescente da herança.

Disposições testamentárias inquinadas de erro, dolo ou coação

A nulidade relativa ou anulabilidade do testamento, que não tem efeito antes de julgada por sentença nem se pronuncia de ofício, pode ser alegada somente pelo interessado, dentro do prazo decadencial de quatro anos, contando da data em que teve conhecimento do vício (art. 1.909, parágrafo único, do CC), e aproveita exclusivamente ao que a pleiteou, salvo o caso de solidariedade ou indivisibilidade (art. 177 do CC). Dar-se-á por vício oriundo de: erro substancial (arts. 138 a 142 do CC) na designação da pessoa do herdeiro, do legatário ou da coisa legada (art. 1.903 do CC); dolo (arts. 145 a 150 do CC), ou seja, artifício malicioso para induzir o testador em erro ou para mantê-lo no erro em que já se encontrava; e coação (arts. 151 a 155 do CC), que é o estado de espírito em que o disponente, ao perder a energia moral e a espontaneidade da vontade, elabora o testamento que lhe é exigido.

A anulação da disposição testamentária por vício de vontade está submetida ao prazo decadencial de quatro anos contados a partir do conhecimento do vício.

Resultado da ineficácia de uma disposição testamentária

Sendo uma disposição testamentária considerada ineficaz, não são todas as demais que seguirão a mesma sorte. Serão tidas como ineficazes também as que, sem a que deu origem à ineficácia, não teriam sido determinadas pelo testador no momento de sua manifestação de vontade. Caso uma das disposições testamentárias seja considerada ineficaz, as demais não a seguirão, prevalecendo a sua eficácia, a não ser que tenham alguma conexão entre si.

Cláusula de inalienabilidade e seus efeitos

O art. 1.911 autoriza ao testador impor limitações, como a de *impenhorabilidade* e *incomunicabilidade*, gravando, dessa forma, os bens do acervo e impedindo a sua alienação. Conforme esclarece Maria Helena Diniz, "a cláusula de inalienabilidade é um meio de vincular os próprios bens em relação a terceiro beneficiário, que não poderá dispor deles, gratuita ou onerosamente, recebendo-os para usá-los e gozá-los; trata-se de um domínio limitado, motivo pelo qual a duração da proibição de alienar estes bens deixados a herdeiro ou a legatário não pode exceder a espaço de tempo superior à vida do instituído" (*Curso de direito civil brasileiro*, 14. ed. São Paulo, Saraiva, 2000, v. 6, p. 174).

DOS LEGADOS

Do legado ineficaz

O legatário, diferentemente do herdeiro testamentário, recebe um bem particular, determinado, especificado pelo testador. O herdeiro recebe quota dos bens, na proporção determinada pelo testador.

Determina o art. 1.912 que será considerado ineficaz (inexistente) o legado de bem que, por ocasião da morte do testador, tenha saído de seu patrimônio e não mais lhe pertença.

H16. (Juiz Substituto/TJRJ/Vunesp/2014) Sendo o legado coisa certa e determinada deixada a alguém, denominado legatário, em testamento ou codicilo, é correto afirmar que

A) o legado pode recair sobre coisa alheia, cabendo ao herdeiro a obrigação de adquirir a coisa alheia, por conta do espólio, para entregá-la ao legatário.

B) as benfeitorias necessárias, úteis ou voluptuárias, apesar de serem bens acessórios, não aderem ao imóvel legado.

C) qualquer pessoa, natural ou jurídica, simples ou empresária, pode ser contemplada com legado, podendo, assim, o herdeiro cumular a qualidade de legatário.

D) em se tratando de legado de alimentos, não é possível presumi-lo como vitalício, ainda que o testador não tenha disposto expressamente acerca disso.

➥ Veja arts. 1.912, 1.913, 1.920 e 1.922, parágrafo único, CC.

Comentário: A partir da análise da Seção I do Capítulo VII, "Dos Legados" (arts. 1.912 a 1.922), tem-se que a assertiva correta é a letra C, já que a assertiva é um resumo dos artigos do Código Civil.

Da entrega da coisa de propriedade do testador

As disposições do testador, se não nulas ou ineficazes, fazem parte de sua vontade e condicionam, em algumas ocasiões, o recebimento de seu patrimônio pelos herdeiros e legatários. Em situações como essa, em que se determina a entrega de bem particular do herdeiro ou legatário a outrem, o não cumprimento desta disposição funciona como uma renúncia à herança ou legado.

O testador, em seu ato de última vontade, poderá dispor que o herdeiro ou legatário entregue coisa sua a terceiro, sublegatário, estabelecendo-lhe um encargo. Contudo, o herdeiro ou legatário poderá não cumprir a disposição do *de cujus*, dando a entender que a herança ou o legado foi renunciado e, dessa maneira, o bem permanecerá no patrimônio do legatário ou herdeiro.

➡ Ver questão H12.

Liberalidade da parte pertencente ao testador

Caso o testador disponha sobre coisa que seja apenas parcialmente sua, do legatário ou do herdeiro, cabe a ele dispor apenas sobre as partes que pertencem a essas pessoas. Qualquer manifestação sobre a parte de terceiro que não eles é tida como nula, pelo fato de ser bem alheio.

Legado de coisa determinada por gênero

Nos casos em que o legado seja de coisa determinada pelo gênero, *v. g.*, uma casa, uma lancha, uma moto, um título, se o testador não possuir tal bem entre seu patrimônio, deverá ser reservada parte da herança para comprar tal bem e então entregá-lo ao legatário.

O art. 1.916 liga-se de certa forma ao art. 1.915. Se o testador singularizar um bem que será dado ao legatário, por exemplo, um determinado imóvel, em certo endereço, com sua matrícula determinada, e tal bem não estiver entre os seus no momento da abertura da sucessão, não poderá ser utilizada parte da herança para comprar bem semelhante. Nesse caso, não haverá eficácia em tal determinação. Além disso, caso sejam determinados bens e, em meio ao patrimônio do testador, encontre-se quantidade inferior à determinada, o legatário receberá apenas a parte constante do patrimônio do *de cujus*, sem que se use a herança para complementar.

Da coisa em lugar determinado

Ao determinar o testador que o legatário deverá receber certos bens que se encontrem em local por ele apontado, no momento da abertura do testamento, não se encontrando esses bens lá, não haverá substituição ou utilização da herança para aquisição de bens semelhantes. Se, no entanto, tiver sido removida a coisa a título transitório, será entregue no momento em que retornar ao local.

Legado de crédito ou quitação de dívida

O legado pode constituir-se de crédito ou quitação de dívida. No caso do crédito, este terá eficácia somente quanto à importância à época da morte do testador e será cumprido com a entrega do título respectivo. Em relação à quitação de dívida, o valor perdoado pelo testador é aquele da época de sua morte. Isso quer dizer que, tendo a dívida sofrido o acréscimo de juros após a morte do testador, por exemplo, estes não estarão abarcados pela remissão.

Caso o legatário seja também credor do testador, o legado não servirá para pagar a dívida, a menos que haja declaração expressa dessa finalidade no testamento. Se o débito entre legatário e testador for posterior ao testamento e a dívida tiver sido quitada, o legado permanecerá integralmente.

Legado de alimentos

Havendo legado que designe o pagamento de alimentos ao legatário, este incluirá sustento, cura, vestuário, abrigo e educação para menores. Salvo disposição que fixe prazo para manutenção de usufruto sobre bem, considerar-se-á este vitalício.

➥ Ver questão H16.

Legado de imóveis

No legado de imóveis, quando ajuntadas novas aquisições, ainda que contíguas, estas não farão parte do legado, salvo se o testador houver declarado expressamente que, nesse caso, agrega-se ao bem transmitido. As benfeitorias, sendo elas necessárias, úteis ou mesmo voluptuosas, estão inclusas no legado, pois o acessório acompanha o principal.

Dos Efeitos do Legado e do seu Pagamento

Direitos do legatário a partir da abertura da sucessão

Exceto nos casos de existência de condição suspensiva, o legado pertence ao legatário a partir do momento da abertura da sucessão. No entanto, o legatário receberá a posse somente após autorização dos herdeiros. Os legatários são destinatários também dos frutos produzidos pela coisa certa, designada a eles por legado, a partir da data da morte do testador, exceto se estiver estabelecido no testamento condição suspensiva ou termo inicial.

Efeitos do litígio sobre a validade do testamento

Se a validade do testamento estiver em discussão, o legatário não poderá exercer o direito de pedir o legado. O mesmo é aplicado caso exista prazo ou condição, o primeiro enquanto não vença e o segundo não se realize.

Do legado em dinheiro e dos juros

Só haverá cobrança de juros no caso de legado em dinheiro a partir do momento em que se constituir a obrigação da pessoa em entregar tal legado.

Legado em renda vitalícia

Sendo o legado constituído de renda vitalícia ou pensão periódica, essas serão vencidas a partir da morte do testador.

Tratando-se de quantia certa dada como legado, dividida em prestações periódicas, a primeira será devida na morte do testador e seguirá com a periodicidade estabelecida no instrumento, até seu término, mesmo que o legatário venha a falecer.

Exigibilidade das prestações periódicas

No caso de prestações periódicas, estas serão exigidas somente no termo de cada período. Se forem prestações a título de alimentos, serão pagas no início de cada período, salvo se o testador tiver determinado situação diferente no testamento.

Concentração da coisa certa deixada em legado

Se for deixada ao legatário pelo testador coisa determinável pelo gênero, dentro de seu patrimônio, cabe ao herdeiro escolher qual o legatário receberá, utilizando o melhor juízo para escolhê-la e o critério do meio-termo, entregando aquela que esteja intermediária entre o melhor e o pior bem. Complementando o art. 1.929, se o herdeiro não quiser ou puder escolher esse bem, caberá ao juiz escolher, ainda utilizando o critério do meio-termo.

Se a opção de escolher o bem determinado por seu gênero couber ao legatário, ele poderá sem restrições escolher o melhor entre aqueles constantes da herança. Se, por exemplo, tal bem não constar na herança, o herdeiro poderá entregar-lhe bem semelhante, utilizando-se do critério do meio-termo.

Do legado alternativo

Nos legados alternativos, em que o testador afirma desejar que uma coisa ou outra sejam entregues ao legatário, a presunção é que o próprio legatário poderá escolher qual deseja.

Sucessão do herdeiro/legatário

Os herdeiros do legatário o sucedem caso este venha a falecer e lhe coubesse a escolha de coisa, em legado alternativo. Caso o herdeiro ou legatário a quem o testador designou a função de escolher um entre mais bens vier a falecer antes que possa fazer a escolha, o seu direito de opção será transmitido aos seus herdeiros.

Responsabilidades dos herdeiros ou legatários

Se não houver determinação em outro sentido, cabe aos herdeiros o cumprimento do legado e, caso não existam herdeiros, cabe aos legatários na proporção de seus legados. Se forem nomeados tanto herdeiros como legatários, caberá a todos a responsabilidade sobre o cumprimento do legado, na proporção do que receberão.

Direito de regresso caso o herdeiro ou legatário perca algum bem deixado em herança ou legado

Caso o testador tenha constituído legado sobre coisa pertencente a herdeiro ou legatário, cabe a este cumpri-lo, com possibilidade de direito de regresso contra os demais coerdeiros, na proporção de suas quotas, exceto se o testador tiver deixado disposição contrária.

Deveres, despesas e riscos da entrega do legado

Caso não haja declaração de vontade do testador dispondo de outra maneira, as despesas e riscos de entrega do legado correrão à despesa do próprio legatário.

O legatário receberá a coisa que lhe foi designada por legado, da forma como se encontrava no momento em que ocorreu a morte do testador. Essa coisa virá acompanhada de todo e qualquer encargo que possua, que será transmitido ao legatário também, como parte integrante do bem.

Dos legados com encargo

Estende-se a aplicação das regras do Código quanto às doações com encargos aos legados eivados do mesmo instituto. Caso não seja cumprido o encargo imposto ao legado, o ato será revogado.

Da Caducidade dos Legados

O art. 1.939 elenca as hipóteses de caducidade do legado, sendo elas:

(i) a modificação da coisa legada, pós-testamento, a ponto de não ter a forma que possuía ou ter sido alterada de tal maneira que não possa mais receber a mesma determinação;

(ii) a alienação, total ou parcial, da coisa legada, por parte do testador;

(iii) o perecimento ou evicção da coisa, sem culpa do herdeiro ou legatário que deveria cumprir o legado;

(iv) a exclusão do legatário da sucessão, nas hipóteses de indignidade do art. 1.815; e

(v) a morte do legatário, antes do testador.

Nas hipóteses em que houver disposição alternativa de legado, caso uma delas venha a perecer, automaticamente a outra será considerada o legado reservado ao legatário.

DO DIREITO DE ACRESCER ENTRE HERDEIROS E LEGATÁRIOS

Direto de acrescer

Ocorre quando um coerdeiro ou colegatário recebe o quinhão de outro, que não pôde ou não quis recebê-lo, desde que nomeados na mesma cláusula testamentária e em quinhões não determinados, não havendo indicação de substituto.

Direito de acrescer aos colegatários

Terão direito de acrescer os colegatários em duas hipóteses: quando forem nomeados em conjunto, sem indicação de substituto, e quando incidir sobre uma só coisa, determinada e certa e que não pode ser dividida sem desvalorização.

Se houver pluralidade de herdeiros ou legatários, e ficando um impossibilitado de suceder – por desistência, morte, exclusão ou não verificação de condição –, sua parte da herança será acrescentada às dos demais. Os encargos que possuía também serão igualmente transmitidos.

Efeitos da não efetuação do direito de acrescer

Caso não seja possível que se acresça quota aos demais herdeiros ou legatários, no caso do art. 1.943, a quota respectiva será transmitida para os herdeiros legítimos. No caso de legados, se não for possível acrescer aos legatários, a quota remanescente será destinada àquele que deveria satisfazer o legado ou ainda, aos demais herdeiros, se houve dedução do legado na herança.

Da recusa ao acréscimo por parte do beneficiário

No caso de haver acréscimo aos demais herdeiros ou legatários, esses não poderão recusar apenas o acréscimo, sem recusar sua parte da herança ou legado. No entanto, se esse acréscimo possuir encargos especiais determinados pelo testador, o acréscimo será revertido em favor da pessoa à qual os encargos foram instituídos.

Usufruto dado em legado a duas ou mais pessoas

No caso de usufruto dado em legado a duas ou mais pessoas, faltando uma dessas pessoas nas hipóteses do art. 1.943, sua parte é acrescida aos colegatários. Porém, se os colegatários que restarem não tiverem parte no usufruto, as quotas da propriedade serão consolidadas na propriedade, conforme forem faltando os colegatários.

Haverá o direito de acrescer no caso de premoriência, renúncia, exclusão de um colegatário ou usufrutuário e se existir disposição conjunta do usufruto, sem distribuição de quinhões entre eles.

DAS SUBSTITUIÇÕES

Da Substituição Vulgar e da Recíproca

Substituição à pessoa do herdeiro ou legatário

A substituição vulgar, também conhecida como direta ou ordinária, consiste em uma disposição testamentária na qual o testador substitui a pessoa do herdeiro ou legatário nomeado por outra, pois este ou aquele não puderam ou não quiseram aceitar a herança ou legado, em razão de morte ou renúncia. Trata-se da previsão de substituição, indicando certa pessoa para recolher a deixa, se o nomeado vier a faltar ou não quiser ou não puder aceitar a herança ou o legado. Poderá ser vulgar, recíproca ou coletiva. "A substituição é a disposição testamentária na qual o testador chama uma pessoa para receber, no todo ou em parte, a herança ou o legado, na falta ou após o herdeiro ou legatário nomeado em primeiro lugar, ou seja, quando a vocação deste ou daquele cessar por qualquer causa" (DINIZ, 2009, p. 1.352).

A substituição recíproca se dá quando dois ou mais herdeiros são indicados substitutos uns dos outros e não quiserem ou não aceitarem a herança. Denomina-se singular quando há apenas um substituto ao herdeiro ou legatário instituído, e coletiva quando existir pluralidade de substitutos simultâneos, sendo declarado no art. 1.948 ser lícita a substituição de muitas pessoas por uma só, ou vice-versa.

Substituto ficará sujeito a condição ou encargo imposto ao substituído

Em caso de substituição, aquele que passou a figurar entre os herdeiros ou legatários irá receber todos os encargos que recaiam sobre quem substituiu, salvo se o testador tiver determinado de maneira distinta. O substituto recolherá a herança ou legado, com suas vantagens e encargos.

Diversas substituições

Ocorrendo substituição recíproca entre diversos coerdeiros ou legatários, quando os herdeiros ou legatários forem instituídos em partes iguais, deverá ser entendido que os substitutos receberão, igualmente, a parte do quinhão hereditário vago; quando os herdeiros ou legatários forem instituídos de partes desiguais, entender-se-á que os substitutos receberão a mesma proporção dos quinhões fixada na primeira disposição; e, por fim, quando os herdeiros ou legatários forem instituídos e for incluída mais alguma pessoa na substituição, o quinhão vago pertencerá em partes iguais aos substitutos.

Da Substituição Fideicomissária

Trata-se da instituição de herdeiro ou legatário (fiduciário), que deve transmitir a outra pessoa (fideicomissário) a certo tempo ou condição, ou mesmo com a sua morte, a herança ou o legado recebida do *de cujus* (fideicomitente). O Código Civil permite o fideicomisso somente em favor dos não concebidos ao tempo da morte do testador. Se, já nascido, este adquire a propriedade dos bens, convertendo-se em usufruto o direito do fiduciário (art. 1.952 do CC). Não se pode nomear substituto ao fideicomissário (art. 1.959 do CC). O fideicomisso caducará se o fideicomissário morrer antes do fiduciário, ou antes de realizar-se a condição resolutiva ou advento do termo, ocasião em que a propriedade será consolidada na pessoa do fiduciário. Também caducará se o fideicomissário renunciar à herança ou ao legado (art. 1.955 do CC).

Admite-se a substituição fideicomissária apenas em favor de indivíduos não concebidos quando da morte do testador. No momento da morte do testador, se houver nascido o fideicomissário, este irá adquirir a propriedade dos bens e o direito do fiduciário será transformado em usufruto.

Da propriedade do fiduciário

A propriedade que o fiduciário possui sobre a herança ou legado é restrita e resolúvel, porém poderá usar e dispor do bem fideicometido, a menos que o testador disponha de cláusula de inalienabilidade. Ele possui a obrigação de realizar o inventário dos bens e prestar caução de restituí-los, caso assim deseje o fideicomissário.

Renúncia à herança ou ao legado

Com a abertura da sucessão, o fiduciário deverá aceitar ou renunciar à herança ou ao legado. Havendo renúncia por parte do fiduciário, o fideicomissário poderá aceitar o legado ou a herança em seu lugar, salvo disposição contrária do testador.

Após aberta a substituição fideicomissária, o fideicomissário pode renunciar à herança ou ao legado. Com isso, ocorre a caducidade do fideicomisso, salvo disposição diferente do testador, e a propriedade passa ao fiduciário.

Acréscimo à parte do fiduciário

Aceitando a herança ou legado, o fideicomissário terá direito a qualquer parte acrescida pelo fiduciário, a qualquer tempo desde o começo da sucessão até que seja transferido o legado ou herança ao fideicomisso.

Encargos da herança

Com a sucessão, cabe ao fideicomissário arcar com encargos da herança que ainda existirem.

Caducará o fideicomisso

Com a morte do fideicomissário antes do fiduciário ou antes da realização de condição resolutiva; com a morte do fideicomissário antes do fiduciário ou da realização de condição que estivesse atrelada à transmissão do bem, extingue-se a obrigação do fiduciário de transmitir--lhe o bem e a propriedade é transferida então ao fiduciário.

Fideicomissos nulos

Entre as transferências previstas neste instituto, é possível apenas que passe do fiduciário ao fideicomissário. O fideicomissário não pode transferir a terceiro e se o fizer, a cláusula será nula. Caso exista tal previsão de transferência por parte do fideicomissário, que é nula conforme o artigo anterior, o instituto do fideicomisso não estará prejudicado. Subsistirá como se essa determinação não existisse. Então, terá o fiduciário a plena propriedade do bem fideicometido, sem qualquer encargo resolutório.

DA DESERDAÇÃO

É o ato pelo qual o *de cujus* exclui da sucessão, mediante testamento com expressa declaração da causa, herdeiro necessário, privando-o de sua legítima, por ter praticado qualquer ato taxativamente enumerado nos arts. 1.814, 1.962 e 1.963 do Código Civil.

➥ Ver questão H2.

Deserdação dos descendentes por seus ascendentes

O art. 1.962 traz outras hipóteses de deserdação do descendente, feita pelo ascendente. Menciona o artigo a ofensa física praticada contra o ascendente, a realização de injúria grave, relações ilícitas mantidas com padrasto ou madrasta e desamparo a ascendentes incapazes, em razão de alienação mental ou enfermidade grave. Essas hipóteses, concomitante ao art. 1.814, autorizam a exclusão do descendente da sucessão.

Deserdação dos ascendentes por seus descendentes

No mesmo sentido, é possível que o descendente deserde os ascendentes. Além das hipóteses do art. 1.814, há também a prática de ofensa física ou injúria grave, as relações ilícitas com cônjuge ou companheiro do neto ou do próprio filho e desamparo de filho ou neto incapaz em razão de deficiência mental ou enfermidade grave.

Necessidade de expressa declaração de causa e de sua posterior prova

Para que a deserdação seja eficaz, deverá haver declaração expressa da causa, em testamento, obviamente, antes da morte do testador. Se o testamento for nulo, a deserdação será nula. É necessário que o testador especifique a causa legal que o levou a isso.

Necessário será que haja comprovação da causa legal alegada pelo testador para decretar a deserdação, feita pelo herdeiro instituído ou por aquele a quem ela aproveita, por meio de ação ordinária a ser proposta dentro do prazo decadencial de quatro anos, contado da data da abertura do testamento.

DA REDUÇÃO DAS DISPOSIÇÕES TESTAMENTÁRIAS

Quando o testamento versar sobre quota do patrimônio do testador inferior ao total que havia em disponibilidade para tal fim, o remanescente será entregue aos herdeiros legítimos.

O art. 1.967 dispõe sobre as providências a serem tomadas caso o testador verse no testamento por quota superior à disponível. De acordo com o § 1º, as quotas determinadas aos herdeiros instituídos serão diminuídas e transferidas aos herdeiros legítimos, até que reste respeitada a legítima. Não sendo isso suficiente, os legados serão atingidos também. Se o testador tiver previsto essa hipótese e tiver determinado herdeiros e legatários que deverão ter suas quotas reduzidas preferencialmente, assim será feito, atingindo primeiramente a herança e depois o legado.

Se o legado que for sujeito à redução for um imóvel, ocorrerá sua divisão proporcional. Se o imóvel for indivisível ou o excesso do legado corresponder a mais de um quarto do valor do imóvel, o legatário deixará todo o imóvel na herança, tendo o direito de reclamar dos herdeiros o valor que couber na metade disponível. Se a diferença for menor do que um quarto do valor, o legatário possui o direito de permanecer com o imóvel, transferindo aos herdeiros o valor. O legatário que também é herdeiro necessário possui o chamado direito de preferência, integrando o valor de sua legítima no mesmo imóvel, se o valor do imóvel for inferior à soma da legítima e do legado.

DA REVOGAÇÃO DO TESTAMENTO

De como pode ser revogado

A revogação é o ato pelo qual o testador conscientemente torna ineficaz testamento anterior, manifestando vontade contrária à que nele se acha expressa. Não é obrigatório que o novo testamento siga a forma do anterior, podendo um testamento público ser substituído por um particular ou vice-versa. O testamento pode revogar o codicilo.

Revogação total ou parcial

O testador tem a liberalidade de revogar o testamento de maneira parcial ou total. No caso da revogação parcial, ou caso um testamento posterior não contenha cláusula revogatória expressa, tudo no primeiro testamento que não contrariar o posterior ou a revogação irá subsistir.

Efeitos da revogação

O testamento revogatório produzirá seus efeitos mesmo que o testamento anterior caduque por exclusão, incapacidade ou renúncia do herdeiro nele nomeado. A caducidade consiste na ineficácia do testamento, ainda que válido. Se o testamento revogatório for anulado por omissão ou infração de solenidades essenciais ou por vícios intrínsecos, não poderá produzir efeitos, nem substituir o anterior, o qual pretende revogar.

Revogação do testamento cerrado

O testamento cerrado, para que tenha eficácia, deve ser aberto somente após a morte do testador. Caso seja violado pelo testador ou com seu consentimento, ter-se-á o testamento como revogado.

DO ROMPIMENTO DO TESTAMENTO

O rompimento do testamento ocorre em casos supervenientes de uma situação que, de tal modo relevante, faça alterar a manifestação de vontade do testador. A ruptura do testamento pode ser considerada como a revogação presumida. O testamento será rompido se sobrevir descendente sucessível ao testador, que não o tinha ou não o conhecia quando testou, desde que o descendente sobreviva ao testador (art. 1.973 do CC). O mesmo se dá quando ignorada a existência de outros herdeiros necessários (ascendente e cônjuge).

Estará inutilizado também o testamento que tenha sido feito ignorando o testador a existência de outros herdeiros necessários que deveriam participar da sucessão.

Não há de se falar em rompimento do testamento se o testador dispuser unicamente de sua metade, não contemplando herdeiros necessários no testamento.

DO TESTAMENTEIRO

Fica a cargo do testador nomear uma ou mais pessoas para que sejam encarregadas pela execução do testamento, sendo responsáveis pela sua realização e atendendo aos últimos desejos do *de cujus*. O testamenteiro é a pessoa responsável por cumprir as disposições de última vontade do testador, deferindo-lhe poderes e obrigações.

Testamenteiro universal

Quando a lei civil preceitua que, aberta a sucessão, o domínio e a posse da herança são transmitidas, desde logo, aos herdeiros legítimos e testamentários, há de entender o intérprete que tal transmissão só tem valor se houver aceitação por parte dos herdeiros legítimos e testamentários. Se assim não fosse, o art. 1.572 do Código Civil entraria em choque, colidiria com os preceitos que tratam da aceitação e da renúncia da herança (arts. 1.581 a 1.590 do CC). Quem renuncia não pode ser considerado como tendo sido herdeiro do autor da herança. Com a renúncia, não foi acrescido o patrimônio do renunciante. Tratando-se, porém, de renúncia translativa, houve aceitação da herança, o que torna obrigatória a autorização marital. Nessa hipótese, será devido o imposto de transmissão *inter vivos*. "A renúncia da herança não se considera transmissão de propriedade, dádiva, liberalidade ou doação; o renunciante é considerado como se não existisse, ou melhor, como se não tivesse herdado" (STF, RE n. 7.792, 2ª T., rel. Min. Orozimbo Nonato, *RT* 114/780). "A renúncia à sucessão quando feita a favor de determinado beneficiário, pressupõe a aceitação dela pelo renunciante, razão pela qual é de calcular-se o imposto de transmissão na base em que este seria devido" (TJSP, AI n. 80.379, 2ª Câm. Cível, rel. Des. Paulo Barbosa, *RT* 264/390).

Deveres e obrigações do testamenteiro

O testamenteiro, além de cumprir as disposições estabelecidas no próprio testamento, deve requerer o inventário e praticar os atos necessários para a realização da partilha. O testamento, para que tenha eficácia, deverá ser registrado. Cabe ao próprio testador levar o testamento a juízo, e pode também o testamenteiro nomeado ou alguma parte interessada requerer que ele o faça. O juiz, de ofício, pode ordenar que o testador registre o testamento.

O testamenteiro deve observar o prazo estipulado para o cumprimento das disposições testamentárias. Deve também prestar contas do que foi recebido e das despesas tidas. Mantém-se como responsável pelo tempo que durar a execução do testamento. O testamenteiro deve defender a validade do testamento, independentemente da manifestação do inventariante ou de herdeiros ali instituídos, ou dos legatários. Ele também pode receber outras incumbências do testador, conforme disposição do testamento. O limite dessas incumbências é a lei.

Prazo para cumprimento e prestação de contas do testamento

O prazo legal para cumprimento do testamento e prestação de contas, a partir do momento da aceitação da testamentária, é de 180 dias, podendo ser prorrogado o prazo, justificadamente. É possível, todavia, que o testador tenha concedido prazo superior a este. O prazo previsto no art. 1.983 será válido, então, no silêncio do testamento.

Não indicação de testamenteiro

Caso o testador não tenha indicado testamenteiro no texto do testamento, caberá ao cônjuge a execução do testamento e, em sua falta, o juiz nomeará um dos herdeiros.

Ato personalíssimo

O encargo do testamenteiro é pessoal e não será transmitido a seus herdeiros. Não pode também ser delegado a terceiros. É possível, todavia, que, em juízo, o testamenteiro seja representado por mandatário com poderes especiais.

Em caso de vários testamenteiros

Caso tenha havido nomeação de mais de um testamenteiro e todos tenham aceitado o encargo, a menos que tenha havido, no testamento, determinação de funções específicas, qualquer um poderá exercer os poderes de testamenteiro. No entanto, a solidariedade quanto à prestação de contas dos bens confiados se mantém.

O prêmio como direito ao testamenteiro

Se o testamenteiro não for herdeiro ou legatário, tem direito a prêmio, como forma de retribuição pelo serviço prestado na execução do testamento. Caso tal valor não seja fixado pelo testador, o juiz fixará no percentual de 1 a 5% do valor da herança líquida, de acordo com o valor da herança e a complexidade da execução do testamento. O pagamento deve ser feito em dinheiro.

No caso de testamenteiro que seja também herdeiro ou legatário, poderá escolher o prêmio em vez da herança ou do legado. Não poderá, portanto, permanecer com ambos.

Perdendo o testamenteiro sua posição, por não ter cumprido o testamento ou por ter sido removido, o prêmio que lhe era devido retornará à herança.

Testamenteiro como inventariante

Caso a herança se constitua unicamente de legados, o testamenteiro exercerá o papel de inventariante, pois com a abertura da sucessão, os bens não passarão de imediato aos legatários, precisando o testamenteiro administrar os bens que fazem parte do espólio.

Espécies de sucessão	Características	Amparo legal
Legítima/ legal	É aquela definida por lei. Ocorre quando o falecido não deixou testamento ou codicilo, ou seja, as divisões e quinhões finais serão todos definidos segundo a legislação.	Art. 1.788 do CC
Testamentária	É aquela advinda de disposição de última vontade do *de cujus* (como um testamento ou codicilo), seguindo, portanto, a divisão neles prevista.	Art. 1.857 do CC

DO INVENTÁRIO E DA PARTILHA

DO INVENTÁRIO

Os herdeiros do autor da herança adquirem de pleno direito, pelo simples fato de seu óbito, o que acarreta a abertura da sucessão, o domínio e a posse indireta dos bens do acervo hereditário, tendo o inventariante a posse direta desses bens com o escopo de administrá-los, inventariá-los e, oportunamente, partilhá-los entre os sucessores do *auctor successionis*. Para a escolha do inventariante, dever-se-á obedecer à enumeração do Código de Processo Civil (art. 990 do Código revogado e art. 617 do novo Código). Porém, tal ordem não será absoluta, pois, em casos especiais, o magistrado poderá alterar a gradação imposta legalmente. O juiz, em regra, nomeará o inventariante de acordo com a seguinte ordem: a) cônjuge sobrevivente casado sob o regime de comunhão, desde que convivendo com o outro ao tempo de sua morte, embora haja decisão admitindo não só a nomeação de esposo eclesiástico como inventariante, como também a de concubino ou de companheiro; b) herdeiro que se achar na posse e administração do espólio, se não houver cônjuge supérstite ou este não puder ser nomeado; c) qualquer herdeiro, se nenhum estiver na posse e administração do espólio, caso em que se poderá graduar a preferência pela idoneidade; d) testamenteiro, se lhe foi confiada a administração do espólio ou se toda a herança estiver distribuída em legados, por não ter o testador cônjuge ou herdeiros necessários; e) inventariante judicial, se houver; f) pessoa estranha idônea, onde não houver inventariante judicial.

DOS SONEGADOS

Bens não declarados no inventário e suas consequências

Trata-se da ocultação dolosa pelo herdeiro de bens que devam ser inventariados ou colacionados (art. 1.992 do CC). A pena para o herdeiro sonegador será a perda do direito sobre aquele bem, que será restituído ao espólio e partilhado entre os demais herdeiros. Na sua impossibilidade, deverá pagar importância correspondente, além de perdas e danos. A mesma pena aplica-se ao inventariante sonegador. Referida pena só será aplicável por meio da ação de sonegados, a ser proposta pelos herdeiros legítimos ou testamentários, ou pelos credores da herança, no prazo de dez anos, ajuizada no foro do inventário.

Caso seja o inventariante o sonegador, ou se este continuar negando a existência de bens, será removido da sucessão e não terá mais acesso aos bens.

Declaração de sonegados

A ação de sonegados é a medida judicial pela qual se solicita que bens ocultados dolosamente pelo inventariante sejam apresentados. Possuem legitimidade para requerer e impor ação de sonegados os herdeiros e os credores da herança. O resultado dessa ação aproveita a todos os interessados, não apenas os herdeiros ou credores.

Só pode ser arguida a sonegação do inventariante após este ter encerrado a descrição dos bens e apresentado declaração feita por ele de que são aqueles os únicos bens para inventariar e partilhar. Se o inventariante for herdeiro, é possível a arguição a partir do momento que ele declarar no inventário que não possui bens que devam entrar no inventário e serem posteriormente partilhados.

Em caso de perda dos bens sonegados, responsabilidade de quem o perdeu

Caso o inventariante tenha ocultado os bens e, por alguma razão, não seja possível restituí-los, cabe ao inventariante pagar a importância pelo que ocultou, mais perdas e danos.

DO PAGAMENTO DAS DÍVIDAS

A herança responde pelo pagamento das dívidas. Feita a partilha, só respondem os herdeiros, cada qual em proporção da parte que na herança lhe coube.

O pagamento dos débitos do falecido anteriores ou posteriores à abertura da sucessão acontecerá no inventário, porém, quando feita a partilha, os herdeiros só responderão cada qual em proporção da parte que na herança lhe coube. Vale lembrar que, como a herança é uma universalidade de direito, só responderá pelas dívidas anteriores à partilha.

Pode acontecer que o credor do espólio tenha seu crédito impugnado no inventário; com isso, o juiz mandará reservar em poder do inventariante bens suficientes para o pagamento do débito, mas, para tanto, o credor será obrigado a iniciar a ação de cobrança dentro do prazo de trinta dias, sob o risco de perder eficácia o direito solicitado.

Despesas funerárias

O montante que compõe a herança irá arcar com as despesas feitas para fins funerários, independentemente de haver ou não herdeiros legítimos. As despesas com ritos religiosos feitos em homenagem ao falecido só poderão ser descontadas da herança se houver determinação em testamento ou codicilo. Caso contrário, os familiares arcarão com tais despesas.

Coerdeiro insolvente

Em caso de coerdeiros e ação de regresso, ficando um dos coerdeiros em estado de insolvência, sua parte será dividida entre os demais.

Se um herdeiro efetuar o pagamento de dívida do monte da herança, terá o direito de ingressar uma ação regressiva contra os demais, para que possa cobrar deles o que gastou. Todavia, pode acontecer que um dos coerdeiros seja insolvente, logo, a parte será dividida proporcionalmente entre os demais.

Confusão entre o patrimônio do herdeiro e da herança

Os credores da herança podem solicitar ao magistrado que haja discriminação do patrimônio do herdeiro e da herança para evitar confusões patrimoniais. Além disso, os credores da herança têm preferência no pagamento em relação aos credores do herdeiro.

Herdeiro devedor do espólio

Caso um dos herdeiros seja devedor do espólio, em regra, sua dívida será partilhada entre todos os demais coerdeiros, a menos que todos eles deliberem pela imputação da dívida unicamente ao quinhão do próprio devedor.

DA COLAÇÃO

A colação é um ato promovido pelos herdeiros descendentes ou cônjuge de conferirem os bens da herança com outros bens que foram doados em vida pelo falecido, retornando ao monte, para se igualar às legítimas, sob pena de sonegação. As doações em vida constituem adiantamento de legítima. No Brasil, foi adotado o sistema da colação em substância, pela qual o mesmo bem deve ser trazido à colação, ou o seu valor correspondente à época da liberalidade (colação ideal). Estará dispensada da colação a liberalidade que saia da metade disponível, desde que não a exceda, computando-se o valor ao tempo da doação (art. 2.005 do CC), devendo constar expressamente no testamento ou no título da liberalidade. A colação também deverá ser feita pelos netos, quando herdarem de seus avós na representação de seus pais. Os gastos ordinários do ascendente com o descendente, tais como estudos, educação, sustento, vestuário etc. (art. 2.010 do CC), bem como as doações remuneratórias de serviços feitos aos ascendentes (art. 2.011 do CC) não serão colacionadas, porque não constituem liberalidade.

Serve a colação para igualar a legítima dos descendentes e do cônjuge sobrevivente. Se, computados os valores das doações feitas a título de adiantamento da legítima, não forem encontrados no acervo bens suficientes para igualar a legítima do cônjuge sobrevivente e dos descendentes, os bens doados serão conferidos em espécie ou, se não dispuser deles, pagos por seu valor, ao tempo da doação.

Atualização dos valores para colação

Para o cálculo da herança, o valor do bem doado será aquele que foi atribuído no ato da liberalidade. Se no ato não constar o valor nem houver estimativa, será feito cálculo do quanto valia o bem à época da liberalidade. O valor calculado diz respeito unicamente ao valor do bem, excluindo-se assim as benfeitorias, que pertencerão ao herdeiro donatário, assim como os danos e perdas e os lucros ou rendimentos.

Do que não fará parte da colação

Não entram na colação os bens que sejam parte da herança disponível. Presume a lei que integra a fração disponível da herança a liberalidade feita em favor do descendente que, à época, não seria chamado à sucessão na qualidade de herdeiro necessário.

Dispensa da colação

O doador pode dar a dispensa da colação por meio do testamento ou do próprio título. O rol é taxativo, sendo considerada inválida a dispensa em quaisquer outros meios.

As doações poderão ser reduzidas em casos de excesso por parte do doador

Se o valor da liberalidade ultrapassar o disponível, haverá redução com base no montante dos bens à época da doação. A redução dos bens dar-se-á em espécie e, caso não mais se possua o bem, em dinheiro. Estão sujeitas também à redução as doações feitas a herdeiros necessários que excedam a legítima mais a quota disponível. No caso de diversas doações feitas a herdeiros necessários, em datas diferentes, começarão a ser reduzidas da última até aquela que eliminar o excesso.

Em caso de renúncia ou exclusão da herança

Herdeiros necessários que tenham renunciado à herança ou tenham sido excluídos dela deverão verificar se as doações recebidas não ultrapassam o disponível e, em caso afirmativo, devem repor esses bens.

Dever dos filhos perante a colação em herança dos avós

Em caso de netos representando os pais na sucessão dos avós, deverão trazer à colação os bens que os pais deveriam conferir, mesmo que não tenham herdado ainda.

Dos gastos que não integram a colação

Despesas corriqueiras dos ascendentes com seus descendentes relativos a alimentos, sustento, educação, saúde, casamento ou mesmo defesa em processo-crime não entram como doação e, portanto, não integram a colação. Também não integram a colação as doações remuneratórias de serviços feitos a ascendentes, pois também não se tratam de liberalidade.

Colação em caso de doação por ambos os cônjuges

Nos casos de doações realizadas por ambos os cônjuges, a colação deverá ocorrer igualmente no inventário de cada um deles, pois presume-se que cada doador realizou a liberalidade meio a meio (doação, arts. 538 a 564 do CC).

DA PARTILHA

É a divisão oficial do monte líquido, apurado durante o inventário, entre os sucessores do *de cujus*, para lhes adjudicar os respectivos quinhões hereditários. Qualquer herdeiro, cessionário e credor do herdeiro poderá, a todo tempo, pedir a partilha, para pôr termo à comunhão sobre a universalidade dos bens da herança.

Indicação de bens e valores pelo testador

O testador poderá indicar no testamento os bens e valores componentes dos quinhões hereditários, deliberando sua partilha, que prevalecerá, a não ser que o valor dos bens não corresponda às quotas estabelecidas. O testador sempre deverá respeitar a legítima de seus herdeiros necessários.

Partilha amigável

O art. 2.015 permite a partilha amigável se os herdeiros forem maiores e capazes. Havendo acordo unânime, possível será a partilha amigável, que deverá ser feita mediante escritura pública, por termo nos autos ou por escrito particular homologado pelo juiz. Em qualquer caso será imprescindível a assinatura do instrumento por todos os interessados ou por procurador com poderes especiais.

Partilha judicial

A partilha judicial será obrigatória quando os herdeiros divergirem ou se algum deles for menor ou incapaz, e facultativa entre capazes, caso sejam todos maiores e capazes (art. 5º), poder-se-á fazer extrajudicialmente.

Igualdade na partilha

Para a validade da partilha, deverá ser observada a maior igualdade possível quanto ao valor, natureza e qualidade dos bens ao proceder à partilha (Súmula n. 152 do STF) na sucessão legítima, pois na testamentária prevalecerá a vontade do testador, respeitados os direitos dos herdeiros necessários. Portanto, os quinhões hereditários precisam ser equivalentes entre si quando proceder à partilha na sucessão legítima, pois na testamentária prevalecerá a vontade do testador.

Partilha feita por ascendente

O ascendente pode proceder com a partilha antes de sua morte, reservando a legítima para não prejudicar os herdeiros necessários e reservando parcela do patrimônio que seja suficiente para sua subsistência. Também pode ser realizada a partilha por meio de testamento, desde que não seja prejudicada a sucessão dos herdeiros necessários.

Dos bens insuscetíveis de divisão cômoda

Bens que não caibam no quinhão de um herdeiro ou na meação do cônjuge serão vendidos e o valor dividido igualmente entre eles. É possível que seja adjudicado o bem em favor de todos, por um dos herdeiros ou pelo cônjuge sobrevivente, com pagamento do valor correspondente aos demais. Havendo a manifestação pela adjudicação por parte de mais de um herdeiro, será observado o processo de licitação para o caso.

Posse de bens que fazem parte da herança

Herdeiros, cônjuge sobrevivente e inventariante que tenham consigo bens que fazem parte da herança deverão levar ao acervo os frutos percebidos desde o momento da abertura da sucessão. Eles terão direito de ser reembolsados no caso de despesas necessárias e úteis que tenham incorrido e responderão por danos causados por dolo ou culpa ao patrimônio que tinham em seu poder.

Da sobrepartilha

Nos casos dos bens em locais remotos, distantes do juízo onde se processa o inventário, ou liquidação morosa ou difícil, haverá sobrepartilha, ou seja, uma nova partilha realizada depois da primeira. É possível que seja mantido o mesmo inventariante, havendo consenso entre os herdeiros. Caso contrário, será nomeado novo inventariante. A sobrepartilha irá abarcar também os bens sonegados pelo inventariante e quaisquer outros de que se tenha conhecimento depois de encerrada a partilha.

DA GARANTIA DOS QUINHÕES HEREDITÁRIOS

Direito dos herdeiros com o encerramento da partilha

Com o encerramento da partilha pelo seu julgamento, o direito de cada um dos herdeiros fica limitado ao quinhão que lhe foi determinado.

Obrigação dos coerdeiros

Caso os bens dos herdeiros sejam perdidos em razão de decisão judicial, por causa anterior à morte ou à partilha, para que nenhum deles reste prejudicado, todos os herdeiros estão obrigados a indenizar-se, para que restem todos com o mesmo quinhão.

A obrigação prevista no artigo anterior não subsistirá tendo havido acordo em contrário entre os herdeiros ou evicção por culpa do evicto ou por fato ocorrido após encerrada a partilha.

Indenização pelos coerdeiros ao evicto

Na hipótese de indenização nos casos de evicção, todos os coerdeiros responderão e, se um deles se encontrar insolvente, os demais assumirão também sua parte.

DA ANULAÇÃO DA PARTILHA

Sendo a partilha um ato material e formal, requer a observância de certos requisitos formais, podendo ser invalidada pelas mesmas causas que inquinam de ineficácia os negócios jurídicos, por meio de ação de anulabilidade, intentada dentro do prazo decadencial de um ano se a partilha for amigável (art. 2.027, parágrafo único, do CC; art. 657 do CPC/2015) ou de dois anos se judicial (art. 658 do CPC/2015).

PARTE FINAL – DIREITO TRANSITÓRIO PRIVADO

O CC é dividido em 3 livros, a saber: Parte Geral (entre os arts. 1º e 232); Parte Especial, que se refere aos arts. 233 a 2.027; e, por último, a Parte Final e Transitória, entre os arts. 2.028 e 2.046.

A Parte Final Transitória trata de negócios jurídicos em institutos que tiveram seu início respaldado pelo Código Civil de 1916, porém, com execução que adentra ao Código Civil de 2002.

Analisando mais detidamente os dispositivos normativos, ponderando-se a respeito dos arts. 2.028 ao 2.030, importa dizer que esses tratam dos prazos prescricionais e decadenciais, devendo ainda ser analisados os arts. 178, 179, 205, 206, parágrafos únicos dos arts. 1.238 e 1.242, e § 4º do 1.228, além dos arts. 177 e 178 do Código Civil de 1916.

Continuando, já os arts. 2.031 a 2.034 do Código Civil de 2002 e, mais adiante, o art. 2.037, cuidam, especificamente, do direito de empresa, tendo em vista a unificação do direito privado brasileiro por força do art. 2.045 que revoga a Primeira Parte do Código Comercial e ainda em função da interpretação da Jornada n. I do STJ, Enunciado n. 74.

Já o art. 2.035 cuida da função social do contrato e da função social da propriedade como cláusula geral de ordem pública, a partir da qual os negócios jurídicos devem respeitar tais preceitos, podendo, inclusive, ser aplicados *ex officio* pelo magistrado.

O art. 2.036, por sua vez, trata especificamente da aplicabilidade da Lei n. 8.245/91 (Lei do Inquilinato) quando houver tratamento para a locação de prédios urbanos, residenciais e não residenciais.

Entre os arts. 2.038 e 2.042 estão os institutos que serão alterados ou que se tornarão desconhecidos no ordenamento jurídico nacional. É o caso do regime de bens que passa do princípio da imutabilidade de bens para mutabilidade de bens e da proibição da constituição de enfiteuse e subenfiteuses.

Os arts. 2.043 a 2.046 cuidam da manutenção da ordem processual administrativa penal da *vacatio legis* do Código Civil e da revogação do Código Civil de 1916, e da Primeira Parte do Código Comercial de 1850.

Prazos legais e relatividade da preservação de situações temporais em via de serem consolidadas

Com o intuito de evitar conflitos e danos que poderão surgir do confronto do novo Código com o de 1916, nasceu a necessidade de se instaurar uma regra de transição que solucione as divergências entre as duas leis, sem prejudicar os interesses dos indivíduos. O Código de 2002 diminuiu os prazos legais, como o prescricional, o decadencial e até o de usucapião, antes previstos no Código de 1916, e estabeleceu uma nova regra relativamente simples para a aplicação desses novos prazos legais: primeiramente deve-se considerar o prazo anterior e conferir se na data em que entrou em vigor o Código de 2002 já havia transcorrido mais da metade do prazo. Assim sendo, aplicar-se-á a lei antiga, e nos casos em que o novo diploma reduzir os prazos, também será aplicada a lei antiga, em razão da patrimonialidade gerada. Mas se o prazo decorrido for inferior ou igual à metade, será aplicada a nova lei, contabilizando o prazo transcorrido até completar o prazo atual previsto.

Portanto, o prazo aplicado será o previsto na nova lei, computado a partir da data de sua entrada em vigor, exceto quando o prazo fixado na lei anterior terminar antes, desde que contado a partir de sua data de início. Caso o prazo tenha se encerrado, verifica-se a *vacatio legis* especial do CC.

Exceções aos artigos de usucapião

O art. 1.238, parágrafo único, do Código Civil de 2002 retrata o prazo do usucapião extraordinário, já o art. 1.242, parágrafo único, prevê o prazo do usucapião ordinário. Pelo art. 2.029, os prazos de usucapião extraordinário e ordinário sofrerão acréscimo, por mais dois anos após a vigência do Código Civil de 2002, pouco importando o tempo transcorrido sob o amparo da lei civil de 1916.

O art. 1.238, parágrafo único, do Código Civil de 2002 refere-se ao prazo de usucapião extraordinário, que será de dez anos, se o possuidor houver estabelecido no imóvel a sua moradia habitual, ou nele realizado obras ou serviços de caráter produtivo. Já o art. 1.242, parágrafo único, do mesmo Código dispõe sobre o prazo de usucapião ordinário, que será de cinco anos se o imóvel tiver sido adquirido, onerosamente, com base no registro constante do respectivo cartório, cancelado posteriormente, desde que os possuidores nele tiverem estabelecido a sua moradia, ou realizado investimentos de interesse social e econômico. Esses prazos de usucapião suportarão, até dois anos após a entrada em vigor do Código de 2002, um acréscimo de dois anos, sem levar em consideração o tempo transcorrido sob o amparo da lei civil de 1916. Portanto, até 11 de janeiro de 2005 os prazos de usucapião serão de 12 e 7 anos, respectivamente.

Em respeito ao conceito de "posse-trabalho", que se concretiza na execução de obras ou serviços de cunho produtivo ou na execução de investimentos de interesse social e econômico, buscando acatar ao princípio da função social da propriedade, não se aplicará o disposto no art. 2.028 do Código Civil de 2002, durante os dois primeiros anos consecutivos de vigência do novo Código Civil. Após esses dois anos, o art. 2.029 do Código Civil de 2002 não mais terá aplicabilidade, pois se trata de uma norma transitória.

Prazo para configuração da posse *pro labore*

A posse traduzida em trabalho criador, concretizado em obras ou serviços produtivos e pela construção de uma morada, poderá fazer com que, se for ininterrupta e de boa-fé, o proprietário fique privado de sua área. O prazo previsto para tanto é mais de cinco anos, e sofrerá acréscimo de dois anos se a situação que lhe deu origem teve início antes da vigência do Código Civil de 2002 ou durante a *vacatio legis,* ou seja, até 11 de janeiro de 2005 o prazo ali estabelecido não será de cinco anos, mas de sete anos. O art. 1.228, § 4º, do *Codex* dispõe: "O proprietário também pode ser privado da coisa se o imóvel reivindicado consistir em extensa área, na posse ininterrupta e de boa-fé, por mais de cinco anos, de considerável número de pessoas, e estas nela houverem realizado, em conjunto ou separadamente, obras e serviços considerados pelo juiz de interesse social e econômico relevante".

Com fundamento na função social da propriedade, e protegendo o conceito "posse-trabalho", o art. 1.228, § 4º, trata da perda da propriedade pelo proprietário, em razão de um número considerável de pessoas que detenham a posse, ininterrupta e de boa-fé, por mais de cinco anos, do imóvel, e que a partir deste construam suas moradias e realizem obras ou serviços produtivos, devendo ser considerados pelo juiz de interesse social e econômico relevantes. O prazo de cinco anos até 11 de janeiro de 2005 sofrerá um acréscimo de dois anos se a situação que lhe deu origem teve início antes da vigência do Código Civil de 2002 ou durante a *vacatio legis*, isto porque se trata de um novo instituto jurídico, sem correspondência no Código Civil de 1916.

Prazo para as associações, sociedades e fundações se adaptarem ao Código Civil de 2002

O art. 2.031 recebeu nova redação pela Lei n. 10.838/2004 e depois pela Lei n. 11.127/2005. Concede um prazo de dois anos para uma empresa constituída sob a égide das leis anteriores, ou seja, a Lei n. 3.071, de 1º de janeiro de 1916 – Código Civil e a Parte Primeira do Código Comercial, Lei n. 556, de 25 de junho de 1850, adaptarem-se ao regramento do Código de 2002. Esse prazo serve, também, para os empresários, que eram regidos anteriormente pelo Código Comercial.

O art. 2.031 concede para associações, sociedades, fundações e empresários, com exceção das organizações religiosas e partidos políticos, um prazo de quatro anos, contado a partir da entrada em vigor do Código Civil de 2002, constituídas sob égide das leis anteriores, isto é, a Lei n. 3.071, de 1º de janeiro de 1916, e a Parte Primeira do Código Comercial, Lei n. 556, de 25 de junho de 1850, para que estes possam se adaptar ao regramento da nova lei civil, que estabeleceu algumas mudanças, para que possam continuar produzindo seus efeitos jurídicos.

Funcionamento de fundações instituídas sob a égide da lei anterior

Fundações são universalidades de bens, personalizadas pela ordem jurídica, em consideração a um fim estipulado pelo fundador, sendo este objetivo imutável e seus órgãos servientes, pois todas as resoluções estão delimitadas pelo instituidor, e passam a ser subordinadas aos arts. 44, III, 45 e 62 a 69 do Código Civil de 2002. Verifica-se que o parágrafo único do art. 62 não é taxativo, haja vista que podem existir fundações com fins diversos daqueles previstos no art. 2.032, ou seja, a fundação poderá ter fins diversos dos fins religiosos, morais, culturais ou de assistência.

Modificação de ato constitutivo, transformação, incorporação, cisão ou fusão de pessoas jurídicas de direito privado

Modificações dos atos constitutivos das pessoas jurídicas referidas no art. 44 do Código Civil de 2002, bem como qualquer tipo de reorganização societária, passarão a ser regidas pelo Código Civil de 2002 – arts. 1.113 a 1.122. Essa alteração do contrato social dará origem ao chamado contrato modificativo, por não implicar constituição de nova sociedade. Esse contrato modificativo deverá ser averbado, cumprindo-se todas as formalidades do art. 998 do Código Civil de 2002, à margem da inscrição da sociedade no Registro competente (arts. 45, 999, parágrafo único, e 1.048).

Dissolução e liquidação das pessoas jurídicas de direito privado

Se o processo de dissolução e liquidação da pessoa jurídica se der antes da entrada em vigor do Código de 2002, dever-se-á seguir o disposto nas leis anteriores. De outra forma não poderia ser, diante da prática de atos já consumados, sob o amparo da norma vigente ao tempo em que se efetuaram. Assim sendo, a dissolução e a liquidação estarão aptas a produzir todos os seus efeitos, embora efetivadas em conformidade com a lei anterior, sob o império da nova norma. A segurança da dissolução e da liquidação é um modo de garantir também direito adquirido pela proteção concedida ao seu elemento gerador, pois, se a novel norma as considerasse inválidas, apesar de alguns atos já terem sido consumados sob o comando da precedente, os direitos deles decorrente desapareceriam, prejudicando interesses legítimos e causando a desordem social.

Dos negócios e atos jurídicos constituídos antes da entrada em vigor do Código Civil de 2002

Os negócios e atos jurídicos constituídos antes da entrada em vigor do Código Civil de 2002, ou seja, no período da *vacatio legis*, em razão da obrigatoriedade do Código Civil de 1916 durante esse lapso temporal, obedecerão às normas referidas no art. 2.045 do Código Civil de 2002, pois o Código de 2002 ainda não produziu quaisquer efeitos, apesar de já estar publicado oficialmente. Consequentemente, os atos e negócios jurídicos praticados durante a *vacatio legis* conforme as antigas normas serão tidos como válidos. Portanto, não há como negar que nesse espaço entre a publicação e o início da vigência do Código de 2002 as relações jurídicas ficarão sob a égide das normas vigentes anteriormente. Ademais, não se pode confundir contrato em curso com o em curso de constituição. A lei atual apenas poderá alcançar este e não aquele, por ser ato jurídico perfeito. Se o contrato ou ato jurídico estiver em curso de formação por ocasião da entrada em vigor da nova lei, esta se lhe aplicará, por ter efeito imediato.

Locação de prédio urbano regida por lei especial

A locação de imóvel urbano, que é regida pela Lei n. 8.245, de 18 de outubro de 1991, ora em vigor, é o contrato pelo qual uma das partes (locador), mediante remuneração paga pela outra (locatário), se compromete a fornecer-lhe, durante certo lapso de tempo, determinado ou não, o uso e gozo de imóvel destinado à habitação, à temporada ou à atividade empresarial. Se o prédio locado tiver por finalidade a exploração agrícola ou pecuária, ter-se-á locação de prédio rústico, regida pelo Estatuto da Terra, ou melhor, pelas Leis ns. 4.504/64 e 4.947/66 e o Decreto n. 59.566/66.

As omissões do Código Civil de 2002 restam pautadas pelo anterior para os empresários e sociedades empresárias

Pelo art. 2.037, verifica-se que a nova legislação civil reunificou parcialmente as normas gerais de direito privado, especialmente nos campos do direito das obrigações e do direito das sociedades. Note-se que o direito comercial permanecerá regulando a atividade da empresa e das obrigações mercantis a partir das normas do Código Civil de 2002 (arts. 966 a 1.195) e de legislações esparsas como a Lei de Falências e a Lei das Sociedades Anônimas.

Diante do entendimento majoritário de que a enfiteuse, pela sua tônica medieval, deve ser eliminada, o Código Civil de 2002 passou, com o escopo de extingui-la, paulatinamente, a tratá-la nas disposições transitórias, proibindo, para tanto, a constituição de novas enfiteuses e subenfiteuses, por considerá-las obsoletas, sem contudo ofender as situações constituídas sob o império do Código Civil de 1916, atendendo ao princípio da irretroatividade da lei, resguardando direitos adquiridos, por ordem do comando constitucional. Com isso, evitar-se-ão conflitos de interesses, pois prescreve que as já existentes, até sua extinção, reger-se-ão pelo Código Civil de 1916 e pelas leis posteriores.

A essência das relações econômicas entre marido e mulher está, sem dúvida, no regime matrimonial de bens sujeito às normas vigentes por ocasião da celebração das núpcias. Assim sendo, o Código Civil de 1916 (arts. 256 a 314) continuará, apesar de, passando a *vacatio legis*, estar revogado, a produzir efeitos jurídicos, tendo eficácia sem, contudo, ter vigência.

Disposições sobre a hipoteca legal dos bens do tutor ou curador

Este dispositivo prevê a hipótese de cancelamento da hipoteca legal, devidamente registrada, dos bens dos tutores ou curadores, obedecido o disposto no art. 1.745, parágrafo único, do Código Civil de 2002. Os bens do menor só serão entregues ao tutor após inventário e avaliação constantes de um termo. Tal providência é necessária para que se conheça com precisão qual o patrimônio do menor. Serão especificados os bens móveis e imóveis, bem como os ativos e passivos, devendo ser acrescentados os bens adquiridos durante o exercício da tutela, para que o tutor possa entregá-los quando encerrada, ou na hipótese de substituição. Caso o patrimônio do menor seja de valor considerável, o parágrafo único prevê a necessidade de o magistrado exigir do tutor caução bastante para garantir os bens do tutelado. Poderá, entretanto, dispensá-la, quando o tutor for de reconhecida idoneidade.

Cancelamento da hipoteca legal

Ocorrida a hipótese do art. 1.745 do Código Civil de 2002, a hipoteca legal constituída sob a égide do Código Civil de 1916 poderá ser dispensada, e, consequentemente, para sua extinção, ter-se-á de proceder ao cancelamento de seu assento registrário, pois tal extinção só terá efeito contra terceiros depois de averbada no registro respectivo (art. 251 da Lei n. 6.015/73).

Ordem de vocação hereditária na abertura da sucessão durante a *vacatio legis*

As normas do Código Civil de 2002 relativas à ordem da vocação hereditária apenas se aplicarão à sucessão aberta após a sua vigência. A legitimação ou capacidade para suceder, ou seja, a aptidão para herdar os bens deixados pelo *de cujus* ou a qualidade de suceder na herança, reger-se-á pela lei vigente ao tempo da abertura da sucessão, em caso de sucessão legítima, seguindo-se a ordem da vocação hereditária nela estipulada.

A lei atual, que alterou as normas relativas à ordem de vocação hereditária, deverá ser aplicada apenas aos casos de abertura da sucessão que se derem com sua entrada em vigor e jamais antes dela, ou melhor, durante a *vacatio legis*.

Tanto a capacidade para suceder como a sucessão legítima ou testamentária reger-se-ão por lei vigente na abertura da sucessão, pois nenhum direito existirá sobre herança de pessoa viva, uma vez que só se poderá falar em direito adquirido após o óbito do *auctor successionis*, momento determinante da abertura da sucessão e da lei disciplinadora dos direitos sucessórios. Todavia, supérflua é a ressalva do art. 2.041 diante do princípio geral de que a lei vigente ao tempo da abertura da sucessão a regula, bem como a capacidade para suceder.

Restrições aos bens da legítima

A validade intrínseca do testamento rege-se pela lei vigente ao tempo da morte do testador. Assim sendo, se, após um ano da vigência do Código Civil de 2002, mesmo que o ato de última vontade tenha sido feito sob o império do Código Civil de 1916, o testador não fez nele nenhum aditamento, declarando a justa causa que o levou a impor cláusula de inalienabilidade, impenhorabilidade e incomunicabilidade sobre os bens da legítima, com o seu óbito, não subsistirão tais restrições legitimárias, aplicando-se, então, o art. 1.848 do Código Civil em vigor. Não mais prevalecerá a vontade do testador, mas o justo motivo para validar a cláusula restritiva da legítima, ante a obrigatoriedade da indicação da razão pela qual se a limita, podendo o órgão judicante averiguar se a causa alegada é justa ou não. A finalidade da lei foi conceder ao testador um tempo razoável para tornar possível a restrição aos bens da legítima, prevista em testamento celebrado antes da vigência do Código de 2002. Não tomando, tempestivamente, as devidas providências, cairá por terra a limitação por ele imposta aos seus herdeiros necessários.

Vigência de normas processuais, administrativas e penais

Continuam tendo vigor as disposições de natureza processual, administrativa ou penal contidas em normas, cujos preceitos de ordem civil foram incorporados ao Código Civil de 2002, até que por outra forma sejam disciplinadas. Nada obsta, juridicamente, a que leis adjetivas administrativas e penais continuem vigorando e incidindo nas questões intimamente relacionadas com o direito civil.

Entrada em vigor do Código Civil de 2002

O intervalo entre a data de publicação do Código Civil e sua entrada em vigor, ou seja, a data em que o Código Civil começa a irradiar seus efeitos, é chamado *vacatio legis*. A contagem do prazo para a entrada em vigor da lei que estabelece período de vacância far-se-á com a inclusão da data da publicação e do último dia do prazo, entrando em vigor no dia subsequente ao da sua consumação integral (art. 8º da Lei Complementar n. 95/98, com a redação da Lei Complementar n. 107/2001).

Cômputo do prazo da *vacatio legis*

A contagem do prazo para entrada em vigor da lei que estabelece período de vacância far-se-á com a inclusão da data da publicação e do último dia do prazo, entrando em vigor no dia subsequente ao da sua consumação integral (art. 8º, § 1º, da Lei Complementar n. 95/98, com a redação da Lei Complementar n. 107/2001, e art. 20 do Decreto n. 9.191/2017).

Com sua entrada em vigor, o Código Civil de 2002 revoga, expressamente, no seu art. 2.045, o Código de 1916, ab-rogando-o, e a Parte Primeira do Código Comercial (Lei n. 556, de 25.06.1850, arts. 1º a 456), derrogando-o, sem fazer qualquer menção às demais normas que com ele colidem, hipótese em que se teria revogação tácita. Consequentemente, ter-se-á revogação tácita sempre que houver incompatibilidade entre a lei nova e a antiga, pelo simples fato de que a nova passa a regular parcial ou inteiramente a matéria tratada pela anterior, mesmo que nela não conste a expressão "revogam-se as disposições em contrário", por ser supérflua. Se assim é, operar-se-á a revogação tácita quando o Código Civil de 2002 contiver disposições incompatíveis com legislação civil e mercantil anterior a ele. Esse princípio da revogação tácita de lei anterior pela posterior requer um exame cuidadoso, para averiguar quais as disposições da novel norma que são, total ou parcialmente, incompatíveis com as antigas. E, sendo duvidosa a incompatibilidade, as duas leis deverão ser interpretadas por modo a fazer cessar a antinomia, pois as leis, em regra, não se revogam por presunção.

Revogação de legislação anterior

Com a entrada em vigor, o Código Civil de 2002 revoga, também, todas as normas gerais anteriores relativas às matérias de direito civil e mercantil por ele abrangidas e com ele incompatíveis, e não só o Código Civil de 1º de janeiro de 1916 e a parte primeira do Código Comercial de 25 de junho de 1850 (art. 2.045 do CC) (DINIZ, Maria Helena. *Código Civil comentado*, p. 1.411).

Remissões legislativas

As remissões, feitas na legislação civil e mercantil, ao Código Civil de 1916 e ao Código Comercial, arts. 1º a 456, estender-se-ão às que lhes forem correspondentes deste novo Código Civil (DINIZ, Maria Helena. *Código Civil comentado*, p. 1.411).

O Código Civil foi sancionado em 10 de janeiro de 2002 pelo ex-presidente Fernando Henrique Cardoso.

GABARITO DAS QUESTÕES

PARTE GERAL

DAS PESSOAS

A1	A	A2	C	A3	E	A4	C	A5	C
A6	C	A7	E	A8	C	A9	C	A10	C
A11	D	A12	D	A13	C				

DOS BENS

B1	B	B2	C	B3	B

DOS FATOS JURÍDICOS

C1	C	C2	C	C3	B	C4	A	C5	D
C6	E	C7	B	C8	D	C9	D	C10	A
C11	A	C12	C	C13	C	C14	C	C15	B
C16	A	C17	D	C18	E	C19	B	C20	C
C21	A								

PARTE ESPECIAL

DO DIREITO DAS OBRIGAÇÕES

D1	A	D2	B	D3	A	D4	A	D5	B
D6	B	D7	A	D8	E	D9	B	D10	A
D11	C	D12	A	D13	A	D14	C	D15	A
D16	D	D17	B	D18	A	D19	B	D20	D
D21	D	D22	A	D23	A	D24	C	D25	A
D26	A	D27	B	D28	D	D29	A	D30	B
D31	D	D32	C	D33	C	D34	B	D35	C
D36	A	D37	B	D38	A	D39	C	D40	D
D41	D	D42	B	D43	E	D44	D	D45	A
D46	D	D47	B	D48	A	D49	C	D50	A
D51	B	D52	D	D53	A	D54	A	D55	D
D56	D	D57	C	D58	A				

477

DO DIREITO DE EMPRESA

E1	D	E2	B

DO DIREITO DAS COISAS

F1	A	F2	D	F3	C	F4	C	F5	D
F6	A	F7	D	F8	B	F9	D	F10	E
F11	A	F12	C	F13	D	F14	D	F15	A
F16	C	F17	E	F18	D	F19	D	F20	C
F21	D	F22	D						

DO DIREITO DE FAMÍLIA

G1	E	G2	E	G3	D	G4	B	G5	A
G6	C	G7	C	G8	A	G9	A	G10	C
G11	B	G12	C	G13	C	G14	C	G15	D

DO DIREITO DAS SUCESSÕES

H1	B	H2	D	H3	A	H4	B	H5	B
H6	B	H7	B	H8	D	H9	D	H10	D
H11	D	H12	B	H13	A	H14	A	H15	C
H16	C								

REFERÊNCIAS BIBLIOGRÁFICAS

ABÍLIO NETO. *Código Civil anotado.* Lisboa, Ediforum.

BARROS, Flávio Augusto Monteiro de. *Curso de direito civil.* São Paulo, Método.

BERTONI, Rosângela A. Vilaça. In: COSTA MACHADO, Antônio Cláudio (org.); CHINELLATO, Silmara Juny (coord.). *Código Civil Interpretado*: artigo por artigo, parágrafo por parágrafo. 11. ed. Barueri, Manole, 2018.

DE LUCCA, Newton. "Títulos e contratos eletrônicos". In: DE LUCCA, Newton; SIMÃO FILHO, Adalberto (coords.). *Direito & internet: aspectos jurídicos relevantes.* São Paulo, Edipro, 2000.

DINIZ, Maria Helena. *Código Civil anotado.* 16. ed. São Paulo, Saraiva, 2012.

__________. *Código Civil anotado.* 14. ed. São Paulo, Saraiva, 2009.

__________. *Código Civil anotado.* 10. ed. São Paulo, Saraiva, 2004.

__________. *Curso de direito civil.* 26. ed. São Paulo, Saraiva, 2009.

__________. *Curso de direito civil brasileiro.* 14. ed. São Paulo, Saraiva, 2000, v. 6.

__________. *Curso de direito civil brasileiro, v. 4: direito das coisas.* 20. ed. rev. e atual. de acordo com o novo Código Civil. São Paulo, Saraiva, 2004.

FERREIRA FILHO, Manoel Gonçalves. *Comentários à Constituição Brasileira de 1988.* 3. ed. São Paulo, Saraiva, 2000.

GOMES, Orlando. *Direitos reais.* Rio de Janeiro, Forense, 1991.

GONÇALVES, Carlos Roberto. *Direito civil brasileiro.* São Paulo, Saraiva, 2010.

GUILHERME, Luiz Fernando do Vale de Almeida. *Função social do contrato e contrato social*: análise da crise econômica. 2. ed. São Paulo, Saraiva, 2015.

__________. *Manual de arbitragem.* 3. ed. São Paulo, Saraiva, 2012.

__________. *Responsabilidade civil.* São Paulo, Rideel, 2011.

__________. *Responsabilidade civil dos advogados e das sociedades de advogados nas auditorias jurídicas.* São Paulo, Quartier Latin, 2005.

GUIMARÃES, Deocleciano Torrieri. *Dicionário técnico jurídico.* 3. ed. rev. e atual. São Paulo, Rideel, 2001.

MEDEIROS, Claudia Rosa; ECHEVERRIA DA SILVA, Laura Regina. "O direito real de laje – Lei n. 13.465/2017, Regularização fundiária: Lei n. 13.465/2017". PEDROSO, Alberto Gentil de Almeida (coord.). São Paulo, Thomson Reuters Brasil, 2018.

MIRANDA, Pontes de. *Comentários ao Código de Processo Civil.* Rio de Janeiro, Forense, 1971, v. 10.

NERY Jr., Nelson; NERY, Rosa. *Código de Processo Civil comentado e legislação extravagante*. 7. ed. São Paulo, RT, 2003.

PASCHOAL, Frederico A.; SIMÃO, José Fernando. *Contribuições ao estudo novo direito Civil*. Campinas, Millennium, 2004.

PEREIRA, Caio Mário da Silva. *Instituições de direito civil*, v. II. Rio de Janeiro, Forense, 2009.

RÉGIS, Mário Luiz Delgado. *Novo Código Civil comentado*. In: FIUZA, Ricardo (coord.). São Paulo, Saraiva, 2002.

RIZZARDO, Arnaldo. *Direito das sucessões*. Rio de Janeiro, Forense, v. 1, 2007.

RODRIGUES, Silvio. *Direito civil*. São Paulo, Saraiva, v. VI, 2008.

VENOSA, Silvio. *Código Civil interpretado*. São Paulo, Atlas, 2010.

ÍNDICE REMISSIVO

A
Abatimento no preço 157
Ação pauliana 86
Aceitação da proposta 154
Aceitação expressa 155
Acessório 64
Administração do condomínio 331
Adoção 392
Agência 202
Agente incapaz 67
Alimentos 407
Aluvião 319
Álveo abandonado 318
Animus novandi 132
Anticrese 350, 363
Anulação 89
  casos especiais 89
  da substituição do devedor 120
  da venda 168
  efeito retroativo 90
  instrumento de prova 90
  necessidade de sentença 89
  prazo 90
  relativamente incapaz 90
Aposta 220
Aquisição da propriedade imóvel 312
  usucapião 312
Aquisição da propriedade móvel 320
  achado do tesouro 321
  adjunção 323
  comistão 323
  confusão 323
  especificação 322
  ocupação 321
  tradição 322
  usucapião 321
Aquisição pelo registro do título 318
Aquisição por acessão 318
  aluvião 319
  álveo abandonado 319
  avulsão 319
  construções e plantações 320
  ilhas 318
Arras 144
  instituto 145
  confirmatórias 144
  modos de retenção e recebimento 146
  penitenciais 145
Associações 55
  convocação de órgão deliberativo 56
  dissolução 56
  exclusão de sócio 55
  gestão 55
  nulidade 55
Associados 55
  restrição de direitos/funções 55
Assunção de dívida 119
Ato ilícito 90, 91
  elementos 91
Atos jurídicos lícitos 90
Atos lesivos 93
  excludentes de ilicitude 93
Atos unilaterais 227
Aumento progressivo das prestações sucessivas 124
Ausência 46
Ausente 49, 50
  consolidação ou regresso 50
  imóveis 49

prova da data certa da morte do ausente 49
retorno 50
Autenticidade das reproduções artísticas 101
Averbação 256
Avulsão 319

B
Bem de família 412
Bem principal 64
Benfeitorias 108
acréscimos realizados pelo poder público 65
Bens acessórios 64
benfeitorias 65
espécie 64
frutos 64
pertença 64
Bens coletivos 64
Bens consumíveis 63
Bens divisíveis 63
Bens dominicais 65
alienação 65
Bens fungíveis 63
Bens imóveis 61
Bens móveis 62
efeitos legais 62
lei de direitos autorais 62
Bens públicos 65
inalienabilidade 65
Bens reciprocamente considerados principais 64
Bens singulares 64

C
Capacidade 31
aquisição 31
de direito 31
de fato 31
de testar 448
do agente 67
Casamento 370
capacidade 371
causas suspensivas 373
celebração 375
dissolução da sociedade 383
eficácia 381
impedimentos 373
invalidade 378
processo de habilitação 374
provas 37
Cessão de crédito 117
acessórios 117
imobiliário 118
Cessão de débito 119
Cessão do crédito 118
Cessão por título oneroso 119
Cisão de sociedade 284
Cláusula de reversão 179
Cláusula penal 141, 142
compensatória 143
obrigações divisíveis 144
obrigações indivisíveis 143
prova do dano 144
redução 143
valor máximo 143
Cláusula resolutiva 163
expressa ou tácita 163
Cláusulas especiais à compra e venda 171
Coação 82
boa-fé do terceiro 84
excludentes 83
por terceiro 84
vício 83
Codicilos 452
Coexistência das posses direta e indireta 301
Coisa 107
coisa certa 107
perda 107
perecimento 107
deterioração 108
perda 108
Colação 467
Comissão 201
Comoriência 39
Compensação 133
causas que impedem 133
coisas fungíveis 133
fiador 133
impedimento 134
imputação do pagamento 134
prazos de favor 133
Compra e venda
entre cônjuges 169
impedimentos 168
Compra e venda 165
à vista de amostras, protótipos ou modelos 166
estipulação do preço 167
formas de pagamento 167
objeto atual ou futuro 166
preço habitual 167
pura e simples 165
responsabilidades do vendedor e do comprador 168
Compromisso 226

Concentração 108
Condição 76
conservação do bem objeto 78
inexistência 78
Condição dolosa 78
contagem de prazos 78
inexistência 78
termo inicial 78
Condições ilícitas 77
Condições que invalidam os negócios jurídicos 77
Condomínio 112
Condomínio edilício 332
constituição do condomínio 333
deveres dos condôminos 333
direitos dos condôminos 333
direitos e deveres com as áreas comuns 334
locação de vagas de garagem 334
realização de obras no condomínio 334
Condomínio em multipropriedade 337
Condomínio geral 329
administração do condomínio 335
condomínio edilício 332
condomínio necessário 331
condomínio voluntário 329
Condomínio necessário 331
Condomínio voluntário 329
administração do condomínio 331
direitos e deveres dos condôminos 329
Confissão 99
anulação 100
Confusão 134
credor ou devedor solidário 135
em parte ou no total da dívida 135
término da confusão e seus efeitos 135
Consentimento dos devedores 115
Consignação de coisa imóvel 129
Consignação de coisa litigiosa 129
Constituição de renda 218
Construções e plantações 320
Contraproposta 155
Contratante insolvente 86
Contrato com pessoa a declarar 162
Contrato de adesão 153
Contrato entre ausentes 155
Contrato estimatório 177
Contrato preliminar 161
aceitação 161
execução 161
objeto 161
requisitos 161
Contratos aleatórios 160
Contratos atípicos ou inominados 153
Contratos em geral 147
classificação contratual 149
cláusulas ambíguas e/ou contraditórias 153
cláusulas nulas nos contratos de adesão 153
liberdade contratual 148
princípios contratuais 150
Contratos escritos 125
Contratos solenes 69
Conversão da obrigação indivisível em perdas e danos 112
Conversão do negócio jurídico nulo 89
Cópia fotográfica 101
Corretagem 204
Credores quirografários 87
Credor pignoratício 352
direitos 352
obrigações 353
Credor putativo 122
Culpa 91
Curador 47
cônjuge 47
Curatela 47, 420
enfermo 422
exercício 423
interditos 420
nascituro 422
nomeação 47
portador de deficiência física 421

D
Dação em pagamento 131
título de crédito 131
Dano efetivo 91
Dano moral 91
prova 91
Decadência 98
convencional 99
de ofício 99
lei de imprensa 98
Defeito oculto 170
Defeitos do negócio jurídico 79
Depósito 192
de coisa indeterminada 129
judicial 127, 172
necessário 194
voluntário 192
Deserdação 462
Despesas referentes a consignação 129
Desproporção entre o montante devido e o do momento de sua execução 124

Deterioração 107
Devedor insolvente
  pagamento realizado 86
Devolução do título 124
Direito das coisas 300
Direito das sucessões 425
Direito de arrependimento 146
Direito de concentração ao credor 111
Direito de empresa 256
  sociedade 259
Direito de escolha 108
Direito de família 370
  direito pessoal 370
Direito de laje 365
Direito de oposição 134
Direito de preempção 174
Direito de preferência 174
Direito de prelação dos condôminos 170
Direito de prelação do vendedor 174
Direito de reclamar abatimento no preço 156
Direito de representação 447
Direito de retrato 172
Direito do credor 112
Direito do credor de receber a dívida 114
Direito do devedor de exigir as quotas dos insolventes 116
Direito do devedor de quitar a dívida 114
Direito dos herdeiros à quota do crédito 114
Direito patrimonial 397
Direito pessoal
  casamento 370
Direito pessoal 370
Direitos à imagem 46
Direitos da personalidade 40
  ameaça ou lesão 42
  direito à integridade física 40
  direitos à integridade moral 40
Direitos de vizinhança 323
  águas 326
  árvores limítrofes 325
  direito de construir 327
  direito de tapagem 327
  limites entre prédios 327
  passagem de cabos e tubulações 326
  passagem forçada 325
  uso anormal da propriedade 324
Direitos reais 308
Direito transitório privado 471
Disposições testamentárias 454
  redução 463
Distrato 162
  forma 162
Distribuição 203
Diversas cessões do mesmo crédito 118
Dívida 115
  obrigação dos herdeiros perante 115
  remissão ou pagamento 115
Dívidas em dinheiro 123
Dívida solidária de interesse exclusivo de um dos devedores 117
Divórcio 385
  direto 386
  indireto 386
Doação 177
  a entidade futura 180
  anulável em face de cônjuge adúltero 180
  ao nascituro 179
  à pessoa absolutamente incapaz 179
  com encargo 181
  com encargos 180
  comum a mais de uma pessoa 180
  de ascendentes para descendentes 179
  em forma de subvenção periódica 179
  feita em contemplação de casamento futuro com pessoa certa e determinada 179
  por escritura pública ou instrumento particular 178
  revogação 181
  voluntária 43
Dolo 81
  bilateral 82
  de terceiro 82
  do representante legal de uma das partes 82
  negativo 81
  positivo 81
Dolus causam ou principal e dolus incidens ou acidental 81
Domicílio 57
  agente diplomático 58
  cláusula de eleição de foro 58
  diversos 58
  legal 58
  local de trabalho 58
  mudança 58
  pessoas jurídicas 58
  sem residência habitual 58

E
Efeitos da posse 305
  ações possessórias 305
  esbulho 305

turbação 305
Efeitos do consentimento do credor 129
Eficácia do contrato 162
Empreitada 189
Empresa individual de responsabilidade limitada – EIRELI 259
Empresário 256
capacidade 257
Empréstimo 184
comodato 184
Enriquecimento sem causa 108, 231
Erro 79
acidental ou secundário 79
de cálculo 80
de direito 79
efeito 79
de indicação 80
substancial/essencial/relevante 79
Escrituração 297
pública 100
Espécies de contrato 165
compra e venda 165
Estabelecimento 288
bancário 127
Estado de perigo 84
Estatuto da pessoa com deficiência 33
Estipulação em favor de terceiro 155
Evicção 131, 158
bem jurídico 160
parcial 160
Evicto 159
direitos 159
Exceção de contrato não cumprido 163
contratos bilaterais 163
Exceções à irresponsabilidade por dano decorrente de força maior ou de caso fortuito 137
Exceções pelo devedor 116
Exceções pessoais do devedor 114, 120
Exclusividade 203
Exequibilidade dos negócios sem prazo 79
Exoneração do fiador 132
Extinção das garantias 120
Extinção do condomínio 335
Extinção do contrato 162
distrato 162
resilição unilateral 163
Extinção do mandato 199

F
Falecimento simultâneo 39
Falso motivo ou falsa causa 80
Fé pública 100
extensão 100
Fiança 220
efeitos 222
extinção 224
Filhos 390
menores 407
usufruto e da administração dos bens 407
reconhecimento 390
Filiação 389
Formação dos contratos 153
Fraude contra credores 85
anulação 86
Frutos civis 306
Frutos industriais 306
Frutos naturais 306
Frutos percebidos 306
Fundações 56
alteração do estatuto 57
competência do ministério público 57
dever do instituidor 56
instituição 56
insuficiência 56
transferência da propriedade 56
Fusão de sociedades 285

G
Garantia dos quinhões hereditários 470
Gerente 293
Gestão de negócios 228
Guarda unilateral ou compartilhada 387

H
Habitação 349
Herança 428
aceitação e renúncia 432
administração 425
de pessoa viva 153
jacente 437
petição 439
Herdeiros e legatários 460
direito de acrescer 460
Herdeiros necessários 444
Hipoteca 350, 358
extinção 362
registro 361
Hipoteca de vias férreas 362
Hipoteca legal 360
Hipóteses de consignação 127

I
Ilhas 318
Imóveis do ausente 49

Impossibilidade relativa do objeto 67
Imputação do pagamento 130
  predefinida pela lei 131
  preferência dos juros 131
Inadimplemento das obrigações 135
Inadimplemento em contratos benéficos ou gratuitos 136
Inadimplemento em contratos onerosos 136
Inadimplemento voluntário 136
Incapacidade 31
  absoluta 31
  relativa 31
Incapazes de exercer a tutela 415
Incapazes de testemunhar 102
Incorporação de sociedade 284
Indenização 246
Indígenas 32
Inexecução voluntária 136
Inexistência
  resolutiva 78
  suspensiva e sua validade 78
Inscrição empresarial 256
Insolvência do comprador 168
Instrumento de mandato 73
Instrumento particular 101
Instrumento público 101
Intimidade 46
Invalidade do negócio jurídico 87
Inventário 466

J
Jogo 220
Julgamento em casos de solidariedade 114
Juros de mora 140
Juros legais 141
Juros moratórios 141

L
Legados 456
  caducidade 459
  efeitos 458
  pagamento 458
Lesão 84
Liquidação da sociedade 282
Locação de coisas 183
Lugar do pagamento 125

M
Maioridade 32
Mandato 72, 195
Mandato judicial 200
Menores de 16 anos 31
Menoridade 32
Mora
  cláusula penal 143
Mora 137
  constituição 138
  credor 139
  fato ou omissão imputável ao devedor 138
  indenização 138
  purgação 139
  responsabilidade do devedor 138
Morte presumida 39
Multiplicidade de credores 112
Multiplicidade de devedores 112
Multipropriedade 337
  administração do imóvel 338
  constituição 337
Multiproprietários 337
  direitos e deveres 337
Mútuo 186
  contrato 186

N
Negócio anulável 89
  confirmação 89
Negócios jurídicos 67
  anuláveis 67
  declaração de vontade 70
  espécies de forma 67
  forma 67
  interpretação 70
  nulos 67, 87
    invalidade 87
    nulidade 87
Nexo de causalidade 91
Nome 44
  direito ao nome 45
  empresarial 290
  individual 44
Nomeação de curatela 47
Novação 131
  obrigação solidária 132
  obrigações nulas ou extintas 132
  subjetiva passiva 132

O
Objeto do pagamento 123
Obrigação 106
  condições impostas 113
  elementos obrigacionais 106
  extinção 111

Obrigação de dar 106
coisa certa 106
coisa incerta 108, 109
Obrigação de fazer 109
natureza infungível 109
Obrigação de indenizar 238
Obrigação de restituir 107
Obrigação divisível 111, 123
Obrigação do avalista 112
Obrigação indivisível 112
Obrigação negativa 136
Obrigações alternativas 110
Obrigações condicionais 126
Obrigações de não fazer 110
Obrigações do mandante 198
Obrigações do mandatário 197
Obrigações e deveres do alienante 159
Obrigações solidárias 113
Obrigatoriedade da proposta 153
Oferta pública 154
Ordem da vocação hereditária 439

P
Pacto antenupcial 400
Pagamento 120
com sub-rogação 129
das dívidas 467
do crédito de imóvel hipotecado 120
em consignação 127
em local diferente 126
em quotas periódicas 125
indevido 230
parcial da dívida 114
por terceiro 122
Parentesco 388
contagem 389
graus 388
por afinidade 389
em linha colateral ou transversal 388
em linha reta 388
natural ou civil 388
por afinidade 388
Partilha 466, 469
anulação 470
de bens 385, 386
Penhor 351
agrícola 354
constituição 351
de direitos 355
de veículos 356
extinção 353
industrial e mercantil 354
legal 357
pecuário 354
rural 353
Penhora do crédito 119
Perda da posse 308
Perda da propriedade 323
Perdas e danos 139
obrigações de pagamento em dinheiro 140
prejuízos efetivos e os lucros cessantes 140
Permuta 177
Pertença 64
Pessoa jurídica
capacidade 51
despersonalização 53
direito privado 51
direito público 51
direito público externo 51
extinção 54
função 51
registro civil 52
Pessoa jurídica de direito privado 52
início da existência legal 52
Pessoa natural 39, 44
extinção 39
individualização 44
Pessoas jurídicas 50
administração coletiva 53
Poder familiar 393
exercício 393
suspensão e extinção 394
Posse 300
aquisição 304
classificação 300
de boa-fé 303
de má-fé 303
direta 300
efeitos 305
indireta 301
injusta 303
justa 302
pacífica 302
perda 308
proteção possessória 302
provisória 304
Prazo em testamento 79
Preempção 174
Preferência 174
e privilégios creditórios 249
Prepostos 292
contabilista 293

gerente 293
Prescrição 93
capacidade para pleitear a interrupção 97
causas que interrompem 96
disposição do direito 95
exceção 94
interrupção em casos de solidariedade 97
matéria de ordem pública 94
não aplicação 95
prazos 98
renúncia 94
requisitos 94
Prestação de serviço 187
contrato 187
Prestação indivisível 112
Presunção 102
de pagamento 125
Princípio *accessorium sequitur principale* 107
Princípio da exoneração do devedor pela impossibilidade de cumprir a obrigação sem culpa 136
Princípio da imputação civil dos danos 136
Princípio do afeto 41
Princípio do consensualismo 155
Pródigo 31
Promessa de fato de terceiro 156
Promessa de recompensa 227
Promitente comprador 349
direito 349
Propriedade 309
em geral 309
descoberta 311
fiduciária 338
imóvel 312
aquisição 312
Propriedade resolúvel 338
Proteção da pessoa dos filhos 386
Prova 99, 123
documental 101
negócio jurídico 99
testemunhal 102
limitação 102
Pseudônimo 45

Q

Quinhões hereditários 470
garantia 470
Quitação 124
do capital sem reserva dos juros 125

R

Real vontade do manifestante 81
Reconhecimento dos filhos 390
Redibição 157
Regime de bens entre os cônjuges 397
comunhão parcial como padrão 397
Regime de comunhão parcial 401
Regime de comunhão universal 403
Regime de participação final nos aquestos 404
Regime de separação de bens 406
Registro civil da pessoa jurídica 52
Registro do empresário 288
Registros públicos 39
ausência 39
averbação 40
casamento 39
interdição 39
óbito 39
registro do nascimento 39
registro do natimorto e morte na ocasião do parto 39
Relações de parentesco 388
Remissão 112
das dívidas 135
com solidariedade 135
penhor 135
Renúncia da solidariedade pelo credor 116
Renúncia do credor ao local de pagamento 126
Representação 72, 73
legal 73
manifestação de vontade 72
voluntária 73
Requerimento da consignação em caso de dívida vencida 129
Requisito formal 69
Requisito objetivo e subjetivo da força maior e do caso fortuito 137
Reserva de domínio 174
Reserva mental 69
Resilição unilateral 163
Resolução por onerosidade excessiva 164
Responsabilidade civil 237
dos usuários da internet 91
Responsabilidade dos exonerados da solidariedade perante a parte da dívida do insolvente 117
Responsabilidade pelos juros da mora 116
Responsabilidades do adquirente 159
Responsabilidades do doador em caso de evicção ou vício redibitório 180
Retratação do aceitante 155
Retrovenda 172

S

Seguro 210
cosseguro 212

de dano 214
de pessoa 216
Separação de corpos 385
Separação falência 384
Separação judicial por mútuo consentimento 384
Separação remédio 384
Separação sanção 384
Servidões 342
constituição 342
exercício 343
extinção 344
Simulação 53, 88
absoluta 88
espécies 88
relativa 88
Sociedade 284
cisão 285
fusão 285
incorporação 284
transformação 284
Sociedade anônima 279
caracterização 279
Sociedade cooperativa 280
Sociedade dependente de autorização 285
sociedade estrangeira 287
sociedade nacional 286
Sociedade em comandita por ações 280
Sociedade em comandita simples 271
Sociedade em nome coletivo 271
Sociedade estrangeira 287
Sociedade limitada 273
administração 274
aumento e da redução do capital 278
conselho fiscal 275
deliberações dos sócios 276
dissolução 279
quotas 273
resolução da sociedade em relação a sócios minoritários 279
Sociedade nacional 286
Sociedade não personificada 260
sociedade em comum 260
Sociedade não personificada
sociedade em conta de participação 262
Sociedade personificada 263
sociedade simples 263
Sociedades coligadas 281
Sociedade simples 263
administração 265
contrato social 263
direitos e obrigações dos sócios 264
dissolução 270
relações com terceiros 267
resolução da sociedade em relação a um sócio 268
Solidariedade 113
ativa 114
em casos de conversão para perdas e danos 114
passiva 114
Solvens 120
Sonegados 466
Sub-rogação 129
convencional 130
legal 130
parcial 130
Substituições 460
fideicomissária 461
recíproca 460
vulgar 460
Sucessão 48
definitiva 48, 50
efeitos da abertura 50
em geral 425
excluídos 436
interessados 48
legítima 439
provisória 48, 50
herdeiros presuntivos 50
prazo legal 49
testamentária 448
Superfície 340

T
Telegrama 101
Tempo do pagamento 126
Teoria da responsabilidade civil 238
Término da sociedade conjugal 383
Territorialidade 203
Testamenteiro 464
Testamento
aeronáutico 452
cerrado 450
em geral 448
especiais 452
formas ordinárias 449
marítimo 452
militar 453
particular 451
público 449
revogação 463
rompimento 464
Título ao portador 234

Título à ordem 235
Título nominativo 237
Títulos de crédito 232, 355
Tomada de decisão apoiada 423
Tradição 107
  de um bem imóvel 126
Tradução de documentos em língua estrangeira 101
Transação 224
Transformação da sociedade 284
Transmissão das obrigações 117
Transmissão errônea 80
Transporte 206
  de coisas 209
  de pessoas 207
Troca 177
Tutela 414
  cessação 420
  exercício 417
  prestação de contas 418
Tutelado 418
  bens 418
Tutor(es) 414
  escusa 416

U
União estável 413
Uso 348
Usucapião 65, 312
  e novo CPC 317
  especial urbana 315
  extraordinária 315
  ordinária 315
  pelo cônjuge 316
  rural 315
Usufruto 345
  extinção 348
Usufrutuário 345
  deveres 346
  direitos 345

V
Venda a contento 173
Venda com reserva de domínio 175
Venda sobre documentos 176
  estabelecimento bancário 176
  pagamento 176
  transporte segurado 176
Venda sujeita a prova 173
Vício da coisa 158
Vício oculto 158
Vícios redibitórios 157
Vida privada 46
Vocação hereditária 430
Vontade do paciente 43

ENUNCIADOS DAS JORNADAS DE DIREITO CIVIL DO CONSELHO DE JUSTIÇA FEDERAL

As Jornadas de Direito Civil são uma realização do Conselho da Justiça Federal – CJF e do Centro de Estudos Jurídicos do CJF. Nessas jornadas, compostas por especialistas e convidados do mais notório saber jurídico, são elaborados enunciados de direito civil, baseados sempre no Código Civil atual e que buscam uma melhor interpretação de seus dispositivos.

ENUNCIADOS APROVADOS NA I JORNADA DE DIREITO CIVIL

Parte Geral

1. Art. 2º: a proteção que o Código defere ao nascituro alcança o natimorto no que concerne aos direitos da personalidade, tais como nome, imagem e sepultura.

2. Art. 2º: sem prejuízo dos direitos da personalidade nele assegurados, o art. 2º do Código Civil não é sede adequada para questões emergentes da reprogenética humana, que deve ser objeto de um estatuto próprio.

3. Art. 5º: a redução do limite etário para a definição da capacidade civil aos dezoito anos não altera o disposto no art. 16, I, da Lei n. 8.213/91, que regula específica situação de dependência econômica para fins previdenciários e outras situações similares de proteção, previstas em legislação especial.

4. Art. 11: o exercício dos direitos da personalidade pode sofrer limitação voluntária, desde que não seja permanente nem geral.

5. Arts. 12 e 20: 1) as disposições do art. 12 têm caráter geral e aplicam-se, inclusive, às situações previstas no art. 20, excepcionados os casos expressos de legitimidade para requerer as medidas nele estabelecidas; 2) as disposições do art. 20 do novo Código Civil têm a finalidade específica de regrar a projeção dos bens personalíssimos nas situações nele enumeradas. Com exceção dos casos expressos de legitimação que se conformem com a tipificação preconizada nessa norma, a ela podem ser aplicadas subsidiariamente as regras instituídas no art. 12.

6. Art. 13: a expressão "exigência médica" contida no art. 13 refere-se tanto ao bem-estar físico quanto ao bem-estar psíquico do disponente.

7. Art. 50: só se aplica a desconsideração da personalidade jurídica quando houver a prática de ato irregular e, limitadamente, aos administradores ou sócios que nela hajam incorrido.

8. Art. 62, parágrafo único: a constituição de fundação para fins científicos, educacionais ou de promoção do meio ambiente está compreendida no CC, art. 62, parágrafo único.

9. Art. 62, parágrafo único: o art. 62, parágrafo único, deve ser interpretado de modo a excluir apenas as fundações com fins lucrativos.

10. Art. 66, § 1º: em face do princípio da especialidade, o art. 66, § 1º, deve ser interpretado em sintonia com os arts. 70 e 178 da LC n. 75/93.

11. Art. 79: não persiste no novo sistema legislativo a categoria dos bens imóveis por acessão intelectual, não obstante a expressão "tudo quanto se lhe incorporar natural ou artificialmente", constante da parte final do art. 79 do CC.

12. Art. 138: na sistemática do art. 138, é irrelevante ser ou não escusável o erro, porque o dispositivo adota o princípio da confiança.

13. Art. 170: o aspecto objetivo da convenção requer a existência do suporte fático no negócio a converter-se.

14. Art. 189: 1) o início do prazo prescricional ocorre com o surgimento da pretensão, que decorre da exigibilidade do direito subjetivo; 2) o art. 189 diz respeito a casos em que a pretensão nasce imediatamente após a violação do direito absoluto ou da obrigação de não fazer.

Direito das Obrigações

15. Art. 240: as disposições do art. 236 do novo Código Civil também são aplicáveis à hipótese do art. 240, *in fine*.

16. Art. 299: o art. 299 do Código Civil não exclui a possibilidade da assunção cumulativa da dívida quando dois ou mais devedores se tornam responsáveis pelo débito com a concordância do credor.

17. Art. 317: a interpretação da expressão "motivos imprevisíveis" constante do art. 317 do novo Código Civil deve abarcar tanto causas de desproporção não previsíveis como também causas previsíveis, mas de resultados imprevisíveis.

18. Art. 319: a "quitação regular" referida no art. 319 do novo Código Civil engloba a quitação dada por meios eletrônicos ou por quaisquer formas de "comunicação a distância", assim entendida aquela que permite ajustar negócios jurídicos e praticar atos jurídicos sem a presença corpórea simultânea das partes ou de seus representantes.

19. Art. 374: a matéria da compensação no que concerne às dívidas fiscais e parafiscais de Estados, do Distrito Federal e de Municípios não é regida pelo art. 374 do Código Civil.

20. Art. 406: a taxa de juros moratórios a que se refere o art. 406 é a do art. 161, § 1º, do Código Tributário Nacional, ou seja, um por cento ao mês. A utilização da taxa Selic como índice de apuração dos juros legais não é juridicamente segura, porque impede o prévio conhecimento dos juros; não é operacional, porque seu uso será inviável sempre que se calcularem somente juros ou somente correção monetária; é incompatível com a regra do art. 591 do novo Código Civil, que permite apenas a capitalização anual dos juros, e pode ser incompatível com o art. 192, § 3º, da Constituição Federal, se resultarem juros reais superiores a doze por cento ao ano.

21. Art. 421: a função social do contrato, prevista no art. 421 do novo Código Civil, constitui cláusula geral a impor a revisão do princípio da relatividade dos efeitos do contrato em relação a terceiros, implicando a tutela externa do crédito.

22. Art. 421: a função social do contrato, prevista no art. 421 do novo Código Civil, constitui cláusula geral que reforça o princípio de conservação do contrato, assegurando trocas úteis e justas.

23. Art. 421: a função social do contrato, prevista no art. 421 do novo Código Civil, não elimina o princípio da auto-

nomia contratual, mas atenua ou reduz o alcance desse princípio quando presentes interesses metaindividuais ou interesse individual relativo à dignidade da pessoa humana.

24. Art. 422: em virtude do princípio da boa-fé, positivado no art. 422 do novo Código Civil, a violação dos deveres anexos constitui espécie de inadimplemento, independentemente de culpa.

25. Art. 422: o art. 422 do Código Civil não inviabiliza a aplicação pelo julgador do princípio da boa-fé nas fases pré-contratual e pós-contratual.

26. Art. 422: a cláusula geral contida no art. 422 do novo Código Civil impõe ao juiz interpretar e, quando necessário, suprir e corrigir o contrato segundo a boa-fé objetiva, entendida como a exigência de comportamento leal dos contratantes.

27. Art. 422: na interpretação da cláusula geral da boa-fé, deve-se levar em conta o sistema do Código Civil e as conexões sistemáticas com outros estatutos normativos e fatores metajurídicos.

28. Art. 445 (§§ 1º e 2º): o disposto no art. 445, §§ 1º e 2º, do Código Civil reflete a consagração da doutrina e da jurisprudência quanto à natureza decadencial das ações edilícias.

29. Art. 456: a interpretação do art. 456 do novo Código Civil permite ao evicto a denunciação direta de qualquer dos responsáveis pelo vício.

30. Art. 463: a disposição do parágrafo único do art. 463 do novo Código Civil deve ser interpretada como fator de eficácia perante terceiros.

31. Art. 475: as perdas e danos mencionados no art. 475 do novo Código Civil dependem da imputabilidade da causa da possível resolução.

32. Art. 534: no contrato estimatório (art. 534), o consignante transfere ao consignatário, temporariamente, o poder de alienação da coisa consignada com opção de pagamento do preço de estima ou sua restituição ao final do prazo ajustado.

33. Art. 557: o novo Código Civil estabeleceu um novo sistema para a revogação da doação por ingratidão, pois o rol legal previsto no art. 557 deixou de ser taxativo, admitindo, excepcionalmente, outras hipóteses.

34. Art. 591: no novo Código Civil, quaisquer contratos de mútuo destinados a fins econômicos presumem-se onerosos (art. 591), ficando a taxa de juros compensatórios limitada ao disposto no art. 406, com capitalização anual.

35. Art. 884: a expressão "se enriquecer à custa de outrem" do art. 884 do novo Código Civil não significa, necessariamente, que deverá haver empobrecimento.

36. Art. 886: o art. 886 do novo Código Civil não exclui o direito à restituição do que foi objeto de enriquecimento sem causa nos casos em que os meios alternativos conferidos ao lesado encontram obstáculos de fato.

Responsabilidade Civil

37. Art. 187: a responsabilidade civil decorrente do abuso do direito independe de culpa e fundamenta-se somente no critério objetivo-finalístico.

38. Art. 927: a responsabilidade fundada no risco da atividade, como prevista na segunda parte do parágrafo único do art. 927 do novo Código Civil, configura-se quando a atividade normalmente desenvolvida pelo autor do dano causar a pessoa determinada um ônus maior do que aos demais membros da coletividade.

39. Art. 928: a impossibilidade de privação do necessário à pessoa, prevista no art. 928, traduz um dever de indenização equitativa, informado pelo princípio constitucional da proteção à dignidade da pessoa humana. Como consequência, também os pais, tutores e curadores serão beneficiados pelo limite humanitário do dever de indenizar, de modo que a passagem ao patrimônio do incapaz se dará não quando esgotados todos os recursos do responsável, mas se reduzidos estes ao montante necessário à manutenção de sua dignidade.

40. Art. 928: o incapaz responde pelos prejuízos que causar de maneira subsidiária ou excepcionalmente como devedor principal, na hipótese do ressarcimento devido pelos adolescentes que praticarem atos infracionais nos termos do art. 116 do Estatuto da Criança e do Adolescente, no âmbito das medidas socioeducativas ali previstas.

41. Art. 928: a única hipótese em que poderá haver responsabilidade solidária do menor de dezoito anos com seus pais é ter sido emancipado nos termos do art. 5º, parágrafo único, I, do novo Código Civil.

42. Art. 931: o art. 931 amplia o conceito de fato do produto existente no art. 12 do Código de Defesa do Consumidor, imputando responsabilidade civil à empresa e aos empresários individuais vinculados à circulação dos produtos.

43. Art. 931: a responsabilidade civil pelo fato do produto, prevista no art. 931 do novo Código Civil, também inclui os riscos do desenvolvimento.

44. Art. 934: na hipótese do art. 934, o empregador e o comitente somente poderão agir regressivamente contra o empregado ou preposto se estes tiverem causado dano com dolo ou culpa.

45. Art. 935: no caso do art. 935, não mais se poderá questionar a existência do fato ou quem seja o seu autor se essas questões se acharem categoricamente decididas no juízo criminal.

46. Art. 944: a possibilidade de redução do montante da indenização em face do grau de culpa do agente, estabelecida no parágrafo único do art. 944 do novo Código Civil, deve ser interpretada restritivamente, por representar uma exceção ao princípio da reparação integral do dano.

Redação dada pelo Enunciado n. 380, IV Jornada de Direito Civil.

47. Art. 945: o art. 945 do Código Civil, que não encontra correspondente no Código Civil de 1916, não exclui a aplicação da teoria da causalidade adequada.

48. Art. 950, parágrafo único: o parágrafo único do art. 950 do novo Código Civil institui direito potestativo do lesado para exigir pagamento da indenização de uma só vez, mediante arbitramento do valor pelo juiz, atendidos os arts. 944 e 945 e a possibilidade econômica do ofensor.

49. Art. 1.228, § 2º: a regra do art. 1.228, § 2º, do novo Código Civil interpreta-se restritivamente, em harmonia com o princípio da função social da propriedade e com o disposto no art. 187.

50. Art. 2.028: a partir da vigência do novo Código Civil, o prazo prescricional das ações de reparação de danos que não houver atingido a metade do tempo previsto no Código Civil de 1916 fluirá por inteiro, nos termos da nova lei (art. 206).

Moção

No que tange à responsabilidade civil, o novo Código representa, em geral, notável avanço, com progressos indiscutíveis, entendendo a Comissão que não há necessidade de prorrogação da *vacatio legis*.

Direito da Empresa

51. Art. 50: a teoria da desconsideração da personalidade jurídica – *disregard doctrine* – fica positivada no novo Código Civil, mantidos os parâmetros existentes nos microssistemas legais e na construção jurídica sobre o tema.

52. Art. 903: por força da regra do art. 903 do Código Civil, as disposições relativas aos títulos de crédito não se aplicam aos já existentes.

53. Art. 966: deve-se levar em consideração o princípio da função social na interpretação das normas relativas à empresa, a despeito da falta de referência expressa.

54. Art. 966: é caracterizador do elemento empresa a declaração da atividade-fim, assim como a prática de atos empresariais.

55. Arts. 968, 969 e 1.150: o domicílio da pessoa jurídica empresarial regular é o estatutário ou o contratual em que indicada a sede da empresa, na forma dos arts. 968, IV, e 969, combinado com o art. 1.150, todos do Código Civil.

56. Art. 970: o Código Civil não definiu o conceito de pequeno empresário; a lei que o definir deverá exigir a adoção do livro-diário (Cancelado pelo Enunciado n. 235 da III Jornada).

57. Art. 983: a opção pelo tipo empresarial não afasta a natureza simples da sociedade.

58. Arts. 986 e segs.: a sociedade em comum compreende as figuras doutrinárias da sociedade de fato e da irregular.

59. Arts. 990, 1.009, 1.016, 1.017 e 1.091: os sócios-gestores e os administradores das empresas são responsáveis subsidiária e ilimitadamente pelos atos ilícitos praticados, de má gestão ou contrários ao previsto no contrato social ou estatuto, consoante estabelecem os arts. 990, 1.009, 1.016, 1.017 e 1.091, todos do Código Civil.

60. Art. 1.011, § 1º: as expressões "de peita" ou "suborno" do § 1º do art. 1.011 do novo Código Civil devem ser entendidas como corrupção, ativa ou passiva.

61. Art. 1.023: o termo "subsidiariamente" constante do inciso VIII do art. 997 do Código Civil deverá ser substituído por "solidariamente" a fim de compatibilizar esse dispositivo com o art. 1.023 do mesmo Código.

62. Art. 1.031: com a exclusão do sócio remisso, a forma de reembolso das suas quotas, em regra, deve-se dar com base em balanço especial, realizado na data da exclusão.

63. Art. 1.043: suprimir o art. 1.043 ou interpretá-lo no sentido de que só será aplicado às sociedades ajustadas por prazo determinado.

64. Art. 1.148: a alienação do estabelecimento empresarial importa, como regra, na manutenção do contrato de locação em que o alienante figura como locatário. (Cancelado pelo Enunciado n. 234 da III Jornada).

65. Art. 1.052: a expressão "sociedade limitada" tratada no art. 1.052 e seguintes do novo Código Civil deve ser interpretada *stricto sensu,* como "sociedade por quotas de responsabilidade limitada".

66. Art. 1.062: a teor do § 2º do art. 1.062 do Código Civil, o administrador só pode ser pessoa natural.

67. Arts. 1.085, 1.030 e 1.033, III: A quebra do *affectio societatis* não é causa para a exclusão do sócio minoritário, mas apenas para dissolução (parcial) da sociedade.

68. Arts. 1.088 e 1.089: suprimir os arts. 1.088 e 1.089 do novo Código Civil em razão de estar a matéria regulamentada em lei especial.

69. Art. 1.093: as sociedades cooperativas são sociedades simples sujeitas à inscrição nas juntas comerciais.

70. Art. 1.116: as disposições sobre incorporação, fusão e cisão previstas no Código Civil não se aplicam às sociedades anônimas. As disposições da Lei n. 6.404/76 sobre essa matéria aplicam-se, por analogia, às demais sociedades naquilo em que o Código Civil for omisso.

71. Arts. 1.158 e 1.160: suprimir o art. 1.160 do Código Civil por estar a matéria regulada mais adequadamente no art. 3º da Lei n. 6.404/76 (disciplinadora das S.A.) e dar nova redação ao § 2º do art. 1.158, de modo a retirar a exigência da designação do objeto da sociedade.

72. Art. 1.164: suprimir o art. 1.164 do novo Código Civil.

73. Art. 2.031: não havendo a revogação do art 1.160 do Código Civil nem a modificação do § 2º do art. 1.158 do mesmo diploma, é de interpretar-se este dispositivo no sentido de não aplicá-lo à denominação das sociedades anônimas e sociedades Ltda., já existentes, em razão de se tratar de direito inerente à sua personalidade.

74. Art. 2.045: apesar da falta de menção expressa, como exigido pelas Leis Complementares ns. 95/98 e 107/2001, estão revogadas as disposições de leis especiais que contiverem matéria regulada inteiramente no novo Código Civil, como, *v. g.*, as disposições da Lei n. 6.404/76, referente à sociedade comandita por ações, e do Decreto n. 3.708/19, sobre sociedade de responsabilidade limitada.

75. Art. 2.045: a disciplina de matéria mercantil no novo Código Civil não afeta a autonomia do Direito Comercial.

Direito das Coisas

76. Art. 1.197: O possuidor direto tem direito de defender a sua posse contra o indireto, e este, contra aquele (art. 1.197, *in fine*, do novo Código Civil).

77. Art. 1.205: A posse das coisas móveis e imóveis também pode ser transmitida pelo *constituto* possessório.

78. Art. 1.210: Tendo em vista a não recepção pelo novo Código Civil da *exceptio proprietatis* (art. 1.210, § 2º) em caso de ausência de prova suficiente para embasar decisão liminar ou sentença final ancorada exclusivamente no *ius possessionis*, deverá o pedido ser indeferido e julgado improcedente, não obstante eventual alegação e demonstração de direito real sobre o bem litigioso.

79. Art. 1.210: A *exceptio proprietatis*, como defesa oponível às ações possessórias típicas, foi abolida pelo Código Civil de 2002, que estabeleceu a absoluta separação entre os juízos possessório e petitório.

80. Art. 1.212: É inadmissível o direcionamento de demanda possessória ou ressarcitória contra terceiro possuidor de boa-fé, por ser parte passiva ilegítima diante do disposto no art. 1.212 do novo Código Civil. Contra o terceiro de boa-fé, cabe tão somente a propositura de demanda de natureza real.

81. Art. 1.219: O direito de retenção previsto no art. 1.219 do CC, decorrente da realização de benfeitorias necessárias e úteis, também se aplica às acessões (construções e plantações) nas mesmas circunstâncias.

82. Art. 1.228: É constitucional a modalidade aquisitiva de propriedade imóvel prevista nos §§ 4º e 5º do art. 1.228 do novo Código Civil.

83. Art. 1.228: Nas ações reivindicatórias propostas pelo Poder Público, não são aplicáveis as disposições constantes dos §§ 4º e 5º do art. 1.228 do novo Código Civil.

Vide Enunciado n. 304, IV Jornada de Direito Civil, que passa a tratar sobre a matéria.

84. Art. 1.228: A defesa fundada no direito de aquisição com base no interesse social (art. 1.228, §§ 4º e 5º, do novo Código Civil) deve ser arguida pelos réus da ação reivindi-

catória, eles próprios responsáveis pelo pagamento da indenização.

85. Art. 1.240: Para efeitos do art. 1.240, *caput*, do novo Código Civil, entende-se por "área urbana" o imóvel edificado ou não, inclusive unidades autônomas vinculadas a condomínios edilícios.

86. Art. 1.242: A expressão "justo título" contida nos arts. 1.242 e 1.260 do CC abrange todo e qualquer ato jurídico hábil, em tese, a transferir a propriedade, independentemente de registro.

87. Art. 1.245: Considera-se também título translativo, para fins do art. 1.245 do novo Código Civil, a promessa de compra e venda devidamente quitada (arts. 1.417 e 1.418 do CC e § 6º do art. 26 da Lei n. 6.766/79).

88. Art. 1.285: O direito de passagem forçada, previsto no art. 1.285 do CC, também é garantido nos casos em que o acesso à via pública for insuficiente ou inadequado, consideradas, inclusive, as necessidades de exploração econômica.

89. Art. 1.331: O disposto nos arts. 1.331 a 1.358 do novo Código Civil aplica-se, no que couber, aos condomínios assemelhados, tais como loteamentos fechados, multipropriedade imobiliária e clubes de campo.

90. Art. 1.331: Deve ser reconhecida personalidade jurídica ao condomínio edilício.

Redação dada pelo Enunciado n. 246, III Jornada de Direito Civil.

91. Art. 1.331: A convenção de condomínio ou a assembleia geral podem vedar a locação de área de garagem ou abrigo para veículos a estranhos ao condomínio.

92. Art. 1.337: As sanções do art. 1.337 do novo Código Civil não podem ser aplicadas sem que se garanta direito de defesa ao condômino nocivo.

93. Art. 1.369: As normas previstas no Código Civil sobre direito de superfície não revogam as relativas a direito de superfície constantes do Estatuto da Cidade (Lei n. 10.257/2001) por ser instrumento de política de desenvolvimento urbano.

94. Art. 1.371: As partes têm plena liberdade para deliberar, no contrato respectivo, sobre o rateio dos encargos e tributos que incidirão sobre a área objeto da concessão do direito de superfície.

95. Art. 1.418: O direito à adjudicação compulsória (art. 1.418 do novo Código Civil), quando exercido em face do promitente vendedor, não se condiciona ao registro da promessa de compra e venda no cartório de registro imobiliário (Súmula n. 239 do STJ).

Enunciados Propositivos de Alteração Legislativa

96. Alteração do § 1º do art. 1.336 do CC, relativo a multas por inadimplemento no pagamento da contribuição condominial, para o qual se sugere a seguinte redação:

"Art. 1.336. [...] § 1º O condômino que não pagar sua contribuição ficará sujeito aos juros moratórios convencionados ou, não sendo previstos, de um por cento ao mês e multa de até 10% sobre o eventual risco de emendas sucessivas que venham a desnaturá-lo ou mesmo a inibir a sua entrada em vigor. Não obstante, entendeu a Comissão da importância de aprimoramento do texto legislativo, que poderá, perfeitamente, ser efetuado durante a vigência do próprio Código, o que ocorreu, por exemplo, com o diploma de 1916, com a grande reforma verificada em 1919.

Direito de Família e Sucessões

97. Art. 25: no que tange à tutela especial da família, as regras do Código Civil que se referem apenas ao cônjuge devem ser estendidas à situação jurídica que envolve o companheiro, como, por exemplo, na hipótese de nomeação de curador dos bens do ausente (art. 25 do Código Civil).

98. Art. 1.521, IV, do novo Código Civil: o inciso IV do art. 1.521 do novo Código Civil deve ser interpretado à luz do Decreto-lei n. 3.200/41 no que se refere à possibilidade de casamento entre colaterais de 3º grau.

99. Art. 1.565, § 2º: o art. 1.565, § 2º, do Código Civil não é norma destinada apenas às pessoas casadas, mas também aos casais que vivem em companheirismo, nos termos do art. 226, *caput*, §§ 3º e 7º, da Constituição Federal de 1988, e não revogou o disposto na Lei n. 9.263/96.

100. Art. 1.572: na separação, recomenda-se apreciação objetiva de fatos que tornem evidente a impossibilidade da vida em comum.

101. Art. 1.583: sem prejuízo dos deveres que compõem a esfera do poder familiar, a expressão "guarda de filhos", à luz do art. 1.583, pode compreender tanto a guarda unilateral quanto a compartilhada, em atendimento ao princípio do melhor interesse da criança.

Vide Enunciado n. 518, V Jornada de Direito Civil, que dispõe sobre a matéria.

102. Art. 1.584: a expressão "melhores condições" no exercício da guarda, na hipótese do art. 1.584, significa atender ao melhor interesse da criança.

103. Art. 1.593: o Código Civil reconhece, no art. 1.593, outras espécies de parentesco civil além daquele decorrente da adoção, acolhendo, assim, a noção de que há também parentesco civil no vínculo parental proveniente quer das técnicas de reprodução assistida heteróloga relativamente ao pai (ou mãe) que não contribuiu com seu material fecundante, quer da paternidade socioafetiva, fundada na posse do estado de filho.

104. Art. 1.597: no âmbito das técnicas de reprodução assistida envolvendo o emprego de material fecundante de terceiros, o pressuposto fático da relação sexual é substituído pela vontade (ou eventualmente pelo risco da situação jurídica matrimonial) juridicamente qualificada, gerando presunção absoluta ou relativa de paternidade no que tange ao marido da mãe da criança concebida, dependendo da manifestação expressa (ou implícita) da vontade no curso do casamento.

105. Art. 1.597: as expressões "fecundação artificial", "concepção artificial" e "inseminação artificial" constantes, respectivamente, dos incisos III, IV e V do art. 1.597 deverão ser interpretadas como "técnica de reprodução assistida".

106. Art. 1.597, III: para que seja presumida a paternidade do marido falecido, será obrigatório que a mulher, ao se submeter a uma das técnicas de reprodução assistida com o material genético do falecido, esteja na condição de viúva, sendo obrigatório, ainda, que haja autorização escrita do marido para que se utilize seu material genético após sua morte.

107. Art. 1.597, IV: finda a sociedade conjugal, na forma do art. 1.571, a regra do inciso IV somente poderá ser aplicada se houver autorização prévia, por escrito, dos ex-cônjuges para a utilização dos embriões excedentários, só podendo ser revogada até o início do procedimento de implantação desses embriões.

108. Art. 1.603: no fato jurídico do nascimento, mencionado no art. 1.603, compreende-se, à luz do disposto no art. 1.593, a filiação consanguínea e também a socioafetiva.

109. Art. 1.605: a restrição da coisa julgada oriunda de demandas reputadas improcedentes por insuficiência de pro-

va não deve prevalecer para inibir a busca da identidade genética pelo investigando.

110. Art. 1.621, § 2º: é inaplicável o § 2º do art. 1.621 do novo Código Civil às adoções realizadas com base no Estatuto da Criança e do Adolescente.

Referido artigo foi revogado pela Lei n. 12.010/2009.

111. Art. 1.626: a adoção e a reprodução assistida heteróloga atribuem a condição de filho ao adotado e à criança resultante de técnica conceptiva heteróloga; porém, enquanto na adoção haverá o desligamento dos vínculos entre o adotado e seus parentes consanguíneos, na reprodução assistida heteróloga sequer será estabelecido o vínculo de parentesco entre a criança e o doador do material fecundante.

Referido artigo foi revogado pela Lei n. 12.010/2009.

112. Art. 1.630: em acordos celebrados antes do advento do novo Código, ainda que expressamente convencionado que os alimentos cessarão com a maioridade, o juiz deve ouvir os interessados, apreciar as circunstâncias do caso concreto e obedecer ao princípio *rebus sic stantibus*.

113. Art. 1.639: é admissível a alteração do regime de bens entre os cônjuges, quando então o pedido, devidamente motivado e assinado por ambos os cônjuges, será objeto de autorização judicial, com ressalva dos direitos de terceiros, inclusive dos entes públicos, após perquirição de inexistência de dívida de qualquer natureza, exigida ampla publicidade.

114. Art.1.647: o aval não pode ser anulado por falta de vênia conjugal, de modo que o inciso III do art. 1.647 apenas caracteriza a inoponibilidade do título ao cônjuge que não assentiu.

115. Art. 1.725: há presunção de comunhão de aquestos na constância da união extramatrimonial mantida entre os companheiros, sendo desnecessária a prova do esforço comum para se verificar a comunhão dos bens.

116. Art. 1.815: o Ministério Público, por força do art. 1.815 do novo Código Civil, desde que presente o interesse público, tem legitimidade para promover ação visando à declaração da indignidade de herdeiro ou legatário.

117. Art. 1.831: o direito real de habitação deve ser estendido ao companheiro, seja por não ter sido revogada a previsão da Lei n. 9.278/96, seja em razão da interpretação analógica do art. 1.831, informado pelo art. 6º, *caput*, da CF/88.

118. Art. 1.967, *caput* e § 1º: o testamento anterior à vigência do novo Código Civil se submeterá à redução prevista no § 1º do art. 1.967 naquilo que atingir a porção reservada ao cônjuge sobrevivente, elevado que foi à condição de herdeiro necessário.

119. Art. 2.004: para evitar o enriquecimento sem causa, a colação será efetuada com base no valor da época da doação, nos termos do *caput* do art. 2.004, exclusivamente na hipótese em que o bem doado não mais pertença ao patrimônio do donatário. Se, ao contrário, o bem ainda integrar seu patrimônio, a colação se fará com base no valor do bem na época da abertura da sucessão, nos termos do art. 1.014 do CPC, de modo a preservar a quantia que efetivamente integrará a legítima quando esta se constituiu, ou seja, na data do óbito (resultado da interpretação sistemática do art. 2.004 e seus parágrafos, juntamente com os arts. 1.832 e 884 do Código Civil). (Refere-se ao CPC/73. Veja art. 639, CPC/2015.)

Propostas de Modificação do Novo Código Civil

120. Proposição sobre o art. 1.526: Proposta: deverá ser suprimida a expressão "será homologada pelo juiz" no art. 1.526, o qual passará a dispor: "Art. 1.526. A habilitação de casamento será feita perante o oficial do Registro Civil e ouvido o Ministério Público". Justificativa: desde há muito que as habilitações de casamento são fiscalizadas e homologadas pelos órgãos de execução do Ministério Público, sem que se tenha quaisquer notícias de problemas como, por exemplo, fraudes em relação à matéria. A judicialização da habilitação de casamento não trará ao cidadão nenhuma vantagem ou garantia adicional, não havendo razão para mudar o procedimento que extrajudicialmente funciona de forma segura e ágil.

121. Proposição sobre o art. 1.571, § 2º: Proposta: dissolvido o casamento pelo divórcio direto ou por conversão, no que diz respeito ao sobrenome dos cônjuges, aplica-se o disposto no art. 1.578.

122. Proposição sobre o art. 1.572, *caput*: Proposta: dar ao art. 1.572, *caput*, a seguinte redação: "Qualquer dos cônjuges poderá propor a ação de separação judicial com fundamento na impossibilidade da vida em comum".

123. Proposição sobre o art. 1.573: Proposta: revogar o art. 1.573 (Prejudicado pelo Enunciado n. 254 da III Jornada).

124. Proposição sobre o art. 1.578: Proposta: alterar o dispositivo para: "Dissolvida a sociedade conjugal, o cônjuge perde o direito à utilização do sobrenome do outro, salvo se a alteração acarretar: I – evidente prejuízo para a sua identificação; II – manifesta distinção entre o seu nome de família e o dos filhos havidos da união dissolvida; III – dano grave reconhecido na decisão judicial". E, por via de consequência, estariam revogados os §§ 1º e 2º do mesmo artigo.

125. Proposição sobre o art. 1.641, II: Redação atual: "da pessoa maior de sessenta anos". Proposta: revogar o dispositivo. Justificativa: "A norma que torna obrigatório o regime da separação absoluta de bens em razão da idade dos nubentes não leva em consideração a alteração da expectativa de vida com qualidade, que se tem alterado drasticamente nos últimos anos. Também mantém um preconceito quanto às pessoas idosas que, somente pelo fato de ultrapassarem determinado patamar etário, passam a gozar da presunção absoluta de incapacidade para alguns atos, como contrair matrimônio pelo regime de bens que melhor consultar seus interesses".

126. Proposição sobre o art. 1.597, III, IV e V: Proposta: alterar as expressões "fecundação artificial", "concepção artificial" e "inseminação artificial" constantes, respectivamente, dos incisos III, IV e V do art. 1.597 para "técnica de reprodução assistida". Justificativa: As técnicas de reprodução assistida são basicamente de duas ordens: aquelas pelas quais a fecundação ocorre *in vivo*, ou seja, no próprio organismo feminino e aquelas pelas quais a fecundação ocorre *in vitro*, ou seja, fora do organismo feminino, mais precisamente em laboratório, após o recolhimento dos gametas masculino e feminino. As expressões "fecundação artificial" e "concepção artificial" utilizadas nos incisos III e IV são impróprias, até porque a fecundação ou a concepção obtida por meio das técnicas de reprodução assistida é natural, com o auxílio técnico, é verdade, mas jamais artificial. Além disso, houve ainda imprecisão terminológica no inciso V quando trata da inseminação artificial heteróloga, uma vez que a inseminação artificial é apenas uma das técnicas de reprodução *in vivo*; para os fins do inciso em comento, melhor seria a utilização da expressão "técnica de reprodução assistida", incluídas aí todas as variantes das técnicas de reprodução *in vivo* e *in vitro*.

127. Proposição sobre o art. 1.597, III: Proposta: alterar o inciso III para constar "havidos por fecundação artificial homóloga". Justificativa: Para observar os princípios da paternidade responsável e dignidade da pessoa humana, porque não é aceitável o nascimento de uma criança já sem pai.

128. Proposição sobre o art. 1.597, IV: Proposta: revogar o dispositivo. Justificativa: o fim de uma sociedade conjugal, em especial quando ocorre pela anulação ou nulidade do casamento, pela separação judicial ou pelo divórcio, é, em regra, processo de tal ordem traumático para os envolvidos que a autorização de utilização de embriões excedentários será fonte de desnecessários litígios. Além do mais, a questão necessita de análise sob o enfoque constitucional. Da forma posta e não havendo qualquer dispositivo no novo Código Civil que autorize o reconhecimento da maternidade em tais casos, somente a mulher poderá se valer dos embriões excedentários, ferindo de morte o princípio da igualdade esculpido no *caput* e no inciso I do art. 5º da Constituição da República. A título de exemplo, se a mulher ficar viúva, poderá, "a qualquer tempo", gestar o embrião excedentário, assegurado o reconhecimento da paternidade, com as consequências legais pertinentes; porém o marido não poderá valer-se dos mesmos embriões, para cuja formação contribuiu com o seu material genético e gestá-lo em útero sub-rogado. Como o dispositivo é vago e diz respeito apenas ao estabelecimento da paternidade, sendo o novo Código Civil omisso quanto à maternidade, poder-se-ia indagar: se esse embrião vier a germinar um ser humano após a morte da mãe, ele terá a paternidade estabelecida, e não a maternidade? Caso se pretenda afirmar que a maternidade será estabelecida pelo nascimento, como ocorre atualmente, a mãe será aquela que dará à luz, porém, neste caso, tampouco a paternidade poderá ser estabelecida, uma vez que a reprodução não seria homóloga. Caso a justificativa para a manutenção do inciso seja evitar a destruição dos embriões crioconservados, destaca-se que legislação posterior poderá autorizar que venham a ser adotados por casais inférteis. Assim, prudente seria que o inciso em análise fosse suprimido. Porém, se a supressão não for possível, solução alternativa seria determinar que os embriões excedentários somente poderão ser utilizados se houver prévia autorização escrita de ambos os cônjuges, evitando-se com isso mais uma lide nas varas de família.

129. Proposição para inclusão de um artigo no final do Capítulo II, Subtítulo II, Capítulo XI, Título I, do Livro IV, com a seguinte redação: "Art. 1.597-A: A maternidade será presumida pela gestação. Parágrafo único. Nos casos de utilização das técnicas de reprodução assistida, a maternidade será estabelecida em favor daquela que forneceu o material genético, ou que, tendo planejado a gestação, valeu-se da técnica de reprodução assistida heteróloga". Justificativa: no momento em que o art. 1.597 autoriza que o homem infértil ou estéril se valha das técnicas de reprodução assistida para suplantar sua deficiência reprodutiva, não poderá o Código Civil deixar de prever idêntico tratamento às mulheres. O dispositivo dará guarida às mulheres que podem gestar, abrangendo quase todas as situações imagináveis, como as técnicas de reprodução assistida homólogas e heterólogas, nas quais a gestação será levada a efeito pela mulher que será a mãe socioevolutiva da criança que vier a nascer. Pretende-se, também, assegurar à mulher que produz seus óvulos regularmente, mas não pode levar a termo uma gestação, o direito à maternidade, uma vez que apenas a gestação caberá à mãe sub-rogada. Contempla-se, igualmente, a mulher estéril que não pode levar a termo uma gestação. Essa mulher terá declarada sua maternidade em relação à criança nascida de gestação sub-rogada na qual o material genético feminino não provém de seu corpo. Importante destacar que, em hipótese alguma, poderá ser permitido o fim lucrativo por parte da mãe sub-rogada.

130. Proposição sobre o art. 1.601: Redação atual: "Cabe ao marido o direito de contestar a paternidade dos filhos nascidos de sua mulher, sendo tal ação imprescritível. Parágrafo único. Contestada a filiação, os herdeiros do impugnante têm direito de prosseguir na ação". Redação proposta: "Cabe ao marido o direito de contestar a paternidade dos filhos nascidos de sua mulher, sendo tal ação imprescritível. § 1º Não se desconstituirá a paternidade caso fique caracterizada a posse do estado de filho. § 2º Contestada a filiação, os herdeiros do impugnante têm direito de prosseguir na ação".

131. Proposição sobre o art. 1.639, § 2º: proposta a seguinte redação ao § 2º do mencionado art. 1.639: "É inadmissível a alteração do regime de bens entre os cônjuges, salvo nas hipóteses específicas definidas no art. 1.641, quando então o pedido, devidamente motivado e assinado por ambos os cônjuges, será objeto de autorização judicial, apurada a procedência das razões invocadas e ressalvados os direitos de terceiros, inclusive dos entes públicos, após perquirição de inexistência de dívida de qualquer natureza, exigida ampla publicidade".

132. Proposição sobre o art. 1.647, III, do novo Código Civil: Outorga conjugal em aval. Suprimir as expressões "ou aval" do inciso III do art. 1.647 do novo Código Civil. Justificativa: exigir anuência do cônjuge para a outorga de aval é afrontar a Lei Uniforme de Genebra e descaracterizar o instituto. Ademais, a celeridade indispensável para a circulação dos títulos de crédito é incompatível com essa exigência, pois não se pode esperar que, na celebração de um negócio corriqueiro, lastreado em cambial ou duplicata, seja necessário, para a obtenção de um aval, ir à busca do cônjuge e da certidão de seu casamento, determinadora do respectivo regime de bens.

133. Proposição sobre o art. 1.702: Proposta: alterar o dispositivo para: "Na separação judicial, sendo um dos cônjuges desprovido de recursos, prestar-lhe-á o outro pensão alimentícia nos termos do que houverem acordado ou do que vier a ser fixado judicialmente, obedecidos os critérios do art. 1.694".

134. Proposição sobre o art. 1.704, *caput*: Proposta: alterar o dispositivo para: "Se um dos cônjuges separados judicialmente vier a necessitar de alimentos e não tiver parentes em condições de prestá-los nem aptidão para o trabalho, o ex-cônjuge será obrigado a prestá-los mediante pensão a ser fixada pelo juiz, em valor indispensável à sobrevivência". Revoga-se, por consequência, o parágrafo único do art. 1.704. § 2º "Contestada a filiação, os herdeiros do impugnante têm direito de prosseguir na ação."

135. Proposição sobre o art. 1.726: Proposta: a união estável poderá converter-se em casamento mediante pedido dos companheiros perante o Oficial do Registro Civil, ouvido o Ministério Público.

136. Proposição sobre o art. 1.736, I: Proposta: revogar o dispositivo. Justificativa: não há qualquer justificativa de ordem legal a legitimar que mulheres casadas, apenas por essa condição, possam se escusar da tutela.

137. Proposição sobre o art. 2.044: Proposta: alteração do art. 2.044 para que o prazo da *vacatio legis* seja alterado de um para dois anos. Justificativa: impende apreender e aperfeiçoar o Código Civil brasileiro instituído por meio da Lei n. 10.406, de 10 de janeiro de 2002, tanto porque apresenta significativas alterações estruturais nas relações jurídicas interprivadas, quanto porque ainda revela necessidade de melhoria em numerosos dispositivos. Propõe-se, por conseguinte, a ampliação do prazo contido no art. 2.044, a fim de que tais intentos sejam adequadamente levados a efeito. Far-se-á, com o lapso

temporal bienal proposto, hermenêutica construtiva que, por certo, não apenas aprimorará o texto sancionado, como também propiciará à comunidade jurídica brasileira e aos destinatários da norma em geral o razoável conhecimento do novo Código, imprescindível para sua plena eficácia jurídica e social. Atesta o imperativo de refinamento a existência do projeto de lei de autoria do Relator Geral do Código Civil na Câmara dos Deputados, reconhecendo a necessidade de alterar numerosos dispositivos. Demais disso, é cabível remarcar que diplomas legais de relevo apresentam lapso temporal alargado de *vacatio legis*. Sob o tempo útil proposto, restará ainda mais valorizado o papel decisivo da jurisprudência, evidenciando-se que, a rigor, um código não nasce pronto, a norma se faz código em processo de construção.

Temas Objeto de Consideração pela Comissão

A Comissão conheceu do tema suscitado quanto à indicada violação do princípio da bicameralidade, durante a tramitação do projeto do Código Civil em sua etapa final na Câmara dos Deputados, em face do art. 65 da Constituição Federal de 1988, tendo assentado que a matéria desborda, neste momento, do exame específico levado a efeito. Pronunciamento: a comissão subscreve o entendimento segundo o qual impende apreender e aperfeiçoar o Código Civil brasileiro instituído por meio da Lei n. 10.406, de 10 de janeiro de 2002, tanto porque apresenta alterações estruturais nas relações jurídicas interprivadas, quanto porque ainda revela necessidade de melhoria em numerosos dispositivos. Manifesta preocupação com o prazo contido no art. 2.044, a fim de que tais intentos sejam adequadamente levados a efeito. Deve-se proceder a uma hermenêutica construtiva que, por certo, não apenas aprimorará o texto sancionado, como também propiciará à comunidade jurídica brasileira e aos destinatários da norma em geral um razoável conhecimento do novo Código, imprescindível para sua plena eficácia jurídica e social. Demais disso, é cabível remarcar que diplomas legais de relevo apresentam lapso temporal alargado de *vacatio legis*. A preocupação com a exiguidade da *vacatio* valoriza o papel decisivo da jurisprudência, evidenciando-se, a rigor, que um código não nasce pronto, a norma se faz código em contínuo processo de construção.

ENUNCIADOS APROVADOS NA III JORNADA DE DIREITO CIVIL

A segunda jornada não publicou os enunciados.

Parte Geral

138. Art. 3º: A vontade dos absolutamente incapazes, na hipótese do inciso I do art. 3º, é juridicamente relevante na concretização de situações existenciais a eles concernentes, desde que demonstrem discernimento bastante para tanto.

139. Art. 11: Os direitos da personalidade podem sofrer limitações, ainda que não especificamente previstas em lei, não podendo ser exercidos com abuso de direito de seu titular, contrariamente à boa-fé objetiva e aos bons costumes.

140. Art. 12: A primeira parte do art. 12 do Código Civil refere-se às técnicas de tutela específica, aplicáveis de ofício, enunciadas no art. 461 do Código de Processo Civil, devendo ser interpretada com resultado extensivo. (Refere-se ao CPC/73. Veja arts. 497 e 536, CPC/2015.)

141. Art. 41: A remissão do art. 41, parágrafo único, do CC às "pessoas jurídicas de direito público, a que se tenha dado estrutura de direito privado", diz respeito às fundações públicas e aos entes de fiscalização do exercício profissional.

142. Art. 44: Os partidos políticos, os sindicatos e as associações religiosas possuem natureza associativa, aplicando-se-lhes o Código Civil.

143. Art. 44: A liberdade de funcionamento das organizações religiosas não afasta o controle de legalidade e legitimidade constitucional de seu registro, nem a possibilidade de reexame pelo Judiciário da compatibilidade de seus atos com a lei e com seus estatutos.

144. Art. 44: A relação das pessoas jurídicas de Direito Privado, constante do art. 44, incisos I a V, do Código Civil, não é exaustiva.

145. Art. 47: O art. 47 não afasta a aplicação da teoria da aparência.

146. Art. 50: Nas relações civis, interpretam-se restritivamente os parâmetros de desconsideração da personalidade jurídica previstos no art. 50 (desvio de finalidade social ou confusão patrimonial). (Este Enunciado não prejudica o Enunciado n. 7)

Vide Enunciado n. 7 da I Jornada de Direito Civil.

147. Art. 66: A expressão "por mais de um Estado", contida no § 2º do art. 66, não exclui o Distrito Federal e os Territórios. A atribuição de velar pelas fundações, prevista no art. 66 e seus parágrafos, ao MP local – isto é, dos Estados, do DF e dos Territórios onde situadas – não exclui a necessidade de fiscalização de tais pessoas jurídicas pelo MPF, quando se tratar de fundações instituídas ou mantidas pela União, autarquia ou empresa pública federal, ou que destas recebam verbas, nos termos da Constituição, da Lei Complementar n. 75/93 e da Lei de Improbidade.

148. Art. 156: Ao "estado de perigo" (art. 156) aplica-se, por analogia, o disposto no § 2º do art. 157.

149. Art. 157: Em atenção ao princípio da conservação dos contratos, a verificação da lesão deverá conduzir, sempre que possível, à revisão judicial do negócio jurídico e não à sua anulação, sendo dever do magistrado incitar os contratantes a seguir as regras do art. 157, § 2º, do Código Civil de 2002.

150. Art. 157: A lesão de que trata o art. 157 do Código Civil não exige dolo de aproveitamento.

151. Art. 158: O ajuizamento da ação pauliana pelo credor com garantia real (art. 158, § 1º) prescinde de prévio reconhecimento judicial da insuficiência da garantia.

152. Art. 167: Toda simulação, inclusive a inocente, é invalidante.

153. Art. 167: Na simulação relativa, o negócio simulado (aparente) é nulo, mas o dissimulado será válido se não ofender a lei nem causar prejuízos a terceiros.

154. Art. 194: O juiz deve suprir de ofício a alegação de prescrição em favor do absolutamente incapaz.

Referido artigo foi revogado pela Lei n. 11.280/2006.

155. Art. 194: O art. 194 do Código Civil de 2002, ao permitir a declaração *ex officio* da prescrição de direitos patrimoniais em favor do absolutamente incapaz, derrogou o disposto no § 5º do art. 219 do CPC. (Refere-se ao CPC/73. Sem correspondente no CPC/2015.)

156. Art. 198: Desde o termo inicial do desaparecimento, declarado em sentença, não corre a prescrição contra o ausente.

157. Art. 212: O termo "confissão" deve abarcar o conceito lato de depoimento pessoal, tendo em vista que este consiste em meio de prova de maior abrangência, plenamente admissível no ordenamento jurídico brasileiro.

158. Art. 215: A amplitude da noção de "prova plena" (isto é, "completa") importa presunção relativa acerca dos elementos indicados nos incisos do § 1º, devendo ser conjugada com o disposto no parágrafo único do art. 219.

Direito das Obrigações e Responsabilidade Civil

159. Art. 186: O dano moral, assim compreendido todo o dano extrapatrimonial, não se caracteriza quando há mero aborrecimento inerente a prejuízo material.

160. Art. 243: A obrigação de creditar dinheiro em conta vinculada de FGTS é obrigação de dar, obrigação pecuniária, não afetando a natureza da obrigação a circunstância de a disponibilidade do dinheiro depender da ocorrência de uma das hipóteses previstas no art. 20 da Lei n. 8.036/90.

161. Arts. 389 e 404: Os honorários advocatícios previstos nos arts. 389 e 404 do Código Civil apenas têm cabimento quando ocorre a efetiva atuação profissional do advogado.

162. Art. 395: A inutilidade da prestação que autoriza a recusa da prestação por parte do credor deverá ser aferida objetivamente, consoante o princípio da boa-fé e a manutenção do sinalagma, e não de acordo com o mero interesse subjetivo do credor.

163. Art. 405: A regra do art. 405 do novo Código Civil aplica-se somente à responsabilidade contratual, e não aos juros moratórios na responsabilidade extracontratual, em face do disposto no art. 398 do novo CC, não afastando, pois, o disposto na Súmula n. 54 do STJ.

164. Arts. 406, 2.044 e 2.045: Tendo início a mora do devedor ainda na vigência do Código Civil de 1916, são devidos juros de mora de 6% ao ano, até 10 de janeiro de 2003; a partir de 11 de janeiro de 2003 (data da entrada em vigor do novo Código Civil), passar a incidir o art. 406 do Código Civil de 2002.

165. Art. 413: Em caso de penalidade, aplica-se a regra do art. 413 ao sinal, sejam as arras confirmatórias ou penitenciais.

166. Arts. 421 e 422 ou 113: A frustração do fim do contrato, como hipótese que não se confunde com a impossibilidade da prestação ou com a excessiva onerosidade, tem guarida no Direito brasileiro pela aplicação do art. 421 do Código Civil.

167. Arts. 421 a 424: Com o advento do Código Civil de 2002, houve forte aproximação principiológica entre esse Código e o Código de Defesa do Consumidor, no que respeita à regulação contratual, uma vez que ambos são incorporadores de uma nova teoria geral dos contratos.

168. Art. 422: O princípio da boa-fé objetiva importa no reconhecimento de um direito a cumprir em favor do titular passivo da obrigação.

169. Art. 422: O princípio da boa-fé objetiva deve levar o credor a evitar o agravamento do próprio prejuízo.

170. Art. 422: A boa-fé objetiva deve ser observada pelas partes na fase de negociações preliminares e após a execução do contrato, quando tal exigência decorrer da natureza do contrato.

171. Art. 423: O contrato de adesão, mencionado nos arts. 423 e 424 do novo Código Civil, não se confunde com o contrato de consumo.

172. Art. 424: As cláusulas abusivas não ocorrem exclusivamente nas relações jurídicas de consumo. Dessa forma, é possível a identificação de cláusulas abusivas em contratos civis comuns, como, por exemplo, aquela estampada no art. 424 do Código Civil de 2002.

173. Art. 434: A formação dos contratos realizados entre pessoas ausentes, por meio eletrônico, completa-se com a recepção da aceitação pelo proponente.

174. Art. 445: Em se tratando de vício oculto, o adquirente tem os prazos do *caput* do art. 445 para obter redibição ou abatimento de preço, desde que os vícios se revelem nos prazos estabelecidos no § 1º, fluindo, entretanto, a partir do conhecimento do defeito.

175. Art. 478: A menção à imprevisibilidade e à extraordinariedade, insertas no art. 478 do Código Civil, deve ser interpretada não somente em relação ao fato que gere o desequilíbrio, mas também em relação às consequências que ele produz.

176. Art. 478: Em atenção ao princípio da conservação dos negócios jurídicos, o art. 478 do Código Civil de 2002 deverá conduzir, sempre que possível, à revisão judicial dos contratos e não à resolução contratual.

177. Art. 496: Por erro de tramitação, que retirou a segunda hipótese de anulação de venda entre parentes (venda de descendente para ascendente), deve ser desconsiderada a expressão "em ambos os casos", no parágrafo único do art. 496.

178. Art. 528: Na interpretação do art. 528, devem ser levadas em conta, após a expressão "a benefício de", as palavras "seu crédito, excluída a concorrência de", que foram omitidas por manifesto erro material.

179. *(Cancelado pelo Enunciado n. 357, IV Jornada de Direito Civil.)*

180. Arts. 575 e 582: A regra do parágrafo único do art. 575 do novo CC, que autoriza a limitação pelo juiz do aluguel-pena arbitrado pelo locador, aplica-se também ao aluguel arbitrado pelo comodante, autorizado pelo art. 582, 2ª parte, do novo CC.

181. Art. 618: O prazo referido no art. 618, parágrafo único, do CC refere-se unicamente à garantia prevista no *caput*, sem prejuízo de poder o dono da obra, com base no mau cumprimento do contrato de empreitada, demandar perdas e danos.

182. Art. 655: O mandato outorgado por instrumento público previsto no art. 655 do CC somente admite substabelecimento por instrumento particular quando a forma pública for facultativa e não integrar a substância do ato.

183. Arts. 660 e 661: Para os casos em que o § 1º do art. 661 exige poderes especiais, a procuração deve conter a identificação do objeto.

184. Arts. 664 e 681: Da interpretação conjunta desses dispositivos, extrai-se que o mandatário tem o direito de reter, do objeto da operação que lhe foi cometida, tudo o que lhe for devido em virtude do mandato, incluindo-se a remuneração ajustada e o reembolso de despesas.

185. Art. 757: A disciplina dos seguros do Código Civil e as normas da previdência privada que impõem a contratação exclusivamente por meio de entidades legalmente autorizadas não impedem a formação de grupos restritos de ajuda mútua, caracterizados pela autogestão.

186. Art. 790: O companheiro deve ser considerado implicitamente incluído no rol das pessoas tratadas no art. 790, parágrafo único, por possuir interesse legítimo no seguro da pessoa do outro companheiro.

187. Art. 798: No contrato de seguro de vida, presume-se, de forma relativa, ser premeditado o suicídio cometido nos dois primeiros anos de vigência da cobertura, ressalvado ao beneficiário o ônus de demonstrar a ocorrência do chamado "suicídio involuntário".

188. Art. 884: A existência de negócio jurídico válido e eficaz é, em regra, uma justa causa para o enriquecimento.

189. Art. 927: Na responsabilidade civil por dano moral causado à pessoa jurídica, o fato lesivo, como dano eventual, deve ser devidamente demonstrado.

190. Art. 931: A regra do art. 931 do novo CC não afasta as normas acerca da responsabilidade pelo fato do produto previstas no art. 12 do CDC, que continuam mais favoráveis ao consumidor lesado.

191. Art. 932: A instituição hospitalar privada responde, na forma do art. 932, III, do CC, pelos atos culposos praticados por médicos integrantes de seu corpo clínico.

192. Arts. 949 e 950: Os danos oriundos das situações previstas nos arts. 949 e 950 do Código Civil de 2002 devem ser analisados em conjunto, para o efeito de atribuir indenização por perdas e danos materiais, cumulada com dano moral e estético.

Direito De Empresa

193. Art. 966: O exercício das atividades de natureza exclusivamente intelectual está excluído do conceito de empresa.

194. Art. 966: Os profissionais liberais não são considerados empresários, salvo se a organização dos fatores da produção for mais importante que a atividade pessoal desenvolvida.

195. Art. 966: A expressão "elemento de empresa" demanda interpretação econômica, devendo ser analisada sob a égide da absorção da atividade intelectual, de natureza científica, literária ou artística, como um dos fatores da organização empresarial.

196. Arts. 966 e 982: A sociedade de natureza simples não tem seu objeto restrito às atividades intelectuais.

197. Arts. 966, 967 e 972: A pessoa natural, maior de dezesseis e menor de dezoito anos, é reputada empresário regular se satisfizer os requisitos dos arts. 966 e 967; todavia, não tem direito a concordata preventiva, por não exercer regularmente a atividade por mais de dois anos.

198. Art. 967: A inscrição do empresário na Junta Comercial não é requisito para a sua caracterização, admitindo-se o exercício da empresa sem tal providência. O empresário irregular reúne os requisitos do art. 966, sujeitando-se às normas do Código Civil e da legislação comercial, salvo naquilo em que forem incompatíveis com a sua condição ou diante de expressa disposição em contrário.

199. Art. 967: A inscrição do empresário ou sociedade empresária é requisito delineador de sua regularidade, e não da sua caracterização.

200. Art. 970: É possível a qualquer empresário individual, em situação regular, solicitar seu enquadramento como microempresário ou empresário de pequeno porte, observadas as exigências e restrições legais.

201. Arts. 971 e 984: O empresário rural e a sociedade empresária rural, inscritos no registro público de empresas mercantis, estão sujeitos à falência e podem requerer concordata.

202. Arts. 971 e 984: O registro do empresário ou sociedade rural na Junta Comercial é facultativo e de natureza constitutiva, sujeitando-o ao regime jurídico empresarial. É inaplicável esse regime ao empresário ou sociedade rural que não exercer tal opção.

203. Art. 974: O exercício da empresa por empresário incapaz, representado ou assistido somente é possível nos casos de incapacidade superveniente ou incapacidade do sucessor na sucessão por morte.

204. Art. 977: A proibição de sociedade entre pessoas casadas sob o regime da comunhão universal ou da separação obrigatória só atinge as sociedades constituídas após a vigência do Código Civil de 2002.

205. Art. 977: Adotar as seguintes interpretações ao art. 977: (1) a vedação à participação de cônjuges casados nas condições previstas no artigo refere-se unicamente a uma mesma sociedade; (2) o artigo abrange tanto a participação originária (na constituição da sociedade) quanto a derivada, isto é, fica vedado o ingresso de sócio casado em sociedade de que já participa o outro cônjuge.

206. Arts. 981, 983, 997, 1.006, 1.007 e 1.094: A contribuição do sócio exclusivamente em prestação de serviços é permitida nas sociedades cooperativas (art. 1.094, I) e nas sociedades simples propriamente ditas (art. 983, 2ª parte).

207. Art. 982: A natureza de sociedade simples da cooperativa, por força legal, não a impede de ser sócia de qualquer tipo societário, tampouco de praticar ato de empresa.

208. Arts. 983, 986 e 991: As normas do Código Civil para as sociedades em comum e em conta de participação são aplicáveis independentemente de a atividade dos sócios, ou do sócio ostensivo, ser ou não própria de empresário sujeito a registro (distinção feita pelo art. 982 do Código Civil entre sociedade simples e empresária).

209. Arts. 985, 986 e 1.150: O art. 986 deve ser interpretado em sintonia com os arts. 985 e 1.150, de modo a ser considerada em comum a sociedade que não tenha seu ato constitutivo inscrito no registro próprio ou em desacordo com as normas legais previstas para esse registro (art. 1.150), ressalvadas as hipóteses de registros efetuados de boa-fé.

210. Art. 988: O patrimônio especial a que se refere o art. 988 é aquele afetado ao exercício da atividade, garantidor de terceiro, e de titularidade dos sócios em comum, em face da ausência de personalidade jurídica.

211. Art. 989: Presume-se disjuntiva a administração dos sócios a que se refere o art. 989.

212. Art. 990: Embora a sociedade em comum não tenha personalidade jurídica, o sócio que tem seus bens constritos por dívida contraída em favor da sociedade, e não participou do ato por meio do qual foi contraída a obrigação, tem o direito de indicar bens afetados às atividades empresariais para substituir a constrição.

213. Art. 997: O art. 997, II, não exclui a possibilidade de sociedade simples utilizar firma ou razão social.

214. Arts. 997 e 1.054: As indicações contidas no art. 997 não são exaustivas, aplicando-se outras exigências contidas na legislação pertinente para fins de registro.

215. Art. 998: A sede a que se refere o *caput* do art. 998 poderá ser a da administração ou a do estabelecimento onde se realizam as atividades sociais.

216. Arts. 999, 1.004 e 1.030: O *quorum* de deliberação previsto no art. 1.004, parágrafo único, e no art. 1.030 é de maioria absoluta do capital representado pelas quotas dos demais sócios, consoante a regra geral fixada no art. 999 para as deliberações na sociedade simples. Esse entendimento aplica-se ao art. 1.058 em caso de exclusão de sócio remisso ou redução do valor de sua quota ao montante já integralizado.

217. Arts. 1.010 e 1.053: Com a regência supletiva da sociedade limitada, pela lei das sociedades por ações, ao sócio que participar de deliberação na qual tenha interesse contrário ao da sociedade aplicar-se-á o disposto no art. 115, § 3º, da Lei n. 6.404/76. Nos demais casos, aplica-se o disposto no art. 1.010, § 3º, se o voto proferido foi decisivo para a aprovação da deliberação, ou o art. 187 (abuso do direito), se o voto não tiver prevalecido.

218. Art. 1.011: Não são necessárias certidões de nenhuma espécie para comprovar os requisitos do art. 1.011 no ato de registro da sociedade, bastando declaração de desimpedimento.

219. Art. 1.015: Está positivada a teoria *ultra vires* no Direito brasileiro, com as seguintes ressalvas: (a) o ato *ultra vires* não produz efeito apenas em relação à sociedade; (b) sem embargo, a sociedade poderá, por meio de seu órgão deliberativo, ratificá-lo; (c) o Código Civil amenizou o rigor da teoria *ultra vires*, admitindo os poderes implícitos dos administradores para realizar negócios acessórios ou conexos ao objeto social, os quais não constituem operações evidentemente estranhas aos negócios da sociedade; (d) não se aplica o art. 1.015 às sociedades por ações, em virtude da existência de regra especial de responsabilidade dos administradores (art. 158, II, Lei n. 6.404/76).

220. Art. 1.016: É obrigatória a aplicação do art. 1.016 do Código Civil de 2002, que regula a responsabilidade dos administradores, a todas as sociedades limitadas, mesmo àquelas cujo contrato social preveja a aplicação supletiva das normas das sociedades anônimas.

221. Art. 1.028: Diante da possibilidade de o contrato social permitir o ingresso na sociedade do sucessor de sócio falecido, ou de os sócios acordarem com os herdeiros a substituição de sócio falecido, sem liquidação da quota em ambos os casos, é lícita a participação de menor em sociedade limitada, estando o capital integralizado, em virtude da inexistência de vedação no Código Civil.

222. Art. 1.053: O art. 997, V, não se aplica a sociedade limitada na hipótese de regência supletiva pelas regras das sociedades simples.

223. Art. 1.053: O parágrafo único do art. 1.053 não significa a aplicação em bloco da Lei n. 6.404/76 ou das disposições sobre a sociedade simples. O contrato social pode adotar, nas omissões do Código sobre as sociedades limitadas, tanto as regras das sociedades simples quanto as das sociedades anônimas.

224. Art. 1.055: A solidariedade entre os sócios da sociedade limitada pela exata estimação dos bens conferidos ao capital social abrange os casos de constituição e aumento do capital e cessa após cinco anos da data do respectivo registro.

225. Art. 1.057: Sociedade limitada. Instrumento de cessão de quotas. Na omissão do contrato social, a cessão de quotas sociais de uma sociedade limitada pode ser feita por instrumento próprio, averbado junto ao registro da sociedade, independentemente de alteração contratual, nos termos do art. 1.057 e parágrafo único do Código Civil.

226. Art. 1.074: A exigência da presença de três quartos do capital social, como *quorum* mínimo de instalação em primeira convocação, pode ser alterada pelo contrato de sociedade limitada com até dez sócios, quando as deliberações sociais obedecerem à forma de reunião, sem prejuízo da observância das regras do art. 1.076 referentes ao *quorum* de deliberação.

227. Art. 1.076 c/c 1.071: O *quorum* mínimo para a deliberação da cisão da sociedade limitada é de três quartos do capital social.

228. Art. 1.078: As sociedades limitadas estão dispensadas da publicação das demonstrações financeiras a que se refere o § 3º do art. 1.078. Naquelas de até dez sócios, a deliberação de que trata o art. 1.078 pode dar-se na forma dos §§ 2º e 3º do art. 1.072, e a qualquer tempo, desde que haja previsão contratual nesse sentido.

229. Art. 1.080: A responsabilidade ilimitada dos sócios pelas deliberações infringentes da lei ou do contrato torna desnecessária a desconsideração da personalidade jurídica, por não constituir a autonomia patrimonial da pessoa jurídica escudo para a responsabilização pessoal e direta.

230. Art. 1.089: A fusão e a incorporação de sociedade anônima continuam reguladas pelas normas previstas na Lei n. 6.404/76, não revogadas pelo Código Civil (art. 1.089), quanto a esse tipo societário.

231. Arts. 1.116 a 1.122: A cisão de sociedades continua disciplinada na Lei n. 6.404/76, aplicável a todos os tipos societários, inclusive no que se refere aos direitos dos credores. Interpretação dos arts. 1.116 a 1.122 do Código Civil.

232. Arts. 1.116, 1.117 e 1.120: Nas fusões e incorporações entre sociedades reguladas pelo Código Civil, é facultativa a elaboração de protocolo firmado pelos sócios ou administradores das sociedades; havendo sociedade anônima ou comandita por ações envolvida na operação, a obrigatoriedade do protocolo e da justificação somente a ela se aplica.

233. Art. 1.142: A sistemática do contrato de trespasse delineada pelo Código Civil nos arts. 1.142 e seguintes, especialmente seus efeitos obrigacionais, aplica-se somente quando o conjunto de bens transferidos importar a transmissão da funcionalidade do estabelecimento empresarial.

234. Art. 1.148: Quando do trespasse do estabelecimento empresarial, o contrato de locação do respectivo ponto não se transmite automaticamente ao adquirente. Fica cancelado o Enunciado n. 64.

235. Art. 1.179: O pequeno empresário, dispensado da escrituração, é aquele previsto na Lei n. 9.841/99. Fica cancelado o Enunciado n. 56.

Direito das Coisas

236. Arts. 1.196, 1.205 e 1.212: Considera-se possuidor, para todos os efeitos legais, também a coletividade desprovida de personalidade jurídica.

237. Art. 1.203: É cabível a modificação do título da posse – *interversio possessionis* – na hipótese em que o até então possuidor direto demonstrar ato exterior e inequívoco de oposição ao antigo possuidor indireto, tendo por efeito a caracterização do *animus domini*.

238. Art. 1.210: Ainda que a ação possessória seja intentada além de "ano e dia" da turbação ou esbulho, e, em razão disso, tenha seu trâmite regido pelo procedimento ordinário (CPC, art. 924), nada impede que o juiz conceda a tutela possessória liminarmente, mediante antecipação de tutela, desde que presentes os requisitos autorizadores do art. 273, I ou II, bem como aqueles previstos no art. 461-A e parágrafos, todos do CPC.

239. Art. 1.210: Na falta de demonstração inequívoca de posse que atenda à função social, deve-se utilizar a noção de "melhor posse", com base nos critérios previstos no parágrafo único do art. 507 do CC/1916.

240. Art. 1.228: A justa indenização a que alude o § 5º do art. 1.228 não tem como critério valorativo, necessariamente, a avaliação técnica lastreada no mercado imobiliário, sendo indevidos os juros compensatórios.

241. Art. 1.228: O registro da sentença em ação reivindicatória, que opera a transferência da propriedade para o nome dos possuidores, com fundamento no interesse social (art. 1.228, § 5º), é condicionada ao pagamento da respectiva indenização, cujo prazo será fixado pelo juiz.

242. Art. 1.276: A aplicação do art. 1.276 depende do devido processo legal, em que seja assegurado ao interessado demonstrar a não cessação da posse.

243. Art. 1.276: A presunção de que trata o § 2º do art. 1.276 não pode ser interpretada de modo a contrariar a norma-princípio do art. 150, IV, da Constituição da República.

244. Art. 1.291: O art. 1.291 deve ser interpretado conforme a Constituição, não sendo facultada a poluição das águas, quer sejam essenciais ou não às primeiras necessidades da vida.

245. Art. 1.293: Muito embora omisso acerca da possibilidade de canalização forçada de águas por prédios alheios, para fins da agricultura ou indústria, o art. 1.293 não exclui a possibilidade da canalização forçada pelo vizinho, com prévia indenização aos proprietários prejudicados.

246. Art. 1.331: Fica alterado o Enunciado n. 90, com supressão da parte final: "nas relações jurídicas inerentes às atividades de seu peculiar interesse". Prevalece o texto: "Deve ser reconhecida personalidade jurídica ao condomínio edilício".

247. Art. 1.331: No condomínio edilício é possível a utilização exclusiva de área "comum" que, pelas próprias características da edificação, não se preste ao "uso comum" dos demais condôminos.

248. Art. 1.334, V: O *quorum* para alteração do regimento interno do condomínio edilício pode ser livremente fixado na convenção.

249. Art. 1.369: A propriedade superficiária pode ser autonomamente objeto de direitos reais de gozo e de garantia, cujo prazo não exceda a duração da concessão da superfície, não se lhe aplicando o art. 1.474.

250. Art. 1.369: Admite-se a constituição do direito de superfície por cisão.

251. Art. 1.379: O prazo máximo para o usucapião extraordinário de servidões deve ser de quinze anos, em conformidade com o sistema geral de usucapião previsto no Código Civil.

252. Art. 1.410: A extinção do usufruto pelo não uso, de que trata o art. 1.410, VIII, independe do prazo previsto no art. 1.389, III, operando-se imediatamente. Tem-se por desatendida, nesse caso, a função social do instituto.

253. Art. 1.417: O promitente comprador, titular de direito real (art. 1.417), tem a faculdade de reivindicar de terceiro o imóvel prometido à venda.

Direito de Família e Sucessões

254. Art. 1.573: Formulado o pedido de separação judicial com fundamento na culpa (art. 1.572 e/ou art. 1.573 e incisos), o juiz poderá decretar a separação do casal diante da constatação da insubsistência da comunhão plena de vida (art. 1.511) – que caracteriza hipótese de "outros fatos que tornem evidente a impossibilidade da vida em comum" – sem atribuir culpa a nenhum dos cônjuges.

255. Art. 1.575: Não é obrigatória a partilha de bens na separação judicial.

256. Art. 1.593: A posse do estado de filho (parentalidade socioafetiva) constitui modalidade de parentesco civil.

257. Art. 1.597: As expressões "fecundação artificial", "concepção artificial" e "inseminação artificial", constantes, respectivamente, dos incisos III, IV e V do art. 1.597 do Código Civil, devem ser interpretadas restritivamente, não abrangendo a utilização de óvulos doados e a gestação de substituição.

258. Arts. 1.597 e 1.601: Não cabe a ação prevista no art. 1.601 do Código Civil se a filiação tiver origem em procriação assistida heteróloga, autorizada pelo marido nos termos do inciso V do art. 1.597, cuja paternidade configura presunção absoluta.

259. Art. 1.621: A revogação do consentimento não impede, por si só, a adoção, observado o melhor interesse do adotando.

Referido artigo foi revogado pela Lei n. 12.010/2009.

260. Arts. 1.639, § 2º, e 2.039: A alteração do regime de bens prevista no § 2º do art. 1.639 do Código Civil também é permitida nos casamentos realizados na vigência da legislação anterior.

261. Art. 1.641: A obrigatoriedade do regime da separação de bens não se aplica a pessoa maior de sessenta anos, quando o casamento for precedido de união estável iniciada antes dessa idade.

262. Arts. 1.641 e 1.639: A obrigatoriedade da separação de bens, nas hipóteses previstas nos incisos I e III do art. 1.641 do Código Civil, não impede a alteração do regime, desde que superada a causa que o impôs.

263. Art. 1.707: O art. 1.707 do Código Civil não impede que seja reconhecida válida e eficaz a renúncia manifestada por ocasião do divórcio (direto ou indireto) ou da dissolução da "união estável". A irrenunciabilidade do direito a alimentos somente é admitida enquanto subsista vínculo de Direito de Família.

264. Art. 1.708: Na interpretação do que seja procedimento indigno do credor, apto a fazer cessar o direito a alimentos, aplicam-se, por analogia, as hipóteses dos incisos I e II do art. 1.814 do Código Civil.

265. Art. 1.708: Na hipótese de concubinato, haverá necessidade de demonstração da assistência material prestada pelo concubino a quem o credor de alimentos se uniu.

266. Art. 1.790: Aplica-se o inciso I do art. 1.790 também na hipótese de concorrência do companheiro sobrevivente com outros descendentes comuns, e não apenas na concorrência com filhos comuns.

267. Art. 1.798: A regra do art. 1.798 do Código Civil deve ser estendida aos embriões formados mediante o uso de técnicas de reprodução assistida, abrangendo, assim, a vocação hereditária da pessoa humana a nascer cujos efeitos patrimoniais se submetem às regras previstas para a petição da herança.

268. Art. 1.799: Nos termos do inciso I do art. 1.799, pode o testador beneficiar filhos de determinada origem, não devendo ser interpretada extensivamente a cláusula testamentária respectiva.

269. Art. 1.801: A vedação do art. 1.801, III, do Código Civil não se aplica à união estável, independentemente do período de separação de fato (art. 1.723, § 1º).

270. Art. 1.829: O art. 1.829, I, só assegura ao cônjuge sobrevivente o direito de concorrência com os descendentes do autor da herança quando casados no regime da separação convencional de bens ou, se casados nos regimes da comunhão parcial ou participação final nos aquestos, o falecido possuísse bens particulares, hipóteses em que a concorrência se restringe a tais bens, devendo os bens comuns (meação) ser partilhados exclusivamente entre os descendentes.

271. Art. 1.831: O cônjuge pode renunciar ao direito real de habitação, nos autos do inventário ou por escritura pública, sem prejuízo de sua participação na herança.

IV JORNADA DE DIREITO CIVIL

Parte Geral

272. Art. 10: Não é admitida em nosso ordenamento jurídico a adoção por ato extrajudicial, sendo indispensável a atuação jurisdicional, inclusive para a adoção de maiores de dezoito anos.

273. Art. 10: Tanto na adoção bilateral quanto na unilateral, quando não se preserva o vínculo com qualquer dos genitores originários, deverá ser averbado o cancelamento do registro originário de nascimento do adotado, lavrando-se novo registro. Sendo unilateral a adoção, e sempre que se preserve o vínculo originário com um dos genitores, deverá ser averbada a substituição do nome do pai ou da mãe natural pelo nome do pai ou da mãe adotivos.

274. Art. 11: Os direitos da personalidade, regulados de maneira não exaustiva pelo Código Civil, são expressões da cláusula geral de tutela da pessoa humana, contida no art. 1º, III, da Constituição (princípio da dignidade da pessoa humana). Em caso de colisão entre eles, como nenhum pode sobrelevar os demais, deve-se aplicar a técnica da ponderação.

275. Arts. 12 e 20: O rol dos legitimados de que tratam os arts. 12, parágrafo único, e 20, parágrafo único, do Código Civil também compreende o companheiro.

276. Art. 13: O art. 13 do Código Civil, ao permitir a disposição do próprio corpo por exigência médica, autoriza as cirurgias de transgenitalização, em conformidade com os procedimentos estabelecidos pelo Conselho Federal de Medicina, e a consequente alteração do prenome e do sexo no Registro Civil.

277. Art. 14: O art. 14 do Código Civil, ao afirmar a validade da disposição gratuita do próprio corpo, com objetivo científico ou altruístico, para depois da morte, determinou que a manifestação expressa do doador de órgãos em vida prevalece sobre a vontade dos familiares, portanto, a aplicação do art. 4º da Lei n. 9.434/97 ficou restrita à hipótese de silêncio do potencial doador.

278. Art.18: A publicidade que venha a divulgar, sem autorização, qualidades inerentes a determinada pessoa, ainda que sem mencionar seu nome, mas sendo capaz de identificá-la, constitui violação a direito da personalidade.

279. Art.20: A proteção à imagem deve ser ponderada com outros interesses constitucionalmente tutelados, especialmente em face do direito de amplo acesso à informação e da liberdade de imprensa. Em caso de colisão, levar-se-á em conta a notoriedade do retratado e dos fatos abordados, bem como a veracidade destes e, ainda, as características de sua utilização (comercial, informativa, biográfica), privilegiando-se medidas que não restrinjam a divulgação de informações.

280. Arts. 44, 57 e 60: Por força do art. 44, § 2º, consideram-se aplicáveis às sociedades reguladas pelo Livro II da Parte Especial, exceto às limitadas, os arts. 57 e 60, nos seguintes termos:

a) Em havendo previsão contratual, é possível aos sócios deliberar a exclusão de sócio por justa causa, pela via extrajudicial, cabendo ao contrato disciplinar o procedimento de exclusão, assegurado o direito de defesa, por aplicação analógica do art. 1.085;

b) As deliberações sociais poderão ser convocadas pela iniciativa de sócios que representem 1/5 (um quinto) do capital social, na omissão do contrato. A mesma regra aplica-se na hipótese de criação, pelo contrato, de outros órgãos de deliberação colegiada.

281. Art. 50: A aplicação da teoria da desconsideração, descrita no art. 50 do Código Civil, prescinde da demonstração de insolvência da pessoa jurídica.

282. Art. 50: O encerramento irregular das atividades da pessoa jurídica, por si só, não basta para caracterizar abuso de personalidade jurídica.

283. Art. 50: É cabível a desconsideração da personalidade jurídica denominada "inversa" para alcançar bens de sócio que se valeu da pessoa jurídica para ocultar ou desviar bens pessoais, com prejuízo a terceiros.

284. Art. 50: As pessoas jurídicas de direito privado sem fins lucrativos ou de fins não econômicos estão abrangidas no conceito de abuso da personalidade jurídica.

285. Art. 50: A teoria da desconsideração, prevista no art. 50 do Código Civil, pode ser invocada pela pessoa jurídica em seu favor.

286. Art. 52: Os direitos da personalidade são direitos inerentes e essenciais à pessoa humana, decorrentes de sua dignidade, não sendo as pessoas jurídicas titulares de tais direitos.

287. Art. 98: O critério da classificação de bens indicado no art. 98 do Código Civil não exaure a enumeração dos bens públicos, podendo ainda ser classificado como tal o bem pertencente a pessoa jurídica de direito privado que esteja afetado à prestação de serviços públicos.

288. Arts. 90 e 91: A pertinência subjetiva não constitui requisito imprescindível para a configuração das universalidades de fato e de direito.

289. Art. 108: O valor de trinta salários mínimos constante no art. 108 do Código Civil brasileiro, em referência à forma pública ou particular dos negócios jurídicos que envolvam bens imóveis, é o atribuído pelas partes contratantes e não qualquer outro valor arbitrado pela Administração Pública com finalidade tributária.

290. Art. 157: A lesão acarretará a anulação do negócio jurídico quando verificada, na formação deste, a desproporção manifesta entre as prestações assumidas pelas partes, não se presumindo a premente necessidade ou a inexperiência do lesado.

291. Art. 157: Nas hipóteses de lesão previstas no art. 157 do Código Civil, pode o lesionado optar por não pleitear a anulação do negócio jurídico, deduzindo, desde logo, pretensão com vista à revisão judicial do negócio por meio da redução do proveito do lesionador ou do complemento do preço.

292. Art. 158: Para os efeitos do art. 158, § 2º, a anterioridade do crédito é determinada pela causa que lhe dá origem, independentemente de seu reconhecimento por decisão judicial.

293. Art. 167: Na simulação relativa, o aproveitamento do negócio jurídico dissimulado não decorre tão somente do afastamento do negócio jurídico simulado, mas do necessário preenchimento de todos os requisitos substanciais e formais de validade daquele.

294. Arts. 167 e 168: Sendo a simulação uma causa de nulidade do negócio jurídico, pode ser alegada por uma das partes contra a outra.

295. Art. 191: A revogação do art. 194 do Código Civil pela Lei n. 11.280/2006, que determina ao juiz o reconhecimento de ofício da prescrição, não retira do devedor a possibilidade de renúncia admitida no art. 191 do texto codificado.

296. Art. 197: Não corre a prescrição entre os companheiros, na constância da união estável.

297. Art. 212: O documento eletrônico tem valor probante, desde que seja apto a conservar a integridade de seu con-

teúdo e idôneo a apontar sua autoria, independentemente da tecnologia empregada.

298. Arts. 212 e 225: Os arquivos eletrônicos incluem-se no conceito de "reproduções eletrônicas de fatos ou de coisas", do art. 225 do Código Civil, aos quais deve ser aplicado o regime jurídico da prova documental.

299. Art. 2.028: Iniciada a contagem de determinado prazo sob a égide do Código Civil de 1916, e vindo a lei nova a reduzi-lo, prevalecerá o prazo antigo, desde que transcorrido mais de metade deste na data da entrada em vigor do novo Código. O novo prazo será contado a partir de 11 de janeiro de 2003, desprezando-se o tempo anteriormente decorrido, salvo quando o não aproveitamento do prazo já decorrido implicar aumento do prazo prescricional previsto na lei revogada, hipótese em que deve ser aproveitado o prazo já decorrido durante o domínio da lei antiga, estabelecendo-se uma continuidade temporal.

300. Art. 2.035: A lei aplicável aos efeitos atuais dos contratos celebrados antes do novo Código Civil será a vigente na época da celebração; todavia, havendo alteração legislativa que evidencie anacronismo da lei revogada, o juiz equilibrará as obrigações das partes contratantes, ponderando os interesses traduzidos pelas regras revogada e revogadora, bem como a natureza e a finalidade do negócio.

Direito das Coisas

301. Arts. 1.198 c/c art. 1.204: É possível a conversão da detenção em posse, desde que rompida a subordinação, na hipótese de exercício em nome próprio dos atos possessórios.

302. Arts. 1.200 e 1.214: Pode ser considerado justo título para a posse de boa-fé o ato jurídico capaz de transmitir a posse *ad usucapionem*, observado o disposto no art. 113 do Código Civil.

303. Art. 1.201: Considera-se justo título para presunção relativa da boa-fé do possuidor o justo motivo que lhe autoriza a aquisição derivada da posse, esteja ou não materializado em instrumento público ou particular. Compreensão na perspectiva da função social da posse.

304. Art. 1.228: São aplicáveis as disposições dos §§ 4º e 5º do art. 1.228 do Código Civil às ações reivindicatórias relativas a bens públicos dominicais, mantido, parcialmente, o Enunciado n. 83 da I Jornada de Direito Civil, no que concerne às demais classificações dos bens públicos.

305. Art. 1.228: Tendo em vista as disposições dos §§ 3º e 4º do art. 1.228 do Código Civil, o Ministério Público tem o poder-dever de atuação nas hipóteses de desapropriação, inclusive a indireta, que envolvam relevante interesse público, determinado pela natureza dos bens jurídicos envolvidos.

306. Art. 1.228: A situação descrita no § 4° do art. 1.228 do Código Civil enseja a improcedência do pedido reivindicatório.

307. Art. 1.228: Na desapropriação judicial (art. 1.228, § 4º), poderá o juiz determinar a intervenção dos órgãos públicos competentes para o licenciamento ambiental e urbanístico.

308. Art. 1.228: A justa indenização devida ao proprietário em caso de desapropriação judicial (art. 1.228, § 5°) somente deverá ser suportada pela Administração Pública no contexto das políticas públicas de reforma urbana ou agrária, em se tratando de possuidores de baixa renda e desde que tenha havido intervenção daquela nos termos da lei processual. Não sendo os possuidores de baixa renda, aplica-se a orientação do Enunciado n. 84 da I Jornada de Direito Civil.

309. Art. 1.228: O conceito de posse de boa-fé de que trata o art. 1.201 do Código Civil não se aplica ao instituto previsto no § 4º do art. 1.228.

310. Interpreta-se extensivamente a expressão "imóvel reivindicado" (art. 1.228, § 4º), abrangendo pretensões tanto no juízo petitório quanto no possessório.

311. Caso não seja pago o preço fixado para a desapropriação judicial, e ultrapassado o prazo prescricional para se exigir o crédito correspondente, estará autorizada a expedição de mandado para registro da propriedade em favor dos possuidores.

312. Art. 1.239: Observado o teto constitucional, a fixação da área máxima para fins de usucapião especial rural levará em consideração o módulo rural e a atividade agrária regionalizada.

313. Arts. 1.239 e 1.240: Quando a posse ocorre sobre área superior aos limites legais, não é possível a aquisição pela via da usucapião especial, ainda que o pedido restrinja a dimensão do que se quer usucapir.

314. Art. 1.240: Para os efeitos do art. 1.240, não se deve computar, para fins de limite de metragem máxima, a extensão compreendida pela fração ideal correspondente à área comum.

315. Art. 1.241: O art. 1.241 do Código Civil permite que o possuidor que figurar como réu em ação reivindicatória ou possessória formule pedido contraposto e postule ao juiz que seja declarada adquirida, mediante usucapião, a propriedade imóvel, valendo a sentença como instrumento para registro imobiliário, ressalvados eventuais interesses de confinantes e terceiros.

316. Art. 1.276: Eventual ação judicial de abandono de imóvel, caso procedente, impede o sucesso de demanda petitória.

317. Art. 1.243: A *accessio possessionis*, de que trata o art. 1.243, primeira parte, do Código Civil, não encontra aplicabilidade relativamente aos arts. 1.239 e 1.240 do mesmo diploma legal, em face da normatividade do usucapião constitucional urbano e rural, arts. 183 e 191, respectivamente.

318. Art. 1.258: O direito à aquisição da propriedade do solo em favor do construtor de má-fé (art. 1.258, parágrafo único) somente é viável quando, além dos requisitos explícitos previstos em lei, houver necessidade de proteger terceiros de boa-fé.

319. Art. 1.277: A condução e a solução das causas envolvendo conflitos de vizinhança devem guardar estreita sintonia com os princípios constitucionais da intimidade, da inviolabilidade da vida privada e da proteção ao meio ambiente.

320. Arts. 1.338 e 1.331: O direito de preferência de que trata o art. 1.338 deve ser assegurado não apenas nos casos de locação, mas também na hipótese de venda da garagem.

321. Art. 1.369: Os direitos e obrigações vinculados ao terreno e, bem assim, aqueles vinculados à construção ou à plantação formam patrimônios distintos e autônomos, respondendo cada um dos seus titulares exclusivamente por suas próprias dívidas e obrigações, ressalvadas as fiscais decorrentes do imóvel.

322. Art. 1.376: O momento da desapropriação e as condições da concessão superficiária serão considerados para fins da divisão do montante indenizatório (art. 1.376), constituindo-se litisconsórcio passivo necessário simples entre proprietário e superficiário.

323. É dispensável a anuência dos adquirentes de unidades imobiliárias no "termo de afetação" da incorporação imobiliária.

324. É possível a averbação do termo de afetação de incorporação imobiliária (Lei n. 4.591/64, art. 31-B) a qualquer tempo, na matrícula do terreno, mesmo antes do registro do respectivo Memorial de Incorporação no Registro de Imóveis.

325. É impenhorável, nos termos da Lei n. 8.009/90, o direito real de aquisição do devedor fiduciante.

Proposições Legislativas

326. Propõe-se alteração do art. 31-A da Lei n. 4.591/64, que passaria a ter a seguinte redação:

Art. 31-A. O terreno e as acessões objeto de incorporação imobiliária, bem como os demais bens, direitos a ela vinculados, manter-se-ão apartados do patrimônio do incorporador e constituirão patrimônio de afetação, destinado à consecução da incorporação correspondente e à entrega das unidades imobiliárias aos respectivos adquirentes.

327. Suprima-se o art. 9º da Lei n. 10.931/2004. (Unânime)

328. Propõe-se a supressão do inciso V do art. 1.334 do Código Civil.

Direito de Família

329. A permissão para casamento fora da idade núbil merece interpretação orientada pela dimensão substancial do princípio da igualdade jurídica, ética e moral entre o homem e a mulher, evitando-se, sem prejuízo do respeito à diferença, tratamento discriminatório.

330. As causas suspensivas da celebração do casamento poderão ser arguidas inclusive pelos parentes em linha reta de um dos nubentes e pelos colaterais em segundo grau, por vínculo decorrente de parentesco civil.

331. Art. 1.639: O estatuto patrimonial do casal pode ser definido por escolha de regime de bens distinto daqueles tipificados no Código Civil (art. 1.639 e parágrafo único do art. 1.640), e, para efeito de fiel observância do disposto no art. 1.528 do Código Civil, cumpre certificação a respeito, nos autos do processo de habilitação matrimonial.

332. A hipótese de nulidade prevista no inciso I do art. 1.548 do Código Civil se restringe ao casamento realizado por enfermo mental absolutamente incapaz, nos termos do inciso II do art. 3º do Código Civil.

333. O direito de visita pode ser estendido aos avós e pessoas com as quais a criança ou o adolescente mantenha vínculo afetivo, atendendo ao seu melhor interesse.

334. A guarda de fato pode ser reputada como consolidada diante da estabilidade da convivência familiar entre a criança ou o adolescente e o terceiro guardião, desde que seja atendido o princípio do melhor interesse.

335. A guarda compartilhada deve ser estimulada, utilizando-se, sempre que possível, da mediação e da orientação de equipe interdisciplinar.

336. Art. 1.584: O parágrafo único do art. 1.584 aplica-se também aos filhos advindos de qualquer forma de família.

Vide Enunciado n. 518, V Jornada de Direito Civil.

337. O fato de o pai ou a mãe constituírem nova união não repercute no direito de terem os filhos do leito anterior em sua companhia, salvo quando houver comprometimento da sadia formação e do integral desenvolvimento da personalidade destes.

338. A cláusula de não tratamento conveniente para a perda da guarda dirige-se a todos os que integrem, de modo direto ou reflexo, as novas relações familiares.

339. A paternidade socioafetiva, calcada na vontade livre, não pode ser rompida em detrimento do melhor interesse do filho.

340. No regime da comunhão parcial de bens é sempre indispensável a autorização do cônjuge, ou seu suprimento judicial, para atos de disposição sobre bens imóveis.

341. Art. 1.696: Para os fins do art. 1.696, a relação socioafetiva pode ser elemento gerador de obrigação alimentar.

342. Observadas as suas condições pessoais e sociais, os avós somente serão obrigados a prestar alimentos aos netos em caráter exclusivo, sucessivo, complementar e não solidário, quando os pais destes estiverem impossibilitados de fazê-lo, caso em que as necessidades básicas dos alimentandos serão aferidas, prioritariamente, segundo o nível econômico-financeiro dos seus genitores.

343. Art. 1.792: A transmissibilidade da obrigação alimentar é limitada às forças da herança.

344. A obrigação alimentar originada do poder familiar, especialmente para atender às necessidades educacionais, pode não cessar com a maioridade.

345. O "procedimento indigno" do credor em relação ao devedor, previsto no parágrafo único do art. 1.708 do Código Civil, pode ensejar a exoneração ou apenas a redução do valor da pensão alimentícia para quantia indispensável à sobrevivência do credor.

346. Na união estável o regime patrimonial obedecerá à norma vigente no momento da aquisição de cada bem, salvo contrato escrito.

Direito das Obrigações

347. Art. 266: A solidariedade admite outras disposições de conteúdo particular além do rol previsto no art. 266 do Código Civil.

348. Arts. 275 e 282: O pagamento parcial não implica, por si só, renúncia à solidariedade, a qual deve derivar dos termos expressos da quitação ou, inequivocadamente, das circunstâncias do recebimento da prestação pelo credor.

349. Art. 282: Com a renúncia da solidariedade quanto a apenas um dos devedores solidários, o credor só poderá cobrar do beneficiado a sua quota na dívida; permanecendo a solidariedade quanto aos demais devedores, abatida do débito a parte correspondente aos beneficiados pela renúncia.

350. Art. 284: A renúncia à solidariedade diferencia-se da remissão, em que o devedor fica inteiramente liberado do vínculo obrigacional, inclusive no que tange ao rateio da quota do eventual codevedor insolvente, nos termos do art. 284.

351. Art. 282: A renúncia à solidariedade em favor de determinado devedor afasta a hipótese de seu chamamento ao processo.

352. Art. 300: Salvo expressa concordância dos terceiros, as garantias por eles prestadas se extinguem com a assunção de dívida; já as garantias prestadas pelo devedor primitivo somente são mantidas no caso em que este concorde com a assunção.

353. Art. 303: A recusa do credor, quando notificado pelo adquirente de imóvel hipotecado, comunicando-lhe o interesse em assumir a obrigação, deve ser justificada.

354. Arts. 395, 396 e 408: A cobrança de encargos e parcelas indevidas ou abusivas impede a caracterização da mora do devedor.

355. Art. 413: Não podem as partes renunciar à possibilidade de redução da cláusula penal se ocorrer qualquer das hipóteses previstas no art. 413 do Código Civil, por se tratar de preceito de ordem pública.

356. Art. 413: Nas hipóteses previstas no art. 413 do Código Civil, o juiz deverá reduzir a cláusula penal de ofício.

357. Art. 413: O art. 413 do Código Civil é o que complementa o art. 4º da Lei n. 8.245/91. Revogado o Enunciado n. 179 da III Jornada.

358. Art. 413: O caráter manifestamente excessivo do valor da cláusula penal não se confunde com a alteração de circunstâncias, a excessiva onerosidade e a frustração do fim do negócio jurídico, que podem incidir autonomamente e possibilitar sua revisão para mais ou para menos.

359. Art. 413: A redação do art. 413 do Código Civil não impõe que a redução da penalidade seja proporcionalmente idêntica ao percentual adimplido.

360. Art. 421: O princípio da função social dos contratos também pode ter eficácia interna entre as partes contratantes.

361. Arts. 421, 422 e 475: O adimplemento substancial decorre dos princípios gerais contratuais, de modo a fazer preponderar a função social do contrato e o princípio da boa-fé objetiva, balizando a aplicação do art. 475.

362. Art. 422: A vedação do comportamento contraditório (*venire contra factum proprium*) funda-se na proteção da confiança, tal como se extrai dos arts. 187 e 422 do Código Civil.

363. Art. 422: Os princípios da probidade e da confiança são de ordem pública, estando a parte lesada somente obrigada a demonstrar a existência da violação.

364. Arts. 424 e 828: No contrato de fiança é nula a cláusula de renúncia antecipada ao benefício de ordem quando inserida em contrato de adesão.

365. Art. 478: A extrema vantagem do art. 478 deve ser interpretada como elemento acidental da alteração de circunstâncias, que comporta a incidência da resolução ou revisão do negócio por onerosidade excessiva, independentemente de sua demonstração plena.

366. Art. 478: O fato extraordinário e imprevisível causador de onerosidade excessiva é aquele que não está coberto objetivamente pelos riscos próprios da contratação.

367. Art. 479: Em observância ao princípio da conservação do contrato, nas ações que tenham por objeto a resolução do pacto por excessiva onerosidade, pode o juiz modificá-lo equitativamente, desde que ouvida a parte autora, respeitada a sua vontade e observado o contraditório.

368. Art. 496: O prazo para anular venda de ascendente para descendente é decadencial de dois anos (art. 179 do Código Civil).

369. Diante do preceito constante no art. 732 do Código Civil, teleologicamente e em uma visão constitucional de unidade do sistema, quando o contrato de transporte constituir uma relação de consumo, aplicam-se as normas do Código de Defesa do Consumidor que forem mais benéficas a este.

370. Nos contratos de seguro por adesão, os riscos predeterminados indicados no art. 757, parte final, devem ser interpretados de acordo com os arts. 421, 422, 424, 759 e 799 do Código Civil e 1º, III, da Constituição Federal.

371. A mora do segurado, sendo de escassa importância, não autoriza a resolução do contrato, por atentar ao princípio da boa-fé objetiva.

372. Em caso de negativa de cobertura securitária por doença preexistente, cabe à seguradora comprovar que o segurado tinha conhecimento inequívoco daquela.

373. Embora sejam defesos pelo § 2º do art. 787 do Código Civil, o reconhecimento da responsabilidade, a confissão da ação ou a transação não retiram ao segurado o direito à garantia, sendo apenas ineficazes perante a seguradora.

374. No contrato de seguro, o juiz deve proceder com equidade, atentando às circunstâncias reais, e não a probabilidades infundadas, quanto à agravação dos riscos.

375. No seguro em grupo de pessoas, exige-se o *quorum* qualificado de 3/4 do grupo, previsto no § 2º do art. 801 do Código Civil, apenas quando as modificações impuserem novos ônus aos participantes ou restringirem seus direitos na apólice em vigor.

376. Para efeito de aplicação do art. 763 do Código Civil, a resolução do contrato depende de prévia interpelação.

Responsabilidade Civil

377. O art. 7º, XXVIII, da Constituição Federal não é impedimento para a aplicação do disposto no art. 927, parágrafo único, do Código Civil quando se tratar de atividade de risco.

378. Aplica-se o art. 931 do Código Civil, haja ou não relação de consumo.

379. Art. 944: O art. 944, *caput*, do Código Civil não afasta a possibilidade de se reconhecer a função punitiva ou pedagógica da responsabilidade civil.

380. Atribui-se nova redação ao Enunciado n. 46 da I Jornada de Direito Civil, com a supressão da parte final: não se aplicando às hipóteses de responsabilidade objetiva.

381. O lesado pode exigir que a indenização, sob a forma de pensionamento, seja arbitrada e paga de uma só vez, salvo impossibilidade econômica do devedor, caso em que o juiz poderá fixar outra forma de pagamento, atendendo à condição financeira do ofensor e aos benefícios resultantes do pagamento antecipado.

Direito de Empresa

382. Nas sociedades, o registro observa a natureza da atividade (empresarial ou não – art. 966); as demais questões seguem as normas pertinentes ao tipo societário adotado (art. 983). São exceções as sociedades por ações e as cooperativas (art. 982, parágrafo único).

383. A falta de registro do contrato social (irregularidade originária – art. 998) ou de alteração contratual versando sobre matéria referida no art. 997 (irregularidade superveniente – art. 999, parágrafo único) conduzem à aplicação das regras da sociedade em comum (art. 986).

384. Nas sociedades personificadas previstas no Código Civil, exceto a cooperativa, é admissível o acordo de sócios, por aplicação analógica das normas relativas às sociedades por ações pertinentes ao acordo de acionistas.

385. A unanimidade exigida para a modificação do contrato social somente alcança as matérias referidas no art. 997, prevalecendo, nos demais casos de deliberação dos sócios, a maioria absoluta, se outra mais qualificada não for prevista no contrato.

386. Na apuração dos haveres do sócio devedor, por consequência da liquidação de suas quotas na sociedade para pagamento ao seu credor (art. 1.026, parágrafo único), não devem ser consideradas eventuais disposições contratuais restritivas à determinação de seu valor.

387. A opção entre fazer a execução recair sobre o que ao sócio couber no lucro da sociedade, ou na parte que lhe tocar em dissolução, orienta-se pelos princípios da menor onerosidade e da função social da empresa.

388. O disposto no art. 1.026 do Código Civil não exclui a possibilidade de o credor fazer recair a execução sobre os direitos patrimoniais da quota de participação que o devedor possui no capital da sociedade.

389. Quando se tratar de sócio de serviço, não poderá haver penhora das verbas descritas no art. 1.026, se de caráter alimentar.

390. *(Revogado pelo Enunciado n. 480, V Jornada de Direito Civil.)*

391. A sociedade limitada pode adquirir suas próprias quotas, observadas as condições estabelecidas na Lei das Sociedades por Ações.

392. Nas hipóteses do art. 1.077 do Código Civil, cabe aos sócios delimitarem seus contornos para compatibilizá-los com os princípios da preservação e da função social da empresa, aplicando-se, supletiva (art. 1.053, parágrafo único) ou analogicamente (art. 4º da LICC), o art. 137, § 3º, da Lei das Sociedades por Ações, para permitir a reconsideração da deliberação que autorizou a retirada do sócio dissidente.

O LICC atualmente é a Lei de Introdução às normas do Direito Brasileiro (LINDB).

393. A validade da alienação do estabelecimento empresarial não depende de forma específica, observado o regime jurídico dos bens que a exijam.

394. Ainda que não promovida a adequação do contrato social no prazo previsto no art. 2.031 do Código Civil, as sociedades não perdem a personalidade jurídica adquirida antes de seu advento.

395. A sociedade registrada antes da vigência do Código Civil não está obrigada a adaptar seu nome às novas disposições.

396. A capacidade para contratar a constituição da sociedade submete-se à lei vigente no momento do registro.

V JORNADA DE DIREITO CIVIL

Parte Geral

397. Art. 5º: A emancipação por concessão dos pais ou por sentença do juiz está sujeita a desconstituição por vício de vontade.

398. Art. 12, parágrafo único: As medidas previstas no art. 12, parágrafo único, do Código Civil podem ser invocadas por qualquer uma das pessoas ali mencionadas de forma concorrente e autônoma.

399. Arts. 12, parágrafo único, e 20, parágrafo único: Os poderes conferidos aos legitimados para a tutela *post mortem* dos direitos da personalidade, nos termos dos arts. 12, parágrafo único, e 20, parágrafo único, do CC, não compreendem a faculdade de limitação voluntária.

400. Arts. 12, parágrafo único, e 20, parágrafo único: Os parágrafos únicos dos arts. 12 e 20 asseguram legitimidade, por direito próprio, aos parentes, cônjuge ou companheiro para a tutela contra a lesão perpetrada *post mortem*.

401. Art. 13: Não contraria os bons costumes a cessão gratuita de direitos de uso de material biológico para fins de pesquisa científica, desde que a manifestação de vontade tenha sido livre e esclarecida e puder ser revogada a qualquer tempo, conforme as normas éticas que regem a pesquisa científica e o respeito aos direitos fundamentais.

402. Art. 14, parágrafo único: O art. 14, parágrafo único, do Código Civil, fundado no consentimento informado, não dispensa o consentimento dos adolescentes para a doação de medula óssea prevista no art. 9º, § 6º, da Lei n. 9.434/97 por aplicação analógica dos arts. 28, § 2º (alterado pela Lei n. 12.010/2009), e 45, § 2º, do ECA.

403. Art. 15: O direito à inviolabilidade de consciência e de crença, previsto no art. 5º, VI, da Constituição Federal, aplica-se também à pessoa que se nega a tratamento médico, inclusive transfusão de sangue, com ou sem risco de morte, em razão do tratamento ou da falta dele, desde que observados os seguintes critérios: a) capacidade civil plena, excluído o suprimento pelo representante ou assistente; b) manifestação de vontade livre, consciente e informada; e c) oposição que diga respeito exclusivamente à própria pessoa do declarante.

404. Art. 21: A tutela da privacidade da pessoa humana compreende os controles espacial, contextual e temporal dos próprios dados, sendo necessário seu expresso consentimento para tratamento de informações que versem especialmente sobre o estado de saúde, a condição sexual, a origem racial ou étnica, as convicções religiosas, filosóficas e políticas.

405. Art. 21: As informações genéticas são parte da vida privada e não podem ser utilizadas para fins diversos daqueles que motivaram seu armazenamento, registro ou uso, salvo com autorização do titular.

406. Art. 50: A desconsideração da personalidade jurídica alcança os grupos de sociedade quando presentes os pressupostos do art. 50 do Código Civil e houver prejuízo para os credores até o limite transferido entre as sociedades.

407. Art. 61: A obrigatoriedade de destinação do patrimônio líquido remanescente da associação a instituição municipal, estadual ou federal de fins idênticos ou semelhantes, em face da omissão do estatuto, possui caráter subsidiário, devendo prevalecer a vontade dos associados, desde que seja contemplada entidade que persiga fins não econômicos.

408. Arts. 70 e 7º da Lei de Introdução às normas do Direito Brasileiro: Para efeitos de interpretação da expressão "domicílio" do art. 7º da Lei de Introdução às normas do Direito Brasileiro, deve ser considerada, nas hipóteses de litígio internacional relativo a criança ou adolescente, a residência habitual destes, pois se trata de situação fática internacionalmente aceita e conhecida.

409. Art. 113: Os negócios jurídicos devem ser interpretados não só conforme a boa-fé e os usos do lugar de sua celebração, mas também de acordo com as práticas habitualmente adotadas entre as partes.

410. Art. 157: A inexperiência a que se refere o art. 157 não deve necessariamente significar imaturidade ou desconhecimento em relação à prática de negócios jurídicos em geral, podendo ocorrer também quando o lesado, ainda que estipule contratos costumeiramente, não tenha conhecimento específico sobre o negócio em causa.

411. Art. 186: O descumprimento de contrato pode gerar dano moral quando envolver valor fundamental protegido pela Constituição Federal de 1988.

412. Art. 187: As diversas hipóteses de exercício inadmissível de uma situação jurídica subjetiva, tais como *supressio*, *tu quoque*, *surrectio* e *venire contra factum proprium*, são concreções da boa-fé objetiva.

413. Art. 187: Os bons costumes previstos no art. 187 do CC possuem natureza subjetiva, destinada ao controle da moralidade social de determinada época, e objetiva, para permitir a sindicância da violação dos negócios jurídicos em questões não abrangidas pela função social e pela boa-fé objetiva.

414. Art. 187: A cláusula geral do art. 187 do Código Civil tem fundamento constitucional nos princípios da solidariedade, devido processo legal e proteção da confiança e aplica-se a todos os ramos do direito.

415. Art. 190: O art. 190 do Código Civil refere-se apenas às exceções impróprias (dependentes/não autônomas). As exceções propriamente ditas (independentes/autônomas) são imprescritíveis.

416. Art. 202: A propositura de demanda judicial pelo devedor, que importe impugnação do débito contratual ou de cártula representativa do direito do credor, é causa interruptiva da prescrição.

417. Art. 202, I: O art. 202, I, do CC deve ser interpretado sistematicamente com o art. 219, § 1º, do CPC, de modo a se entender que o efeito interruptivo da prescrição produzido pelo despacho que ordena a citação é retroativo até a data da propositura da demanda. (Refere-se ao CPC/73. Veja art. 240, § 1º, CPC/2015.)

418. Art. 206: O prazo prescricional de três anos para a pretensão relativa a aluguéis aplica-se aos contratos de locação de imóveis celebrados com a administração pública.

419. Art. 206, § 3º, V: O prazo prescricional de três anos para a pretensão de reparação civil aplica-se tanto à responsabilidade contratual quanto à responsabilidade extracontratual.

420. Art. 206, § 3º, V: Não se aplica o art. 206, § 3º, V, do Código Civil às pretensões indenizatórias decorrentes de acidente de trabalho, após a vigência da Emenda Constitucional n. 45, incidindo a regra do art. 7º, XXIX, da Constituição da República.

Direito das Obrigações

421. Arts. 112 e 113: Os contratos coligados devem ser interpretados segundo os critérios hermenêuticos do Código Civil, em especial os dos arts. 112 e 113, considerada a sua conexão funcional.

422. Art. 300: (Fica mantido o teor do Enunciado n. 352) A expressão "garantias especiais" constante do art. 300 do CC/2002 refere-se a todas as garantias, quaisquer delas, reais ou fidejussórias, que tenham sido prestadas voluntária e originariamente pelo devedor primitivo ou por terceiro, vale dizer, aquelas que dependeram da vontade do garantidor, devedor ou terceiro para se constituírem.

423. Art. 301: O art. 301 do CC deve ser interpretado de forma a também abranger os negócios jurídicos nulos e a significar a continuidade da relação obrigacional originária em vez de "restauração", porque, envolvendo hipótese de transmissão, aquela relação nunca deixou de existir.

424. Art. 303, segunda parte: A comprovada ciência de que o reiterado pagamento é feito por terceiro no interesse próprio produz efeitos equivalentes aos da notificação de que trata o art. 303, segunda parte.

425. Art. 308: O pagamento repercute no plano da eficácia, e não no plano da validade, como preveem os arts. 308, 309 e 310 do Código Civil.

426. Art. 389: Os honorários advocatícios previstos no art. 389 do Código Civil não se confundem com as verbas de sucumbência, que, por força do art. 23 da Lei n. 8.906/1994, pertencem ao advogado.

427. Art. 397, parágrafo único: É válida a notificação extrajudicial promovida em serviço de registro de títulos e documentos de circunscrição judiciária diversa da do domicílio do devedor.

428. Art. 405: Os juros de mora, nas obrigações negociais, fluem a partir do advento do termo da prestação, estando a incidência do disposto no art. 405 da codificação limitada às hipóteses em que a citação representa o papel de notificação do devedor ou àquelas em que o objeto da prestação não tem liquidez.

429. Art. 413: As multas previstas nos acordos e convenções coletivas de trabalho, cominadas para impedir o descumprimento das disposições normativas constantes desses instrumentos, em razão da negociação coletiva dos sindicatos e empresas, têm natureza de cláusula penal e, portanto, podem ser reduzidas pelo Juiz do Trabalho quando cumprida parcialmente a cláusula ajustada ou quando se tornarem excessivas para o fim proposto, nos termos do art. 413 do Código Civil.

430. Art. 416, parágrafo único: No contrato de adesão, o prejuízo comprovado do aderente que exceder ao previsto na cláusula penal compensatória poderá ser exigido pelo credor independentemente de convenção.

431. Art. 421: A violação do art. 421 conduz à invalidade ou à ineficácia do contrato ou de cláusulas contratuais.

432. Art. 422: Em contratos de financiamento bancário, são abusivas cláusulas contratuais de repasse de custos administrativos (como análise do crédito, abertura de cadastro, emissão de fichas de compensação bancária etc.), seja por estarem intrinsecamente vinculadas ao exercício da atividade econômica, seja por violarem o princípio da boa-fé objetiva.

433. Art. 424: A cláusula de renúncia antecipada ao direito de indenização e retenção por benfeitorias necessárias é nula em contrato de locação de imóvel urbano feito nos moldes do contrato de adesão.

434. Art. 456: A ausência de denunciação da lide ao alienante, na evicção, não impede o exercício de pretensão reparatória por meio de via autônoma.

435. Art. 462: O contrato de promessa de permuta de bens imóveis é título passível de registro na matrícula imobiliária.

436. Art. 474: A cláusula resolutiva expressa produz efeitos extintivos independentemente de pronunciamento judicial.

437. Art. 475: A resolução da relação jurídica contratual também pode decorrer do inadimplemento antecipado.

438. Art. 477: A exceção de inseguridade, prevista no art. 477, também pode ser oposta à parte cuja conduta põe manifestamente em risco a execução do programa contratual.

439. Art. 478: A revisão do contrato por onerosidade excessiva fundada no Código Civil deve levar em conta a natureza do objeto do contrato. Nas relações empresariais, observar-se-á a sofisticação dos contratantes e a alocação de riscos por eles assumidos com o contrato.

440. Art. 478: É possível a revisão ou resolução por excessiva onerosidade em contratos aleatórios, desde que o evento superveniente, extraordinário e imprevisível não se relacione com a álea assumida no contrato.

441. Art. 488, parágrafo único: Na falta de acordo sobre o preço, não se presume concluída a compra e venda. O parágrafo único do art. 488 somente se aplica se houverem diversos preços habitualmente praticados pelo vendedor, caso em que prevalecerá o termo médio.

442. Art. 844: A transação, sem a participação do advogado credor dos honorários, é ineficaz quanto aos honorários de sucumbência definidos no julgado.

Responsabilidade Civil

443. Arts. 393 e 927: O caso fortuito e a força maior somente serão considerados excludentes da responsabilidade civil quando o fato gerador do dano não for conexo à atividade desenvolvida.

444. Art. 927: A responsabilidade civil pela perda de chance não se limita à categoria de danos extrapatrimoniais, pois, conforme as circunstâncias do caso concreto, a chance per-

dida pode apresentar também a natureza jurídica de dano patrimonial. A chance deve ser séria e real, não ficando adstrita a percentuais apriorísticos.

445. Art. 927: O dano moral indenizável não pressupõe necessariamente a verificação de sentimentos humanos desagradáveis como dor ou sofrimento.

446. Art. 927: A responsabilidade civil prevista na segunda parte do parágrafo único do art. 927 do Código Civil deve levar em consideração não apenas a proteção da vítima e a atividade do ofensor, mas também a prevenção e o interesse da sociedade.

447. Art. 927: As agremiações esportivas são objetivamente responsáveis por danos causados a terceiros pelas torcidas organizadas, agindo nessa qualidade, quando, de qualquer modo, as financiem ou custeiem, direta ou indiretamente, total ou parcialmente.

448. Art. 927: A regra do art. 927, parágrafo único, segunda parte, do CC aplica-se sempre que a atividade normalmente desenvolvida, mesmo sem defeito e não essencialmente perigosa, induza, por sua natureza, risco especial e diferenciado aos direitos de outrem. São critérios de avaliação desse risco, entre outros, a estatística, a prova técnica e as máximas de experiência.

449. Art. 928, parágrafo único: A indenização equitativa a que se refere o art. 928, parágrafo único, do Código Civil não é necessariamente reduzida sem prejuízo do Enunciado n. 39 da I Jornada de Direito Civil.

450. Art. 932, I: Considerando que a responsabilidade dos pais pelos atos danosos praticados pelos filhos menores é objetiva, e não por culpa presumida, ambos os genitores, no exercício do poder familiar, são, em regra, solidariamente responsáveis por tais atos, ainda que estejam separados, ressalvado o direito de regresso em caso de culpa exclusiva de um dos genitores.

451. Arts. 932 e 933: A responsabilidade civil por ato de terceiro funda-se na responsabilidade objetiva ou independente de culpa, estando superado o modelo de culpa presumida.

452. Art. 936: A responsabilidade civil do dono ou detentor de animal é objetiva, admitindo-se a excludente do fato exclusivo de terceiro.

453. Art. 942: Na via regressiva, a indenização atribuída a cada agente será fixada proporcionalmente à sua contribuição para o evento danoso.

454. Art. 943: O direito de exigir reparação a que se refere o art. 943 do Código Civil abrange inclusive os danos morais, ainda que a ação não tenha sido iniciada pela vítima.

455. Art. 944: Embora o reconhecimento dos danos morais se dê, em numerosos casos, independentemente de prova (*in re ipsa*), para a sua adequada quantificação, deve o juiz investigar, sempre que entender necessário, as circunstâncias do caso concreto, inclusive por intermédio da produção de depoimento pessoal e da prova testemunhal em audiência.

456. Art. 944: A expressão "dano" no art. 944 abrange não só os danos individuais, materiais ou imateriais, mas também os danos sociais, difusos, coletivos e individuais homogêneos a serem reclamados pelos legitimados para propor ações coletivas.

457. Art. 944: A redução equitativa da indenização tem caráter excepcional e somente será realizada quando a amplitude do dano extrapolar os efeitos razoavelmente imputáveis à conduta do agente.

458. Art. 944: O grau de culpa do ofensor, ou a sua eventual conduta intencional, deve ser levado em conta pelo juiz para a quantificação do dano moral.

459. Art. 945: A conduta da vítima pode ser fator atenuante do nexo de causalidade na responsabilidade civil objetiva.

460. Art. 951: A responsabilidade subjetiva do profissional da área da saúde, nos termos do art. 951 do Código Civil e do art. 14, § 4º, do Código de Defesa do Consumidor, não afasta a sua responsabilidade objetiva pelo fato da coisa da qual tem a guarda, em caso de uso de aparelhos ou instrumentos que, por eventual disfunção, venham a causar danos a pacientes, sem prejuízo do direito regressivo do profissional em relação ao fornecedor do aparelho e sem prejuízo da ação direta do paciente, na condição de consumidor, contra tal fornecedor.

Direito De Empresa

461. Art. 889: As duplicatas eletrônicas podem ser protestadas por indicação e constituirão título executivo extrajudicial mediante a exibição pelo credor do instrumento de protesto, acompanhado do comprovante de entrega das mercadorias ou de prestação dos serviços.

462. Art. 889, § 3º: Os títulos de crédito podem ser emitidos, aceitos, endossados ou avalizados eletronicamente, mediante assinatura com certificação digital, respeitadas as exceções previstas em lei.

463. Art. 897: A prescrição da pretensão executória não atinge o próprio direito material ou crédito, que podem ser exercidos ou cobrados por outra via processual admitida pelo ordenamento jurídico.

464. Art. 903: (Revisão do Enunciado n. 52) As disposições relativas aos títulos de crédito do Código Civil aplicam-se àqueles regulados por leis especiais, no caso de omissão ou lacuna.

465. Arts. 968, § 3º, e 1.033, parágrafo único: A "transformação de registro" prevista no art. 968, § 3º, e no art. 1.033, parágrafo único, do Código Civil não se confunde com a figura da transformação de pessoa jurídica.

466. Arts. 968, IV, parte final, e 997, II: Para fins do direito falimentar, o local do principal estabelecimento é aquele de onde partem as decisões empresariais, e não necessariamente a sede indicada no registro público.

467. Art. 974, § 3º: A exigência de integralização do capital social prevista no art. 974, § 3º, não se aplica à participação de incapazes em sociedades anônimas e em sociedades com sócios de responsabilidade ilimitada nas quais a integralização do capital social não influa na proteção do incapaz.

468. Art. 980-A: A empresa individual de responsabilidade limitada só poderá ser constituída por pessoa natural.

469. Arts. 44 e 980-A: A empresa individual de responsabilidade limitada (Eireli) não é sociedade, mas novo ente jurídico personificado.

470. Art. 980-A: O patrimônio da empresa individual de responsabilidade limitada responderá pelas dívidas da pessoa jurídica, não se confundindo com o patrimônio da pessoa natural que a constitui, sem prejuízo da aplicação do instituto da desconsideração da personalidade jurídica.

471. Os atos constitutivos da Eireli devem ser arquivados no registro competente, para fins de aquisição de personalidade jurídica. A falta de arquivamento ou de registro de alterações dos atos constitutivos configura irregularidade superveniente.

472. Art. 980-A: É inadequada a utilização da expressão "social" para as empresas individuais de responsabilidade limitada.

473. Art. 980-A, § 5º: A imagem, o nome ou a voz não podem ser utilizados para a integralização do capital da Eireli.

474. Arts. 981 e 983: Os profissionais liberais podem organizar-se sob a forma de sociedade simples, convencionando a responsabilidade limitada dos sócios por dívidas da sociedade, a despeito da responsabilidade ilimitada por atos praticados no exercício da profissão.

475. Arts. 981 e 983: Considerando ser da essência do contrato de sociedade a partilha do risco entre os sócios, não desfigura a sociedade simples o fato de o respectivo contrato social prever distribuição de lucros, rateio de despesas e concurso de auxiliares.

476. Art. 982: Eventuais classificações conferidas pela lei tributária às sociedades não influem para sua caracterização como empresárias ou simples, especialmente no que se refere ao registro dos atos constitutivos e à submissão ou não aos dispositivos da Lei n. 11.101/2005.

477. Art. 983: O art. 983 do Código Civil permite que a sociedade simples opte por um dos tipos empresariais dos arts. 1.039 a 1.092 do Código Civil. Adotada a forma de sociedade anônima ou de comandita por ações, porém, ela será considerada empresária.

478. Art. 997, *caput* e inciso III: A integralização do capital social em bens imóveis pode ser feita por instrumento particular de contrato social ou de alteração contratual, ainda que se trate de sociedade sujeita ao registro exclusivamente no registro civil de pessoas jurídicas.

479. Art. 997, VII: Na sociedade simples pura (art. 983, parte final, do CC/2002), a responsabilidade dos sócios depende de previsão contratual. Em caso de omissão, será ilimitada e subsidiária, conforme o disposto nos arts. 1.023 e 1.024 do CC/2002.

480. Art. 1.029: Revogado o Enunciado n. 390 da III Jornada. Redação original: "Em regra, é livre a retirada de sócio nas sociedades limitadas e anônimas fechadas, por prazo indeterminado, desde que tenham integralizado a respectiva parcela do capital, operando-se a denúncia (arts. 473 e 1.029)".

O correto parece ser "IV Jornada" em vez de "III Jornada".

481. Art. 1.030, parágrafo único: O insolvente civil fica de pleno direito excluído das sociedades contratuais das quais seja sócio.

482. Arts. 884 e 1.031: Na apuração de haveres de sócio retirante de sociedade *holding* ou controladora, deve ser apurado o valor global do patrimônio, salvo previsão contratual diversa. Para tanto, deve-se considerar o valor real da participação da *holding* ou controladora nas sociedades que o referido sócio integra.

483. Art. 1.033, parágrafo único: Admite-se a transformação do registro da sociedade anônima, na hipótese do art. 206, I, *d*, da Lei n. 6.404/76, em empresário individual ou empresa individual de responsabilidade limitada.

484. Art. 1.074, § 1º: Quando as deliberações sociais obedecerem à forma de reunião, na sociedade limitada com até 10 (dez) sócios, é possível que a representação do sócio seja feita por outras pessoas além das mencionadas no § 1º do art. 1.074 do Código Civil (outro sócio ou advogado), desde que prevista no contrato social.

485. Art. 1.076: O sócio que participa da administração societária não pode votar nas deliberações acerca de suas próprias contas, na forma dos arts. 1.071, I, e 1.074, § 2º, do Código Civil.

486. Art. 1.134: A sociedade estrangeira pode, independentemente de autorização do Poder Executivo, ser sócia em sociedades de outros tipos além das anônimas.

487. Arts. 50, 884, 1.009, 1.016, 1.036 e 1.080: Na apuração de haveres de sócio retirante (art. 1.031 do CC), devem ser afastados os efeitos da diluição injustificada e ilícita da participação deste na sociedade.

488. Art. 1.142 e Súmula n. 451 do STJ: Admite-se a penhora do *website* e de outros intangíveis relacionados com o comércio eletrônico.

489. Arts. 1.043, II, 1.051, 1.063, § 3º, 1.084, § 1º, 1.109, parágrafo único, 1.122, 1.144, 1.146, 1.148 e 1.149 do Código Civil e art. 71 da Lei Complementar n. 123/2006: No caso da microempresa, da empresa de pequeno porte e do microempreendedor individual, dispensados de publicação dos seus atos (art. 71 da Lei Complementar n. 123/2006), os prazos estabelecidos no Código Civil contam-se da data do arquivamento do documento (termo inicial) no registro próprio.

490. Art. 1.147: A ampliação do prazo de 5 anos de proibição de concorrência pelo alienante ao adquirente do estabelecimento, ainda que convencionada no exercício da autonomia da vontade, pode ser revista judicialmente, se abusiva.

491. Art. 1.166: A proteção ao nome empresarial, limitada ao Estado-Membro para efeito meramente administrativo, estende-se a todo o território nacional por força do art. 5º, XXIX, da Constituição da República e do art. 8º da Convenção Unionista de Paris.

Direito Das Coisas

492. A posse constitui direito autônomo em relação à propriedade e deve expressar o aproveitamento dos bens para o alcance de interesses existenciais, econômicos e sociais merecedores de tutela.

493. O detentor (art. 1.198 do Código Civil) pode, no interesse do possuidor, exercer a autodefesa do bem sob seu poder.

494. A faculdade conferida ao sucessor singular de somar ou não o tempo da posse de seu antecessor não significa que, ao optar por nova contagem, estará livre do vício objetivo que maculava a posse anterior.

495. No desforço possessório, a expressão "contanto que o faça logo" deve ser entendida restritivamente, apenas como a reação imediata ao fato do esbulho ou da turbação, cabendo ao possuidor recorrer à via jurisdicional nas demais hipóteses.

496. O conteúdo do art. 1.228, §§ 4º e 5º, pode ser objeto de ação autônoma, não se restringindo à defesa em pretensões reivindicatórias.

497. O prazo, na ação de usucapião, pode ser completado no curso do processo, ressalvadas as hipóteses de má-fé processual do autor.

498. A fluência do prazo de dois anos previsto pelo art. 1.240-A para a nova modalidade de usucapião nele contemplada tem início com a entrada em vigor da Lei n. 12.424/2011.

499. (*Revogado pelo Enunciado n. 595, VIII Jornada de Direito Civil.*)

500. A modalidade de usucapião prevista no art. 1.240-A do Código Civil pressupõe a propriedade comum do casal e compreende todas as formas de família ou entidades familiares, inclusive homoafetivas.

501. As expressões "ex-cônjuge" e "ex-companheiro", contidas no art. 1.240-A do Código Civil, correspondem à situação fática da separação, independentemente de divórcio.

502. O conceito de posse direta referido no art. 1.240-A do Código Civil não coincide com a acepção empregada no art. 1.197 do mesmo Código.

503. É relativa a presunção de propriedade decorrente do registro imobiliário, ressalvado o sistema Torrens.

504. A escritura declaratória de instituição e convenção firmada pelo titular único de edificação composta por unidades autônomas é título hábil para registro da propriedade horizontal no competente registro de imóveis, nos termos dos arts. 1.332 a 1.334 do Código Civil.

505. É nula a estipulação que, dissimulando ou embutindo multa acima de 2%, confere suposto desconto de pontualidade no pagamento da taxa condominial, pois configura fraude à lei (Código Civil, art. 1.336, § 1º), e não redução por merecimento.

506. Estando em curso contrato de alienação fiduciária, é possível a constituição concomitante de nova garantia fiduciária sobre o mesmo bem imóvel, que, entretanto, incidirá sobre a respectiva propriedade superveniente que o fiduciante vier a readquirir, quando do implemento da condição a que estiver subordinada a primeira garantia fiduciária; a nova garantia poderá ser registrada na data em que convencionada e será eficaz desde a data do registro, produzindo efeito *ex tunc*.

507. Na aplicação do princípio da função social da propriedade imobiliária rural, deve ser observada a cláusula aberta do § 1º do art. 1.228 do Código Civil, que, em consonância com o disposto no art. 5º, XXIII, da Constituição de 1988, permite melhor objetivar a funcionalização mediante critérios de valoração centrados na primazia do trabalho.

508. Verificando-se que a sanção pecuniária mostrou-se ineficaz, a garantia fundamental da função social da propriedade (arts. 5º, XXIII, da CF e 1.228, § 1º, do CC) e a vedação ao abuso do direito (arts. 187 e 1.228, § 2º, do CC) justificam a exclusão do condômino antissocial, desde que a ulterior assembleia prevista na parte final do parágrafo único do art. 1.337 do Código Civil delibere a propositura de ação judicial com esse fim, asseguradas todas as garantias inerentes ao devido processo legal.

509. A resolução da propriedade, quando determinada por causa originária, prevista no título, opera ex tunc e erga omnes; se decorrente de causa superveniente, atua ex nunc e inter partes.

510. Ao superficiário que não foi previamente notificado pelo proprietário para exercer o direito de preferência previsto no art. 1.373 do CC é assegurado o direito de, no prazo de seis meses, contado do registro da alienação, adjudicar para si o bem mediante depósito do preço.

511. Do leilão, mesmo que negativo, a que se refere o art. 27 da Lei n. 9.514/97, será lavrada ata que, subscrita pelo leiloeiro, poderá ser averbada no registro de imóveis competente, sendo a transmissão da propriedade do imóvel levado a leilão formalizada mediante contrato de compra e venda.

Direito de Família e Sucessões

512. Art. 1.517: O art. 1.517 do Código Civil, que exige autorização dos pais ou responsáveis para casamento, enquanto não atingida a maioridade civil, não se aplica ao emancipado.

513. Art. 1.527, parágrafo único: O juiz não pode dispensar, mesmo fundamentadamente, a publicação do edital de proclamas do casamento, mas sim o decurso do prazo.

514. Art. 1.571: A Emenda Constitucional n. 66/2010 não extinguiu o instituto da separação judicial e extrajudicial.

515. Art. 1.574, *caput*: Pela interpretação teleológica da Emenda Constitucional n. 66/2010, não há prazo mínimo de casamento para a separação consensual.

516. Art. 1.574, parágrafo único: Na separação judicial por mútuo consentimento, o juiz só poderá intervir no limite da preservação do interesse dos incapazes ou de um dos cônjuges, permitida a cindibilidade dos pedidos com a concordância das partes, aplicando-se esse entendimento também ao divórcio.

517. Art. 1.580: A Emenda Constitucional n. 66/2010 extinguiu os prazos previstos no art. 1.580 do Código Civil, mantido o divórcio por conversão.

518. Arts. 1.583 e 1.584: A Lei n. 11.698/2008, que deu nova redação aos arts. 1.583 e 1.584 do Código Civil, não se restringe à guarda unilateral e à guarda compartilhada, podendo ser adotada aquela mais adequada à situação do filho, em atendimento ao princípio do melhor interesse da criança e do adolescente. A regra aplica-se a qualquer modelo de família.

519. Art. 1.593: O reconhecimento judicial do vínculo de parentesco em virtude de socioafetividade deve ocorrer a partir da relação entre pai(s) e filho(s), com base na posse do estado de filho, para que produza efeitos pessoais e patrimoniais.

520. Art. 1.601: O conhecimento da ausência de vínculo biológico e a posse de estado de filho obstam a contestação da paternidade presumida.

521. Art. 1.606: Qualquer descendente possui legitimidade, por direito próprio, para propor o reconhecimento do vínculo de parentesco em face dos avós ou de qualquer ascendente de grau superior, ainda que o pai não tenha iniciado a ação de prova da filiação em vida.

522. Arts. 1.694, 1.696, primeira parte, e 1.706: Cabe prisão civil do devedor nos casos de não prestação de alimentos gravídicos estabelecidos com base na Lei n. 11.804/2008, inclusive deferidos em qualquer caso de tutela de urgência.

523. Art. 1.698: O chamamento dos codevedores para integrar a lide, na forma do art. 1.698 do Código Civil, pode ser requerido por qualquer das partes, bem como pelo Ministério Público, quando legitimado.

524. Art. 1.723: As demandas envolvendo união estável entre pessoas do mesmo sexo constituem matéria de direito de família.

525. Arts. 1.723, § 1º, 1.790, 1.829 e 1.830: Os arts. 1.723, § 1º, 1.790, 1.829 e 1.830 do Código Civil admitem a concorrência sucessória entre cônjuge e companheiro sobreviventes na sucessão legítima, quanto aos bens adquiridos onerosamente na união estável.

526. Art. 1.726: É possível a conversão de união estável entre pessoas do mesmo sexo em casamento, observados os requisitos exigidos para a respectiva habilitação.

527. Art. 1.832: Na concorrência entre o cônjuge e os herdeiros do *de cujus*, não será reservada a quarta parte da herança para o sobrevivente no caso de filiação híbrida.

528. Arts. 1.729, parágrafo único, e 1.857: É válida a declaração de vontade expressa em documento autêntico, também chamado "testamento vital", em que a pessoa estabelece disposições sobre o tipo de tratamento de saúde, ou não tratamento, que deseja no caso de se encontrar sem condições de manifestar a sua vontade.

529. Art. 1.951: O fideicomisso, previsto no art. 1.951 do Código Civil, somente pode ser instituído por testamento.

ENUNCIADOS APROVADOS NA VI JORNADA DE DIREITO CIVIL

Parte Geral

530. A emancipação, por si só, não elide a incidência do Estatuto da Criança e do Adolescente.

531. A tutela da dignidade da pessoa humana na sociedade da informação inclui o direito ao esquecimento.

532. É permitida a disposição gratuita do próprio corpo com objetivos exclusivamente científicos, nos termos dos arts. 11 e 13 do Código Civil.

533. O paciente plenamente capaz poderá deliberar sobre todos os aspectos concernentes a tratamento médico que possa lhe causar risco de vida, seja imediato ou mediato, salvo as situações de emergência ou no curso de procedimentos médicos cirúrgicos que não possam ser interrompidos.

534. As associações podem desenvolver atividade econômica, desde que não haja finalidade lucrativa.

535. Para a existência da pertença, o art. 93 do Código Civil não exige elemento subjetivo como requisito para o ato de destinação.

536. Resultando do negócio jurídico nulo consequências patrimoniais capazes de ensejar pretensões, é possível, quanto a estas, a incidência da prescrição.

537. A previsão contida no art. 169 não impossibilita que, excepcionalmente, negócios jurídicos nulos produzam efeitos a serem preservados quando justificados por interesses merecedores de tutela.

538. No que diz respeito a terceiros eventualmente prejudicados, o prazo decadencial de que trata o art. 179 do Código Civil não se conta da celebração do negócio jurídico, mas da ciência que dele tiverem.

539. O abuso de direito é uma categoria jurídica autônoma em relação à responsabilidade civil. Por isso, o exercício abusivo de posições jurídicas desafia controle independentemente de dano.

Obrigações e Contratos

540. Havendo perecimento do objeto da prestação indivisível por culpa de apenas um dos devedores, todos respondem, de maneira divisível, pelo equivalente e só o culpado, pelas perdas e danos.

541. O contrato de prestação de serviço pode ser gratuito.

542. A recusa de renovação das apólices de seguro de vida pelas seguradoras em razão da idade do segurado é discriminatória e atenta contra a função social do contrato.

543. Constitui abuso do direito a modificação acentuada das condições do seguro de vida e de saúde pela seguradora quando da renovação do contrato.

544. O seguro de responsabilidade civil facultativo garante dois interesses, o do segurado contra os efeitos patrimoniais da imputação de responsabilidade e o da vítima à indenização, ambos destinatários da garantia, com pretensão própria e independente contra a seguradora.

545. O prazo para pleitear a anulação de venda de ascendente a descendente sem anuência dos demais descendentes e/ou do cônjuge do alienante é de 2 (dois) anos, contados da ciência do ato, que se presume absolutamente, em se tratando de transferência imobiliária, a partir da data do registro de imóveis.

546. O § 2º do art. 787 do Código Civil deve ser interpretado em consonância com o art. 422 do mesmo diploma legal, não obstando o direito à indenização e ao reembolso.

547. Na hipótese de alteração da obrigação principal sem o consentimento do fiador, a exoneração deste é automática, não se aplicando o disposto no art. 835 do Código Civil quanto à necessidade de permanecer obrigado pelo prazo de 60 (sessenta) dias após a notificação ao credor, ou de 120 (cento e dias) dias no caso de fiança locatícia.

548. Caracterizada a violação de dever contratual, incumbe ao devedor o ônus de demonstrar que o fato causador do dano não lhe pode ser imputado.

549. A promessa de doação no âmbito da transação constitui obrigação positiva e perde o caráter de liberalidade previsto no art. 538 do Código Civil.

Responsabilidade Civil

550. A quantificação da reparação por danos extrapatrimoniais não deve estar sujeita a tabelamento ou a valores fixos.

551. Nas violações aos direitos relativos a marcas, patentes e desenhos industriais, será assegurada a reparação civil ao seu titular, incluídos tanto os danos patrimoniais como os danos extrapatrimoniais.

552. Constituem danos reflexos reparáveis as despesas suportadas pela operadora de plano de saúde decorrentes de complicações de procedimentos por ela não cobertos.

553. Nas ações de responsabilidade civil por cadastramento indevido nos registros de devedores inadimplentes realizados por instituições financeiras, a responsabilidade civil é objetiva.

554. Independe de indicação do local específico da informação a ordem judicial para que o provedor de hospedagem bloqueie determinado conteúdo ofensivo na internet.

555. "Os direitos de outrem" mencionados no parágrafo único do art. 927 do Código Civil devem abranger não apenas a vida e a integridade física, mas também outros direitos, de caráter patrimonial ou extrapatrimonial.

556. A responsabilidade civil do dono do prédio ou construção por sua ruína, tratada pelo art. 937 do CC, é objetiva.

557. Nos termos do art. 938 do CC, se a coisa cair ou for lançada de condomínio edilício, não sendo possível identificar de qual unidade, responderá o condomínio, assegurado o direito de regresso.

558. São solidariamente responsáveis pela reparação civil, juntamente com os agentes públicos que praticaram atos de improbidade administrativa, as pessoas, inclusive as jurídicas, que para eles concorreram ou deles se beneficiaram direta ou indiretamente.

559. Observado o Enunciado n. 369 do CJF, no transporte aéreo, nacional e internacional, a responsabilidade do transportador em relação aos passageiros gratuitos, que viajarem por cortesia, é objetiva, devendo atender à integral reparação de danos patrimoniais e extrapatrimoniais.

560. No plano patrimonial, a manifestação do dano reflexo ou por ricochete não se restringe às hipóteses previstas no art. 948 do Código Civil.

561. No caso do art. 952 do Código Civil, se a coisa faltar, dever-se-á, além de reembolsar o seu equivalente ao prejudicado, indenizar também os lucros cessantes.

562. Aos casos do art. 931 do Código Civil aplicam-se as excludentes da responsabilidade objetiva.

Direito das Coisas

563. O reconhecimento da posse por parte do Poder Público competente anterior à sua legitimação nos termos da Lei n. 11.977/2009 constitui título possessório.

564. As normas relativas à usucapião extraordinária (art. 1.238, *caput*, CC) e à usucapião ordinária (art. 1.242, *caput*, CC), por estabelecerem redução de prazo em benefício do possuidor, têm aplicação imediata, não incidindo o disposto no art. 2.028 do Código Civil.

565. Não ocorre a perda da propriedade por abandono de resíduos sólidos, que são considerados bens socioambientais, nos termos da Lei n. 12.305/2012.

566. A cláusula convencional que restringe a permanência de animais em unidades autônomas residenciais deve ser valorada à luz dos parâmetros legais de sossego, insalubridade e periculosidade.

567. A avaliação do imóvel para efeito do leilão previsto no § 1º do art. 27 da Lei n. 9.514/1997 deve contemplar o maior valor entre a avaliação efetuada pelo município para cálculo do imposto de transmissão inter vivos (ITBI) devido para a consolidação da propriedade no patrimônio do credor fiduciário e o critério fixado contratualmente.

568. O direito de superfície abrange o direito de utilizar o solo, o subsolo ou o espaço aéreo relativo ao terreno, na forma estabelecida no contrato, admitindo-se o direito de sobrelevação, atendida a legislação urbanística.

569. No caso do art. 1.242, parágrafo único, a usucapião, como matéria de defesa, prescinde do ajuizamento da ação de usucapião, visto que, nessa hipótese, o usucapiente já é o titular do imóvel no registro.

Família e Sucessões

570. O reconhecimento de filho havido em união estável fruto de técnica de reprodução assistida heteróloga *a patre* consentida expressamente pelo companheiro representa a formalização do vínculo jurídico de paternidade-filiação, cuja constituição se deu no momento do início da gravidez da companheira.

571. Se comprovada a resolução prévia e judicial de todas as questões referentes aos filhos menores ou incapazes, o tabelião de notas poderá lavrar escrituras públicas de dissolução conjugal.

572. Mediante ordem judicial, é admissível, para a satisfação do crédito alimentar atual, o levantamento do saldo de conta vinculada ao FGTS.

573. Na apuração da possibilidade do alimentante, observar-se-ão os sinais exteriores de riqueza.

574. A decisão judicial de interdição deverá fixar os limites da curatela para todas as pessoas a ela sujeitas, sem distinção, a fim de resguardar os direitos fundamentais e a dignidade do interdito (art. 1.772).

575. Concorrendo herdeiros de classes diversas, a renúncia de qualquer deles devolve sua parte aos que integram a mesma ordem dos chamados a suceder.

ENUNCIADOS APROVADOS NA VII JORNADA DE DIREITO CIVIL

Parte Geral

576. O direito ao esquecimento pode ser assegurado por tutela judicial inibitória.

577. A possibilidade de instituição de categorias de associados com vantagens especiais admite a atribuição de pesos diferenciados ao direito de voto, desde que isso não acarrete a sua supressão em relação a matérias previstas no art. 59 do CC. Parte da legislação: art. 55 do Código Civil

578. Sendo a simulação causa de nulidade do negócio jurídico, sua alegação prescinde de ação própria.

579. Nas pretensões decorrentes de doenças profissionais ou de caráter progressivo, o cômputo da prescrição iniciar-se-á somente a partir da ciência inequívoca da incapacidade do indivíduo, da origem e da natureza dos danos causados.

580. É de 3 anos, pelo art. 206, § 3º, V, do CC, o prazo prescricional para a pretensão indenizatória da seguradora contra o causador de dano ao segurado, pois a seguradora sub-roga-se em seus direitos.

581. Em complemento ao Enunciado n. 295, a decretação ex officio da prescrição ou da decadência deve ser precedida de oitiva das partes.

Direito das Obrigações e Contratos

582. Com suporte na liberdade contratual e, portanto, em concretização da autonomia privada, as partes podem pactuar garantias contratuais atípicas.

583. O art. 441 do Código Civil deve ser interpretado no sentido de abranger também os contratos aleatórios, desde que não inclua os elementos aleatórios do contrato.

584. Desde que não haja forma exigida para a substância do contrato, admite-se que o distrato seja pactuado por forma livre.

585. Impõe-se o pagamento de indenização do seguro mesmo diante de condutas, omissões ou declarações ambíguas do segurado que não guardem relação com o sinistro.

586. Para a caracterização do adimplemento substancial (tal qual reconhecido pelo Enunciado n. 361 da IV Jornada de Direito Civil – CJF), levam-se em conta tanto aspectos quantitativos quanto qualitativos.

Responsabilidade Civil

587. O dano à imagem restará configurado quando presente a utilização indevida desse bem jurídico, independentemente da concomitante lesão a outro direito da personalidade, sendo dispensável a prova do prejuízo do lesado ou do lucro do ofensor para a caracterização do referido dano, por se tratar de modalidade de dano in re ipsa. Parte da legislação: art. 927 do Código Civil – Da obrigação de indenizar

588. O patrimônio do ofendido não pode funcionar como parâmetro preponderante para o arbitramento de compensação por dano extrapatrimonial.

589. A compensação pecuniária não é o único modo de reparar o dano extrapatrimonial, sendo admitida a reparação *in natura*, na forma de retratação pública ou outro meio.

590. A responsabilidade civil dos pais pelos atos dos filhos menores, prevista no art. 932, inc. I, do Código Civil, não obstante objetiva, pressupõe a demonstração de que a conduta imputada ao menor, caso o fosse a um agente imputável, seria hábil para a sua responsabilização.

Direito das Coisas

591. A ação de reintegração de posse nos contratos de alienação fiduciária em garantia de coisa imóvel pode ser proposta a partir da consolidação da propriedade do imóvel em poder do credor fiduciário e não apenas após os leilões extrajudiciais previstos no art. 27 da Lei n. 9.514/1997.

592. O art. 519 do Código Civil derroga o art. 35 do Decreto-lei n. 3.365/1941 naquilo que ele diz respeito a cenários de tredestinação ilícita. Assim, ações de retrocessão baseadas em alegações de tredestinação ilícita não precisam, quando julgadas depois da incorporação do bem desapropriado ao patrimônio da entidade expropriante, resolver-se em perdas e danos.

593. É indispensável o procedimento de demarcação urbanística para regularização fundiária social de áreas ainda não matriculadas no Cartório de Registro de Imóveis, como requisito à emissão dos títulos de legitimação da posse e de domínio.

594. É possível adquirir a propriedade de área menor do que o módulo rural estabelecido para a região, por meio da usucapião especial rural.

595. O requisito "abandono do lar" deve ser interpretado na ótica do instituto da usucapião familiar como abandono voluntário da posse do imóvel somado à ausência da tutela da família, não importando em averiguação da culpa pelo fim do casamento ou união estável. Revogado o Enunciado n. 499.

596. O condomínio edilício pode adquirir imóvel por usucapião.

597. A posse impeditiva da arrecadação, prevista no art. 1.276 do Código Civil, é efetiva e qualificada por sua função social.

598. Na redação do art. 1.293, "agricultura e indústria" não são apenas qualificadores do prejuízo que pode ser causado pelo aqueduto, mas também finalidades que podem justificar sua construção.

Direito de Família e Sucessões

599. Deve o magistrado, em sede de execução de alimentos avoengos, analisar as condições do(s) devedor(es), podendo aplicar medida coercitiva diversa da prisão civil ou determinar seu cumprimento em modalidade diversa do regime fechado (prisão em regime aberto ou prisão domiciliar), se o executado comprovar situações que contraindiquem o rigor na aplicação desse meio executivo e o torne atentatório à sua dignidade, como corolário do princípio de proteção aos idosos e garantia à vida.

600. Após registrado judicialmente o testamento e sendo todos os interessados capazes e concordes com os seus termos, não havendo conflito de interesses, é possível que se faça o inventário extrajudicial.

601. É existente e válido o casamento entre pessoas do mesmo sexo. Parte da legislação: art. 1.514 do Código Civil – Do direito de família, Do direito pessoal, Do casamento, Disposições gerais.

602. Transitada em julgado a decisão concessiva do divórcio, a expedição do mandado de averbação independe do julgamento da ação originária em que persista a discussão dos aspectos decorrentes da dissolução do casamento.

603. A distribuição do tempo de convívio na guarda compartilhada deve atender precipuamente ao melhor interesse dos filhos, não devendo a divisão de forma equilibrada, a que alude o § 2º do art. 1.583 do Código Civil, representar convivência livre ou, ao contrário, repartição de tempo matematicamente igualitária entre os pais.

604. A divisão, de forma equilibrada, do tempo de convívio dos filhos com a mãe e com o pai, imposta na guarda compartilhada pelo § 2º do art. 1.583 do Código Civil, não deve ser confundida com a imposição do tempo previsto pelo instituto da guarda alternada, pois esta não implica apenas a divisão do tempo de permanência dos filhos com os pais, mas também o exercício exclusivo da guarda pelo genitor que se encontra na companhia do filho.

605. A guarda compartilhada não exclui a fixação do regime de convivência.

606. O tempo de convívio com os filhos "de forma equilibrada com a mãe e com o pai" deve ser entendido como divisão proporcional de tempo, da forma que cada genitor possa se ocupar dos cuidados pertinentes ao filho, em razão das peculiaridades da vida privada de cada um.

607. A guarda compartilhada não implica ausência de pagamento de pensão alimentícia.

608. É possível o registro de nascimento dos filhos de pessoas do mesmo sexo originários de reprodução assistida, diretamente no Cartório do Registro Civil, sendo dispensável a propositura de ação judicial, nos termos da regulamentação da Corregedoria local.

609. O regime de bens no casamento somente interfere na concorrência sucessória do cônjuge com descendentes do falecido.

610. Nos casos de comoriência entre ascendente e descendente, ou entre irmãos, reconhece-se o direito de representação aos descendentes e aos filhos dos irmãos.

611. O testamento hológrafo simplificado, previsto no art. 1.879 do Código Civil, perderá sua eficácia se, nos 90 dias subsequentes ao fim das circunstâncias excepcionais que autorizaram a sua confecção, o disponente, podendo fazê-lo, não testar por uma das formas testamentárias ordinárias.

612. O prazo para exercer o direito de anular a partilha amigável judicial, decorrente de dissolução de sociedade conjugal ou de união estável, extingue-se em 1 (um) ano da data do trânsito em julgado da sentença homologatória, consoante dispõem o art. 2.027, parágrafo único, do Código Civil de 2002, e o art. 1.029, parágrafo único, do Código de Processo Civil (art. 657, parágrafo único, do Novo CPC).

ENUNCIADOS APROVADOS NA VIII JORNADA DE DIREITO CIVIL

Parte Geral

613. Art. 12: A liberdade de expressão não goza de posição preferencial em relação aos direitos da personalidade no ordenamento jurídico brasileiro.

614. Art. 39: Os efeitos patrimoniais da presunção de morte posterior à declaração da ausência são aplicáveis aos casos do art. 7º, de modo que, se o presumivelmente morto reaparecer nos dez anos seguintes à abertura da sucessão, receberá igualmente os bens existentes no estado em que se acharem.

615. Art. 53: As associações civis podem sofrer transformação, fusão, incorporação ou cisão.

616. Art. 166: Os requisitos de validade previstos no Código Civil são aplicáveis aos negócios jurídicos processuais, observadas as regras processuais pertinentes.

617. Art. 187: O abuso do direito impede a produção de efeitos do ato abusivo de exercício, na extensão necessária a evitar sua manifesta contrariedade à boa-fé, aos bons costumes, à função econômica ou social do direito exercido.

Obrigações

618. Art. 288: O devedor não é terceiro para fins de aplicação do art. 288 do Código Civil, bastando a notificação prevista no art. 290 para que a cessão de crédito seja eficaz perante ele.

619. Art. 397: A interpelação extrajudicial de que trata o parágrafo único do art. 397 do Código Civil admite meios eletrônicos como *e-mail* ou aplicativos de conversa *on-line*, desde que demonstrada a ciência inequívoca do interpelado, salvo disposição em contrário no contrato.

620. Art. 884: A obrigação de restituir o lucro da intervenção, entendido como a vantagem patrimonial auferida a partir da exploração não autorizada de bem ou direito alheio, fundamenta-se na vedação do enriquecimento sem causa.

Contratos

621. Art. 421: Os contratos coligados devem ser interpretados a partir do exame do conjunto das cláusulas contra-

tuais, de forma a privilegiar a finalidade negocial que lhes é comum.

622. Art. 541: Para a análise do que seja bem de pequeno valor, nos termos do que consta do art. 541, parágrafo único, do Código Civil, deve-se levar em conta o patrimônio do doador.

Direito das Coisas

623. Art. 504: Ainda que sejam muitos os condôminos, não há direito de preferência na venda da fração de um bem entre dois coproprietários, pois a regra prevista no art. 504, parágrafo único, do Código Civil, visa somente a resolver eventual concorrência entre condôminos na alienação da fração a estranhos ao condomínio.

624. Art. 1.247: A anulação do registro, prevista no art. 1.247 do Código Civil, não autoriza a exclusão dos dados invalidados do teor da matrícula.

625. Art. 1.358: A incorporação imobiliária que tenha por objeto o condomínio de lotes poderá ser submetida ao regime do patrimônio de afetação, na forma da lei especial.

626. Art. 1.428: Não afronta o art. 1.428 do Código Civil, em relações paritárias, o pacto marciano, cláusula contratual que autoriza que o credor se torne proprietário da coisa objeto da garantia mediante aferição de seu justo valor e restituição do supérfluo (valor do bem em garantia que excede o da dívida).

627. Art. 1.510: O direito real de laje é passível de usucapião.

628. Art. 1.711: Os patrimônios de afetação não se submetem aos efeitos de recuperação judicial da sociedade instituidora e prosseguirão sua atividade com autonomia e incomunicáveis em relação ao seu patrimônio geral, aos demais patrimônios de afetação por ela constituídos e ao plano de recuperação até que extintos, nos termos da legislação respectiva, quando seu resultado patrimonial, positivo ou negativo, será incorporado ao patrimônio geral da sociedade instituidora.

Responsabilidade Civil

629. Art. 944: A indenização não inclui os prejuízos agravados, nem os que poderiam ser evitados ou reduzidos mediante esforço razoável da vítima. Os custos da mitigação devem ser considerados no cálculo da indenização.

630. Art. 945: Culpas não se compensam. Para os efeitos do art. 945 do Código Civil, cabe observar os seguintes critérios: (i) há diminuição do quantum da reparação do dano causado quando, ao lado da conduta do lesante, verifica-se ação ou omissão do próprio lesado da qual resulta o dano, ou o seu agravamento, desde que (ii) reportadas ambas as condutas a um mesmo fato, ou ao mesmo fundamento de imputação, conquanto possam ser simultâneas ou sucessivas, devendo-se considerar o percentual causal do agir de cada um.

631. Art. 946: Como instrumento de gestão de riscos na prática negocial paritária, é lícita a estipulação de cláusula que exclui a reparação por perdas e danos decorrentes do inadimplemento (cláusula excludente do dever de indenizar) e de cláusula que fixa valor máximo de indenização (cláusula limitativa do dever de indenizar).

Família e Sucessões

632. Art. 1.596: Nos casos de reconhecimento de multiparentalidade paterna ou materna, o filho terá direito à participação na herança de todos os ascendentes reconhecidos.

633. Art. 1.597: É possível ao viúvo ou ao companheiro sobrevivente, o acesso à técnica de reprodução assistida póstuma – por meio da maternidade de substituição, desde que haja expresso consentimento manifestado em vida pela sua esposa ou companheira.

634. Art. 1.641: É lícito aos que se enquadrem no rol de pessoas sujeitas ao regime da separação obrigatória de bens (art. 1.641 do Código Civil) estipular, por pacto antenupcial ou contrato de convivência, o regime da separação de bens, a fim de assegurar os efeitos de tal regime e afastar a incidência da Súmula 377 do STF.

635. Art. 1.655: O pacto antenupcial e o contrato de convivência podem conter cláusulas existenciais, desde que estas não violem os princípios da dignidade da pessoa humana, da igualdade entre os cônjuges e da solidariedade familiar.

636. Art. 1.735: O impedimento para o exercício da tutela do inc. IV do art. 1.735 do Código Civil pode ser mitigado para atender ao princípio do melhor interesse da criança.

637. Art. 1.767: Admite-se a possibilidade de outorga ao curador de poderes de representação para alguns atos da vida civil, inclusive de natureza existencial, a serem especificados na sentença, desde que comprovadamente necessários para proteção do curatelado em sua dignidade.

638. Art. 1.775: A ordem de preferência de nomeação do curador do art. 1.775 do Código Civil deve ser observada quando atender ao melhor interesse do curatelado, considerando suas vontades e preferências, nos termos do art. 755, II, e § 1º, do CPC.

639. Art. 1.783-A:

- A opção pela tomada de decisão apoiada é de legitimidade exclusiva da pessoa com deficiência.
- A pessoa que requer o apoio pode manifestar, antecipadamente, sua vontade de que um ou ambos os apoiadores se tornem, em caso de curatela, seus curadores.

640. Art. 1.783-A: A tomada de decisão apoiada não é cabível, se a condição da pessoa exigir aplicação da curatela.

641. Art. 1.790: A decisão do Supremo Tribunal Federal que declarou a inconstitucionalidade do art. 1.790 do Código Civil não importa equiparação absoluta entre o casamento e a união estável. Estendem-se à união estável apenas as regras aplicáveis ao casamento que tenham por fundamento a solidariedade familiar. Por outro lado, é constitucional a distinção entre os regimes, quando baseada na solenidade do ato jurídico que funda o casamento, ausente na união estável.

642. Art. 1.836: Nas hipóteses de multiparentalidade, havendo o falecimento do descendente com o chamamento de seus ascendentes à sucessão legítima, se houver igualdade em grau e diversidade em linha entre os ascendentes convocados a herdar, a herança deverá ser dividida em tantas linhas quantos sejam os genitores.

643. Art. 1.973: O rompimento do testamento (art. 1.973 do Código Civil) se refere exclusivamente às disposições de caráter patrimonial, mantendo-se válidas e eficazes as de caráter extrapatrimonial, como o reconhecimento de filho e o perdão ao indigno.

644. Art. 2.003:

- Os arts. 2.003 e 2.004 do Código Civil e o art. 639 do CPC devem ser interpretados de modo a garantir a igualdade das legítimas e a coerência do ordenamento.
- O bem doado, em adiantamento de legítima, será colacionado de acordo com seu valor atual na data da abertura da sucessão, se ainda integrar o patrimônio do donatário.
- Se o donatário já não possuir o bem doado, este será colacionado pelo valor do tempo de sua alienação, atualizado monetariamente.

SÚMULAS DO SUPERIOR TRIBUNAL DE JUSTIÇA (TEMAS DE DIREITO CIVIL)

ALIMENTOS

358. O cancelamento de pensão alimentícia de filho que atingiu a maioridade está sujeito à decisão judicial, mediante contraditório, ainda que nos próprios autos.

596. A obrigação alimentar dos avós tem natureza complementar e subsidiária, somente se configurando no caso de impossibilidade total ou parcial de seu cumprimento pelos pais.

621. Os efeitos da sentença que reduz, majora ou exonera o alimentante do pagamento retroagem à data da citação, vedadas a compensação e a repetibilidade.

BEM DE FAMÍLIA

449. A vaga de garagem que possui matrícula própria no registro de imóveis não constitui bem de família para efeito de penhora.

549. É válida a penhora de bem de família pertencente a fiador de contrato de locação.

CONTRATOS

35. Incide correção monetária sobre as prestações pagas, quando de sua restituição, em virtude da retirada ou exclusão do participante de plano de consórcio.

76. A falta de registro do compromisso de compra e venda de imóvel não dispensa a prévia interpelação para constituir em mora o devedor.

322. Para a repetição de indébito, nos contratos de abertura de crédito em conta-corrente, não se exige a prova do erro.

332. A fiança prestada sem autorização de um dos cônjuges implica a ineficácia total da garantia.

380. A simples propositura da ação de revisão de contrato não inibe a caracterização da mora do autor.

538. As administradoras de consórcio têm liberdade para estabelecer a respectiva taxa de administração, ainda que fixada em percentual superior a dez por cento.

610. O suicídio não é coberto nos dois primeiros anos de vigência do contrato de seguro de vida, ressalvado o direito do beneficiário à devolução do montante da reserva técnica formada.

616. A indenização securitária é devida quando ausente a comunicação prévia do segurado acerca do atraso no pagamento do prêmio, por constituir requisito essencial para a suspensão ou resolução do contrato de seguro.

620. A embriaguez do segurado não exime a seguradora do pagamento da indenização prevista em contrato de seguro de vida.

CONVENÇÃO DE CONDOMÍNIO

260. A convenção de condomínio aprovada, ainda que sem registro, é eficaz para regular as relações entre os condôminos.

DANO MORAL

37. São cumuláveis as indenizações por dano material e dano moral oriundos do mesmo fato.

227. A pessoa jurídica pode sofrer dano moral.

281. A indenização por dano moral não está sujeita à tarifação prevista na Lei de Imprensa.

370. Caracteriza dano moral a apresentação antecipada de cheque pré-datado.

387. É lícita a cumulação das indenizações de dano estético e dano moral.

388. A simples devolução indevida de cheque caracteriza dano moral.

403. Independe de prova do prejuízo a indenização pela publicação não autorizada de imagem de pessoa com fins econômicos ou comerciais.

DIREITO AUTORAL

63. São devidos direitos autorais pela retransmissão radiofônica de músicas em estabelecimentos comerciais.

261. A cobrança de direitos autorais pela retransmissão radiofônica de músicas, em estabelecimentos hoteleiros, deve ser feita conforme a taxa média de utilização do equipamento, apurada em liquidação.

DIVÓRCIO

197. O divórcio direto pode ser concedido sem que haja prévia partilha dos bens.

HIPOTECA

308. A hipoteca firmada entre a construtora e o agente financeiro, anterior ou posterior à celebração da promessa de compra e venda, não tem eficácia perante os adquirentes do imóvel.

INVESTIGAÇÃO DE PATERNIDADE

277. Julgada procedente a investigação de paternidade, os alimentos são devidos a partir da citação.

301. Em ação investigatória, a recusa do suposto pai a submeter-se ao exame de DNA induz presunção juris tantum de paternidade.

LOCAÇÃO

214. O fiador na locação não responde por obrigações resultantes de aditamento ao qual não anuiu.

335. Nos contratos de locação, é válida a cláusula de renúncia à indenização das benfeitorias e ao direito de retenção.

PRESCRIÇÃO

39. Prescreve em vinte anos a ação para haver indenização, por responsabilidade civil, de sociedade de economia mista.

101. A Ação de indenização do segurado em grupo contra a seguradora prescreve em um ano.

194. Prescreve em vinte anos a ação para obter, do construtor, indenização por defeitos da obra.

229. O pedido do pagamento de indenização à seguradora suspende o prazo de prescrição até que o segurado tenha ciência da decisão.

278. O termo inicial do prazo prescricional, na ação de indenização, é a data em que o segurado teve ciência inequívoca da incapacidade laboral.

547. Nas ações em que se pleiteia o ressarcimento dos valores pagos a título de participação financeira do consumidor no custeio de construção de rede elétrica, o prazo prescricional é de vinte anos na vigência do Código Civil de 1916. Na vigência do Código Civil de 2002, o prazo é de cinco anos se houver revisão contratual de ressarcimento e de três anos na ausência de cláusula nesse sentido, observada a regra de transição disciplinada em seu art. 2.028.

573. Nas ações de indenização decorrente de seguro DPVAT, a ciência inequívoca do caráter permanente da invalidez, para fins de contagem do prazo prescricional, depende de laudo médico, exceto nos casos de invalidez permanente notória ou naqueles em que o conhecimento anterior resulte comprovado na fase de instrução.

RESPONSABILIDADE CIVIL

43. Incide correção monetária sobre dívida por ato ilícito a partir da data do efetivo prejuízo.

54. Os juros moratórios fluem a partir do evento danoso, em caso de responsabilidade extracontratual.

130. A empresa responde, perante o cliente, pela reparação de dano ou furto de veículo ocorridos em seu estacionamento.

132. A ausência de registro da transferência não implica a responsabilidade do antigo proprietário por dano resultante de acidente que envolva o veículo alienado.

145. No transporte desinteressado, de simples cortesia, o transportador só será civilmente responsável por danos causados ao transportado quando incorrer em dolo ou culpa grave.

186. Nas indenizações por ato ilícito, os juros compostos somente são devidos por aquele que praticou o crime.

221. São civilmente responsáveis pelo ressarcimento de dano, decorrente de publicação pela imprensa, tanto o autor do escrito quanto o proprietário do veículo de divulgação.

362. A correção monetária do valor da indenização do dano moral incide desde a data do arbitramento.

402. O contrato de seguro por danos pessoais compreende os danos morais, salvo cláusula expressa de exclusão.

465. Ressalvada a hipótese de efetivo agravamento do risco, a seguradora não se exime do dever de indenizar em razão da transferência do veículo sem a sua prévia comunicação.

479. As instituições financeiras respondem objetivamente pelos danos gerados por fortuito interno relativo a fraudes e delitos praticados por terceiros no âmbito de operações bancárias.

529. No seguro de responsabilidade civil facultativo, não cabe o ajuizamento de ação pelo terceiro prejudicado direta e exclusivamente em face da seguradora do apontado causador do dano.